宋僧詩文集在日本的刊刻流傳研究

許紅霞 著

圖書在版編目 (CIP) 數據

宋僧詩文集在日本的刊刻流傳研究 / 許紅霞著 . —北京：北京大學出版社，2022.12
ISBN 978-7-301-33720-2

Ⅰ.①宋…　Ⅱ.①許…　Ⅲ.①宋詩–古籍–版本–研究–日本　Ⅳ.① G256.23

中國國家版本館 CIP 數據核字 (2023) 第 022240 號

書　　　名	宋僧詩文集在日本的刊刻流傳研究 SONGSENG SHIWENJI ZAI RIBEN DE KANKE LIUCHUAN YANJIU
著作責任者	許紅霞　著
責任編輯	王　應
標準書號	ISBN 978-7-301-33720-2
出版發行	北京大學出版社
地　　址	北京市海淀區成府路 205 號　100871
網　　址	http://www.pup.cn　　新浪微博：@ 北京大學出版社
電子信箱	dianjiwenhua@126.com
電　　話	郵購部 010-62752015　發行部 010-62750672 編輯部 010-62756449
印　刷　者	涿州市星河印刷有限公司
經　銷　者	新華書店
	650 毫米 ×980 毫米　16 開本　36.5 印張　470 千字 2022 年 12 月第 1 版　2022 年 12 月第 1 次印刷
定　　價	122.00 元

未經許可，不得以任何方式複製或鈔襲本書之部分或全部內容。
版權所有，侵權必究
舉報電話：010-62752024　電子信箱：fd@pup.pku.edu.cn
圖書如有印裝質量問題，請與出版部聯繫，電話：010-62756370

本書爲國家社會科學基金一般項目
"宋僧詩文集在日本的刊刻流傳研究"
(項目批准號:15BZW115)部分成果

目 錄

緒 論 ·· 1
　一、宋僧詩文集產生及流傳日本的歷史文化背景 ············ 1
　二、宋僧詩文集的總體情況及與日本印刷文化史的關係 ······ 41
　三、研究概況、思路和選題意義 ·························· 50

第一章　宋僧詩文集在日本的刊刻流傳考述 ················ 56
　一、延壽《永明智覺壽禪師山居詩》······················ 56
　二、遵式《金園集》《天竺別集》《靈苑集》《采遺集》······ 83
　三、智圓《閑居編》···································· 106
　四、雪竇重顯《祖英集》《頌古集》《明覺禪師語錄》······ 132
　五、道潛《參寥子詩集》································ 149
　六、惠洪《筠溪集》《物外集》《甘露集》《石門文字禪》·· 194
　七、克文《雲庵集》···································· 224
　八、淨端《吳山錄》···································· 226
　九、惟白《佛國禪師文殊指南圖贊》······················ 227
　十、慧空《雪峰空和尚外集》···························· 250
　十一、寶曇《橘洲文集》································ 276
　十二、顏丙《如如居士語錄》···························· 282
　十三、梵琮《率庵外集》································ 313
　十四、居簡《北礀文集》《北礀詩集》《北礀和尚外集》《北礀和
　　　　尚續集》·· 324
　十五、永頤《雲泉詩集》································ 345

十六、斯植《采芝集》《采芝續稿》 ………………………… 354
十七、紹嵩《亞愚江浙紀行集句詩》 ……………………… 358
十八、元肇《淮海挐音》《淮海外集》 …………………… 363
十九、善珍《藏叟摘稿》 …………………………………… 368
二十、大觀《物初賸語》 …………………………………… 370
二一、道璨《無文印》《柳塘外集》 ……………………… 377
二二、文珦《潛山集》 ……………………………………… 391
二三、夢真《籟鳴集》《籟鳴續集》 ……………………… 394
二四、行海《雪岑和尚續集》 ……………………………… 400
二五、孔汝霖編集，蕭澥校正《中興禪林風月》 ……… 403
二六、靜照等《無象照公夢游天台偈》 ………………… 411
二七、虛堂智愚等《一帆風》 …………………………… 418
二八、日刊《宋僧詩選》 …………………………………… 440

第二章　從注釋校勘看日藏宋僧詩文集的特點 ……… 441
一、《中興禪林風月》注釋研究 ………………………… 441
二、由《物初賸語》的校勘看日本寶永五年常信木活字本的優劣 ……………………………………………… 501

第三章　從宋僧詩文集的刊刻流傳情況看宋僧與日本五山禪僧的密切關係及影響 …………………………… 509
一、日本五山禪僧在宋僧詩文集刊刻、流傳和保存中所發揮的作用 ……………………………………………… 509
二、宋僧與日本五山禪僧的密切關係及影響 …………… 514

第四章　日藏宋僧詩文集的學術價值 ………………… 521
一、文獻學價值 …………………………………………… 521

二、宋代文學研究價值 …………………………………… 523
三、佛教禪宗研究價值 …………………………………… 527
四、歷史研究價值 ………………………………………… 529
五、書畫藝術研究價值 …………………………………… 532
六、中日文化交流等方面的研究價值 …………………… 535

結　語 ……………………………………………………… 536

附　錄　本書所使用宋僧詩文集版本簡目 ……………… 540
主要參考文獻 ……………………………………………… 555
後　記 ……………………………………………………… 574

緒　論

一、宋僧詩文集産生及流傳日本的歷史文化背景

（一）宋代僧人的詩文創作是對前代傳統的繼承和發展

佛教傳入中國後，内外兼通、工詩能文的僧人就不斷涌現，創作出大量既具有文獻史料價值，又具有獨特藝術審美價值的詩文作品。這些作品，很多都被收録於詩文集中抄刻流傳於世。僧人創作詩文作品，自後漢、東晉時就開始了。清嚴可均《全上古三代秦漢三國六朝文》（下簡稱嚴可均《全文》）中輯録了後漢至隋一百四十二位僧人所撰文四百零三篇，包括賦、贊、銘、頌、論、記、序、疏、書、啓、表、詔、檄、誄、露布等各類文章。余嘉錫先生説："檢尋《廣弘明集》，支遁始有贊佛詠懷諸詩，慧遠遂撰《念佛三昧》之集。"① 其詩文作品當時已編纂成集，《隋書·經籍志》就載録"晉沙門支遁集八卷""晉沙門釋惠遠集十二卷"。② 沈玉成、印繼梁主編的《中國歷代僧詩全集》（晉唐五代卷）③收録東晉至隋末約三百年間有詩傳世的僧人四十四人，④詩歌二百五十二首。著名的如康僧淵、支遁、慧遠、帛道猷、寶月、寶志、惠標等人。

唐五代詩文僧輩出，僅就僧人所作詩歌而言，其數量猛增，大大超過了前代，題材和内容也進一步開拓和深入。《中國歷代僧詩全集》（晉唐五代卷）共收録唐五代詩僧（其中包括部分五代末入宋

---

① 余嘉錫《世説新語箋疏·文學》，中華書局1983年版，第265頁。
② 〔唐〕魏徵、令狐德棻《隋書·經籍志》集部，中華書局1973年版，第1067、1070頁。
③ 沈玉成、印繼梁《中國歷代僧詩全集》，當代中國出版社1997年版。
④ 其中收録的僧人有與嚴可均《全文》中僧人重見者。

之詩僧)三百四十四人,詩歌四千四百二十一首,出現了王梵志、皎然、寒山、貫休、齊己等著名詩僧,皆有集流傳至今。特別是中晚唐詩僧人數衆多,開始作爲一個特殊的群體引人注目並産生廣泛的影響。劉禹錫《澈上人文集紀》曰:"世之言詩僧多出江左。靈一導其源,護國襲之。清江揚其波,法振沿之。如幺弦孤韻,瞥入人耳,非大樂之音。獨吳興晝公能備衆體。晝公後,澈公承之。"①正反映了這種情況。唐代詩僧的詩歌内容題材豐富多樣,或寄情山水,或關注民生,或闡發佛理禪機,或與友人交游贈答等,詩歌的風格也各有特點。他們的詩歌禪偈常爲宋僧所吟詠,成爲宋代僧人學習的榜樣,如寒山詩,很多宋代僧人都作有擬寒山詩。

宋代能詩擅文的僧人人數更多,《全宋文》②收録釋氏三百七十五人,《全宋詩》③收録釋氏八百十八人。④ 根據本人目前所掌握的資料,實際上宋代有詩文存世的釋氏人數遠不止這個數目。有詩集或詩文集傳世的僧人就有三十九家,其中北宋十八家,南宋二十一家。出現了延壽、遵式、智圓、九僧、契嵩、重顯、道潛、惠洪、慧空、寶曇、居簡、元肇、善珍、大觀、道璨、文珦、夢真、行海等一大批詩文僧。據粗略統計,《全宋詩》共收録九千一百四十八人,釋氏占了將近十分之一,是個不小的數目。宋代僧人可大致分爲三類:一是以詩人爲突出特徵的,如北宋的九僧、道潛、善權、癩可,南宋的永頤、斯植、紹嵩、文珦等,他們的詩和一般文人詩相近,主要以詩名聞於世;二是以高僧爲主要特徵的,如延壽、遵式、重顯、惟白、義青、正覺、慧空、慧開等一大批僧人,其中大多數都是禪宗尊宿,他們有的寫了

---

① 〔唐〕劉禹錫撰,卞孝萱校訂《劉夢得文集》卷二十三,中華書局1990年版,第240頁。
② 曾棗莊、劉琳主編《全宋文》,上海辭書出版社、安徽教育出版社2006年版。
③ 傅璇琮、孫欽善、倪其心等主編《全宋詩》,北京大學出版社1991—1998年版。
④ 其中收録的僧人有與《全宋文》中僧人重見者。

大量與佛學相關的文章,也創作了大量的詩歌,通過詩歌來闡明佛理禪機;三是以上兩種特點兼而有之的僧人,如智圓、居簡、道璨、大觀、元肇、善珍等,既是佛教史上的名僧大德,同時又因擅長詩文而聞名於世。當然這種劃分祇是相對而言的,並非絕對。

同時,宋代詩文僧是在宋代文學的大背景下產生的,是宋代文學的一個組成部分,他們和宋代的文學流派有着不可分割的關係,如九僧就屬於宋初的晚唐體詩人,智圓應屬於白體詩人,而惠洪、善權、祖可、如璧、慧空等屬於江西詩派,永頤、斯植等人則屬於江湖詩派。即使没有被列入詩派的詩僧,也不同程度地受到所處時代的文學思潮、詩派的影響,如南宋的詩僧,就與江西詩派、江湖詩派、理學詩派的詩人有着密切關係,在不同程度上受到他們的影響。當然作爲僧人,他們的詩文作品也自有其特點。就詩歌而言,從内容上看,他們寫了大量的禪詩,包括三類:一是利用詩歌的形式,純粹宣揚佛學禪理的,如大量的禪宗偈頌之類,其詩的文學審美價值較小;二是雖然也宣揚佛學禪理,却能結合自然風物等生動的形象,避免名相的生硬羅列,這類詩歌就具有一定的審美價值;三是字面上並無佛學禪理的痕迹,純是優美的抒情寫景,與一般的文人詩初看起來並無二致,却蕴含着禪機、禪意、禪趣,這一類詩的審美價值最高。① 大量禪詩的涌現,正是宋代僧詩的特點所在。所以白化文先生認爲禪詩的真正產生和成熟大約是在宋代,真正自覺地大量地寫禪詩,是宋代人的事,這也是宋詩和唐詩比較有明顯區别的一個特點的論斷,是準確而精闢的。② 宋代僧人的詩文作品内容更豐富,題材更多樣,是對前代傳統的繼承和發展,而其所流

---

① 關於此三類的劃分,參考了趙仁珪《對"禪文學"研究的幾點思考》一文,見董乃斌、薛天偉、石昌渝主編《中國古典文學學術史研究》一書所收,人民出版社1997年版。

② 見王洪、方廣錩主編《中國禪詩鑒賞辭典》前白化文序,中國人民大學出版社1992年版。

傳下來的詩文集數量也更多。

（二）宋歷代皇帝的佛教政策及對佛教的態度

佛教於兩漢之際傳入中國後，雖然歷代統治者對於佛教的態度和看法不一，但多數都是采取保護、扶持、崇奉、利用的策略，儘管也會不時進行適度的控制，甚而也出現過予佛教以沉重打擊的"三武一宗"（北魏太武帝拓跋燾、北周武帝宇文邕、唐武宗李炎、後周世宗柴榮）之厄。有宋一代，儒學占據着絕對正統的地位，而對釋、道二教，宋王朝的歷代統治者，基本上也是采取並崇的策略。於佛教，除了宋徽宗曾一度聽信道士林靈素之言而崇道抑佛，改佛刹爲宫觀，釋迦爲天尊，菩薩爲大士，僧爲德士等，①對佛教有一定的打擊外，總的都是扶持利用的。

宋太祖即位不久，就下詔諸路寺院，經後周世宗顯德二年（955）佛教"法難"中"當廢未毀者聽存，其已毀寺所有佛像許移置存留"；②又在揚州置建隆寺，爲征伐李重進而戰死者薦冥福，③並"賜田四頃，命僧道暉主之"，④歲度僧八千。⑤ 乾德四年（966），遣僧行勤等一百五十七人往西竺求法，並每人賜錢三萬以備行資。⑥ 開寶年間，詔於成都造金銀字佛經數藏，還敕令雕刻第一部官版漢文大藏經《開寶藏》。⑦ 這些措施無疑有利於宋初佛教的恢復與發展，同時也爲其後的繼任者起到了引領和示範的作用。

宋太宗也十分信奉佛教，甫一即位，就詔令普度天下童行爲

---

① 〔宋〕釋志磐《佛祖統紀》卷四十六，《大正新修大藏經》第49册，No.2035。
② 同上書卷四十三"建隆元年六月"條。
③ 同上書卷四十三"建隆二年"條。
④ 〔元〕釋念常《佛祖歷代通載》卷十八置此事爲建隆元年十二月，《大正新修大藏經》第49册，No.2036。
⑤ 同上。
⑥ 《佛祖統紀》卷四十三。
⑦ 〔元〕釋覺岸編《釋氏稽古略》卷四，《大正新修大藏經》第49册，No.2037。

僧,自太平興國元年至八年(976—983),度僧一十七萬餘人。① 除了度僧、修寺、賜額、建塔、造像等一系列促進佛教恢復發展的措施外,還在太平興國寺西建譯經院(後改爲傳法院),置譯經潤文使加以管理,譯場設譯主、證義、證文、書字梵學僧、筆受、綴文、參譯、刊定、潤文等人員,組織完備,恢復了中斷已久的佛經翻譯工作。又建印經院,負責佛經印製和流通。還注意培養本國從事佛經翻譯的後備人才,選拔童子學梵文,"高品王文壽選惟淨等十人引見便殿,詔送譯經院受學",惟淨因"口受梵章即曉其義,歲餘度爲僧,升梵學筆受"。② 太宗還特別注意對僧人群體佛學修養、文化素質的要求,雍熙三年(986),"詔天下係帳童行並與剃度,自今後讀經及三百紙,所業精熟者,方許係帳"。③ 至道元年(995),"詔兩浙福建路每寺三百人,歲度一人;尼百人,度一人。誦經百紙、讀經五百紙爲合格"。④ 這既是對僧尼人數的適度控制,又可以促使僧尼提高文化素質和佛學修養。太宗提拔重用博學多才的高僧,多次召見兩浙僧統贊寧,賜號通慧大師,除翰林,與學士陶穀同列,並詔其修《大宋高僧傳》,敕充史館編修,知西京教門事。⑤ 太宗自己還親自撰寫了大量尊崇佛教、宣揚佛理的詩文,如《新譯三藏聖教序》⑥《蓮華心輪回文偈頌》《秘藏詮》《秘藏詮佛賦歌行》《秘藏詮幽隱律詩》《秘藏詮懷感詩》《秘藏詮懷感回文詩》《逍遥詠》《緣識》《妙覺集》⑦等,這無疑會對僧俗產生廣泛的影響。當時在京城有大量精通義學文章的僧人,端拱元年(988)十二月,太宗遣中使衛紹欽諭旨僧

---

① 《釋氏稽古略》卷四,《大正新修大藏經》第49册,No.2037。
② 《佛祖統紀》卷四十三。
③ 同上。所謂"係帳童行",當指在寺院中登記在册但還未取得度牒的少年。
④ 同上,卷四十三。
⑤ 同上。
⑥ 《佛祖歷代通載》卷十八。
⑦ 以上北宋趙安仁、楊億編《大中祥符法寶錄》卷十八,見《宋藏遺珍》,民國二十四年(1935)北平三時學會出版影印本。

録司,選京城義學文章僧惠温、繼琳、守巒等五十六人同爲注解其《秘藏詮佛賦歌行》等著作;端拱二年十一月,又命僧録司選京城義學文章僧可昇、歸一、守邦等十二人同爲注釋其《逍遥詠》十一卷。其中應有不少僧人也是擅長作詩的詩僧。①

真宗秉承太祖、太宗的佛教政策,繼太宗後也爲新譯出佛經作《三藏聖教序》,還作了《大中祥符法寶録序》,又作《崇釋論》,認爲"釋氏戒律之書,與周孔荀孟迹異而道同,大指勸人之善,禁人之惡。不殺則仁矣,不盗則廉矣,不惑則信矣,不妄則正矣,不醉則莊矣……"②顯示其調和儒佛,主張儒佛一致的思想。還著有《法音集》,③并注《四十二章》《遺教》二經。④ 他還親試僧經,召僧入殿講經,多次到各地寺院拜佛祈福。僅天禧三年(1019)度僧就達二十三萬零一百二十七人,尼一萬五千六百四十三人。天禧五年時,天下僧人數量達到三十九萬七千六百十五人,尼六萬一千二百四十人。⑤ 受到太宗朝命僧箋注御集的影響,天禧四年,右街講僧秘演等主動上表請求以御製述釋典文章命僧箋注,附於《大藏》,并得到真宗許可,乃選京城義學文學沙門簡長、行肇、惠崇等三十人同箋注,這三十人中很多都是詩僧,如秘演,九僧中的簡長、行肇、惠崇,還有鑒微、尚能、楚文、普究、永興、善昇、清達、繼興、希雅、顯忠、義

---

① 如其中有九僧之一的懷古等,見《大中祥符法寶録》卷十八。《釋氏稽古略》卷四於太宗至道元年(995)下,載"御製《秘藏詮》二十卷、《緣識》五卷、《逍遥詠》十卷,命兩街僧箋注,入釋氏《大藏》頒行"。
② 《佛祖統紀》卷四十四。
③ 同上。〔宋〕吕夷簡《景祐新修法寶録》卷十三於"真宗皇帝御製《法音前集指要》一部三卷"下載:"大中祥符八年十一月,潤文兵部侍郎兼宗正卿趙安仁於《法音前集》中録論一首、讚十六首、頌六首、詩十一首,合成三卷,請以《法音前集指要》爲名鏤板模印,集外别行,詔可之。"又於"《法音後集》一部三卷"下載:"《法音後集》一部三卷。景祐二年九月,譯經使兼潤文左僕射兼門下侍郎平章事吕夷簡,同潤文史部侍郎参知政事宋綬於御集中録出,勒成三卷,請以《法音後集》爲名,編入新録,詔從之。"見《宋藏遺珍》。
④ 《佛祖統紀》卷四十四。
⑤ 同上。

賢、無象、文倚等人。①

其後的宋代皇帝除了沿襲前代的一些支持、鼓勵佛教發展的政策外,也大都繼承了前代帝王爲佛教相關文獻寫序,以所作佛教詩文頒入經藏或頒賜寺院、僧衆等做法來表示對佛教的重視和支持。他們也常常召僧人入宮講經,做佛事,討論佛法。在與僧人的交往過程中,還常常以詩偈、詩頌相賜。這些都會對僧俗產生潛移默化的影響,必定會引起他們對提高文學素養的重視。景祐三年(1036),仁宗爲駙馬都尉李遵勖所編《天聖廣燈錄》作序,又爲吕夷簡所編《景祐新修法寶錄》作序。② 太宗、真宗、仁宗都曾以詩歌形式爲唐道宣律師所傳釋迦佛牙舍利作偈贊,英宗敕大相國寺造《三朝御製佛牙贊碑》,將其偈贊刻於碑上。③ 即使是後來曾予佛教以打擊的宋徽宗,在其即位初期,對佛教也還是尊崇的。④ 建中靖國元年(1101),他曾爲禪宗雲門宗僧人惟白所編《建中靖國續燈錄》作序,⑤崇寧三年(1104),繼太宗、真宗、仁宗後,也爲釋迦佛牙舍利作贊,迎於禁中供養。其贊云:"大聖釋迦文,虛空等一塵。有求皆赴感,無刹不分身。玉瑩千輪在,金剛百煉新。我今恭敬禮,普願濟群倫。"⑥

仁宗皇帝在與僧人來往過程中,多賜以詩頌,并相唱和。如釋

---

① 《景祐新修法寶錄》卷十三"注釋釋典文集一部三十卷"條下。
② 《佛祖統紀》卷四十五。
③ 同上書卷四十五、卷五十三。太宗贊云:"功成積劫印文端,不是南山得恐難。眼覩數重金色潤,手擎一片玉光寒。煉時百火精神透,藏處千年瑩采完。定果熏修真秘密,正心莫作等閒看。"真宗贊曰:"西方大聖號迦文,接物垂慈世所尊。常願進修增妙果,庶期饒益在黎元。"仁宗贊曰:"三皇掩質皆歸土,五帝潛形已化塵。夫子域中誇是聖,老君世上亦言真。埋軀祇見空遺冢,何處將身示後人。唯有吾師金骨在,曾經百煉色長新。"
④ 參汪聖鐸《宋代政教關係研究》第五章第一節"一、宋徽宗即位初期對佛教的尊崇",人民出版社 2010 年版,第 140—142 頁。
⑤ 《佛祖統紀》卷四十六。
⑥ 同上。

懷璉(1009—1090),俗姓陳,字器之,漳州(今屬福建)人。始事南昌石門澄禪師,後爲廬山圓通居訥禪師掌記。仁宗皇祐二年(1050)詔住東京十方淨因禪院,召對成化殿,問佛法大意,奏對稱旨,賜號大覺禪師。仁宗皇帝與其問答,親書頌詩以賜之,共十七首。至和二年(1055)三月乞老山居,未得允准。英宗治平二年(1065)上疏丐歸,英宗從所請。晚住浙江四明阿育王山廣利禪寺。四明人爲建宸奎閣,藏仁宗所賜頌詩,蘇軾爲記。哲宗元祐五年(1090)無疾而化,年八十二歲。① 南宋釋曉瑩《羅湖野錄》《雲臥紀談》中更詳細地記載了仁宗皇帝與大覺懷璉相唱和的情況:

> 先是,仁廟閲《投子語錄》,至僧問:"如何是露地白牛?"投子連叱,由茲契悟。乃製《釋典頌》十四首。今衹記其首篇,曰:"若問主人公,真寂合太空。三頭并六臂,臘月正春風。"尋以賜璉。璉和曰:"若問主人公,澄澄類碧空。雲雷時鼓動,天地盡和風。"……久之,奏頌,乞歸山,曰:"六載皇都唱祖機,兩曾金殿奉天威。青山隱去欣何得,滿篋唯將御頌歸。"御和曰:"佛祖明明了上機,機前薦得始全威。青山般若如如體,御頌收將甚處歸。"再進頌謝曰:"中使宣傳出禁闈,再令臣住此禪扉。青山未許藏千拙,白髮將何補萬機。雨露恩輝方湛湛,林泉情味苦依依。堯仁況是如天闊,應任孤雲自在飛。"②

又

> 仁宗皇帝以皇祐四年十二月九日,遣中使降御問於淨因

---

① 事見〔宋〕蘇軾撰,孔凡禮點校《蘇軾文集》卷十七《宸奎閣碑》(中華書局 1986 年版,第 501—502 頁)、〔宋〕釋惠洪《禪林僧寶傳》卷十八(《卍新纂續藏經》第 79 册,No. 1560)、〔宋〕釋普濟《五燈會元》卷十五(《卍新纂續藏經》第 80 册,No. 1565)、元釋覺岸《釋氏稽古略》卷四等。其卒年據《釋氏稽古略》卷四。(《卍新纂續藏經》,〔日〕河村孝照等編集,國書刊行會 1975—1989 年版,臺北白馬精舍印經會印本)

② 〔宋〕釋曉瑩《羅湖野錄》卷上,《卍新纂續藏經》第 83 册,No. 1577。

大覺禪師懷璉曰:"才去豎拂,人立難當。"璉方與衆晨粥,遂起謝恩。延中使粥,粥罷,即以頌回,進曰:"有節非干竹,三星繞月宫。一人居日下,弗與衆人同。"於是皇情大悦。既而復賜頌曰:"最好坐禪僧,忘機念不生。無心焰已息,珍重往來今。"璉和而進之曰:"最好坐禪僧,無念亦無生。空潭明月現,誰説古兼今。"於時華嚴隆公嘗謂璉《即心是佛頌》乃虚空釘橛,然璉公仰醻御問,應機而然。隆公言之,亦各有旨哉。①

而同時人余靖則記載了仁宗皇帝對住東京華嚴禪院僧道隆賜詩頌的情況:

> 慶曆二年,上始賜《重陽頌》,師即箋注進呈,上覽之大悦,特賜紫方袍以寵之。繇是御書偈頌,提綱語句,動盈卷軸,師悉箋而酬之,聖眷益厚。後三年,復賜《大乘頌》,師亦箋釋和進,上愈嘉之,賜號圓明大師。②

哲宗紹聖中,詔智清禪師(?—1110)住東京大相國寺智海禪院。③ 哲宗去世百日,宣其入内,賜佛印禪師號。徽宗建中靖國元年(1101)二月,皇太后五七祭日,奉旨於慈德殿演法。他在敷演佛法的同時,還對本朝皇帝崇重佛教的行爲加以贊揚:

> 如昔仁宗皇帝在宥四十餘年,深窮禪理,洞瞭淵源。每萬機之暇,常召大覺禪師懷璉、圓明禪師道隆於後苑升堂,交相問難,唱和偈頌,敷演宗乘。流布迨今,禪林取則。又元豐初年,神宗皇帝爲求聖嗣,乃革相藍律院,分爲兩禪,一曰惠林,

---

① 〔宋〕釋曉瑩《感山雲卧紀談》卷上。《卍新纂續藏經》第86册,No.1610。
② 〔宋〕余靖《武溪集》卷九《東京左街永興華嚴禪院記》,《北京圖書館古籍珍本叢刊》集部第85册,書目文獻出版社1998年版。
③ 〔宋〕李綱《梁溪先生文集》卷一百三十九《佛印清禪師語録序》,《無錫文庫》第四輯,鳳凰出版社2011年版。

一日智海。召南方圓照禪師宗本、正覺禪師本逸領徒住持,開堂説法。嘗從容召對,問佛法宗猷,而禪考聖心益深有悟達。
……

自祖師到中國而來,亦未有如本朝崇重之盛遇。仁宗皇帝、神宗皇帝皆肯迴聖心研機顧問,建立禪林。則知佛法至尊至貴,至妙至神。

他還作詩頌一首,稱揚宋代皇帝"是現在諸佛,以大悲願力,順天應人,覆育蒼生,護持佛法"。其頌曰:"佛有多身是處分,人間天上化凡倫。要知昔日靈山老,現作中華聖宋君。"①

南宋時期,朝廷動蕩不安,面對金、蒙古的入侵,是戰是和對每個人都是考驗,統治者更需要利用佛教給以心靈的慰藉。高宗紹興四年(1134),僞齊劉豫同金兵入寇,高宗下詔親征,并詣天竺大士殿,焚香恭禱早平北虜,之後又令建水陸大齋濟度戰亡之士。還令天下州郡立報恩光孝禪寺,爲徽宗專建追嚴之所。孝宗常召僧人問讀經之要、參禪之法,並令於禁中建内觀堂,一遵上竺制度。曾召天竺若訥法師、徑山別峰寶印禪師、靈隱瞎堂慧遠禪師及三教之士,集内觀堂賜齋,又召若訥法師、慧遠禪師講經,參禪説法,還多次召佛照德光禪師對於内殿。他還撰寫《原道論》,闡述三教一致,主張"以佛修心,以道養生,以儒治世"。還親注《圖覺經》,賜徑山寶印禪師,刊行於世。② 宋理宗也非常尊崇佛教,曾多次召無準師範禪師入對,升座説法。又召上天竺法照法師講《華嚴經》,賜號佛光大師,并賜紫金襴衣。還常向寺院賜錢、賜物、賜字,請法

---

① 以上事及引文俱見釋惟白《建中靖國續燈録》卷二十一,《卍新纂續藏經》第78册,No.1556。
② 《佛祖統紀》卷四十七。

師入内道場行懺。還親自書寫《心經》。① 宋代皇帝的尊崇、支持、提倡,保護和促進了佛教的發展,而統治者對文化的重視,也對僧人創作大量詩文作品並流傳於世起到了促進作用。

(三)宋代佛教禪宗的發展爲大量僧人詩文作品的產生和流傳創造了條件

經過唐末五代社會的劇烈動蕩變化,佛教各宗派呈現出不均衡的發展態勢。宋代禪宗逐漸成爲佛教中影響最大的一派,在唐末五代形成的臨濟、潙仰、曹洞、雲門、法眼五家的基礎上,臨濟宗又演化出楊岐、黃龍兩派,形成五家七宗。而潙仰一系入宋不傳,法眼宗至宋初延壽(904—975)以後衰落,宋代禪宗主要有臨濟、雲門、曹洞三派。② 禪宗一向標榜的是不依經論文句,單傳心印。也就是所謂教外別傳,不立文字,直指人心,見性成佛。禪宗六祖慧能禪師説:"諸佛妙理,非關文字。"③ 菏澤神會禪師説:"六代祖師,以心傳心,離文字故。"④ 黃檗希運禪師也説:"祖師西來,直指人心,見性成佛,不在言説。"⑤ 但是禪宗進入宋代以後,出現了一些新的特點,其中之一就是"文字禪"被提倡,而且越來越興盛。出現了大量的語録、燈録、頌古、拈古、評唱等,當時著名的禪師大都有語録,燈録繼釋道原的《景德傳燈録》之後,又有《天聖廣燈録》《建中靖國續燈録》《聯燈會要》《嘉泰普燈録》四部燈録出現。雲門宗的汾陽善昭禪師首先作成《頌古百則》,很多禪師都紛紛效仿,著名的如雪竇重顯禪師,也作有《頌古百則》,他追求華麗優美的辭藻,把頌古

---

① 《佛祖統紀》卷四十八。
② 杜繼文、魏道儒《中國禪宗通史》,江蘇古籍出版社 1993 年版,第 384 頁。
③ 《五燈會元》卷一,中華書局 1984 年版,第 53 頁。
④ 楊曾文編校《神會和尚禪話録》正編《南陽和尚頓教解脱禪門直了性壇語》,中華書局 1996 年版,第 7 頁。
⑤ 〔宋〕賾藏主編集,蕭萐父、吕有祥、蔡兆華點校《古尊宿語録》卷二,中華書局 1994 年版,第 36 頁。

之風推向高潮,在當時及其後產生了很大影響。特別是圓悟克勤禪師又對重顯的《頌古百則》進行評唱而成《碧巖録》,受到了當時的禪僧和士大夫的歡迎,"於是新進後生,珍重其語,朝誦暮習,謂之至學"。① 這就使得當時很多禪僧每天都醉心於《碧巖録》的公案,注重從文字語言上進行探究和剖析,而偏離了禪宗原本提倡的"不立文字,直指人心,見性成佛"的宗旨,引起了一些禪師的擔心和不滿。

圓悟的弟子大慧宗杲禪師"因慮其後不明根本,專尚語言,以圖口捷,由是火之,以救斯弊"。② 不僅如此,宗杲還大力提倡看話禪,主張通過參究話頭而達到開悟。而南嶽下十六世育王無示介諶禪師法嗣心聞曇賁禪師也説:"天禧間,雪竇以辯博之才,美意變弄,求新琢巧,繼汾陽爲頌古,籠絡當世學者,宗風由此一變矣。逮宣、政間,圓悟又出己意,離之爲《碧巖集》,……莫有悟其非者,痛哉!學者之心術壞矣。"③可見當時還是有不少禪師是反對這種風氣的。一些俗世的文人,也認爲作爲一個禪僧,不應該以語言文字爲能事去闡發禪宗的妙理玄機,即所謂"以文章斧斤,開知見户牖",④更不應該吟風弄月。如寶曇是大慧門下弟子,不但熱衷於吟詩作文,還撰寫了《大光明藏》,並加以"己論",他就被當時的一些人非議。但是"文字禪"興盛的趨勢並未因宗杲燒毀《碧巖録》的刻版而終止。實際上宗杲所提倡的"看話禪"也需要看公案語録,他還撰集《正法眼藏》,⑤也作有頌古一百二十一首,⑥並曾經著有《指

---

① 〔宋〕釋淨善重集《禪林寶訓》卷四引心聞曇賁禪師語,《大正新修大藏經》第48册,No.2022。
② 〔宋〕釋重顯頌古、釋克勤評唱《佛果圓悟禪師碧巖録》卷十後所附希陵撰後序,《大正新修大藏經》第48册,No.2003。
③ 《禪林寶訓》卷四引心聞曇賁禪師語。
④ 〔宋〕釋道璨《無文印》卷九《〈大光明藏〉後序》,日本國會圖書館藏宋咸淳九年(1273)刊本。
⑤ 見《卍新纂續藏經》第67册,No.1309。
⑥ 見《全宋詩》册三〇第19378頁。

源集》。① 所以他的本意並不是要廢棄文字,實際上也不可能廢棄文字,衹是要禪僧把文字作爲"見月之指",參究其"言外之意",不要迷信和執着於文字。唐代名僧圭峰宗密法師就説:"達摩受法天竺,躬至中華,見此方學人多未得法,唯以名數爲解,事相爲行,欲令知月不在指、法是我心故,但以心傳心,不立文字,顯宗破執,故有斯言,非離文字説解脱也。"② 南宋大慧派門下的很多禪僧如居簡、道璨、大觀等除了有語録、頌古外,還有詩文集傳世,這也是原因之一。所以當寶曇受到非議時,還是有很多人支持和同情他的,如居簡在《空聖予哀辭》前面的序引中説:"新安空聖予,侗儻有大志,喜勝己者,雖年小事之。謹老叢林,有從上爪牙,先佛照愛之重之。橘洲中飛語,故舊匿影,公毅然奔走,借援於大縉紳,諸老讋之,余亦讋之。"③ 可見空聖予在寶曇中飛語,故舊匿影的情況下,還爲他奔走,向大縉紳求助。寶曇在滅翁文禮告誡他"從上的的相承,果可以文字語言而發之乎"時,也反駁道:"汝依今育王者,彼方蔽一曲猥見,網罟後學,大方之論,未始聞也。予以離言之説,揚祖師妙處,要皆順考其宗,無一毫增損,有能閲此,若合符契,我之願王立矣。"④ 南宋晦室師明禪師在爲《續古尊宿語要》作序時亦説:"達磨西來,道個不立文字。早是立了也。致令千載之下,所至堆山積嶽。堆積既多,覽者厭飫。今此録者,乃是前衆人厭飫之中,撮出一二。譬若上林春色,在一兩花,豈待爛窺紅紫,然後知韶光之浩蕩也? 既知春矣,喚此録作立文字也得,不立文字也得,總不干事。"⑤

宋代文字禪的興盛,推動了宋僧詩文作品的大量産生和流傳,

---

① 《全宋詩》"宗杲小傳",第19363頁。
② 〔唐〕釋宗密《禪源諸詮集都序》卷上之一,《大正新修大藏經》第48册,No. 2015。
③ 〔宋〕釋居簡《北磵文集》卷十,影印文淵閣《四庫全書》本。
④ 〔宋〕釋寶曇《大光明藏》卷末釋文禮跋,《卍新纂續藏經》第79册,No. 1563。
⑤ 〔宋〕釋師明《續古尊宿語要》卷首序,《卍新纂續藏經》第68册,No. 1318。

很多宋代僧人的文章都是闡述其佛教思想,詩歌也是繞路説禪。

（四）宋代貫通儒釋、三教一致的思想及僧侣世俗化、文人化,士大夫學佛崇佛的傾向

宋代是中國文化發展的高峰,儒、釋、道三教並崇,很多文人士大夫和僧人都有貫通儒釋、三教一致的思想,出現了僧侣世俗化、文人化,士大夫學佛崇佛的傾向。而能詩善文的僧人的數量也急劇增加,大大超過了以前各代文僧數量之和。其詩文作品被編輯成集或刊刻流傳者也更多。宋代天台宗山外派著名僧人智圓,早勤儒學,兼涉老莊,會通儒釋道三教思想,認爲是殊途同歸。他自號中庸子,尊奉《中庸》,在宋人中似爲最先。[①] 他作有《三笑圖贊并序》云：

> 昔遠公隱於廬山,送客以虎溪爲界,雖晉帝萬乘之重、桓玄震主之威,亦不能屈也。及送道士陸脩靜、儒者陶淵明,則過之矣。既覺之,乃攜手俳徊,相顧釂然。噫!得非道有所至而事有所忘乎?人到於今寫其形容謂之《三笑圖》,止爲戲翫而已,豈知三賢之用心邪!於是作贊以明之：

> 釋道儒宗,其旨本融,守株則塞,忘筌乃通。莫逆之交,其惟三公。厥服雖異,厥心惟同。見大忘小,過溪有蹤。相顧而笑,樂在其中。[②]

他認爲人們畫《三笑圖》,衹是爲了戲翫,并未理解"釋道儒宗,其旨本融""厥服雖異,厥心惟同"的真意。他又説："夫儒釋者,言異而理貫也。莫不化民俾遷善遠惡也。儒者飾身之教,故謂之外典也。釋者修心之教,故謂之內典也。惟身與心則内外別矣,蚩蚩生民豈

---

① 錢穆《讀智圓〈閑居編〉》云："蓋自唐李翱以來,宋人尊《中庸》,似無先於智圓者。"《中國學術思想史》(五),臺北:東大圖書有限公司 1984 年版,第 30 頁。
② 〔宋〕釋智圓《閑居編》卷十六,《卍新纂續藏經》第 56 册,No.0949。

越於身心哉？非吾二教何以化之乎？嘻！儒乎，釋乎，其共爲表裏乎！"①可以看到他貫通儒釋、三教一致的思想。宋代雲門宗名僧契嵩，爲了對抗排佛之説，撰《原教篇》，着重論述佛家五戒十善與儒家五常相通一貫的道理。他説：

> 吾之喜儒也，蓋取其於吾道有所合而爲之耳。儒所謂仁義禮智信者，與吾佛曰慈悲、曰布施、曰恭敬、曰無我慢、曰智慧、曰不妄言綺語，其爲目雖不同，而其所以立誠修行、善世教人豈異乎哉？……儒佛者，聖人之教也。其所出雖不同，而同歸乎治。儒者，聖人之大有爲者也；佛者，聖人之大無爲者也。有爲者以治世，無爲者以治心。治心者不接於事，不接於事則善善惡惡之志不可得而用也。治世者宜接於事，宜接於事則賞善罰惡之禮不可不舉也。其心既治，謂之情性真正。情性真正，則與夫禮義所導而至之者，不亦會乎！儒者欲人因教以正其生，佛者欲人由教以正其心。②

從中也可見其貫通儒佛、認爲儒佛是殊途同歸的思想。

其實宋代很多僧人從小接受的就是儒家思想的教育，後因各種原因出家，儒家思想在他們心中是根深蒂固的，這就使得他們遁入空門後很容易把儒佛思想相結合，融會貫通。同時，這也是佛教在儒學文化占主導地位的社會中求得生存空間的必然選擇。南宋臨濟宗大慧派著名禪僧物初大觀幼年喪父，由叔父教育使就舉業，後來放棄舉業而入佛門。他對儒家典籍是非常熟悉的。在書中他經常引用《易》、《詩》、孔子、孟子的話來闡明自己的觀點。

---

① 《閑居編》卷十九《中庸子傳上》。
② 〔宋〕釋契嵩《鐔津文集》卷八《寂子解》，《大正新修大藏經》第52册，No.2115。

如引孟子曰:"養生者不足以當大事,惟送死者可以當大事。"①又引《易》曰:"君子敬以直内,義以方外。"②又在《希先序》中説:"道貴乎有本,本不失則履之而無弊。衰周之士,玩禮樂之文而亡其實,故孔子願從先進,所以歎古意之不存,而矯世之失也。……《詩》不云乎:'我思古人,實獲我心。'"③有人認爲他對禮的解釋是"佛學而儒爲訓",他却説:"禮,人之所共由也。由夫禮而後可以學佛。"④可見他並不是把儒佛作爲對立面來看待,而是主張貫通儒佛。在宋代不僅僧人具有貫通儒釋、三教一致的思想,從皇帝到信佛的文士都有這種思想,某種程度上可以説已經成爲信佛之士的共識。宋孝宗在其所撰《原道論》中就説:

> 朕觀韓愈《原道論》,謂佛法相混,三教相紬,未有能辨之者。徒文煩而理迂耳。若揆之以聖人之用心,則無不昭然矣。何則?釋氏窮性命外形骸,於世事了不相關,又何與禮樂仁義者哉!然猶立戒曰不殺、不淫、不盗、不妄語、不飲酒。夫不殺,仁也;不淫,禮也;不盗,義也;不妄語,信也;不飲酒,智也。此與仲尼又何遠乎?從容中道,聖人也。聖人之所爲,孰非禮樂?孰非仁義?又惡得而名焉?譬如天地運行,陰陽若循環之無端,豈有春、夏、秋、冬之别哉?此世人强名之耳。亦猶仁、義、禮、樂之别,聖人所以設教治世,不得不然也。因其强名,揆而求之,則道也者,仁義禮樂之宗也,仁義禮樂固道之用也。楊雄謂老氏棄仁義、絶禮樂,今迹老氏之書,其所寳者三,曰慈,曰儉,曰不敢爲天下先。孔子曰"節用而愛人",老氏之

---

① 〔宋〕釋大觀《物初賸語》卷十一《送空老歸天台闍維其親序》,許紅霞《珍本宋集五種——日藏宋僧詩文集整理研究》下册,北京大學出版社2013年版,第741頁。
② 《物初賸語》卷十二《直之序》,同上書,第756頁。
③ 同上書,卷十二《希先序》,第756—757頁。
④ 同上書,卷十二《禮翁序》,第763頁。

所謂儉,豈非愛人之大者耶!孔子曰"溫、良、恭、儉、讓",老氏所謂"不敢爲天下先",豈非讓之大者耶!孔子曰"惟仁爲大",老氏之所謂慈,豈非仁之大者耶!至其會道,則互見偏舉,所貴者清淨寧一,而與孔聖果相背馳乎?蓋三教末流,昧者執之,自爲異耳。夫佛老絶念無爲修身而矣。孔子教以治天下者,特所施不同耳。譬猶耒耜而耕,機杼而織。後世紛紛而惑,固失其理。或曰:"當如何去其惑哉?"曰:"以佛修心,以道養生,以儒治世,斯可也。"其唯聖人爲能同之,不可不論也。①

亦以佛教五戒與儒家五常相通,又以老子所謂"儉"就是孔子所謂"節用而愛人"之"愛人之大者";老子所謂"不敢爲天下先",就是孔子所謂"溫、良、恭、儉、讓"之"讓之大者";老子所謂"慈",也就是孔子所謂"仁之大者"。可見其與智圓、契嵩等三教一致的思想是相同的。他還主張"以佛修心,以道養生,以儒治世"。張商英曾説:"唯吾學佛然後能知儒。"宋孝宗認爲他與張商英觀點相同。② 王日休(?—1173),③字虚中,號龍舒居士,廬州龍舒(今安徽舒城縣一帶)人。宋高宗朝舉國學進士,博通六經,尤精於《易》,曾訓詁注解《六經》《論語》《孟子》數十萬言,一日棄去,專修西方淨土之業,著有《龍舒淨土文》傳世。④ 他曾説:

> 儒者或以釋氏之徒無戒行故輕其教者,豈可以道流不肖而輕老子、士人不肖而輕孔子?釋氏之教有世間法,有出世間法。其世間法戒殺、盗、淫,儒釋未嘗不同。其不同者,釋氏之

---

① 《佛祖統紀》卷四十七引《聖政録》。
② 《佛祖統紀》卷四十七。
③ 卒年據《龍舒增廣淨土文》卷十一宋李彦弼撰《廬陵李氏夢記》,《大正新修大藏經》第47册,No.1970。
④ 〔清〕彭希涑《淨土聖賢録》卷八《王日休傳》,《卍新纂續藏經》第78册,No.1549。

出世間法也。儒家止於世間,故獨言一世而歸之於天。釋氏知屢世,而能具見群生業緣本末,此其不同耳。①

他認爲釋氏世間法與儒教是相同的,不同之處在於釋氏的出世間法能知來世,並能具見群生本末。南宋志磐評述道:

> 王龍舒之爲儒也,固嘗爲六經作訓傳矣。潛心學古,非世儒之常流也。及盡棄其學而學佛,必有一定之見。今人爲儒未及於龍舒,而欲以汎汎口舌,效韓、歐排佛之失言,是皆未足以知兩家之道本不悖也。至若世間、出世間之説,雖未盡理,謂佛能具見群生業緣本末,此得之矣。蘇、黃諸公誠知此,伊洛先輩徒能以道自任,以故時有排斥,然不足以知此義也。②

他認爲王日休非"世儒之常流","必有一定之見",那些效仿韓、歐有排佛之言的人,都不瞭解儒釋兩家之道是相通不悖的。龍舒世間、出世間之説雖未盡理,但他認爲佛能具見群生業緣本末是對的,蘇軾、黄庭堅諸公對此都瞭解,伊洛諸儒時有排斥,但對此義不瞭解。總之,王日休、志磐都認爲儒釋之道是相通不悖的。蘇軾在《祭龍井辯才文》中亦説:"孔老異門,儒釋分宫。又於其間,禪律相攻。我見大海,有北南東。江河雖殊,其至則同。"③可見蘇軾亦認爲儒釋道三教一致,殊途同歸。

另一方面,宋代僧人與士大夫的雙向交往比比皆是,僧人世俗化,士大夫居士化、習禪悦佛的風氣特別突出。一些僧人不僅在山林寺院與士大夫一起吟詩參禪,講經説法,還游走於宫廷權門,結交高官士夫,求通於天子宰相。而那些文人高官也主動結交僧人,

---

① 《佛祖統紀》卷四十七。
② 同上。
③ 〔宋〕蘇軾撰,孔凡禮點校《蘇軾文集》卷六十三,第1961頁。

或游於林下,誦經參禪;或寄贈酬答,吟詩酬唱。如宋初九僧,所結交者不僅有种放、魏野、林逋等山林隱逸之士,還有寇準、王旦、丁謂、陳堯叟、凌策、田錫、楊億、王禹偁等宰相、文人高官。① 又如契嵩,《佛祖統紀》卷四十五謂:

> 初得法於洞山聰禪師,至錢唐靈隱,閉户著書。既成,入京師,見内翰王素,進《輔教編》《定祖圖》《正宗記》。上讀其書,至"爲法不爲身",嘉歎其誠,敕以其書入《大藏》,賜明教大師。及送中書宰相韓琦,以視參政歐陽脩,脩覽文歎曰:"不意僧中有此郎。"黎明,同琦往淨因見之,語終日。自宰相以下莫不爭延致,名振海内。

其中敘述了他進《輔教篇》等書得到仁宗皇帝賞識後,韓琦、歐陽脩親自去淨因寺見他,自宰相以下高官文人莫不爭相延致禮遇,從而名震海内。太宗淳化二年(991),杭州西湖昭慶寺僧省常,刺血書《華嚴·淨行品》,結社修西方淨業。以宰相王旦爲首,參政蘇易簡等一百三十二人皆參加,一時士大夫皆稱淨行社弟子。② 道潛與蘇軾的交誼更爲大家所熟知,與蘇軾交往的僧人還有大覺懷璉、辯才元淨、海月慧辯、佛印了元等衆多僧人。南宋詩僧寶曇,結交史浩、史彌遠一家,史浩專門爲其建橘洲、竹院居住。居簡則與樓鑰、葉適、錢象祖、高似孫、王居安、喬行簡、韓淲、劉過、劉宰、盧祖皋、錢厚、趙師秀、高翥、薛師石、薛師董、真德秀、趙汝迕、趙與悊、趙希邁、翁逢龍、趙汝吟、吳惟信、翁定、許棐、周弼、徐集孫、劉震孫、高斯得等衆多高官文人交往。③

---

① 許紅霞《宋初九僧叢考》,《古典文獻研究論叢》,北京大學出版社1995年版,第65—77頁。
② 《佛祖統紀》卷四十三。
③ 許紅霞《居簡交游考》,《北京大學中國古文獻研究中心集刊》第六輯,北京大學出版社2007年版。

縱觀兩宋三百一十餘年間,無論是宰臣名吏、王公貴胄,還是一般文人,與僧人相交往者比比皆是,不少人還成爲禪宗高僧的法嗣。楊億"留心釋典禪觀之學",①和僧人來往頻繁,如他與駙馬都尉李遵勖皆尊崇天台宗著名高僧四明知禮法師,向朝廷論薦,詔賜紫袈裟;多次致書,請其住世。② 楊億寫有《賀法智受命服啓》③《請四明法師住世書》④等文。還給許多禪宗典籍作序,爲禪師寫行狀,如《汾陽無德禪師語錄序》《無相大師行狀》《古清規序》《景德傳燈錄序》等。他在出守汝州時,成爲臨濟宗廣慧元璉禪師的法嗣。駙馬都尉李遵勖則成爲谷隱蘊聰禪師法嗣。王安石、蘇轍、黃庭堅、張商英等與雲庵真淨克文禪師相交游。元豐末年,真淨克文爲東吳山水之游,至鍾山,謁見王安石。王安石早聞其名,與其相見甚喜,留宿定林庵。"時公方病起,樂聞空宗,恨識師之晚。"⑤還向克文禪師請教自己讀《圓覺經》的相關疑問,聽到其解答後非常高興。又施捨宅第作爲寺院(名報寧寺),延請克文禪師爲開山第一祖。還以其名請於朝,賜紫方袍,號真淨大師。"金陵江淮,大會學者,至如稻麻粟葦。寺以新革室宇不能容,士大夫經游無虛日。"⑥蘇轍元豐三年(1080)因罪謫南方,"一見如舊相識",⑦並爲其《語錄》作序。克文住廬山時,黃庭堅曾造訪他,相與游鸞溪,坐大石上,擘窠留題其法喜之游。紹聖三年(1096),張商英出鎮洪州府,道經歸宗

---

① 《宋史》卷三百零五本傳,中華書局 1977 年版,第 10083 頁。
② 〔宋〕釋宗曉《四明尊者教行錄》卷一,《大正新修大藏經》第 46 册,No. 1937。
③ 同上書,卷五。
④ 〔宋〕釋宗曉《樂邦文類》卷四,《大正新修大藏經》第 47 册,No. 1969A。
⑤ 〔宋〕釋德洪《雲庵真淨和尚行狀》,見《雲庵克文禪師語錄》附錄,《卍新纂續藏經》第 69 册,No. 1342。
⑥ 同上。
⑦ 〔宋〕蘇轍《〈寶峰雲庵真淨禪師語錄〉序》,《古尊宿語錄》卷四十五,中華書局 1994 年版,第 897 頁。

寺,谒見克文於淨名庵,第二年迎其居石門。① 而南宋高宗朝宰相湯思退、參政李邴、內翰汪藻、禮部侍郎張九成、給事中馮楫等人,皆向大慧宗杲禪師問道有悟入。② 蘇軾與佛印禪師參禪斗機鋒的故事亦常爲人所道:

> (元祐)四年,翰林學士蘇軾知杭州。道過金山,謁佛印禪師。值師集衆入室,軾竟造之。師曰:"此無坐處,內翰何來?"軾曰:"暫借和上四大作禪床。"師曰:"有一轉語,若答得,當如所請;若擬議,即留所繫玉帶。"軾許之,置玉帶几上。師曰:"山僧四大本空,五蘊非有,內翰欲於何處坐?"軾果擬議,師急呼侍者曰:"收取玉帶,永鎮山門。"遂取衲裙爲報。③

蘇軾爲東林常總禪師法嗣,黃庭堅爲晦堂祖心禪師法嗣,張商英爲兜率從悅禪師法嗣,徐俯、趙令衿、李彌遜、張浚皆爲圓悟克勤禪師法嗣,張九成、李邴皆爲大慧宗杲禪師法嗣,錢端禮、錢象祖皆爲護國景元禪師法嗣,等等。④ 而有些僧人還因與文人高官相交往受到牽連,遭到流放,如惠洪、大慧宗杲即是。志磐曾評論其事:

> 自古公卿與釋氏游者,重其道、敬其人耳。本朝公卿交釋氏者尤爲多,未聞以語言之過交相爲累者。洪覺範之竄朱崖,坐交張無盡;杲大慧之流衡陽,坐交張子韶。而皆以語言爲其罪。夫儒釋之交游,不過於倡和以詩,談論以道,否則爲廬山結社之舉耳。豈當陷賢者於姦佞而鉤黨於林間之人哉! 其爲法門不幸。有若二師者,言事之過論,九重之不察也。⑤

---

① 見〔宋〕釋德洪《雲庵真淨和尚行狀》。
② 《佛祖統紀》卷四十七。
③ 《佛祖統紀》卷四十六。
④ 〔明〕朱時恩《居士分燈錄》卷下,《卍新纂續藏經》第 86 册,No.1607。
⑤ 《佛祖統紀》卷四十七。

他在同情二人遭遇的同時,也指出其"言事之過論"。

從以上論述可以看出,宋代社會中存在着貫通儒釋道、三教一致的思想及僧侶世俗化文人化、士大夫學佛崇佛的傾向,而這種思想與傾向,也爲僧人詩文作品的大量產生并刊刻流傳,提供了更多機會,創造出更多條件。

(五)宋末元初中日佛教文化交流狀況

中日兩國的文化交流源遠流長,而佛教僧侶又在其中發揮了重要的作用。隋、唐時期,就有不少日本僧侶前來留學、求經,如空海、最澄、圓仁、圓珍等都是入唐的名僧。唐代的鑒真大師,不畏艱險,經歷五次東渡的失敗,最後終於率徒衆到達日本,在中日文化交流史上寫下了光輝的篇章。中日古代的文化交流,同時也伴隨着典籍的交流,佛教僧侶在漢籍的東傳過程中同樣起着不可替代的作用。如入唐日僧圓仁在其《入唐新求聖教目錄》中,就載錄書籍584部802卷,除了佛教的經綸、章疏、傳記等相關書籍外,還有《百司舉要》《兩京新記》《皇帝拜南郊儀注》《丹鳳樓賦》《詩賦格》《杭越唱和詩》《王建集》《杜員外集》《白家詩集》《開元詩格》等漢籍外典。① 九世紀末,日本政府停派遣唐使,也禁止日船外航。至北宋,由於日本政府對外處於閉關鎖國的狀態,中日之間靠民間交流來往,多爲中國民間商船前往日本,一些日僧便搭乘中國商船來宋朝訪問,民間交往一直持續不斷。到了南宋,隨着武家的興起,權臣平清盛(1118—1181)等大力鼓勵對外貿易,也有不少日本商船開往宋朝,②這就爲宋日僧人間的交流往來提供了更多機會。特别是南宋末年,時值日本鎌倉幕府武家掌權時代,由於舊佛教的腐敗

---

① 鈴木學術財團編集《大日本佛教全書》第95卷《目錄部一》,財團法人鈴木學術財團1972年版,第242、247頁。

② 參[日]木宮泰彦著,胡錫年譯《日中文化交流史》,商務印書館1980年版,第237頁。

墮落，不能適應武士階層的需要，而禪宗主張"平常心是道""即心即佛""即事而真"，提倡在日常生活中隨時體悟佛道，易爲武士階層及一般平民接受；宋代禪宗僧人大都有貫通儒佛、儒佛一致的思想，"授禪之餘還講治國平天下的道理"；①同時，原有的舊佛教是世家公卿的勢力，爲了在佛教方面與之抗衡，鎌倉幕府掌權者對於從中國引進與舊佛教没有關係的禪宗有着極大的興趣。② 鎌倉幕府的歷代將軍、執權大都對禪宗持歡迎和支持的態度，如執權北條時賴(1227—1263)、北條時宗(1251—1284)、北條貞時(1272—1311)等特别尊崇佛教禪宗，也爲促進中日僧人之間的交流往來發揮了重要作用，所以宋末元初，宋日僧人之間交流往來更加頻繁。宋代僧人的詩文集在國内大都佚失不存，但有不少在日本還完好地保存着，並有和、漢多種版本存在，這與宋末及以後中日兩國間的文化交流，特别是僧人間的交流往來有着密切的關係。據木宫泰彦《日中文化交流史》統計，南宋時代有名姓可考的入宋日僧有一百零九人，渡日宋僧有十四人；元朝時入元日僧有二百二十二人，渡日元僧十三人。入宋入元日僧大都是爲了參拜佛教聖迹、參禪問道而來；而渡日宋元僧人也往往是受日本幕府或僧人之邀，爲傳道弘法而往。在這個過程中，就有大量的佛教典籍及漢籍外典流傳到日本。

北宋時，入宋的日本僧人中，以奝然、寂昭、成尋三人最著名，其事迹在《宋史》卷四百九十一《外國》七"日本國"中有記載。奝然是日本東大寺的學問僧，爲去五臺山參拜文殊菩薩及其他佛教聖迹，於宋太宗雍熙元年(984)入宋，是第一位入宋的日本僧人。寂昭是日僧源信的弟子，他攜帶源信關於天台學的二十七條疑義文

---

① 楊曾文《日本佛教史》，人民出版社 2008 年版，第 201 頁。
② 參嚴紹璗《漢籍在日本的流布研究》，江蘇古籍出版社 1992 年版，第 38 頁。

到宋朝,向四明天台學者知禮請教。寂昭在宋時,謁見了真宗皇帝,獲賜紫衣,被授予"圓通大師"稱號。還受到大臣丁謂、楊億的賞識。成尋於神宗熙寧五年(1072)入宋,他撰有《參天台五臺山記》,詳細記載了他由日本搭乘宋朝商船出發來到宋地所經過的各個地方及活動。

南宋時,前來參拜佛教名山聖迹、問道求法的日僧更多,宋日僧人之間的交往也更加頻繁。最早是東大寺的重源,字俊乘,俗名復位。初習密教,後研淨業。於孝宗乾道三年(1167)入宋,其間朝拜了天台山、阿育王山等地,於次年秋天回國。① 其次有日僧榮西(1141—1215),號明庵,乃日本臨濟宗開山之祖。他曾兩度入宋,第一次是在乾道四年四月,乘商船入宋,適遇重源,二人相伴登天台山等地。秋九月,攜帶天台新章疏三十餘部六十卷與重源一起回國,並且帶回了茶種。孝宗淳熙十四年(1187),他再次入宋,向臨濟宗黃龍派虛庵懷敞禪師學禪。在宋五年,於光宗紹熙二年(1191)回國。他不顧來自舊佛教各宗派的種種擠壓,先後在九州、博多、鐮倉、京都等地普及禪宗。還寫有著名的《興禪護國論》和《吃茶養生記》。②

日本天台宗僧人覺阿,世姓藤氏,"嘗聞客商稱宋地禪道之盛,奮然志遠游",於乾道七年與其法弟金慶一起入宋,到達杭都,從臨濟宗楊岐派佛海慧遠禪師(1103—1176)(號瞎堂,時在靈隱寺)學禪。次年秋,游金陵,抵長蘆江岸,聞鼓聲忽然穎悟,返靈隱,述五偈呈所見:

航海來探教外傳,要離知見脱蹄筌。諸方參遍草鞋破,水

---

① 事見[日]釋虎關師煉《元亨釋書》卷十四、[日]釋師蠻《本朝高僧傳》卷六十五,《大日本佛教全書》本。

② 事見《元亨釋書》卷二、《本朝高僧傳》卷三。

在澄潭月在天。

掃盡葛藤與知見，信手拈來全體現。腦後圓光徹太虛，千機萬機一時轉。

妙處如何説向人，倒地便起自分明。驀然踏着故田地，倒裏襆頭孤路行。

求真滅妄元非妙，即妄明真都是錯。堪笑靈山老古錐，當陽拋下破木杓。

豎拳下喝少賣弄，説是論非入泥水。截斷千差休指注，一聲歸笛囉囉哩。①

爲慧遠所印可。慧遠有《示日本國覺阿》云：

參透西來鼻祖禪，乘時東去廣流傳。鑊湯爐炭隨緣入，劍樹刀山自在攀。教海義天休更問，龍宮寶藏豈能詮。翻身師子通途妙，活捉魔王鼻孔穿。②

慧遠還有《送日本國覺阿金慶二禪人游天台》詩，③覺阿後辭慧遠回國，住叡山寺。④

釋俊芿（1166—1227），字不可棄，九州肥後（今熊本縣）人，京都泉涌寺開山祖師。寧宗慶元五年（1199）率秀、賀二弟搭乘商舶入宋，游歷兩浙名刹，入臨安，登徑山見蒙庵元聰禪師。六年春還四明，依景福寺如庵了宏律師習律部三年。嘉泰二年（1202）冬離明州，又之台州，居赤城寺，禮智者塔。三年，又到秀州華亭縣超果教院，隨北峰宗印習天台教觀八年。嘉定三年（1210）秋，往四明問鄉舶，又之溫州，依德廣律師學七滅諍。四年，由明州乘船歸國。

---

① 〔宋〕釋正受《嘉泰普燈録》卷二十，《卍新纂續藏經》第 79 册，No.1559。
② 〔宋〕釋齊己等編《瞎堂慧遠禪師廣録》卷三，《卍新纂續藏經》第 69 册，No.1360。
③ 同上書卷四。
④ 事見《嘉泰普燈録》卷二十、《五燈會元》卷二十、《元亨釋書》卷六。

帶回律宗經書、天台、華嚴章疏及儒書、雜書凡二千一百三卷，還有很多圖畫、碑帖、器物等。他在嘉定初游臨安，寓居下天竺寺，廣交禪、教、律諸名宿，相與論道。與公卿大夫如史彌遠、錢象祖、樓鑰、樓昉等也有交往，又與會稽名士葛無懷來往贈答。①《北磵文集》卷二《湖州寶雲彬文仲淨業記》中也提到俊艿，可見居簡對他也非常熟悉。

釋思順，號天祐。初學台教，後寄思禪法，航海入宋。歷參諸老，及見北磵居簡，命居侍局。在宋居留十三年後歸國。在京都創建勝林寺，唱大慧之禪。②《北磵詩集》卷八有《贈日本國僧順侍者》云：

粟散王都藐莫知，星分棋布海中泒。三韓未遠須重譯，九土雖中共秉彝。但見神僧巍跨水，弗聞君子陋居夷。由余季札高千古，更復區區桀蹠爲。③

釋道元(1200—1253)，京兆（今京都）人，俗姓源。幼穎異，讀唐《李嶠百詠》，習《毛詩》《左傳》及諸經史，不由師訓而能通大義。八歲喪母，十四歲在比叡山禮座主公圓落髮受具戒，研習台宗教乘。後往建仁寺參榮西禪師，榮西遷化後，依其法嗣明全禪師。寧宗嘉定十六年(1223)，與明全禪師一同入宋，至明州，徑上天童，參住持無際了派禪師；尋往徑山，謁浙翁如琰禪師。明年，再往天童，參謁住持長翁如淨禪師（曹洞宗第十三代祖師）。一日，聞如淨語大悟，爲如淨所印可，從侍四載，盡得曹洞宗秘要。他還記錄了如淨禪師因學徒請益的問答機緣，其中也包括道元自己請益如淨的內容和過程。④ 而明全禪師居宋三年，寂化於天童了然齋。理宗寶

---

① 事見《元亨釋書》卷十三、《本朝高僧傳》卷五十八。
② 《本朝高僧傳》卷十九。
③ 《全宋詩》册五三卷二七九七第 33214 頁。
④ 見〔宋〕釋義遠編《天童山景德寺如淨禪師續語錄》末附道元跋文，《大正新修大藏經》第 48 册，No. 2002B。

慶三年(1227)，道元辭別如淨禪師，攜明全火後遺骨舍利歸國，如淨付僧伽梨并自贊頂相予道元，并囑咐他歸國後隱居深山僻遠之地，不要接近國王大臣。他回國後先寓居京都建仁寺，日本天福元年(1233)，住京都城南之興聖寶林寺爲第一世。寬元二年(1244)，受聘爲越前永平寺開山始祖，叢規一則宋太白山天童寺。他致力於闡揚佛法宗風，培養弟子，成爲日本曹洞宗鼻祖，永平寺也成爲日本曹洞宗的大本山。寶治元年(1247)，應執權北條時賴之請，赴鐮倉説法並爲其授菩薩戒，北條時賴執弟子禮，并欲建精藍留道元，道元不就而歸越州。北條時賴又欲捨莊園以充雲厨，道元亦不受。後嵯峨天皇聞其道譽，賜紫方袍并禪師號，其再三固辭，後不得已而接受，但卒不披其衣。建長五年(1253)八月二十八日示寂，年五十四。有《正法眼藏》《永平廣録》等傳世。[1]

　　一些入宋、入元日僧很多都是日本五山禪僧，如入宋日僧辨圓(1202—1280)，字圓爾，俗姓平氏。世稱聖一國師。早學天台宗，十八歲於園城寺出家，在東大寺受戒。先後從諸大德學過禪法、密教。他於理宗端平二年(1235)入宋明州，寓景福律院學律，未幾，入天童山見癡絶道沖禪師，後到臨安，在天竺寺向柏庭善月法師質性具之旨，又參淨慈笑翁妙堪、靈隱石田法薰及退耕德寧禪師，後登徑山，師事無準師範禪師(1177—1249)並成爲其法嗣。其間又向即庵慈覺、西巖了惠禪師請益，與斷橋妙倫、別山祖智、環溪惟一、簡翁居敬、靈叟道源、方庵智圻、兀庵普寧、西叟紹曇、絶岸可湘、雪巖祖欽等禪師成爲莫逆之交。時居簡在北磵，望高一時，圓爾前往謁見，被延爲上賓。在宋七年，於理宗淳祐元年(1241)辭別無準師範禪師及諸友返日，後爲京都東山東福寺開山祖師。他由

---

[1] 事見《元亨釋書》卷六、《本朝高僧傳》卷十九《京兆建仁寺沙門明全傳》、[日]釋師蠻《延寶傳燈録》卷一《宋明州天童長翁如淨禪師法嗣·道元傳》(《大日本佛教全書》本)。

宋歸國時,曾帶回經論章疏、語錄、儒書等數千卷,藏於京都東福寺普門院的書庫,又編了一部三教典籍目錄,可惜已佚失。辨圓回國時,曾有南宋僧友二十人作詩相送,但大都不存,今存釋紹曇《送日本爾侍者》云:

> 徑山無法與人傳,幾度親遭劈面拳。今日大唐回首去,鼻頭元在口皮邊。①

又釋道璨《送圓爾上人歸日本》云:

> 興盡心空轉海東,定應赤手展家風。報言日本真天子,且喜楊岐正脈通。②

釋覺心(1207—1298),號心地,俗姓常澄氏。理宗淳祐九年(1249)入宋,直趨徑山,欲參無準師範禪師,時無準已遷化,則參癡絕道沖、荊叟如珏禪師,未契。游歷浙東各地佛教聖迹。寶祐元年(1253)春,遇鄉僧源心,二人一起到開山護國仁王寺,參佛眼無門慧開禪師(1183—1260),爲所印可。慧開有《日本覺心禪人遠來炷香請益求詩迅筆贈之》云:

> 心即是佛佛即心,心佛元同亘古今。覺悟古今心是佛,不須向外別追尋。③

寶祐二年春告歸,慧開送給他《月林和尚語》《對禦錄》《禪宗無門關》等書,又授與他像贊。覺心又去向婺州寶林寺的虛堂和尚告辭,虛堂和尚付以法語,勉其化導。同年回到日本。寶祐四年春天,覺心從日本以水晶數珠並書簡獻給慧開,慧開收到後,回贈以詩偈。景定元年(1260)秋,慧開又寄給覺心書信、法衣、七葉圖、

---

① [日]伊藤松輯《鄰交徵書》初編卷二,日本天保十一年(1840)刻本。
② 同上。
③ 同上。

《月林和尚體道銘》等物。龜山天皇、後宇多天皇曾屢召覺心問禪道,覺心也盡力化導僧衆,禪風大盛。永仁六年(1298,元大德二年)示寂,年九十二。謚法燈圓明國師。①

釋靜照(1234—1306),號無象,俗姓平,相州鐮倉人。自幼出家,掛搭東福寺,侍聖一國師。南宋理宗淳祐十二年(1252)入宋,登徑山參石溪心月禪師(？—1256),大悟,爲心月所印可。與大休正念、無學祖元等禪師相酬唱。服侍心月禪師五年,辭去游方,爲育王寺知賓。景定三年(1262)秋天,到天台石橋,供茶湯於五百羅漢,聞梵鐘,作二詩偈曰:

崎嶇得得爲煎茶,五百聲聞出晚霞。三拜起來開夢眼,方知法法總空華。

瀑飛雙澗雷聲急,雲斂千峰金殿開。尊者家風祇如是,何須賺我東海來。

當時有名衲四十二人,賡韻相和。如:虛舟普度云:

汲來崖瀑煮新茶,紫玉甌中現瑞霞。到此豁然如夢覺,一天疏雨濕秋花。

磵邊雲冷裹蒼苔,木杪金燈午夜開。更問曇猷在何許,分明猶隔海門來。

物初大觀云:

日轂升邊不計程,轉頭已是隔重溟。更遭尊者相勾引,瀑搗飛梁夢未醒。

諸方門户總經過,惱亂春風有幾多。今日蒸雲重睹對,絲毫不隔最諵訛。

---

① 事見《元亨釋書》卷六、《本朝高僧傳》卷二〇。

這些詩歌都收入《無象照公夢游天台偈》(簡稱《石橋頌軸》)中,在日本流傳。(詳見後述)

景定五年(1264)秋,靜照到洞庭游覽。又跟隨虛堂智愚禪師(1185—1269)於天童、淨慈之間。度宗咸淳元年(1265),他辭別虛堂智愚禪師時作詩云:

> 十載從師幾詬拳,到頭一法不曾傳。有無句蕩家私盡,萬里空歸東海船。

虛堂智愚禪師也有《日本照禪者欲得數字徑以述懷贈之》詩,云:

> 世路多巇嶮,無思不研窮。平生見諸老,今日自成翁。認字眼猶綻,過譚耳尚聾。任天行直道,休問馬牛風。①

之後與鄉僧圓海同船歸國。歷住諸刹,於德治元年(1306,元大德十年)示寂,年七十三,僧臘五十五。②

釋惟仙,號樵谷,約理宗寶祐三年(1255)入宋,與日僧南浦紹明、約翁德儉、無象靜照同參虛堂智愚、偃溪廣聞、介石智朋、簡翁居敬諸禪師,後於別山祖智禪師處證悟。其回國時,物初大觀禪師贈以詩偈曰:

> 三應聲中密意通,分明飯布裹春風。休論親切不親切,巨舶回程至海東。③

他歸國後,隱逸信州安樂寺,不求聞達。後卒於住處。④

釋慧雲,字山叟,俗姓丹治氏。十七歲出家,十九歲入京都,從聖一國師學禪。理宗寶祐六年(1258)入宋,謁斷橋妙倫禪師

---

① 《鄰交徵書》初編卷二。
② 事見《本朝高僧傳》卷二十一及上村觀光《五山詩僧傳》。
③ 〔宋〕釋德溥等編校《物初和尚語錄·偈頌》,《卍新纂續藏經》第69冊,No.1366。
④ 事見《本朝高僧傳》卷二十一。

(1201—1261),問"如何是祖師西來意",斷橋指壁間墨梅示之,慧雲呈上詩偈曰:

> 一段功夫歷雪霜,嶺南消息露堂堂。花開月上兩明白,不待春風滿院香。

斷橋妙倫認爲他會得梅意,於三百新到者中獨許他參堂。慧雲又謁方庵圻、清虛心,爲二師所稱。於度宗咸淳四年(1268)歸國。後住京都東福寺。正安三年(1301,元大德五年)秋示寂,年七十(一説七十五)。謚佛智禪師。①

釋普門(1212—1291),號無關,信州(今長野縣)人。早年曾習顯、密二教,後往京師參謁聖一國師,依止五載。又往越州華報寺,革教爲禪。後入宋,先抵會稽,參荆叟如珏禪師,繼到淨慈寺,參見斷橋妙倫和尚,得徹證。景定二年(1261)夏,妙倫入寂前,將袈裟和自贊頂相交給普門以表信印。普門在兩浙周游十二年,乘鄉船歸國,後爲日本瑞龍山太平興國南禪禪寺開山第一代祖師。正應四年(元至元二十八年)卒,年八十。謚佛心禪師,加賜大明國師。②

釋正見,日僧,生平不詳。曾游宋,參斷橋妙倫禪師。與慧雲、普門一起繪妙倫頂相請贊。妙倫有《日本見上人請贊》答之。正見贈金十兩,命工刊妙倫語録流行。③

釋紹明(1235—1308),號南浦,俗姓藤。幼曾學教,十五歲薙染受戒。曾參建長寺蘭溪道隆禪師。理宗開慶元年(1259)入宋,遍訪諸刹,往淨慈寺拜謁虛堂智愚禪師,令典賓客。度宗咸淳元年(1265)夏,紹明寫虛堂頂相請贊,虛堂贊曰:

---

① 事見《本朝高僧傳》卷二十二。
② 事見《元亨釋書》卷六、《本朝高僧傳》卷二十二。
③ 〔宋〕釋文寶、釋善清編《斷橋妙倫禪師語録》所附《行狀》,《卍新纂續藏經》第70册,No.1394。

> 紹既明白,語不失宗。手頭簸弄,金圈栗蓬。大唐國裏無人會,又却乘流過海東。

秋八月,虛堂智愚奉詔遷徑山,攜紹明同行。紹明在一天晚上禪定後大悟,呈偈曰:

> 忽然心境共忘時,大地山河透脱機。法王法身全體現,時人相對不相知。

咸淳三年秋,紹明辭別虛堂歸國時,虛堂贈以詩偈曰:

> 敲磕門庭細揣摩,路頭盡處再經過。明明説與虛堂叟,東海兒孫日轉多。

同時宋僧有四十三人相送,如釋惟俊《送南浦明公歸日本》云:

> 空手東來已十霜,依然空手趁回檣。明明一片祖師意,莫作唐朝事舉揚。

釋道東《送南浦明公歸日本》詩云:

> 十幅蒲帆萬里風,來無蹤迹去還同。抬眸錯認雲山處,人在水天一色中。

其贈別詩歌皆收錄於《一帆風》中(詳見後述)。紹明回國後歷住諸刹,門庭日盛。並爲伏見太上皇、北條貞時所重,屢爲演法。延慶元年(1308,元至大元年)臘月示寂,年七十四。①

釋志源,號巨山,生卒不詳。入宋,在理宗景定五年(1264)至度宗咸淳五年(1269)間,他隨侍虛堂智愚禪師於淨慈、徑山,其間當與無象靜照、南浦紹明相聚,同參虛堂智愚。後受到虛堂智愚的印可,到南宋諸佛教聖地巡禮,在前往台州雁蕩山時,智愚作《日本

---

① 事見《本朝高僧傳》卷二十二。

源侍者游台雁》相贈:

> 師道嚴明善應酬,石橋過了問龍湫。一花一草人皆見,是子知機獨點頭。①

後歸日,住鎌倉禪興寺爲第二世。曾與入日宋僧無學祖元(1226—1286)交游酬唱。乾元元年(1302,元大德六年),有語錄刊行於世。他被歸入臨濟宗松源派虛堂智愚的法嗣。②

釋順空(1233—1308),號藏山。依水上山神子尊公薙髮出家。曾參聖一國師、蘭溪和尚。理宗景定三年(1262)入宋,上徑山,歷參偃溪廣聞、荆叟如珏、淮海元肇禪師。又分別謁訪斷溪妙用、退耕德寧、西巖了惠於東山、萬壽、太白。後參石林行鞏禪師,所得尤多。歸國時行鞏有《送空維那》云:

> 十載中原一棹還,碧琉璃外更無山。扣舷三下知誰會,自作吳音唱月彎。③

正安二年(1300,元大德四年),他主持東福寺,上堂云:

> 山房夜雨曉來晴,風葉飄零自接聲。夢破小窗室生白,不須雞唱報天明。

可見他也擅長作詩。延慶元年示寂,年七十六。謚圓鑒禪師。④

釋慧曉(1223—1297),字白雲。十七歲出家,受具足戒。先學律,後師事聖一國師學禪。度宗咸淳二年(1266)入宋。歷游兩浙,依希叟紹曇禪師(?—1297)於台州瑞巖寺,聞紹曇舉百丈撥火公案大悟。歸國時,布施令刊《希叟和尚語錄》。後住京都東福寺。

---

① 〔宋〕釋妙源編《虛堂和尚語錄》卷七,《大正新修大藏經》第47册,No. 2000。
② 事見《延寶傳燈錄》卷三、[日]玉村竹二《五山禪僧傳記集成·巨山志源傳》(日本講談社昭和五十八年(1983)5月版,第103—104頁)。
③ 《隣交徵書》初編卷二。
④ 事見《元亨釋書》卷八、《本朝高僧傳》卷二十二。

晚年結庵城北,匾曰"栗棘"。永仁五年(1297,元大德元年)寂於本庵。年七十五。①

釋瓊林,號珪堂。日本文永年中(1264—1274,理宗景定五年至度宗咸淳十年)入宋,參徑山虛舟普度禪師,普度有《付法衣與瓊林侍者》云:

  楊岐擔子無輕重,上得肩時便著行。咬定牙關提正令,卷舒殺活任縱橫。②

又應瓊林之請作《自贊》云:

  百醜千拙,無法可説。一個拳頭,硬如生鐵。放開則日耀扶桑,捏聚則乾坤黯黑。冤家莫興惡相從,正法眼藏瞎驢滅。③

瓊林約於咸淳十年(1274)歸國,居草河,韜晦不出。嘉元元年(1303,元大德七年),《虛舟和尚語録》隨商船運到日本,瓊林募緣刊刻,並作序。④

釋德儉(1245—1320),號約翁,幼爲棄兒,被人收養。及長,爲蘭溪道隆禪師童役。十六歲落髮,往東大寺受具足戒。參道隆禪師,徹玄機。欲游宋,駕船到達台州,首見寂窓有照禪師於育王,後謁天童石帆惟衍、淨慈東叟仲穎、靈隱虛舟普度、徑山藏叟善珍、簡翁居敬、覺庵夢真等禪師,爲所重。又與晦機元熙、一山了萬、末宗本、寂庵相等相交游,往來吳越八年。因逢宋末動盪,邊烽日起,遂歸國。復隨侍道隆。後歷住建仁、南禪等名刹。元應二年(元延祐七年)示寂,年七十六。賜佛燈國師。⑤

---

 ① 事見《元亨釋書》卷八、《本朝高僧傳》卷二十二。
 ② 〔宋〕釋淨伏等編《虛舟普度禪師語録·偈頌》,《卍新纂續藏經》第71册,No.1407。
 ③ 同上。
 ④ 事見《本朝高僧傳》卷二十三。
 ⑤ 事見《本朝高僧傳》卷二十四。

另外，在南宋詩僧的詩文集（包括語錄）中，還提到了一些入宋的日本僧人，有些未指出其名，有些雖指出其名，但已無法考知其生平行實。如：《無準師範禪師語錄》卷五有《日本琳上人請贊》云：

> 頭拄天，脚踏地。大宋國裏鼻孔，日本國裏出氣。覺琳持此歸故鄉，大似波斯入鬧市。①

可見此僧名覺琳，歸國時請無準師範爲贊。大川普濟禪師（1179—1253）有《送日本國僧》二首云：

> 壁觀胡僧入大梁，單傳必死活人方。至今此術遍天下，航海梯山空自忙。
>
> 大舶浮空駕浪來，頂門有眼未曾開。南山虎口翻身出，日本生成一禍胎。②

元愷《淮海外集》卷下有《日本一侍者遠持〈法華經〉捨入育王舍利塔乃得笑翁法衣歸江湖作成頌軸以餞請題其後》，記載了日本一侍者持《法華經》捨入育王舍利塔，得到笑翁妙堪禪師的法衣，歸國時，江湖宿衲紛紛作頌以送的情況。石溪心月禪師有《送日本合上人》云：

> 夜來歸夢遶鄉關，滄海何曾礙往還。有問大唐天子國，爲言睹史在人間。③

西巖了惠禪師（1198—1262）有《送日本俊上人》云：

> 鉢盂捧入大唐來，飯裏無端咬着砂。一粒砂藏諸國土，方知寸步不離家。④

文珦《潛山集》卷八有《送僧歸日本》云：

---

① 《無準師範禪師語錄》卷五，《卍新纂續藏經》第70册，No.1382。
② 〔宋〕釋元愷編《大川普濟禪師語錄・偈頌》，《卍新纂續藏經》第69册，No.1369。
③ 〔宋〕釋住顯等編《石溪心月禪師語錄》卷下，《卍新纂續藏經》第71册，No.1405。
④ 〔宋〕釋修義等編《西巖了惠禪師語錄》卷下，《卍新纂續藏經》第70册，No.1391。

> 遠人仍遠別,把手話江皋。積水三韓路,西風八月濤。海門山似粒,洋嶼樹如毛。他日難通信,想思夢寐勞。①

由於路途遙遠,離別之後通信都很難,更別説再見了,思念時祇能在夢中相見了。詩中表達了文珦在送日僧歸國時依依不捨的心情。卷十二又有《送禪上人歸日本》云:

> 今日送君歸日東,便成永別恨難窮。海邦萬里波濤隔,不似青山有路通。②

此詩與前一首詩所表達的意思相同,作者意識到與禪上人的這一别可能就會成爲永訣,所以就增添了離愁別恨。文珦的這兩首詩與其他禪師所作的詩偈不同,其他禪師往往是通過詩偈示法、言禪,而文珦的這兩首詩則没有禪的内容,表達了與日本友僧依依惜別的真摯的情感,可見他們結下了深厚的友情。希叟紹曇禪師的《語録》中也多次提到日本僧人。如《日本温英二禪人持建長蘭溪和尚書與平元帥求語》《日本國光禪人旋郷求語》《日本慈源禪人歸國請偈》《日本玄志禪人請語》《示日本景用禪人》《日本覺上人起龕》③《日本澄上人》《日本然上人》④等。其《日本玄志禪人請語》云:

> 上人幼負凌雲志,十五爲僧今廿二。鯨波不怕嶮如崖,遠涉要明西祖意。老松陰下扣烟扉,未透慈溪劈箭機。滿口鄉談學唐語,帝都丁唤那斯祁。粗拳便欲攔胸挃,又恐傍觀分背觸。快歸省問老傳衣,古硯寒泉休瞪目。

---

① 引自《全宋詩》册六三卷三三二二第 39604 頁。
② 同上書,第 39658 頁。
③ 以上見〔宋〕釋自悟等編《希叟紹曇禪師語録》,《卍新纂續藏經》第 70 册,No.1389。
④ 以上見〔宋〕釋法澄等編《希叟紹曇禪師廣録》卷六,《卍新纂續藏經》第 70 册,No.1390。

可見日僧玄志此時祇有二十二歲。詩中稱贊了他不畏路途艱險，遠渡重洋，到宋地求法問道、學習宋語的精神。其《示日本景用禪人》云：

> 日本國與大唐國，一片皇風無間隔。如將棗葉置針鋒，破草鞋跟天地窄。上人滿腹硜疑團，夷夏區分扣牧團。老懶不能分說得，隔林春鳥語綿蠻。當機爲汝分明舉，不涉離微急薦取。佛祖玄關錯踏翻，金烏飛上珊瑚樹。

此景用禪人與渡日宋僧兀庵普寧關係密切，是普寧的弟子，曾編集、刊刻普寧的《語錄》。普寧有《示小師景用》法語、《小師景用請贊》，見《兀庵普寧禪師語錄》。①紹曇所提到的日本覺上人，應是客死於宋，《西巖了惠禪師語錄》卷下也有《覺上人起骨》，自注云"外國人"，當是指同一人。另外，日僧禪了也是兀庵普寧的弟子，曾參與編集普寧在日本的《住巨福山建長興國禪寺語錄》，普寧有《跋了侍者頌軸》云：

> 禪了侍者，游歷宋朝，遍參諸老，湖海同流，寂巖號之，揄揚之德，頌成巨軸，并歸帆之袂，并捧呈。蓋老眼朦朧，略觀仿佛，其中有一句子，直是無巴鼻，由是急卷而復還之。②

可見禪了也曾經游宋，遍參諸老，被同流號爲"寂巖"，並贈詩編成巨軸，他歸國後呈普寧過目。無文道璨也有《送一侍者歸日本序》云：

> 淳祐戊申春，余自西湖來四明，既哭笑翁老子，遂訪樗寮隱君於翠巖山中。留十日，復歸徑山作夏。日本一侍者聞余西溯，跟蹌來送別，至江滸，夜漏已二十刻。又明日，余抵舟

---

① 〔宋〕釋淨韻等編《兀庵普寧禪師語錄》卷下，《卍新纂續藏經》第71册，No. 1404。

② 同上。

次,夕陽在西嶺矣。一視余,別色黯然見於面目,且言去國六年,首見癡絕老人於靈隱,來育王,侍笑翁老師且三年,翁今不作,莫知所向。茅屋石田,在扶桑若木間,已辦艅艎,解維在朝夕。異時來叢林,或字之曰無得,盍求數語以誇國人?余念其請之勤而詞之悲也,因謂之曰:"子逾海越漠,萬里西游,昔也何所持而來乎?"曰:"無有也。""駕風禦潮,一舸東歸,今也何所持而去乎?"曰:"無有也。""猗歟旨哉,無得之義!斯言足以蔽之。"余雖巧爲之説,無以尚已。"子歸國中,建大法幢,擊大法鼓,升大法座,而以無得之法普告大衆,育王有靈,必將爲子點頭。"曰:"如是如是。"①

此文敍述了理宗淳祐八年(1248),笑翁妙堪禪師示寂,道璨由西湖至四明,悼念笑翁,訪樗寮張即之,又回徑山作夏。日本一侍者來送別,並求語於道璨之事。其中講到一侍者離開日本到宋地已有六年,歷參癡絕道沖禪師於靈隱、笑翁妙堪於育王。此"一侍者"當與前述元肇《淮海外集》卷下中所載之"一侍者"爲同一人。從此文中我們可以瞭解到宋日僧人交往的一個側面。

在宋日僧人交往的過程中,也有一些南宋僧人前往日本傳道弘法。著名的如:

釋道隆(1213—1278),號蘭溪,四川涪江人,俗姓冉。年十三於成都大慈寺薙髮受具。游浙,歷參無準師範、癡絕道沖、北磵居簡諸禪師,於無明慧性禪師處證悟。理宗淳祐六年(1246),與弟子一起乘日本商船到日本,入京都泉涌寺來迎院。後移居鎌倉壽福寺,爲鎌倉幕府第五代執權北條時賴所重,建長四年(1252,宋淳祐十二年)冬,北條氏在鎌倉創建長寺,請道隆爲開山祖師。居十三年,遷京都建仁寺,後返建長寺。因罹讒言,曾兩次被謫甲州,後復

---

① 〔宋〕釋道璨《無文印》卷八,日本國會圖書館藏宋刊本。

歸建長。日本弘安元年(1278,南宋祥興元年)示寂,年六十六。諡大覺禪師。其法嗣弟子有二十四人。①

釋普寧(1197—1276),號兀庵,宋西蜀(今四川)人。初游教場,後棄去。南詢,遍歷諸老,聞蔣山癡絕道沖禪師言有省。又登育王山,依無準師範禪師,並隨無準至徑山,契悟。後往來徑山、蔣山之間,猒見厭聞,聲名遐鶩。歷住慶元府象山靈巖廣福禪院、常州無錫南禪福聖禪寺。理宗景定二年(1261),他受邀乘商船抵達日本博多(今屬福岡市),寓居聖福寺,不久就到了京都,訪問東福寺法弟辨圓,又受北條時賴之邀來到鎌倉,繼道隆之後,主持建長寺。北條時賴乘暇入室參禪,遂有所證。弘長三年(1263,宋理宗景定四年),時賴卒,普寧起歸宋之思。文永二年(1265,宋度宗咸淳元年),因寺衆中有人反對他,執意回國,遂乘船到達明州,後住婺州寶林禪寺,晚住溫州江心寺。景炎元年(1276)示寂。諡宗覺禪師。②

釋正念(1215—1289),號大休,永嘉(今浙江溫州)人。初參東谷明光禪師於靈隱,後師事石溪心月禪師。度宗咸淳五年(1269)乘商船東渡日本,到鎌倉,被時在建長寺的蘭溪道隆延爲高賓,後歷住禪興、建長、壽福、圓覺諸寺。正應二年(1289,元至元二十六年)示寂,年七十五,諡佛源禪師。③

釋子曇(1249—1306),號西礀,俗姓黄,台州仙居(今屬浙江)人。幼年出家,十七游方,後師事淨慈寺石帆惟衍禪師,契悟,又隨之遷天童寺。度宗咸淳七年(1271)東渡日本,受到東福寺辨圓、建長寺道隆的歡迎。端宗景炎三年(1278)歸國,依天童環溪惟一禪師,爲藏主。出世住台州紫巖,歷杭州徑山、潭州天柱、平江萬壽等

---

① 事見《元亨釋書》卷六、《本朝高僧傳》卷十九。
② 《元亨釋書》卷六、《本朝高僧傳》卷二十。
③ 《元亨釋書》卷八、《本朝高僧傳》卷二十一。

寺,多爲首座。元大德三年(1299),隨一山一寧再次來到日本,執政者北條貞時待以師禮。先後主持圓覺、建長寺。德治元年(元大德十年)示寂,年五十八,謚大通禪師。①

釋祖元(1226—1286),字子元,號無學,鄞縣(今浙江寧波)人。俗姓許。十三歲喪父,往杭州,依淨慈寺北磵居簡禪師剃度出家,歷五載,辭去,依徑山無準師範禪師。又參石溪心月、偃溪廣聞、虛堂智愚、物初大觀諸禪師。歷住本邑東湖白雲庵、台州真如禪寺各七年。時元軍攻占江南大部,祖元到温州能仁寺躲避戰亂。元軍壓境,寺衆皆逃散,祖元獨踞堂中,元軍以劍加其頸,他神色不動,説偈曰:

乾坤無地卓孤筇,喜得人空法亦空。珍重大元三尺劍,電光影裏斬春風。

元軍最終離去。南宋滅亡,祖元回到天童山景德禪寺,爲首座。至元十六年(1279,日本弘安二年),他接受北條時宗的邀請,來到日本。先住建長寺,後北條時宗建圓覺寺,請祖元爲開山第一祖。弘安九年(元至元二十三年)示寂,年六十一。謚佛光禪師。他在日本熱心傳授禪法,培養弟子,受到僧俗的敬重,在日本禪宗史上占有重要地位。②

釋覺圓(1244—1306),號鏡堂,蜀(今四川)人。白玉蟾之後。出峽游吴,師事環溪惟一禪師。至元十六年(1279),與無學祖元同船東渡。歷住禪興、淨智、興德、圓覺、建長、建仁諸禪刹。王公歸向,聲名遠揚。德治元年(元大德十年)示寂,年六十三。謚大圓禪師。③

---

① 事見《元亨釋書》卷八、《本朝高僧傳》卷二十三。
② 《元亨釋書》卷八、《本朝高僧傳》卷二十一。
③ 事見《本朝高僧傳》卷二十二。

元代入日名僧還有東明慧日、明極楚俊、竺僊梵僊等，日本入元僧還有中巖圓月、不聞契聞、春屋妙葩等，日本五山末期著名詩僧策彥周良入明、明末臨濟宗高僧隱元隆琦在清初入日等情況，將在後面相關部分論述，茲不贅述。宋代以後直至近代的中日經貿、佛教文化、書籍文化等的交通、交流，無疑都是中國典籍包括宋僧詩文集流傳日本的重要途徑，也與宋僧詩文集在日本的刊刻流傳有着密切的關係。而宋末元初的中日佛教文化的交流，是宋僧語錄、詩文集傳入日本并得以刊刻流傳開來的最爲突出重要的一個階段，故筆者在此着重對宋末元初中日佛教文化交流狀況加以闡述。

二、宋僧詩文集的總體情況及與日本印刷文化史的關係

據筆者根據目前所掌握的資料統計，見於記載的宋僧詩文別集共有一百五十六種（語錄類著作除外），詩文總集十九種。而流傳至今的宋僧詩文別集有三十九家四十九種，總集十五種。[①] 這六十四種宋僧詩文別集和總集大都是宋僧自編或當時及後代門徒所編，極少數是近佛文人所編，很多是以傳抄形式流傳。其刊本大都由寺院或其門徒出資刊刻，或者是信佛之士施錢助刻，以及私家書坊刊刻，官方出資刊刻者不多。宋代由於雕版印刷術的普及與發展，開始雕造《大藏經》，從《開寶藏》始，先後刊刻了多部《大藏經》，并形成了歷代刊刻《大藏經》的傳統，這就使得宋僧詩文集除了有傳抄、單獨刊版流傳之外，有一些著名僧人的詩文作品還被收入《大藏經》中，隨之廣泛流傳，也有隨《大藏經》一起傳至域外如朝鮮半島和日本的。如雪竇重顯《明覺禪師語錄》（包括《祖英集》《頌古集》等）、契嵩《鐔津文集》、惠洪《石門文字禪》等。

[①] 其中《江湖風月集》《重刊貞和類聚祖苑聯芳集》中有元代僧人。

現存宋僧詩文集分爲兩種情況：一種中國今已不存，而在日本却大量保存着，並有宋本、和刻本、抄本等多種版本，廣泛流傳，這是宋僧詩文集很突出的流傳特點。特別是南宋僧人的詩文集，一多半國内都佚失不存而存於日本。比如居簡的《北磵和尚外集》國内久佚不存，日本則藏有宋本、五山版、手寫本等。大觀《物初賸語》二十五卷，國内亦不存，日本慶應義塾大學附屬研究所斯道文庫、御茶之水圖書館成簀堂文庫都藏有其宋刊本，又有寶永五年（1708）常信木活字本，還有抄配本等版本存藏在日本國立公文書館内閣文庫、尊經閣文庫等其他圖書館。道璨《無文印》二十卷，國内遼寧省圖書館所藏的宋本也是羅振玉從日本訪得帶回的，而日本國會圖書館還藏有同版宋本一部，另有日本貞享二年（1685）刻本。智圓《閑居編》，國内現未見有藏本，日本在元禄七年（1694）刊版後，多次重印、覆刊，現有十一册、八册、六册、五册、三册等多個印本藏在日本的各公、私圖書館，每一種還不止存一部，另有江户抄本和《續藏經》本，國内現見到的就是《續藏經》本。生活於北、南宋之交的雪峰東山慧空禪師（1096—1158），其詩集《雪峰空和尚外集》國内也已佚失不存，現祇能見到和刻本，而日本各圖書館却藏有一卷本、二卷本，分别標爲南北朝刊本、貞和三年刊本、貞和五年刊本、室町刊本、江户刊本等多種版本。另像梵琮《率庵外集》、寶曇《橘洲文集》、元肇《淮海挐音》《淮海外集》、善珍《藏叟摘稿》、行海《雪岑和尚續集》也皆是國内已經佚失不存或祇有和刻本存藏，而日本却有不少和刻本、抄本流存。夢真的《籟鳴集》《籟鳴續集》更是祇有日本尊經閣文庫存藏的海内孤本。

另一種情況是國内今有藏本，但日本藏本往往更多，種類更豐富。遵式《金園集》，現國内祇有民國九年（1920）北京刻經處刻本，日本不僅宫内廳書陵部藏有南宋刊本，其他各圖書館還藏有江户時代刊行的有刊記本、無刊記本數種，還有《續藏經》本及寫本。惟白的《佛國禪師文殊指南圖贊》，國內較常見的是羅振玉借神田家收藏的此書覆宋刊本影印的影印本，收入其《吉石盦叢書》初集中。日本除了有此影印本外，還有宋本、覆宋刊本、明和四年刊本、寫本、《續藏經》本、《大正藏》本等多種版本存藏。居簡的《北磵詩集》九卷，國內祇存有一種清抄本（臺灣地區藏有四卷，乃殘本，五山版），而日本則有宋本、五山版、常信木活字版、手寫本等多種本子。《北磵文集》國內所存也大都是清抄本，惟國家圖書館藏宋崔尚書宅刻本，存卷一至卷八，而日本宮內廳書陵部亦藏有同版宋刻本，存卷七至卷十，正好可補國圖宋本之闕，使我們得睹《北磵文集》十卷宋本之全貌。同時，日本還藏有《北磵文集》的五山版、木活字版、手寫本等多種本子。

日本爲什麽保存了衆多的宋僧詩文集及豐富多樣的版本？這首先與宋代以後直至近代的中日經貿、佛教文化、書籍文化等的交通、交流有着密切關係，而宋代特別是宋末元初的中日佛教文化交流是一個重要的節點。一些宋僧的詩文集就是由入宋日僧或入日宋僧直接帶到日本的，如現存的1353年日本東福寺第二十八世大道一以整理該寺院藏書編成的《普門院經論章疏語錄儒書等目錄》中記載的《雪竇明覺語》《祖英集》《鐔津文集》等宋僧詩文集，當是日僧圓爾辨圓於理宗淳祐元年（1241）返日時帶回。無門慧開禪師的《禪宗無門關》等書籍，也是由入宋的日本五山詩僧心地覺心從宋地帶回日本。北磵居簡、物初大觀的詩文集，則可能是由入日宋僧無學祖元帶到日本。日本五山著名禪僧虎關師煉（1278—1346）於康永元年（1342，元惠宗至正二年）編撰的《禪儀外文集》中，就選錄了宋僧寶曇、居簡、大觀、道璨、元肇、善珍等人所撰寫的疏、榜、祭文、塔銘等，供日本禪林學習借鑒，也就是說在1342年以前，他們的著作就已經傳入日本，並成爲日本禪林學習的典範。

其次，與日本印刷文化密切相關。從六世紀中葉佛教傳入日本，佛被視爲"神"而爲日本民族接納，佛教逐漸滲透到日本社會的各個角落,與日本文化融合,發展興盛,江户德川幕府時期達到了"準國教"的地位。① 而在日本印刷文化史上,佛教典籍的刊印也一直占有很大比重。日本平安時代中期以降,在京都,伴隨朝廷和貴族社會興起的摺經供養,②就刊印了《法華經》等大量天台宗系統的經典;同時,奈良興福寺下屬的春日社也開版印刷了《成唯識論述記》等大量佛教法相宗相關典籍(後世稱爲"春日版")。奈良的東大寺、西大寺、唐招提寺、法隆寺等也隨之開版刊印了相關的佛教經典。而作爲日本佛教密宗真言宗本山的高野山在鐮倉時代中葉以後也開版印刷了大量密教經典(即"高野版")。京都的一些寺院還刊印了《往生要集》《無量壽經》等大量淨土教典籍。③ 這些都被稱爲"和樣版",主要是對佛教經論章疏的刊印,它們經歷鐮倉時代的隆盛,南北朝至室町時代逐漸走向衰微(淨土教典籍除外)。④ 鐮倉時代末期至室町時代末期,隨着中日僧人的交流往來及中日間的商貿往來,《大藏經》、禪籍、儒書、詩文集、醫書等大量傳入日本,極大地促進了日本雕版印刷事業的發展,同時由於日本中世武家文化的興盛發展,幕府掌權者對禪宗的尊崇與提倡,爲了推廣普及禪宗和提高僧人佛學、文化素養,日本鐮倉、京都五山的禪僧(詩僧)及與禪宗有關係的人曾經大量刊刻禪籍和漢籍外典,即"五山版",其中就包括一些宋僧的詩文集。根據日本學者川瀨一馬的調查統計,日本所存五山版書籍總數約一千數百部;他又根據調查所得的一百九十餘種五山版禪籍書目統計出禪籍開版數約三百零十種;禪籍以外屬於外典的漢籍類有七十九種。⑤ 可見禪籍在五山版

---

① 楊增文主編《日本近現代佛教史》"緒論",浙江人民出版社 1996 年版,第 28 頁。
② "摺"爲日語詞,指印刷物。
③ 參[日]木宮泰彦《日本古印刷文化史》,東京:吉川弘文館 2016 年版,第 34—43、61—62、89—97、109—111、113 頁。
④ 同上書,第 366 頁。
⑤ [日]川瀨一馬《五山版の研究》上卷,東京:日本古書商協會 1970 年版,第 3—4 頁。

中占有很大部分。這些禪籍包括事彙類如《祖庭事苑》《禪林類聚》等；清規戒制類如《敕修百丈清規》《禪苑清規》等；史傳類如《佛祖正傳宗派圖》《景德傳燈錄》等；宗要古則類如《禪宗永嘉集》《宗鏡錄》等，而禪僧語錄與詩文集則占了五山版禪籍的大半。① 其中宋僧詩文集有雪竇重顯《祖英集》《雪竇和尚語錄》；② 契嵩《鐔津文集》《夾注輔教編》；慧空《雪峰空和尚外集》；慧開《禪宗無門關》；居簡《北磵外集》《北磵詩集》《北磵文集》；善珍《藏叟摘稿》以及日本五山詩僧義堂周信所編的《新撰貞和分類古今尊宿偈頌集》《重刊貞和類聚祖苑聯芳集》③ 等。對於這些宋僧詩文集，五山禪僧也不僅僅將其作爲禪宗典籍看待，還把它們作爲研習和創作漢詩文的重要參考書。因爲唐宋以降的禪師常常用偈頌詩歌來表達禪宗思想和悟境，宋元禪僧在與日僧交往過程中也往往以詩偈相贈；宋元禪僧還寫了大量的記、序、跋、銘、表、疏、祭文等，這些都是五山僧人學習的內容。日本五山禪僧除了要學習漢字、漢語之外，寫作漢詩文也是其應具有的才能。他們的學習範圍非常廣泛，不僅限於宋代禪僧的詩文集，像行海這樣的宋代天台宗僧人的詩集《雪岑和尚續集》也是他們學習的範本，故亦有刊版。而漢籍外典如杜甫、蘇軾、黃庭堅等人的詩文更是他們學習的榜樣。

文禄元年至慶長三年（1592—1598，明万历二十年至二十六年），豐臣秀吉發動文禄、慶長之役，入侵朝鮮，朝鮮活字版傳入日本，日本活字版逐漸興盛。有敕版，如後陽成天皇敕版《古文孝經》《勸學文》《錦繡段》、後水尾天皇敕版《皇宋事實類苑》等。有官版，如伏見版《孔子家語》、駿府版《大藏一覽》《群書治要》等。它們有的用銅活字，有的用木活字。同時，民間刊版即私版也蓬勃興起，

---

① ［日］川瀨一馬《五山版の研究》上卷，東京：日本古書商協會1970年版，第21頁。
② 其中包括《祖英集》《頌古集》，詳見後述。
③ 其中包括元代禪僧詩歌。

如文禄五年(1596)京都西洞院通勘解由小路南町住居甫庵道喜開版的《補注蒙求》和慶長二年(1597)京都七條寺内平井勝左衛門休與開版的易林本《節用集》可謂私版先驅。特別值得注意的是，伴隨着日本活字版的興盛，用片假名、平假名活字刊行的日本文學典籍大量出現，還插入了優美的日本畫，如著名的"嵯峨本"，有《伊勢物語》《徒然草》《平家物語》等。這是一直以來以刊印佛教典籍和漢籍爲主要内容的日本印刷文化史的重要變化。① 另一方面，京都、奈良、高野山的諸寺院也都興起活字版，主要還是刊行與其宗派相關的佛教經典。如禪宗方面，京都妙心寺内一枝軒於慶長十三年(1608)活字印行了《五家正宗贊》；妙心寺僧人宗鐵於慶長十八年、元和二年(1616)、三年，先後刊行《雲門匡真禪師語録》《增集續傳燈録》《宗派圖》等禪籍。而坊刻禪籍的古活字版也在元和年間到寬永初年盛行開來，如元和六年、七年二條通仁王門町長嶋世兵衛分別刊行了《禪林類聚》和《禪門秀句集》，前者還是附訓活字版，成爲町版附訓活字版的嚆矢。又有富小路贊州寺町中村長兵衛刊《五家正宗贊》《祖庭事苑》《大慧普覺禪師書》等。像《臨濟録》《禪宗無門關抄》(有片假名)《碧巖録》等此期間也多次被刊行，更有大量無刊記活字版禪籍出現。② 至江户時代中期，特別是元禄十五年(1702，清康熙四十一年)至正德三年(1713，清康熙五十二年)間，稱爲"植工常信"的人，刊印了大量木活字版的禪籍，也有不少宋僧詩文集，如居簡《北磵詩集》、元肇《淮海外集》、大觀《物初賸語》等。

江户時代木板(整版)印刷仍然占據主流地位，商業出版十分活躍發達。據統計，在江户時代活動的書肆、書商就有六千五百多

---

① 參[日]木宫泰彦《日本古印刷文化史》，第418、443—446頁。
② 參[日]川瀨一馬《五山版の研究》下卷，第292—295頁。

家。① 川瀨一馬比照中國文學史上對唐詩初、盛、中、晚的四個分期，把江户時期的出版印刷事業也分爲初、盛、中、晚四個時期。初期從豐臣秀吉入侵朝鮮，活字印刷傳入日本并達到全盛，經歷慶長、元和、寬永約五十年時間，其後半寬永二十年間（1624—1643，明天啓四年至崇禎十六年）出版印刷的特色就是佛書、漢籍的附訓刻本大量出版。盛期是正保、慶安以後，至延寶、天和年間（約 1644—1683，清順治元年至康熙二十二年），仍延續前代以京都、大阪爲中心對古籍的翻刻，新興文學書的開版也取得了長足的進步；同時插圖本繪畫顯著發展，促進了黑白色版畫的發達，出現了菱川師宣（1618—1694）這樣的藝術巨匠。中期大約從元祿年間（1688，清康熙二十七年）開始，出版界的中心從京都、大阪轉移到江户，其後半期始，彩色繪畫出現，有彩色浮世繪的假名讀物盛行，色彩艷麗精巧的版畫發達起來。但是出版事業的中樞還是接續前代，以有學術内容的書籍的刊印爲主，主要是寺院、諸侯經營的學僧、學儒的活動，其實際工作由相關的商工人士執行，他們通過書籍出版以後保管版木而得利。從寬正年間出版界發生變化開始劃分爲末期。② 從寬正十二年（1800，清嘉慶五年）始，伴隨着寬政改革、禁止異學，出版界發生了很大變化，幕府的昌平坂學問所開始出版教科用漢籍，稱

---

① ［日］橋口侯之介《和本入門千年生きるの書物の世界》，東京：平凡社 2007 年版，第 178 頁。
② 以上内容參考川瀨一馬著，岡崎久司編《書志學入門》"四. 江户時代の版本"，東京雄松堂 2005 年版，第 145—146 頁。對於江户時期和刻本的分期，日本學者有不同分法，如日本慶應義塾大學高橋智教授《海を渡ってきた漢籍——江户の書志學入門》（可譯爲《渡海而來的漢籍——江户書志學入門》）一書中把江户時期的和刻本分爲五個時期，即初期（寬永至慶安時代，1624—1651）、前期（慶安至元祿時代，1648—1703）、中期（元祿至安永時代，1688—1780）、後期（天明至天保時代，1781—1843）、末期（弘化至慶應時代，1844—1867），與川瀨分期有所不同，更加細緻具體。（東京：日外アソシエーツ，2016 年，第 110 頁）而另一日本學者橋口侯之介則分爲三個時期，即前期（1596—1716，慶長至正德）、中期（1716—1801，享保至寬正末年）、後期（1801—1868，享和以下至明治元年），見氏著《和本入門千年生きるの書物の世界》，第 71 頁。

爲"官版",據川瀨先生統計到幕末出版了數百種。① 幕府對出版事業的獎勵政策,促進了諸藩藩版的勃興;也促進了漢學書籍、蘭學(西方科學文化知識)書籍以及醫學、兵法等書籍的出版;簡便的木活字印刷也迎來興隆的局面。

從出版内容來看,江户時期雖然多種多樣,但佛教相關書籍仍占很大比例。據日本學者以寬永、享保、文化、嘉永四個年代私家出版②書籍所作的抽樣調查,大致可分爲"佛教、漢學、漢詩文集、醫學本草系、俳諧、神道國學、國史地志、其他"這幾大類。寬永九年(1632,明崇禎五年)出版的五十三部書中,佛教關係的書籍占二十部,是壓倒性的多數;其次漢籍、漢學關係的書籍有九部;然後是醫學、國史(日本史)等書籍。享保十五年(1730,清雍正八年)出版的四十七部中,俳諧關係的書籍占二十五部,其次佛教書籍占九部,然後是漢學、神道、醫學等。文化九年(1812,清嘉慶十七年)仍然是俳諧書最多,有三十六部,其次漢學、漢詩十五部,佛教書籍九部,然後是神道、國史、醫學本草等書籍。而嘉永七年(1854)俳諧書有三十九部,漢詩十七部,國學、地志二十二部,荷蘭語、英語的翻譯書、科學、外國風俗、語言學等書籍占三十六部。③ 可以看出這時書籍内容發生了很大變化,佛教書籍已經退出主要地位,但在前三個年代統計中,一直處於前三的位置。

宋僧詩文集既屬於漢籍,也是佛教相關書籍;江户時代也是宋僧詩文集大量刊刻流傳的重要時期。宋僧詩文集主要由京都書肆出版,當時比較活躍的書肆都有刊刻,如敦賀屋久兵衛、織田重兵

---

① 日本學者堀川貴司謂總計一百九十七種,見氏著《書志學入門——古典籍を見る・知る・讀る》"20.近世中期の出版",東京:勉誠出版 2019 年版,第 167 頁。
② 一般指幕府和各藩出版的官版、藩版以外的書籍。
③ [日]橋口侯之介《續和本入門江户の本屋と本づくり》,東京平凡社 2007 年版,第 65—66 頁。

衛、古川三郎兵衛、河南四郎右衛門、洛陽(京都)柳枝軒小川多左衛門、京都田原仁左衛門、京都荒川三郎兵衛等。他們刊刻宋僧詩文集主要在寬永、慶安、寬文、貞享、元祿等年代，如寬永十七年(1640)敦賀屋久兵衛刊《中興禪林風月》；慶安三年(1650)洛陽柳枝軒小川多左衛門刊雪竇重顯《祖英集》；寬文四年(1664)京都田原仁左衛門刊惠洪《石門文字禪》；寬文五年藤田六兵衛刊《雪岑和尚續集》，寬文十二年，又刊《藏叟摘稿》；貞享二年(1685)寺西甚次郎刊《無文印》；元祿二年(1689)京都荒川三郎兵衛單刻真淨克文的《雲庵集》，又合刻釋淨端、釋克文、釋契嵩的詩集爲《三高奇一集》；元祿十一年織田重兵衛刊寶曇《橘洲文集》；元祿十三年古川三郎兵衛刊延壽《慧日永明壽禪師山居詩》等。其刊刻活動也有一直延續到江户時代後期的，如柳枝軒小川多左衛門在天保三年(1832)還刊行了雪竇重顯的《頌古集》。這些刊本大都是附訓刻本。爲更好地理解、閱讀禪籍和其他漢籍，在漢字旁標明句讀點、假名、讀音順序、聲調等的訓讀方法在南北朝、室町時代就出現了，由五山僧侶廣泛使用，祇是他們大都是直接用朱、墨筆標在字旁，而江户時代則出現了很多附訓刻本，上述宋僧詩文集大都是附訓刊本。一些宋僧詩文集還被多次重印、覆刊、重刊，有些有刊記，有些則無刊記。如《祖英集》《雪岑和尚續集》皆有重印本；智圓《閑居編》也有元祿刊本的多種覆刊本；釋惟白《佛國禪師文殊指南圖贊》亦有多種宋刊本的覆刻本；《雪峰空和尚外集》江户時代多次重刊。還有些宋僧詩文集在日本不但被傳抄、刊刻，還被注釋，如雪竇重顯《祖英集》、契嵩《輔教篇》及惠洪《石門文字禪》等就皆有日人注釋本，《物初賸語》的抄配本也帶有注釋。這些附訓本及注釋本的出現，是適應民間、檀林、學林的需要。當時很多書肆都與各佛教宗派有着密切聯繫，刊印了大量佛教相關典籍，有的書肆甚至專爲某個佛教宗派刊印佛書，成爲其專屬刊印書肆。如江户中期以後京都柳枝軒小川多左衛門書肆第三代方教皈依曹洞宗門,成爲曹洞宗的專屬佛書刊印商。①

日本明治時期排印的漢文大藏經《卍續藏經》,彙集了中國和日本歷代未入《藏》的佛教典籍及部分疑僞經典,由前田慧雲、中野達慧發起,在京都藏經書院編輯印刷,開印於明治三十八年(1905),完成於大正元年(1912),其中就收録了一些宋僧詩文集,如遵式《金園集》《天竺别集》、智圓《閑居編》、惟白《佛國禪師文殊指南圖贊》等。日本大正、昭和年間,高楠順次郎、渡邊海旭、小野玄妙等主持編輯排印了另一部漢文大藏經《大正新修大藏經》,開印於大正十三年(1924),完成於昭和九年(1934),以《高麗藏》爲底本,彙集了印度、中國、日本的其他佛教著作,還用宋、元、明藏等進行了精良的校勘,其中也收録了一些宋僧詩文集,如重顯《明覺禪師語録》、契嵩《鐔津文集》、惟白《佛國禪師文殊指南圖贊》等。

由上述可以看出,宋僧詩文集有很多國內佚失不存而存於日本,即使國內有存,日本也保存有更多版本,種類更豐富,這不僅與宋代以後直至近代的中日經貿、佛教文化、書籍文化等的交通、交流有密切關係,也與日本印刷文化史有不可分割的關係,無論是宋僧詩文集的五山版、日本活字本、江户刊本,都是日本印刷文化史的重要組成部分,值得深入細緻研究。

三、研究概況、思路和選題意義

(一)研究概況

關於宋僧詩文集在日本的刊刻流傳的研究,以日本學者为早,

---

① 參[日]中野何必《江户中期柳枝軒における曹洞宗門との御用関係——面山瑞方との親交に着目して——》,《駒澤大学佛教學部論集》第五十一號,令和二年(2020)12月,第173—187頁。

著名者有川瀨一馬的《五山版の研究》,是研究五山版的代表性著作,其中涉及對《祖英集》《鐔津文集》《雪峰空和尚外集》等七種宋僧詩文集的五山版的研究,書中對諸詩文集的行款格式、刊刻時間、收藏處、題跋刊記等進行記錄和分析闡述,是我們研究的重要參考。另一學者椎名宏雄著有《宋元版禪籍の研究》,①對中日歷代書目中記載的和現存的宋元版禪籍進行了梳理研究,涉及《雪竇和尚祖英集》《雪竇和尚頌古集》《雪峰空和尚外集》《參寥子詩集》《物初賸語》《無文印》《倚松老人詩集》《禪宗頌古聯珠通集》《江湖風月集》等的宋元版研究,也是我們進行研究的重要參考。椎名還寫有《北磵と物初の著作に關する書志的考察》一文,②對北磵居簡與物初大觀的著作進行了深入的考察,但對其中所論述的《北磵文集》的編纂時間等問題,筆者持有不同看法。其他日本學者也多有對某種宋僧詩文集的個案研究,如衣川賢次有《南宋送別詩集〈一帆風〉成書考》,③對《一帆風》的成書過程及二十五首增補詩歌進行了深入探討。日本學者對《江湖風月集》的研究,或考證作者,或闡述詩歌內容,或進行注釋整理,雖然涉及版本研究,但其重點不在研究版本的刊刻流傳上。

二十世紀八九十年代以來,國內對域外漢籍的研究可謂方興未艾,已成爲學術界關注的新熱點,研究成果不斷湧現。其中有不少研究成果涉及宋僧詩文集。嚴紹璗《日本藏宋人文集善本鈎沉》④《日藏漢籍善本書錄》、⑤四川大學古籍整理研究所《現存宋人

---

① [日]椎名宏雄《宋元版禪籍の研究》,日本大東出版社1993年版。
② [日]椎名宏雄《北磵と物初の著作に關する書志的考察》,《駒澤大學佛教學部研究紀要》第四十六號,1988年。
③ [日]衣川賢次《禪宗思想與文獻叢考》,復旦大學出版社2017年版,第200—214頁。
④ 嚴紹璗《日本藏宋人文集善本鈎沉》,杭州大學出版社1996年版。
⑤ 嚴紹璗《日藏漢籍善本書錄》,中華書局2007年版。

別集版本目錄》、①祝尚書《宋人別集敘錄》②《宋人總集敘錄》、③李國玲《宋僧著述考》④等著作，對一些宋僧詩文集的日藏本都有所闡述。對宋僧詩文集的個案研究也取得了不少成果，雖然不是專門研究宋僧詩文集在日本的刊刻流傳，但也涉及一種或幾種版本的論述，如傅璇琮、張如安、卞東波等關於《中興禪林風月集》的研究論文，⑤陳捷、侯體健等關於《一帆風》的研究論文。⑥卞東波又有《宋詩東傳與異域闡釋——四種宋人詩集日本古注本考論》一文，⑦其中包括對《祖英集》《中興禪林風月》日本注本的考述。另外旅美臺灣學者黃啓江在其著作《一味禪與江湖詩：南宋文學僧與禪文化的蛻變》⑧一書中，對《中興禪林風月集》《橘洲文集》《北磵詩集》《北磵文集》《北磵外集》《物初賸語》《無文印》等日藏宋僧詩文集也有論述。以上國內外研究成果都非常值得參考。但皆與本課題的研究角度和重點目標有所不同，尚未見有比較專門系統地研究宋僧詩文集在日本的刊刻流傳之作。

(二) 研究思路

本書分五個方面對宋僧詩文集產生及流傳日本的歷史文化背景加以考察，並介紹了宋僧詩文集的總體情況及與日本印刷文化

---

① 四川大學古籍整理研究所《現存宋人別集版本目錄》，巴蜀書社 1990 年版。
② 祝尚書《宋人別集敘錄》，中華書局 1999 年版，又有 2020 年增訂本。
③ 祝尚書《宋人總集敘錄》，中華書局 2019 年版。
④ 李國玲《宋僧著述考》，四川大學出版社 2007 年版。
⑤ 傅璇琮、張如安《日藏稀見漢籍〈中興禪林風月集〉及其文獻價值》，《文獻》2004 年第 4 期；卞東波《〈中興禪林風月集〉考論》，《域外漢籍研究集刊》第 3 輯，2007 年。
⑥ 陳捷《日本入宋僧南浦紹明與宋僧詩集〈一帆風〉》，《中國典籍與文化論叢》第九輯，北京大學出版社 2007 年版。侯體健《南宋僧詩集〈一帆風〉版本關係蠡測》，《中國典籍與文化》2009 年第 4 期，鳳凰出版社 2009 年版。
⑦ 卞東波《宋詩東傳與異域闡釋——四種宋人詩集日本古注本考論》，《聊城大學學報（社會科學版）》2019 年第 5 期。
⑧ 黃啓江《一味禪與江湖詩：南宋文學僧與禪文化的蛻變》，臺灣商務印書館 2010 年出版。

史的密切關係。第一章是本書的重點，圍繞"宋僧詩文集在日本的刊刻流傳"這個核心，從現存的六十四種宋僧詩文別集和總集中選取了三十九種宋僧詩文別集與總集加以研究，搜集調查其在日本現存的各種不同版本，全面系統、深入地研究其在日本的刊刻流傳情況。但要研究宋僧詩文集在日本的刊刻流傳情況，首先要搞清其源頭，對每種宋僧詩文集著者生平事迹進行必要的介紹和辨析考述，以明其人；繼而詳細考述每種詩文別集、總集的歷代目錄記載情況，國内編集及刊刻流傳情況，以明其版本系統及流傳源流，爲進一步考察宋僧詩文集在日本的刊刻流傳情況奠定堅實基礎。進而盡力考索每種宋僧詩文集傳入日本的時間，以揭示其中日文化交流等相關學術文化背景。

　　本書以實證的研究方法，通過文本細讀，對所搜集到的每種宋僧詩文集在日本的刊刻流傳版本進行深入研究，通過不同版本的文字比勘，揭示其版本特點和價值，辨別其版本優劣，考述其版本源流，爲後人的進一步研究和校勘整理工作提供便利。對宋僧詩文集流傳收藏的考察也是本書的重要内容。在分析考述每種版本的同時，不僅注意對其現藏處所的介紹，還通過對藏書印鑒的分析介紹，盡力闡述其遞藏源流，以使讀者瞭解其流傳原委及流布情況。而對宋僧詩文集日本注本的研究，如《雪峰空和尚外集》《中興禪林風月》等，不僅歸納其注釋的特點和優劣，也分析日本僧人特別是五山文學僧對中國典籍的熟悉和掌握程度，他們對中國典籍的理解接受和思想觀點，他們的漢學修養、表達能力和文字水平。本書在第二章除了研究《中興禪林風月》的注釋，還以《物初膡語》的校勘爲例，看日藏宋僧詩文集的特點。本書在研究宋僧詩文集在日本的刊刻流傳的同時，還注意考察揭示入宋、入元日僧與宋元禪僧的佛教傳承法系，剖析書籍刊刻流傳背後的中日佛教關係及文化交流狀況。第三章專門從宋僧詩文集的刊刻流傳情況分析闡述宋僧與日本五山禪僧的密切關係及影響。第四章從文獻學、宋代文學研究、佛教禪宗研究、歷史研究、書畫藝術研究、中日文化交流研究等六個方面闡述日藏宋僧詩文集的學術價值。

　　本書中涉及的宋僧詩文集，一般不包括僧人語錄，但個別如重顯《明覺禪師語錄》包含了其《祖英集》《頌古集》，故也一併加以研究。題爲宋末松坡宗憩藏主編集的《江湖風月集》一書，國內早已佚失，在日本禪林却廣泛流傳，有多種抄本及和、漢注釋本，僅就注本而言，駒澤大學圖書館編纂的《新撰禪籍目錄》中就著錄了三十一種，也很難説已囊括了全部，再加上無注本，就更多了，完全可以作爲一個專門的科研課題，實非本書所能全部囊括，且其中所錄還包括了元代僧人，故未列入本書的專門研究。日僧義堂周信所編《重刊貞和類聚祖苑聯芳集》及《新撰貞和分類古今尊宿偈頌集》不僅收錄了大量宋僧詩歌，也收錄了不少元代僧人詩，還有一些俗世文人詩，所以也未選入本書。北宋契嵩《輔教編》及《鐔津文集》，國內外學者已有很多研究成果，其書版本衆多，筆者將另做專門研究，故亦未選入本書。

　　（三）選題意義

　　本書從不太受關注的宋僧詩文集在日本的刊刻流傳入手，選取了三十九種宋僧詩文別集與總集逐一詳細研究考述，包括每種詩文別集、總集的歷代目錄記載情況，在國內的編集及刊刻流傳情況，傳入日本及在日本的刊刻流傳、現存版本的考察論述，其中很多都是前人未涉及的，彌補了學界對宋代詩文集在日本的刊刻流傳情況的考察與勾稽尚不夠充分與全面的一些缺憾。同時，日藏宋僧詩文集的宋、元、明、清多種珍稀版本及大量和刻本、抄本，是中國古籍版本的重要組成部分，由於長期留存海外，尚未引起國內版本研究者的足夠注意。本書利用宋僧詩文集的版本資料近二百種，研究、考察其源流，闡述其特點，無疑可以增加中國古籍版本研究的新内容和新認識，是對古籍版本研究的重要補充和推進。同時，大量宋僧詩文集的五山版、日本活字本、江户刊本及抄本，也是日本印刷文化史和書志學史的重要組成部分，本書從比勘不同版本的内容入手，對和刻本及抄本深入研究，總結其版本特點，評價其優劣，爲和刻本、抄本的研究補充了新的資料和研究成果，具有十分重要的價值，也可爲進一步研究日本印刷文化史及日本書志學史提供重要參考和依據。本書的研究還從不同角度揭示了中日佛教文化的密切關係，特別是宋代禪僧（詩僧）與日本五山詩僧間的密切關係，以及宋代佛教文化對日本禪林和民衆的影響。同時，對宋代詩僧以及宋代文學、文化的研究，對日本五山文學與宋代文學的關係研究，中日文化互動交流、中華古籍海外影響與傳播接受等研究也是十分有意義的。

第一章　宋僧詩文集在日本的刊刻流傳考述

一、延壽《永明智覺壽禪師山居詩》

釋延壽（904—975），①字沖玄，號抱一子，俗姓王。本丹陽（今江蘇鎮江）人，後遷餘杭（今浙江杭州）。年少時即歸心佛乘，常持誦《法華經》，十六歲爲儒生，後爲餘杭庫吏。年二十八，遷華亭鎮將。三十歲棄吏出家，依龍册寺翠巖參禪師，②落髮受具。尋謁天台山德韶禪師，德韶一見而深器之，密授玄旨。初住明州雪竇山，

---

① 關於延壽生卒年，今據北宋贊寧《宋高僧傳》卷二十八《宋錢塘永明寺延壽傳》、北宋釋道原《景德傳燈録》卷二十六《延壽傳》、北宋釋惠洪《禪林僧寶傳》卷九《永明智覺禪師》、元釋念常《佛祖歷代通載》卷十八《延壽傳》、元釋覺岸編《釋氏稽古略》卷三《延壽傳》、明釋大壑輯《永明道迹》皆謂延壽卒於宋太祖開寶八年（975），世壽七十二歲，則可推知其生於唐昭宗天復四年（904）。南宋釋宗鑒《釋門正統》卷八《延壽傳》謂其"壽七十四"，則其生年或爲唐昭宗天復二年。又有清周克復《淨土晨鐘》卷十《淨土持驗》延壽傳、《法華經持驗記》卷下《吴越永明寺智覺禪師》謂其"開寶八年二月年九十八""焚香跏趺而寂"，則其生年當爲唐僖宗乾符五年（878）。但贊寧（919—1001）與延壽爲同時代人，《景德傳燈録》是釋道原宋真宗景德元年（1004）編撰的，道原又與延壽同爲法眼宗僧人，同屬禪宗青原下十世天台德韶禪師法嗣，其書中所用資料更可信，故從其説。其卒於開寶八年並無異説，但所卒月份有不同説法。《景德傳燈録》卷二十六、《禪林僧寶傳》卷九、《佛祖歷代通載》卷十八、《釋氏稽古略》卷三、《永明道迹》等皆謂其卒於開寶八年十二月二十六日；而北宋王古輯撰《新修往生傳》卷下《杭州慧日永明寺智覺禪師延壽》、南宋釋宗曉《樂邦文類》卷三《大宋永明智覺禪師傳》、南宋釋志磐《佛祖統紀》卷二十六《淨土立教志》第十二之一《蓮社七祖》第六祖延壽傳則謂其卒於開寶八年二月二十六日。無載其僧臘、世壽年歲。其後一些明清佛教文獻如明道衍《諸上善人詠》、明朱棣《神僧傳》卷九、明袾宏輯《往生集》卷一、明朱時恩《佛祖綱目》卷三十五、清周夢顏彙輯《西歸直指》卷四、清俞行敏重輯《淨土全書》卷下、清彭希涑《淨土聖賢録》卷三、清瑞璋輯《西舫彙征》卷上等皆同其卒於"二月二十六日"之説，王古乃北宋名相王旦（957—1017）曾孫，主要活動於神宗至徽宗時，《新修往生傳》首有元豐七年（1084）八月十五日王古序，其生活時代和成書時間皆比釋道原及《景德傳燈録》晚，疑"二月"説乃落掉其前"十"字所致，當以"十二月"爲是。

② 〔北宋〕釋惠洪《禪林僧寶傳》卷九《永明智覺禪師》傳謂"投翠巖永明禪師岑公學出世法，會岑遷止龍册寺……"。

宋太祖建隆元年(960)，吳越王錢俶請其入居靈隱山新寺爲第一世，二年，遷住永明寺，居十五載，度弟子一千七百人。賜號智覺禪師。開寶八年十二月二十六日示寂，世壽七十二，僧臘四十二。① 徽宗崇寧中追諡宗照禪師。他是唐末五代、北宋之際禪宗法眼宗的著名僧人，在禪宗法系上屬於青原下第十世，法眼宗二祖天台德韶禪師法嗣，爲法眼宗第三世。他融通宗、教，主張禪教一致，禪淨雙修，又被列爲蓮社第六祖。② 他文才超卓，著述豐富，傳載他著《宗鏡錄》一百卷，詩偈賦詠凡千萬言，播於海外。高麗國王覽其言教，遣使齎書敘弟子之禮。③今傳由延壽弟子兼同門行明記錄整理編成、永平道者山大雲峰禪寺釋文沖重校編集的《慧日永明寺智覺禪師自行錄》中列出其著述有六十一種，一百九十七卷。④ 如《宗鏡錄》一部百卷、《萬善同歸集》三卷等，其中還有很多詩偈歌詠、贊頌文賦，但很多都已佚失不存。《永明智覺壽禪師山居詩》是流傳至今的延壽著述之一種。

(一)國內歷代流傳情況

延壽是一位擅長作詩的文僧，一生創作了大量的詩歌作品，除有《山居詩》一卷外，還有《高僧贊》三卷一千首、《詩贊》一卷、《物外

---

① 其僧臘據《景德傳燈錄》卷二十六《延壽傳》、《禪林僧寶傳》卷九《永明智覺禪師》、《佛祖歷代通載》卷十八《延壽傳》、《釋氏稽古略》卷三《延壽傳》、《永明道迹》等，謂其三十歲削染具戒。南宋釋曇秀輯《人天寶鑒·延壽傳》謂其"年三十四，往龍册寺出家受具"；《釋門正統》卷八《延壽傳》謂"三十四，依龍册寺慧日永明師落剃受具"，"臘四十"；而《宋高僧傳》卷二十八《宋錢塘永明寺延壽傳》、元曇噩述《新修科分六學僧傳》卷八《宋延壽》皆謂"春秋七十二，法臘三十七"，則謂其三十六歲落剃受具。故關於其落剃受具之年，法臘亦有不同記載。

② 延壽生平事迹見《宋高僧傳》卷二十八、《景德傳燈錄》卷二十六、《禪林僧寶傳》卷九、《新修往生傳》卷下、《樂邦文類》卷三、《人天寶鑒》、《釋門正統》卷八、南宋釋普濟《五燈會元》卷十、南宋釋元敬、元復同述《武林西湖高僧事略》卷一、《佛祖統紀》卷二十六、南宋潛説友《咸淳臨安志》卷七十等。

③ 《景德傳燈錄》卷二十六等。

④ 實有一百七十五卷，另有以"道"計數者，共有六道。

集》十卷五百首、《吳越唱和詩》一卷等,①惜今皆不可見。而目前所見最早記載其有"《山居詩》一卷"的,就是《慧日永明寺智覺禪師自行錄》,此書最初是由其弟子兼同門行明(932—1001)②記錄整理編成的,《景德傳燈錄》卷二十六、《五燈會元》卷十天台山德韶國師法嗣下既有永明延壽智覺禪師傳,又有行明傳法禪師傳,《五燈會元》"杭州開化寺行明傳法禪師"傳云:"本州于氏子,禮雪竇智覺禪師爲師。及智覺遷永明,遂入天台國師之室,蒙授記莂。復歸永明,翊贊廼師,海衆傾仰。忠懿王建六和寺(原注:本朝賜開化額),延請住持……"故行明與延壽同爲法眼宗二祖天台德韶禪師法嗣,同時二人又是師徒關係,行明少時即"投明州雪寶山智覺禪師披剃",③禮延壽爲師,此書前面的序言中行明也自稱爲"徒"。④ 此書後來又經釋文沖重校編集,有關釋文沖生平事迹,未見有資料記載,祇見在此書書名下署爲"永平道者山大雲峰禪寺嗣祖居幻沙門",而《續藏經》目錄中此書名下署編者爲"宋文沖重校編集",斷文沖爲宋人。經筆者考證,文沖應非宋人。根據明李賢等纂修《明一統志》記載,"道者山在昌黎縣西北二十里,上有道者寺,因名"。⑤ 而昌黎縣屬於當時永平府所領一州五縣中的五縣之一。這一區域從未被宋朝統治過,不屬於宋朝的轄域。雲峰寺就在道者山麓。⑥ 又據《元史·地理志》記載,這一地區是在元大德四年(一作七年)因水患才

---

① 見《慧日永明寺智覺禪師自行錄》,《續藏經》第 1 輯第 2 編第 16 套第 1 册,上海商務印書館影印本,1923—1925 年。
② 生卒年據李遵勖《天聖廣燈錄》卷二十七"杭州龍山開化寺行明禪師"下載其"咸平四年無疾而終,僧臘四十五,世壽七十"推知。
③ 《景德傳燈錄》卷二十六本傳。
④ 詳參黃公元《由〈智覺禪師自行錄〉看永明延壽的僧範形象與融合特色》,《浙江學刊》2009 年第 1 期,第 49—57 頁。
⑤ 〔明〕李賢等纂修《明一統志》卷五《山川》,影印清文淵閣《四庫全書》本。
⑥ 〔民國〕金良驥等修《(民國)昌黎縣志》卷二,民國二十二年(1933)鉛印本。

由平灤路升爲永平路,①故筆者認爲文沖當爲元大德四年(或七年)以後人。② 其實,延壽《山居詩》在元、明禪僧信衆中廣泛流傳,有不少僧人都作有《和永明山居詩》,如元代的布衲祖雍(？—1317)、③無見先睹(1265—1334)、④楚石梵琦(1296—1370)、⑤鏡中圓⑥等禪

---

① 〔明〕宋濂等撰《元史》卷五十八《志第十·地理一》"永平路下",中華書局點校本,1976年版,第1352—1353頁。

② 詳見筆者所撰《〈慧日永明寺智覺禪師自行錄〉重校編集者非宋人考》一文,發表於第二届"宋元與東亞世界"高端論壇暨新文科視域下古代中國與東亞海域學術研討會。

③ 祖雍,號布衲,明州寧海(今浙江寧波)人,一作定海(今浙江舟山)人。臨濟宗僧人。侍高峰原妙禪師,高峰遷化,居天目山大覺寺十餘年,晚住天竺中峰桂子堂。延祐四年(1317)四月七日示寂。爲南嶽下二十二世,高峰原妙禪師法嗣。事見元釋大訢《蒲室集》卷七《悼中天竺布衲雍公偈序》、明釋淨柱《五燈會元續略》卷三下《杭州天目山大覺寺布衲祖雍禪師》等。

④ 先睹,字無見,俗姓葉。世爲天台仙居(今浙江台州)顯族。年二十,從古田垕和尚薙染於本郡天寧寺,遍參諸禪師,常來往於藏室珍、方山寶二禪師間。築室天台華頂,精苦自勵。一日作務次,渙然發省,平生凝滯,當下冰釋。乃往瑞巖西庵方山文寶禪師處呈所解,得到其印可。辭還峰頂,一坐四十年。元惠宗至統二年五月二日卒,俗壽七十,僧臘五十,賜號妙明真覺。事見元釋曇噩《無見睹和尚塔銘並序》,嗣法門人智度等編《無見先睹禪師語錄》後附,《卍新纂續藏經》第70册,No.1396。

⑤ 梵琦,字楚石,小字曇曜,自號西齋老人,俗姓朱,明州象山(今屬浙江)人。六歲善屬對,九歲從海鹽天寧訥翁模受經業,又依從族祖晉翁洵於湖州崇恩寺,禮訥翁得度。年十六,於杭州昭慶寺受具戒爲大僧。因文采炳蔚,兩浙名山宿德爭欲招致座下,廣受稱譽。年二十,晉翁遷道場,爲侍者,典藏鑰。初參元叟行端禪師於徑山,未契。應選赴燕都金書《大藏經》,一夕睡起,聞綵樓上鼓鳴,豁然大悟,徹見徑山爲人處。是歲東歸,再參元叟於徑山,叟延爲第二座。出世海鹽州福臻禪寺,歷住海鹽州天寧永祚、杭州路鳳山大報國、嘉興路本覺、光孝諸禪寺,元惠宗賜號佛日普照慧辯禪師。至正十七年(1357),再住海鹽州天寧永祚禪寺,十九年,於永祚寺西齋退休。明洪武元年(1368)至二年,兩次應徵赴蔣山說法,三年秋,再次應召奏對,將入朝敷奏,忽示微疾,七月二十六日示寂。俗壽七十五,僧臘六十三。其著述豐富,有《六會語》《淨土詩》《慈氏上生偈》《北游集》《鳳山集》《西齋集》《和天台三聖詩》《和永明壽禪師山居詩》《和陶潛詩》《和林逋詩》等,并行於世。而《慈氏上生偈》《鳳山集》《西齋集》《和陶潛詩》《和林逋詩》今未見。事見其法弟釋至仁《楚石和尚行狀》、明宋濂《佛日普照慧辯禪師塔銘有序》等,《楚石梵琦禪師語錄》卷二十後附,《卍新纂續藏經》第71册,No.1420。

⑥ 生平不詳,元薩都剌(約1280—約1345)有《送鏡中圓上人游錢塘》詩,約與其爲同時人。

師,元吕鐵船居士,①明代的獨庵道衍(1335—1418)、②天印能持禪師、③雪庭(1456—?)禪師④等。明永樂十四年(1416)僧錄司右闡教兼住鍾山靈谷幻居比丘淨戒《刊三聖諸賢詩辭總集序》云:

> 宣情達事,世教有取於詩。吾宗聖賢,高蹈遠視邈然矣,亦仿人情近習,琢爲文句,蓋憫物之心不可遏也。抑將激誘於道,奚啻宣情達事,流玩百世珠玉之擬哉!觀夫豐干、寒、拾三聖所唱,楚石琦公之和韻,皆痛快激烈,斥妄警迷。山中天靈義首座,服膺有素,願繡梓以傳焉,且蒐舊本諸名公序帖及《三隱集記》繫之。又以佛國白禪師所作《文殊指南贊》詞勝理詣,

---

① 出身富貴之門,未弱冠時,常參空山中禪師。曾任江淮都府總管,於蘇之嘉定建永壽寺,以延雲水。"廣和永明壽禪師《山居詩》六十九首,甚得山林旨趣"。爲南嶽下二十世,空山中禪師法嗣。事見明釋文琇《增集續傳燈錄》卷四等。

② 即姚廣孝。長洲(今江蘇蘇州)人。本醫家子,年十四,剃度爲僧,名道衍,字斯道。曾從北禪虛白亮習天台,後往徑山參愚庵智及禪師,機契,任記室。出世臨安普慶寺,遷住杭州天龍、嘉定留光寺。洪武十五年(1382)僧錄司選舉,除順天府慶壽寺住持。曾爲燕王朱棣隨侍,出謀劃策,爲朱棣取得帝位立下大功。永樂二年(1404),拜資善大夫、太子少師,復其姓,賜名廣孝。後曾監修《明太祖實錄》,并與解縉等人纂修《永樂大典》。永樂十六年三月二十八日卒,年八十四。以僧禮葬,追封榮國公,諡恭靖。洪熙元年(1425)加贈少師,配享成祖廟庭。嘉靖九年(1530),移祀興隆寺。事見《增集續傳燈錄》卷五《北京順天府慶壽獨庵道衍禪師》、清張廷玉《明史》卷一百四十五《列傳三十三》本傳。其著述有《道餘錄》一卷、《逃虛子詩集》十卷、《續集》一卷、《逃虛類稿》五卷等存世。其《和延壽山居詩》今未見,明釋大壑《南屏淨慈寺志》卷七《著述》有釋古春《跋松泉和永明山居詩後》中稱"永明壽禪師有詩六十九首,慶壽獨庵從而和之,今松泉又爲和之"之語,可見道衍曾作過《和延壽山居詩》。

③ 能持,號天印,延平(今福建南平)人。出家於天寧光孝寺,後去游方,遍歷名山,參諸尊宿,於海舟永慈禪師言下有省。無出世意,歸故里,結松關自休,造進日深,後學衆四集。年八十一示寂。事見明釋明河《補續高僧傳》卷二十五《天印持公傳》。明徐燉《徐氏筆精》卷五《詩談》謂其嘗和永明山居詩,并引其和詩"穿來冷鐵多年衲,坐破寒龕幾片氈。風寒夢醒集松鶴,日暖藤牽挂樹猿"等三首詩。

④ 名未詳,雪庭乃法號,一號梅雪隱人。仁和(今浙江杭州)人。俗姓桂。幼患痘風,得目疾,數求出家。成化九年(1473),參休休翁於郡城仙林寺,一見契合。十七祝髮。弘治元年(1488)除夕,聞鐘聲有省。八年,隨休休翁於淨慈寺,蒙印可。"所著有《請益警進》《拈古》《頌古》《擬寒山》《和永明詩偈》等,凡二十卷,號《幻寄集》行世"。事見明釋袾宏輯《續武林西湖高僧事略》、明釋明河《補續高僧傳》卷十六等。《幻寄集》今未見。

永明壽禪師、布衲雍、鏡中圓前後山居唱和之什,曁古德《十牛頌》並諸歌偈,切於風礪,有裨益於世者,比次成帙。勸率善信陳智寶、賈福常,俾諸衆緣,**並與刊行**,謁言爲弁。……①

説明當時所刊《三聖諸賢詩辭總集》中,不僅有豐干、寒山、拾得詩及楚石梵琦的和詩,還有永明延壽的《山居詩》及布衲祖雍、鏡中圓的和韻等。而《晁氏寶文堂書目》卷下載有"三聖諸賢詩集""永明壽物外集詩贊""永明壽物外山居詩""三聖山居詩(小字注:永明壽布衲雍 鏡中圓)",②《晁氏寶文堂書目》是嘉靖年間(1522—1566)晁瑮及其子晁東吳的藏書目,③説明此時延壽"詩贊"還未佚失,其山居詩不僅有收録《三聖諸賢詩集》總集中的,同時還有單行本和附有布衲祖雍、鏡中圓的和韻的合刻本流傳。至萬曆年間,釋大壑(1576—1627)④再次刊刻延壽《山居詩》。大壑號玄津,俗姓薛,錢塘(今杭州)人。於淨慈寺剃度出家,後入虞淳熙、馮夢禎等人所組織的蓮社,見密藏道開有省,遂從雲棲祩宏大師受具足戒,習定。後往金陵從雪浪洪恩研習教典,一日,定中見延壽大師三示妙旨,其舉似洪恩,在洪恩啓發下,豁然開朗,爲法師分席曁拂,受學人推重。後回到淨慈寺,慨歎延壽塔湮廢多年,到大慈山巖右叢蓧中找到埋藏的裝有延壽大師舍利的匣子捧歸,與諸宰官法衆共謀,移建

---

① 項楚《寒山詩注》附録二序跋、叙録,出自浙江天台山國清寺印行《寒山詩》卷首。中華書局 2000 年版,第 988－989 頁。

② 《晁氏寶文堂書目》,《中國歷代書目題跋叢書》第一輯,上海古籍出版社 2005 年版,第 219、220 頁。其中"三聖諸賢詩集"在第 207、219 頁兩次出現。

③ "出版説明",同上書,第 1 頁。

④ 生卒年據明董其昌《玄津法師壑塔銘》,清際祥《淨慈寺志》卷十二《塔院二》,白化文、張智主編《中國佛寺志叢刊》第 64 册,廣陵書社 2006 年版,第 853－854 頁。(按:"玄",《淨慈寺志》原作"元",當爲避清康熙諱改。今回改。下不一一説明。)明末高僧憨山德清禪師(1546—1623)的《憨山老人夢游集》中多處稱"玄津壑公(法師)",如卷七有《示玄津壑公》法語;卷四十六《宗鏡堂結修證道場約語》中稱"玄津壑法師";卷五十四《憨山老人自序年譜實録下》"四十五年丁巳"條中稱"玄津法師壑公""玄津壑公"等,《卍新纂續藏經》第 73 册,No.1456。

新的延壽塔於南屏慧日峰之山麓,又重新修繕淨慈寺宗鏡堂,還開發若干畝蔬圃農田以供寺用。又請求恢復西湖爲放生池等。① 他還著有《南屏淨慈寺志》,不僅對淨慈寺的建設發展多所盡力,而且對延壽充滿崇敬的心情,竭力搜集延壽相關資料,撰有《永明道迹》,還"盡鐫其遺書"。明李日華《永明山居詩序》中講述了釋大壑爲延壽移塔、鐫遺書並刊刻《山居詩》的過程:

> 淨慈壑公,風神疏朗,有松鶴之韻。幼攻五字句,謁馮太史,太史嘖嘖,許以禪月、浪僊。適密藏開師在坐,訶之曰:"出家兒爾,許英英竟作此伎倆耶!"公俛首吞飲。嗣後所涉宗教,一一消歸密諦。若本祖永明壽禪師所著《宗鏡錄》百卷,尤其匙箸間物也。一夕,忽感奇夢,知永明靈蛻有舟壑之移,即潛訶,力圖揮涕出之榛莽之墖,爲別營塔於宗鏡堂後,而盡鐫其遺書。於是永明之道薄虞淵者七百餘年,而重受魯陽之戈,有目者靡不嘆再中矣。已又待此《山居詩》一卷於游衲擔頭,壑公又亟梓之。……②

可知大壑所刊《山居詩》的底本,是從游衲擔頭得到的,其他情況則不明。明徐燉曾引延壽《山居詩》並講到大壑爲延壽移塔之事:

> 杭州永明壽禪師《山居詩》云:"且停多事莫矜誇,寂寞門中有道華。偎嶺靜同猿窟宅,栽松閒共鶴生涯。榮來祇愛添餘禄,春過誰能悟落花。惟有臥雲塵外客,無思無慮老烟霞。"又云:"浮生但向忙時過,萬事須從靜裏休。"師道場故在淨慈寺,靈塔故在太慈山,歲久廢爲民墓。萬曆乙巳,法裔大壑詢

---

① 事見明黄汝亨《玄津法師塔銘》、明董其昌《玄津法師瘞塔銘》,清際祥《淨慈寺志》卷十二《塔院二》,白化文、張智主編《中國佛寺志叢刊》第 64 册,第 842—855 頁。

② 〔明〕釋大壑《南屏淨慈寺志》卷八《著述》,明萬曆四十四年(1616)刻清康熙增修本。

之老農,掘得石匣,拾舍利十一粒,靈骨俱在,今移置淨慈後山,起塔封焉。①

萬曆乙巳,即萬曆三十三年(1605)。在《徐氏家藏書目》卷三"永明道迹一卷、修塔緣起一卷"後,有"山居詩"一卷,②當是指延壽《山居詩》,説明徐㷆家也收藏有此書。清代雍正皇帝尤爲推崇永明延壽,"信爲曹溪後第一人,超出歷代大善知識,特加封妙圓正修智覺禪師"。③他親自編定的《御選語録》中就收録了延壽的著述。在他的倡導下,清人更加重視對延壽散佚著作的搜集刊刻,現收入《續藏經》的《慧日永明寺智覺禪師自行録》正文書名之前有乾隆十年(1745)西原居士蔣恭棐序,云:

  永明壽禪師顯迹五代宋初,我世宗憲皇帝嘉其專修淨業,普利衆生,錫封妙圓正修智覺禪師,標爲佛門正宗。其書如《宗鏡録》《萬善同歸集》《心賦》,已入《大藏》。武林黃君松石搜訪散佚,又得師《山居詩》及《永明道迹》,既梓於維揚,而《自行録》一編,爲師百八實修,尤下學上達之津筏。嘗攜之京師,雲間大司寇張公以見之晚,不及奏列藏函爲憾。公薨,任子伯耕請校刊流布,以資公冥福。讀是編者,敬信持行,人人如獲師印彌陀塔,其亦公之神所默啓夫。④

其中就提到武林黃松石搜訪散佚,得《山居詩》及《永明道迹》,梓於維揚。黃松石即黃樹穀,字松石,號黃山、佛國山人等。仁和(一作

---

① 〔明〕徐㷆《徐氏筆精》卷五"詩談·永明禪師",《叢書集成續編》本。
② 〔明〕徐㷆等撰,馬泰來整理《徐氏家藏書目》,《中國歷代書目題跋叢書》第四輯,上海古籍出版社 2014 年版,第 280 頁上。
③ 《御選語録》卷八"妙圓正修智覺永明壽禪師集"前"雍正十一年癸丑六月望日"《御製序》,《乾隆大藏經》第 167 册,臺灣傳正有限公司 1997 年版,第 156 頁上。
④ 〔宋〕釋文冲重校編集《慧日永明寺智覺禪師自行録》,《續藏經》第 1 輯第 2 編第 16 套第 1 册。

錢塘,今浙江杭州)人。博綜經籍,工行、楷、篆、隸,以孝聞。著有《楷瘦齋稿》等。① 其子黃易(1744—1802)字小松,號秋庵,曾官山東運河同知,勤於職事。承父業,精篆刻,工詩文,山水得董、巨法,編有《小蓬萊閣金石目》八冊。② 《永明道迹》乃明釋大壑於萬曆三十四年(1606)編輯而成的延壽生平行實,并録宋至明僧俗名賢相關偈贊。説明延壽《山居詩》在清乾隆時與《永明道迹》一起在揚州由黃樹穀再次刊刻。清釋際祥於嘉慶中編成的《淨慈寺志》卷十九"附著述目"中有"《永明壽禪師山居詩》,吴越僧延壽撰"的記載,③卷十八明李日華《山居詩序》後附録佛國山人黃樹穀《集山居詩絶句》十首,乃是集永明延壽禪師詩句。後有"附載和詩諸公":"高峰妙法嗣布衲雍公,嘗居南屏,賡和《永明山居詩》六十九首,楚石梵琦有《和永明山居詩》,梅雪有《和永明山居詩》。古春云:'永明壽禪師有詩六十九首,慶壽獨庵從和之。'"又有按語云:"《山居詩》從黃氏小蓬萊閣舊藏刊本録出,和詩某某從卷面舊題録出,和詩概未之見。"④"小蓬萊閣"是黃易齋號,建成於乾隆四十二年(1777)八九月間。⑤ 從此按語可知釋際祥在編《淨慈寺志》時,曾用黃氏家舊藏刊本録出了延壽《山居詩》,并説明未見到和詩,所謂和詩某某的記録,祗是從黃氏家舊藏刊本卷面的舊題録出的。今國家圖書館還

---

① 事見《(乾隆)杭州府志》卷九十一、清阮元《兩浙輶軒録》卷十七、清彭藴璨撰《歷代畫史彙傳》卷三十一等。
② 事見清彭藴璨撰《歷代畫史彙傳》卷三十一、清丁丙《善本書室藏書志》卷十四、民國趙爾巽主編《清史稿》卷四百八十六《文苑三》等。
③ 《淨慈寺志》卷十九《藝文二》,《中國佛寺志叢刊》第65冊,第1304頁。
④ 以上同上書卷十八《藝文一》,《中國佛寺志叢刊》第65冊,第1146—1148頁。
⑤ 參見秦明《黃易"小蓬萊閣"印沿用考》,文中稱黃易"小蓬萊閣"齋號的來由,一是因其七世祖黃汝亨(貞父先生)在杭州西湖南屏山讀書之所稱"小蓬萊",他"有追思先人、秉承家學之意";二是因"宋代著名金石學家洪适,精研漢魏碑碣,始著《隸釋》《隸續》,並摹刻漢《熹平石經》於會稽蓬萊閣,後世奉若圭臬。黃易推崇前賢,篤嗜金石碑版,尤以漢魏見長。顔其齋'小蓬萊閣',雖爲謙辭,亦明其志"。《西泠藝叢》2017年第9期。

藏有光緒十一年(1885)江北刻經處刻本《慧日永明智覺壽禪師山居詩》一卷。1934年商務印書館出版懺庵居士編《高僧詩選》，其中收錄永明延壽《山居詩》六十九首。陳尚君先生輯校《全唐詩補編》之《全唐詩續拾》卷四十六，據懺庵居士編《高僧詩選》民國鉛印本，錄永明《山居詩》六十九首。① 《全宋詩》册一卷二以光緒十一年江北刻經處刻本爲底本，也收錄有延壽《山居詩》六十九首。② 可見延壽《山居詩》在國内一直流傳至今。

(二)在日本的刊刻流傳

1. 目錄記載

延壽《山居詩》流傳到日本可能較晚。日本京都東山東福寺開山祖師圓爾辨圓曾於理宗端平二年(1235)入宋，歷訪天童、淨慈、靈隱等名寺，後登徑山，師事無準師範禪師並成爲其法嗣。③ 理宗淳祐元年(1241)他由宋歸國時，帶回經論章疏、語錄、儒書等數千卷，藏於京都東福寺普門院的書庫，他自己曾編了一部三教典籍目錄，可惜已佚失。1353年，東福寺第二十八世大道一以編《普門院經論章疏語錄儒書等目錄》，"來"字下，列有"《宗鏡錄》一部(廿册)"；"暑"字下，有"《宗鏡錄》一部(百卷)"；"呂"字下，有"《注心賦》六卷"。④ 這可以説是至今所見延壽著作傳入日本的最早記載，但並未見此目錄中有延壽《山居詩》的記錄。日本江户時代的目錄書中多有記載《山居詩》者，有些未署作者名，有些則可判斷是延壽《山居詩》。《江户時代書林出版書籍目錄集成》第一册《和漢書籍目錄(寬文刊)》(又稱"寬文無刊記書籍目錄")末

---

① 陳尚君輯校《全唐詩補編(全三册)》，中華書局1992年版。
② 《全宋詩》册一，第18—27頁。
③ 事見日釋虎關師鍊《元亨釋書》卷七淨禪三之三，日釋師蠻《本朝高僧傳》卷二十《京兆慧日山東福寺沙門辨圓傳》。
④ 見王勇、[日]大庭修主編《中日文化交流史大系·典籍卷》第一章所引該目錄，浙江人民出版社1996年版，第49、51頁。

尾編者説明指出,東寺觀智院藏日本萬治二年(1659,清順治十六年)寫本所著録的書籍中,有此寬文刊本未著録者,其中所列書籍中就有"山居詩",①但未標朝代和作者,我們不能判斷它是否就是延壽《山居詩》。第二册《新增書籍目録》②《書籍目録大全》③《增益書籍目録大全》④中都有"山居詩 一册"的記載,但都未標作者和朝代。⑤ 第三册《新纂書籍目録》⑥中則明確記載"永明壽禪師山居詩睹無見澄月潭和韻",在"永明壽禪師山居詩"下標有作者(或編者)"虎林虞淳熙",在"睹無見澄月潭和韻"下標有作者(或編者)"閩中曹學佺"。⑦

2.傳入日本及在日本的刊刻流傳情況

根據目前所掌握的資料,延壽《山居詩》至少是經過五次不同途徑,在不同時期傳入日本的,現日本所存藏版本分屬五個系統。其第二次傳入後,在元禄十三年(1700)得以刊刻。其他四次,未見日本刻本,祇流傳於日本,爲日本諸圖書館所收藏。

(1)不晚於明嘉靖二十九年(1550)傳入日本

延壽《山居詩》第一次傳入日本當不晚於明朝嘉靖二十九年,據説是日本室町後期臨濟宗夢窗派禪僧策彦周良從明朝帶回日本

---

① [日]慶應義塾大學附屬研究所斯道文庫編《江戶時代書林出版書籍目録集成》第一册,井上書房昭和三十七年(1962)發行,第 52 頁第 3 欄。
② 延寶三年(1675,清康熙十四年)刊,又稱"延寶三年刊新增書籍目録"。
③ 天和元年(1681,清康熙二十年)山田喜兵衛刊,又稱"天和元年刊書籍目録大全"。
④ 元禄九年(1696,清康熙三十五年)河内屋喜兵衛刊,同寶永六年(1709,清康熙四十八年)增修丸屋源兵衛刊,又稱"元禄九年、寶永六年書籍目録大全"。
⑤ 慶應義塾大學附屬研究所斯道文庫編《江戶時代書林出版書籍目録集成》第二册,井上書房昭和三十八年(1963)發行,第 127 頁第三欄右、第 194 頁第 3 欄右、第 321 頁第 3 欄左、第 4 欄左。
⑥ 享保十四年(1729,清雍正七年)永田調兵衛刊,又稱"享保十四年刊書籍目録"。
⑦ 慶應義塾大學附屬研究所斯道文庫編《江戶時代書林出版書籍目録集成》第三册,井上書房昭和三十八年(1963)發行,第 102 頁第四欄右。此處目録標注不清晰,"虎林虞淳熙""閩中曹學佺"分別爲《永明壽禪師山居詩》的閱、校者,詳見後述。

的,其中載有布衲雍、鏡中圓二禪師《和永明山居詩韻》。今駒澤大學圖書館藏有元祿十四年(1701)洛陽(京都)書肆古川三郎兵衛刊行的《永明壽禪師山居詩並和韻》(索書號:151/86-2),此本末有日本黃檗宗僧人月潭道澄的跋文:

> 余向和永明《山居詩》,坊刻既成,今茲辛巳孟陬月,適龜山妙智中公西堂攜一古册造余山廬,曰:"此乃嘉靖年間吾遠祖策彥良公自中華帶回的,此中載布衲雍、鏡中圓二禪師《和永明韻》在,故持以備覽。"余采而讀之,則其作清平淡雅,天然超逸,不事雕琢而句法圓熟,出於真證實悟之中,足以開發於人者也。因知元明間禪林尊宿追賡永明者夥,不獨無見睹公而已矣。雍布衲,明州寧海人,得旨訣於妙高峰,與幻住老人爲法昆仲,復住於杭之中竺。鏡中,未詳何人之嗣,曾閱戴九靈《越游稿》,謂鏡中禪師住於漳州龍谿縣檀特巖,爲開山祖,"法道日著,鄉邦慕之"云。茲《書林圖》爲二禪師和篇壽梓,以與前刻並行。吁!久埋美璧,今復發輝,觀此,孰不躍然而如平地登崑岡歟!
>
> 心華室老衲澄謹跋

跋文末依次鈐有"月潭氏"篆文墨方陽印和"道澄"二字篆文墨方陰印。

月潭道澄(1636—1713)乃江州彥根(今日本滋賀縣彥根市)人。十二歲在京都瑞石山永源寺出家。1651年(日本後光明天皇慶安四年,清順治八年)春始,參洛西嵯峨翔鳳山直指庵獨照性圓(1617—1694)。1654年(日本後西天皇承應三年,清順治十一年)七月,隨獨照性圓一起往長崎興福寺參謁應邀赴日傳法的明末臨濟宗高僧隱元隆琦禪師(1592—1673),此後二十年間隨侍隱元,助其弘法。獨照性圓在隨侍隱元禪師時,朝參暮叩,深有所得，爲隱元禪師所首肯，與其一枝拂子表信，并贈以詩偈。隱元禪師將要示寂前，還派人把禪法世系《源流》、法衣及所題《真贊》送給獨照性圓，表明正式認可他爲自己的嗣法弟子。① 月潭道澄爲獨照性圓的嗣法弟子，故爲隱元禪師之法孫。隱元禪師示寂後，道澄服喪三年，離開隱元所創建的京都黃檗山萬福禪寺，回到直指庵，作爲首座輔助獨照性圓。性圓去世後，他於 1694 年（日本東山天皇元禄七年，清康熙三十三年）九月，繼任直指庵第二代住持，繼續弘傳佛法，受到黃檗宗内外衆人的尊敬。1713 年（中御門天皇正德三年，清康熙五十二年）八月六日示寂。他接受隱元隆琦等入日明僧的熏陶，擅長詩文，有《龍巖集》《蕉窗詩集》《峨山稿》《永明壽禪師山居詩和韻》《巖居稿》《心華剩録》《黃檗祖德頌》等傳世。②

從其跋文中我們可以得知延壽《山居詩》及元布衲祖雍、鏡中圓禪師和韻流傳日本且後二者刊刻的經過，即在元禄十四年正月，京都靈龜山妙智院中公西堂帶着一個古册子造訪月潭道澄，説這是明朝嘉靖年間其遠祖策彦良公從中國帶回日本的，其中載有布衲雍、鏡中圓二禪師和永明韻。策彦良公即策彦周良（1501—1579），是日本五山文學末期的代表人物之一。俗姓井上，號策彦、謙齋、怡齋等，丹波（京都府）人。九歲時，即投依北山鹿苑寺（金閣寺）心翁等安，并隨之移天龍寺。十八歲落髮受具，後爲等安法嗣。住天龍寺妙智院，爲第三世。天正七年六月示寂，俗壽七十九。他曾於明嘉靖十八年（1539，日本後奈良天皇天文八年）、二十六年（日本天文十六年）兩次受命作爲遣明船的副使和正使入明，受到

---

① 事見［日］細川道契《續日本高僧傳》卷五《嵯峨直指庵沙門性圓傳》，《大日本佛教全書》第 104 卷，第 216 頁下—218 頁上。
② 月潭道澄事迹參見林觀潮《月潭道澄〈黃檗祖德頌〉標注》之"解題"，《花園大學國際禪學研究所論叢》，花園大學國際禪學研究所 2017 年版，第 1—2 頁。

明世宗的優待。他第一次入明,於嘉靖二十年(日本天文十年)回國,第二次於嘉靖二十九年(日本天文十九年)回國,故其帶回有布衲雍、鏡中圓二禪師和永明韻的古册的時間當不晚於1550年第二次回國時。他著有《策彦和尚初渡集》三卷、《策彦和尚再渡集》二卷,記載了他入明的經歷,是研究室町時代明日關係的重要史料。另著有《策彦和尚詩集》《謙齋詩稿》《城西聯句》等。① 月潭道澄跋文中還介紹了布衲雍、鏡中圓禪師的生平情況,其中所言幻住老人即元代高僧中峰明本禪師(1263—1323),其所棲止處皆曰幻住,稱幻住老人,與布衲祖雍同爲臨濟宗南嶽下二十二世,高峰元妙禪師法嗣,②故月潭道澄謂其"爲法昆仲"。關於鏡中圓禪師,道澄引用了元代詩人戴良(1317—1383)《越游稿》中的相關内容,稱鏡中禪師住於漳州龍溪縣檀特巖,爲開山祖師云云。其所引内容見於戴良《九靈山房集》卷二十八《越游稿》之《檀特巖精舍記》,文有云:

> 檀特巖在漳之龍溪,由郡城北遡大江,舟行五十餘里始至其地。前瞰江流,後連崖谷,江有九龍潭,每夜參半,神珠煜煜光動。循江而南,是名香、松二州,折而西,爲細柳營、虎渡橋,皆郡之勝巖。其最勝處,地位峻絶,風物清曠,幽篁美木,森布錯陳,而且夏涼冬燠,有類檀特仙聖之所居,故以爲名。精舍之建,則自鏡中禪師始。鏡中,郡之保福寺僧也。法道日著,鄉邦慕之,遂施其巖爲搆茲宇。已而,鏡中之嗣德松,德松之嗣壽泉、光郁、法迪、法羣,咸甲乙傳次,以領其事。……③

---

① 事見[日]蘭室玄森撰《前住圓覺策彦良禪師行實》,[日]牧田諦亮《策彦入明記の研究》下,法藏館1959年版,第131—137頁。
② 〔明〕釋文琇集《增集續傳燈録》卷六、〔明〕釋淨柱輯《五燈會元續略》卷三下、〔明〕釋明河撰《補續高僧傳》卷十三等有傳。
③ 〔元〕戴良《九靈山房集》卷二十八,《四部叢刊初編》景明正統刊本。

從這篇記文中我們瞭解到鏡中圓禪師的更多情況。他原爲漳州當地保福寺僧人，後爲龍谿縣檀特巖精舍開山祖師，有法嗣德松及再傳弟子若干人。此元禄十四年刊本從明嘉靖以前傳本而來，當與前述明永樂年間所刊《三聖諸賢詩辭總集》中之永明壽禪師、布衲雍、鏡中圓前後山居唱和之什及《晁氏寶文堂書目》卷下所載《三聖山居詩》屬同一系統。而布衲祖雍、鏡中圓禪師的《和延壽山居詩》，今國內未見流傳，《全元詩》中也未收錄，爲研究元代文學、研究延壽《山居詩》在元代的影響等提供、補充了新的資料，非常珍貴。但此元禄十四年刊本中并無延壽《山居詩》原文，祇有布衲雍、鏡中圓和韻，可能是因爲延壽《山居詩》在元禄十三年已經刊刻（詳見後述），刊行者同爲洛陽（京都）書肆古川三郎兵衛，故時隔一年再見此本時，祇刊刻了之前未見的布衲祖雍、鏡中圓禪師和韻。而此本的大小規格、行款格式等都與元禄十三年刻本完全相同。題爲"永明壽禪師山居詩 和韻"，正文先錄《天目布衲雍禪師和韻》六十九首，次錄《中山鏡中圓禪師和韻》六十九首，版心分別寫有"永明山居詩布衲和韻""永明山居詩鏡中和韻"。正文末頁背面有"元禄辛巳四月上旬 洛陽書肆古川三郎兵衛刊行"的刊記，元禄辛巳即元禄十四年。

（2）清康熙三十八年（1699）前傳入日本及在日本的刊刻流傳

延壽《山居詩》第二次傳入日本當在 1699 年（清康熙三十八年，日本東山天皇元禄十二年）之前的幾年間，是由清代杭州傳入日本的，并在元禄十三年由洛陽書肆古川三郎兵衛刊行，與元無見先睹禪師及月潭道澄的和韻一起合刻。現日本國會圖書館藏有元禄十三年刊本《慧日永明壽禪師山居詩》（索書號：821－42イ）即此合刻本（見圖1-1）。此本卷首有月潭道澄序，云：

　　　　永明智覺大師道德盛大，絕出古今，負博大英偉之才，肆
　　　　縱橫無礙之辨。夫百軸《宗鏡》之文，《萬善同歸》之集，暨《唯

心訣》《心賦》《神棲安養賦》等刊行既久,而爲照世大明燈,更有《物外集》者,贊寧、北磵二老作序,惜乎今失其本,以故大師詩偈多不傳世,祇有"客吟燈殘、猿啼月落"之句,膾炙人口而已。余往歲在松堂時,偶覽華頂無見覩和尚所和《山居詩》六十九首,吟翫無措,但以未見大師原作爲遺憾耳。今兹己卯秋孟,適龍興旭公攜一小册至,余展覽之,則大師原作也,欣然如獲荆璧。詢厥來處,則言邇歲自唐武林傳到,虞淳熙、曹學佺二公同校閱,淨慈玄津壑公編梓。壑公乃曾彙輯大師《道迹》而稱其遠孫者也。余既主復,詳味每篇,其句調圓潔而優雅,其意旨淳真而深妙,非惟能述居山風趣,抑且警醒世迷,尤爲切至。非大善知識從慈心三昧清淨胸襟之中流出將來,曷能如是?法施之利,實非淺淺,豈可以尋常篇什視之邪!兹者旭公欲梓之以傳,徵余鄙言弁其篇首,因不辭而援毫敬贅如此。冀俾覽是編者,世念疏而道情密,慧目開而玄機朗,則謂之與大師日日眉毛厮結,亦未爲分外。其或未然,古佛過去久矣。

峨山後學澄月潭沐手敬題

他在序文中表達了對延壽大師的崇敬心情,講到其《宗鏡錄》《萬善同歸集》《唯心訣》《心賦》《神棲安養賦》等刊行已久,可惜經北宋贊寧及南宋北磵居簡作序的《物外集》已佚失不存,所以大師詩偈多不傳世。他往年隨侍隱元隆琦在松堂時,①曾閱覽過無見先覩所和延壽《山居詩》六十九首,"但以未見大師原作爲遺憾"。他還詳細敘述了見到并刊刻延壽《山居詩》的緣起,是在元禄十二年(己卯,1699,清康熙三十八年)孟秋,由龍興寺旭公攜來的延壽《山居詩》

---

① 隱元隆琦晚年在京都黄檗山萬壽禪寺内辭衆退居之處,稱松隱堂。

小册子,據説是近年從清代杭州傳到日本的,由明代虞淳熙、①曹學佺②二人校閲,淨慈寺釋大壑編梓,"旭公欲梓之以傳",請他作序,故他作了此序言。序文署名後另行依次鈐有"一字月潭""道澂之印"兩枚篆文墨陽方印。可見此本屬前述明萬曆年間釋大壑刊本系統。而前述享保十四年(1729)永田調兵衛刊《新纂書籍目録》中所載"永明壽禪師山居詩 覸無見澄月潭和韻",也與此本爲同一系統。

此本月潭道澂序文爲宋體字,與正文字體相同而略大。半頁七行,行十六字,無界,四周雙邊,下黑口,字旁有標明日文讀音、順序等的訓點符號。首頁右下框外依次有:①圓環狀朱陽印,環中有篆文"圖"字,兩圓圈之間有楷書"明治三九・七・七・購求"。②"×瑶之印"篆文朱陰方印,"×"字無法辨識。序文前三行右上有"帝國圖書館藏"篆文朱陽方印。

---

①　虞淳熙(1553—1621),字長孺,錢塘(今浙江杭州)人。明神宗萬曆十一年(1583)進士,任兵部職方司主事,遷禮部主客員外郎,改吏部稽勳司,後因事受牽連去官削籍歸鄉。他自幼受家庭奉佛氣氛濡沐,"三歲唱佛號不絶口",居母喪,與弟僧孺共習天台止觀。居京師期間,聞父喪,歸而廬墓三年,受戒於雲棲袾宏,每晨起拜墓畢即往雲棲問法,作有《淨土四十八問》。罷官歸鄉後,與弟淳貞日游湖上,後入南屏山不出。潛心修習弘揚佛法,在當時佛門中有很高聲望,被目爲"異人"。他協助釋大壑移建新的延壽塔於南屏慧日峰之山麓,又重新修繕淨慈寺宗鏡堂等,發揮了很大作用。曾爲釋大壑所編《南屏淨慈寺志》作序,還作有《重刻〈萬善同歸集〉序》《淨慈寺第二代智覺禪師塔銘》《永明塔院募田疏》《永明壽禪師塋堵波辨》等,見《虞德園先生集》卷三、卷六、卷十一、卷十九、卷二十等。其事迹見明黄汝亨《寓林集》卷十五《吏部稽勳司員外郎德園虞公墓志銘》、清彭際清《居士傳》卷四十二《虞長孺》傳、清彭際清《淨土聖賢録》卷五《虞淳熙》等。

②　曹學佺(1575—1646,生卒年據許建崑《曹學佺與晚明文學史》之《晚明閩中詩學文獻的勘誤、搜佚與重建——以曹學佺生平、著作考述爲例》考證,臺北萬卷樓圖書股份有限公司2014年版,第30—31頁),字能始,號雁澤,又號石倉居士、西峰居士,福州侯官縣(今福建福州市)人,萬曆二十三年(1595)進士。歷任户部主事、户部郎中、四川右參政、四川按察使、廣西右參議等職。家居二十年,著書石倉園中。晚年爲南明隆武朝授太常寺卿,遷禮部侍郎兼侍講學士,進禮部尚書,加太子太保。清軍攻陷福州,自縊而死。事見清張廷玉等《明史》卷二百八十八《文苑四》,中華書局1974年點校本,第7400—7401頁。他是明末著名學者、詩人、藏書家,著述頗豐。他作有《永明壽禪師舍利塔院疏》,其中講到釋大壑找到延壽舍利并謀移建新的延壽塔於南屏慧日峰之山麓的過程中,他正"憩湖上",并"隨衆頂禮"。見釋大壑《南屏淨慈寺志》卷八《著述》。

正文首行寫"慧日永明壽禪師山居詩",二、三、四行分別寫:"虎林虞淳熙閲"①"閩中曹學佺校""本山雲孫大壑録"。接着録延壽《山居詩》自"此事從來已絶疑……誓與青松作老期"至"三度曾經游此地……雲本無心水自清"共六十九首。接着一頁首行刻寫"華頂無見覩禪師和韻",録無見先覩自"高束瓶盂住翠微……千載悠悠一子期"至"祖師遺韻難輕擬……黄河知是幾番清"六十九首《和延壽山居詩》。其後一頁首行刻寫"峨山月潭澄禪師和韻",録月潭道澄自"豁然懷抱絶遲疑……此間誰共話襟期"至"祖師遺韻攀難及……照人肝膽愈晶清"六十九首《和延壽山居詩》。正文半頁九行,行十六字,四周雙邊,無界,字旁有標明日文讀音、順序等的訓點符號,版心無魚尾,上分别有"壽禪師山居詩""壽禪師山居詩和韻",下寫頁碼,山居詩及和韻頁碼接續連排。下黑口。正文除月潭道澄和韻外每句詩都有朱筆點斷(月潭道澄和韻祇有前兩頁半有),延壽詩及無見先覩和韻每首詩首句第一字上方及每句押韻字上大都有朱筆紅圈,一些景、句等字旁有朱筆加點,專有名詞如人名、地名上有朱筆畫綫,如莊周、子期、瀛洲、匡廬等。月潭道澄和韻末頁b面中間占兩行位置有豎長形墨框楷書刊記,框內首行頂格刻寫"元禄庚辰四月上旬"八字,次行低四格,字略小,刻寫"洛陽書肆古川三郎兵衛刊行"十二字。元禄庚辰即元禄十三年(1700,清康熙三十九年)。刊記的後一頁刻有月潭道澄題跋:

客秋,偶獲《永明壽禪師山居詩》一册,欣然覽之,而使小師謄寫,置諸案頭,時時展吟,恍若侍禪師於南屏雲壑之間、雪

---

① 虎林即武林,杭州的别稱,因西湖周圍的武林山而得名。關於"虎林""武林"的來源,宋代就有不同解釋。一謂秦漢始號虎林,因山中有白虎棲止。唐代因避諱而改"虎"爲"武"。見北宋釋契嵩《鐔津文集》卷十二《武林山志》。一謂與避諱無關,因"吳音承訛,轉虎爲武",見南宋潛説友《咸淳臨安志》卷二十二《山川一》"虎林山"下按語引高士楊□質語,又引《淳祐志》謂《漢志》明載武林水所出,"自漢已名武林"。

寶瀑泉之前而親聆奏獅子之絃、鏗金玉之韻，使人不覺心意灑然，超出物表，豈不暢快哉！吁！雖在數百載之後而能餐其道味，挹其風采，使不異於現今者，實是文字般若之力也。項小師乞余和，余謂古之大宗匠，如無見覩公，尚言"祖師遺韻難輕擬"者，吾儕敢能攀其高韻耶？然乞至再，因弗揣凡陋，輒搜枯腸，既竟，厭以非敢云和，祇借其韻礎以各抒居山之幽懷而已。續貂冒瀆之罪，禪師其能許常寂光中之一受懺也否？時元祿己卯歲嘉平月，峨山澄月潭敬識。

跋文末兩行下方依次鈐有"無出豁漢"四字篆文墨方陰印和"道澂"二字篆文墨方陽印。跋文爲行書體，半頁六行，行十字，無界，四周雙邊，下黑口，字旁有標明日文讀音、順序等的訓點符號，版心刻寫"壽禪師山居詩跋"。跋文作於元祿十二年（己卯），從其內容可知應是月潭道澂看到龍興寺旭公帶來的一冊《永明壽禪師山居詩》後，請小師謄寫，并應小師之請作了和韻。在元祿十三年四月上旬，將延壽《山居詩》、無見先覩及月潭道澂《和韻》合刻後，將此文作爲跋文置於最後。

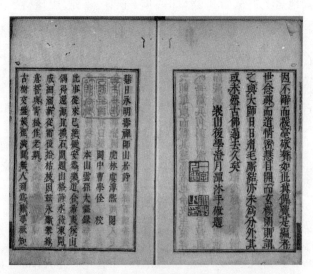

圖1-1　元祿十三年刊本序文末頁及正文首頁

第一章　宋僧詩文集在日本的刊刻流傳考述　75

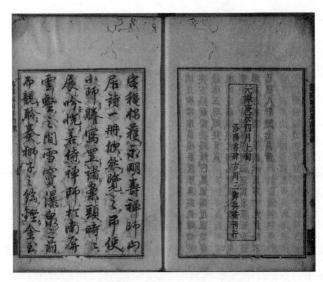

圖 1-2　元禄十三年刊本刊記及跋文首頁

　　日本國會圖書館所藏另一延壽《山居詩》及無見先覩、月潭道澄《和韻》合刻本一册（索書號：821－42），與上本行款格式、字體、内容、次序完全相同，祇是月潭道澄《和韻》末頁背面爲空白，没有刊記。説明元禄十三年刊本曾被隱去刊記重印。月潭道澄序文首頁右下框外依次鈐有：①圓環狀朱陽印，環中有篆文"圖"字，兩圓圈之間有楷書"明治三九・七・七・購求"。②"髁居"篆文朱陽小方印。③篆文朱陰方印，因部分字迹模糊無法辨識。④"祖參"篆文朱陰方印。另外，序文前三行右上也有"帝國圖書館藏"篆文朱陽方印。説明兩個本子是明治三十九年七月七日同時買進的，經藏者不同。另外此本祇有延壽《山居詩》的前九頁半正文有朱筆圈、點、畫綫，其他部分則無。

　　駒澤大學圖書館也藏有此合刊本一册（索書號：151/86－1），月潭道澄《和韻》末頁背面有刊記，與國會圖書館所藏前述第一本完全相同，當爲同一版。日本佐賀縣祐德稻荷神社中川文庫所藏《永明壽禪師山居詩》及無見先覩、月潭道澄《和韻》也是此元禄十三年合刊本，月潭正澄《和韻》末頁背面有刊記，月潭道澄序文首頁前三行右上角壓版框有"中川文庫"篆文陽方印。

另外,日本福井市圖書館(松平文庫)藏有《永明壽禪師山居詩並和韻集》寫本一冊,又稱《五高僧倡和詩》,包括慧日永明壽禪師山居詩、華頂無見覩禪師和韻、峨山月潭澄禪師和韻、天目布衲雍禪師和韻、中山鏡中圓禪師和韻五種,各錄詩六十九首。首有前述元祿十三年刊本月潭道澄序,正文首行爲"慧日永明壽禪師山居詩",其二、三、四行亦分別寫有"虎林虞淳熙閱""閩中曹學佺校""本山雲孫大壑錄";在"峨山月潭澄禪師和韻"末亦有前述元祿十三年刊本月潭道澄跋文;其後是天目布衲雍禪師和韻、中山鏡中圓禪師和韻,末有前述元祿十四年刊本月潭道澄跋文。可知此本是據元祿十三、十四年刊本抄寫合編在一起的。此寫本半頁十二行,行十八字,四周雙邊,有界,下黑口,字體整潔清秀。

又根據《新纂禪籍目録》第 494 頁上著録,駒澤大學圖書館藏有題爲"永明壽禪師山居詩並和韻"圖書二册(索書號:151/86),爲元祿十三、十四年京都古川三郎兵衛刊本,其注記中稱和韻包括華頂無見覩禪師、峨山月潭澄禪師、天目布衲雍禪師、中山鏡中圓禪師以及吕鐵船五人。但今檢駒澤大學圖書館館藏目録,祇有上述索書號爲 151/86—1、151/86—2 兩種藏書,未見有索書號 151/86 的藏書,也未見有吕鐵船和韻的著録,或許已佚失。

(3)清康熙五十二年(1713)後傳入朝鮮本——與元布衲祖雍和韻合刻本

延壽《山居詩》第三次傳入日本當在清康熙五十二年(日本中御門天皇正德三年)七月之後,乃朝鮮本。日本駒澤大學圖書館藏有《永明壽禪師物外山居詩》一冊,實是與元布衲祖雍禪師和韻合刻本。此書爲黄色封皮,綿紙,四周雙邊,外框黑粗,内框淺細。正文每半頁十二行,行二十一字,有界,黑口,上下花魚尾,魚尾相對,上魚尾下寫"物外集",下魚尾上寫頁碼,字體樸拙,時有字因墨色

淺淡而不清楚。正文首頁首行頂格寫"永明壽禪師物外山居詩並序",次二、三行錄其序,云:

> 余禪誦之餘,因事偶吟,一爲暢導,以達知音;一爲寄言,傍申教化;三爲閒適,聊述素懷,自犯疏狂耳。

接着錄延壽《山居詩》第一首:"此事從來已絶疑,安然樂道合希夷。依山偶得還源旨,拂石閒題出格詩。水待凍開成細溜,薪從霜後拾枯枝。因兹永斷攀緣意,誓與青松作老期。"其後另行寫"和韻並序","序"字下有雙行小注云:"唱和詩自爲二本,使知步韻之妙、故和書高低。"次行有祖雍序,云:

> 祖雍罷大覺土木之役,縛茅琅窗,忽浩然居士自四明來訪,出永明《山居詩》索和,於是次韻蝕木耳。

接着錄祖雍《和韻詩》第一首:"決了從前一團疑,此生心地且平夷。傍崖住箇尖頭屋,臨水歌篇落韻詩。戲影嘉魚穿澗藻,弄聲幽鳥立花枝。柴門終日誰開掩,曾與無心道者期。"接着還是一首延壽詩、一首祖雍和韻詩排列。延壽詩皆頂格排列,祖雍詩則皆低一格排列。末頁B面首行寫"永明祖雍物外集唱和詩終　興策書"。接着各行依次寫"引勸沈理正""施目李哲理正""女紫蘭""孫雲""金承白""文性石 監役抱一""文祀承 金界先 助役善行""刻工 良彦""謀主道安",末行有"康熙五十二年癸巳七月日始役於月渚安樂窩"。此本駒澤大學圖書館所編《新纂禪籍目録》記載爲"朝鮮本",①從上述施助者姓氏來看,也當是朝鮮半島人。此本延壽、祖雍詩前皆有二人序文,且説明其原來爲獨自兩個本子,爲了使後人"知步韻之妙",此本才將二人詩歌分別以高低排列的次序合刻在一起。故此本

---

① [日]駒澤大學圖書館編《新纂禪籍目録》,日本佛書刊行會1962—1964年版,第494頁中。

與他本如前述月潭道澄據明釋大壑等刊本不同,當是據朝鮮所流傳二人詩的古本合刻的。另,駒澤大學圖書館還藏有昭和十八年(1943)吉永鳳得據此本系統的寫本,乃日本曹洞宗學僧、著名禪學者忽滑谷快天(1867—1934)的贈書,他曾擔任曹洞宗大學(駒澤大學前身)、駒澤大學校長。據《新纂禪籍目錄》頁483上記載,朝鮮總督府亦藏有永明、祖雍《物外唱和集》一册,乃朝鮮刊本,當與此本爲同一系統。朝鮮總督府是1910年後日本殖民朝鮮半島時在朝鮮京城(今首爾)景福宫内設立的統治機構。

(4)清光緒十一年(1885)後傳入——與元釋清珙《山居詩》、清釋悟開《幻居詩》的合編本

延壽《山居詩》第四次傳入日本當在清光緒十一年之後,是與元釋清珙《山居詩》、清釋悟開《幻居詩》的合編本。日本東京大學綜合圖書館藏有《慧日永明智覺壽禪師山居詩》一册,就是與元石屋清珙禪師《山居詩》、清釋悟開《幻居詩》的合編本。此本扉頁背面中偏左上鈐有"東京帝國大學圖書印"篆文朱方陽印,正文半頁十行,行二十字,有界,左右雙邊,上下單邊,白口,無魚尾,版心上偏中寫"永明山居詩",下寫頁碼。首頁首行頂格刻寫"慧日永明智覺壽禪師山居詩",次行低九格刻寫"海天精舍弟子同校梓",接着就是録延壽《山居詩》自"此事從來已絶疑……誓與青松作老期"至"三度曾經游此地……雲本無心水自清"共六十九首。其末頁b面首行低一格寫"淨業學人滿香普航鏡之集資敬刻",次行低一格寫"光緒乙酉夏五月(空四格)江北刻經處識"。光緒乙酉即光緒十一年,可見此本即光緒十一年江北刻經處刻本。此本首頁二至五行天頭并壓上框鈐有"尺布無私一瓜必共"篆文朱陽方印,右下角壓一至二行及右、下框鈐有"鷗外藏書"篆文朱陽小方印。"尺布無私一瓜必共"乃近現代著名篆刻家徐新周(1853—1925)所刻印,他是吴昌碩弟子,其製印在日本多有流傳。此書曾經日本著名文學家

森鷗外(1862—1922)收藏。延壽《山居詩》末頁後接着是元石屋清珙禪師①《山居詩》,其首頁首行頂格刻寫"福源石屋珙禪師山居詩",第二、三行分別低九格刻寫"元參學門人至柔編""清海天精舍學人校梓",第四至八行皆低兩格錄清珙《山居詩序》,云:

    余山林多暇,瞌睡之餘,偶成偈語自娛。紙墨少便,不欲紀之。雲衲禪人請書,蓋欲知我山中趣向。於是靜思,隨意走筆,不覺盈帙。故掩而歸之,復囑慎勿以此爲歌詠之助,當須參意,則有激焉。

接着錄其七律五十六首,五律十九首,七絕九十四首,共計一百六十九首詩歌,並非延壽《山居詩》和韻。在七絕第九十四首詩後隔一行低一格寫"淨業學人蒓香普航鏡之集資敬刻",次行低一格寫"光緒乙酉秋仲(空五格)江北刻經處識"。其版式、行款、字體等與永明《山居詩》全同,祇是版心寫作"石屋山居詩",同爲光緒十一年江北刻經處刻本,祇是時間稍晚,爲仲秋時所刻。其後接清釋悟開《幻居詩》,首有道光五年(1825)二月邑人遂園八一叟夏味堂所作《幻居詩敘》,其敘中云:

    ……吾高郵善因主講諫堂上人,披度於本師浪公,家法敦樸,無文飾,而諫堂賦性穎敏,有志風雅。從邑孝廉徐君立人游學,爲詩數載,意未饜也。因辭浪公,遠游吳越而南,垂十

---

① 釋清珙(1272—1352),字石屋,常熟(今屬江蘇)人。俗姓溫。少依本州興教崇福寺僧永惟出家,二十祝髮,二十三受具足戒。首參高峰原妙禪師於天目,服勤三年。次參及庵宗信禪師於建陽西峰六年,發奮棄去時,途中忽舉首見風亭,豁然有省,爲及庵所認可。再參及庵於湖州道場山,典藏鑰。後於杭州靈隱寺悅堂祖闇禪師會中居第二座。罷參後入霞霧山構草庵,名天湖,躬自薪蔬,吟咏自得。應富住當湖福源禪寺,居七年,以老引退,復歸天湖。至正十二年七月示寂。詔諡佛慈慧照禪師。事見元釋元旭《福源石屋珙禪師塔銘》(《福源石屋珙禪師語錄》卷下末所附,《卍新纂續藏經》第70册,No.1399)、明釋明河《補續高僧傳》卷十三《石屋珙禪師傳》(《卍新纂續藏經》第77册,No.1524)等。其《山居詩》現有多種版本傳世。

年,泛海攀山,窮極幽險,遍交能詩者,故歷窮窘之境以濬其作詩之源,儲蓄其作詩之具,由澀得通,由易趨難,必不使少墮於塵俗而後已,往往爲同輩推許,若枕石、石谷、借庵、小顛,皆一時錚錚者,悉與之倡和成帙,此其因詩以求悟,使日進而不已,固莫能量其所至也。惜浪公以病劇召之歸,遂委以丈席。未幾,浪公故,不數載,諫堂亦久困於病以死,遺稿遂散落不復存。歷數歲,甲申秋,故人吳君小楳於市肆得之,屬余爲選定而將以付梓,謀諸其徒,余感故交之誼,擇其渾全者節而存之,并爲之敘。……

敘中講述了釋悟開的生平及刊刻其遺稿的過程。浪公即釋達晏,字浪息,爲高郵善因寺第二代住持。① 從敘中我們可以瞭解到釋悟開字諫堂,由達晏披度,從邑人徐立人游學,喜作詩,後辭達晏,遠游吳越等地近十年,遍交能詩者,爲同輩所推許,多有唱和。後因達晏病重召之歸善因寺繼任住持。達晏卒後没幾年,他也因病逝去,遺稿散落不存。道光四年(1824)秋,夏味堂之友人吳小楳從市肆購得其遺詩,請夏味堂選定以付梓,夏味堂"擇其渾全者節而存之",并作敘。夏味堂(1746—1826),字鼎和,號澹人,高郵(今屬江蘇)人。年二十,登乾隆三十年(1765)拔萃科朝考,欽取一等五名。乾隆四十二年,鄉薦第十九名。多次入京應試未中,後以家鄉公事爲己任,年八十一卒。② 夏味堂敘後首頁首行頂格刻寫"幻居詩"三字,次行低十二格刻寫"高郵釋悟開諫堂",自第三行起,錄其自《偶作》至《題洗蓮和尚遺像》四、五、七言等各體詩八十八首。末首詩次行低一格刻寫"詩版藏善因寺藏經樓"九字,隔三行頂格刻寫"道

---

① 見〔清〕夏味堂撰《善因寺最初禪師塔銘》,《(嘉慶)高郵州志》卷十一,清道光二十五年(1845)范鳳諧等重校刊本。

② 事見《(道光)續增高郵州志》之《人物志》,清道光刊本。

光二十一年善因寺住持眞先號恒脩重刊",其次行(末行)低十格刻寫"法徒靜堂自觀妙元妙華校"。次頁有道光八年(1828)暮秋里人王敬之所作《後敘》,云:

> 小某居士購得諫堂遺詩,以刪定屬諸澹人先生,先生爲選存其半而幷言焉。先生歸道山,居士復有所刊削而質諸余,余最後爲之搜剔割愛,去留既定,較諸元本僅二十之一耳。先是,澹人先生既爲其詩作敘,其嗣法門人學聖者住揚州某寺,持去,任剞劂事,以爲當從元本,居士以爲當從定本,商論間而其門人者死矣。居士復從揚州覓得其詩而手訂焉。去年,吳興鄭夢白廉訪任揚州都轉,集海內名宿選乾隆、嘉慶以來詩,將有《熙朝正聲集》之刻,諫堂詩入選。鄭公旋遷秩去,《正聲》存定稿而已。居士恐諫堂之詩久而散佚也,爰集知諫堂者,捐貲刻其定本,蓋始終其事,居士之力爲多。余故樂得而記之。幻居者,高郵善因寺丈室西偏小筑,諫堂之祖最初禪師乞邑人題署者也。道光戊子秋抄里人王敬之書後

根據此《後敘》我們得知,《幻居詩》的刊刻經歷了不少波折,在吳小楳居士從市肆購得釋悟開遺詩後,首先經過夏味堂的刪定,選存其作品的一半并寫了敘言。夏味堂去世後,又經過吳小楳、王敬之二人的刊削搜剔,編成的定本與元本相較作品僅收有二十分之一。後來悟開之詩及夏味堂敘被悟開住於揚州某寺的嗣法門人學聖拿去打算刊刻,但認爲當刊元本,與吳小楳居士主張刊定本的意見不同,商論間學聖去世,吳小楳又從揚州找到悟開詩并親手加以編訂。道光七年,揚州都轉鄭夢白計劃刊行《熙朝正聲集》,悟開詩入選。但因鄭夢白不久遷秩而去,其計劃並未實現,《熙朝正聲集》祇存下了定稿。吳小楳擔心悟開詩久而散佚,募集資金刊刻了定本。所以這個刻本是經過吳小楳親手編訂,收入《熙朝正聲集》中的悟

開詩定本,刊刻於道光八年。但今天我們所見的是道光二十一年善因寺住持真先重刊本,由真先徒弟靜堂、自觀、妙元、妙華校勘。王敬之《後敘》中還介紹了"幻居"的來歷,它是高郵善因寺方丈室西邊的小房子,由善因寺第一代住持最初禪師請邑人題寫"幻居"之名。《幻居詩》每半頁十行,行二十一字,比延壽《山居詩》、清珙《山居詩》每行多一字,字體與前二者相似但稍小,常用古字、異體字。有界,左右雙邊,上下單邊,白口,無魚尾,版心頂上框寫"幻居詩",下方寫頁碼,與前二者不同,且下版框對齊,上版框明顯低於前二者《山居詩》版框約二鳌米。所以此日本東京大學綜合圖書館藏本是以光緒十一年揚州江北刻經處所刻延壽《山居詩》、清珙《山居詩》詩版,加上道光二十一年刻悟開《幻居詩》詩版重印合編而成的。宋延壽《山居詩》與元清珙《山居詩》及清悟開《幻居詩》合編本日本東北大學圖書館、關西大學泊園文庫等皆有收藏。

(5)民國二十三年(1934)後傳入——《高僧山居詩》

延壽《山居詩》第五次傳入日本當在民國二十三年之後,是隨着前文所述懺庵居士編《高僧詩選》一起傳入日本的,其中收錄有永明延壽《山居詩》六十九首,1934年商務印書館出版,鉛印本。日本愛知大學圖書館霞山文庫藏有此書,具體傳入經過不詳。

綜上所述,現存日本的延壽《山居詩》,是在不同的歷史時期,由不同途徑分五次分別傳入日本的,它們屬於五個版本分支系統。而清康熙三十八年(1699)前傳入的屬明萬曆年間釋大壑刊本系統的延壽《山居詩》,在元禄十三年(1700)由京都書肆古川三郎兵衛刊行,并與元無見先覩禪師及日僧月潭道澄的和韻一起合刻,在日本廣泛流傳。它又與元禄十四年京都書肆古川三郎兵衛所刊元天目布衲雍禪師、中山鏡中圓禪師《和延壽〈山居詩〉韻》一起,被稱爲《五高僧倡和詩》,在日本傳寫、流傳,在日本禪林產生廣泛影響。

由此我們也可以看出中國古籍流傳朝鮮半島和日本的軌迹,它與明清時中日交通、佛教文化交流也有着密切的關係。

二、遵式《金園集》《天竺別集》《靈苑集》《采遺集》

遵式(964—1032),字知白,俗姓葉,寧海(今屬浙江)人。少依東掖山義全法師出家,十八落髮,二十受具戒於禪林寺。先隨律師守初習律,後從四明寶雲義通大師習天台教法。太宗端拱元年(988),寶雲入寂,乃返天台。淳化初年,居寶雲講席。至道二年(996),結緇素專修淨業,作《念佛三昧詠》及《誓生西方記》。真宗咸平五年(1002),復歸天台。大中祥符間歷居郡之景德、杭之昭慶、蘇之開元寺講席,後定居杭州靈山天竺寺,爲復興天竺寺盡力。在寺東建日觀庵,撰《天竺高僧傳》,補智者"三昧行法"之説以正學者。大中祥符九年(1016),賜紫服,曾赴天台石梁壽昌寺講《法華》,後還天竺寺。王欽若罷相撫杭,聽其講法,結爲方外友。以其道上聞,賜號慈雲。當時之卿大夫多聞其風而樂其勝緣。乾興年中,受章獻太后之命,在山中爲國修懺,著《金光明護國儀》獻上,請與其本教入《藏》。仁宗天聖年中,王欽若終以天台教部奏預《大藏》。"天台宗北傳,蓋法師、文穆公有力焉。"①明道元年十月示寂,俗壽六十九,僧臘五十。徽宗崇寧三年(1104),賜號法寶大師,高宗紹興三十年(1160),特謚懺主禪慧法師。他是宋代天台宗山家派著名僧人之一,北宋契嵩(1007—1072)認爲"慈雲聰哲,志識堅明,故以其佛法大自植立,卓然始終不衰,雖古高名僧不過也。世以方之真觀,②不

---

① 〔宋〕釋契嵩《鐔津文集》卷十二《杭州武林天竺寺故大法師慈雲式公行業曲記》,《大正新修大藏經》第52册,No.2115。

② 釋真觀(538—611),字聖達,俗姓范,錢塘(今浙江杭州)人。隋天台宗高僧,下天竺靈山寺開山始祖。〔唐〕釋道宣《續高僧傳》卷三十、〔南宋〕宗曉《法華顯應録》卷上有傳。

其然乎！天台之風教益盛於吳越者，蓋亦資夫慈雲之德也"。① 他修懺化俗，行業神異，撰作儀軌行法，被稱爲"懺主"，著有《金光明護國儀》《請觀音懺儀》《往生淨土懺儀》等。又擅長詩文，書法精美，"得鍾王之體"。② 其詩文雜著有《金園集》《天竺別集》《靈苑集》《采遺集》。③ 事見契嵩撰《杭州武林天竺寺故大法師慈雲式公行業曲記》，南宋釋宗鑒《釋門正統》卷五本傳，宋釋元敬、釋元復撰述《武林西湖高僧事略》本傳，南宋釋志磐《佛祖統紀》卷十本傳等。

遵式擅長詩文，契嵩謂其"詞筆篇章有詩人之風。其文有曰《金園集》者，曰《天竺別集》者，曰《靈苑集》者"。④《釋門正統》卷五謂："師幼習詞翰，篇章有詩人風。其文名《金園集》《天竺別集》《靈苑集》等行世。"二者皆把其詩文著作籠統稱爲"文"。而志磐《佛祖統紀》遵式本傳的記載則詳細而完備："師幼善詞翰，有詩人之風。其詩集曰《采遺》、曰《靈苑》，其雜著曰《金園》、曰《天竺別集》，皆行於世。"明確指出《采遺集》《靈苑集》爲詩集，《金園集》《天竺別集》爲雜著，還補充了前二者所未提及的《采遺集》。傳中還引述江州太守許端夫爲其詩所作序，以評價其詩歌，序曰："慈雲之詩，文貫於道，言切於理，酷似陶彭澤。蓋合於情動形言止乎禮義之意。昔貫休作《禪月集》，初不聞道，而才情俊逸，有失輔教之義。中庸子作《閒居編》，言雖鳴道而文句闊冗，有失詩人之體。慈雲則不然，文既清麗，理亦昭顯。雅正簡淡，有晉宋之風。蓋其道業宏大，故詩名不行也。"南宋釋宗曉《法華經顯應錄》卷上《天竺觀法師》傳中

---

① 〔宋〕釋契嵩《杭州武林天竺寺故大法師慈雲式公行業曲記》。
② 同上。
③ 《佛祖統紀》卷二十五《山家教典志》第十一，《大正新修大藏經》第49册，No.2035。
④ 《杭州武林天竺寺故大法師慈雲式公行業曲記》。

引《靈苑集》,謂:

> ……師冢塔猶在,慈雲式懺主嘗重修之。具載《靈苑集》。其略曰:師志在佛乘,道契惟極,出不順帝王公侯大勢所臨,處不爲博藝辨達大名所亂。軒軒然於世表,邈乎不可得而擬。今土門自開,一無遺物,又不知全身從多寶以證經乎?像佛隴以化往乎?謹作詩六首,永奉標識云:王侯曾不屈,原注:師隋主三敕問勞,秦王二延總府,皆辭疾不就。箇是出家身。白骨已爲土,清風猶凜人。冢隳方事葺,寺廢亦重新。獨有不濡地,無人繼後塵。原注:餘詩如集。①

南宋釋宗鑒《釋門正統》卷一《智顗傳》附《真觀傳》也引述此段,可證明《靈苑集》確爲詩集。

(一)《金園集》《天竺別集》《靈苑集》《采遺集》在國內之編集流傳

1. 初編與重編

目前所見最早記錄遵式詩文集的是北宋契嵩撰《杭州武林天竺寺故大法師慈雲式公行業曲記》,此文作於仁宗嘉祐八年(1063),根據遵式法師弟子明智祖韶給他作的《實錄》寫成,其中提到其《金園集》《天竺別集》《靈苑集》三個集子,説明當時已有這三個集子,應該就是初編本。今傳南宋紹興十一年(1141)刊本系統《金園集》三卷、《天竺別集》三卷,每卷首書名下兩行皆有"天竺寺懺主慈雲大師 敕謚法寶大法師 述""住持傳天台教觀五世法孫慈明大師慧觀重編",説明其集在紹興十一年之前又經其五世孫、繼住天竺寺的慈明慧觀法師重編過。其傳法世系爲:慈雲遵式→明智

---

① 〔南宋〕釋宗曉《法華顯應錄》卷上,《卍新纂續藏經》第78冊,No.1540。《全宋詩》册二卷九八遵式詩未收此所引詩,當補。

祖韶→海月慧辯→慧淨思義→神智仲元→慈明慧觀。南宋釋宗曉《四明尊者教行錄》卷一亦謂："五世孫慧觀師，裒其遺文，成《金園》三集行於世。"《釋門正統》卷五謂："（神智仲）元弟子慈明觀繼（寂照慧）日住持，結集《金園集》等。"元釋覺岸編《釋氏稽古略》卷四亦謂："（熙寧六年）秋七月十七日，天竺靈山寺海月大師慧辯，晨起盥潔謝衆，趺坐而寂。杭州通守蘇軾弔以三詩，序而贊之。辯之後慧淨大師思義。義有四弟子：德賢、仲元、永湛、慧日，皆相踵主法。元之弟子曰慈明大師慧觀，又繼日師住持。觀收慈雲懺主詩文，爲《靈苑》《金園》《天竺》三集。"這些資料都説明慧觀重編了《靈苑集》《金園集》《天竺集》三個集子。

2. 目錄記載與國内流傳

南宋陳振孫《直齋書録解題》卷十二"釋氏類"著録"《金園集》三卷，錢塘天竺僧遵式撰"，"《天竺別集》三卷，遵式撰，世所謂式懺主者也"。又卷二十"詩集類下"著録"《天竺靈苑集》三卷，《采遺》一卷"。② 説明陳振孫收藏有《金園集》《天竺別集》《天竺靈苑集》《采遺》這四種集子。元馬端臨《文獻通考·經籍考》卷五十四子部"釋氏"、卷七十二集部"詩集"類著録與《直齋書録解題》同。③ 明楊士奇等《文淵閣書目》卷十七"寒字號第一厨"佛書類"《四明三佛傳》一部一册"後著録有"《金園集》一部一册"；同卷"《聯珠通集》一部十册"前再次著録"《金園集》一部一册"。④ 同卷"寒字號第一厨"還著録"《天竺別集》一部一册"。明焦竑《國史經籍志》卷四上子部

---

① "湛"一作"堪"。
② 〔南宋〕陳振孫撰，徐小蠻、顧美華點校《直齋書録解題》，上海古籍出版社2015年版，第357、610—611頁。
③ 〔元〕馬端臨《文獻通考》，華東師範大學古籍研究所標校本，華東師範大學出版社1985年版，第1243、1702頁。
④ 〔明〕楊士奇等《文淵閣書目》，王雲五主編《叢書集成初編》本，上海商務印書館1935年版，第213、218頁。

釋家類著録"《金園集》三卷 遵式。又《天竺別集》三卷"。①《(乾隆)杭州府志》卷五十八《藝文二》子部釋家類著録"《金園集》三卷、《天竺別集》二卷、《天竺靈苑集》三卷、《采遺》一卷,錢塘天竺僧遵式撰"。②祝尚書《宋人別集敘録》謂:"詩集《靈苑集》,《近古堂書目》及《絳雲樓書目》卷三皆嘗著録,俱爲'宋版慈雲《靈苑集》',同時又著録'宋版《慈雲法師詩集》'。《靈苑集》即詩集,兩目分別著録,不詳何故,疑雖同爲宋版,但板本不同,亦或《慈雲法師詩集》即所謂《采遺》? 今不可詳。有清以後,諸家書目皆不登録遵式詩集,恐傳本中土已久絶迹。"③而《續修雲林寺志》卷七《唐盧元輔詩刻》下引清初著名藏書家吳焯(1676—1733)作於雍正八年(1730)的跋尾云:"……獨此詩諸志失之,惟宋僧遵式著《天竺靈苑集》有《桂子詩序》,僅載此詩'月桂''蓮花'二句,④又稱其名爲盧公輔,於是此詩閟於蒼煙翠靄中者幾一千年。"⑤説明他曾閱覽過《天竺靈苑集》,也許收藏有此書。同時説明清初時其詩集《天竺靈苑集》還有流傳。但《靈苑集》《采遺》今國内未見存藏。而《金園集》三卷,有民國九年(1920)北京刻經處刻本,國家圖書館、河南大學圖書館、中國人民大學圖書館有藏;《天竺別集》三卷,有民國十年北京刻經處刻本,國家圖書館、遼寧大學圖書館、東北師範大學圖書館有藏。二本皆是根據其五世法孫慧觀重編本刊刻的,祇是在《金園集》首加入了從《續高僧傳》所録的《慈雲大師遵式傳》。現國内常見的有《續藏經》中的《金園集》三卷、《天竺別集》三卷。

---

① 〔明〕焦竑《國史經籍志》,清《粵雅堂叢書》本。
② 〔清〕鄭澐修《(乾隆)杭州府志》,乾隆四十九年(1784)刻本。
③ 祝尚書《宋人別集敘録(增訂本)》卷二,中華書局 2020 年版,第 55 頁。按,經筆者查閱,《近古堂書目》收録於羅振玉《玉簡齋叢書》中,共兩卷,其卷下著録有"宋版慈雲《靈苑集》""宋版《慈雲法師詩集》"。
④ 原詩二句爲:"遠客偏求月桂子,老人不記石蓮花。"
⑤ 〔清〕沈鑅彪《續修雲林寺志》,清光緒刻本。

(二)《金園集》《天竺別集》《靈苑集》《采遺集》在日本的刊刻流傳

1. 傳入日本

《采遺》目前未見有日本文獻著録和傳本。日本五山著名僧人虎關師煉(1279—1346)①的詩文集《濟北集》卷十一《詩話》引《靈苑集·天竺寺月中桂子詩序》云：

> 上嗣統之六祀，天聖紀號龍集丁卯，秋七八兩月望舒之夕，寺殿堂左右天降靈實，其繁如雨，其大如豆，其圓如珠。其色白者、黄者、黑文者。時有帶殼者，殼味辛。識者曰"此月中桂子也"云云。詩曰："丹桂生瑶實，千年會一時。偏從天竺落，秖恐月宫知。"落句云："林間僧共拾，猶誦樂天詩。"予按：《起世經》閻浮樹影寫月中也。月中無桂樹，外書不知，謾造語耳。慈雲台宗偉匠，當辨明之。同俗書作詩文記之，何哉？其後明教大師作《行業記》，載此事云："靈山秋霽，嘗天雨桂子。法師乃作《桂子》《種桂》之詩。"雖嵩公信之筆之，不能無疑矣。②

雖然是節引，但其中所引詩序、詩歌皆爲《全宋文》《全宋詩》中遵式文、詩所未收，可補其闕。文中虎關師煉根據佛教《起世經》認爲月中黑影是閻浮樹影，月中有桂樹之説，是外書"謾造語耳"，遵式作爲台宗偉匠，本應該加以辨明，却"同俗書作詩文記之"，所以他感到很疑惑。虎關師煉一生並未到過元朝，説明遵式《靈苑集》

---

① 生卒年據其門人龍泉冷淬所編《海藏和尚紀年録》，謂生於日本弘安元年四月十六日，卒於貞和二年七月二十四日。[日]塙保己一編《續群書類從》第九輯下卷二百三十二《傳部》四十三，東京：續群書類叢完成會1988年版，第458、493頁。

② [日]上村觀光編《五山文學全集》第一卷，日本京都思文閣1973年版，第237頁。

在 1346 年（元惠宗至正六年）前已傳入日本。但今日本未見《靈苑集》傳本。

2.目錄記載及版本流傳

（1）目錄記載

目前所見日本延寶三年（1675，清康熙十四年）毛利文八刊《古今書籍題林》（又稱《延寶三年刊書籍目錄》）、元禄五年（1692，清康熙三十一年）、刊《廣益書籍目錄》中皆載録慈雲"《天竺別集》三册""《金園集》三册"，①元禄十二年刊《新版增補書籍目錄》也有相同的記載。② 又元禄九年刊寶永六年（1709，清康熙四十八年）增修《增益書籍目錄大全》中著録"《天竺別集》六册"，出版者爲"中村"，③元禄九年刊正德五年（1715，清康熙五十四年）修《增益書籍目錄大全》中與此記載相同。④ 可見當時在日本流傳的《天竺別集》有三册、六册兩種。未見有《靈苑集》《采遺集》的記載。

（2）版本流傳

日本各圖書館現主要存藏有《金園集》和《天竺別集》，前者有有宋刊本、江户刊本、《續藏經》本、寫本；後者有江户刊本、《續藏經》本；未見有《靈苑集》及《采遺集》。根據日本現存版本情況可知，《金園集》宋刊本的傳入，當不晚於清乾隆時期，其江户刊本、《續藏經》本、寫本皆屬宋刊本系統。《天竺別集》亦當有宋刊本傳入日本，祇是今不得見，其江户刊本、《續藏經》本亦屬宋刊本系統。以下分述《金園集》和《天竺別集》的版本及流傳情況。

---

① ［日］慶應義塾大學附屬研究所斯道文庫編《江户時代書林出版書籍目錄集成》第一册，第 160 頁第二欄左，第 231 頁第二欄左。
② 同上書第二册，第 7 頁第一欄右。
③ 同上書第二册，第 316 頁第一欄左、第二欄左。
④ 同上書第三册，第 54 頁第四欄左。

《金園集》

①宋刊本

現日本宮內廳書陵部藏有南宋紹興十一年（1141）刊本《金園集》三卷一册。釋遵式述，釋慧觀重編。無序跋。經過重新裝裱。淺駝色封皮，上有題籤"金園集　全"。首頁框外右下墨筆小字書寫"芳春常住全一册"，右上壓天頭及前四行文字鈐有"帝室/圖書/之章"篆文方朱陽印，其下壓前四行7－12共六字鈐有"佐伯侯毛利/高標字培松/藏書畫之印"篆文方朱陽印，可見此書曾爲日本江户時代中後期豐後（今大分縣境內）佐伯藩第八代藩主毛利高標（1755—1801）收藏。① 此書首、末行內底端皆鈐有"吟風/弄月"篆文小方朱陽印。前五頁a面天頭上皆有墨筆寫一字，連讀爲"××院公用"，可惜前兩頁天頭上的字已經湮滅。正文半頁十一行，行二十一字。字體有歐體之風。上下單邊，左右雙邊，有界，白口，版心上單黑魚尾，下題書名卷數如"金園上"等，再下標頁碼。避宋諱，"縣、懸、朗、敬、驚、擎、弘、慇、竟、恒、樹、院、殼、屬、囑、講"等字闕筆。每卷首頁首行頂格是"金園集卷上（中、下）"五字，次二、三行分別低三、四格寫"天竺寺懺主慈雲大師　敕謚法寶大法師　述""住持傳天台教觀五世法孫慈明大師慧觀重編"，然後是本卷篇名目錄及正文。卷上收錄《授菩薩戒儀式十科》《授五戒法》《示人念佛方法并悔願文》《修盂蘭盆方法九門》四篇内容；卷中收錄《放生慈濟法門并序》《梁朝高僧放生文》《施食正名》《施食法附》《施食文》《施食觀想答崔育材職方所問》等六篇内容；卷下目錄有《誡酒肉慈

---

① 嚴紹璗《漢籍在日本的流布研究》中講到，1828年（日本文政十一年）毛利高標的孫子毛利高翰，將其祖父所珍藏的漢籍一萬七千餘種共兩萬七百餘册，獻納於江户幕府。德川幕府當時將其一分爲三，分別儲於紅葉山文庫、昌平坂學問所和醫學館。第233頁。今檢《毛利出雲守獻納書目》（日本東北大學圖書館藏，文政十年獻納部分）在其29頁b面有"金園集三卷 一本 宋僧慈雲 宋版"的記載。此書後當歸儲於紅葉山文庫。

慧法門并序》《誡五辛篇》《熾盛光道場念誦儀中誡勸檀越文》《改祭修齋疏文》《改祭修齋決疑頌并序》《野廟志》《三衣辨惑篇》《請神照法師住東掖山疏》八篇，而正文中秖錄有前七篇內容，《請神照法師住東掖山疏》無錄。卷下末行書名後有"具錄懺主所撰教卷題目文別行"，然後頂格分六行載錄：

金光明懺儀一卷	請觀音消伏毒害三昧儀一卷
大彌陀懺儀一卷	小彌陀懺儀一卷
熾盛光懺儀一卷	僧伽大師禮贊文一卷
天台智者大師禮文一卷	釋觀音普門品偈文附智者疏末
往生略傳一卷	注南嶽思師心要偈亡本
金光明經王章亡本	

共十一種遵式所撰述書籍。隔兩行有"聖宋紹興辛酉孟秋圓日刊板"版記，次行低十六格以小字寫"郡人李嘉謀刊字"，接着此頁 b 面前三行低七格分別寫"弟子沈玠助緣""法孫子宣助緣""法孫師普敬書"。次頁錄《請神照法師住東掖山疏》，正文爲半頁十一行，行二十二字，版心上單黑魚尾，下秖有"金園集"三字，無卷數、頁碼。版式、字體等相同。末行頂格有"金園集卷下"五字，可見原卷下正文中漏錄了此篇，故補錄於書末。紹興辛酉即紹興十一年（1141），可見此是南宋紹興十一年刊本，乃遞經日本芳春常住、①佐伯藩主毛利高標、紅葉山文庫舊藏。②

---

① "芳春常住"具體情況不詳，疑與京都大德寺芳春院相關。日本江户前期加賀藩初代藩主前田利家的妻子名松，慶長四年（1599）前田利家死後，皈依京都大德寺，建芳春院。慶長五年起，作爲德川氏的人質，住江户十五年。元和三年（1617）去世，年七十一。（參《日本人名大辭典》）
② 參日本"宫内廳書陵部收藏漢籍集覽"子部釋家類《金園集》書志介紹。https://db2.sido.keio.ac.jp/kanseki/T_bib_body.php?no=006904，2022 年 9 月 28 日。

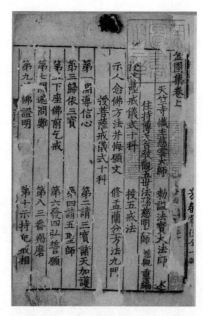

圖 2-1　宋刊本《金園集》首頁

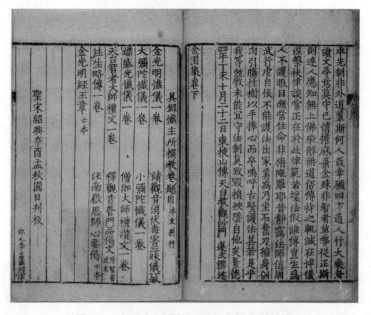

圖 2-2　宋刊本《金園集》卷下末頁及刊記頁

②江户刊本

《金園集》在日本江户時代刊印不止一次，現日本各圖書館藏有江户刊本數部，分爲有刊記、無刊記兩種，皆由南宋紹興十一年刊本而來。

A 有刊記本

日本龍谷大學圖書館藏有河南四郎右衛門刊本《金園集》三卷（索書號：265.9/66－W），乃經日本京都東寺塔頭金勝院及明治、大正時期著名佛教學者前田慧雲（1857—1930）所藏。① 首頁右框外自下而上依次鈐有"山門金勝院藏"楷書豎長形陽印、"前田/慧/雲"篆文方陽印、"龍谷大學圖書"篆文豎長形陽印。無序跋，正文半頁十行，行二十字。四周單邊，無界，版心白口，無魚尾，上魚尾處祇有一橫綫，下寫"金園上（中、下）"，下方寫頁碼。類歐體字，字旁有標明日文讀音、順序等的訓點符號。每卷首頁首行頂格是"金園集卷上（中、下）"五字，次二、三行分別低三、五格寫"天竺寺懺主慈雲大師 敕謚法寶大法師 述""住持傳天台教觀五世法孫慈明大師慧觀重編"，然後是本卷篇名目録及正文内容。宋本字因避諱闕筆處此本一概不缺。三卷所録内容基本與宋本相同，但卷下目録中無《請神照法師住東掖山疏》一篇，書末也未補録此篇，故共七篇。卷下末"金園集卷下終"一行置於次頁的首行，然後隔一行頂格分六行載録十一種遵式所撰述書籍，而無"具録懺主所撰教卷題目本文别行"一行。再隔一行低三格有"聖宋紹興辛酉孟秋圓日刊板"版記，緊接"板"字左下以小字寫"郡人李嘉謀刊字"，接着此頁 b 面第二至四行低六格分别寫"弟子沈玠助緣""法孫子宣助緣""法孫師普敬書"。可見此本據宋本刊刻而來。在此頁左下角框内有

---

① 前田慧雲曾任東京帝國大學講師，東洋大學、龍谷大學校長，并主持《大日本續藏經》的編印工作。

"河南四郎右衛門開版"九字版記,但没有標明具體刊刻時間。

圖2-3　龍谷大學有刊記本《金園集》

圖2-4　國會圖書館無刊記本《金園集》

　　河南四郎右衛門是江户時代京都書肆非常活躍的一家出版商,其出版書籍範圍非常廣泛,有儒書、佛書、醫書、繪畫、語言文字、詩文集、筆記、類書、算學及當時的一些通俗讀物等和漢各類書籍。日本國文學研究資料館的"日本古典籍總合目録數據庫""館藏和古書目録數據庫"中就著録了現存其獨刊及與其他書肆合刊的書籍469件,可見其刊刻書籍數量之多。這些書籍刊刻時間最早的是日本寬永九年(1632,明崇禎五年),最晚是日本天明五年(1785,清乾隆五十年),時間跨度一百五十餘年,經歷了江户時期和刻本從初期至後期的四個階段,①顯然"河南四郎右衛門"是作爲這家書肆的名(招)牌而沿用的。"河南四郎右衛門"在版記中出現

---

① 筆者此處採用日本學者高橋智教授《海を渡ってきた漢籍——江户の書志學入門》(可譯爲《渡海而來的漢籍——江户書志學入門》)一書中把江户時期和刻本分爲五個時期的説法,即初期(1624—1651)、前期(1648—1703)、中期(1688—1780)、後期(1781—1843)、末期(1844—1867),第110頁。

時，其上面常常會冠以"京都書肆 堀川通佛光寺下町"或"皇都書林（肆）堀川通佛光寺下町"這樣的位置信息，而其在寬永九年所刊《明德記》一書的版記中，寫的是"佛光寺下町西側"，就爲我們瞭解其書肆所在位置提供了更加具體的信息。其獨刊及與其他書肆合刊的書籍大多數都會標明刊刻年代，像《金園集》這樣衹有"河南四郎右衛門 開版"九個字的情況極少。而"河南四郎右衛門"七個字的寫法風格，不同時期的刊本也有不同，經過筆者比對，像《金園集》中這樣顯得比較硬的方塊字，在其元禄、享保年間刊刻的書籍中時有出現，也就是相當於江戶時期和刻本中期的階段（見圖 2-5、圖 2-6）。但就此《金園集》的版記來說，顯得有些奇怪，不僅衹有"河南四郎右衛門 開版"這九個字，而且顯得不規整，不在一縱列的直綫上，有些傾斜，或許是在原有板木上後添補的版記。所以我們不能就此斷定國會圖書館所藏無刊記本就一定晚於此有刊記本，或者說這個無刊記本是删除其刊記重印的。

圖 2-5 龍野熙近《神國決疑編》版記

圖 2-6 法霖《淨土文頸聚鈔蹄涔記》版記

B. 無刊記本

目前所見日本各圖書館藏有無刊記本三部,又分爲兩種情況,一是與上述河南四郎右衛門刊本行款格式、字體等全同。筆者所見日本國會圖書館所藏《金園集》(索書號:231－192)三卷一册即是。此書除首頁鈐有"帝國／圖書／館藏"篆文朱陽方印、"明治・三八・一〇・一三・購求"(當爲國會圖書館在明治三十八年十月十三日購入)圓環狀朱陽印外,没有其他附加信息。從下面兩張書影中我們可以看出兩個本子行款格式、字體等全同,如末行"聖宋紹興辛酉孟秋圓日刊板"中的"秋""日"字缺損模糊處亦同,可見爲同一版,祇是國會圖書館藏本没有刊記(見圖 2-7、圖 2-8)。

圖 2-7　龍谷大學有刊記本《金園集》　　圖 2-8　國會圖書館無刊記本《金園集》

第二種情況與上述龍谷大學有刊記本和國會圖書館無刊記本行款格式相同,字體也幾乎相同,但若仔細辨别,個别字的筆畫長短、粗細,字的疏密略微有差别,字的墨色更濃,整體感覺略顯硬拙,不如有刊記本字靈動,似是對上述龍谷大學有刊記本和國會圖書館無刊記本的覆刊,且没有刊記,可稱爲覆刊本。筆者目前所見有東京都立中央圖書館特别買上文庫藏本、龍谷大學圖書館藏寫字臺文庫本、日本清光山西巖寺藏本三部。

　　東京都立中央圖書館特別買上文庫藏本,乃日本明治至昭和時期著名畫家小室翠雲(1874—1945)舊藏,一册三卷。藏藍色封皮,封面左側有白色豎長形題籤,上寫"金園集卷　上　下",實則書中包括上中下三卷。無序跋。首頁前三行天頭上鈐有"磊磊山/房藏/書記"篆文方朱陽印,其中第二個"磊"字用重文符號"=",其下壓上框及前三行鈐有"東京都立/日比谷圖書/館藏書"篆文方朱陽印,第一行"金園集卷上"下空五字處鈐有"長興山莊藏書印"篆文豎長形朱陽印,與之並排框外有"小室文庫"楷書豎長形朱陽印,此二印下壓右框依次有"智巖"篆文朱方陰印、"榮忍"篆文朱方陽印。末頁左下緊挨框内依次鈐有"日比谷圖書館"隸書豎長形朱陽印、"智巖"篆文圓形朱陽印、"榮忍"篆文方朱陽印。其行款格式、内容等與上述龍谷大學有刊記本和國會圖書館無刊記本全同,字體亦極相似,祇是字的墨色較濃,字的筆畫略粗,整體感覺無有刊記本靈動。我們可以比較下面兩張書影(見圖 2-9、圖 2-10):

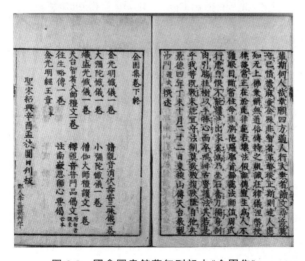

圖 2-9　國會圖書館藏無刊記本《金園集》

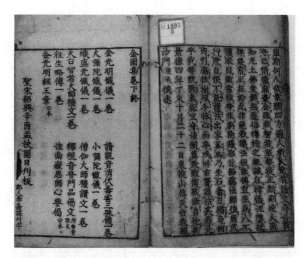

圖 2-10　東京都立中央圖書館特別買上文庫本《金園集》

可見國會圖書館藏本"聖宋紹興辛酉孟秋圓日刊板"中的"秋""日"字缺損模糊處，東京都立中央圖書館藏本則無缺損模糊。他處前者因書版磨損導致字迹淺淡、缺損模糊之處，後者則字迹清晰，墨色濃重，後者整體字迹稍顯硬拙。若我們把上面書影中"金光明懺儀"中之"光"字拈出加以對比，可看得更清楚。

　　國會圖書館藏本　　　　都立中央圖書館藏本

龍谷大學圖書館藏寫字臺文庫本（索書號：265.9/111－W），爲原寫字臺文庫藏書，是京都淨土真宗本願寺歷代宗主大谷家所收藏的圖書，後大部分捐贈給龍谷大學圖書館。此本首頁右下方壓右框鈐有"寫字臺/之藏書"豎橢圓形篆文陽朱印。日本清光山西巖寺藏江戶中期刊本《金園集》三卷一册，每卷首頁右下角框内依次鈐有"貫練群籍"豎長形篆文朱陽印、"脩青/藏書"圓形篆文朱陽印，印主待考。這兩個本子的行款格式、内容等與上述有刊記本、國會圖書館無刊記本全同，字體比東京都立中央圖書館特別買上文庫藏本更接近這二本,字的墨色亦較濃,字的筆畫略粗,當亦屬於覆刊本。我們隨意選取上面書影中右邊第一行第七、八"願四"二字加以比較辨別:

國會圖書館本

都立中央圖書館本

寫字臺文庫本

清光山西巖寺本

仔細辨別可以看出後三者即都立中央圖書館本、寫字臺文庫本、清光山西巖寺本字的個別筆畫皆略比國會圖書館本粗些,墨色亦濃,如"願"字右邊末兩筆"八";左邊第二筆"丿",寫字臺文庫本、清光山西巖寺本也比國會圖書館本粗黑。整體上看,後二者的字體更接近國會圖書館本,而與都立中央圖書館本亦略顯不同,故日本無刊記本的覆刊恐不止一次。

③《續藏經》本①

《續藏經》,全稱《大日本續藏經》,又稱《日本藏經書院續藏經》,由日本京都藏經書院於明治三十八年至大正元年(1905—1912)主持刊行,鉛字印刷。日本東北大學、花園大學、龍谷大學、駒澤大學、東洋文庫等都有收藏。1923—1925 年,上海商務印書館影印了《大日本續藏經》,1976 年,臺北新文豐出版公司也加以影印。這兩種影印本日本各公私圖書館也多有收藏。《續藏經》本也分上中下三卷,無序跋。每卷首行爲書、卷名,頂格寫"金園集卷上

---

① 本處依照臺北新文豐出版公司影印本。

(中、下)"，次兩行分別低一格寫"天竺寺懺主慈雲大師 勅諡法寳大法師 述""住持傳天台教觀五世法孫慈明大師慧觀重編"，然後是本卷目錄及正文内容。正文每面分上下兩欄，每欄十八行，行二十字。每卷内容與宋本基本相同，但卷下目録中無《請神照法師住東掖山疏》一篇，書末也無補録此篇，故共七篇。卷下末書名後無"具録懺主所撰教卷題目本文别行"一行字，隔一行直接載録自"金光明懺儀一卷"至"金光明經王章亡本"共十一種遵式所撰述書籍，在"金光明經王章亡本"後再隔一行有"聖宋紹興辛酉孟秋圓日刊板"版記，但其後無"郡人李嘉謀刊字""弟子沈玶助緣""法孫子宣助緣""法孫師普敬書"。可見《續藏經》本也屬於宋本系統，但在收録時，個别地方作了簡省。天頭時有校語，如卷上頁109a下倒數第五行第四字"恃"，天頭有校語"恃疑持"，而宋本正是作"持"，前述日本刻本則作"恃"；卷上頁111a上倒數第九行第十四字"頊"，天頭有校語"頊疑頂"，而宋本正是作"頂"，前述日本刻本則作"頊"；頁111b上倒數第二行第十三字"寺"，天頭有校語"寺疑等"，倒數第三行"不得毁諦三寳持否"，天頭有校語"諦疑謗"，"持上疑脱能字"，倒數第六行第八字"心"，天頭有校語"心疑念"，而宋本正是"寺"作"等"，"諦"作"謗"，"持"上有"能"字，"心"作"念"，前述日本刻本則與《續藏經》本同。可見，《續藏經》本雖然也屬宋本系統，但它的直接來源是日本刻本，而非宋本。

④寫本

日本愛知縣北野山真福寺寳生院大須文庫藏寫本三卷，每卷一册，共三册，每卷首頁右上端天頭及壓首三行字鈐有"尾張國大須/寳生院經藏/圖書寺社官/府點檢之印"楷書方陽印，每卷首行爲書、卷名，如"金園集卷上(中、下)"，次兩行分别低一格、兩格(卷三次兩行分别低二、三格)是"天竺寺懺主慈雲大師 勅諡法寳大法師 述""住持傳天台教觀五世法孫慈明大師慧觀重編"，然後是本卷目錄及正文内容。正文每半頁七行，行十七至二十一字，無界，無版心。字體秀整。個别字如"竟、構、完"等還保留宋本避諱闕筆。其卷下目錄同宋本，包括《請神照法師住東掖山疏》等共八篇，同宋本正文中祇錄有前七篇内容，無錄《請神照法師住東掖山疏》一篇，但書後未補錄此篇。卷下末書名後次行有"具錄懺主所撰教卷題目本文别行"，然後分六行載錄自"金光明懺儀一卷"至"金光明經王章亡本"共十一種遵式所撰述書籍。其次行有"聖宋紹興辛酉孟秋圓日刊板"版記，接着四行分别是"郡人李嘉謀刊字""弟子沈玠助緣""法孫子宣助緣""法孫師普敬書"。上述《續藏經》本所舉校勘諸例，此抄本皆同宋本，可見此寫本是根據南宋紹興十一年(1141)刊本系統抄寫，而非和刻本。

《天竺别集》

現存日本的遵式《天竺别集》諸本皆由南宋紹興十一年刊本而來，説明日本亦當有其宋本存藏，但今不知流落何處，已不可見。目前所見皆爲江户刊本及《續藏經》本，且皆無江户時期刊記。

①江户刊本

日本龍谷大學圖書館、大谷大學圖書館、京都大學圖書館、清光山西巖寺等處皆有收藏。僅龍谷大學圖書館就收藏有四部，大谷大學圖書館收藏有兩部。

清光山西巖寺藏本，爲江户中期刊本，三卷三册，上、中、下三卷各一册。駝黄色封皮，封面偏右上墨筆題書名"天竺别集"四字。無序跋。每卷首頁壓右框自中間起依次鈐有"真蓮寺/藏書印"豎長形篆文朱陽印、"脩青/藏書"圓形篆文朱陽印、"釋氏/惠然"篆文朱陽方印。正文每半頁十行，行二十字，字旁有標明日文讀音、順序等的訓點符號。近歐體字。四周單邊，無界，白口，無魚尾，上魚尾處有一横綫，横綫下有"天竺上(中、下)"，下方(倒數第五字處)

標頁碼。每卷首頁首行頂格是"天竺別集卷上（中、下）"六字，次二、三行分別低三、五格寫"天竺寺懺主慈雲大師 勑謚法寶大法師述""住持傳天台教觀五世法孫慈明大師慧觀重編"，然後是本卷篇名目錄及正文內容。卷上收錄《金剛般若經序》《普賢觀經序》《救拔餓口經序》《阿彌陀經勸持序》《南嶽禪師止觀後序》《六妙門後序》《方等三昧行法序》《法華三昧儀勘定元本序》《天台教觀目錄並序》《天台教隨函目錄並序 上黃供奉書附》《指要鈔序》《武林山興聖院結界相序》等十二篇內容；卷中收錄《圓頓觀心十法界圖》《上王丞相欽若十界心圖頌》《大悲觀音栴檀像記並十四願文》《觀世音菩薩除七難感應傳》《依修多羅立往生正信偈》《往生西方略傳新序》《釋華嚴經賢首菩薩贊佛偈》《十六觀經頌》《念佛三昧詩並序》《日觀銘》《慎篋附》《爲檀越寫彌陀經正信偈發願文》等十二篇內容；卷下收錄《爲王丞相欽若講法華經題》《摩訶止觀義題》《答王丞相欽若問天台教書》《答王知縣書》《千頃院衆請淨知大師開講疏》《請沈三郎雕大悲香像疏》《授學徒崇矩論師計請講辭》《誡弟子本融闍梨》《天竺寺僧思悟遺身贊並序》《承天曉闍梨真贊》《遐榻銘並序》《囑弟子哀送》《書紳》《天竺寺十方住持儀》《別立衆制》《凡入浴室略知十事》《纂示上廁方法》等十七篇。卷下末行"天竺別集卷下 終"次行頂格有"聖宋紹興辛酉仲秋圓日刊板"版記，下空三格以小字寫"郡人李喜謀刊字"，"喜"字誤，當作"嘉"，可能是所依底本有殘缺或模糊不清所致。次兩行上空兩格連寫"弟子沈玠助緣""法孫子宣助緣""法孫師普敬書"。可見《天竺別集》在南宋紹興十一年與《金園集》一起刊刻，衹是在農曆八月刊成，比《金園集》晚一個月。而此日本江户中期刊本是由紹興十一年宋刊本而來。此江户刊本卷下天頭及字旁時有後人朱筆或墨筆批注，注出文中所述事實出處；固定名詞之上或字旁時有朱筆畫綫、朱筆頓點。如"三千威儀經""雜譬喻經"等經名上有朱筆畫綫；"聖僧""普請""寺院"等字旁有朱筆頓點。

第一章　宋僧詩文集在日本的刊刻流傳考述　　103

圖 2-11　清光山西巖寺藏本《天竺別集》末頁

龍谷大學圖書館所藏本之一（索書號：265.9/116－W）行款格式、字體、内容等與上述西巖寺藏本全同，祇是三卷合爲一册。封底内頁寫有"寬政八辰八月入藏/看護□川"十二字。"寬政八辰"即日本寬政八年（1796，清嘉慶元年），説明此時該書已入藏該校圖書館。龍谷大學圖書館所藏其他三部及大谷大學圖書館所藏兩部《天竺別集》皆是三卷一册，行款格式、字體、内容等皆與以上兩本相同，屬同一系統。

另，金程宇主編《和刻本中國古逸書叢刊》第 48 册收録《天竺別集》上中下三卷，解題稱"據江户刻本影印"，未説明其收藏處所。經筆者比對，其行款格式、字體、内容等亦與上述諸本相同，屬同一系統。

國内上海圖書館也收藏有日本刻本《天竺別集》三卷，版式、字體、内容等皆與上述諸本相同，亦當爲江户刊本。鈐有"南陽中學圖書館章"朱文長方印、"王培孫紀念物"朱文方印等，是我國知名教育家、學者王培孫（1871—1953）的舊藏。國家圖書館也收藏有此日本江户刊本《天竺別集》三卷。

②《續藏經》本①

《續藏經》本也分上中下三卷,無序跋。每卷首行爲書、卷名,頂格寫"天竺別集卷上(中、下)",次兩行分別低一格寫"天竺寺懺主慈雲大師 敕謚法寶大法師 述""住持傳天台教觀五世法孫慈明大師慧觀重編",然後是本卷目錄及正文。正文每面分上下兩欄,每欄十八行,行二十字,同《續藏經》本《金園集》。每卷內容與江户刊本基本相同。天頭偶有校語,如卷上頁132a上第二行第十六至十八"迦多多"三字,天頭有校語"迦多多疑多迦迦",但上述江户刊本亦作"迦多多";頁132b上第六行第八字"與",天頭有校語"與疑輿",江户刊本亦作"與"。可見《續藏經》所用底本與江户刊本同。但它與江户刊本也有兩處不同:一是卷中第一篇《圓頓觀心十法界圖》,江户刊本無圖,直接以"其廣不可涯,高不可蓋,長不可尋。……"開頭,而《續藏經》本則首先是《圓頓觀心十法界圖》(見圖2-12):

圖 2-12 續藏經本《天竺別集》中《圓頓觀心十法界圖》

---

① 本處依照臺北新文豐出版公司影印本。

可看到此圖天頭上小字寫着"圖下別行本有形像二字〇依別行本補入圖及王欽若序",可見此圖是根據別本補入的。而在其次頁即136a 面上欄則是王欽若《圓頓觀心十法界圖序》文(見圖 2-13):

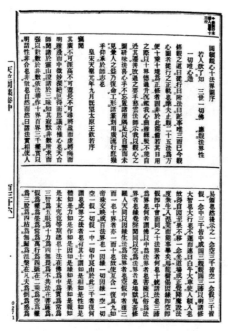

圖 2-13　續藏經本《天竺別集》中王欽若《圓頓觀心十法界圖序》

可看到此頁第一行天頭上小字寫着"依別行本補入圖等十三行",也即自上欄第一行"圓頓觀心十法界圖序"至第十三行"竊聞"的內容,都是依據別本補入的,而江户刊本原無。同是此篇內容頁 137b 下欄《裝彩十界狀貌法則》文後末行有"觀此圖者當得一一著精彩而知中善惡業緣受報",天頭上小字謂"以下四行依別行本補入",也即此行與頁 138a 上欄前三行"好醜顯著矣/慧林 大虛一空 謹記/圓頓觀心十法界終"也是依據別本補入的,江户刊本亦無。

二是《續藏經》本卷下末行"天竺別集卷下終"隔一行有"聖宋紹興辛酉仲秋圓日刊板"版記,但其下無錄"郡人李嘉謀刊字"及"弟子沈玠助緣""法孫子宣助緣""法孫師普敬書"。可見《續藏經》本當是以江户刊本爲底本,參校了別行本,補充了一些内容,也省略了一些内容。

三、智圓《閑居編》

智圓(976—1022),字無外,號中庸子,又自稱病夫、潛夫。俗姓徐,錢塘(今浙江杭州)人。八歲時,父母捨入空門,於錢塘龍興寺受具戒。十五知騷雅,多爲唐律詩。二十一歲,聞奉先源清法師傳天台三觀之道,負笈前往,摳衣問辨,凡三年。源清去世後,往居西湖孤山。智圓蚤嬰瘵疾,多杜門獨居,研考經論,探索義觀,有扶持台宗之志。講道吟詠,勤於著述。與處士林逋爲鄰友,以詩文自娱。真宗乾興元年二月十九日示寂,俗壽四十七。徽宗崇寧三年(1104),賜諡號法慧大師。曾撰疏十本以通十經,世號"十本疏主"。事見《閑居編》卷十九《中庸子傳》,宋吴遵路撰《〈閑居編〉序》,①宋釋宗鑒編集《釋門正統》卷五,宋釋元敬、釋元復撰述《武林西湖高僧事略》,宋釋志磐《佛祖統紀》卷十等。今傳《閑居編》卷五十一後寫有"孤山法師撰述目録凡一百七十餘卷",但在其下所列出的智圓佛教經論疏鈔科注等著述共二十八種一百一十八卷,其中包括詩文雜著《閑居編》五十一卷。他是宋初天台宗山外派重要僧人,又蚤勤儒學,兼涉老莊,會通儒釋道三教思想,認爲是殊途同歸。他尊奉《中庸》,在宋人中似爲最先。② 又擅長作詩,學爲古文,是宋初著名詩僧和文僧,無論在宋代佛學、文學,還是思想方面都值得深入研究。

---

① 《閑居編》卷首。
② 錢穆《讀智圓〈閑居編〉》云:"蓋自唐李翱以來,宋人尊《中庸》,似無先於智圓者。"《中國學術思想史》(五),第30頁。

(一)《閑居編》的編集及在國內的刊刻流傳

1. 編集

今傳《閑居編》首有宣德郎守大理寺丞監杭州清酒務吳遵路所撰序,其次是智圓所撰《自序》,云:

> 錢唐釋智圓,字無外,自號中庸子。於講佛經外好讀周、孔、楊、孟書,往往學爲古文以宗其道,又愛吟五七言詩以樂其性情,隨有所得皆以草稿投壞囊中,未嘗寫一淨本。兒童輩旋充脂燭之費,故其逸者多矣。今年夏,養病於孤山下,因令後學寫出所存者,其後有所得,亦欲隨而編之。非求譽於當時,抑亦從吾所好爾。

其序作於真宗大中祥符九年(1016)五月十日,從中可知智圓作品最初皆以草稿形式置於壞囊中,未嘗謄寫整理,有些因被兒童輩拿去充脂燭之費,也佚失很多。大中祥符九年夏智圓在孤山養病,才"令後學寫出所存者,其後有所得,亦欲隨而編之"。吳遵路序作於乾興元年正月,也就是智圓去世前的一個月,其末有"始自景德丙午,迄於天禧辛酉,集其所著得六十卷,題曰《閑居編》。厄言日新,方運不休之思;賞音竊抃,必期善聽之聰。過此以還,請俟來者。其經論疏鈔科注等,洎諸外學自成編錄者,凡一百七十卷,皆從別行,不列此集"一段話,景德丙午即真宗景德三年(1006),天禧辛酉即真宗天禧五年(1021),也就是説其時所編《閑居編》中收錄智圓作品的起訖時間是1006年至1021年,也就是智圓三十一歲至四十六歲間的作品。而且當時所編集的《閑居編》是六十卷。其中不包括其經論疏鈔科注等,洎諸外學自成編錄者共一百七十卷。乾興元年(1022)二月初一,智圓看到了吳遵路爲其《閑居編》所撰寫的序,遂於二月六日寫了《謝吳寺丞撰〈閑居編〉序書》,表達對吳遵路的感謝之情,同時還闡述了其平生爲學的經歷,特別是學習儒家

《易》《書》《詩》《春秋》《論語》五經的收獲及認識,還説明了編集《閑居編》的緣由:

　　……養病孤山,隱居林下,有朋自遠方來者,每以編紀爲勉,遂以嚮者之志對焉。彼曰:"何傷乎?亦各言其志爾。夫三教者本同而末異,其於訓民治世,豈不共爲表裏哉?子之所述,宜在集之以貽於後也。"於是乃從其請。故後有所得者,因而録之。而歌詩文頌錯雜間出,號之曰《閑居編》,亦陸魯望《叢書》之儔也。且欲不出户庭以貽子孫爾,敢冀偶知音而有所發揮乎?今覩寺丞所贈之序,豈不幸甚乎!謹當囑後學輩編其所著使各從其類,而首戴雄文,用貽後代。俾儒者、釋者見之而不惑,知三教之同歸,且免夫訛訶之辭也。(《閑居編》卷二十二)

這段話再次説明《閑居編》是智圓在孤山養病時因友朋的建議,囑咐其後學門徒編集的,并把吳遵路所撰序文置於卷首,也表達了智圓認爲儒釋道三教一致、殊途同歸的思想。智圓寫了《謝吳寺丞撰閑居編序書》一文後不足半月,即乾興元年二月十九日,就去世了,其文中及吳遵路序中皆未提到《閑居編》六十卷是否刊刻。

2. 國内刊刻流傳

(1)在宋代刊刻情況

智圓《閑居編》在宋代至少刊刻過兩次。第一次是在仁宗嘉祐五年(1060),今傳《續藏經》本《閑居編》五十一卷後除列出智圓佛教經論疏鈔科注等著述共二十八種一百一十八卷外,還附有三篇題記,第一篇是宋錢唐梵天寺十方講院了空大師浩肱(字仲輔)於嘉祐五年八月所作記:

　　自乾興元年二月十九日,大法師諱智圓、字無外、號中庸子歸寂於錢唐西湖孤山瑪瑙院,平昔所著述《閑居編》,至今嘉祐不墜於地者，猶一綫耳。吳待制遵路撰法師行狀，云《閑居編》六十卷，雖目其言，終不能見其全集。今開之本，訪諸學校及遍搜求，得四十八卷，《病課集》仍在編外。今恐遺墜，遂將添入，總成五十一卷。有求之未盡者，俟後人以續之。浩肱孤陋寡學，不能考校謬誤，且貴乎先賢博達之文，存其本而免失墜耳。又得信士搖君大有因聞法師之清名，賦性雅尚，欣然願施財，及導同人刻版模印，以廣斯文。

從智圓去世至仁宗嘉祐五年，經過了三十八年，此時已不能見到《閑居編》最初所編集的六十卷的全編，經過浩肱的遍訪搜求，僅得到四十八卷，浩肱把在編外的《病課集》也添入，總成爲五十一卷。因得到信士搖大有施財，此五十一卷《閑居編》得以刊刻流傳。《病課集》原單獨成編，智圓有《病課集序》云：

吾以今年夏末炎氣火熾，故疾因作而倍百於常發焉。伏枕草堂中者，凡四旬餘。及其瘥也，纔能扶杖徐步而已。然於瞑眩荒忽之中，亦不能默默，往往成一篇一詠以自寬。若甚困頓，則枕肱而口占，使來學而筆之。或疾少間，則隱几而起坐，自操觚而書之，無乃樂在其中矣。既成，草藁皆投竹篋內。一日，取而閱焉，得古詩及唐律五七言兩韻至五十四韻，合七十首，分爲三卷，題曰《病課集》。其猶儒家流修仕進之道，退而肄業，謂之過夏，執業以出，謂之夏課。吾以病中所得，病差而寫出，謂之"病課"，不亦宜邪？且欲後之人知吾以貧病寂寥而自勝者歟。然而辭語鄙野，旨趣漫浪，或宗乎周孔，或涉乎老莊，或歸乎釋氏，於其道不能純矣。苟君子以多愛見駁雜爲譏者，吾安敢逃其責乎？然若由多愛以至於無駁雜，則亦俟知者知之耳。噫嘻！罪我其病課乎？知我其病課乎？是時聖宋天禧四年庚申八月二十六日，病夫智圓無外序。（《閑居編》卷十一）

此序作於真宗天禧四年（1020）八月二十六日，距其去世約一年半的時間。從中可以看出智圓詩歌創作之勤奮，即使在病剛痊愈身體還非常虛弱的情況下也不停歇。他以詩歌創作爲樂，將詩歌作爲抵禦消解病痛折磨的工具。其《病課集》中所收錄的就是天禧四年夏末故疾復發稍稍痊愈後所創作的古詩、五七言近體詩共七十首，分爲三卷。根據吴遵路序中言"其經論疏鈔科注等，洎諸外學自成編錄者，凡一百七十卷，皆從別行，不列此集"，六十卷本《閑居編》中應未收入《病課集》，而浩肰在嘉祐五年刊刻《閑居編》時，擔心其遺墜，才將其收入，與其他四十八卷合在一起成爲五十一卷。在今傳五十一卷本《閑居編》中，卷三十七至卷五十一共十五卷皆爲詩，而卷四十八《自勉》《病起自敘》《言志》等詩，可以肯定作於天禧四年，詩中皆有"吾今四十五""吾年四十五""行年四十五"句，結合詩意，其當爲《病課集》內容。從卷四十八至卷五十，共錄詩七十一首，其排列次序基本上是卷四十八爲五古，卷四十九爲五律（第一首爲《湖居感傷五十四韻》當即智圓《病課集》序中所云之五十四韻）、五絶，卷五十爲七律、七絶的順序，可能就是原《病課集》三卷的内容。

至南宋理宗寶祐元年（1253），《閑居編》得到重刊。《續藏經》本《閑居編》五十一卷後所附三篇題記中，其他兩篇爲當時瑪瑙院住持釋元敬所撰，其一云：

> 元敬濫尸祖席，起廢興墜乃其職也。始來此山，荒涼特甚。首創塔亭，且新祖像。又思遺文湮没，募緣重刊，得檀越施錢計貳阡柒伯券，積兩年，賸施計壹阡玖伯券，甫克就緒。經始於淳祐戊申，訖工於寶祐癸丑。吁！力微難成，遲遲若此。此編之行，蓋欲彰祖道而播餘芳，資微潤而續餘餤耳。紙墨工食之外，以其所得，爲殿宇、塔亭、僧閣諸處燈油之助，收贖之士伏此亦可以發自己靈光，真所謂一舉而兩得矣。後之住此山者，當體此意，毋忽焉。瑪瑙住山節庵元敬題

其二云：

> 《閑居編》，孤山雜著也。歲久亡版，夷齊居士章氏樂善好施，崇孤山之行而貴孤山之文，慨然作偈，捐金貳阡緡，命工重刊於西湖瑪瑙。然是編特孤山緒餘耳，其扶掖宗教，詮釋群經，有十疏別行於世云。淳祐戊申秋季瑪瑙住山元敬書

淳祐戊申即淳祐八年（1248），寶祐癸丑即寶祐元年（1253），第二篇題記當作於第一篇之前，爲開始重刊《閑居編》時所作，第一篇當爲重刊完工時所作。綜合這兩篇題記可知，元敬到瑪瑙院擔任住持後，因《閑居編》歲久亡版，擔心其遺文湮沒，遂募緣重刊，重刊工作開始於淳祐八年，完工於寶祐元年，用了約五年的時間。這次重刊《閑居編》，仍當是五十一卷。釋元敬、釋元復所撰述的《武林西湖高僧事略·智圓傳》中就稱"雜著五十一卷，題曰《閑居編》"。

（2）在國內流傳情況

《閑居編》在寶祐元年重刊後，直至清代，國內未見再有刊刻的記載。雖然傳本不多，但也一直流傳。歷代的佛教典籍等時有記錄或引用，如北宋釋日新所錄《盂蘭盆經疏鈔餘義》在介紹智圓時，稱其"著《閑居編》六十卷"，[①]南宋釋宗鑒《釋門正統》卷五《智圓》傳亦謂"門人集其平昔雜著凡六十卷，題曰《閑居編》"。南宋釋宗曉《樂邦遺稿》卷下"生死本無隨妄而有"題下引"孤山《閑居編》云……"，其《法華經顯應錄》卷上在介紹"章安總持禪師"末標明出自"孤山《閑居編》"。南宋釋曇秀《人天寶鑒》中介紹智圓時還引用了智圓的《自祭文》，且標明出自《閑居編》。南宋釋志磐《佛祖統紀》卷十《智圓傳》介紹其撰述，有"《閑居編》五十一卷雜著詩文"。元釋念常《佛祖歷代通載》卷十八《智圓傳》中載錄《閑居編》五十一卷，元釋

---

① 〔宋〕釋日新《盂蘭盆經疏鈔餘義》，《卍新纂續藏經》第 21 册，No.0376。

覺岸《釋氏稽古略》卷四真宗朝部分對智圓生平作了簡單介紹,最後標出處就有"孤山《閑居編》"。明代釋道衍(即姚廣孝)在其所編《淨土簡要錄》中有"孤山智圓法師曰……",所引的《彌陀經疏序》内容,即標明出自《閑居編》。他還作有《讀孤山法師〈閑居編〉》詩:"孤山無復見,展卷已知心。落落潛夫詠,皇皇古劍吟。江雲陰遠嶠,野雪霽高林。莫謂千年後,人間絕賞音。"①説明他確實閱覽過《閑居編》,或許還收藏有此書。今存《永樂大典》卷一五〇七三亦引《閑居編》之《燭蛾誡》:"有蟲名燭蛾,翱翔近燈火。舉手再三遮,彼意終不可。驅去復飛來,防護更勞我。汝無縱所見,自取燔肌禍。"②明代釋明河《補續高僧傳》卷二《智圓傳》中謂其"有雜述五十卷,題曰《閑居編》"。③ 明釋無盡《天台山方外志》卷七《教觀書目》在"孤山圓師"條下載其著作,其中有"《閑居編》五十一卷"。④ 清乾隆年間釋性權在彙編整理《四教儀注彙補輔宏記》一書時,對相關内容加以補充,在其補充部分,也曾引智圓《閑居編》,如此書卷四之上"〔補〕孤山六十四句"後引"《閑居編》言……又《閑居編》頌言……"⑤

而在歷代公私目錄的著録中,經清葉德輝考證的《秘書省續編到四庫闕書目》卷一集部别集類有"僧智圓《閑居編》五十卷",《宋史·藝文志》卷四子部道家類(所附釋氏類)有"僧智圓《閑居編》五十一卷",⑥又同書卷七集部别集類也有相同記載。⑦ 明趙用賢《趙

---

① 〔明〕姚廣孝《逃虚子詩集》卷六,清鈔本。
② 《永樂大典》卷一五〇七三第13頁b,中華書局2000年版。又見《閑居編》卷三十七。
③ 見《高僧傳合集》,上海古籍出版社1991年版,第620頁下。
④ 〔明〕釋無盡《天台山方外志》,《四庫全書存目叢書》影印明萬曆幽溪講堂刻本,史部第232册,齊魯書社1996年版,第698頁下。
⑤ 〔清〕釋性權《四教儀注彙補輔宏記》,《卍新纂續藏經》第57册,No.0980。
⑥ 《宋史藝文志·補·附編》之附編,商務印書館1957年版,第101頁中,其下有"輝按:《宋志》五十一卷,又道家、釋氏類重出,亦五十一卷"。
⑦ 同上書,第219頁下。

定宇書目》"雜目"部分載"《閑居編》一本",①清邵懿辰撰、邵章續錄《增訂四庫簡明目錄標注》卷十六集部四別集類三著錄"中庸子集五十一卷,宋錢塘僧智圓撰,趙氏小山堂有宋刊本",②當即指智圓《閑居編》。而清厲鶚(1692—1752)有《首春連雨兼旬借閱谷林新購宋槧僧智圓〈閑居編〉用前韻》:"緊薄無痕知宋紙,高人獲之球璧似。開椷處處見西湖,瑪瑙院僧中庸子。閒泉幽徑迹荒寒,湖波依舊繞孤山。春來懊惱連天雨,開落梅花溼翠間。"③谷林爲小山堂趙氏"二林"兄弟之兄趙昱(1689—1747)之號,厲鶚所借閱的正是趙氏小山堂所購藏的宋刊本,而厲鶚所編輯的《宋詩紀事》卷九十一錄智圓詩五首,所標出處也是《閑居編》。其《宋詩紀事》始編自雍正三年(1725,乙巳),"歷二十年之久"才完成,乾隆十一年(1746)刊刻流傳。④ 由上述可知,智圓《閑居編》自宋代至清代乾隆年間一直流傳,清代趙氏小山堂還收藏有宋刊本,但此宋刊本不知所終,現未見著錄。今除《續藏經》影印本外,國内各圖書館也未見有著錄其他藏本。

(二)《閑居編》在日本的刊刻流傳

1. 傳入日本的時間

智圓《閑居編》傳入日本的時間未見有明確記載,但日本臨濟宗聖一派禪僧虎關師煉的詩文集《濟北集》卷九有《孤山議二首》,其一云:"孤山《閑居編》有《善惡有餘論》一篇,蓋因牛僧孺'善惡無餘'而發也。牛氏不言足矣。圓師,講家之義虎也,何其議不正乎哉。……"其二云:"孤山作《周公撻伯禽論》曰:'吾謂周公無撻伯

---

① 〔明〕趙用賢《趙定宇書目》,上海古籍出版社2005年版,第74頁下。
② 〔清〕邵懿辰撰、邵章續錄《增訂四庫簡明目錄標注》,上海古籍出版社1979年版,第765頁。
③ 〔清〕厲鶚《樊榭山房續集》卷三,影印文淵閣《四庫全書》本。
④ 〔清〕厲鶚《〈宋詩紀事〉序》,上海古籍出版社1983年版,第1頁。

禽事也,蓋傳之者濫耳。'又曰:'成王日十其過則伯禽十受其撻,百其過百受其撻焉。'予謂孤山不知周公用心而發此議耳。……"①引用了《閑居編》中《善惡有餘論》《周公撻伯禽論》②兩篇的内容并闡述了自己的不同觀點。虎關師煉一生並未到過中國,説明智圓《閑居編》在1346年(元惠宗至正六年)前已傳入日本。

2. 最早在日本刊刻的時間

《閑居編》傳入日本後,最早當刊刻於元禄七年(1694,清康熙三十三年)。今日本存元禄七年刊本《閑居編》五十一卷末有沙門師點所撰《書刻閑居編後》一文,有云:

>……予又竊以爲,講説辯論而曉諭一時者,蓋樊、李、衛、霍之將爾。其功雖大,不若孟軻、王通諸儒立言明道而爲百世師法也遠甚。僧之有文,亦猶如是。或兼有之者,其范仲淹歟。當歐、李之慕韓昌黎排佛,鐔津毅然出而著書,霧霾爲之廓清,豈不雄偉哉!其餘似乎此類,歷代迭出,孤山中庸子圓公,其流亞也。傳天台之道,外考周、孔遺文,究揚、孟之言,以裨佛學。又能作文,蓋欲以文發揮淳正之道,禦侮救弊,翼衛法門耳。詩亦澹雅幽潔,山林樂道之趣,諷而可喜。用心於兹,可謂勤矣。《閑居編》五十一卷是也,一家疏鈔不與焉。梓氏謁予,出舊刻宋本而力請,予檢閲之以行諸世。予願看此書久矣,因加國字旁訓,令其鍥之。既成,姑識所蓄於懷於後,訂於有中庸子之志者,且俾後人知此書,日東之刻始於今日云。

>元禄甲戌七月初吉

>華陽沙門 師點謹譔③

---

① [日]上村觀光編《五山文學全集》第一卷,思文閣1992年版,第202頁。
② 兩篇俱見《閑居編》卷十八。
③ 日本龍谷大學圖書館藏《閑居編》元禄七年刊本。

元禄甲戌即元禄七年，從師點這段文字中我們除瞭解到他對"僧之有文"的看法和對智圓的評價外，還可以瞭解到：一是此元禄刊本據舊刻宋本而來；二是字旁標明日文讀音、順序等的訓點符號爲師點所加；三是《閑居編》之日本刻本始於元禄七年。

3.目録記載及版本流存

目前所見日本元禄九年(1696，清康熙三十五年)河内屋喜兵衛刊、同寶永六年(1709，清康熙四十八年)增修丸屋源兵衛刊《增益書籍目録》(又稱《元禄九年·寶永六年書籍目録大全》)中皆載録了"《閑居編》智圓"，且皆標明册數爲"十一"，出版者爲"小川太"；①元禄九年刊、正德五年(1715，清康熙五十四年)修丸屋源兵衛刊《增益目録書籍大全》(又稱《正德五年書籍目録大全》)也有同樣的記載。②元禄十二年永田調兵衛等刊《新板增補書籍目録》(又稱《元禄十二年刊新版增補書籍目録》)中也載有"《閑居編》智圓"，未標册數及出版者。③享保十四年(1729，清雍正七年)永田調兵衛刊《新撰書籍目録》(又稱《享保十四年書籍目録》)載有"《閑居編》孤山智圓"，雖未標册數及出版者，但在書名、作者左側有小字簡單介紹作者，云："智圓自號中庸子，從奉先源清傳天台學。居西湖孤山，與林和靖爲鄰友。箋注文字，雖病不廢。崇寧二年賜謚法惠大師。"④可見《閑居編》在日本元禄、享保年間的刊刻流傳。

現日本未見有宋刊本流存，諸圖書館所藏的版本都是元禄七年刊本系統，大都是五十一卷，主要有四種，一是元禄七年刊本，二是元禄七年刊本的覆刊本，三是江户寫本，四是《續藏經》本。

---

① 慶應義塾大學附屬研究所斯道文庫編《江户時代書林出版書籍目録集成》第二册，第 257 頁第一、二欄右。
② 同上書第三册，第 25 頁第四欄右。
③ 同上書第二册，第 7 頁第二欄左。
④ 慶應義塾大學附屬研究所斯道文庫編《江户時代書林出版書籍目録集成》第三册，第 119 頁第一欄右。

(1)元禄七年刊本

目前所見有三種：

A.龍谷大學圖書館藏本（索書號：265.9/112－W/1－11，以下簡稱龍谷A本），共十一册。第一册是序和目次，首先是吳遵路序，半頁五行，行九至十二字不等，四周單邊，無界，版心上方寫"序"字，下方寫頁碼，爲行書體，字旁有標明日文讀音、順序等的訓點符號。其次仍是吳遵路序，半頁七行，行二十字，四周單邊，無界，版心上方寫"序"字，下方寫頁碼，爲規整的宋體字，字旁亦有標明日文讀音、順序等的訓點符號。再次是智圓自序，半頁六行，行十三字，四周單邊，無界，版心上方寫"閑居編"，下方寫"序"字，爲宋體字，稍大，字旁也有標明日文讀音、順序等的訓點符號。再就是"閑居編目次"，依次列出了《閑居編》中序、自序及卷一至卷五十一每卷所收的詳細篇目名稱。每半頁八行，行十八字，爲楷書字體，墨色較重，字旁無訓點符號。四周單邊，無界，版心上方寫"閑居編目次"。第二册是正文卷一至卷五；第三册是卷六至卷十；第四册卷十一至卷十五；第五册卷十六至卷二十；第七册卷二十一至卷二十五；第八册卷二十六至卷三十；第八册卷三十一至卷三十五；第九册卷三十六至卷四十一；第十册卷四十二至卷四十七；第十一册卷四十八至卷五十一。正文每卷首行頂格寫"閑居編第×（卷數）"，次行上空九格寫"宋孤山沙門 智圓 著"。每半頁八行，行二十字，四周單邊，無界，字體同上目錄部分，爲楷書字體，墨色較重，但字旁有標明日文讀音、順序等的訓點符號，版心上方寫"閑居編第×（卷數）"，或"閑居第×"。第二至八册皆有五卷正文，第九至十册皆有六卷正文。第十一册除收錄卷四十八至卷五十一共四卷正文外，在卷五十一之後，還依次附有以下內容：①另頁頂格刻寫"孤山法師撰述目錄凡一百七十餘卷"，其下分行詳列自《文殊説般若經疏》二卷"至《閑居編》五十一卷"共二十八種一百一十八卷篇目名

第一章　宋僧詩文集在日本的刊刻流傳考述　　117

稱。而在"《閑居編》五十一卷"次行有"宋版助刻件名仍舊不削元禄甲戌識"十五字,然後分五行列出宋版施錢助刻者及錢數:

安吉州慈感觀音教寺住持比丘覺澄　助伍伯阡

垂雲寶嚴院住持比丘智光　助壹伯阡

王司理　助壹伯阡　　（以下三行在次頁）

馬家橋解庫衆　助貳拾阡

大學貫道齋黄上舍　助貳拾阡

這説明其所據底本爲宋版。此部分行款爲半頁八行,行二十字,字體同前目録及正文部分,字旁無訓點符號。四周單邊,無界,版心上方寫"閑居編述目"。②其後另頁有仁宗嘉祐五年(1060)了空大師浩肫記,爲宋體字,字旁有標明日文讀音、順序等的訓點符號。每半頁八行,行二十字,四周單邊,無界,版心上方寫"閑居編跋",共一頁(ab兩面)。③浩肫記後是瑪瑙院住持釋元敬所撰寫的題記,即前面所引"元敬濫尸祖席,……後之住此山者,當體此意,毋忽焉。瑪瑙住山節庵元敬題"一文。此文乃楷書字體,字旁有標明日文讀音、順序等的訓點符號。每半頁五行,行十二字,四周單邊,無界,版心上方寫"閑居跋"。此文共兩頁,在其第二頁的 b 面有"京師書林茨城方道家父、梅邨彌白弱女、柳田常成慈母各發心助資奉刻孤山智圓法師閑居編五十一卷,伏願以此勝緣世世生生般若靈光現前。元禄七龍集甲戌林鐘月,書林某等版刊"七十四字刊記,如下圖(圖3-1):

由此刊記我們可以瞭解此元禄七年刊本是由京都書林某人等刊刻的,并由其家人捐資助刊。"林鐘"是中國古代音樂十二律之一,用以紀月,指農曆六月。④其次頁是瑪瑙院住持釋元敬淳祐八年所撰寫的題記,即前所引《閑居編》,孤山雜著也。……有十疏別行於世云。淳祐戊申秋季瑪瑙住山元敬書"一文。此文乃宋體字,

圖 3-1　元祿七年刊本《閑居編》書末刊記

稍大,字旁有標明日文讀音、順序等的訓點符號。每半頁五行,行十字,四周單邊,無界,版心上方寫"閑居編跋"。此文共一頁(ab兩面)。⑤釋元敬淳祐八年(1248)題記的次頁有師點《書刻閑居編後》一文(見前引),文後占其署名的次兩行"華陽沙門""師點謹譔"旁依次鈐有"師點"篆文陰墨小方印、"即川"篆文陽墨方印(比前印稍大)。此跋文每半頁六行,行十六字,與前吳遵路序宋體字相同,字旁也有標明日文讀音、順序等的訓點符號。四周單邊,無界,文共四頁,首頁版心上方寫"後"字,後三頁版心無字。此本每冊首頁除鈐有隸書"龍谷學黌大藏書"豎長形陽印、"□源書房"豎長陽印外,第一、二冊首頁右下方還鈐有"雲壑"篆文方陰印、"所集"篆文方陽印。根據前述日本元祿九年刊、同寶永六年增修《增益書籍目錄》等目錄中皆標明《閑居編》冊數爲"十一",此十一冊本或是初刊時所分的冊數。

B. 龍谷大學圖書館藏本(索書號:265.9/5－W/1－11,以下簡稱龍谷B本），共十一册。此本分册、内容、次序、版式、字體等與上述龍谷A本基本相同，二本當爲同一來源。其不同之處是"孤山法師撰述目録凡一百七十餘卷"至"大學貫道齋黄上舍 助貳拾阡"共三頁的位置在仁宗嘉祐五年（1060）了空大師浩肭記後，瑪瑙院住持釋元敬所撰寫的題記"元敬濫尸祖席，……後之住此山者，當體此意，毋忽焉。瑪瑙住山節庵元敬題"一文前，而非《閑居編》卷五十一後，了空大師浩肭記前。可能是裝訂時錯頁所致。此本每册首頁天頭鈐有隸書"文學寮/圖書印"方陽印，框外右下方鈐有一豎長形印，但被墨色覆蓋無法辨識。

C.京都大學圖書館也藏有十一册本《閑居編》五十一卷（索書號：藏/24/カ/10），登録爲"元禄七年 京都茨城氏等同刊本"，爲貴重書。第一册内容包括序、目録及《閑居編》正文第一卷。但其最前面無吴遵路序，祇有智圓自序，而智圓自序之後次頁的"閑居編目次"下首先即列出了"序宣德郎守大理寺丞監杭州清酒務吴遵路撰"標題，説明此本原當有吴遵路序，後來散失了，現所見本是經過重裝的。第二册包括《閑居編》正文卷二至卷五，第三至十一册的分卷與上述龍谷A本完全相同。智圓自序、目録、正文的行款格式、字體等亦皆與龍谷A本完全相同。第十一册卷五十一後所附内容除無師點《書刻閑居編後》跋文外，其餘亦與龍谷A本①－④所述完全相同，故此本亦當爲元禄七年刊本。此本每册正文首頁右下框外并壓右框依次鈐有"慈仙"豎長形篆文陽印、"明月/清風富/一生"圓形篆文陽印。此本目録頁多有標記符號（見下圖 3-2 書影），特别是卷五十一後所附自"宋版助刻件名仍舊不削元禄甲戌識"以下六行内容和有七十四字刊記内容的頁面上，被畫了交叉綫（見下圖 3-3 書影）和斜綫，似乎説明此本曾被作爲重新排版時所依據的底本。

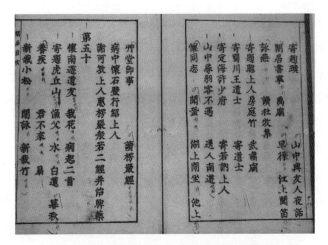

圖 3-2　京都大學圖書館藏《閑居編》目錄頁

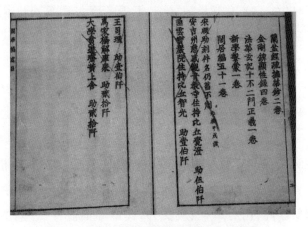

圖 3-3　京都大學圖書館藏《閑居編》刊記頁

(2) 覆刊本

現日本所藏元禄七年刊本的覆刊本有多種,其所分冊數不同,所收錄序跋内容及次序等亦有不同。

A. 八冊本,龍谷大學圖書館所藏(索書號:265.9/6－W/1－8,以下簡稱龍谷 C 本),爲原寫字臺文庫藏書,是京都淨土真宗本願寺歷代宗主大谷家所收藏的圖書,後大部分捐贈給龍谷大學圖書館。每册扉頁背面右下角鈐有"寫字臺之藏書"豎橢圓形篆文陽朱印,首頁框外右下有"寫字臺之藏書"豎長形篆文陽朱印。黃色封皮,封皮上有題籤寫"閑居編"三字,有些冊封皮上題籤已脫落,如第一、五、七冊。書高 28 釐米,書口、天頭等處有蟲蛀痕迹。此本共分爲八冊,第一冊内容包括序、目録及《閑居編》正文第一卷。首有吴遵路序,行款格式、字體等皆與龍谷 A、B 本相同,不同之處是宋體字吴序在前,行書體吴序在後。然後是智圓自序,及"閑居編目次",内容、行款格式、字體等也皆與龍谷 A、B 本相同,但在"閑居編目次"後是"孤山法師撰述目録凡一百七十餘卷"至"大學貫道齋黄上舍 助貳拾阡"共三頁的内容,其内容、行款格式、字體等也皆與龍谷 A、B 本相同,而所在位置與龍谷 A、B 本不同。其後是《閑居編》卷一正文。第二冊是《閑居編》卷二至卷十;第三冊是卷十一至卷十七;第四冊是卷十八至卷二十五;第五冊是卷二十六至卷三十一;第六冊是卷三十二至卷三十八;第七冊是卷三十九至卷四十五;第八冊是卷四十六至卷五十一。可看出與龍谷 A、B 本分冊不同,每冊所包含的卷數亦異。其《閑居編》卷一至卷五十一正文内容、次序、行款格式、字體等與龍谷 A、B 本同,每卷首行頂格寫"閑居編第×(卷數)",次行上空九格寫"宋孤山沙門 智圓 著"。每半頁八行,行二十字,四周單邊,無界,爲楷書字體,字旁有標明日文讀音、順序等的訓點符號,版心上方寫"閑居編第×(卷數)",或"閑居第×"。卷五十一後依次是:①華陽沙門師點撰《書刻閑居編後》文。此後記每半頁六行,行十六字,宋體字,字旁也有標明日文讀音、順序等的訓點符號。四周單邊,無界,版心上方寫"後"字,與龍谷 A、B 本同。②仁宗嘉祐五年了空大師浩肱記。行款格式、字體同正文爲楷書體,字旁有標明日文讀音、順序等的訓點符號,版心上方寫"閑居編跋",共一頁。③接着仍是仁宗嘉祐五年了空大師浩肱記,但爲宋體字,與前吴遵路序、師點後記宋體字相同,字旁有標明日文讀音、順序等的訓點符號。每半頁八行,行二十字,四周單邊,無界,版心上方寫"閑居編跋"。④瑪瑙院住持釋元敬淳祐八年所撰寫的題記,半頁五行,行十字,宋體字,字旁也有標明日文讀音、順序等的訓點符號。四周單邊,無界,版心上方寫"閑居編跋",與龍谷 A、B 本同。可以看出這部分與龍谷 A、B 本不同之處有四點:一是"孤山法師撰述目錄凡一百七十餘卷"至"大學貫道齋黃上舍 助貳拾阡"共三頁的內容此部分無,而是置於第一冊"閑居編目次"後;二是跋文排列次序不同,師點跋文居前而非末尾;三是比龍谷 A、B 本多出楷書字體的了空大師浩肱記文;四是無瑪瑙院住持釋元敬所撰寫的"元敬濫尸祖席,……後之住此山者,當體此意,毋忽焉。瑪瑙住山節庵元敬題"一文及"京師書林茨城方道家父……書林某等版刊"七十四字刊記。

此本當是元祿七年刊本的覆刊本,對《閑居編》正文前後序文、跋文等內容的編排次序作了調整,有意去除了有瑪瑙院住持釋元敬所撰寫的"元敬濫尸祖席,……後之住此山者,當體此意,毋忽焉。瑪瑙住山節庵元敬題"一文及京師書林某所撰寫的七十四字刊記的兩頁。雖然此本各部分字體與龍谷 A、B 二本相同,但若仔細對比,點畫之間還是有所不同的。此本字的筆畫粗細變化比較明顯,整體感覺比較清利,而 A、B 兩本字的筆畫相對較粗,墨色比此本濃重,字的排列稍顯擁擠(可參圖 3-4、圖 3-5)。此本還比龍谷 A、B 本多出楷書字體的了空大師浩肱記文一頁,其行款格式、字體等皆與正文相同,或許最初就刻有此頁,而龍谷 A、B 本因故未收錄。此本的一些地方可能因刊版日久磨損,字迹稍顯模糊,墨色亦變淺淡。如卷四十八第十頁 a 面第五行"相留"二字,第六行"操修"二字及"修"字下雙行小注:"吾於是撰淨名垂裕記十卷,經疏科六帖"等字;以及卷四十九第六、七頁,卷五十第六、七頁,卷五十一第一、二、五頁,師點"書刻閑居編後"文第四頁等處。

第一章　宋僧詩文集在日本的刊刻流傳考述　　123

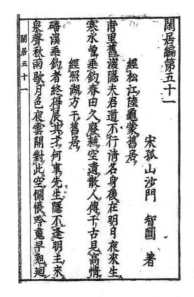
圖 3-4　龍谷 A 本

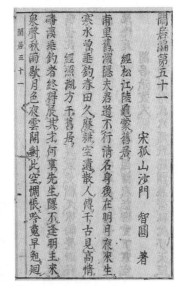
圖 3-5　龍谷 C 本

B.影印三册本,金程宇主編《和刻本中國古逸書叢刊》集部別集類(第四十七至四十八册)收有《閑居編》五十一卷,據其書前介紹,此本是據"日本江户元禄七年(一六九四)茨城方道刊本影印",未説明收藏處。若與龍谷 A、B、C 本相較:①此本分爲上、中、下三册,卷首至卷十六爲上册,卷十七至卷三十六爲中册,卷三十七至卷末爲下册,與 A、B、C 三本皆不同。②卷首吴遵路序祇出現宋體字一篇,而無行書體字吴遵路序,亦與 A、B、C 三本不同。③"孤山法師撰述目録凡一百七十餘卷"至"大學貫道齋黄上舍　助貳拾阡"共三頁的内容在第一册"閑居編目次"後,與龍谷 C 本相同。④無瑪瑙院住持釋元敬所撰寫的"元敬濫尸祖席,……後之住此山者,當體此意,毋忽焉。瑪瑙住山節庵元敬題"一文及"京師書林茨城方道家父……書林某等版刊"七十四字刊記,與龍谷 C 本相同。⑤此本卷五十一正文後依次有宋體字了空大師浩肱記、淳祐八年瑪瑙院住持釋元敬所撰寫的題記、華陽沙門師點撰《書刻閑居編後》文。

無楷書體字浩肱記,與龍谷 C 本不同而與 A、B 本同。其師點撰《書刻閑居編後》文置於末尾亦與龍谷 C 本不同而與 A、B 本同。

經過筆者比對,此本相應内容、行款格式等與上述龍谷大學藏本完全相同,字體亦基本相同,但若對一些相同内容的字仔細辨別對比,可發現部分筆畫形狀等細節還是略有差異,而上述龍谷 C 本字迹模糊、墨色淺淡之處此本亦多有相同,字的筆畫形狀亦與 C 本更接近,故此本亦當是元禄七年刊本的覆刊本。

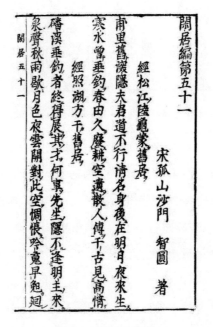

圖 3-6 影印三册本

C. 五册本,日本國會圖書館所藏(索書號:163－42)。卷首至卷十爲第一册;卷十一至卷二十爲第二册;卷二十一至卷三十一爲第三册;卷三十二至卷四十二爲第四册;卷四十三至卷末爲第五册。其第一册首依次有行書體字吳遵路序、宋體智圓自序、楷書體"孤山法師撰述目録凡一百七十餘卷"至"大學貫道齋黃上舍 助貳拾阡"、楷書體浩肱記、閑居編目次。卷五十一後僅有宋體字師點撰《書刻閑居編後》一文。此本無宋體吳遵路序、浩肱記、淳祐八年釋元敬題記，亦無釋元敬所撰寫的"元敬濫尸祖席，……後之住此山者，當體此意，毋忽焉。瑪瑙住山節庵元敬題"一文及"京師書林茨城方道家父……書林某等版刊"七十四字刊記；與以上諸本最大不同之處是將"孤山法師撰述目錄凡一百七十餘卷"至"大學貫道齋黃上舍 助貳拾阡"、楷書體浩肱置於"閑居編目次"前。此本字的墨色無龍谷 A、B 本濃重，排列無龍谷 A、B 本密集，字的筆畫間亦有些微不同，版面清整，亦當是元祿七年刊本的覆刊本（參圖 3-7、圖 3-8）。首頁右上方鈐"日光縣/校庫藏"豎長方形楷書陽朱印、"東京書籍館/明治五年/文部省創立"圓形篆文朱陽印；首行下方空白處鈐"明治八年文部省交付"豎長形楷書陽朱印，第三行下方空白處鈐"日元山光樹院藏本"豎長形楷書陽墨印，其餘各冊首頁皆鈐有此四印，反映了此本的收藏情況。

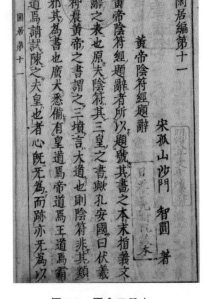

圖 3-7　龍谷 A 本　　　　圖 3-8　國會五冊本

D. 六册本,京都大學圖書館所藏(索書號:4－05‖力‖12)。第一册是卷首至卷七;第二册是卷八至卷十六;第三册是卷十七至卷二十五;第四册是卷二十六至卷三十五;第五册是卷三十六至卷四十五;第六册是卷四十六至卷末。每册卷首,除書眉處有"京都帝國大學圖書印"篆文陽朱方印外,於右下有豎橢圓形楷體"日耀"朱印,上"日"爲陰刻,下"耀"爲陽刻。第一册正文前依次有行書體、宋體字吴遵路序,宋體師點撰《書刻閑居編後》,宋體智圓自序,楷書體"孤山法師撰述目録凡一百七十餘卷"至"大學貫道齋黄上舍 助貳拾阡","閑居編目次",其版式、字體、訓點等皆與龍谷 A、B 本同。第六册卷五十一後依次有楷書體浩肬記、宋體淳祐八年釋元敬題記。此本與他本最大的不同是將師點撰《書刻閑居編後》置於卷首的吴遵路序後;其將"孤山法師撰述目録凡一百七十餘卷"至"大學貫道齋黄上舍 助貳拾阡"部分置於"閑居編目次"前則與國會圖書館藏五册本相同,但楷書浩肬記則在卷末。也無瑪瑙院住持釋元敬所撰寫的"元敬濫尸祖席,……後之住此山者,當體此意,毋忽焉。瑪瑙住山節庵元敬題"一文及"京師書林茨城方道家父……書林某等版刊"七十四字刊記。此本亦當是元禄七年刊本的覆刊本之一種。

另外,日本大谷大學圖書館、駒澤大學圖書館、尊經閣文庫亦皆藏有六册本的《閑居編》五十一卷,根據其圖書館網站著録頁面,大谷大學藏本各册的起訖與上述京都大學圖書館藏本完全相同;而駒澤大學藏本第一册是"目次",第二册是卷一至卷十,第三册是卷十一至卷二十,第四册是卷二十一至卷三十,第五册是卷三十一至卷四十一,第六册是卷四十二至卷五十一,與京都大學六册本起訖不同。因目前筆者還未得見,這三種六册本詳情待考。

(3)江户寫本

日本國會圖書館還藏有江户寫本四卷三册。封面中間墨筆隸書"閑居編"三個大字,其右比"閑"字稍高是墨筆行楷小字"孤山智圓法師著述","居"字左邊起是行楷小字墨筆"了空法師集"。扉頁背面偏中上方鈐有"國立國/會圖書/館藏書"篆文朱方陽印。正文首行寫"閑居編序",其下有"洛西鳴瀧/長樂院藏"楷書長方印,接着是吳遵路序文內容,序文後直接署"乾興壬戌正月宣德郎守大理寺吳遵路序",未另行,這與上述諸本及後述《續藏經》本不同,它們皆是在"閑居編序"次行署"宣德郎守大理寺丞監杭州清酒務吳遵路撰",此寫本無此行,而是把它簡化爲"宣德郎守大理寺吳遵路"加在末尾"乾興壬戌正月"與"序"字之間。吳遵路序半頁六行,行十二至十四字不等,楷書體,無界,無版框。接着是智圓自序,字體、行款與吳序同。其後有《集書閑居編序》云:

<blockquote>
猿猴之徒常謂曰:"詩文者於佛道無益,於儒道亦不爲有益。"如是人,佛曰斷見,儒曰僻見玩嚚者也。愛道者所惡也。然不可以耽,耽則如貫休、無本,偏而不能遂復道也矣。瓢雖不敏,行道之路程不可不吾以辨。夫自有愛道之機至二十一二載,先學儒術,旁能詩文,而後學佛道,可深通達焉。不然,則不可言博通。儒者亦旁不見佛書,則不明達。必能相該斟酌而可至於博通矣乎?智圓法師其人也。高識睿材,逸群拔俗,而究明台衡之宮奧,兼精儒道,旁通黃老楊墨之書,又能綴詩文,信可謂僧中龍也乎!至其高明博識之精微,非可筆墨敢能形容之焉耶。圓師字無外,自號中庸子,年八載而受具。逮於二十一載,學天台三觀。而曾閑居孤山瑪瑙院,不赴侯請,屏厭世紛,靜默晏然也。講經書之暇,逍遥巖畔水邊而愛風景,吟詠性情作詩。厥詩也,格調清卓,辭意平淡,而不如洪覺範者也歟。蓋雖範師字句最工,體格繁蕪也,不可以體矣。不肖瓢竊論圓師者事實,如杜工部俊逸,擬李謫仙清雅,類蘇東坡具異格妙風自天資爾。此集也,拔乎其萃、出乎其類者也。
</blockquote>

所以予敘,冀知世人尚此遺文焉。瓢耽玩熟味,仰之彌高,至於異格妙風,俊逸清雅,亦俟知者知之而已。享保七庚寅仲夏南京沙門一瓢謹書於東大寺龍松院。

此序文半頁五行,行九至十一字不等,行草體。無界,無版框。此序作於日本江户時代中期享保七年(1722,清康熙六十一年),南京指平城京,即今奈良。作者是當時在奈良東大寺龍松院叫作一瓢的僧人。文中表達了他對學習儒佛及詩文的看法,認爲佛學者"先學儒術,旁能詩文,而後學佛道,可深通達焉"。儒者若不學佛書,亦不能明達。可看出他是主張貫通儒佛的。文中對智圓給以很高評價,認爲他就是博通之人,是僧中之龍,特別對其詩歌給以高度評價,認爲其詩"如杜工部俊逸,擬李謫仙清雅,類蘇東坡具異格妙風自天資",而此集是"拔乎其萃、出乎其類者也"。

其第一册爲第一卷,第二册包括第二、三卷,第三册爲第四卷,選錄原五十一卷中詩歌、贊、銘、碑文、賦、祭文等内容。詩歌按七絶、五絶、七律、五律、七古、五古的順序編排。

卷一爲七言絕句,共一百二十首。其選錄原五十一卷本次序是:①錄卷四十五《陳宫》至《庭鶴》共三十四首。②錄卷四十六《昭君辭》至《織婦》五十首,衹有《柳》《牡丹》《鴈》《浙江晚望》末四首未錄,但此四首見錄於卷二十七言律,故此卷全選錄。③卷五十共有二十四首詩,此卷錄第十一首《君不來》、第十五至二十四首《新栽竹》《讀元結文》《戲題夜合樹》《病中感體元上人見訪》《寄瑞應經疏及注陰符經與體元上人》《病起自嘲》《鶴自矜》《鹿讓鶴》《犬爭功》《雞怨言》共十一首。④卷四十七錄《書事》《將入石壁山作》二首。⑤卷三十七錄《挽歌詞三首》。⑥卷四十二錄《湖西雜感詩并序》(二十首)。

卷二爲五言絕句、七言律句共六十二首。其選錄原五十一卷本次序是:①錄卷三十七《瑪瑙坡四詠并序》。②錄卷四十《山中行》

一首。③録卷四十八《秋病》一首。④録卷四十九《聞蛩》《湖上閑座》《池上》《病中懷石壁行紹上人》四首。（以上共選録五絕十首。）⑤録卷四十《夏日薰風亭作》《初晴登疊翠亭偶成》《李秀才以山齋早起詩見贈因次韻和酬》《對雪》《和聰上人悼梵天闍黎》《孤山閑居次韻酬會稽仁姪見寄》六首。⑥録卷四十一《贈進士葉授》至《寄曦照上人》全部二十六首。⑦録卷四十五《寄天台守能上人》、卷四十六《柳》《牡丹》《鴈》《浙江晚望》五首。⑧録卷四十七《書山中道士壁》《山居偶成》二首。⑨録卷五十前十首即《懷南游道友》《栽花》（衹有題目，未録詩句）《病起二首》《寄題虎丘山》《漁父》《水》《白蓮》《暮秋》《養疾》，第十二至十四首即《扇》《新栽小松》《閑詠》，共十三首。（以上七言律句共選録五十二首）

卷三爲五言律共一百三十一首。其選録原五十一卷本次序是：①録卷三十七《擬洛下分題并序》《松石琴薦》《茯苓人》《遞詩筒》《文石酒杯》《友人元敏示以三題乃賡而和之》《燭蛾誠》九首。②録卷三十九《孤山詩二首》（其二）《贈趙璞》二首。③録卷四十《西施篇》《莫言春日長》《孤山詩三首》《酷熱》《酬仁上人望湖山見寄次韻》《和辯才訪仲微上人不遇》《次韻酬明上人》《寄同志》十首。④卷四十三《寄華亭虛己師》至《登樓懷遵易》共二十九首全録，其中《湖居秋日病起六韻》十二句，衹録前八句。⑤卷四十四《贈詩僧保暹師》至《秋夕寄友僧》共三十首全録。⑥卷四十九録《讀清塞集》至《謝可孜上人惠楞嚴般若二經并治脾藥》二十首。⑦卷五十一《經松江陸龜蒙舊居》至《鷺鷥》共三十一首。

卷四爲七言古詩（一首）、五言古詩（二十六首）、贊（二首）、銘（三首）、賦（一首）、碑文（一篇）、自恣文（一篇）、祭文（四篇）。其選録原五十一卷本次序是：①録卷四十七《送進士萬知古》一首（七古）。②録卷三十八《送惟鳳師歸四明》《試筆》二首。③録卷三十九《讀韓文詩》《山居招友人詩》《貽葉秀才詩》《贈簡上人詩》《述韓柳詩》《孤山詩二首》(其一)《暮秋書齋述懷寄守能師》《贈詩僧保暹師》八首。④録卷四十《山中自敘》《講堂書事》《鑑》《送僧》《答行簡上人書》《有客》六首。⑤録卷四十五《題石壁山紹上人觀風亭》一首、卷四十七《送中姪》一首、卷四十八《湖上秋日》《松風》《言志》《病中翫月》《寄林逋處士》《早秋》六首、卷四十九《湖居感傷》一首、卷五十一《遠山》一首。(以上爲五古)⑥録卷十四《漉囊贊》一首、卷十六《三笑圖贊》一首。⑦録卷三十二《陋室銘并序》一首、卷三十三《故錢唐白蓮社主碑文》一篇、卷三十四《病賦并序》《講堂銘》《窗蟲銘》三首。⑧録卷三十五《自恣文》一篇、卷十七《祭祖師文》《祭孤山神文》《又祭孤山神文》《中庸子自祭文》四篇。

根據筆者統計,詩歌部分全被選録的有:卷三十九、卷四十一、卷四十三、卷四十四、卷四十六、卷五十、卷五十一。衹有一首未被選録的:卷三十七《中庸子預自銘之曰墓志》、卷四十五《寄所知》、卷四十九《艸堂即事》。衹選録二首的:卷三十八。選録三首的:卷四十。選録六首的:卷四十七。選録七首的:卷四十八。選録二十首的:卷四十二。可見此書還是以選録詩歌爲主要内容。

此書每卷首第一行寫"閑居編第一(二、三、四)之卷",次二、三行低四格寫"支那國孤山沙門智圓著""扶桑國南畿沙門道彝輯"。正文每半頁七行,行十七至十八字不等。無版框、界行。卷二、卷四首頁首行下依次有"國立國會圖書館"篆文暨長印、"洛西鳴瀧／長樂院藏"楷書長方印。

卷末依次有仁宗嘉祐五年了空大師浩肱記及瑪瑙院住持釋元敬的兩篇跋文、元禄七年師點跋文,最後是享保仲夏沙門長忍所撰《跋集書閑居編之後》,云:

　　宋刻舊本,元禄甲戌歲洛陽師點者令之鍥板,今流布於世是也矣。余享保己亥年游洛州西山,自一見此書,愛詩詞之妙,於今不能忘,馳迴於胸臆而恒欲重見,不能也。或人曾持此書間予，語一閱，彼人幸見許焉。因而瓢能味高格殊體而手不棄卷，一唱三歎，深奇之矣。欲彼人於求此書，既知，不予之，不能焉。依而不得已，而選其內，於詩什，筆之紙，聊亦從吾於所好爾。若或樂天所謂有書不學、有田如不耕，何有益哉？可嘆之甚也。瓢以爲圓法師之詩，引物連類，秀傑之氣活然，使筆端有口之徒讀之，豈不打睥而嘆哉？可信不誣矣。

享保仲夏沙門長忍題

跋文中講述了一瓢選集抄寫《閑居編》的緣起，享保己亥（四年，1719）他在京都西山游歷時，見到此書，喜愛其詩詞之妙，不能忘懷，幸得持書之人允許他閱覽，就選了其中的詩歌等內容抄錄下來。其所依據的底本亦是元祿七年刊本系統的，從此書前後序跋內容看，一瓢、長忍、道彜當爲同一人。

（4）《續藏經》本

現在日本最常見的是《續藏經》本，《續藏經》本[①]書首依次有真宗乾興元年（1022）吳遵路序、大中祥符九年（1016）智圓自序，接着是"閑居編目次"，依次列出了《閑居編》中序、自序及卷一至卷五十一每卷所收的詳細篇目名稱。正文每面分上下兩欄，每欄十八行，行二十字。字旁有標明日文讀音、順序等的訓點符號。天頭偶有校語，如卷三十五第七十八頁 b 面上欄末行"止惡防非頍捍禦而顯著其道甚大……"，"頍"字左邊加"·"，天頭有"頍字可疑"四字（而上述元祿七年刻本及覆刻本則是在本行天頭用兩行小字寫"頍字可疑"四墨字，且字外加黑框框住，字體與正文字體相同，當爲所據底本原校）。卷三十六第八十頁 a 面上欄第十行"妙應誘群機降生於微尼國……"，"國"字左邊加"·"，天頭有"國疑圍"三字校語，但上述元祿七年刻本及覆刻本無此校語，當爲《續藏經》編

[①] 以下所述依照上海商務印書館影印本。

校者所加。正文下時有自注、原注,如卷四第三十六頁 a 面下欄第九行即《金光明經文句索隱記序》末尾有自注云:"此記於筆草稿,亟爲後學所寫,洎乎尋繹,頗有添削,若曹後學宜依此本。"卷四十八第一百零二頁 a 面上欄第十三行"滌硯勉操修"下有自注:"吾於是撰《淨名垂裕記》十卷,《經疏科》六帖。"卷十七《中庸子自祭文》題下有原注:"二月十七日述,十九日寂滅。"卷五十第一百零五頁 a 面上欄第八行"虛空世界都如幻"下有原注:"《楞嚴》曰:迷妄有虛空,依空立世界。又曰:自心取自心,非幻成幻法。"第九行"莫把閑心逐境思"下有原注:"《楞嚴》曰:不取無非幻,非幻尚不生,幻法云何立。"第十六行"當時自號爲聲叟"下有原注:"五交切,次山道號也。"皆與元禄七年刻本及覆刻本同。每卷首行頂格寫"閑居編第×(卷數)",次行低八格寫"宋孤山沙門智圓著"。卷五十一後有"孤山法師撰述目錄凡一百七十餘卷",其下列自"文殊説般若經疏二卷"至《閑居編》五十一卷"共二十八種實有一百一十八卷。其後有仁宗嘉祐五年了空大師浩肱記及瑪瑙院住持釋元敬所撰寫的兩篇題記。《續藏經》本當從元禄七年刻本或其覆刻本而來,但删除了"孤山法師撰述目錄凡一百七十餘卷"下所列"《閑居編》五十一卷"後的"宋版助刻件名仍舊不削元禄甲戌識"及宋版施錢助刻者及錢數共六行文字;還删除了師點跋文。

綜上所述,《閑居編》在日本有多種傳本,皆屬根據宋本而來的元禄七年刊本系統,其元禄七年刊本及覆刊本爲日本多家藏書機構收藏,雖然國内未見有收藏,但在日本并不稀見。

四、雪竇重顯《祖英集》《頌古集》《明覺禪師語録》

釋重顯(980—1052),字隱之,俗姓李,遂寧(今屬四川)人。生於太宗太平興國五年四月八日。幼年即勤奮讀書,知曉大要,才思敏捷,而心向佛門。真宗咸平年間(約二十餘歲),爲父母守喪完畢,即依益州普安院仁銑,落髮爲弟子。大慈寺僧元瑩講《定慧圓覺疏》,重顯入室請益,不契,乃出蜀,至湖北石門山參蘊聰禪師,機緣不諧。在荊渚間滯留數年。其間曾任郢州大陽山寺(在湖北鍾祥縣)知客,與來客論趙州宗旨,當時有苦行僧名韓大伯,在旁邊偷笑,來客退下後,重顯問其故,韓大伯回答説:"笑知客智眼未正,擇法不明。"並誦以偈曰:"一兔橫身當古道,蒼鷹纔見便生擒。後來獵犬無靈性,空向枯椿舊處尋。"重顯以爲他有奇異之處,與他結爲好友。二人的故事也被後來的禪僧作爲公案頌詠。後又至隨州參智門光祚禪師,頓悟,遂留五年,盡得其道。不久,往廬山林禪師道場,又至池州(今安徽貴池)景德寺爲首座。與知州曾會相交厚善,重顯打算到浙地游歷,曾會寫信給他的老友靈隱寺珊禪師,推薦重顯前往。但重顯到靈隱寺後,並未出示曾會的推薦信給珊禪師,而是在僧衆中待了三年。後曾會奉使浙西,到靈隱寺看望重顯,靈隱寺居然没有熟識他的人,派人檢查床曆才找到他。珊禪師因而感到他不一般,並推舉他出世住蘇州洞庭山翠峰禪寺。仁宗天聖二年(1024),曾會知明州,①請重顯住持雪竇資聖禪寺(在今浙江奉化),宗風大振,天下衲子爭集座下,號爲雲門中興。宋代詩人鄒浩曾説:"雪竇古道場,住持多名人,莫盛於明覺禪師重顯之時。四方衲子爭走席下,如佛出現,因以得法甚衆。"②時韓大伯亦至雪竇寺,爲"宗上座"。重顯住持雪竇寺二十九年,朝廷賜紫方袍,加"明覺"師號。仁宗皇祐四年六月十日示寂,俗壽七十三,僧臘五十。重顯爲青原下九世,智門光祚禪師法嗣。其弟子很多,最有影響的是在越州天衣寺的義懷禪師,北宋雲門宗禪僧中有很多人出自重顯→義懷的法系。重顯事迹見宋吕夏卿《明州雪竇山資聖寺第六祖明

---

① 〔宋〕羅濬《寶慶四明志》卷一,宋刻本。
② 〔宋〕鄒浩《道鄉集》卷二十八《印禪師語録序》,明成化六年(1470)刻本。

覺大師塔銘》①、釋惠洪《禪林僧寶傳》卷十一、釋普濟《五燈會元》卷十五、元釋念常《佛祖歷代通載》卷十八等。

重顯也是宋代著名詩僧，其詩歌大都是禪詩，主要是利用詩歌的形式來闡説佛理禪機。故《四庫總目》謂"重顯戒行清潔，彼教稱爲古德，故其詩多語涉禪宗，與道潛、惠洪諸人專事吟詠者蹊逕稍别，然胸懷脱灑，韻度自高，隨意所如，皆天然拔俗。五言如'靜空孤鶩遠，高柳一蟬新'；'草隨春岸緑，風倚夜濤寒'；'片石幽籠蘚，殘花冷襯雲'；'啼狖衝寒影，歸鴻見斷行'，皆綽有九僧遺意。七言絶句如《自貽》、《送僧》、《喜禪人回山》諸篇亦皆風致清婉，琅然可誦，固非概作禪家酸餡語也。"②可謂道出了重顯詩歌的特點。

吕夏卿《塔銘》稱重顯的著述由其門人惟益、文軫、圓應、文政、遠塵、允誠、子環相與衷記提唱語句詩頌，編爲《洞庭語録》《雪竇開堂録》《瀑泉集》《祖英集》《頌古集》《拈古集》《雪竇後録》，凡七集。除去禪宗語録、公案提唱、拈古、代别等，其詩文作品集中收録於《祖英集》《頌古集》中。而宋僧圓悟克勤（1063—1135）對雪竇頌古加以垂示、著語、評唱而成《碧巖集》，成爲禪宗公案評唱集最具代表性的著作，故雪竇頌古作品亦隨《碧巖集》而廣泛流傳。

（一）在國内的刊刻流傳

重顯的著述，經其門人編爲七集之後，一直流傳至今。南宋釋志磐《佛祖統紀》卷四十五記載：

> 天台張平叔，少傳混元之道。龍圖陸詵守成都，依以游蜀。遇異人，授金丹火候之訣，道成，著《悟真篇》傳於世。嘗

---

① 〔宋〕惟蓋竺等編《明覺禪師語録》卷六後所附，《大正新修大藏經》第 47 册，No.1996。

② 《欽定四庫全書總目》卷一百五十二集部五别集類五《祖英集》提要，中華書局 1983 年版，第 1313 頁。

遍參禪門，大有省發。後讀雪竇《祖英集》，頓明心地，作歌偈以申其旨。且言獨修金丹而不悟佛理者，即同《楞嚴》十仙散入諸趣之報。侍郎馬默漕廣南，復從之游，未幾趺坐而化。

張平叔即張伯端，字平叔，號紫陽真人，天台（今屬浙江）人，其坐化是在北宋神宗元豐年中，①文中述其"讀雪竇《祖英集》，頓明心地"，說明《祖英集》在神宗元豐年間已有流傳。而北宋僧人睦庵善卿於徽宗大觀二年（1108）所編的《祖庭事苑》中，就對重顯《雪竇洞庭錄》《雪竇後錄》《雪竇瀑泉集》《雪竇拈古》《雪竇頌古》《雪竇祖英集上》《雪竇祖英集下》《雪竇開堂錄》也即"雪竇七集"中的名物典故等詞語進行了注釋，還編錄了《雪竇拾遺》，謂是"雪竇錄中所未編集者，得於四明寫本，或諸方石刻及禪人所藏手澤，凡二十九篇，謹錄於左"。② 雖然對重顯的大部分著述皆無錄原文，祇列出其中的詞語加以注釋，但他肯定是有原書作根據的，其中包括了對《頌古》和《祖英集》上下二卷的注解，這也說明重顯著述在北宋的廣泛流傳和影響。宋鄭樵《通志・藝文略》第五載"雪竇明覺大師《住洞庭語錄》一卷、《明覺祖英集》一卷、《明覺添泉集》一卷③、《明覺後集》一卷、《明覺拈古》一卷"，④無《雪竇開堂錄》及《頌古集》。南宋晁公武《郡齋讀書志》卷十六著錄"《雪竇頌古》八卷，右皇朝僧道顯撰，⑤居雪竇山"。⑥ 馬端臨《文獻通考・經籍考》卷五十四著錄同，惟多出"所謂頌古者，猶詩人之詠古云"一句話。⑦ "頌古"著錄爲八卷

---

① 參《全宋詩》冊一〇卷五三五頁6457小傳。
② 〔宋〕釋善卿編正《祖庭事苑》卷四，《卍新纂續藏經》第64冊，No.1261。
③ "添"字誤，當作"瀑"。
④ 〔宋〕鄭樵撰，王樹民點校《通志二十略》，中華書局1995年版，第1649頁。
⑤ "道"字誤，當作"重"。
⑥ 〔宋〕晁公武撰，孫猛校證《郡齋讀書志校證》，上海古籍出版社1990年版，第788頁。
⑦ 〔元〕馬端臨著，華東師範大學古籍研究所標校《文獻通考・經籍考》，華東師範大學出版社1985年版，第1241頁。

者，僅此兩見，亦未見傳本。《郡齋讀書志》還著録"《碧巖集》十卷，右皇朝僧克勤解雪竇頌古，名曰碧巖集"，①亦爲《文獻通考‧經籍考》所襲用。明代《文淵閣書目》卷十七寒字號第一厨著録"《碧巖録》一部十六册，《雪竇洞庭語録》一部一册，《明覺禪師語録》一部二册，《雪竇語録》一部一册，《明覽祖英集》一部一册，《碧巖集》一部一册，《碧巖集》一部六册，《碧巖集》一部五册"；②又寒字號第二厨著録"《雪竇明覽》一部一册，《雪竇頌古》一部一册，《雪竇頌古》一部一册"。③ 以上兩處"覽"字誤，當爲"覺"。可見重顯著述在明初的廣泛流傳，《語録》《祖英集》《頌古集》既有合刊本，亦有單行本，還有頌古注解本。明焦竑《國史經籍志》卷四上子類亦著録"《雪竇明覺大師語》六卷，《明覺祖英集》一卷，《明覺添泉集》一卷，④《明覺後集》一卷，《碧巖集》十卷，《四家頌古集》四卷 天童 雪竇 投子 丹霞"，⑤又出現了以天童宏智正覺、雪竇重顯、投子義青、丹霞子淳四家頌古合刊的《四家頌古集》的記録。明晁瑮《晁氏寶文堂書目》卷下佛藏類著録"《四家頌口》⑥《雪竇洞庭語録》《雪竇開堂語録》《雪竇祖英集》《天童雪竇頌古集》《雪竇頌古》"；⑦又出現有天童宏智正覺與雪竇重顯頌古的合刊本《天童雪竇頌古集》。《四庫全書總目》卷一百五十二集部五著録"《祖英集》二卷，編修汪如藻家藏本"。⑧ 清瞿鏞《鐵琴銅劍樓藏書目録》卷二十集部二著録："《雪竇頌古集》一卷、《拈古》一卷、《瀑泉集》一卷、《祖英集》二卷，宋刊

---

① 《郡齋讀書志校證》卷十六，第789頁。
② 《文淵閣書目》，王雲五主編《叢書集成初編》本，第214、215、218頁。
③ 同上書，第223頁。
④ "添"字誤，當作"瀑"。
⑤ 〔明〕焦竑《國史經籍志》，明徐象橒刻本。
⑥ "口"當爲"古"字之誤。
⑦ 〔明〕晁瑮《晁氏寶文堂書目》，《中國歷代書目題跋叢書》，上海古籍出版社2005年版，第208、215、216頁。
⑧ 《欽定四庫全書總目》，第1313頁。

本。"解題謂:"宋僧重顯撰,題弟子遠塵、允誠、思恭、圓應等集,有曇玉、圓應、文政等序,遵王錢氏所藏衹有《祖英集》一種,此其全帙也。《頌古集》後有'參學仙都沙門簡能校勘'一行,《祖英集》後有'四明洪舉刊'一行,每半葉十一行,行二十字。廓字減末筆,當是寧宗後刻本,舊爲泰興季氏藏書,卷首有季振宜藏書朱記。"又著錄"《雪竇頌古集》一卷,元刊本",解題謂:"題參學小師遠塵集,卷末有'至正元默敦牂蕤賓朔日'一行,當是紀其刊竟時也。"①其宋刊本因包括"《雪竇頌古集》一卷、《拈古》一卷、《瀑泉集》一卷、《祖英集》二卷",被稱爲"雪竇四集",但此本無《洞庭語錄》《雪竇開堂錄》《雪竇後錄》三集。

瞿氏宋刻本現藏中國國家圖書館,《四部叢刊續編》曾影印出版。《頌古集》由其弟子遠塵編集,卷首有曇玉序,云:

> 昔雪峰以吾佛之道唱於閩,雲門繼而和於韶。自此而降,賡厥聲者夥矣,然皆未甚煇赫於世也。天禧中,雪竇始以是道宏其音,高其調,藹然鼓之於吴,繇是吴之學佛輩翕然魯變,格於正始,迨今洋洋焉不可勝計。大哉,真諦之爲言也!視焉而無際,徇焉而無朕,非夫至神洞照者,雖復歷於世數,勤以求之,勞形骸,竭思慮,曾莫得其仿佛焉。必借先覺爲之啓發,不一瞬間,而妙圓已極。今雪竇應昌期以挺其粹,嗣智門以恢其宗,軟語微言,固已盛行於世矣。今又采古聖機緣之妙者,凡百則,發言以爲頌,由頌以宣義,由義以垂裕。俾夫昧者明,窒者通,泥而不能致遠者,咸有所救焉。且夫靜以虛其應,動以利於物,此先聖人之能事也。揭是事而行之於澆季,循循而不怠,愚未見有如雪竇者矣。門弟子遠塵既繕錄之,小子曇玉復

---

① 〔清〕瞿鏞《鐵琴銅劍樓藏書目錄》,清光緒常熟瞿氏家塾刻本。

继而序之。岁摄提格月仲牡哉生魄①

次行有"参学小师远尘集"。序文行款与诗歌正文同,皆为半页十一行,行二十字。版心上单黑鱼尾,朝下,下写"颂古",再下写页码。白口,左右双边,上下单边,有界。从序文中可知其内容是"采古圣机缘之妙者,凡百则,发言以为颂",由弟子远尘缮录成书。正文中颂古百则皆是先低一格列举古德机缘公案,再顶格写颂古诗歌。卷末末行有"参学仙都沙门简能校勘"十字。"摄提格"即寅岁,宋睦庵善卿《祖庭事苑》卷二解释"月仲牡""哉生魄":"《尔雅》:八月为牡。""哉,音载,始也,始生魄。月十六,明消而魄生。"故"岁摄提格月仲牡哉生魄",即寅年八月十六日。《拈古》由重显弟子允诚、思恭编集作序,卷首序称"师自壬申岁入夏抵秋,旦暮拈提,抑扬今古,可一百馀则","壬申岁"即天圣十年。《瀑泉集》由重显门人圆应编集,卷首有天圣八年(1030)八月十五日圆应序,收其"垂带自答及古今因缘、朝暮提唱……或抑或扬,或代或别,近百五十则"。《祖英集》由其弟子文政所编,也成书于天圣十年。考虑到四集中其他三集都成书于天圣八年至十年,《颂古集》在最前,亦当成书于天圣年间,此"寅年"或为"丙寅"年,即天圣四年(1026),则四集皆是重显住雪窦寺时编成。

《祖英集》二卷,上卷首有文政序,云:

> 师之形言也,且异乎阳春白雪、碧云清风者也。夫大圭不琢,贵乎天真;至言不文,尚於理实。乃世之衡鉴,岂智识而拟议哉!师自戾止翠峰、雪窦,或先德言句渊密,师因而颂之,或感兴、怀别、贻赠之作,固亦多矣。其有好道者,并录而囊之。一日,总缉成二百二十首,乃写呈师。师曰:"余偶兴而作,宁

---

① 《颂古集》卷首,《四部丛刊续编》本。

存於本?"不許行焉。禪者應曰:"乃祖闡千載之芳烈也,勿輕舍諸?"師察其愨志,勉弗獲已,抑而從之。文政幸侍座机,輒述序引,用識歲時。炎宋天聖十年孟陬月,文政謹序。①

序文行款與詩歌正文同,版式行款等與其他三集皆同。從序文可知《祖英集》在仁宗天聖十年(1032)已編輯成書,共録重顯歌頌先德及感興、懷別、貽贈等詩作韻文220首。卷下末尾倒數第二行有"四明洪舉刊"刊記。後有民國二十三年(1934)十月崑山胡文楷跋稱"廓字闕筆,當爲寧宗後刻本"。

臺北"國家圖書館"網站著録有《祖英集》宋刊本上、下二卷,一册(索書號:402.52 1000)。此書題爲《慶元府雪竇明覺大師祖英集》,首頁文政序及重顯《送寶相長老并序》爲補抄,第二頁爲半頁十一行,行二十字,白口,版心上單黑魚尾,朝下,下寫書名簡稱卷次"英上(下)",再下寫頁碼,左右雙邊,上下單邊,有界。缺失第三、第五頁。第四、第六頁,版心爲白口,上下雙黑魚尾,相對,上魚尾下寫書名簡稱及卷次,再下寫頁碼,字體略寬,與第二頁字體不同。版式、行款相同。第七頁至卷末,其版式、行款、版心、字體等皆同第二頁。末有治平二年吕夏卿撰《明覺大師塔銘》、大慧和尚贊雪竇重顯畫像。隔行有"浙江萬壽住山 自如 撰"募緣疏文,其序云:"寺既毀,印板亦隨爐。人每病其磨滅而欲新之,今其時矣。凡我同志,痛先覺之洪規,闡千載之芳烈,其可後乎!"疏文次行有"童行相榮同募緣",隔行靠下有"四明徐汝舟刊"。自如爲當時雪竇寺住持,因雪竇寺被毀,原書印板亦隨之化爲灰燼,故由自如募緣,四明徐汝舟刊刻,其版式、行款雖然與瞿氏藏宋本相同,但字體不同,且此本有缺頁,有補配。書中有朱墨點校,臺北"國家圖書館"網站上斷定爲"室町時代僧人"所爲,并有按語謂"察其字形,雖大小不勻,

---

① 《祖英集》卷首,《四部叢刊續編》本。

但結體方整,刀法尚圓潤,近宋浙本類型"。此本避宋諱,玄、殷缺筆,當爲另一宋刊本。此本鈐有"山陰錢氏藏書""澂懷堂珍藏記""莲圃收藏"等印。

又上海圖書館藏有《祖英集》二卷、《頌古集》一卷、《拈古》一卷(索書號:783681)。乃明刻本,每半頁十一行,行二十字。又祝尚書《宋人別集敘錄》謂上海圖書館還著錄有元覆宋刻本以上三集,乃至正二年(1342)大明寺住持釋海島所刻。本人在上海圖書館祇見到《雪竇顯和尚頌古》一卷二冊,爲元至正二年刻本(卷末缺頁),未見到其他二集。另外,《祖英集》《頌古集》還有其他單行本傳世。《四庫全書總目》卷一百五十二集部五別集類五著錄的《祖英集》二卷,乃編修汪如藻家藏本。臺灣明文書局出版之《禪門逸書初編》所收二卷之《祖英集》,乃據文淵閣《四庫全書》本影印。《頌古集》一卷,如前所述,上海圖書館著錄有元至正二年刻本二冊,卷末有缺頁。臺北"國家圖書館"藏有《雪竇顯和尚頌古》一冊,日本慶應義塾大學斯道文庫有縮微膠片。中國國家圖書館及上海圖書館分別有《雪竇顯和尚頌古》一卷,爲明刻本,每半頁十行,行十八字。未及見。

(二)在日本的刊刻流傳

如前所述,日僧圓爾辨圓由宋歸國時,曾帶回經論章疏、語錄、儒書等數千卷,藏於京都東福寺普門院的書庫。1353 年,東福寺第二十八世大道一以整理該寺院所藏書編成《普門院經論章疏語錄儒書等目錄》一部,一般認爲即圓爾辨圓帶回書籍之目錄,此目錄以《千字文》順序分類排列,在"收"字下,就列有"《雪竇明覺語》一部二冊、《明覺語》一部三冊、《碧巖錄》二部各八冊",根據前述雪竇著作在宋代盛行的情況,這些很可能就是圓爾辨圓帶回的。且其《明覺禪師語錄》等在日本正應二年(1289)就有了覆宋刊本(詳見後述),所以至遲在 1289 年前,重顯著作就傳到了日本,而宋代就已傳入的可能性更大。

日本今存雪竇重顯《祖英集》《頌古集》及《明覺禪師語錄》的衆多版本,筆者據目前所見介紹如下:

1.《祖英集》

(1)五山版

宋寧宗時,史彌遠奏立"五山十刹",事見明宋濂《住持淨慈禪寺孤峰德公塔銘》:

> 古者住持各據席説法,以利益有情,未嘗有崇庳之位焉。逮乎宋季,史衛王奏立五山十刹,如世之所謂官署。其服勞於其間者必出世小院,候其聲華彰著,然後使之拾級而升,其得至於五名山,殆猶仕宦而至將相,爲人情之至榮,無復有所增加。①

所謂"五山十刹",餘杭徑山,錢塘靈隱、淨慈,寧波天童、育王,是爲禪院五山;錢塘中竺,湖州道場,温州江心,金華雙林,寧波雪竇,台州國清,福州雪峰,建康靈谷,蘇州萬壽、虎丘,是爲禪院十刹。又錢塘上竺、下竺,温州能仁,寧波白蓮等寺,爲教院五山。錢塘集慶、演福、普福,湖州慈感,寧波寶陀,紹興湖心,蘇州大善、北寺,松江延慶,建康瓦棺,爲教院十刹。② 而日本鎌倉幕府仿照南宋五山,以鎌倉的建長、圓覺、壽福、淨智、淨妙五個禪寺爲鎌倉五山。後來在曆應年間(1338—1341,相當於元後至元四年至至正元年)京都又定南禪、天龍、建仁、東福、萬壽五個禪寺爲京都五山。而後又加上相國寺,而南禪寺位於其他五寺之上,實際上有六個禪寺。③ 這就是日本五山文化時代的開始。所謂"五山版",就是指"由五山及

---

① 〔明〕宋濂《宋學士文集》卷四十,《四部叢刊初編》景明正德本。
② 〔明〕郎瑛《七修類稿》卷五,上海書店出版社 2000 年版。筆者對標點作了修改。
③ 參見[日]玉村竹二校訂《扶桑五山記》卷二,日本臨川書店 1983 年版。

與禪宗有關係的人在鐮倉、室町期間刊行的書籍"。① 其中有大量的外典（漢籍）被翻刻，經史子集各部書都有，其中有一些就是宋僧詩文集。重顯的著作就是一例。

　　日本國家公文書館内閣文庫藏《祖英集》上下二卷，一册，正應二年（1289，元至元二十六年）覆宋刊本，東福寺後修。深棕色封皮上有書名題籤"祖英集 上下"，正文首頁有破損，上有"林氏藏書"篆文方朱印、"日本政廳圖書"篆文方朱印，下有"淺草文庫"楷書豎長朱印。首行刻"慶元府雪竇明覺大師祖英集"，次行因破損衹顯示"參　　序"二字，序末署"炎宋天聖十年孟陬月謹序"，從序文的内容看與上引文政序内容全同，應是文政序無疑。故次行完整内容應是"參學小師文政序"。半頁十一行，行二十字，四周單邊，左右邊黑粗，無界，版心上黑魚尾朝下，下寫"英上（下）"，再下記頁碼，白口。字體與《四部叢刊》影宋本非常相似，但略顯僵硬。故當是覆宋刊本。字旁無訓點符號。書口、書根及字面時有破損、磨損，有些字墨迹變淺。卷上爲自"送寶相長老并序"至"送益書記至雪水"，末頁 b 面中間題"慶元府雪竇明覺大師祖英集上"。卷下首頁首行題"慶元府雪竇明覺大師祖英集下"，自"三寶贊并序"至"真州資福禪院新鑄鐘銘并序"，此文次行下有"四明洪舉刊"，故此本當從宋洪舉刊本覆刊。末行是"慶元府雪竇明覺大師祖英集下"。末頁左上有"昌平坂/學問所"篆文豎長形墨印。此書是江户初期儒學者林羅山（1583—1657）家藏本，日本椎名宏雄輯《五山版中國禪籍叢刊》第十一卷據此影印。② 根據川瀨一馬《五山版の研究》，日本石井積翠軒文庫和成簣堂文庫還藏有此書五山版兩部，是日本正

---

① 據[日]川瀨一馬《五山版の研究》第一章第一節"五山版的定義"，日本古書商協會 1970 年版。原爲日文，筆者譯爲中文。
② [日]椎名宏雄輯《五山版中國禪籍叢刊》，京都臨川書店 2014 年版。

應二年刊本的傳本,有補刻。① 另日本慶應義塾大學斯道文庫有岸部武利藏日本南北朝時期覆宋刊本《祖英集》二卷一册縮微膠片。

(2)江户刊本

①《慶元府雪竇明覺大師祖英集》上下二卷一册,日本慶安三年(1650,清順治七年)刊,日本國會圖書館藏洛陽(京都)柳枝軒藏版,一册(索書號:821-44)。深黄色封面,書名題籖"慶元府雪竇明覺大師祖英集",正文首兩行分別是"慶元府雪竇明覺大師祖英集上"、"參學小師文政序",其次爲序文。半頁十行,行二十字,四周單邊,無界,版心上單黑魚尾,朝下,下寫"祖英集上(下) 頁碼",黑口,字體秀整,字旁有標明日文讀音、順序等的訓點符號。卷上自"送寶相長老并序"至"送益書記至雪水",末行有"慶元府雪竇明覺大師祖英集上終"。卷下首頁首行題"慶元府雪竇明覺大師祖英集下",自"三寶贊并序"至"真州資福禪院新鑄鐘銘并序",卷下末行爲"慶元府雪竇明覺大師祖英集下終四明洪舉刊","四明洪舉刊"緊接"終"下。隔行又有"慶安三庚寅歲孟春中旬吉辰"。次頁有一屏風式版框,分五行,中間一行最寬,刻寫"洛陽柳枝軒藏板"版記;兩邊兩行,刻有對稱的花卉等物;最外兩行,右邊行中刻寫"六角通御幸町西入町 小川多左衛門",左邊行中刻寫"江户日本橋南二町目 小川彦九郎"。可知此本也是從宋洪舉刊本系統而來。

②《慶元府雪竇明覺大師祖英集》二卷,日本慶安三年刊,京都秋田屋平左衛門重印本,二册。日本國文學研究資料館藏。黄色封皮,書名題籖已掉落。首頁正文前兩行分別是"慶元府雪竇明覺大師祖英集上""參學小師文政序",其次爲序文。半頁十行,行二十字,四周單邊,無界,版心上單黑魚尾,朝下,下寫"祖英集上(下) 頁碼",黑口,字體秀整,字旁有標明日文讀音、順序等的訓點符號。另

---

① [日]川瀨一馬《五山版の研究》,第409頁。

每頁天頭及字旁行間有密密麻麻的墨筆批注，注釋正文中的文字典故，還有朱筆句讀及畫綫。卷上自"送寶相長老并序"至"送益書記至雪水"，末行有"慶元府雪竇明覺大師祖英集上終"。卷上爲第一册。第二册爲卷下，封面書名題籤脱落了一半。卷下首頁首行題"慶元府雪竇明覺大師祖英集下"，自"三寶贊并序"至"真州資福禪院新鑄鐘銘并序"，卷下末行亦是"慶元府雪竇明覺大師祖英集下終四明洪舉刊"，"四明洪舉刊"緊接"終"下。隔行又有"慶安三庚寅歲孟春中旬吉辰"，最末兩行左下依次有"寺町通圓福寺前町""秋田屋左衛門"，後者字較大，故此本是秋田屋左衛門據上述洛陽柳枝軒藏板重刊的。此重刊本，日本實踐女子大學山岸文庫、神户市立中央圖書館、廣島大學、日本國會圖書館、駒澤大學圖書館、花園大學、龍谷大學皆有收藏。美國加州柏克萊大學東亞圖書館也藏有此書，首頁有"三井家藏"藏書印。第一册天頭及字旁行間多有批注，第二册則無批注。

③日本國文學研究資料館還藏有一部日本慶安三年刻本《慶元府雪竇明覺大師祖英集》一册，黄色封皮，封面書名題籤"祖英集"，上下兩卷合爲一册。此書版式、字體、行款、内容、次第，首末行書名題署全同上述②本，每頁天頭及字旁行間也有密密麻麻的注釋正文文字典故的墨筆批注，卷下末行亦是"慶元府雪竇明覺大師祖英集下終四明洪舉刊"，"四明洪舉刊"緊接"終"下。隔行又有"慶安三庚寅歲孟春中旬吉辰"，最末兩行左下依次有"寺町通圓福寺前町""秋田屋左衛門"，後者字較大，祇是這兩行字上方又多了"京都書林"四個大字，可見此本還是秋田屋左衛門重印本，可能不止重印一次，可見此書在當時的流行。

（3）抄本

日本静嘉堂文庫藏有抄本《祖英集》上下兩卷，上卷首有四庫全書《祖英集提要》，然後是"原序"，即文政序，每卷正文前三行分別寫"祖英集"、"卷上（下）"、"宋釋重顯撰"，卷上自"送寶相長老并序"至"送益書記至雪水"；卷下自"三寶贊并序"至"真州資福禪院新鑄鐘銘并序"。每卷末占三行題"總校官編 修臣吳裕德"、"編 修臣吳榮"、"校對監生臣童潛"，最後一行是"祖英集卷 上（下）"。半頁八行，行二十一字，無版框，無界，版心寫"祖英集　上（下）　頁碼"，可見此本據四庫本抄寫。此本乃十萬卷樓舊藏本。

（4）冠注本

《雪竇明覺大師祖英集》二卷，《附錄》一卷，宋釋重顯撰，宋釋文政編，日本釋音竺首書，天保六年（1835，清道光十五年）江都天祥庵惠顯大智院刻本，二册，每卷一册。東京大學圖書館西山文庫藏本。藍色封皮，封面白色書名題籤，寫"冠注祖英集 上（下）"。書首有行書"洞庭誰作畫圖看，七十二峰八月寒。更把芙蓉重指出，又令盧老倚欄干"詩偈，後署"乙丑中秋望"。後占三行寫"江府天祥印宗上人在先師紙衣寮久矣秘此偈/於今方刊《冠注》遠遠寄來置卷首以充序引/天保乙未初夏　萬年元章識"。"天保乙未"即天保六年。此書是冠有注釋的《祖英集》，版面分内外兩框，内框裏是正文，内外框之間是注文。首頁正文有文政序，大字，五行，行八字，字旁有標明日文讀音、順序等的訓點符號。注文小字，前四行占整行，行二十九字，後十三行在内框之上，行九字。需注釋的文字外加黑框，注釋語之間以"○"隔開。版心上黑魚尾朝下，下寫"祖英集序　○一"，白口。無界。正文、注文字旁都有標明日文讀音、順序等的訓點符號。文政序後正文框内前兩行是"雪竇明覺大師祖英集上""參學小師　文政編"，版式同序，正文、注釋字號都比序文略小，框内正文七行，行十四字；框間通行是四行三十字，内框上是十三行九字，版心上黑魚尾朝下，下寫"祖英集　○一"，白口。無界。每頁a面前四行爲通行，b面後四行爲通行。卷上自"送寶相長老并序"至"送益書記至雪水"，末行有"雪竇明覺大師祖英集上终";卷下自"三寶贊并序"至"真州資福禪院新鑄鐘銘并序",卷下末行亦是"雪竇明覺大師祖英集下終"。附錄載錄重顯《寄曾會居士》詩及《曾會居士和》詩。重顯詩云:"碧落煙凝雪乍晴,住山情緒寄重城。使君道在未相見,空戀甘棠影裏行。"曾會居士和詩云:"勞勞事務逐浮沈,一性澄明亘古今。目擊道存無阻隔,何須見面始知心。"此兩首詩見於《明覺禪師語錄》卷二《勘辯》部分,應是後人從《語錄》中錄出作爲附錄。皆爲《全宋詩》失收佚詩。末有"文政丙戌小春,前圓覺清陰音竺"所撰跋文,述其注釋《祖英集》緣由,"文政丙戌"即文政九年(1826,清道光六年)。附錄後有天保五年(1834)江都天祥庵惠顯所作《冠注祖英集上梓募緣序》,敘述了注釋評唱及刊刻《祖英錄》的緣起,講到其注釋乃是他和其師鎌倉誠拙禪師①自文化乙丑(二年,1805,清嘉慶十年)之秋開始,未完工而止,三十年後,其法兄拙庵與及時居士勠力校讎補注,名曰"冠注祖英集",並募緣刊刻。其後還列有施錢刊刻者的名單及所施錢數。最末有"天保六年乙未三月日 幹緣比丘等志焉"刊記,故此書當刊於天保六年。此本底本也應是宋文政刻本系統。日本實踐女子大學山岸文庫也有藏。

另上海圖書館亦藏有日本天保六年大智院刻本《祖英集》二卷二册,與上本行款、序跋、附錄等全同。

2.《頌古集》②

(1)《雪竇顯和尚頌古集》一卷,元至正二年(1342)大明禪寺刊本。日本慶應義塾大學附屬斯道文庫藏臺北"中央圖書館"縮微膠

---

① 誠拙禪師即誠拙周樗(1745—1820),江戶中後期著名的臨濟宗僧人。詳見卞東波《宋詩東傳與異域闡釋四種宋人詩集日本古注本考論》一文中"《冠注祖英集》考論"相關介紹,《聊城大學學報(社會科學版)》2019年第5期,第63頁。

② 有雪竇頌古作品的《碧巖集》(或《碧巖錄》)在日本版本衆多,對日本禪林有着廣泛影響,被稱爲"濟家七部書"之一,當另作專門研究,本部分暫未涉及。

片。首有《雪竇明覺和尚頌古集序》，乃曇玉序（見前文引），序末"歲攝提格月仲牡哉生魄"字後有"至正壬午歲重書"七字。"至正壬午"即至正二年。序文半頁七行，行十二字，無界，四周雙邊，版心上下雙花魚尾相對，魚尾中間寫"雪竇序　頁碼"。正文首頁首行刻寫"雪竇和尚頌古"，正文半頁十行，行十八字，四周雙邊，有界，細黑口，版心上下雙花魚尾相對，魚尾中間寫"雪竇　頁碼"。上魚尾上方寫本頁字數。文字稍顯粗樸。正文體例是一則古德公案，一首對此公案的頌古詩歌，原公案一百則，對應頌古詩歌一百首。但此本殘，祇有九十七（則）首完整的公案和詩歌，第九十八祇有公案，沒有頌古詩歌，九十九至一百則公案詩歌皆缺。

（2）江户刊本

①享保十二年刊本

《雪竇和尚百則頌古》一卷，宋釋重顯撰，宋釋克勤垂示著語，日本享保十二年（1727，清雍正五年）京都八尾平兵衛重刊本，一册，東京大學青洲文庫藏本。半頁八行，行十五字，四周單邊，無界，無魚尾，版心上寫"雪竇頌古　頁碼"，下黑口，字旁有標明日文讀音、順序等的訓點符號。首頁首行"雪竇和尚百則頌古"，下雙行小注：圓悟禪師垂示著語。然後是一則圓悟克勤的垂示，一則古德公案，一首重顯頌古詩，公案和頌古詩詞下都有克勤評語。克勤垂示部分皆上空一格，公案頂格，頌古首字上有一黑圓點，以示區分。末頁有"享保十二丁未曆九月日／八尾平兵衛再版"版記。首頁右下有"青洲文庫"楷書長朱印。

②天保三年刊本

《雪竇顯禪師頌古百則》，分爲乾、坤二卷，二册，宋釋重顯撰，日本釋瑞方稱提，日本釋慧觀録，天保三年（1832，清道光十二年）京都柳枝軒小川多左衛門刊本，若州小濱空印寺藏板。暗黃色封皮，上有白色手寫題籤書名"雪竇顯禪師頌古百則"。首頁爲"刊雪寳頌古稱提序",後署"戊申王春穀旦書於越之後洲雲瀧山之僑窗鉏斧山叟",其後是頌古百則乾卷目録,列出×則及四字公案標題。乾卷共五十則。然後是正文,首頁首兩行是"雪寳顯禪師頌古百則從第一則至五十則""永福老人稱提",然後是公案標題,首空三格,如"達摩廓然第一",其次是克勤"垂示"内容,首空一格。接着是公案内容,頂格。公案後低一格是永福老人稱提,再頂格是重顯頌古,頌古後再低一格有永福老人稱提。正文半頁十行,行二十字,四周單邊,無界,版心上黑魚尾,朝下,下寫"頌古稱提乾　○一",上黑口,字旁有標明日文讀音、順序等的訓點符號。第二册爲坤卷,五十則垂示、公案、頌古、稱提,行款格式、體例等與乾卷全同。衹是在首頁次行"永福老人稱提"下還有"小師慧觀謹録"六字。正文末有"天明第八年戊申九月吉旦/東都西郊福壽蘭若豐充謹識"跋文,提到永福稱提。其後又有天保三年幻住龍穩道海槃談所作跋文,講到此書永福老人稱提,豐充和尚天明年間曾鏤梓,因遭火災,故空印嶽和尚出資再刊,由他寫了跋文。末頁 a 面有"若州小濱空印寺藏板"版記,b 面有"天保三壬辰六月再刊/幹事 若州瑞林寺自保/書林 京師小川柳枝軒"三行。

3.《明覺禪師語録》

(1)五山版

日本正應二年(1289)京都東福寺刊本後修印,二册,東洋文庫藏(索書號:貴重書二－B－b－34)。包括:《明州雪寳明覺大師開堂語録》一卷、《雪寳和尚明覺大師瀑泉集》一卷、《雪寳和尚住洞庭語録》一卷、《雪寳和尚後録并歌頌》一卷、《雪寳和尚拈古》一卷、《雪寳顯和尚明覺大師頌古集》一卷、《慶元府雪寳明覺大師祖英集》二卷。《開堂語録》,宋釋文軫録,宋釋傳宗校;《瀑泉集》,宋釋圓應述;《洞庭語録》,宋釋惟蓋輯;《後録》,宋釋子環輯;《拈古》,宋釋允誠、釋思恭輯;《頌古》,宋釋遠塵輯。此即吕夏卿《塔銘》中所述"雪竇七集",乃覆刻宋本而來,其中還保留了南宋開禧版雪竇寺住持德雲的原序,非常珍貴。①

(2)《大正新修大藏經》本

日本《大正新修大藏經》中收有《明覺禪師語錄》六卷,卷一署"參學小師惟蓋竺編",包括《住蘇州洞庭翠峰禪寺語錄》《住明州雪竇禪寺語錄》等。卷二署"門人軫等編",包括《舉古》《勘辯》《歌頌》《明覺禪師後錄》。卷三署"參學小師允誠等編",爲《拈古》。卷四署"參學小師圓應編",即《瀑泉集》,首有天聖八年(1030)八月十五日圓應序。卷五、卷六乃《祖英集》二卷,署"參學小師文政編",卷五首有天聖十年文政序,卷六後附吕夏卿所撰《塔銘》,與《塔銘》所述相對照,此《大正新修大藏經》中所收重顯著述,似衹少了《頌古集》,也未見其門人"遠塵"之名出現。

與《四部叢刊續編》集部所收《雪竇四集》相比,《拈古》一卷《大正藏》首缺允誠、思恭序,序稱"師自壬申歲入夏抵秋,旦暮拈提,抑揚今古,可一百餘則","壬申歲"即天聖十年。《瀑泉集》圓應序後,《大正藏》無曾會撰《明州軍州官請住雪竇疏》及《蘇州在城檀越請住翠峰疏》《蘇州僧正並諸名員疏》,可能是在編入時因非重顯著述而被删去了。

五、道潛《參寥子詩集》

(一)道潛生平事迹考述

道潛不僅是宋代的著名詩僧,在歷代詩僧中也是非常突出的一位,後人經常提到的詩僧典故中,有不少與他有關。他的出名與

---

① 關於《明覺禪師語錄》在日本的流傳收藏情況,商海鋒《〈雪竇錄〉宋元本舊貌新探:以東亞所藏該錄稀見古版爲中心》一文所述較詳,可參。見《文獻》2015 年第 3 期,第 3—15 頁。

他和蘇軾、秦觀等宋代著名文人的密切交往特別是受到蘇軾的賞識有一定的關係,更重要的還是他自身在詩歌藝術方面所取得的成績。而他一生的活動和遭遇的確與蘇軾有密切關係。

有關道潛生平,現存宋人所編資料中,有兩處記載較爲詳細。其一是宋朱弁《續骫骳説》,云:

> 參寥子者,妙總大師曇潛也。俗姓王氏,杭州錢塘縣人。幼不茹葷,父母聽其出家。以童子誦《法華經》度爲比丘,受具戒。於內外典無所不窺。能文章,尤喜爲詩。秦少游與之有支許之契。嘗在臨平道中作詩云:"風蒲獵獵弄輕柔,欲立蜻蜓不自由。五月臨平山下路,藕花無數亂汀洲。"東坡一見,爲寫而刻諸石。宗婦曹夫人善丹青,作《臨平藕花圖》,人爭影寫,蓋不獨寶其畫也。東坡守彭城,參寥常往見之。在坡座賦詩,援筆立成,一坐嗟服。坡遣官妓馬盼盼索詩,參寥笑作絕句,有"禪心已作沾泥絮"之語,坡曰:"予嘗見柳絮落泥中,私謂可以入詩,偶未曾收拾,乃爲此老所先,可惜也。"住西湖智果院。坡南遷,素不快者捃詩語,謂有譏刺,得罪,反初服。建中靖國元年,曾子開爲翰林學士,言其非辜,詔復祝髮,紫方袍、師號如故。蘇黃門每稱曰:"此釋子詩無一點蔬筍氣,其體制絕似儲光羲。非近世詩僧所能比也。"欲集其詩序之,竟不果而卒。參寥崇寧末歸老江湖,既示寂,其傳孫法穎以其集行於世,然詩猶有不傳者。①

另一處即宋潛説友《咸淳臨安志》卷七十所載:

> 道潛,於潛浮溪村人。字參寥。本姓何。幼不茹葷,以童子誦《法華經》度爲比丘。於內外典無所不窺。能文章,尤喜

---

① 吳文治主編《宋詩話全編》第三册,江蘇古籍出版社 1998 年版,第 2963 頁。其中"詔復祝髮,紫方袍、師號如故"句原作"詔復祝髮紫方神師,號如故",有誤,據影印文淵閣《四庫全書》本元陶宗儀《説郛》卷二十九下改。

爲詩。秦少游與之有支許之契。嘗有臨平絶句云:"風蒲獵獵弄輕柔,欲立蜻蜓不自由。五月臨平山下路,藕花無數滿汀洲。"蘇軾一見,爲寫而刻諸石。後遇軾於彭城,在座賦詩,援筆立成。軾甚愛之。以書告文同,謂其詩句清絶,與林逋上下,而通於道義,見之令人蕭然。軾謫居齊安,道潛不遠二千里相從,留期年,遇移汝海,同游廬山,復歸於潛山中。軾有《次韻道潛留別詩》。軾守錢塘,卜智果精舍居之。入院,分韻賦詩,軾云:"雲崖有淺井,玉醴常半尋。遂名參寥泉,可濯幽人襟。"又爲作《參寥泉銘》。軾南遷,道潛欲轉海訪之,軾以書戒止。當路亦掯其詩語,謂有刺譏,得罪返初服。建中靖國初,曾肇在翰苑,言其非辜,詔復祝髮。蘇轍每稱其詩無一點蔬筍氣,體製絶似儲光羲,非近世詩僧比。崇寧末歸老江湖。既示寂,其法孫法穎以其詩集行於世。道潛嘗賜號妙總大師。①

二者都敘述了道潛一生的主要事迹,特別是與蘇軾的交誼,內容大致相同而又有所不同。後來其他有關道潛生平事迹的記載大致都不出這兩種資料範圍。

1. 籍貫、俗姓、字號

首先是籍貫,前引兩種資料有所不同。一謂杭州錢塘縣人,一謂於潛浮溪村人。《咸淳臨安志》卷十七《疆域》謂錢塘縣"在城府治北四里,東西三十二里,南北七十五里。東至仁和縣,以市心大街爲界一里;南至紹興府蕭山縣,以浙江中流爲界二十五里;西至餘杭縣,以西溪閑林酒庫爲界三十一里;北至安吉州武康縣,以狗頭嶺爲界五十里;東南至紹興府蕭山縣,以浙江中流爲界三十六

---

① 〔宋〕潛說友《咸淳臨安志》,影印清道光十年(1830)錢唐汪氏仿宋重刊本,臺北成文出版社1970年版,第678—679頁。

里;西南至富陽縣,以社井爲界五十五里;東北至安吉州德淸縣界,以奉口溪導堆爲界五十四里;西北至餘杭縣,以雙牌爲界四十里。"①同卷謂於潛縣"在府治西二百三里四十三步,東西六十七里,南北一百一十里。東至臨安縣,以橫塘堨爲界三十里;西至昌化縣,以新興村爲界二十五里;南至嚴州分水縣,以印渚村爲界五十七里;北至寧國府寧國縣,以千秋嶺爲界五十五里;東南至新城縣,以馬嶺爲界七十五里;西南至昌化縣,以錢村爲界二十八里;東北至臨安縣,以太淸宮南溪爲界四十八里;西北至寧國府寧國縣,以桐嶺爲界七十里。"②可見是兩個完全不同的地方。但《咸淳臨安志》所述更爲具體,稱其爲"於潛浮溪村人",或許是有根據的。且據現存資料可以證明,道潛曾在於潛縣境居住過。如《咸淳臨安志》卷八十四在於潛縣西菩山"明智寺"條下,有"熙寧七年(1074)八月,蘇文忠公同毛君寶、方君武訪參寥、辯才(於潛人),遂游西菩山留題"③的記載;於潛縣石柱山北濯纓潭上有招隱亭,山東玉鏡潭有釣月亭,據說皆是參寥子所建;④元豐六年(1083),道潛還撰寫了《於潛西資閣記》;⑤宋周紫芝《道由於潛將游西菩問之路人則云過之已遠》詩有"道逢西菩山,欲問參寥子"之句。⑥

其次是其俗姓,前引兩種資料所述也不同。一謂王氏,一謂何氏。如果我們傾向於道潛爲於潛浮溪村人的話,則其俗姓爲何氏也應較爲可信。

道潛本名曇潛,蘇軾爲改作道潛。⑦ 關於其字號,宋代起就有

---

① 《(咸淳)臨安志》卷十七,第 203 頁。
② 同上書,第 205 頁。
③ 同上書,第 829 頁。
④ 〔清〕鄭澐修、邵晉涵撰《杭州府志》卷二十六《古迹四》,《續修四庫全書》影印清乾隆四十九年(1784)刊本。
⑤ 〔清〕鄭澐修、邵晉涵撰《杭州府志》,卷六十一《金石二》。
⑥ 《全宋詩》册二六,第 17099 頁。
⑦ 〔宋〕張邦基撰,孔凡禮點校《墨莊漫録》卷一,中華書局 2008 年版,第 48 頁。

異説。有謂其"字參寥"的，最早見於蘇軾元豐元年（1078）十月在徐州寫給文同的信，説"近有一僧，名道潛，字參寥，杭人也，時來相見"，①後吴自牧《夢粱録》卷十七亦云："道潛，字參寥，嘗與蘇東坡、秦少游兩先生爲密友。……"②前引《咸淳臨安志》卷七十亦持此説。也有謂其"號參寥"的，如宋陳巖肖《庚溪詩話》卷上云："僧道潛，號參寥，有云'隔林彷彿聞機杼，知有人家在翠微'，……"；③又宋劉克莊《後村詩話·新集》卷一云："本朝詩僧道潛，自號參寥。太白有《贈參寥子》一篇云：'白鶴飛天書，南荆訪高士。五雲在峴山，果得參寥子。骯髒辭故園，昂藏入君門。天子分玉帛，百官接話言。……長揖不受官，拂衣歸林巒。'此一僧一道士，皆號參寥，以先後言則潛爲頂冒，聊記之以發一笑。"④但謂其號"參寥子"的則更多。宋晁公武《郡齋讀書志》卷十九"參寥集十二卷"解題云："右皇朝僧道潛，自號參寥子，與蘇子瞻、秦少游爲詩友，其詩清麗，不類浮屠語。"⑤宋王應麟《困學紀聞》卷二十亦云："張鷟，自號浮休子。李白有《贈參寥子》詩，張芸叟、僧道潛復以自號。"⑥宋樓昉在其所編《崇古文訣》卷三十一品評陳師道所撰《送參寥序》時亦持此説，⑦《咸淳

----

① 〔宋〕文同《丹淵集》附録，《四部叢刊初編》本。
② 〔宋〕孟元老等撰，周峰點校《夢粱録》卷十七《歷代方外僧》，《東京夢華録（外四種）》，文化藝術出版社1998年版，第270頁。
③ 丁福保輯《歷代詩話續編》，中華書局2006年版，第176頁。
④ 〔宋〕劉克莊撰，王秀梅點校《後村詩話》，中華書局1983年版，第154頁。按："百官接話言"與"長揖不受官"之間省略號點校本原無，爲筆者所補，因李白《贈參寥子》詩此二句間還有"毫墨時灑落，探玄有奇作。著論窮天人，千春秘麟閣"四句，見〔唐〕李白著，〔清〕王琦注《李太白全集》卷九，中華書局1977年版，第495頁。
⑤ 〔宋〕晁公武撰，孫猛校證《郡齋讀書志校證》下，上海古籍出版社1990年版，第1048—1049頁。
⑥ 〔宋〕王應麟著，〔清〕翁元圻輯注，孫通海點校《困學紀聞注》，中華書局2016年版，第2281頁。
⑦ 文云："僧道潛，自號參寥子，與東坡游最密。此文首尾僅二百餘字，而抑揚開闔，變態不一，最可貴也。"〔宋〕樓昉《崇古文訣》，明嘉靖中松陵吴邦禎、吴邦傑校正重刊本。

臨安志》卷七十九亦謂其號"參寥子"。① 其實稱其"號參寥"的應是"號參寥子"的簡稱,這從前面所引《後村詩話》的敘述中就可以瞭解。又如陳振孫《直齋書錄解題》卷二十"參寥集十二卷"下解題云:"僧道潛撰。唐人舊有號參寥子者,用莊子語也。"②可見他也認爲道潛號"參寥子",但所錄集名却祇稱"參寥"。對於道潛有"字參寥"與"號參寥(子)"的不同説法,宋人也感疑惑,如宋袁文撰《甕牖閒評》卷七云:"僧參寥者,蘇東坡與游甚密。疑'參寥'二字乃道號,故東坡云'維參寥子,身貧而道富'。又云:'屬參寥子以書遺予。'然東坡一帖,乃以爲參寥字,若果字參寥,又不應作參寥子,此余所未曉者,俟更攷之。"③筆者以爲道潛原本字參寥,後又以"參寥子"爲號,而宋人在稱呼道潛時又常常以"參寥""參寥子"二者混用,"參寥"既作爲道潛的字使用,又作爲其號"參寥子"的簡稱來使用,既而形成"參寥"既爲字又爲號的淆亂。④ 由於宋人就有"字參寥"與"號參寥(子)"的不同説法,這兩種説法流傳下來,爲後人所沿用。如明彭大翼就謂道潛"字參寥",⑤而明田汝成、吳之鯨則稱其"號參寥子"。⑥ 其實這兩種説法應都無誤。"參寥"二字出自《莊子·大宗師》"玄冥聞之參寥",晉郭象注云:"參,高也;寥,曠不可名也。"⑦明方以智《通雅》卷六《釋詁》亦云:"參,高也;寥,曠也,此

---

① 《(咸淳)臨安志》卷七十九《寺觀五·寺院》"上智果院"條下,第769頁。
② 〔宋〕陳振孫撰,徐小蠻、顧美華點校《直齋書錄解題》,第611頁。
③ 〔宋〕袁文撰,李偉國校點《甕牖閒評》,上海古籍出版社1985年版,第66頁。
④ 滑紅彬《宋僧道潛年譜簡編》稱其字參寥,其號參寥、參寥子。見其2017年南昌大學同等學力申請碩士學位研究生學位論文。
⑤ 〔明〕彭大翼《山堂肆考》卷徵集卷三《釋教·僧下》"妓求詩"條:"宋僧道潛,姓王,字參寥,能詩文,與蘇東坡游。……"明萬曆二十三年(1595)刊本。
⑥ 〔明〕田汝成《西湖游覽志》卷二:"其時有僧道潛者,號參寥子,於潛人。通内外典,能詩。"上海古籍出版社1998年版,第15頁。〔明〕吳之鯨《武林梵志》卷五:"參寥子即道潛僧之别號也。"白化文、張智主編《中國佛寺志叢刊》第57册,影印眠雲精舍鈔本,廣陵書社2011年版,第313頁。
⑦ 〔晉〕郭象注《莊子》卷三,上海古籍出版社1989年,第41頁。

字兼冷曠之意。"①故"參寥"二字有高遠寥曠之意,唐朝曾有道士號參寥子,而道潛又以之爲字、號,從中我們也可窺探到宋代儒釋道三教融合的一些端倪。

道潛還曾被賜師號"妙總"。哲宗元祐八年(1093)七月間,丞相呂大防上奏,賜道潛妙總師號。②蘇軾與參寥尺牘曾提及此事:

> 吴子野至,出穎沙彌行草書,瀟然有塵外意,决知不日穎脱而出,不可復没矣。可喜!可喜!近遞中附呂丞相所奏妙總師號牒去,必已披受訖。即日起居何如?某來日出城赴定州,南北當又暌隔,然請會稽之意,終未已也。當更俟年歲間耳。未會見間,千萬善愛。"③

蘇軾多次以"妙總師"或"妙總大士"稱之。如云:"妙總師參寥子,予友二十餘年矣。世所知獨其詩文,所不知者,蓋多於詩文也。獨好面折人過失,然人知其無心,如虚舟之觸物,蓋未嘗有怒者。"④又其《和陶歸田園居六首》詩序中就説"今書以寄妙總大士參寥子"。⑤但宋代還有一妙總禪師,稱"無著(師號)妙總(法名)(1095—1170)",乃蘇頌之孫女,長適毘陵(常州)許氏,不膠世故,志慕空宗,以禪寂爲進修。曾參惠嚴圓、關西智、寂室光、真歇了禪師,後隨夫許壽源官嘉禾(嘉興),聽大慧説法。又至徑山,參大慧禪師,一日頓悟,爲大慧所印可。高宗紹興三十二年(1162),受無著師號,祝髮披緇,克遂初志。孝宗隆興元年(1163),住平江府資壽寺,乾道六年(1170)七月十四日集衆説偈而寂,年七十六。爲南嶽下

---

① 〔明〕方以智《通雅》卷六,影印清康熙姚文燮浮山此藏軒刻本,中國書店1990年版,第76頁。
② 孔凡禮《蘇軾年譜》卷四十七,北京古籍出版社2004年版,第2470頁。
③ 〔宋〕蘇軾撰,孔凡禮點校《蘇軾文集》卷六十一《尺牘·與參寥子二十一首》,第1862頁。
④ 同上書卷七十二《雜記》,第2299頁,
⑤ 〔宋〕蘇軾撰,孔凡禮點校《蘇軾詩集》卷三十九,中華書局1982年版,第2104頁。

十六世,徑山大慧宗杲禪師法嗣。事見《五燈會元》卷二十、元釋念常《佛祖歷代通載》卷二十。而宋釋曉瑩《羅湖野錄》有紹興庚辰(三十年,1160)妙總跋,此時道潛118歲,不可能是道潛。而無著妙總此時66歲,有可能是她所作。

2.道潛的生卒年

弄清道潛的生卒年,對我們研究其生平事迹,是有幫助的。今據所見資料,對其生卒年作一考辨。

蘇軾《跋太虛辯才廬山題名》云:

> 某與大覺禪師別十九年矣,禪師脫屣當世,雲棲海上,謂不復見記,乃爾拳拳邪,撫卷太息。欲一見之,恐不可復得。會與參寥師自廬山之陽並出而東,所至皆禪師舊迹,山中人多能言之者,乃復書太虛與辯才題名之後,以遺參寥。太虛今年三十六,參寥四十二,某四十九,辯才七十四,禪師七十六矣。此吾五人者,當復相從乎? 生者可以一笑,死者可以一歎也。元豐七年五月十九日,慧日院大雨中書。①

元豐七年是公元1084年,由此文我們可以推知大覺懷璉、秦觀、道潛、蘇軾、辯才元淨五人的生年。道潛應生於仁宗慶曆三年(1043),大覺懷璉(1009—1090)大他三十四歲,蘇軾(1037—1101)大他七歲,②辯才元淨(1011—1091)大他三十二歲,衹有秦觀(1049—1100)比他小六歲。另外,蘇軾季子蘇過(字叔黨)《斜川集》卷四有《送參寥道人南歸敘》,③其中講到道潛崇寧元年(1102)年六十,以

---

① 見孔凡禮點校《蘇軾文集》卷七十一,第2261頁。個別標點作了修改。
② 蘇軾生於仁宗景祐三年十二月十九日(1037年1月8日)卯時,見孔凡禮《三蘇年譜》卷二,第39—41頁。
③ 〔宋〕蘇過《斜川集》,《續修四庫全書》第1317冊,影印清乾隆五十三年(1788)趙氏亦有生齋刻、嘉慶十六年(1811)唐仲冕增修本。

此推算,其生年也正是仁宗慶曆三年。①

關於道潛的卒年,没有找到明確的資料記載,前引《續骩骸説》及《咸淳臨安志》皆云其"崇寧末歸老江湖",陸游《老學庵筆記》卷七云:

> 杭僧思聰,東坡爲作《字説》者。大觀、政和間,挾琴游梁,日登中貴人之門。久之,遂還俗,爲御前使臣。方其將冠巾也,蘇叔黨因浙僧入都送之詩曰:"試誦《北山移》,爲我招琴聰。"詩至已無及矣。參寥政和中老矣,亦還俗而死,然不知其故。②

"政和中還俗而死",是所見有關道潛卒年的最晚的記載。這時道潛約七十餘歲,南宋陸游已不知他爲何還俗了,我們恐怕也無從考知了。有學者以"崇寧末歸老江湖"爲據,認爲道潛卒於崇寧五年(1106),享年六十四歲。③ 筆者以爲此處的"歸老",並非指他示寂的具體時間。學者高慎濤主張道潛卒年兩存其説,即崇寧末1106年與政和中1114年前後。他還引用道潛《秋聲》詩:

> 古槐花落小中庭,夜半風來卷葉鳴。潁水先生如尚在,呼兒應問此何聲。

認爲因蘇轍晚號"潁濱遺老",與道潛時有往來,而蘇轍卒於政和二年(1112),他推測如果詩中"潁水先生"指蘇轍的話,則道潛至少在

---

① 高慎濤《北宋詩僧道潛生平事迹考略》中認爲"東坡1037年生,道潛小東坡7歲,以此推算,道潛生年當在1044,即慶曆四年"。非是。見《寧夏大學學報(人文社會科學版)》2006年第4期,第47頁。2008年華東師範大學李俊博士論文《釋道潛研究》第二章《生卒里籍考》中也引用此段資料,但說"按前文蘇軾所言,參寥此年四十三歲,可推知參寥生於仁宗慶曆二年(1042)。可是蘇軾文中明言'參寥四十二'。"2006年南京師範大學吴慶紅碩士論文《北宋詩僧道潛研究》第一章第一節"關於生卒年"部分也利用此段資料,直接得出道潛生年爲慶曆二年,估計是没有考慮到出生年即算一歲。

② 〔宋〕陸游撰,李劍雄、劉德權點校《老學庵筆記》,中華書局1979年版,第93頁。

③ 見劉濤《北宋詩僧道潛研究》之《釋道潛生平考》,四川大學2007年碩士論文。

1112年時尚在世,而陸游"政和中卒"的説法更確切。① 但學者李俊不贊同此説,他把道潛此詩與歐陽脩(1007—1072)《秋聲賦》相聯繫,認爲歐陽脩四十三歲時請准知潁州事,晚年又退休歸潁,自稱"潁水閑居士",其《秋聲賦》中更有"余謂童子:'此何聲也?汝出視之。'"正合道潛詩後兩句之意。筆者以爲李俊所言是有道理的。李俊主張道潛卒於政和年間或更後。他還認爲陸游説道潛"政和中老矣,亦還俗而死,然不知其故"的説法是有所忌諱,並非真的"不知其故"。他説:"徽宗政和年間大崇道教,其實已經拉開了大肆貶佛毀佛的序幕,道潛一心向佛,如今老邁之年,罹此變故,情何以堪?乃慨然知時不可爲,於是'還俗而死'。"②但這也祇是一種推測,並無明確證據,謹慎起見,還應以陸游所記道潛卒年爲"政和中"爲是。

3.所屬佛教宗派法系及弟子

道潛在佛教宗派法系上屬於禪宗的雲門宗,是青原下十世、雲門宗大覺懷璉(1009—1090)的法嗣。陳師道在《送參寥序》一開始就説:"妙總師參寥,大覺老之嗣,眉山公之客,而少游氏之友也。釋門之表,士林之秀,而詩苑之英也。……"③這短短兩句話,可謂言簡意賅,把道潛的身份,與蘇軾、秦觀的關係,及陳師道自己對他的評價都清楚地表達出來了。他又在《寄參寥》詩中詠道:"平生西方願,擺落區中緣。惟於世外人,相從可忘年。道人贊公徒,相識幾生前。早作步兵語,晚參雲門禪。……"④大覺懷璉,俗姓陳,字器之,漳州(今屬福建)人。始事南昌石門澄禪師,後爲廬山圓通居訥禪師掌記。仁宗皇祐二年(1050)詔住東京十方淨因禪院,賜號

---

① 高慎濤《北宋詩僧道潛生平事迹考略》。
② 李俊《釋道潛研究》第二章《生卒里籍考》。
③ 〔宋〕陳師道《後山先生集》卷十三,明弘治十二年(1499)刊本。
④ 〔宋〕陳師道《後山先生集》卷二。

大覺禪師。宣談祖道,答仁宗問,皇情大悦。至和二年(1055)三月乞老山居,以詩頌上仁宗,來往唱和,未得允准。英宗治平二年(1065)上疏丐歸,英宗從所請。晚住浙江四明阿育王山廣利禪寺。四明人爲建宸奎閣,藏仁宗所賜詩頌,蘇軾爲記。哲宗元祐五年(1090)無疾而化,年八十二歲。其禪宗傳承法系爲:雲門文偃—雙泉師寬—五祖師戒—泐潭懷澄—大覺懷璉。事見《禪林僧寶傳》卷十八、《五燈會元》卷十五、《釋氏稽古略》卷四。現存道潛詩歌中,僅有兩處提及大覺懷璉,①我們主要是通過他人的詩文瞭解他與大覺懷璉的關係。除了上引陳師道詩文外,蘇軾在其《與大覺禪師三首》其三講到所撰《宸奎閣碑》是否刊石的情況時,曾有"見參寥説,禪師出京日,英廟賜手詔"云云。②又前引蘇軾《跋太虛辯才廬山題名》中也講到"某與大覺禪師別十九年矣,……欲一見之,恐不可復得。會與參寥師自廬山之陽並出而東,所至皆禪師舊迹,山中人多能言之者,乃復書太虛與辯才題名之後,以遺參寥。……此吾五人者,當復相從乎?"而明確提到道潛與大覺懷璉禪師在一起的是秦觀,他在寫給蘇軾的信中説:"參寥在阿育王山璉老處極得所,比亦有書來,昨云已斷吟詩,聞説後來已復破戒矣。"③據徐培均《秦少游年譜長編》卷三,此信寫於元豐四年(1081)冬十月,寄給在黄州的蘇軾。④秦觀又有《與參寥大師簡》,稱:"昨聞蘇公就移滁州,然未知實耗,果然,甚易謀見也。蓋此去滁纔三程,公便可輟四

---

① 《全宋詩》册一六卷九一七頁10763《都僧正慈化大師挽詞》其一自注云:"育王山大覺禪師以羅漢木贈蘇翰林,蘇反以贈師。凡植二十年,葉間生青如比丘形,謂之羅漢木。師嘗指此語余曰:'吾不復見此羅漢之生也。'故及之。"又頁10801《東坡先生挽詞》其八首句"當年吳會友名緇"下自注:"大覺、海月、辯才。"
② 孔凡禮點校《蘇軾文集》卷六十一《尺牘》,第1880頁。
③ 〔宋〕秦觀撰,徐培均箋注《淮海集箋注》卷三十《與蘇公先生簡》,上海古籍出版社2000年版,第992頁。
④ 徐培均《秦少游年譜長編》卷三,中華書局2002年版,第194頁。

明之游，來此偕往，瑯琊山水亦不減雪竇、天童之勝。"①此簡當作於元豐三年秋間，②説明此時道潛已在四明。又元劉仁本撰《廣元阿育王山廣利禪寺四禪寮記》云："浮屠氏四禪寮之設，考諸梵典，未聞攸起。獨廬山大覺璉禪師始有作於阿育王山廣利寺。……師嘗憫其教之日隳，念學徒罔進修之地，作蒙堂於山中。坐其資班，參玄講道，傳宗闡教。所謂果行育德，以先覺覺後覺者。凡在叢林，慕而效之。仍別建寮，設四榻，延九峰韶、佛國白、參寥潛三公者，而自主其一。此阿育王之四禪寮自璉公始，而天下寶方之有蒙堂亦始於育王也。"③九峰韶即九峰鑒韶（爲青原下十世），佛國白即佛國惟白（爲青原下十二世），都是雲門宗僧人。④ 但道潛主要以詩歌出名，在禪學方面並無多大建樹，宋代及其後的佛教及禪宗史籍中也少見有關他的記載，僅見的幾種佛教著述也主要是突出他的文學才能及與蘇軾等文人的關係，如南宋釋曉瑩《雲卧紀談》中云："錢塘僧道潛者，以詩見知於蘇文忠公，號其爲參寥子。凡詩詞迭唱更和，形於翰墨，必曰參寥。及吕丞相爲奏妙總師名之，後與簡牘，則曰妙總老師。江浙石刻具存者多。"又載録蘇軾離開杭州時所作《八聲甘州·寄參寥子》詞作名篇。⑤ 元釋熙仲《歷朝釋氏資鑑》卷十《道潛傳》則在轉録上述《雲卧紀談》所載内容外，又加録了陳師道《送參寥序》的内容。⑥ 明釋明河《補續高僧傳》卷二十三有《參寥子傳》，主要也是敘述他的一生與蘇軾的密切關係，突出

---

① 《淮海集箋注》卷三十，第 1011 頁。
② 徐培均《秦少游年譜長編》卷二第 180 頁案語。
③ 〔元〕劉仁本《羽庭集》卷六,《台州叢書己集》，民國八年（1919）石印本。
④ 事迹分見《五燈會元》卷十五、卷十六。
⑤ 〔宋〕釋曉瑩撰，夏廣興整理《雲卧紀談》卷上，《全宋筆記》第四四册，大象出版社 2019 年版，第 327 頁。
⑥ 〔元〕釋熙仲《歷朝釋氏資鑑》，〔日〕前田慧雲《續藏經》第 132 册，臺北：新文豐出版公司影印本 1993 年版，第 101b 下－102a 頁。

其能詩的特點,並曰:"人謂師之詩雅淡真率,上欲窺陶白而下有鴈行蘇黃句。即未脱子瞻煙火,雅不樂與宋人同煙火。如參寥自有爲參寥,非第以子瞻重也。"①可見他主要還是以能詩爲突出特徵的。他之所以會歸於大覺懷璉門下,或許也和蘇軾有關。懷璉與蘇軾父親蘇洵的關係厚善,曾以閻立本畫贈蘇洵,蘇洵寫下《題閻立本畫水官》詩報之。② 與蘇軾的關係也十分密切,曾以羅漢木贈蘇軾,蘇軾也曾以張方平所贈之鼎甗轉贈給他。二人經常翰墨往來。③ 懷璉示寂後,蘇軾寫下《祭大覺禪師文》,有"我在壯歲,屢親法筵"之語。④ 而關於道潛出家的時間,《續齩䫌説》及《咸淳臨安志》皆云"以童子誦《法華經》度爲比丘",而《宋智果寺參寥子行録》稱其"初依本縣(即於潛縣)三學院出家,得法於大覺璉老"。⑤

道潛的弟子及再傳弟子見於記載的有守素、宗諗、從信、法穎、惟月諸人。法穎能詩擅書,多次受到蘇軾稱贊。蘇軾在給道潛的信中説:"穎沙彌書迹巉聳可畏,他日真妙總門下龍象也,老夫不復止以詩句字畫期之矣。"⑥道潛有《示法穎》《用法穎韻寄信上人》《用法穎韻寄詵上人》諸詩。⑦ 但蘇軾在提到法穎時稱其爲參寥子之法孫,⑧其俗姓朱氏,字德秀,即蘇軾所稱小名照僧者,乃參寥弟子守素

---

① 見《高僧傳合集》,上海古籍出版社 1991 年版,第 751 頁。但日僧桂芳全久所撰《正誤佛祖正傳宗派圖》中育王大覺懷璉法嗣下有"道潛參寥",此《宗派圖》據説是依據南宋無準師範禪師所編《宗派圖》編成的。
② 見《全宋詩》册七卷三五二,第 4373—4374 頁。
③ 孔凡禮點校《蘇軾文集》卷六十一《尺牘·與大覺禪師三首》、卷十九《銘·大覺鼎銘》,第 1879—1880、558 頁。
④ 同上書卷六十三《祭文》,第 1961 頁。
⑤ 見《武林往哲遺著後編》本《參寥集》。
⑥ 見《蘇軾文集》卷六十一《尺牘·與參寥子二十一首》之十八,第 1865 頁。
⑦ 分見《全宋詩》册一六卷九一八第 10775 頁,卷九二二第 10811 頁。
⑧ 《蘇軾文集》卷七十二《雜記》"法穎"條,第 2302 頁。

之弟子。① 守素俗姓鍾，蘇軾還曾爲他寫過《化度牒疏》：

> 參寥行者鍾守素，事參寥有年，未嘗見過失。僕常默察其所爲，似有意於慕高遠者。參寥言秦太虛有意爲率交游間三十人，每人十千，買祠部牒，令得出家，此亦善緣。僕既隨喜，然參寥不善干人，故書此以付守素。②

另，《四庫總目》謂《參寥子詩集》世有二傳本，卷帙相同而次序少異，一題三學院法嗣廣賓訂、智果院法嗣海惠閲録，一題法嗣法穎編。今《四部叢刊三編》所收本即法穎所編本，而廣賓訂、海惠閲録本今未見傳本。據考證，③《(嘉慶)餘杭縣志》卷二十九記載明代於潛有僧名廣賓，號心海；《(光緒)於潛縣志》卷七記載明人姚宗文④嘗贈詩於"三學寺心海藏主"，則廣賓當爲明末僧人；又《(康熙)杭州府志》卷三十五"國朝"下智果寺有海惠僧，⑤則海惠爲清初僧人。説明《參寥子詩集》曾經明末三學院僧人廣賓校訂、清初智果院僧

---

① 〔宋〕陳師道《穎師字序》云："穎師，錢塘朱氏子，既喪父，與其母俱出家。年七八歲時，舉止意氣已如成人……此參寥之法孫，東坡之門僧也。法穎字德秀，守素之子，妙總老師曇潁之孫也。會稽錢穆名之，安陸廖正一字之，而彭城陳師道序之。"（見上海古籍出版社1984年影印宋刻本《後山居士文集》卷十六）又《東坡志林》卷一云："朱氏子出家，小名照僧，少喪父，與其母尹皆願出家。照僧師守素，乃參寥子弟子也。照僧九歲，舉止如成人，誦《赤壁賦》，鏗然鸞鶴聲也，不出十年，名聞四方。此參寥子之法孫，東坡之門僧也。"（〔宋〕蘇軾撰，王松齡點校《東坡志林》，中華書局1981年版，第38頁）又明崇禎九年(1636)汪汝謙校勘本《參寥子詩集》末附《宋智果寺參寥子行録》云："……其徒守素乃克承素業者。嗣孫法穎，嘉禾人，姓朱氏，幼多卓朗，書法尤巉聳，蘇公稱其真妙總門下龍象，不復止於文句字畫期之矣。"則照僧即法穎無疑。李俊博士論文《釋道潛研究》中説"法穎到底是道潛哪位高足的弟子，無資料可考證"，且認爲法穎與照僧爲不同之二人。見其論文第四章第三節《法嗣考》。
② 孔凡禮點校《蘇軾文集》卷七十二《雜記》"鍾守素"條，第2299頁。
③ 參王蘭苓《道潛詩歌編集流傳考》，北京大學中文系2019年學年論文，指導教師許紅霞。
④ 姚宗文，慈谿(今屬浙江)人，明萬曆三十五年(1607年)進士(《(天啓)慈谿縣志》卷六)，由庶吉士授户科給事中，補吏科右給事中，依附魏忠賢，官至右都御史，巡撫湖廣。崇禎初被彈劾罷官。事見〔清〕王鴻緒《明史稿》卷二百二十五《姚宗文傳》。
⑤ 〔清〕馬如龍、楊蒲等纂修《(康熙)杭州府志》，康熙二十五年(1686)刻本。

人海惠閱覽抄錄，雖然二者都自稱"法嗣"，但並非道潛的親授門徒。現臺北"國家圖書館"藏有《參寥子詩集》十二卷，著錄爲"宋末刊鈔補本"，此本卷一至卷四次行題"四明前天寧參寥後裔宗諿重集"，則宗諿或是參寥在四明天寧寺時的徒子或徒孫。從信當也是道潛弟子，亦善作詩，蘇軾季子蘇過有《贈詩僧從信信學詩於參寥》詩，其中有"老潛已黃壤，弟子傳清雄"之句。① 另據宋岳珂《寶珍齋法書贊》卷十八"參寥《新秋帖》"後跋語云："幾（聖寺）邑有西菩提寺，蓋師所居，予屢過之，是帖以慶元己未歲八月受之僧惟月，蓋師之的孫"，②故惟月亦當是道潛徒孫。

4. 獲罪編管兗州

道潛本名曇潛，蘇軾爲改作道潛。並因此而被誣陷坐刑歸俗，編管兗州。《墨莊漫錄》卷一云：

> 吕溫卿爲浙漕，既起錢濟明獄，又發廖明略事，二人皆廢斥。復欲網羅參寥，未有以中之。會有僧與參寥有隙，言參寥度牒冒名。蓋參寥本名曇潛，因子瞻改曰道潛。溫卿索牒驗之，信然。竟坐刑之，歸俗編管兗州。③

據《宋會要輯稿》職官四三之六至七記載，紹聖元年（1094）閏四月，以右朝奉郎吕溫卿爲提舉兩浙路常平；六月，任權發遣淮南路轉運副使；④紹聖三年十月十八日，任權發遣江淮荊浙等路發運使，加秘閣校理。四年七月二十一日，爲直秘閣權發遣江淮等路發運使；⑤元符元年（1098）九月，爲淮南兩浙路察訪孫傑彈劾而罷官，元符二

---

① 見《全宋詩》册二三卷一三五一第 15464 頁。
② 參李俊《釋道潛研究》第四章第三節。
③ 〔宋〕張邦基撰，孔凡禮點校《墨莊漫錄》，第 48 頁。
④ 〔清〕徐松輯《宋會要輯稿》，中華書局 1957 年版，第 3276－3277 頁，第 5138 頁。
⑤ 以上見《宋會要輯稿》選舉三三之二〇，第 4765 頁。

年八月卒。① 則道潛坐刑歸俗編管兗州當在紹聖三年十月至元符元年九月間。但關於其坐刑歸俗編管兗州之事，《續斛䏁説》及《咸淳臨安志》都記載是在蘇軾南遷之後，"素不快者捃摭詩語，謂有譏刺"，因而得罪反初服。徽宗建中靖國元年（1101），曾肇（子開）爲翰林學士，言其非辜，詔復祝髮，紫方袍、師號如故。而朱弁《風月堂詩話》卷下中更指明導致道潛獲罪的詩歌是《湖上十絶句》：

東坡南遷，參寥居西湖智果院，交游無復曩時之盛者。嘗作《湖上十絶句》，其間一首云："去歲春風上苑行，爛窺紅紫厭生平。如今眼底無姚魏，浪蘂浮花懶問名。"又一首曰："城根野水綠透沱，颭颭輕帆掠岸過。日暮蕙蘭無處采，渚花汀草占春多。"此詩既出，遂有反初之禍。建中靖國間曾子開爲明其非辜，乃始還其故服。②

此兩首詩又見《參寥子集》卷五，題爲《春日雜興》，共十首，上所引是其中的第五、第二首。《四部叢刊三編》影宋本"如今"作"而今"，"綠"作"淥"，"輕帆"作"風船"。十首詩都是描寫春天景象的。其實，如果説有"譏刺"的話，道潛的確寫過類似的詩。如以下這一首詩：

高巖有鳥不知名，款語春風入户庭。百舌黄鸝方用事，汝音雖好復誰聽。③

明徐伯齡就説"似爲東坡詩案事設也"。④ 道潛的得罪，無論是以上哪種原因，其實都與當時新、舊黨之間的政治鬥爭有關，與蘇軾有

---

① 以上據宋李燾《續資治通鑑長編》卷五百二、卷五百十四，中華書局 2004 年版，第 11964—11965 頁，第 12232 頁。
② 〔宋〕朱弁撰，陳新點校《風月堂詩話》，中華書局 1988 年版，第 107 頁。
③ 見《全宋詩》册一六卷九一一《絶句》，第 10719 頁。
④ 見《蟫精雋》卷九，影印文淵閣《四庫全書》本。

關。神宗熙寧年間，王安石變法，遭到朝中"老成"之人的反對，遂成新舊黨爭。其中蘇軾就是舊黨中蜀黨的代表人物。元豐二年（1079），蘇軾自徐州移知湖州，因進《湖州謝上表》及其他譏刺新法的詩歌，先後遭到監察御史裏行何正臣、舒亶，御史中丞李定的彈劾，遂成"烏臺詩案"，被貶責黃州，牽連其親友及平日與他詩賦往還者二十五人，其中大部分人也都是反對王安石變法的（包括錢世雄，被罰銅二十斤）。元豐八年三月，神宗去世，哲宗年幼，高太后垂簾聽政，啓用司馬光、呂公著等"老成"之人，實施"更化"之政，全面廢棄新法，啓用舊黨人員，彈劾攻擊新黨、新法，驅逐新黨人員。元祐八年（1093）九月，高太后去世，哲宗親政，新黨復起，主持"紹述"之政，報復元祐黨人，大批士大夫相繼被廢黜貶責流放。紹聖元年（1094）三月，蘇軾弟蘇轍因知貢舉李清臣發策紬元祐之政，抗疏爭之，罷門下侍郎，以端明殿學士知汝州；四月，蘇軾因呂惠卿等人指陳其所作誥詞語涉譏訕，落職降官知英州；六月，來之劭等人又疏奏蘇軾自元祐以來多托文字譏斥先朝，詔謫惠州。與蘇軾有關之陳衍、呂希純、晁補之、黃庭堅等也先後被編管流放、降官奪職。紹聖四年四月，蘇軾得告命移昌化軍（儋州，今海南）。元符三年（1100）正月，哲宗卒，徽宗即位，以徽宗登極恩移廉州（廣西合浦）安置。同時，蘇轍及秦觀、張耒、晁補之、黃庭堅皆移地新授。七月，蘇軾至廉州。八月底，授舒州團練副使，永州（湖南零陵）安置。開始結束南遷，逐漸北歸。① 而錢濟明（世雄）、廖明略（正一）都是追隨蘇軾多年，與蘇軾關係極其密切的人物，道潛雖然是僧人，但與蘇軾的關係也非同一般。而呂惠卿（1032—1111）助王安石變法，曾參與制定新法，起草奏章，推行新法，"元祐更化"時，爲

---

① 以上參考沈松勤《北宋文人與黨爭》（人民出版社 1998 年版）、孔凡禮《蘇軾年譜》相關內容。

蘇轍、劉摯等人所彈劾，安置建州。吕溫卿乃惠卿之弟，其對蘇軾的門生友人如錢世雄、廖明略、道潛的打壓，正是哲宗親政後，新黨對舊黨及其相關人員打擊報復的體現。宋楊時《冰華先生文集序》中說：

> 冰華先生錢公諱世雄，字濟明，常州晉陵人也。公年十六七時，其詩已爲名流所稱。比壯，游東坡蘇公之門，與之方軌並馳者，皆一時豪英，而東坡獨稱其"探道著書，雲升川增"，則其推與之意至矣。然公以是取重於世，亦以是得罪於權要，廢之終身，卒以窮死。①

其實，道潛又何嘗不是以被蘇軾賞識而取重於世，也因此而得罪於權要呢？廖明略號竹林居士，爲神宗元豐二年（1079）進士，元祐中召試館職，蘇軾在翰林，見其所對策，大奇之，不久即除秘書省正字。紹聖年間"貶信州玉山監稅，鬱鬱不得志，喪明而没"。② 由此我們可以看到宋代新舊黨爭不僅對士人命運有極大影響，連僧侣也在所難免。道潛得罪後，先是被關押在平江府的監獄中，後被移到山東兖州。道潛曾有詩七言絶句六首，題爲《吴門獄中懷北山舊隱》，云：

> 江湖堂北是吾廬，繚繞杉篁蔚有餘。欲問山中近消息，鱗鴻不寄獄中書。
>
> 誅茅投老卜棲遲，雲雨相翻豈易知。夜鶴曉猿休悵望，回車復路可無時。
>
> 數畝檀欒古道邊，亭亭氣慨上參天。未應霜雪能摧抑，不用行人歎可憐。

---

① 〔宋〕楊時撰，林海權整理《楊時集》卷二十五，中華書局2018年版，第686頁。
② 參見〔宋〕晁公武《郡齋讀書志》卷十九廖明略《竹林集》解題，《郡齋讀書志校證》第1019—1020頁，《全宋詩》册一八卷一〇六九第12165頁小傳。

第一章　宋僧詩文集在日本的刊刻流傳考述　167

　　東崦扶疏一樹梅，繁英辜負歲時開。殷勤寄語蘭兼蕙，它日春風我亦來。

　　甘冷宜茶石縫泉，得名初自玉堂仙。蒼苔渰穢聊疏治，照月涵星復粲然。

　　一徑緣雲入壽星，竹間窈窕見疏欞。闌干數曲觀臺上，幽草靚花常滿庭。①

詩中表達了他在獄中對北山舊居的懷念，其中"雲雨相翻豈易知""未應霜雪能摧抑，不用行人歎可憐""殷勤寄語蘭兼蕙，它日春風我亦來"等詩句，在感歎世事變化無常的同時，又表達了作者堅強的意志和信念，不怕摧壓，對未來寄予希望。而蘇軾也曾托人幫助他，囑咐其姻家京東漕使黃寔（字師是）説："參寥以某故竄兗州，望爲之地。"黄寔又把此事托付給兗州樓教授異（字試可），樓異至兗後，與道潛定交。後來，樓異、道潛二人又同游嵩嶽。今傳《參寥子詩集》中，有些詩篇就是與樓異唱酬之作。②　道潛與詩人陳師道也多有交往，陳師道多次在詩文中提到他得罪編管兗州之事。《後山談叢》卷六云：

　　　參寥徙兗，布衣李南式，家甚貧，供蔬菽洗補，恩意甚篤。他日爲曾子開言之，子開曰："吾輩當爲公報之，使知爲善之效。"③

他在《贈趙奉議》一詩中提到道潛時説："平生師友間，四海參寥師。一窮無四壁，百代有千詩。再逐越淮江，三年魯中歸。初無贊公色，不異淨名衣。"④可見道潛在魯地三年而歸，仍然保持僧人的本色

---

　①　見《全宋詩》册一六卷九一九第 10777 頁。
　②　以上見宋樓鑰《攻媿集》卷七十二《跋參寥詩》，《四部叢刊初編》景武英殿聚珍本。
　③　〔宋〕陳師道撰，李偉國點校《後山談叢》卷六，《後山談叢　萍洲可談》，中華書局 2007 年版，第 82 頁。
　④　見《全宋詩》册一九卷一一一八第 12704 頁。

和信仰。在《送參寥序》中他又說道："……元符之冬,去魯還吳,道徐而來見。余與之別餘二十年,復見於此。愛其詩,讀不捨手;屬其談,挽不聽去。"① 如果道潛是在紹聖四年冬天被編管兗州的話,至元符三年(1100)冬自魯中歸,正好是三年時間。② 道潛《次韻聰師見寄》其一亦云:

> 三年東魯貶,閉戶實超然。靜極通幽眇,神游豈間焉。獨全霜後操,未異火中蓮。不似沉湘客,徒懷忿與悁。③

表達了其對三年貶魯的曠達態度。其第二首也有"桂魄元昭晰,浮雲自蔽虧。險夷終一節,吾以古爲師"之詩句,進一步表達其堅定的信念。

(二) 道潛詩集在國內的編刻傳藏情況

前引《續骫骳説》及《咸淳臨安志》皆稱道潛"能文章,尤喜爲詩"。道潛文章《全宋文》卷二二一四輯錄《新秋帖》《與山主寧師鄉友帖》《題淨慈詮上人荷香亭壁》《菖蒲頌》共四篇,其《新秋帖》云:

> 道潛頓首:違闊滋久,豈勝馳企。邇來新秋氣涼,緬維山中住持,法體清勝。不肖昨以患禍羈囚吳門,而聞詢師遠來,而老丈亦不吝揮金見助,益認風義之篤,感激尤深。不肖自至東魯,日欲具書上問動止,蓋道遠,無行李往還之便,故不能如願。想高明有以諒之也。末緣占對,希以時重。不宣。道潛

---

① 見《後山先生集》卷十三。
② 李俊《釋道潛研究》第五章第五節《獲罪編管》中同意宋任淵注中謂獲罪編管時間在紹聖初,又推測説"在紹聖二年的後七八個月内,道潛遭禍亦未可知"。元符共三年,紹聖五年(1094)即元符元年,故筆者以爲陳師道所謂"元符之冬"指元符三年的可能性較大。孔凡禮《蘇軾年譜》卷三十五將道潛獲罪編管兗州編次於紹聖三年卷末,則可能認爲"元符之冬"指元符二年,也不能排除這種可能性。滑紅彬《宋僧道潛年譜簡編》繫此事於紹聖二年冬,非是,據前文考證,吕溫卿任浙漕當在紹聖三年十月後。
③ 見《全宋詩》册一六卷九一九第10781頁。

頓首再拜,幾聖寺主老丈。八月五日。①

其中講到其罹禍拘囚吳門,又移至東魯之事,文字簡練暢達。另見於記載的還有他在元豐六年(1083)撰寫的《於潛西資閣記》,②文今未見。

其詩歌道潛自己可能在元豐三年(1080)七月前已編有詩集,蘇軾在被貶至黃州半年時寫給道潛的回信中曾說:

> 去歲倉卒離湖,亦以不一別太虛、參寥爲恨。留語與僧官,不識能道否?到黃已半年,朋游稀少,思念二公不去心。……見寄數詩及近編詩集,詳味,灑然如接清顔聽軟語也。此已焚筆硯,斷作詩,故無緣屬和,然時復一開以慰孤疾,幸甚!幸甚!筆力愈老健清熟,過於向之所見,此於至道,殊不相妨,何爲廢之耶?當更磨揉以追配彭澤。③

其中提到參寥寄給蘇軾"數詩及近編詩集",而其後文中所言也是圍繞參寥詩所發,故所謂"詩集",當是指參寥自己的《詩集》。但此時道潛還不到四十歲,集中所收錄的肯定不是其全部作品。王十朋《增刊校證王狀元集注分類東坡先生詩》卷十三《次韻潛師放魚》詩題下注:"子蒼:《參寥子詩集》載此詩,其序云:'虛白齋與子瞻共座,有客饋魚於子瞻,子瞻遣放之,遂命賦是詩。有'使君事道不事腹,杞菊終年食甘美'之句,子瞻遂次其韻。'"④"子蒼"即韓駒(1080—1135),字子蒼,江西詩派詩人,早年從蘇轍學。他與道潛同時代而稍晚,道潛晚年亦與之交游唱和,寫有《同韓子蒼游黄山

---

① 曾棗莊、劉琳主編《全宋文》册一〇一,上海辭書出版社 2006 年版,第 311 頁。
② 〔清〕鄭雲修,〔清〕邵晉涵撰《(乾隆)杭州府志》卷六一《金石》,《續修四庫全書》影印清乾隆四十九年刻本。
③ 孔凡禮點校《蘇軾文集》卷六一《與參寥子二十一首》之二,第 1859—1860 頁。
④ 〔宋〕王十朋《增刊校證王狀元集注分類東坡先生詩》,《四部叢刊初編》景南海潘氏藏宋刊本。

觀約張壽朋張公碩不至》《子蒼見和二篇再用前韻酬之》《游葉城韓氏東園》《讀子蒼詩卷二首》諸詩；①韓駒也有《次韻參寥》二首，②他還説："若看參寥詩，則（惠）洪詩不堪看也。"③可見對其推重之意。現存宋本《參寥子詩集》中無載蘇軾《次韻潛師放魚》詩，"虛白齋"爲道潛詩題，題下有自注"與子瞻共座，有客饋魚於子瞻，子瞻遣放之，遂命賦是詩"，與《增刊校證王狀元集注分類東坡先生詩》中所引韓駒語不盡相同，則不能排除韓駒所見《參寥子詩集》或許就是道潛自編詩集的可能性。

　　道潛去世後，其法孫法穎爲其編集詩集行世。④ 南宋詩人樓鑰（1137—1213）在《跋參寥詩》一文中講述了參寥被編管兗州後與其祖父樓異定交的過程，并説"《參寥集》中所稱'試可'，即少師（筆者按：即樓異）之字也"。還稱"集中有《九江與東坡話別》詩云：'雪水黃樓赤壁間，勝游長得共躋攀。'"又説："然卷中《和愚上人》二首，'開'字'奉'字'鴉'字三絶，《漪漣齋》一首，皆不見於集，以此知遺亡者亦多矣。"⑤樓鑰此跋文是爲其所見參寥詩卷所作，他對比詩卷中所載詩歌與《參寥集》中詩歌後，發現詩卷中的《和愚上人》等六首詩皆不見於《參寥集》，所以感歎參寥詩"遺亡者亦多矣"。今傳《參寥子詩集》中確有《次韻樓試可承議見招》《次韻試可見訪峻極遇雨》《次韻試可同游法王嶽寺》《次韻試可喜雨》《次韻試可嶽祠祭土宿齋》《次韻試可同謁子晉祠》《登嶽頂呈試可邦直》諸詩，⑥可見

---

① 《全宋詩》册一六，第10804—10806頁。
② 《全宋詩》册二五，第16609頁。
③ 〔宋〕吳可《藏海詩話》，丁福保輯《歷代詩話續編》，中華書局2006年版，第337頁。
④ 見前引《咸淳臨安志》卷七十。
⑤ 〔宋〕樓鑰《攻媿集》卷七十二，《四部叢刊初編》影印武英殿聚珍本。
⑥ 見《參寥子詩集》卷十、卷十一。《四部叢刊三編》影宋本。又見《全宋詩》册一六，第10790、10793—10795、10797—10798頁。

其與樓異交游唱和的一些情況；也有《九江與東坡話別》，"東坡"後多"居士"二字，所引兩句詩是此詩的首兩句，①但確無樓鑰所云"《和愚上人》二首，'開'字'奉'字'鴉'字三絕，《漪漣齋》一首"這六首詩。故樓鑰所見《參寥集》很可能就是與今天所流傳的宋本同一系統的本子。

南宋晁公武《郡齋讀書志》、陳振孫《直齋書錄解題》及元馬端臨《文獻通考·經籍考》皆著錄《參寥集》十二卷，現傳本《參寥子詩集》亦爲十二卷本，宋刊本有兩種：

一種現藏中國國家圖書館（索書號：07672），共四冊十二卷，首有陳師道撰《高僧參寥集序》，②《參寥子詩集》總目，列出每卷詩題詳目。每卷正文首行是"參寥子詩集卷×"，第一冊卷一至卷三次行皆有"法孫法穎編"五字，可見此本即法穎所編本。每半頁十一行，行二十四字，白口，左右雙邊。卷末框外空白頁有清嘉慶癸亥（八年，1803）黃丕烈題識，稱其以白銀三十金從友人陶蘊輝處購得，謂"世行本向傳有二，以法嗣法穎編者爲勝，此其是也"。又有光緒五年（1879）冬十月十三日勒方錡、潘遵祁、李鴻裔、顧文彬、彭慰高、潘曾瑋、沈秉成等七人集於蘇州吳雲（1811—1883）聽楓山館觀書時的題記及印鑒。此七者當時是"吳郡真率會"的成員，常在一起進行詩詞唱和和書畫鑒賞活動，此宋本他們也曾經眼。祝尚書先生謂"該本迭經明黃異、清徐乾學、季振宜收藏，後爲黃丕烈所得"，"後歸汪上鐘、汪鳴鸞、胡心耘，民國時輾轉歸涵芬樓，遂影印入《四部叢刊三編》"，③未及此題記。國家圖書館還藏有兩部清抄

---

① 見《參寥子詩集》卷五；又見《全宋詩》冊一六，第10750頁。
② 此序在陳師道《後山先生集》卷十三題爲《送參寥序》，根據文意，是在元符之冬，參寥去魯還吳，路過徐州，看望陳師道，離別之時陳師道寫下的，文中明確説"於其行，敘以謝之"，後在刊行《參寥子詩集》時把此文作爲序言，置於卷首。
③ 祝尚書《宋人別集敘錄（增訂本）》上冊，第478頁。

本《參寥子詩集》，皆據法穎編宋本抄寫，其一（索書號：07044）十二卷四册，首有陳師道序，行款同宋刻本，無界欄，白口，左右雙邊，正文次行有"法孫法穎編"五字，卷十二後抄有黃丕烈爲宋本所寫題識，鈐有"鐵琴銅劍樓"藏書印，乃鐵琴銅劍樓舊藏，清徐紹乾校。其二（索書號：02124）十二卷三册，首無陳師道序（或原有後散佚也未可知），直接抄總目與正文，行款同宋刻本，無格，正文次行亦有"法孫法穎編"五字，鈐有"檇李曹氏/倦圃藏書""曹溶/之印""潔躬""安樂堂/藏書記""楊氏海/源閣藏""東郡楊/紹和字/彦合藏/書之印""楊保彝/藏本"等藏印，則此抄本曾經清藏書家曹溶（1613—1685）、清宗室弘曉（1722—1778）怡府安樂堂、山東楊氏海源閣遞藏。

另一種宋刻本現藏臺北"國家圖書館"（索書號：10307），二册，十二卷，其網站著録此書版本爲"宋末刊鈔補本"，附注項又謂"《季滄葦藏書目》《百宋一廛賦注》《適園藏書志》等均有著録，綜合考之似爲宋末元初間刊刻者"。傅增湘謂："此本字不及汪鳴鸞所藏本之精勁，然亦宋時所刊。"①此本版框高 17.8 釐米，廣 12.1 釐米，首尾無序跋。首頁首行頂格是"參寥子詩集總目"七字，然後是卷一至卷十二詩題詳目。正文每卷首行是"參寥子詩集卷第×"，卷一至卷四次行有"四明前天寧參寥後裔宗譓重集"十三字，每半頁十一行，行二十四字，黑口，版心雙魚尾。鈐有"季振宜藏書""謙牧堂藏書記""兼牧堂書畫記""北平謝氏藏書印""擇是居""張均衡印""吴興張氏適園藏圖書""茝圃收藏"諸印，曾經清季振宜、納蘭揆敘、謝寶樹、張鈞衡、張乃熊等遞藏。此本頁碼連排，每卷不單獨分頁。避宋諱，驚、警、殷、匡字闕筆。其分卷、詩歌編排次序、自注、

---

① 傅增湘《藏園群書經眼録》第四册，中華書局 2009 年版，第 995 頁。

文字内容等基本與上述法穎編宋本全同，脱字處亦相同，如卷八《次韻蘇端定武雪浪齋》詩題，"端"下二本皆脱"明"字，可判定二本爲同一系統。衹有三處即卷七《規師方外停雲齋》詩末句"居士亦風流"下、卷十一《東坡先生輓詞》之八末句"斷橋隄柳不勝悲"下、《過張公碩廷直息軒》題下法穎編宋本有自注，而此本無；卷六《酬錢塘宰王昭叔朝奉》詩後有三行空白，缺《景文寵示》《夏夜奉懷景文路分》二首詩，説明其原據底本可能有殘缺。此本多有補抄，如目録第七頁、卷一第三至六頁、卷五第三十六至三十九頁、卷六第四十至四十一頁、卷七第五十四至五十五頁、卷八第六十四至六十五頁、卷九第七十二至七十三頁、卷十第八十一頁、卷十二第九十六至九十七頁等，補抄部分行款格式與其他部分相同，字體及筆畫粗細、墨色濃淡不同，字的排列也没有其他部分那麽緊密。此本糾正了法穎編宋本的一些誤字，如卷一《春晚》三首之一中"午陰濃延聽鳴鳩"①之"延"作"處"；卷七《證師聖可桐虛齋》末句"他日非桐虛上人者而復誰何哉"之"入"作"人"；但本身又出現了一些誤字，如卷一《廬山雜興》之十②"娟娟遲歸路"，"歸"誤作"蹄"；卷七《都僧正既闕子中待制欲余補其位輒辭以小詩遂獲免》詩題中之"待"誤作"侍"；卷十一《過張公碩廷直息軒》詩首句"涪翁六藝學"之"涪"誤作"浯"等。補抄部分亦有誤字，如卷一《廖司法挽章》中"寸禄晚方取"之"取"誤作"改"，《歸宗道中》詩中"百貨常源源"之"常"誤作"棠"等。

重慶市圖書館亦藏有一種《參寥子詩集》，爲殘本，存卷一至卷八，《中國古籍總目》著録爲"明正統間刻本"。③ 首有明宋濂

---

① 以下引文據國圖藏法穎編宋本。
② 國圖藏法穎編宋本及此本往往兩首詩連作一首，影印文淵閣《四庫全書》本則皆分開，此據四庫本所分。
③ 《中國古籍總目》集部第一册，中華書局2012年版，第246頁。

(1310—1381)撰《〈參寥子詩集〉序》,云:

> 昔者蘇文忠公與道潛師游,日稱譽之,故一時及門①之士若秦太虛、晁補之、黃魯直、張文潛輩,亦皆願交於潛師,相與唱酬於風月寂寥之鄉,宛如同聲之相應,同氣之相求者。有識之士疑之,則以謂潛師游方之外者也。其措心積慮,皆與吾道殊,初不可以強而同。文忠公百世士,及其門者皆英偉非常之流,其於方内之學者,尚不輕與之進,何獨於潛師皆推許之而不置邪?殊不知潛師能文辭,發於秀句,如芙蓉出水,亭亭倚風,不霑塵土;而其爲人脱略世機,不爲浮累所縛,有如其詩,此其所以見稱於君子,而其遺芳直至於今而不銷歇也歟?金華宋濂題

此宋濂序爲手寫,每半頁八行,行十七至十八字不等。其内容并未及《參寥子詩集》編刊事宜,主要是講道潛之所以爲蘇軾及其門人所推許并與之交游唱和,是因其具有傑出的文學才能;其詩歌超逸絶塵,獨具特色,且人如其詩。之後是明黄諫《〈參寥子詩集〉序》:

> 桑門之徒能取重於時者,往往發爲文辭見焉。非藉名世大儒以獎引之,則甘老無聞者亦多。諫使安南還,過杭,與藩憲諸公游西湖,訪孤山遺迹,過智果寺,觀參寥泉。寺僧曰:"此吾祖師妙總公所居,與宋蘇文忠公相唱酬處也。"因出公所作遍觀之,如雲光卷舒於春江曉晴之餘,琴瑟諧鳴於清廟將事之際。嗟夫!若斯人者,空門中豈易得哉?彼馳心高遠、事虚無以恣空談者,烏足及此?噫!若斯人者,誠豈易得

---

① "門"字原漏寫,據《宋學士文集·鑾坡前集》卷八《用明禪師文集序》補。〔明〕宋濂著,徐儒宗等點校《宋學士文集》,浙江古籍出版社 2014 年版,第 640 頁。

哉？豈吾儒所可距哉？吾儒所可距者，以其務誕害理也。公辭不害理而且不誕，文忠公與之亦宜。昔道林、道休、遠法師、休上人嘗與晉宋以來士大夫游，由是名重後世。文忠公有安石之德，王逸少之高，習鑿齒之才，謝靈運、鮑昭之贍，而往往於公是與。雖文辭有以起發，亦其人有可重也歟。因序首簡歸之。公名道潛，於潛人，別號參寥子。妙應①大師乃哲廟所賜號云。

賜進士及第、翰林院學士、奉議大夫金城黄諫書。

文中敘述黄諫出使安南返還，路過杭州，游西湖，訪孤山遺迹，過智果寺時，寺僧"出公所作，遍觀之"。他認爲道潛作品"如雲光卷舒於春江曉晴之餘，琴瑟諧鳴於清廟將事之際"，且"辭不害理而且不誕"，所以蘇軾與之相交游，同時也因其做人有值得推重之處。此黄諫序爲刊版印刷，每半頁八行，行十二至十四字不等，四周雙邊，有界行，版心雙魚尾，相對，粗黑口，首行是"參寥子詩集序"六字，每行皆低一格。此序共兩頁，首頁a面右下角框內鈐有"虞山周氏／鴿峰草／堂藏書"篆文方陽印，則此書曾經清末民國間藏書家周大輔收藏。黄諫序後是"參寥子詩集總目"，然後錄卷一至卷八詩題詳目，目錄後是詩歌正文。卷一首行頂格是"參寥子詩集"五字，次行有"四明前天寧參寥後裔宗諲重集"十三字。此本無論是目錄還是詩歌正文，其版式、字體、內容、避諱字等皆與臺北"國家圖書館"藏本（以下簡稱臺圖宋本）相同，二者似出於同一版。如下圖：

---

① "應"當作"總"。

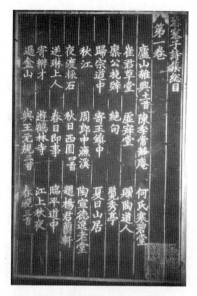

圖 5-1　重慶市圖書館藏本①

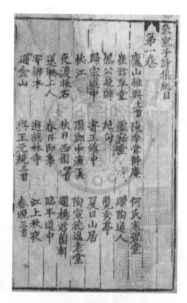

圖 5-2　臺圖藏宋本

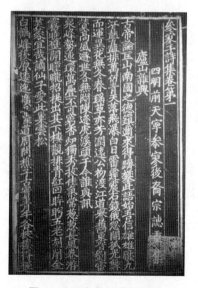

圖 5-3　重慶市圖書館藏本

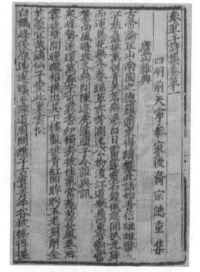

圖 5-4　臺圖藏宋本

---

① 此書影及下面正文部分書影皆據縮微膠片拍照，由王蘭苓同學提供。

但《中國古籍總目》著録此重慶市圖書館藏本爲明正統間刻本，不知何據。此本目録及正文皆殘存八卷，無補抄。其首比臺圖藏宋本多出宋濂序和黃諫序，但宋濂序明顯是手寫補抄的，其内容并非專爲刊刻《參寥子詩集》而寫，而是洪武二年（1369）春宋濂奉詔在京師總修《元史》期間，應其師黃溍之方外友用明訥禪師所請，爲其詩文集所撰寫的《用明禪師文集序》①中的一段，當是後人摘取其中與道潛相關部分内容作爲此本序言補抄在書首的。黃諫，字廷臣，號蘭坡，蘭州（今屬甘肅）人。博學多通，工篆隸行草，尤長八分，兼善繪畫。明英宗正統七年（1442）中探花，賜進士及第，歷官翰林院編修、侍講學士，兼尚寶寺卿。曾出使安南，後以鄉人事被劾，謫廣州府判，從學者甚衆，廣人立祠祀之。② 其序中也未提及刊刻《參寥子詩集》之事，但提到其出使安南歸途中路過杭州，在智果寺閱覽了道潛作品後"因序首簡歸之"。而其出使安南在天順初年（1457），③ 故此序之作當在天順年間。此本可能是明代用宋刻殘版重印（或影印），在其前補刻了黃諫序作爲《參寥子詩集》序，其時間當不早於天順年間。而宋濂序應是其後又補抄上去的。

臺北"國家圖書館"還藏有清初著名書畫家笪重光（1623—1692）鈔本《參寥子詩集》十二卷三册（索書號：10311）。首有黃諫《〈參寥子詩集〉序》，卷一至卷十二總目録，正文首頁前兩行文字及詩歌排序、内容皆同上述臺圖藏宋本及重慶市圖書館藏本，故與上述二本當爲同一系統。此鈔本卷十二之後占五行寫有"智果禪寺遠孫比丘　廣諲　廣曉／廣皥　廣昕／廣曦　曇萼／曇黼／助資重

---

① 〔明〕宋濂著，徐儒宗等點校《宋學士文集·鑾坡前集》卷八，杭州：浙江古籍出版社，2014年6月，第640—641頁。
② 事見〔明〕朱謀垔撰，徐美潔點校《續書史會要》，浙江人民美術出版社2019年版，第333頁。〔明〕趙廷瑞修，董健橋等校注《（嘉靖）陝西通志》卷三十，三秦出版社2006年版，第1664—1665頁。
③ 〔明〕郭棐《粵大記》卷十三《宦迹類》，明萬曆間刻本。

刊", 可見《參寥子詩集》宗譓重集本在明代曾經智果寺僧人助資重刊, 而此鈔本則是據重刊本抄寫。此鈔本末還附錄兩種資料, 一種出自《釋氏寶鑒》:

> 錢塘僧道潛參寥子, 以詩見知於蘇文忠公, 凡唱和形於翰墨, 必曰參寥。丞相呂公爲奏妙總師號, 後與簡牘則曰妙總老師。公離錢塘, (以長短句別之曰:"有情風、萬里卷潮來, 無情送潮歸。問錢塘)①江上, 西興浦口, 幾度斜暉。不用思量今古, 俛仰昔人非。誰似東坡老, 白首忘機。記取西湖西畔, 正暮山好處, 空翠烟霏。算詩人相得, 如我與君稀。約他年、東還海道, 謝公、雅志莫相違。西州路, 不應回首, 爲我沾衣。"

另一種出自《迂齋古文》:

> 後山陳公師道, 極口論僧詩工拙。參寥云:"此不足論, 論釋氏當先乎道。"公曰:"禪非意想, 道絶功勳, 作麼生論?"師曰:"欲得現前, 莫存順逆。"師東歸, 公餞以序……(以下爲陳師道序内容, 略)

歷代佛教著作中未見有《釋氏寶鑒》之書名, 而《迂齋古文》即南宋樓昉的《崇古文訣》, 其卷三十一選録有陳師道《送參寥序》, 但並無以上所引内容。其實, 以上所引兩段内容皆出自元釋熙仲《歷朝釋氏資鑑》(簡稱《釋氏資鑒》), 疑"寶"即"資"之誤。此鈔本在抄寫陳師道序時落"詩苑之英"四字, 爲空白, 可能是其所依據底本本身殘缺或漫漶不清所致。文末隔行有"江上外史手録"六字, "江上外史"即笪重光之號。

另外, 國家圖書館亦藏有一抄本《參寥子詩集》(索書號:

---

① 括號中字原抄寫脱落。

05569），乃清黃丕烈舊藏，鈐有"士禮居藏""黃氏丕烈""復翁""平江黃氏用書"諸印。首有讀未見書齋主人（即黃丕烈）題識，稱此本據笪重光抄本傳寫。此本除無黃諫序外，其行款（半頁十行，行十九字）、內容與笪重光抄本全同，亦屬宗謐重集本系統。

《參寥子詩集》明代又有崇禎九年（1636）汪汝謙校勘本（以下簡稱汪刻本），十二卷，國家圖書館有藏（索書號：00356）。首有宋陳師道《高僧參寥集序》、明黃諫《〈參寥子詩集〉序》、明汪汝謙《重刻〈參寥子詩集〉序》。汪序中有"一日，上人觀我①出《參寥子集》示余，余先受之梓，且卜智果之興有日矣"語，其序作於明崇禎八年（乙亥，1635）仲秋，此書刊刻完成當在崇禎九年（或其後不久），②當是汪汝謙與鮑同德等人編次校勘重刻的。其序後有"夢幻居士鮑同德有鄰氏"《西泠紀夢》題識，記其崇禎五年冬再游西湖，居智果廢寺，因蘇東坡托夢，他募眾資重修智果寺一事。鮑氏題識後又有鄭元勳撰《書〈西泠紀夢〉後》文，亦記述鮑氏《西泠紀夢》由來及其募眾資重修智果寺事。鄭文後有《宋智果寺參寥子行錄》，未著撰人，述道潛生平行履，與秦觀、蘇軾等人之關係及蘇轍、陳師道對其評價等。其後又附《智果小景》，記載妙總大師塔院、玩月臺、枯木竹石圖、蝦蟆石、參寥泉、坡仙洞等智果寺附近名勝。然後才是"參寥子詩集目錄"及詩歌正文。而自鮑氏《西泠紀夢》題識以下，其版式、行款、字體等皆與正文同。正文每半頁九行，行十八字，白口，四周單邊，有界，版心無魚尾，上刻"參寥集"，中刻卷數，下刻頁碼。卷一至卷六前三行依次是"參寥子詩集卷之×""宋智果禪師道潛

---

① 清光緒二十五年（1899）錢塘丁氏所刊《武林往哲遺著後編》本《參寥子詩集》中所錄汪序"觀我"作"印參"，不知何據，但筆者所見明刊本汪序中此二字皆作"觀我"。

② 《武林往哲遺著後編》本《參寥子詩集》錄有清吳之屛作於崇禎九年季秋之序，稱"今其詩集賴汪、鮑諸君編次成帙矣，所猶有待者，鼎造一段因緣耳。爲賦本志，以弁其端"可證。

參寥著""明古歙汪汝謙然明校",而卷七至卷十二第三行衹有一"明"字,其下則或爲黑墨覆蓋,或爲空白。

  此本雖然也是十二卷,但與前述兩宋本分卷起訖、詩歌編排次第有很大不同,除了卷一前六題詩歌順序與宋本相同外,其餘詩歌排序、分卷很不相同。宋本中有些詩歌兩首連排爲一首,此本皆分開排列,如卷一《廬山雜興》組詩共十五首,其中五與六、七與八、十與十一、十二與十三首宋本皆相連爲一首,此本皆分作兩首,且詩題直接標明《廬山雜興十五首》,清晰明瞭。卷十《東坡先生挽詞》也有十五首,宋本前五首連爲一首,此本不但分爲五首,且根據詩歌體裁分爲《東坡先生輓詞四首》(皆五律)、《再哭東坡四首》(皆七律)、《再哭東坡七首》(皆七絶),比較合理。宋本詩題下自注,此本有些則連作詩題,如卷一《吳興道中寄子瞻與少游同賦》,其中"與少游同賦"五字宋本爲《吳興道中寄子瞻》詩題下小字自注;卷十《行歌亭孔寧極先生所居》,其中"孔寧極先生所居"七字宋本爲《行歌亭》詩題下小字自注。宋本有些詩歌末尾或詩題下有小字自注,此本則無。如卷三《次韻吳承老推官觀開西湖》詩末宋本有"列星事出教中"小字自注,是對詩中第七句"天上列星當亦喜"的注釋,此本無;卷四《孫志甫主簿輓詞二首》其一後宋本有"君乃莘老龍圖之弟、梅子明學士之友"自注,此本亦無;卷十二《續許元裕夢中作》,宋本題下有"許奉議失幼子甚慧,方悲惱中,卧於北窗下,遂夢爲詩。覺而記其兩句云:未可病中驚老去,會須花底喚春歸。語甚美,而元裕意其子他日必復生,俾余續之"一段小字注文,此本則無。此本詩題中往往標明詩歌首數,如卷二《東園三首》《淮上三首》、卷四《邵伯道中二首》《春日二首》等,宋本詩題中則皆無。但此本詩題常有簡省,如卷三《吳門懷錢塘何彥時》,宋本作《吳門有懷錢塘何彥時仙尉》;卷四《夢中作》,宋本作《八月十七夜夢中作》;卷五《宿天竺》,宋本作《與愚上人宿天竺》,宋本顯示的信息更多,更具體。此本文字總體上看與宋本相比異文不算太多，個別誤字都與宋本相同，如卷二《乾明夜坐懷孫莘老學士》中之"莘"當作"莘"，宋本亦誤作"萃"。但此本與宋本亦存在一些異文，如卷一《陳季常靜庵》中"閉門謝客觀荷鋤"之"荷"，宋本作"待"；卷四《駐景樓》中"山色常時在小窗"之"常"，宋本作"無"；《次韻張敏叔工部郭殿直遠趣軒》中"此軒雖小景無遺"之"雖"，宋本作"須"，皆當以此本字爲宜。卷四《靜舍與蔡秀如承事會話》中"忽然覽高風"之"覽"，宋本作"隨"；卷五《夏日龍井書事》其二中"雲華漸冷飛蚊息"之"雲"，宋本作"露"；《晨起》中"玄鶴空呼曉"之"空"字，宋本作"驚"，皆當以宋本字爲勝。此本亦有一些誤字，如卷六《載游鶴林寺》之"載"字，宋本作"再"；《用法穎韻宇信上人》之"宇"字，宋本作"寄"，當以宋本爲是。此本卷六《虛白齋》詩題下另行詩序有"與子瞻共座，有客饋魚於子瞻，瞻遣放之，遂命賦是詩"一段話，與前述王十朋《增刊校證王狀元集注分類東坡先生詩》卷十三《次韻潛師放魚》詩題下引韓駒注文所云"其序云"正好相合。從編次、異文等情況看，如果不是汪汝謙等人把法穎系統本詩歌次序打亂重編，並對詩題、內容作了一些修改的話，①此本所據底本與上述法穎系統兩種宋本當非同一系統。

此本正文後還附有"東坡稱賞道潛之詩"，署"古歙汪汝謙校"，從《冷齋夜話》《東坡志林》等書中輯録與道潛有關的詩文、軼事等；還有"秦少游集摘"，署"明雲間陳繼儒校閱"，是從秦觀集中輯出與道潛有關之詩文。其版式、行款等與正文相同。

傅增湘用法穎編宋本對此本進行了仔細校勘，不僅把異文標寫在相應的字旁，還把每首詩在宋本中的卷數及排列順序也標注

---

① 王蘭苓學年論文《道潛詩歌編集流傳考》認爲汪本對法穎系統本進行了較大改造，作了主觀性較强的增删甚至重編，筆者亦不排除這種可能。

在此本每個詩題的上方。傅氏在目錄末頁空白處寫有題記，稱經過與宋本對校，此本"脫十二題共十五首"詩歌，并把這些詩歌抄補附於書後，包括《酬邵彥瞻朝奉見寄》（一首）、《訪彭門太守蘇子瞻學士》（一首）、《彭門書事寄少游》（三首）（以上見宋本卷三）；《同蘇文饒主簿西湖夜泛》（一首）、《酬錢塘宰王昭叔朝奉》（一首）（以上見宋本卷六）；《別蘇翰林》（一首）、《送景文》（一首）、《贈太守林子中待制》（一首）、《證師勝可桐虛齋》（一首）（以上見宋本卷七）；《游葉城韓氏東園》（一首，見宋本卷十一）；《讀子蒼詩卷二首》《寄潘仲升秀才》（一首）（以上見宋本卷十二）。但經筆者核對，其中《讀子蒼詩卷二首》已見此本卷四，並未脫漏，故實際脫十一題十三首。而此本中還有雖詩題未脫，但因同詩題下宋本有兩首詩歌以上者，此本亦有脫漏一至二首，傅增湘在校對時已在相應位置手寫小字補出，包括卷九《與定師話別六言》（宋本共四首，此本落第三首）；《次韻闞子容晚霽》（宋本共二首，此本落第二首）；卷十《維揚秋日西郊》（宋本共四首，此本落第三、四首，但在第二首後原有四行空白，可能是所據底本有殘缺所致）。故與宋本相比，此本共脫漏詩歌十一題十七首。

汪刻本國内現存藏較多，南京圖書館、首都圖書館、中科院圖書館、復旦大學圖書館、蘇州市圖書館、湖北省圖書館、臺北"國家圖書館"、臺北"中研院"歷史語言研究所傅斯年圖書館等處皆有收藏。但現存汪刻本有些序及附錄的内容多寡不同，排序亦有異，有些地方有挖改痕迹。如臺北"國家圖書館"藏汪刻本（索書號：10309），十二卷四册，行款格式、字體等皆同上述傅增湘校勘本。書首祇有陳師道序，無黃諫、汪汝謙序；陳序後依次是卷一至卷十二總目、"東坡稱賞道潛之詩"、卷一至卷十二正文、"宋智果寺參寥子行錄"、"秦少游集摘"。與上述傅增湘校勘本排序很不相同，有些混亂，且無錄鮑同德《西泠紀夢》題識、鄭元勳撰《書〈西泠紀夢〉

後》及《智果小景》等內容。其正文卷一、卷二、卷四至卷六第三行皆有"明古歙汪汝謙然明校"九字，卷七至卷十一第三行祇有一"明"字，其下則或爲黑墨覆蓋，或爲空白，與上述傅增湘校勘本相同。但其卷三第三行署"明語溪吳爾壯 幼方訂"；卷十二第三行署"明語溪吳之翰 宗維校"，則與上述傅增湘校勘本不同，且這兩處有明顯的挖改痕迹。說明汪刻本曾經重印，對原版個別地方進行了修改。其網站著錄序跋者有陳無己、吳之屏、汪汝謙、黃諫四人，但其電子影像版中祇有陳師道序，或許此本曾經散佚重裝，丟失了部分內容，也造成了一些內容編排次序的混亂。臺北"國家圖書館"還藏有另一汪刻本（索書號：10310），十二卷四冊，版式、行款、字體等皆與上兩本相同，書首祇有汪汝謙序，汪序後依次是目錄、正文、"秦少游集摘"、鮑同德《西泠紀夢》題識、鄭元勳《書〈西泠紀夢〉後》、"附智果小景"，無陳師道、黃諫、吳之屏等人序，亦無"東坡稱賞道潛之詩""宋智果寺參寥子行錄"。其正文卷一第三行全被黑墨刷蓋，與上述二本署"明古歙汪汝謙然明校"不同，卷二至卷十二的第三行同上傅增湘校勘本。此本曾經吳興嘉業堂主人劉承幹（1881—1963）求恕齋收藏，鈐有"劉承幹/字貞一/號翰怡""吳興劉氏/嘉業堂/藏書印"等藏印。臺北"國家圖書館"另藏有一舊鈔本《參寥子詩集》十二卷四冊（索書號：10312），行款亦爲半頁九行十八字，無序及其他附錄內容，祇有卷一至卷十二總目錄及詩歌正文，但其正文卷一、卷二第三行署"明隱湖小隱毛晉子晉訂"，其他卷第三行同傅增湘校勘本，可能其所據底本就是如此。以上皆說明汪刻本曾經多次重印，對正文外的序、附錄等內容有所取捨，對原版個別地方進行過修改。

汪刻本當在崇禎十五年（壬午，1642）重刻，《武林往哲遺著後編》本《參寥子詩集》有甬東楊德周序，撰於崇禎壬午，稱"妙總大師詩集凡十二卷，後浸漫漶。邇汪、鮑兩君從檇李叢林中搜得原本，爲詮皮成帙"，"兹寺僧界洲携是爲檀嚫津筏，而請余弁其首"。上海圖書館藏有善本《參寥子詩集》十二卷，著録爲崇禎十五年刻本，惜此本筆者未及經眼。《武林往哲遺著後編》中收録《參寥子詩集》十二卷，清光緒二十五年（1899）錢塘丁氏刊本，首依次有陳師道、吳之屏、黃諫、汪汝謙、楊德周序。正文每半頁十一行，行二十一字，左右雙邊，上下單邊，有界欄，白口，上單魚尾，魚尾下寫書名、卷數、頁碼。此本每卷正文皆無上述崇禎九年汪刻諸本第三行内容，而是在第二行"宋智果禪師道潛參寥著"次行直接刻列道潛詩歌之詩題。附録分爲上下兩卷，上卷即"東坡稱賞道潛之詩"，署"明古歙汪汝謙輯"，卷下即"秦少游集摘"，署"明雲間陳繼儒輯"，無"宋智果寺參寥子行録"及"智果小景"。此本當從崇禎十五年刊本而來。臺灣明文書局出版之《禪門逸書初編》中所收《參寥子集》即據《武林往哲遺著後編》本影印。

《四庫全書總目》卷一百五十四集部七別集類七《參寥子集》提要謂：

> ……國朝吳之振《宋詩鈔》云："《參寥集》杭本多誤采他詩，未及舆析。"今所傳者凡二本，一題"三學院法嗣廣賔訂、智果院法嗣海惠閲録"。前有參寥子小影，即海惠所臨。首載陳師道《餞參寥禪師東歸序》，次載宋濂、黄諫、喬時敏、張睿卿四序，鈔寫頗工。一本題"法嗣法頴編"，卷帙俱同而敘次迥異，未知孰爲杭本。按集中詩有同法頴韻者，則法頴本授受有緒，當得其真。①

廣賔訂、海惠閲録本今未見流傳，喬時敏、張睿卿二人序也未見存，具體情况不得而知，但從"卷帙俱同而敘次迥異"句來看，可能與汪

---

① 〔清〕永瑢等撰《四庫全書總目》下册，中華書局1965年版，第1331頁。

刻本屬同一系統。王蘭蓉論文考證廣賓曾任道潛故寺三學院住持，與汪汝謙同時，①海惠爲清初智果院僧人；而喬時敏②、張睿卿③也皆與汪汝謙同時。由於資料闕如，目前還無法判斷經廣賓所訂，有喬、張二序之本與汪刻本之關係及其先後等情況。

　　文淵閣《四庫全書》本(以下簡稱四庫本)所用底本當是法穎所編本，其分卷及詩歌編排次第與法穎本相同，但參考了汪刻本，并用汪刻本作了校改，如上述法穎本中有些詩歌兩首連排爲一首的，四庫本皆如汪刻本分開排列，如《廬山雜興》等詩。四庫本還如汪刻本在詩題下標明詩歌首數。汪刻本與宋本的一些異文，四庫本往往同汪刻本，如前舉《陳季常靜庵》詩"閉門謝客觀荷鋤"之"荷"、《駐景樓》中"山色常時在小窗"句之"常"、《次韻張敏叔工部郭殿直遠趣軒》中"此軒雖小景無遺"中之"雖"字，四庫本皆與汪刻本同。而前引《靜舍與蔡秀如承事會話》中"忽然覽高風"中之"覽"字，《夏日龍井書事》其二中"雲華漸冷飛蚊息"中之"雲"字，《晨起》中"玄鶴空呼曉"句之"空"字，四庫本則同宋本分別作"隨""露""驚"，可見四庫館臣有自己的判斷。館臣還對底本與汪刻本共有的明顯誤字作了改正，如卷二《乾明夜坐懷孫萃老學士》中之"萃"改作"莘"。汪刻本的一些誤字，如前引《載游鶴林寺》之"載"字，四庫本同作"載"；《用法穎韻字信上人》之"字"字，四庫本則同宋本作"寄"。祝尚書教授懷疑

---

① 汪汝謙，字然明，歙睦(今安徽黄山市)人。與董其昌、文徵明、陳繼儒、錢謙益等人相友善，明末避地武林，縱情詩酒，爲風雅領袖。事見〔清〕丁廷楗、盧詢修《(康熙)徽州府志》卷十五，康熙三十八年(1699)刻本。

② 喬時敏，字君求，上海人，萬曆三十八年(1610)進士，四十年任仁和知縣。事見〔清〕馬如龍修《(康熙)杭州府志》卷二十一，康熙二十五年刻、三十三年李鐸增刻本；〔清〕宋如林修《(嘉慶)松江府志》卷五十五，清嘉慶松江府學刻本。

③ 張睿卿，字種通，號心嶽，歸安(今浙江湖州)人。爲人博雅豪邁，以游歷山川、著書爲樂，著有《峴山志》等書。事見〔清〕李衛、嵇曾筠等修《(雍正)浙江通志》卷一百七十九，影印文淵閣《四庫全書》本。明萬曆三十七年(1609)汪汝淳刻本《重刻張來儀靜居集》首有其所撰序，作於萬曆三十一年，則其亦爲明末人。

《四庫總目》所云之廣賓訂、海惠閲録本即明正統本,也即重慶市圖書館所藏本,①根據上文考證,這個判斷應當是不正確的。

(三)道潛詩集在日本的刊刻流傳情况

道潛在日本五山文學中也有一定影響。日本五山時期的一些詩僧對道潛事迹及其詩歌藝術成就是熟悉瞭解的,在其詩文中常表達推崇之意。五山著名詩僧別源圓旨(1294—1364)就寫有"詩無音律愧參寥,大隱教誰爲我招"的詩句,②義堂周信(1325—1388)在其《復用橋字韻寄陽谷義山二上人》詩中有"每懷文暢與參寥,千古詩盟未覺遥"之句。③惟肖得巖(1360—1437)《〈湖山雪後圖〉詩序》中説"仲靈參寥邈不可跂",④表達了他對契嵩、道潛的尊崇;又有《贊參寥子》云:"元祐相君師號頒,黄州逐客笑詩斑。知公漸欲逃名姓,自署玄冥疑始閒。"⑤可見他非常熟悉道潛的生平事迹。希世靈彦(1404—1489)有《參寥〈汀州藕花詩圖〉》云:"髮有詩斑行路中,臨平五月藕花紅。汀洲一樣淡風物,收入篇題便不同。"⑥當是他爲根據道潛著名詩歌《臨平道中》⑦内容繪製的《汀州藕花詩圖》所作的詩;他還作有"山行無路日西斜,烟樹重重望眼遮。興在參寥詩句里,遥聞機杼認人家",⑧末句化用道潛"隔林仿佛聞機杼,應有人家在翠微"⑨詩句。景徐周麟(1440—1519)有《次有材侍者

---

① 祝尚書《宋人別集敘録(增訂本)》卷十,第477頁。
② [日]釋圓旨《南游集·和草庵首座山居》七絶其七,[日]上村觀光編《五山文學全集》卷一,第749頁。
③ [日]釋周信《空華集》卷八,《五山文學全集》卷二,第1561頁。
④ [日]釋得巖《東海璚華集》第三册,[日]玉村竹二編《五山文學新集》卷二,東京大學出版會1968年版,第790頁。
⑤ 同上,《東海璚華集·七言絶句》,第984頁。
⑥ [日]釋靈彦《村庵稿》卷上,《五山文學新集》卷二,第211頁。
⑦ 詩云:"風蒲獵獵弄清柔,欲立蜻蜓不自由。五月臨平山下路,藕花無數滿汀洲。"《全宋詩》册一六,第10723頁。
⑧ [日]釋靈彦《村庵稿》卷上《題畫二首》其二,《五山文學新集》卷二,第251頁。
⑨ 見《東園》三首其二,《全宋詩》册一六,第10729頁。

韻》:"古人贈八尺風漪,不及新春七字詩。覺範參寥卷中友,晝閑啼鳥上花枝。"①從希世靈彥爲《汀州藕花詩圖》題詩、景徐周麟"覺範參寥卷中友"詩句來看,當時日本流傳有根據道潛《臨平道中》詩歌内容繪製的《詩圖》,也應當有道潛詩集流傳。但目前在五山詩僧的著作中未見到《參寥子詩集》書名的明確記載,也未見道潛詩集在日本重刊的記載,亦不見有和刻本流傳。相對於道潛的詩名來説,確實有些不相符。筆者以爲,主要是因爲道潛作爲僧人,在佛學上並無什麽建樹,且其詩歌與一般文人詩很相似,即蘇轍稱其詩"無一點蔬筍氣",晁公武謂"其言清麗,不類浮屠語"。雖然有一些日本五山詩僧稱讚、推崇他詩歌的藝術成就,但不少五山詩僧及後代日本僧人對衹擅長作詩的僧人是有不同看法的。曾有僧人問虎關師煉(1278—1346)"宗門亦事吟哦乎?"他回答:"吟哦者吾餘也。"他認爲佛教傳至中國,一花五葉結果成,經很多人培植養護,"而其培養者形言也,則爲伽陀焉,爲衹夜焉,故靈雲之吟更不疑,祖峰之哦鬭未休","不則流而爲貫休、齊己,蕩而作道潛、祖可,是鄉之所謂餘者也"。②可見他并不是反對吟詩,而是認爲作爲禪宗僧人,體悟佛祖拈花、迦葉微笑的真諦才是主業,主張通過詩偈宣傳佛教思想,表達自己參禪悟道的境界,否則就衹是無事閑吟,流蕩而成爲貫休、齊己、道潛、祖可這樣以能詩而出名的詩僧了,這是他所説的"餘",也即次要之事。五山詩僧夢巖祖應(?—1374)在日本應安七年(1374,明洪武七年)《跋重刊北磵詩後》一文中説得更清楚:

  詩也者,人之情性也。因感觸而生,初不間庸夫賤隸,若

---

① [日]釋周麟《翰林葫蘆集》卷三,《五山文學全集》卷四,第 121 頁。
② 以上所引見[日]釋師煉《濟北集》卷八《長春花軸序》,《五山文學全集》卷一,第 180—181 頁。

人人可能也。而一爲聖人所取，列之六經，垂於萬古，則曰："爲此詩者，其知道乎？"又曰："不學詩無以言。"若爾，詩豈但止乎禮義乎？吁！其亦難矣。其流爲《騷》、爲《選》、爲唐律，體製世變，然其所以爲情性則一也。祇此不經聖删，以故各立一家以自是也。吾釋偈頌，據彼之方有祇夜者焉，有伽陀者焉。昔人曰偈或偈佗，蓋梵音之訛略也。按梁僧史，羅什語惠睿曰："天竺國俗甚重文，製其宮商體韻，以入絃爲善。凡見佛覲王，詠歌功德，經中偈頌皆其式也。"① 但改梵爲秦，失其藻蔚。傳譯大意以詔後世，有如嚼飯與人，非特失味，乃令嘔噦也。什輒製偈贈沙門法和曰：心山育明德，流薰萬由延。哀鸞孤桐上，清音滿九天。"② 此土之偈濫觴於此。自爾以降，達磨對楊衒之作偈，以至汾陽、雪竇，或古或律，偈頌獨盛旐吾門。向所謂情性之本，發爲玄言寄唱，蓋詩律特其寓也耳。鄉睦庵曰"詩而非詩"，乃此也。然悠悠後學，不本宗猷，肆筆而成，全無羞愧。如蛾岷鴉臭十倍隱之，③何其多耶！至若黄龍之由有没二字服其妙密，則蓋寡矣。其末流甚者，聞云"秋雲秋水共依依"，則曰"此詩也"；聞云"倒騎佛殿上天台"，則曰"此頌也"。欲不笑而得乎？夫内無所得，語言惟貴，則雖咸池三百首，金薤千萬篇，竟何補於吾道之萬一耶！北磵老子

---

① "式"原誤作"或"，今據梁釋慧皎《高僧傳》卷二《鳩摩羅什傳》改。見《高僧傳合集》本，第13頁止。
② 引文出自梁釋慧皎《高僧傳》卷二《鳩摩羅什傳》，但爲意引，與原文字稍有出入。
③ 典故出自宋釋法宏、釋道謙編《大慧普覺禪師語録》卷上：峨眉山白長老常云："雪竇有頌古百餘首，其詞意不甚出人，何乃浪得大名於世？"遂作頌千首，以多爲勝，自編成集。妄意他日名高雪竇，到處求人賞音。有大和山主，遍見當代有道尊宿，得法於法昌遇禪師。不出世，住大和稱山主，氣吞諸方，不妄許可。白携頌謁之，求一言之證，欲取信後學。大和一見，唾云："此頌如人患鴉臭，當風立地，其氣不可聞。"自此不敢出似人。後黄魯直至其寺，書於壁云："峨眉山白老，千頌自成集。大和曾有言，鴉臭當風立。"見《卍新纂續藏經》第69册，No.1362。鴉臭謂腋下惡氣，今謂狐臭。

從涵養蘊藉之中，獲超然自得之妙，離文字之縛，脱筆墨之畛畦。文章鉅公與交，則寂寥乎短章，舂容乎大篇，謂之詩也，亦得；衲子與酬唱，則痛快過乎棒喝之用事，謂之頌也，亦得。與夫休、己、鳥、可之徒，雕肝鏤腎、抽黄對白、以詩著名者，不亦邈乎！繇此云之，謂舍吾佛祖之道而到詩之妙處，則吾不信焉。①

他首先强調詩歌是吟詠情性的，并受到儒家詩學觀的影響。僧人所作偈頌，在佛經中稱爲伽陀、祇夜，他引用梁釋慧皎《高僧傳》中鳩摩羅什對僧惠睿説的一段話，説明梵文伽陀本有其宫商體韻，譯爲漢語後，失去其藻飾和韻味，并簡述了自鳩摩羅什贈沙門法和偈後，中土禪宗偈頌詩歌的産生和發展。他認爲這些偈頌詩歌，祇是利用詩律的形式來表達禪宗的思想内容。他批評一些禪宗後學不以禪宗宗旨爲本，肆筆而成，所作又多又臭，全然不知羞愧。像黄龍慧南那樣反復參謁石霜楚圓禪師，在楚圓禪師的提示下契悟，把自己詩偈中的"没"改爲"有"，并佩服楚圓禪學妙密的人，則很少有，那些不瞭解禪宗詩頌真諦的末流之人更是不值一提。如果没有佛學修養，參禪證悟所得，而祇追求華麗的語言形式，對於佛學禪宗之道是無所補益的。他稱讚南宋北礀居簡禪師"從涵養蘊藉之中，獲超然自得之妙，離文字之縛，脱筆墨之畛畦"，所以其所作謂之詩亦得，謂之頌亦得。相反地，他對貫休、齊己、賈島、祖可這些唐宋著名詩僧則表示了輕蔑，認爲他們是"雕肝鏤腎、抽黄對白、以詩著名者"，雖然其中未提道潛之名，實際上應該也是把他列入這一類的，因爲道潛起碼符合他所説的"以詩著名者"。他認爲那些體現佛祖之道的僧詩才能達到詩歌的妙處。僧詩要體現"佛祖

---

① ［日］釋祖應《旱霖集・跋》之《跋重刊北礀詩後》，五山文學全集》卷一，第836—838頁。

之道",是五山詩僧及其後日本僧人的共同主張。前"智圓《閑居編》"部分所述元禄七年沙門師點所撰《書刻〈閑居編〉後》一文中亦云：

>……如來深誡從於文筆外書，而又開爲伏俗。故或讀其書，凡爲後裔者，不可不知其所以誡之，而曉所以開之也。古之高僧懷此能者多矣。嗚乎！三藏學焉，六度修焉，難乎餘力之及於兹也。其或不根柢乎道德，淵源乎貞實，而徒嗜詞章之末技者流，爲湯休、賈島輩，區區爭工於字句之間，蹭蹬終身，其於學也，果何益歟？……當歐、李之慕韓昌黎排佛，鐔津毅然出而著書，雰霧爲之廓清，豈不雄偉哉！其餘似乎此類，歷代迭出，孤山中庸子圓公，其流亞也。傳天台之道，外考周、孔遺文，究揚、孟之言，以神佛學。又能作文，蓋欲以文發揮淳正之道，禦侮救弊，翼衛法門耳。詩亦澹雅幽潔，山林樂道之趣，諷而可喜。……

可見他也不讚成"徒嗜詞章之末技者"，像湯惠休、賈島一類的人，"區區爭工於字句之間"，而是推崇像契嵩、智圓這樣著書衛道、作詩樂道、翼衛法門的詩文僧。而道潛也没有什麽著書衛道、翼衛法門的事迹，所以，道潛之詩集未在日本重刊并廣泛流傳，這方面可能是一個主要原因。

但是，道潛所寫書信的真迹很早就流傳到日本，爲日本人所收藏，被定爲重要文化財。田山方南所編《禪林墨迹》上卷就收録了道潛的一篇"與淑通教授道友"的尺牘墨迹，標明收藏者爲中村富次郎。即下圖：①

---

① 見[日]田山方南編《禪林墨迹》上卷第六幅墨迹，京都：思文閣1981年版。

第一章　宋僧詩文集在日本的刊刻流傳考述　191

圖 5-5　道潛墨迹

全文如下：

  道潛啟：今春楚大師還，辱書劇懃。無似深荷。故人不忘久要，感慰無已。冬寒，不審比來傳道外，體履清否？何如？奉惟安勝。僕自去年十二月往外邑於潛，至今年八月末方還湖上，所以久不獲修記上問動止，唯傾倒左右，未始須臾忘去也。歲屢道盡，未緣幷合，仰乞君子爲時自愛，不一一。　道潛狀　淑通教授道友　　十一月望[①]

此尺牘的左方自上而下分別鈐有"方氏嗜書齋藏書記""昌壽堂""義齋清玩"等藏印。文中的淑通教授，經學者考證認爲是宇文虛中，[②]字叔通，別號龍谿居士，成都華陽（今四川成都）人。徽宗大觀三年（1109）進士，歷官州縣，入朝爲起居舍人、國史編修官、同知貢舉，遷中書舍人。欽宗朝，曾多次奉命使金，後以議和之罪被彈劾，罷知青州，尋落職奉祠。高宗建炎元年（1127）流放韶州。二

---

①　文中"清"，田山方南識讀爲"佳"；"臾"誤識爲"叟"。見《禪林墨迹解説》，思文閣 1981 年版，第 5 頁。

②　胡建明《宋代高僧墨迹研究》，西泠印社出版社 2011 年版，第 31—32 頁。

年,應詔爲祈請使使金,因金人未歸還徽、欽二帝,他留在金國,金人賞識其才華,加以官爵,累官翰林學士、知制誥兼太常卿,封河内郡開國公,遷禮部尚書,金人號爲"國師"。後因有人告其謀反,受焚而死。《宋史》卷三百七十一有傳。① 元釋念常編《佛祖歷代通載》卷二十謂其在金國時"對越談論,多引儒書證成釋理","金朝儀禮皆公定制,壽一百八歲,無疾跏趺,援筆朗吟而往"。② 與《宋史》本傳記載有所不同。從其描述來看,宇文虚中當亦通曉佛理,信仰佛教。此幅尺牘"經京都大德寺、實業家兼茶人原三溪(1868—1939)、松永紀念館遞藏,現藏福岡縣福岡市美術館","爲日本現存禪僧墨迹中最古老的一件"。③ 另外,學者胡建明介紹:"道潛另有一件楷書碑刻傳世,今藏於日本皇居宫内廳書陵部,爲宋拓本。是元祐八年(1093)九月,道潛應明州天童山景德寺所請,用楷書寫了《明州天童山景德寺輪藏記碑》",④其書中附有拓本圖片,可惜字太小,有些模糊,很多文字無法辨識。

目前日本存藏的道潛《參寥子詩集》,大都是晚清至近、現代傳入日本的。上述國内也廣泛流傳的影印文淵閣《四庫全書》本及《四庫全書珍本》叢書本,爲日本諸多藏書機構收藏,如東京大學圖書館、京都大學圖書館、京都大學人文科學研究所、國會圖書館、駒澤大學圖書館等;《四部叢刊三編》影宋本,東京大學綜合圖書館、京都大學圖書館、京都大學人文科學研究所、國會圖書館及東北大學、立命館大學、新潟大學、神户大學、愛媛大學、高知大學等衆多大學圖書館都有收藏;《武林往哲遺著後編》本,有東洋文庫、京都

---

① 〔元〕脱脱等撰《宋史》,中華書局1985年版,第11526—11529頁。
② 《大正新修大藏經》第49册,No.2036,第693頁中。
③ 江静編著《日藏宋元禪僧墨迹選編》"道潛與叔通教授尺牘"解題,西南師範大學出版社,2015年版,第3頁。
④ 胡建明《宋代高僧墨迹研究》,第31頁。

大學人文科學研究所、靜嘉堂文庫、東京大學東洋文化研究所等收藏。日本很多藏書機構還收藏有清吴之振、吕留良編輯的《宋詩鈔初集》中的《參寥詩抄》,多爲清康熙十年(1671)刊本,如宫内廳書陵部、國會圖書館、公文書館、東京都立中央圖書館、東洋文庫、京都大學人文科學研究所、山口大學圖書館、島根縣圖書館、山梨縣圖書館等皆有收藏;也有不少圖書館藏有1914年上海商務印書館據康熙刊本影印本,如日本東北大學、神户市立中央圖書館、大阪大學、東洋文庫、神户大學、立命館大學、廣島大學、京都産業大學等;清管庭芬、蔣光煦輯《宋詩鈔補》中的《參寥集補鈔》一卷,1915年上海商務印書館據别下齋舊藏本排印本,亦爲東洋文庫、神户大學、京都大學文學部、大阪大學、京都大學人文科學研究所、京都産業大學、廣島大學、愛知學院大學、新発田市立圖書館等衆多藏書機構收藏。此外,日本慶應義塾大學附屬斯道文庫、京都大学人文科学研究所皆有前述臺北"國家圖書館"所藏宋刊鈔補本的縮微膠片。

日本《靜嘉堂文庫》除收藏有《武林往哲遺著後編》本《參寥子詩集》外,還藏有明汪汝謙校刊本十二卷二册,題爲《高僧參寥詩》,爲陸心源十萬卷樓舊藏。前有陳師道序,序後有《行録》。卷中有清代學者、藏書家陳鱣(1753—1817)題記兩處,①一處題記作於清嘉慶十年(1805),内容與前述《四庫全書總目》之《參寥子集》提要内容大致相同,是由《四庫總目》内容稍加改動而成;另一處題記則是引《墨莊漫録》所載道潛因度牒冒名而坐刑編管兖州之事。

京都大學圖書館還藏有一和寫本《參寥子詩集》八卷,爲藏經書院文庫本,列爲貴重書,惜筆者未及寓目。推測有可能與前述重

---

① 嚴紹璗《日本藏宋人文集善本鉤沉》,第77—78頁。又見〔清〕陸心源編撰,許靜波點校《皕宋樓藏書志》卷七七,浙江古籍出版社2016年版,第1368頁。

慶市圖書館藏本爲同一系統。

綜上,道潛《參寥子詩集》國内主要流傳法穎編宋本(包括其重刊本、影印本、抄本等)與明崇禎九年汪汝謙校勘本(包括其重刊本、抄本)等兩個版本系統,日本所流傳收藏的也是這兩個版本系統,且大都是晚清至近、現代傳入日本的,包括法穎宋本系統的影印本、抄本,明崇禎九年汪汝謙校勘本及其重刊本等,未見有和刻本。另清吳之振、吕留良編輯的《宋詩鈔初集》中的《參寥詩抄》,清管庭芬、蔣光煦輯《宋詩鈔補》中的《參寥集補鈔》在日本各藏書機構亦多有收藏。日本還藏有道潛"與淑通教授道友"尺牘真迹及其所撰寫的《明州天童山景德寺輪藏記》楷書碑刻拓片。

六、惠洪《筠溪集》《物外集》《甘露集》《石門文字禪》

惠洪(1071—1128),一名德洪,字覺範,自號寂音尊者、甘露滅等,筠州新昌(今江西宜豐)人。俗本姓彭,後過繼喻姓人家,故自稱爲"喻氏子"。① 年十四,父母并離世,依三峰靓禪師爲童子。哲宗元祐四年(1089),試經於東京天王寺,冒惠洪名得度爲僧。依宣祕律師受《唯識論》,四年後南歸,依真淨克文禪師於廬山歸宗寺研究心法,并隨其遷洪州石門,凡七年,得真淨之道。二十九歲游東吳,次年游南嶽衡山。徽宗大觀元年(1107),②出世住臨川之北景德禪寺,二年,游金陵,住金陵清涼寺。冒名剃度事發,入獄一年,勒令還俗。後至東京,入丞相張商英、樞密郭天信門下,再得度,賜名寶覺圓明禪師。徽宗政和元年(1111),張、郭貶黜,亦受牽連,發

---

① 據陳自力《釋惠洪研究》上編第一章第一節"姓名字號考"之"惠洪俗姓考",中華書局 2005 年版,第 2—4 頁。

② 據周裕鍇《宋僧惠洪行履著述編年總案》第四卷"徽宗大觀元年"條下考證,高等教育出版社 2010 年版,第 115—116 頁。

配朱崖軍（今海南三亞）。三年，得釋。四年，返筠州，館於荷塘寺。是冬復證獄於并州，明年得還。八年，又被誣以張懷素黨繫留南昌獄百餘日，遇赦，歸湘上南臺，治所居曰明白庵。宣和七年（1125），往襄州，欲歸老鹿門寺。①　欽宗即位，大逐宣和用事者，追贈張商英等人官爵，除元祐黨人之禁，其聞訊乃赴京師，謁刑部陳詞，乞別賜改正爲僧。②　賜其重剃髮，恢復寶覺圓明禪師之名。後南還，經襄州、蘄州，游廬山。高宗建炎二年五月卒於建昌縣同安寺，年五十八。惠洪工書善畫，尤擅繪梅竹，③多與當時知名士大夫交游，於宋僧中頗負詩名。因其《上元宿嶽麓寺》詩中"十分春瘦緣何事，一掬鄉心未到家"句，被譏爲"浪子和尚"。④《四庫總目》謂"其詩邊幅雖狹，而清新有致，出入於蘇、黃之間，時時近似。在元祐、熙寧諸人後，亦挺然以自立"；⑤又説其"既役志於繁華，又溺情於綺語，於釋門戒律，實未精嚴"，"雖僧律多疏而聰明特絕，故於禪宗微義能得悟門。又素擅詞華，工於潤色，所述釋門典故皆斐然可觀"；⑥"其牽連鉤黨，與道潛之累於蘇軾同。……特以詞藻論之，則與《參寥子集》均足各名一家耳"。⑦　有《林間錄》《禪林僧寶傳》《冷齋夜話》《天廚禁臠》《石門文字禪》等傳世。事見《石門文字禪》卷二十四《寂音自序》，南宋釋祖琇《僧寶正續傳》卷二、南宋釋正受《嘉泰普燈錄》卷七、南宋釋普濟《五燈會元》卷十七等。⑧

---

①　據周裕鍇《宋僧惠洪行履著述編年總案》第十卷"徽宗宣和七年條"下考證，第318頁。
②　同上書，第十卷"欽宗靖康元年條"下，第324頁。
③　〔宋〕鄧椿《畫繼》卷五，明崇禎毛氏汲古閣刻《津逮祕書》本。
④　〔宋〕吴曾撰，劉宇整理《能改齋漫錄》卷十一，《全宋筆記》第37册，大象出版社2019年版，第45頁。
⑤　《四庫全書總目》卷一百五十四惠洪《石門文字禪》提要，第1331頁下。
⑥　《四庫全書總目》卷一百四十五惠洪《林間錄》提要，第1238頁下。
⑦　《四庫全書總目》卷一百五十四惠洪《石門文字禪》提要，第1332頁上。
⑧　參見《全宋詩》册二三卷一三二七第15054頁小傳。

（一）目録記載

惠洪是宋代著名的禪僧和文僧，一生著述頗豐，見於各種文獻記載者有二十五種。[1] 收錄其詩文的集子主要有《石門文字禪》《物外集》《甘露集》《筠溪集》，宋元書目中皆有記載。如：南宋陳振孫《直齋書録解題》卷十七"別集類中"載僧德洪"《石門文字禪》三十卷"，卷二十"詩集類下"載其"《物外集》三卷"；[2]南宋鄭樵《通志》卷七十《藝文略》第八"別集五·宋"載録其"《甘露集》九卷"；[3]南宋晁公武《郡齋讀書志》卷十九"別集類下"著録"洪覺範《筠溪集》十卷"；[4]元馬端臨《文獻通考》卷二百四十一《經籍考》六十八集部別集類也著録"德洪覺範《筠溪集》十卷"，"《石門文宗禪》三十卷"，[5]卷二百四十五《經籍考》七十二集部詩集類又著録其"《物外集》三卷"[6]，從其解題内容可知分别輯録自《郡齋讀書志》與《直齋書録解題》。《宋史》卷二百零八《藝文志七》"別集類"載"僧惠洪《物外集》二卷，又《石門文字禪》三十卷"。[7] 可知這四種惠洪的詩文集在南宋已分别流傳，有的還有卷數不同的傳本。但《物外集》今未見，一般認爲其已佚失不存；《甘露集》今國内也未見，朝鮮李朝時期詩人徐居正（1420—1488）《東人詩話》云："近得《甘露集》，乃宋僧詩也。其詩云：'緑楊深院春晝永，碧砌落花

---

[1]　見周裕鍇《惠洪文字禪的理論與實踐及其對後世的影響》一文所列，《北京大學學報（哲學社會科學版）》2008 年第 4 期，第 87—88 頁。

[2]　〔宋〕陳振孫撰，徐小蠻、顧美華點校《直齋書録解題》卷十七、卷二十，上海古籍出版社 2015 年版，下册，第 521 頁、第 611 頁。

[3]　〔南宋〕鄭樵《通志》，影印文淵閣《四庫全書》，臺北商務印書館 1986 年版，第 374 册，第 466 頁。

[4]　〔宋〕晁公武撰，孫猛校證《郡齋讀書志校證》，下册，第 1034 頁。

[5]　〔元〕馬端臨《文獻通考》，中華書局 1986 年版，下册，第 1912 頁，"宗"當爲"字"之誤。

[6]　〔元〕馬端臨《文獻通考》，下册，第 1941 頁。

[7]　《宋史》，中華書局 1977 年點校本，第 16 册，第 5388 頁。

深一寸。'"①鞏本棟先生認爲"所謂宋僧即惠洪",②學者崔雄權也認爲此即惠洪《甘露集》。③ 與徐居正同時的姜希孟(1424—1483)在爲《東人詩話》所作序中云:"成化甲午秋,吾同年達城徐侯剛中,袖所著《東人詩話》兩卷來示,徵余言爲序,且請增評話。"④徐居正,字剛中,成化甲午即成化十年(1474),則説明《甘露集》於1474年以前已傳入朝鮮,但此傳入朝鮮的《甘露集》現在是否還存留於世,還有待進一步調查。而關於《石門文字禪》,自南宋起一直流傳至今,明清的公私目録也多有著録,如明初《文淵閣書目》卷十七"寒字號第二厨書目"中就載有"《石門文字禪》一部二册"。⑤ 特别是在明萬曆二十五年(1597),徑山興聖萬壽禪寺刊《石門文字禪》三十卷後(即《徑山藏》本),此書得以廣泛流傳於世,明清很多目録中所著録的《石門文字禪》皆當源於此本,如明祁承㸁《澹生堂藏書目》子部二釋家類著録"《石門文字禪》三十卷 六册 洪覺範著",⑥清徐乾學《傳是樓書目》卷三子部"釋字四格·釋家·雜著"著録"《石門文字禪》三十卷 宋釋覺範著 六本"等。⑦至於《筠溪集》,自《郡齋讀書志》及《文獻通考·經籍考》著録後,但見明徐𤊹《徐氏紅雨樓書目》卷四集部集類"宋詩"部分著録釋

---

① 蔡美花、趙季校注《韓國詩話全編校注》之蔡美花校注《東人詩話》,人民文學出版社2012版,第1册,第164頁。其注文指出惠洪《郭祐之太尉試新龍團索詩》詩中有"綠楊院落春晝永,碧砌飛花深一寸"句,據清陳焯《宋元詩會》卷五十八,其實惠洪《郭祐之太尉試新龍團索詩》詩見《石門文字禪》卷四,《宋元詩會》卷五十八所録有删節。

② 鞏本棟《宋人撰述流傳麗、鮮兩朝考》,見張伯偉編《域外漢籍研究集刊》第一輯,中華書局2005年版,第371頁。

③ 崔雄權《歸帆更想瀟湘趣 孰有東韓漢水湄——從〈匪懈堂瀟湘八景詩卷〉看"瀟湘八景"在韓國的流變》,《吉林大學社會科學學報》2015年第4期,第192頁。

④ 《韓國詩話全編校注》之《東人詩話》,第1册,第160頁。

⑤ 《文淵閣書目》,《叢書集成初編》本,上海商務印書館1935年版,第221頁。

⑥ 〔明〕祁承㸁著,鄭誠整理《澹生堂藏書目》,《中國歷代書目題跋叢書》第四輯,上海古籍出版社2015年版,下册,第543頁。

⑦ 〔清〕徐乾學《傳是樓書目》,《續修四庫全書》據北京圖書館藏清道光八年(1828)劉氏味經書屋鈔本影印,上海古籍出版社2002年版,第920册,第763頁。

德洪《筠溪集》，書名下有小字注釋"石門覺範比丘"，但未著明卷、册數。① 而關於此《書目》中所著録的《筠溪集》的情況，本文將在後面揭櫫。

(二)《筠溪集》流傳考辨

有證據顯示，隨着宋與高麗的典籍文化交流，至遲在公元 1220 年(南宋寧宗嘉定十三年)，惠洪《筠溪集》已傳入高麗。② 根據高麗李仁老《破閑集》記載，其内容"大率多贈答篇"，並認爲其中的詩歌皆不及《冷齋夜話》中所載其"清婉有出塵之想"的詩歌遠甚。筆者查閲了《韓國所藏中國漢籍總目》《奎章閣圖書中國本綜合目録》等韓國漢籍書目，未見著録此書，此傳入高麗的《筠溪集》現在是否存留於世，還有待進一步調查與發掘。而在日本，現在仍保存着元禄二年(1689，清康熙二十八年)京都小林半兵衛刻本、題爲惠洪《筠溪集》的書籍；日本江户時代曹洞宗僧人廓門貫徹(？—1730)曾經注釋《石門文字禪》，其中也三十三次引用到《筠溪集》。在國内，《中華讀書報》2015 年 3 月 4 日第 014 版"文化周刊"發表了肖伊緋先生的文章《孤本禪詩〈筠溪集〉發現記》，稱"近日有廣東書商從日本訪得一册《筠溪集》，終於可以一睹'孤本'全貌"。據肖先生介紹

---

① 〔明〕徐𤊹《徐氏紅雨樓書目》，《中國歷代書目題跋叢書》，上海古籍出版社 2005 年版，第 376 頁。

② 鞏本棟《宋人撰述流傳麗、鮮兩朝考》一文引高麗李仁老《破閑集》卷上"近有以《筠溪集》示之者"，並得出"知此書至遲在高麗高宗七年(1220)前已傳入東國"的結論。花興、魏崇武《宋與高麗的典籍交流考論》一文中，也引高麗李仁老《破閑集》卷上云："讀惠弘《冷齋夜話》，十七、八皆其作也，清婉有出塵之想，恨不得見本集。近有以《筠溪集》示之者，大率皆贈答篇，玩味之，皆不及前詩遠甚。"且謂"李仁老(1152—1220)爲高麗著名詩人，其卒於 1220 年，也就是説至遲在 1220 年，惠洪《冷齋夜話》和《筠溪集》已傳入高麗。"《國家圖書館學刊》2013 年第 2 期。(按:《韓國詩話全編校注》之李仁老撰，蔡美花校注《破閑集》中"大率皆贈答篇"之"皆"作"多")見第 1 册，第 4 頁。崔雄權《歸帆更想瀟湘趣 孰於東韓漢水湄——從〈匪懈堂瀟湘八景詩卷〉看"瀟湘八景"在韓國的流變》一文中認爲李仁老《破閑集》中所提到的《筠溪集》即惠洪《石門文字禪》，不知何據。

第一章　宋僧詩文集在日本的刊刻流傳考述　　199

此本爲明末印本，"爲木刻本，共計七十二葉，一百四十四面；半葉九行，每行十八字，單卷全本。正文首頁印有'筠溪集'"，並有"'宋石門比丘釋德洪著，明石倉居士曹學佺閱'字樣"。那麽，這三種流傳於日本或曾經流傳於日本的《筠溪集》是從何而來的？肖先生所見的一册《筠溪集》是否真是世間孤本呢？它們和明代曹學佺又有怎樣的關係？《徐氏紅雨樓書目》集部所著録釋德洪《筠溪集》又是怎樣的情況？下文將圍繞以上諸相關問題展開論述。

1. 明代曹學佺所編《石倉十二代詩選・宋詩選》中所録《筠溪集》

曹學佺(1575—1646)，①字能始，號雁澤，又號石倉居士、西峰居士，福州侯官縣(今福建福州)人，萬曆二十三年(1595)進士。歷任户部主事、户部郎中、四川右參政、四川按察使、廣西右參議等職。家居二十年，著書石倉園中。晚年爲南明隆武朝授太常寺卿，遷禮部侍郎兼侍講學士，進禮部尚書，加太子太保。清軍攻陷福州，自縊而死。② 他是明末著名學者、詩人、藏書家，著述豐富，其中《石倉十二代詩選》(又名《歷代詩選》或《石倉歷代詩選》)規模宏大，卷帙浩繁，共包括《古詩選》《唐詩選》《宋詩選》《元詩選》《明詩選》五大部分，而正是在他所編選的《石倉十二代詩選・宋詩選》中，收録了惠洪《筠溪集》一册。而四庫館臣在把《石倉十二代詩選》編入《四庫全書》時，不僅將總書名據原書版心所題改爲《石倉歷代詩選》，還把《宋詩選》中所録每位作者原有的別集名以及介紹作者生平事迹、評價其詩歌内容、敘述選詩經過、説明版本等情況

---

①　曹學佺生年月日據許建崑先生考證，當爲明萬曆二年閏臘月十五日，即1575年1月26日，卒年月日爲清順治三年(1646)九月十八日，今從。參見其所著《曹學佺與晚明文學史》之《晚明閩中詩學文獻的勘誤、搜佚與重建——以曹學佺生平、著作考述爲例》，臺北萬卷樓圖書股份有限公司2014年版，第30—31頁。

②　事見〔清〕張廷玉等《明史》卷二百八十八《文苑四》，中華書局1974年點校本，第24册，第7400—7401頁。

的小引、傳記、序跋等大都刪去了，①故未引起學者對其中所收錄詩人詩集名稱題署情況的關注。在《石倉十二代詩選・宋詩選》一百零七卷中，共選錄了自寇準至釋顯萬共192人的詩歌，其中徐璣卷七十一、卷九十五重出，②惠洪卷一百零三、卷一百零七重出，③卷一百零七誤收唐詩僧修睦、虛中、景雲、子蘭、尚顏、清尚六人，實錄184人。大部分詩人是一人一卷，也有一卷中收錄數位詩人，以一人爲主，其他人作爲附錄。共有三十册，大都是數卷數人詩歌占一册，也有一人一卷詩歌占一册的，而卷一百零三惠洪詩正是獨卷獨册。除卷一百零七及他卷所附錄詩人外，其於所選每位詩人詩歌的首頁，都標明詩集名及所選者，如寇準詩首頁首行頂格寫"石倉十二代詩選"，同行下寫"宋詩卷之首"，第二、三行上端有"巴東集"三字（寫在二、三行中間位置），其下分別有"宋下邽寇準著""明後學曹學佺閲"（分占二、三行）；王禹偁詩首頁首行頂格寫"石倉十二代詩選"，同行下寫"宋詩卷之二"，第二、三行上端中間寫"小畜集"三字，下面分別有"宋太原王禹偁著""明後學曹學佺閲"。在《宋詩

---

① 個别有未删盡的情况，如卷一百三十七宋詩卷十四曹汝弼名下還保留其傳記，張維詩後有孫覺序及原書所引周密《齊東野語》相關内容；卷一百六十七宋詩卷四四謝薖詩後分别有南宋苗昌言、日本中及明謝肇淛跋；卷一百七十三宋詩卷五十汪藻詩末有一段當爲曹學佺所寫的介紹其生平著作等情况的文字；卷一百七十四宋詩卷五一范成大詩後附有南宋甯宗嘉泰三年（1203）其後人范萃（筆者按："萃"，他書作"莘"）所寫題跋；卷一百七十九下宋詩卷五六下胡銓詩後有曹學佺所寫的按語；卷一百八十一宋詩卷五十八劉子翬詩後附有寧宗慶元五年（1199）朱熹所作跋文；卷二百一十四宋詩卷九十一韓信同詩前有傳，説明其事迹及附在陳普後之緣由；卷二百二十宋詩卷九十七吕定詩及所附吕聲之詩後，皆有其裔孫吕繼梗跋文；卷二百二十一宋詩卷九十八林景熙詩後有明嘉靖十年（1531）丁瓚跋，等等。見影印文淵閣《四庫全書》第1389册，第114－116、398－399、453－454、474、516、533－534、769、812、816、827頁。

② 卷七十一徐照詩後附徐璣《江亭臨眺》至《新涼》共34首詩，卷九十五吴龍翰詩後又附徐致中《夏日懷美》（筆者按："美"當作"友"）至《六月歸途》共9首詩，徐璣字致中，故徐璣、徐致中實爲同一人而重出。但兩處所錄詩歌重出者有《夏日懷友》《夏日同靈暉有作奉寄翁趙二友》《初夏游謝公巖》共三首，其餘則不重。

③ 卷一百零七共錄惠洪《早行》《贈尼昧上人》兩首詩，而前者已見卷一百零三，後者卷一百零三未錄。

選》的第一百零三卷，獨立一册，即是所選惠洪詩，最前有明萬曆二十五年釋達觀《石門文字禪序》，接着惠洪詩首頁首行寫"石倉十二代詩選　宋詩卷之一百三"，第二、三行上端中間有"筠溪集"三字，下面分別有"宋石門比丘釋德洪著""明石倉居士曹學佺閱"十八字。序文、詩歌正文皆是半頁九行，行十八字，左右雙邊，上下單邊，白口，上單黑魚尾，魚尾朝下，魚尾上寫"歷代詩選"四字，魚尾下依次寫"序 洪覺範　頁碼 刻工姓名"，或"宋洪覺範 卷一百三 頁碼　刻工姓名"。所標刻工姓名大部分祇是其姓名中姓或名的一字。如"葉士、士、長、一、王、五、十、典、江、心、有、君、人、林"等，共録惠洪詩歌二百五十九首，有七十二葉，一百四十四面。① 可看出除肖先生文中未提及的情況外，關於其獨卷獨册、行款、頁數、首頁所標集名、題署作者及編選者的情況都與肖先生文中所述相同。且曹學佺《石倉十二代詩選》的《古詩選》《唐詩選》《宋詩選》《元詩選》《明詩選》每部分前都有其所作序文一篇，其《宋詩選序》作於明崇禎三年(1630)仲秋，則其刊刻時間大概在此時或稍後，這也與肖先生所述其所見爲"明末印本"相合。曹學佺編《石倉十二代詩選》，在當時産生很大影響，"士爭附以立名不可得"，②編成後"盛行於世"。③ 其明末刊本現海内外多家圖書館有藏。雖然海内外各種圖書目録著録的名目及總卷數並不相同，各圖書館收藏此書的數量也多寡有別，④不過，各圖書目録所著録此書的名目及卷數的不同主要在《明詩選》部分，於《宋詩選》部分，則各種著録皆同爲一百零七卷，且其明末刊本中國國家圖書館、上海圖書館、日本宫内廳書陵部、公文

---

① 據日本尊經閣文庫藏明崇禎三年(1630)序刊本，中國國家圖書館藏本同。
② 〔清〕錢儀吉纂，靳斯標點《碑傳集》卷一百二十三《逸民》上之上《顧高士夢游傳》，中華書局 1993 年版，第 10 册，第 3618 頁。
③ 《明史》卷二百八十八《文苑四·曹學佺傳》，第 24 册，第 7401 頁。
④ 詳情可參朱偉東《石倉十二代詩選全帙探考》，《文獻》2000 年第 3 期。

書館、尊經閣文庫、東洋文庫、蓬佐文庫、東京都立中央圖書館、京都大學人文科學研究所等多家中外藏書機構都有收藏。故肖先生所見惠洪《筠溪集》並非"孤本",疑其本乃是從《宋詩選》中散出的一册,或是以《宋詩選》中《筠溪集》爲祖本的重刊本。

2. 明徐𤊹《徐氏紅雨樓書目》中所著録的《筠溪集》

如前所述,明徐𤊹《徐氏紅雨樓書目》卷四集部集類"宋詩"部分著録有釋德洪《筠溪集》,但它并非南宋流傳的十卷本《筠溪集》。《徐氏紅雨樓書目》卷四所著録的釋德洪《筠溪集》就是曹學佺《石倉十二代詩選·宋詩選》卷一百零三中收録的《筠溪集》。

《徐氏紅雨樓書目》是明末著名藏書家徐𤊹(1570—1643)[①]的私家藏書目録,原稱《徐氏家藏書目》,《徐氏紅雨樓書目》當爲後人所改。[②] 流傳至今的有七卷本、四卷本兩種。1957年12月,上海古典文學出版社根據傳抄本排印出版了四卷本,名爲《徐氏紅雨樓書目》,[③]四卷本得以廣泛流傳。但四卷本集部的"宋詩""元諸家姓氏""明初諸家姓氏""明集諸家姓氏""明詩選姓氏"五部分内容,與一般古籍目録的著録方式很不相同,"宋詩"部分用類似表格的方式排列,上面一層是詩集名稱,下面一層是作者字號、姓名,但很多作者字號、姓名上面並無集名而是空白,且一些集子的著録非常簡略,如真德秀、劉克莊、陸游等人名上祇簡單著録"西山""後村""渭南"等字,集名、人名也多有誤字。"元諸家姓氏""明初諸家姓氏"中有很多人祇録姓名、字號,並未著録集名;"元諸家姓氏""明初諸家姓氏""明集諸家姓氏"三部分中還有很多詩人集名下附載其他詩人,有的附載多

---

① 徐𤊹生卒年據《新輯紅雨樓題記 徐氏家藏書目》之《新輯紅雨樓題記》前馬泰來所撰整理説明,《中國歷代書目題跋叢書》第四輯,上海古籍出版社2014年版,第9頁。

② 參李丹《〈紅雨樓書目〉版本考略》,南京大學古典文獻研究所《古典文獻研究》2006年總第9輯。

③ 上海古籍出版社2005年又將此1957年版四卷本影印出版。

人。"明詩選姓氏"部分是對明代詩人的簡要介紹，並非藏書目錄，這也不符合一般古籍目錄的編排體例。爲什麼會這樣呢？據筆者所見，現有的目錄學著述大都未對這些問題作出解釋。也有學者對上述問題做過一些揣測，如針對"宋詩"部分一些姓名、字號所對應的集名爲空白的問題，1957年古典文學出版社本書"出版説明"中説："揣測或是懸作者之名以求書的意思。但真正的原因，還有待於考索。"①

筆者正是在研究《筠溪集》的流傳過程中，找到了《徐氏紅雨樓書目》集部上述五部分內容如此著録的答案。這五部分內容中的前四部分，正是《石倉十二代詩選》的《宋詩選》《元詩選》《明詩選》（初集、次集）中所選録詩人、詩集的目録。僅就《徐氏紅雨樓書目》卷四集部別集類"宋詩"部分來説，經過筆者比對，其所著録詩集、詩人幾乎與《石倉十二代詩選·宋詩選》②相同，除了《宋詩選》卷四十七鄧肅《栟櫚集》及附章粢詩，其他卷附种放、劉攽、游九言、謝逸、岳飛、劉爚、彭秋宇、羅從彦十人，卷一百零七所收二十七位僧人③共三十七人未録外，其他一百五十四人全有著録，④二書所列詩人順序也基本相同，祇是《徐氏紅雨樓書目》把自"楊萬里"至"葉適"等四十位南宋詩人列於"曾鞏"與"王珪"等北宋詩人之間，而《石倉十二代詩選》則是正常順序，"楊萬里"至"葉適"等四十位南宋詩人位於南宋"吕祖謙"與"熊鉌"之間；白玉蟾《瓊管集》、黄希旦《支離集》，《徐氏紅雨樓書目》列於"宋詩"之末，《石倉十二代詩選》

---

① 上海古籍出版社2005年影印本"出版説明"，第2頁。
② 筆者所閲覽者乃日本尊經閣文庫所藏明崇禎三年序刊本原書及中國國家圖書館藏本之縮微膠片，二本相同。
③ 卷一百零七實收二十八位僧人，其中惠洪已見卷一百零三，乃爲重出。卷一百零七僧人詩歌乃曹學佺根據元方回《瀛奎律髓》中所録而選。
④ 祇是《徐氏紅雨樓書目》在著録詩集名、人名時常出錯誤。如胡宏《五峰集》"五"誤作"玉"；陳傅良《止齋集》"止"誤作"正"；陳普《石堂集》"石"誤作"原"；裘萬頃之"頃"誤作"頤"；吴龍翰誤作"吴新韓"；釋真淨誤作"釋其淨"等。且《石倉宋詩選》中"徐璣""徐致中"誤爲二人而重出，《徐氏紅雨樓書目》中也誤爲二人而重出。

中這兩人及其詩歌則位於惠洪《筠溪集》之前，釋氏之詩位於最後。而像錢惟演、劉子儀（即劉筠）、范鎮、何耕、楊甲、張載、曹汝弼、張維、潘閬、陶弼、石延年、劉敞、沈括、晁端友、王安國、楊廷秀（即楊萬里）、胡銓、①尤袤、真山民、方信孺、徐璣、趙師秀、戴昺、姚孝錫、晁補之、游酢、韓淲、②許將、趙昌父、楊修、謝枋得、韓信同、劉迎、李燾、鞏仲至、徐致中（重出）、姜夔、吕聲之、劉麟瑞、唐涇、③慈受禪師、楊蟠等四十二（實爲四十一）位詩人，在《石倉十二代詩選·宋詩選》中都是作爲附録附在其他詩人詩歌之後，本就未標出集名，所以《徐氏紅雨樓書目》集部"宋詩"部分這些人對應的集名的位置皆是空白；《石倉十二代詩選·宋詩選》卷八范純仁《忠宣集》後附有喻汝礪詩歌，並列出其集名《捫膝稿》，而《徐氏紅雨樓書目》集部"宋詩"部分在與喻汝礪對應的詩集的位置也列出了集名《捫膝稿》；《石倉十二代詩選·宋詩選》卷四十三洪适《盤洲集》後附有韓元吉、韓淲、許將三人詩歌，"韓元吉"名下注出其"有《南澗集》"，而《徐氏紅雨樓書目》集部"宋詩"部分在與韓元吉對應的詩集的位置也列出了集名《南澗集》；《石倉十二代詩選·宋詩選》所録卷六文彥博、卷二十二王珪、卷二十四蔡襄、卷七十一徐照四人雖非附録，但本未列出其集名，而《徐氏紅雨樓書目》集部"宋詩"部分亦未列出其集名。這些都説明《徐氏紅雨樓書目》集部"宋詩"部分和《石倉十二代詩選·宋詩選》所著録詩人和詩集名完全一致，也解釋了爲何《徐氏紅雨樓書目》集部"宋詩"部分很多詩人名字對應的集名部分是空白的問題。

但是也有一些詩人《石倉十二代詩選·宋詩選》中標出了集名而

---

① 《徐氏紅雨樓書目》誤"銓"爲"佺"。
② 《石倉十二代詩選·宋詩選》中誤作"琥"，《徐氏紅雨樓書目》集部"宋詩"部分亦沿襲其誤。
③ 《徐氏紅雨樓書目》誤"涇"爲"泾"。

《徐氏紅雨樓書目》集部"宋詩"部分其集名位置却爲空白的,即《宋詩選》卷五十八劉子翬《屏山集》、卷六十陳淵《默堂集》、卷八十五杜範《清獻集》、卷九十七吕定《説劍吟》、卷九十八林景熙《霽山集》及附録趙萬年《裨幄集》、卷九十九王鎡《月洞吟》,《徐氏紅雨樓書目》集部"宋詩"部分皆未録其集名而作空白,那麽這是否像學者所揣測的那樣是"懸作者之名以求書的意思"呢？筆者以爲情況並非如此。我們知道徐氏家藏書目除了有四卷本流傳外,還有七卷本,①而七卷本在卷六"文集類"分北宋、南宋著録,北宋部分著録了自"徐鉉《騎省集》三十卷"至"僧覺範《石門文字禪》三十卷"共五十四種詩文集；南宋部分著録了自"張九成《横浦集》二十卷"至"方大琮《鐵庵集》"共六十三種詩文集,二者合計共一百一十七種,可看出總數要比四卷本少三十六種。但七卷本著録的順序與四卷本完全不同,且並非表格樣式,除了個别詩文集未著録卷數外,每位詩人詩文集的著録基本都是"作者名＋詩文集名＋卷數"的形式,符合一般古籍目録著録的體例。而一百一十七種詩文集中,與四卷本作者相同者有八十五種,其餘作者則未見四卷本著録。即使是相同作者,二本所著録集名也多有不同。如四卷本林逋、歐陽脩、王安石、朱熹的集子分别著録爲《孤山遺稿》《居士集》《半山集》《晦庵集》,與《石倉十二代詩選·宋詩選》相同,而七卷本則分别著録爲《和靖集》四卷、《文忠集》一百五十卷、《臨川集》一百卷、《朱文公大全集》一百卷。可以看出二本宋代部分從編排、著録方式到内容都有很大不同,四卷本祇著録詩集,七卷本所著録的既有詩集,也有詩文合集,完全没有同源關係,四卷本"宋詩"部分從《石倉十二代詩選·宋詩選》而來,七卷本相關部分則當是根據除了《石倉十二代詩選·宋

---

① 四卷本依據上海古籍出版社2005年版《中國歷代書目題跋叢書》之《徐氏紅雨樓書目》,七卷本依據上海古籍出版社2014年版《中國歷代書目題跋叢書》第四輯之《徐氏家藏書目》。

詩選》之外的徐氏私家藏書而來。從目録著録來看，七卷本比四卷本更加正規合理。馬泰來先生認爲"傳世七卷本《書目》雖已佚福建及北直隸明人文集部分，但爲原本，遠勝表面無缺的四卷本《書目》"。① 而七卷本《徐氏家藏書目》卷六"文集類 南宋"就分别著録有"劉子翬《屏山集》二十卷""杜範《清獻集》十九卷""林景熙《霽山集》十卷""趙萬年《裨幄集》一卷""王銍《月洞詩》一卷"；四卷本《徐氏紅雨樓書目》集部"宋詩"部分集名爲空白的文彦博、王珪、蔡襄、徐照四人，七卷本卷六"文集類"也皆有著録，即"北宋"部分著録"文彦博集四十卷""蔡襄《忠惠集》三十六卷""王珪《宫詞》一卷"；"南宋"部分著録"徐靈暉詩一卷"；前述四卷本集部"宋詩"部分集名爲空白的錢惟演等四十二人中，有九人的集子在七卷本中也有著録，即楊萬里、真山民、徐璣、趙師秀、游酢、謝枋得、韓信同、吕聲之、慈受禪師。② 這説明四卷本集部"宋詩"部分很多集名爲空白的地方，其實徐氏是有藏其書的，且四卷、七卷兩種本子在集部"總詩類"都分别著録有曹學佺《石倉古詩選》十二卷"《石倉唐詩選》一百三十卷""《石倉宋詩選》一百七卷""《（石倉）元詩選》五十卷"，説明徐氏也收藏了曹學佺所編選的《石倉十二代詩選》中這四部分書籍，而像喻汝礪《捫膝稿》、韓元吉《南澗集》等書七卷本並未著録，四卷本却根據《石倉宋詩選》列出集名，故認爲四卷本集部"宋詩"部分集名處作空白是"懸作者之名以求書的意思"的揣測應該是不成立的。

現今流傳的四卷本《徐氏紅雨樓書目》並非善本，1957 年上海

---

① 馬泰來《徐氏家藏書目》"整理説明"，第 196 頁。
② 七卷本卷六"文集類北宋"著録"游酢《秃山集》二卷"；"文集類南宋"著録"楊萬里《誠齋文膾》二十四卷""吕聲之《遺音》二卷""真山民詩四卷""趙靈秀詩一卷""徐靈淵詩一卷""謝枋得《疊山集》十六卷"；"文集類金元"著録"韓信同《遺書》二卷"；卷三"子部·釋類"著録慈受禪師《擬寒山詩》一卷"。

古典文學出版社排印出版時雖然作了一些訂正，但還是存在不少錯誤，僅就集部"宋詩"部分而言，就非常混亂，除前面提到的，又比如徐經孫《文惠集》的"惠"字誤爲"畫"，還落掉了徐經孫之名，誤把徐鹿卿寫在《文惠集》下作者名處，且"鹿"字誤寫爲"廉"；①惟晤號沖晦，此《書目》在沖晦法號上集名地方莫名其妙地寫了"沖昭"二字，不知何意。② 筆者認爲，四卷本原先可能是一個殘本，缺失宋、元、明詩文集部分，因曹學佺與徐燉關係十分密切，多交游往來，吟詠酬唱，爲終生之至交摯友，而曹學佺在《石倉宋詩選序》中稱其選宋、元詩所用的是徐燉、謝肇淛、林懋禮三家所收藏的集子，所以後人就以曹學佺《石倉十二代詩選》中宋、元、明部分所收錄的詩人、詩集目錄來充數，以填補缺失。在傳抄過程中又產生很多錯誤，或許是抄手在翻檢時不認真，漏掉了一些附錄的詩人，也或許其所用以抄錄的底本本身就不完整。總之，我們可以確定《徐氏紅雨樓書目》集部"宋詩"部分是根據《石倉宋詩選》中所錄詩人、詩集抄錄的，則所錄惠洪《筠溪集》很可能即《石倉宋詩選》卷一百零三的《筠溪集》。實際上，在七卷本《徐氏家藏書目》中也祇著錄有"僧覺範《石門文字禪》三十卷"，③並未有惠洪《筠溪集》的著錄。

3. 日本元禄二年京都小林半兵衛刻本《筠溪集》

在日本，也有單行的和刻本《筠溪集》流傳，即日本元禄二年（1689，清康熙二十八年）京都小林半兵衛刻本。現藏日本駒澤大學圖書館，乃日本滋賀縣觀音寺舊藏本。④ 一册。此本首頁中間竪寫"筠溪集"三個大字，右、左兩邊分別有"元禄二歲舍巳己正閏月

---

① 《石倉宋詩選》卷八十八錄徐經孫《文惠集》，附錄徐鹿卿、楊修。
② 《石倉宋詩選》卷一百零六錄釋契嵩《鐔津集》，附錄惟晤、楊蟠。
③ 卷六"文集類北宋"最末。
④ 周裕鍇先生稱日本積翠文庫也藏有元禄二年刊本，參見氏著《宋僧惠洪行履著述編年總案》附錄一《惠洪著述著錄情況一覽表》"筠溪集"條，第362頁。

縠且"①"版存京師堀川小林半兵衛宅"兩行小字，左邊小字下還鈐有篆字"書林"小方白文印。正文首行頂格寫"筠溪集"三字，二、三行靠下分别寫"宋石門比丘釋德洪著""明石倉居士曹學佺閱"。半頁九行，行十八字，共計七十二頁，一百四十四面。四周單邊，無界，白口，上單魚尾，魚尾朝下，下寫"筠溪集"三字，再下是頁碼，最下有刻工姓名，可辨識的有"長、王、五、才、典、林、有"等，與明崇禎刊本刻工姓名同。正文漢字旁標有提示訓讀的日文片假名等符號。所收録詩歌自《寄彭景醇奉議》至《道中》共二百五十九首，與《石倉宋詩選》中《筠溪集》完全相同，文字與明崇禎刊本也基本相同，個别地方有誤字，如《余在制勘院晝卧念故山經行處用空山無人水流花開爲韻寄山中道友今選得三絶》②下二級標題"其二"之"二"誤爲"一"等。此本應是日本人仿照《石倉十二代詩選·宋詩選》中之《筠溪集》而刻的單行本，③但應當參校了《石門文字禪》系統的一些版本，如文淵閣《四庫全書》本所據之底本等，對個别異文作了修改。④而現在存藏於日本名古屋市蓬佐文庫的明刊本《石倉十二代詩選》（506 卷，177 册）標注爲"寬永末年買本"，⑤則説明至遲在明崇禎十六年（1643），也就是曹學佺還在世時，此書就已經傳入日本。日本江户時代書坊

---

① "巳己"當爲"己巳"之誤；"且"當爲"且"之誤。
② 明刊本"今選得三絶"四字爲詩題下小字注文，此本則誤爲詩題中語。
③ 周裕鍇先生也指出"元禄刊本乃從曹學佺《石倉歷代詩選》卷二二六所選釋德洪詩中輯出，非原本，僅一卷"。《宋僧惠洪行履著述編年總案》附録一《惠洪著述著録情況一覽表》"筠溪集"條，第 362—363 頁。
④ 如此本《次韻朝陰》詩中"時來欻柴肩"之"欻"，明崇禎刊本作"歙"，《四部叢刊》景明徑山寺本、《武林往哲遺著》本《石門文字禪》卷六所載亦作"歙"，而影印文淵閣《四庫全書》本《石門文字禪》卷六則作"欻"。又如此本《宿資欽楚山堂》詩中"攜衾來宿楚山堂"之"衾"，明崇禎刊本作"琴"，但《四部叢刊》景明徑山寺本、《武林往哲遺著》本、《影印文淵閣四庫全書》本《石門文字禪》卷一三所載皆作"衾"；又此詩末句"敢辭時此夜連床"，《四部叢刊》景明徑山寺本、《武林往哲遺著》本、《影印文淵閣四庫全書》本《石門文字禪》卷一三所載皆同此本，但明崇禎刊本作"敢辭此夜更連床"。
⑤ 日本名古屋市蓬佐文庫編集《名古屋市蓬佐文庫漢籍分類目録》集部總集類，昭和五十年（1975）版，第 127 頁。

所編目錄中，也多次出現對《筠溪集》的記載，如元禄五年（1692）刊《廣益書籍目錄》，①元禄九年刊、寶永六年（1709）增修的《增益書籍目錄大全》，②元禄九年刊、正德五年（1715）修《增益書籍目錄大全》，③元禄十二年刊《新板增補書籍目錄》。④ 這些目錄中有關《筠溪集》的記載分爲兩種情況：元禄五年刊《廣益書籍目錄》著錄緊跟"《石門文字禪》，洪覺範"條後，寫作"同《筠溪集》，通容"，則其所著錄《筠溪集》應當是惠洪的著作，"通容"二字如果不是誤寫的話，當指此書的編者或抄者。⑤ 元禄十二年刊《新板增補書籍目錄》著錄"《石門筠溪集》，通容，"⑥當是承襲元禄五年所刊目錄而來。另一種情況是上述元禄九年刊、寶永六年增修及元禄九年刊、正德五年修的兩部目錄，其所著錄皆爲"《筠溪集》，洪覺範"。⑦ 以上四部目錄所著錄的《筠溪集》皆爲二册。可見惠洪《筠溪集》在江户時代除了小林半兵衛刊本外，還有其他刊本流傳。至於這些本子與《石倉宋詩選》中《筠溪集》或元禄二年小林半兵衛刊本《筠溪集》的關係，因爲目錄中没有透露更多的信息，目前也未見這些本子，所以我們無法作出判斷。

4. 日僧廓門貫徹《注石門文字禪》中所引《筠溪集》

日本江户時代曹洞宗僧人廓門貫徹（？—1730）曾爲《石門文

---

① 日本慶應義塾大學附屬研究所斯道文庫編《江户時代書林出版書籍目錄集成》，第1册，第248頁。
② 同上書，第2册，第327頁。
③ 同上書，第3册，第60頁。
④ 同上書，第2册，第18頁。
⑤ 此類目錄中經常有誤署著者（編者）的情況。釋通容（1593—1661），號費隱，福建福清人，俗姓何。爲南嶽下第三十四世，臨濟宗僧人。著有《般若心經斷輪解》《五燈嚴統》《費隱禪師語錄》等傳世。事見《五燈嚴統》卷二十四、清聶先《續指月錄》卷十九等。但目前未見有關於他曾編集或抄録惠洪《筠溪集》的記載。
⑥ 這兩種目錄皆爲京都永田調兵衛等刊，後者是在前者基礎上作了增補。
⑦ 這兩種目錄在"《筠溪集》，洪覺範"之上欄册數"二"旁還標注了出版者，但因字小而模糊，筆者不能辨識爲何字，但可以肯定不是小林半兵衛刻本。

字禪》作注，他花費了二十多年的時間，於寶永七年（1710，清康熙四十九年）完成了注釋工作並刊行。① 其所用底本除前三卷的釐分與明徑山藏等本有所不同外，其對著者、編校者的題署，詩歌的數量、排列順序等都與明徑山藏等本相同，可以斷定其底本與明徑山藏本《石門文字禪》爲同一系統。② 廓門貫徹的注釋中有三十三處引用《筠溪集》作校語。筆者將其與《石倉十二代詩選·宋詩選》卷一百零三惠洪《筠溪集》③（以下簡稱曹學佺選本《筠溪集》）中相關詩歌文字一一比對，廓門貫徹的注釋中有三十一處引用《筠溪集》的文字與曹學佺選本《筠溪集》文字完全相同，衹有兩處異文，一是注本卷二《夏日陪楊邦基彭思禹訪德莊烹茶分韻得嘉字》"抨紙落筆驚龍蛇"，注："抨"，《筠溪集》作"拌"。而曹學佺選本《筠溪集》作"抨"，當以"抨"爲是。因"抨""拌"二字形似，説明廓門貫徹所引用之《筠溪集》有誤字。另一處是注本卷三《夏日雨晴過宗上人房》"看此粟米粥"，注：《筠溪集》作"洗此腸胃俗"。而曹學佺選本《筠溪集》作"涴此腸胃俗"，雖"洗""涴"二字不同，但可看出注本所引《筠溪集》與曹學佺選本《筠溪集》屬於同一系統的。而徑山藏本系統的《石門文字禪》諸本皆作"看此粟米粥"。總體而言，廓門貫徹注釋中引用《筠溪集》所涉及的詩歌並未超出曹學佺選本《筠溪集》中詩歌的範圍，且正好是曹學佺選本《筠溪集》中皆有的，故筆者認爲廓門貫徹注釋中引用的《筠溪集》，與曹學佺選本《筠溪集》爲同一系統，當是當時流傳於日本的以曹學佺選本《筠溪集》爲祖本的其他版本。從時間上看，在清康熙二十八年，也就是日本元禄二

---

① 參見張伯偉等點校《注石門文字禪》前言"廓門貫徹的生平與交游"，中華書局2012年版，第2頁。

② 詳情可參陳自力《日僧廓門貫徹〈注石門文字禪〉評述》，《西南民族學院學報》2002年第10期。筆者所用乃日本臨川書店2000年版《禪學典籍叢刊》第五卷據京都財團法人禪文化研究所藏寶永七年刊本的影印本。

③ 國家圖書館藏明崇禎三年（1630）序刊本。

年，已有京都小林半兵衛據曹學佺選本《筠溪集》所刊和刻本《筠溪集》，而此時也約是廓門貫徹開始注釋《石門文字禪》的時間，但是經過筆者比勘發現，廓門貫徹校注《石門文字禪》時使用的《筠溪集》，並非元禄二年刊本《筠溪集》，因元禄二年刊本《筠溪集》文字基本與明崇禎刊本《筠溪集》相同（如上述"浣此腸胃俗"之"浣"），説明當時除了元禄二年刊本，還有其他同一系統的本子流傳。

5.《石倉十二代詩選·宋詩選》中《筠溪集》之來源

前面已經論述《徐氏紅雨樓書目》集部所著録的惠洪《筠溪集》，實際上是對《石倉宋詩選》中惠洪《筠溪集》的記録，而《徐氏家藏書目》七卷本中並没有著録惠洪《筠溪集》，但有《石門文字禪》。那麽，曹學佺在編選惠洪詩入《石倉宋詩選》時，所依據的底本到底是宋代流傳下來的《筠溪集》，還是《石門文字禪》呢？筆者以爲當爲後者。首先，在《石倉宋詩選》卷一百零三《筠溪集》前有明萬曆丁酉（二十五年，1597）八月望日釋達觀所作《石門文字禪序》，這是現所流傳的《石門文字禪》諸本皆有的，説明曹學佺在選惠洪詩時閲覽過《石門文字禪》一書，因爲曹學佺在選宋詩時，往往會把所用底本的序跋同時載録書中，以介紹詩人生平，説明自己所據版本以及詩集流傳等情況。如《石倉宋詩選》卷四首有"《武夷新集》小引"，乃曹學佺所加按語，其中就引了楊億自序，末有"時崇禎改元之十月，佺借抄本於故友謝在杭而裒選之，凡若干首云"。説明其所引楊億自序正是來自他從謝在杭借來用於選楊億詩歌的抄本。卷九十七吕定附吕聲之，吕定《説劍吟》前有明萬曆壬寅（三十年，1602）建溪魏濬所撰《吕氏遺音序》，云：

《吕氏遺音》凡兩集，《説劍閑吟》出殿前都指揮史龍虎上將軍諱定；《沃洲雁山集》出節度推官諱聲之。《説劍》故無傳，《沃洲雁山》有宋刻而失傳亦久。其諸孫思琳君侯攜至松，因示不佞濬，濬校而鐫之木。……既畢剞劂之役，敬志其自於端。

呂定、呂聲之詩後皆録有其裔孫呂繼梗（字思耿）跋文，魏濬正是根據呂繼梗所收藏呂氏二人詩集而刊刻的，也説明曹學佺所選二人詩正是根據魏濬刻本。其次，今傳《石門文字禪》共三十卷，前十六卷收録了惠洪古、律、絶諸體詩歌，而曹學佺所選的二百五十九首惠洪詩歌，正分布在今傳《石門文字禪》卷一至卷十六各卷，並未超出前十六卷所收詩歌的範圍。再次，宋代以後除《徐氏紅雨樓書目》之外，國内並未見有其他書目載録惠洪《筠溪集》，而《徐氏紅雨樓書目》所載《筠溪集》，正是經曹學佺選後定名的。因爲《石門文字禪》是惠洪的詩文合集，而曹學佺選録的衹有詩歌，筠州新昌縣筠溪又是惠洪的故里，所以就用了他曾經有的詩集名《筠溪集》作爲題名。這種情況在《石倉宋詩選》中並非個案，如卷十一程顥《明道集》前有明弘治十一年（1498）張瀚所撰《重刊〈二程全書〉序》，説明曹學佺是從此重刊《二程全書》中選録的程顥詩歌，但在題署其集名時，還是題了其詩集名《明道集》。所以筆者以爲《石倉宋詩選》中的《筠溪集》，是曹學佺根據惠洪《石門文字禪》前十六卷詩歌部分選編而成的。日本學者椎名宏雄在爲《注石門文字禪》所撰的《解題》中認爲其所引用的《筠溪集》及日本元禄二年刊本《筠溪集》，就是從明本前半部分的詩集中精選出來重編而成的。[①] 而編選者正是曹學佺，這兩種《筠溪集》正是由曹學佺選本《筠溪集》而來。

6.《石倉十二代詩選·宋詩選》中所録《筠溪集》對惠洪詩歌的刪改

從前面的論述我們可以看出，目前所見惠洪《筠溪集》，當皆來

[①] 《禪學典籍叢刊》第五卷《注石門文字禪》解題，臨川書店 2000 年版，第 852 頁。

自曹學佺根據《石門文字禪》前十六卷惠洪詩歌所選編、收録於《石倉十二代詩選·宋詩選》中的《筠溪集》。值得注意的是，收録於《石倉宋詩選》中的宋人詩歌，大都經過了曹學佺的重新編選，並非依照底本完整録入。在編選過程中，他還對很多詩人的詩歌内容進行了大量的删減，就惠洪《筠溪集》來説，共録有二百五十九首詩歌，其中有四十首被删減，皆是五、七言古詩，少者删二句，多者則删達三十句。所删詩歌根據内容，有的删首句，有的删中間幾句，有的删末尾幾句，删中間及末尾句者較多。爲了彌縫删去詩句後整首詩歌内容不連貫、不自然等問題，有些詩句可能還經過了曹學佺的修改或重寫，比如《同彭淵才謁陶淵明祠讀崔鑒碑》：

　　武王既伐紂（晉室東渡後），乃不立微子（主弱祇如寄）。〔雖有去惡仁，終失存商義。夷齊不肯臣，甘作首陽死。下視莽操輩，欺孤奪幼稚。汗面亦戴天，特猴而冠耳。〕桓公（温）弄兵權，劉裕竊神器。先生於此時，抽（潔）身良有以。袖手歸去來，詩眼飽山翠。追還聖之清，太虚絶塵滓。長恨千載心，斷弦掩流水。〔崔子果何人，賞音乃知此。與君讀此碑，相見一笑喜。〕①

凡〔〕中的詩句，皆是《石倉宋詩選》卷一百零三《筠溪集》中没有的，（）中的字，爲《石倉宋詩選》中《筠溪集》所作。此詩爲五古，原詩共二十四句，被删去中間八句，末尾四句。而首兩句《石倉宋詩選·筠溪集》作"晉室東渡後，主弱祇如寄"，筆者認爲當是曹學佺所改，因爲在删去了中間叙述、評價武王伐紂及王莽、曹操等人行爲的八句詩後，若用首兩句直接接上"桓公弄兵權"等句，從詩歌内容來説，顯然不連貫而有缺失。曹學佺把首兩句改爲"晉室東渡後，主

---

① 〔宋〕釋惠洪《石門文字禪》卷一，《四部叢刊》景明徑山寺本，下引詩同。

弱衹如寄"後,再接上"桓公(溫)弄兵權,劉裕竊神器",就自然而然,順理成章,符合邏輯。"桓公"之"公"作"溫",也當爲曹學佺所改,改爲人名"桓溫",正好與下句"劉裕"相對。又如《送彦周》:

> [虞卿脱魏齊,拚意與俱去。公卿一破甑,掉臂不復顧。蕭何追韓信,棄車遂徒走。貪賢如攫金,不見市人聚。會合意傾寫,掩書想風度。]彦周雖緑髮(美少年),風味映前古。[高論傾座人,能破萬毀譽。獨立傲世波,屹然如砥柱。]令人每見之,不敢發鄙語。推墮吾法中,偃蹇揖佛祖。死生人所怖,玩之於掌股。此生幾離别,此别覺酸楚。夜寒衆峰高,獨看霜月吐。[明日解歸舟,西風白蘋浦。君去我獨留,蒼茫煙水莫。]①

"彦周"即許顗,字彦周,襄邑(今河南睢縣)人,著有《彦周詩話》。生於哲宗元祐七年(1092),少惠洪二十一歲。曾從臨濟宗南嶽下十二世黄龍慧南法嗣佛慈圓璣禪師參學。徽宗宣和年間,惠洪住長沙湘西南臺寺,許顗任官長沙,二人多交游唱和。②《石門文字禪》中收録惠洪與許彦周寄贈酬唱等相關詩歌十餘首。此詩當是許彦周離開時惠洪爲其送行而寫。此詩共三十句,被删去首十句、中間四句、末尾四句,衹剩下十二句。雖然經過大幅删減以後,詩歌似乎變得簡潔明瞭,但畢竟改變了原詩面貌,是不可取的。《筠溪集》中"彦周雖緑髮"作"彦周美少年",筆者懷疑"美少年"三字爲曹學佺所改,因爲删掉了原詩的前十句,則"彦周雖緑髮"成爲首句,顯得非常突兀,而改爲"美少年",則詩句顯得比較自然平和。

---

① 《石門文字禪》卷六。
② 以上有關許顗生年等内容參周裕鍇《宋僧惠洪交游人物考舉隅·許顗生年别號考》,四川大學古籍整理研究所、四川大學宋代文化研究中心編《宋代文化研究》第十六輯,四川大學出版社 2009 年版,第 442—443 頁。

曹學佺選惠洪詩時，不但對詩歌内容有删改，對詩題也有改動。凡是原詩題中標出有兩首以上的詩歌而曹學佺祇選了其中一首或幾首的，則詩題中的"……首"皆被删掉，如《石門文字禪》卷九有五律《焦山贈僧二首》，曹學佺祇選録其中的第二首，所以《石倉宋詩選·筠溪集》中詩題就作《焦山贈僧》；又如《石門文字禪》卷十四有五絶《余在制勘院晝卧念故山經行處用空山無人水流花開爲韻寄山中道友八首》，在《石倉宋詩選·筠溪集》中詩題去掉了"八首"二字，並添加注文"今選得三絶"。對有些詩歌的詩題，曹學佺在選録時還作了簡省，《石門文字禪》卷九有五律《甲辰十一月十二日往湘陰馬上和季長見寄小春二首》，曹學佺選了第二首，詩題改作《往湘陰馬上和季長見寄小春》；《石門文字禪》卷十五有七絶《瑩中南歸至衡陽作六首寄之》，曹學佺選了第一首，詩題改作《瑩中南歸至衡陽作》；卷十六有七絶《介然館道林偶入聚落宿天寧兩昔雨中思山遂渡湘飯於南臺口占兩絶戲之介然住廬山二十年尚能詳説山中之勝》，曹學佺選了第二首，詩題改作《送道林》，可看出改後的詩題皆不如原詩題表述清晰。特别是最後一首，改爲《送道林》，與原詩題意不合。"道林"當指道林寺，"介然"是釋守端，曾住南海楞伽山，介然當是其法號。① 那麽，曹學佺在編選宋人詩歌時祇對惠洪詩作了删改嗎？事實並非如此。在編選詩人詩歌作品的同時，根據自己的觀點和想法對一些作品進行删改，應該貫穿了曹學佺的整個編選過程。除惠洪詩外，筆者暫時核查了《石倉宋詩選》中所選寇準、王禹偁、宋祁、楊億、錢惟演、劉筠、韓琦、文彦博、范鎮、范仲淹、謝邁等十一人的詩歌，發現詩歌内容被删者有王禹偁、宋祁、韓琦、范鎮、范仲淹、謝邁六人，特别是范鎮，祇選録了《信相院慧燈》一首詩，附在《石倉宋詩選》卷六文彦博詩後，還被删去了末四句，而文

---

① 《石門文字禪》卷八有《楞伽端介然見訪余以病未及謝先此寄之》詩。

彥博詩共選二十六首，除對較長的詩題進行刪減、詩歌自注加以刪除外，內容並未刪改，可看出曹學佺對詩歌的刪改是經過斟酌、選擇的。從明代文學發展背景來看，經過前後七子掀起的文學復古運動所宣導的"文必秦漢，詩必盛唐"的影響，明代詩壇存在着"尊唐貶宋"或"崇唐抑宋"的風氣和傾向。但到明代晚期，公安派起而提倡宋詩，對復古派進行抨擊和反駁，尊唐卑宋的風氣也逐漸有所改變。人們逐漸摒棄"宋詩腐，元詩纖"的觀點，對宋元詩開始有一些客觀的認識和評價，這在曹學佺《石倉宋詩選序》中也有所體現：

> 宋病於腐，元病於纖，每聞乎稱詩者之言。以今觀之，宋元自有宋元之詩，而各擅其一代之美，何可尚鋼以瑕訾也……大抵宋之爲詩，取材廣而命意新，不欲勦襲前人一字，而詩家反以腐鋼之，其與予之向未寓目者，殆亦同病也歟？然而構思層疊，稍涉議論則有之。夫如是，則選當用何法？曰：宋人之選宋詩也，而首寇萊公，①蓋以其合唐調也。……予固以宋人之選宋詩者選宋詩而已矣，故於萊公《巴東集》之首，而序及之以當凡例焉。②

可見他對宋元詩歌、宋詩特點有一定的客觀認識和評價，與一味貶抑宋元詩者觀點不同。不過，雖然曹學佺對宋詩從"向未寓目"到認識其價值，思想觀點有所轉變，但是他在選編宋詩時，又按照宋人選宋詩的做法，仍以是否"合唐調"爲標準，所以對具有宋詩特點的所謂"構思層疊、稍涉議論"的詩歌進行了刪改。至於經其刪改之詩是否就一定"合唐調"，抑或其所刪改是否合適，則當另論。

---

① 《石倉宋詩選》卷一前有《寇忠潛集小序》，主要介紹寇準的生平事迹，其後有曹學佺按語云："《文獻通考》宋集中編次寇忠潛爲首，又《通考》引晁公武曰：'曾慥守贛州，及帥荆渚日，裒輯本朝詩選，自寇萊公以次至僧璉二百餘家'，則余之選宋集首萊公者蓋本此耳。"國家圖書館藏明崇禎三年序刊本。
② 日本尊經閣文庫所藏明崇禎三年序刊本。

《石倉唐詩選序》中曹學佺曾説：

> 選唐詩而不入李杜者，不重古風故也。……若大曆以下之諸公，純用才華而藴藉少矣；貞元已下之諸公，純用工巧而風致乖矣。其病皆在不習古風也。……故予凡遇中、晚之古風，若獲拱璧焉。即有微瑕，必加潤色。知我罪我，不以爲懼。①

他闡述了學習古風的重要性，並明確指出他十分珍視中晚唐的古風作品，即使略微有些瑕疵的，他"必加潤色"，並不懼怕別人指責論罪。其所謂"潤色"，應該是包括了對字、句的修改和對詩句的删減。如陸龜蒙五言古詩《縹緲峰》：

> 左右皆跳岑，孤峰挺然起。因思縹緲稱，乃在虚無裏。清晨躋磴道，便是屓顔一作頑始。據石即更歌，遇泉還徙倚。花奇忽如薦，樹曲渾成几。樂靜煙靄知，忘機猿狖喜。頻攀峻過斗，未造平如砥。舉首閲青冥，回眸聊下視。高帆大於鳥，廣埠才類蟻。就此微茫中，爭先未嘗已。［葛洪話剛氣，去地四十里。苟能乘之游，止若道路耳。吾將自峰頂，便可朝帝扆。盡欲活群生，不唯私一己。超騎明月餘，復弄華星蕊。却下蓬萊巔，重窺清淺水。］身爲大塊客，自號天隨子。他日向華陽，敲雲問名氏。②

《石倉唐詩選》卷六十七《晚唐七》陸龜蒙名下選了此詩，但删去了"葛洪話剛氣"至"重窺清淺水"共十二句詩歌。又如晚唐李咸用《長歌行》：

> 要衣須破束，欲炙須解牛。當年不快意，徒爲他人留。百歲之約何悠悠，華髮星星稀滿頭。蛾眉蟬首聊我仇，圓紅闕白

---

① 《石倉唐詩選》卷首，首都圖書館藏明崇禎四年序刊本。
② 〔唐〕陸龜蒙《唐甫里先生文集》卷二，《四部叢刊》景黄丕烈校明鈔本。

令人愁。何不夕引清奏,朝[登]翠樓。逢花便折,聞(遇)勝[即]游。鼓腕騰棍晴雷收,舞腰困裹垂楊柔。象筯擊折(碎)歌勿休,玉山未倒非風流。眼前有物俱是夢,莫將身作黃金雠。[死生同域不用懼。富貴在天何足憂。]①

《石倉唐詩選》卷七十八《晚唐十九》李咸用名下選了此詩,但删去了末二句,而詩中"登""即"二字也被删,"遇""碎"二字疑爲曹學佺所改,這些可能就是他所謂"潤色"之義。這就可以解釋爲什麽入選的惠洪及其他宋人的詩歌被删改的大都是古風了,可見曹學佺在選唐詩與選宋詩時,指導思想和做法是一致的。從他的文學主張和創作實踐來看,他主張詩文創作要吟詠性情,真摯自然。他在《李太虛集序》中説:

> 大抵詩主比興,文工形似,要皆本諸性情之真而觸以時物之變。若不期於言而言之,又若有意若無意。故其妙處若化工之不可名狀,若水月之不可摹捉,豈人力所能勉强而思議者乎?余觀太虛之詩若文,蓋本諸性情者。故其厚寄慨而薄雕繢,體物而畢肖,撰境而不虛過。②

他認爲無論是作詩還是撰文,都是本諸作者的性情之真,感時觸物,自然而然地抒發感情,達到"若不期於言而言之,又若有意若無意"的境界。所以他贊賞李太虛之詩本諸性情,"厚寄慨而薄雕繢",可見他對那些無病呻吟,過分雕刻繪飾的作品是有微詞的。他在《慈溪葉國楨詩集序》中稱贊葉公作詩"超朗恬適,絶無聱牙鉤棘之患,深不病理,淺不入俚,是可步趨唐人門徑矣"。③也可見其

---

① 〔唐〕李咸用《唐李推官披沙集》卷一,《四部叢刊》景宋本。
② 〔明〕曹學佺《石倉三稿》文部上,北京大學圖書館藏明崇禎間刻本。
③ 〔明〕曹學佺著,莊可庭纂輯,高祥傑點注《曹大理詩文集·夜光堂文集》,香港文學報社出版公司2013年版,上册,第1015—1016頁。

喜歡超逸爽朗、恬適自然的作品，而排斥佶屈聱牙、艱澀難懂、多議論説理或淺俗入俚的詩歌作品。這與他認爲宋代一些詩歌作品"構思層疊、稍涉議論"的觀點是一致的。在詩歌創作上，他善於抒情寫景，"不嘔心苦吟，不費意推敲，不堆砌辭藻，不用冷僻字，不含生澀典"，①多抒發真情實感，風格淡雅自然。明葉向高在《曹大理集敘》中説："大理詩刻意三百篇，取材漢魏，下乃及王右丞、韋蘇州。"②曹學佺的姻親好友謝肇淛評價其詩歌"以淺淡情至爲工"。③徐𤊹評其作品"詞氣春容，自然中律。才情雅贍，蔚爾名家"。④ 曹學佺對所選詩歌作品加以"潤色"、删改，應與他的文學主張和喜好是一致的。但無論如何，經過曹學佺删改的詩歌，文字、内容已發生了一些變化，已經不是原作者所創作的詩歌原樣，這是特别需要提醒研究者和閲讀者注意的。

通過以上論述，可以看出，肖先生所見的惠洪《筠溪集》一册，當從《石倉十二代詩選·宋詩選》中的《筠溪集》而來，並非海内孤本，目前海内外有多個傳本留存。無論是明代《徐氏紅雨樓書目》所載《筠溪集》，還是目前所能見到的單刻本《筠溪集》，以及日僧廓門貫徹《注石門文字禪》中所引《筠溪集》，也都來自曹學佺所編選《石倉宋詩選》中的《筠溪集》。而收録於《石倉宋詩選》中的《筠溪集》，是曹學佺根據《石門文字禪》前十六卷詩歌部分對惠洪詩重新編選後命名而成的。曹學佺在編選惠洪詩歌時，並非原封不動地選録，而是按照自己的觀點對很多詩歌進行了删改，改變了惠洪原

---

① 高祥傑《點注感言》，《曹大理詩文集》，上册，第 70 頁。
② 〔明〕曹學佺《曹大理詩文集》，方寶川主編《福建叢書》第三輯之一《曹學佺集一》，江蘇古籍出版社 2003 年影印本，第 3 頁。
③ 〔明〕謝肇淛《小草齋詩話》卷三，周維德集校《全明詩話》，齊魯書社 2005 年版，第 4 册，第 3531 頁。
④ 〔明〕徐𤊹《紅雨樓集·曹能始〈石倉集〉序》，《上海圖書館未刊古籍稿本》，復旦大學出版社 2008 年影印本，第 42 册，第 21 頁。

作的本真面貌。不僅是惠洪詩,他所選的唐人詩、宋人詩中這種情況都大量存在。① 這就需要我們的研究者、閱讀者特別注意。

(三)《石門文字禪》的刊刻流傳

1. 國内刊刻流傳情況

《石門文字禪》自南宋起一直流傳至今,其卷十五《與法護禪者》詩就有"手鈔《禪林僧寶傳》,暗誦《石門文字禪》"之句。② 南宋釋志磐《佛祖統紀》卷一引用書目中也列有《石門文字禪》。可見此書在宋代就廣爲流傳。特別是明萬曆二十五年(1597)徑山興聖萬壽禪寺刊《石門文字禪》三十卷後(即《徑山藏》本),此書得以廣泛流傳於世,明清很多目録中所著録的《石門文字禪》皆當源於此本。所著録皆爲三十卷,乃其門人覺慈所編。今存除《徑山藏》本外,還有文淵閣《四庫全書》本、《武林往哲遺著後編》本、常州天寧寺刊本等,《四部叢刊初編》本亦據《徑山藏》本影印,頗爲易見。《徑山藏》本是現存最早的刻本,中國國家圖書館有藏,乃常熟瞿氏鐵琴銅劍樓舊藏。文淵閣《四庫全書》本也由《徑山藏》本而來,《四庫總目》云:"是集爲其門人覺慈所編,釋氏收入大藏'支那撰述'中,此本即釋藏所刊也。"③不過,四庫本經過了館臣校勘,闕文較少,《徑山藏》本中一些明顯的錯誤,四庫本不誤。《武林往哲遺著後編》本爲光緒二十五年(1899)丁氏重刊,扉頁有"光緒己亥十有一月錢塘丁氏刊於南昌"木記。丁丙《八千卷樓書目》卷十五著録:"《石門文字禪》三十卷,釋惠洪撰,明支那本。"④《善本書室藏書志》卷二十八亦

---

① 其所選元、明詩中是否存在刪改情況,筆者還未及核對。申屠青松《明代宋詩選本論略》一文中指出《石倉宋詩選》中王安石、賀鑄詩有刪改的情況,還以蘇軾詩爲例,指出因抄書者疏忽和偷懶而漏抄詩句的情況。參見《南京師範大學文學院學報》2007年第4期。

② 《全宋詩》册二三卷一三四一頁15297。

③ 〔清〕紀昀等《四庫全書總目》,第1331頁。

④ 《八千卷樓藏書目録》,民國錢塘丁氏聚珍仿宋本。

著録:"《石門文字禪》三十卷,明刊本。"①其解題云:"此支那刊本萬曆丁酉徑山興聖萬壽禪寺募緣重刊,前有釋達觀序。"②可見丁氏藏本是明《徑山藏》本。《武林往哲遺著後編》本卷首也有釋達觀序,其分卷、編排方式皆與《徑山藏》本相同,當亦來源於《徑山藏》本,但其序後無目錄,各卷首頁僅題"宋釋德洪覺範著"。常州天寧寺本刊刻於民國十年(1921),現藏於上海圖書館,從其行款格式、卷帙分合、序文目錄來看,皆與《徑山藏》本同,也當與明《徑山藏》本屬同一系統。而《四部叢刊初編》本《石門文字禪》乃上海商務印書館於民國十八年據江南圖書館藏明《徑山藏》本影印,此本原乃錢塘丁氏藏書。

2.《石門文字禪》在日本的刊刻流傳

上述影印文淵閣《四庫全書》本、《武林往哲遺著後編》本、《四部叢刊初編》本也多爲日本諸藏書機構收藏,兹不贅述。現將筆者所見其他版本,略述於下。

(1)嘉興藏/徑山藏本

東京大學圖書館藏。書衣有蟲蛀現象。封面書名題籤"支那撰述 石門文字禪",其中"支那撰述"爲雙行字,字略小,在圓圈内。扉頁 a 面爲僧人童子圖,b 面有十六字:"皇圖鞏固,帝道遐昌。佛日增輝,法輪常轉。"然後是明萬曆二十五年《釋達觀序》,云:

> 夫自晉宋齊梁,學道者爭以金屑瞖眼。而初祖東來,應病投劑,直指人心,不立文字。後之承虚接響,不識藥忌者,遂一切峻其垣,而築文字於禪之外。由是分疆列界,剖判虚空,學禪者不務精義,學文字者不務了心。夫義不精,則心了而不光大;精義而不了心,則文字終不入神。故寶覺欲以無學之學,朝宗百川而無盡。歎民公南海波斯,因風到岸,標榜具存,儀

---

① 《宋元明清書目題跋叢刊》,中華書局1970年版,第9册,第727頁。
② 同上。

刑不遠。嗚呼！可以思矣。蓋禪如春也，文字則花也，春在於花，全花是春；花在於春，全春是花，而曰禪與文字有二乎哉？故德山、臨濟棒喝交馳，未嘗非文字也；清涼、天台疏經造論，未嘗非禪也，而曰禪與文字有二乎哉？逮於晚近，更相笑而相非，嚴於水火矣。宋寂音尊者憂之，因名其所著曰"文字禪"。夫齊秦搆難，而按以周天子之命令，遂投戈卧鼓，而順於大化，則文字禪之爲也。蓋此老子向春臺擷衆芳，諦知春花之際，無地寄眼，故橫心所見，橫口所言，鬭千紅萬紫於三寸枯管之下，於此把住，水泄不通。即於此放行，波瀾浩渺。乃至逗物而吟，逢緣而詠，並入編中。夫何所謂禪與文字者，夫是之謂文字禪，而禪與文字有二乎哉？噫，此一枝花自瞿曇拈後，數千餘年擲在糞掃堆頭，而寂音再一拈似，即今流布，疏影撩人，暗香浮鼻，其誰爲破顏者？

明萬曆丁酉八月望日釋達觀撰

序中對"文字禪"之義加以闡釋，并表達了自己的禪學思想，認爲禪與文字是同一無二的。序後是按文體分類編排的目錄。卷一至卷八古詩；卷九排律、五言律詩；卷十至卷十三爲七言律詩；卷十四爲五言、六言絕句；卷十五至卷十六是七言絕句；卷十七爲偈；卷十八至卷十九贊；卷二十銘、詞、賦；卷二十一至卷二十四記、序、記語；卷二十五至卷二十六題；卷二十七跋；卷二十八疏；卷二十九書、塔銘；卷三十行狀、傳、祭文。半頁十行，行二十字，四周雙邊，有界，版心無魚尾，有兩個長方框，上長框中寫"支那 撰述"，下長框中寫書名、卷次、頁碼。下闊黑口。每卷首頁首行頂格刻"石門文字禪卷×"，次行低三格刻"宋江西筠溪石門寺沙門釋德洪覺範著"，第三行低四格題"門人覺慈編録　西眉東巖旌善堂校"。每卷末頁末行有一長方形條記，刻施刻者、校對者、書者、刻工姓名，及"萬曆丁酉仲秋(冬)徑山興聖萬壽禪寺識"字樣。如卷一末行有："刑部郎中金壇于玉立施刻此卷了緣居士對徐普書端學堯刻　萬曆丁酉仲秋徑山寺識"。書中時有墨釘和闕字，書葉偶有破損。

另外，日本宮内廳書陵部也藏有徑山寺刊本六册（五五五函四十八號），前有釋達觀序，每卷末有施貲、刻者、校者、書手、刻工姓氏，及"萬曆丁酉仲（秋）冬徑山興聖萬壽禪寺識"木記。首有"佐伯侯毛利高標字培松藏書畫之印"，乃文政中毛利出雲守高翰所獻幕府，每册首有"西王禪寺藏印""秘閣圖書之章"印記。

（2）寬文四年（1664）刊本

京都田原仁左衛門刊本，原十五册，合爲八册。黄色封皮，封面書名題籤"石門文字禪　一、二"等，扉頁a面爲僧人童子圖，b面有十六字："皇圖鞏固，帝道遐昌。佛日增輝，法輪常轉。"然後是明萬曆二十五年釋達觀序，皆同《徑山藏》本。半頁十行，行二十字，四周雙邊，版心無魚尾，有兩個長方框，上長框中寫"支那　撰述"，下長框中寫書名、卷次、頁碼。下闊黑口，亦同《徑山藏》本。但此本序及正文無界行，目録有界行，字旁有標明日文讀音、順序等的訓點符號，字體也與《徑山藏》本不同。每卷前三行刻"宋江西筠溪石門寺沙門釋德洪覺範著""門人覺慈編録""西眉東巖旌善堂校"，及每卷末頁末行長方形條記中所記施刻者、校對者、書者、刻工姓名、刊刻時間與機構，亦與《徑山藏》本相同。其墨釘闕文，亦同《徑山藏》本，可知其所據底本爲《徑山藏》本。書末有"寬文四甲辰歲極月吉日二條通鶴屋町田原仁左衛門刊"刊記。此寬文本國會圖書館、東京大學東洋文化研究所、駒澤大學圖書館、龍谷大學圖書館皆有收藏。

（3）寶永七年（1710）注本

前有釋達觀序，半頁十行，行二十字。其次目録，與《徑山藏》本同。其次日本曹洞宗僧人卍山道白於寶永七年所撰《注石門文字禪序》，半頁五行，行十字，附惠洪畫像。再次爲日本臨濟宗僧人無著道忠寶永七年所撰之序,半頁五行,行十二字。最後爲日本黃檗宗僧人月潭道澄所撰之贊。各卷首頁均題"宋江西筠溪石門寺沙門釋德洪覺範著、門人覺慈編録、西眉東巖旌善堂校、大日本關東路下野州那須郡前住大雄寺沙門釋廓門貫徹注"。書後有廓門貫徹寶永七年所撰之跋,末頁爲三行木記,刻"注石門文字禪全帙叁拾卷、調心軒藏版、寶永龍集庚寅年捐盉資刻"。

正文半頁八行,行二十字,雙行小注同,四周雙邊,無界行,字下行間多有標明日文讀音、順序等的訓點符號。版心題書名、卷次、頁碼,象鼻自正文起依各卷體裁注明"古詩""律詩""絶句""偈頌"等字樣。如前所述,廓門貫徹花費了二十多年的時間注釋《石門文字禪》,於寶永七年(1710,清康熙四十九年)完成注釋工作並刊行。其所用底本除了前三卷的釐分與明《徑山藏》本有所不同外,其有關著者、編校者的題署,詩歌的數量、排列順序等都與明《徑山藏》等本相同,可以斷定其底本與明《徑山藏》本《石門文字禪》爲同一系統。

2000年日本臨川書店出版《禪學典籍叢刊》,以日本京都財團法人禪文化研究所藏本爲底本影印出版。駒澤大學圖書館也藏有此寶永七年(1710)注本。2012年中華書局出版張伯偉等整理點校《注石門文字禪》,所據底本即爲禪文化研究所藏本,並以駒澤大學藏本校補其闕。

另外,清吴之振、吕留良編輯的《宋詩鈔初集》中惠洪《石門詩抄》,清管庭芬、蔣光煦輯《宋詩鈔補》中的惠洪《石門文字禪集補鈔》在日本各藏書機構亦多有收藏,其收藏情況同前述"道潛詩集在日本的刊刻流傳情況"相關部分所述,兹不贅述。

七、克文《雲庵集》

釋克文(1025—1102),字雲庵,俗姓鄭,閺鄉(今河南靈寶西北)人。幼習儒業，後母不慈，數困辱之，親舊使游學四方。依復州北塔寺長老歸秀，服勤五載。年二十五試所習爲僧，二十六受具足戒。游歷京洛等地，曾參雲居舜、德山應禪師，不契。參謁慧南禪師於積翠、黃龍，深得其印可。慧南禪師入滅，學者歸之如雲，所至成叢林。神宗熙寧五年(1072)，住筠州大愚山，後住筠州聖壽寺、洞山普和禪院。元豐八年(1085)，王安石延請其爲金陵報寧禪寺開山，并以其名請於朝，賜紫方袍，號真淨大師。哲宗紹聖初，住廬山歸宗寺。紹聖四年(1097)，受丞相張商英之請，住洪州泐潭山寶峰禪院。退居雲庵。徽宗崇寧元年卒，年七十八。爲南嶽下十三世，黃龍慧南禪師法嗣。有《雲庵真淨禪師語録》六卷，今存。事見《石門文字禪》卷三十《雲庵真淨和尚行狀》，《禪林僧寶傳》卷二十三有傳。

《雲庵集》的編集及在日本的刊刻流傳

1. 編集

《雲庵集》未見歷代書目著録，至明曹學佺《石倉宋詩選》卷一百零五録克文詩題爲《雲庵集》。清范希仁所編《宋人小集》二百四十一卷，①其中宋人小集七十八種，多直接抄録《石倉宋詩選》，即包括《雲庵集》。范氏抄本比曹學佺《石倉宋詩選》卷一百零五《雲庵集》少録兩首詩，其他皆同。《雲庵克文禪師語録》②卷四至卷六載録了克文大量偈頌詩歌，分爲偈頌上(卷四)、偈頌中(卷五)、偈頌下(卷六)。《石倉宋詩選》卷一百零五録克文詩共二十九首，在其《語録》偈頌中(卷五)、偈頌下(卷六)中皆能找到。且曹學佺《石倉宋詩選》卷一百零五録克文詩後還附了《題雲庵手帖三首》和《跋山谷雲庵贊》，這部分內容也附在《語録》後。故曹學佺當從《語録》

---

① 清古鹽范氏也趣軒抄本，藏臺北"中央圖書館"。
② 〔宋〕釋福深録《雲庵克文禪師語録》，《卍新纂續藏經》第69册，No.1342。

中選録了克文詩歌,并題爲《雲庵集》。

2. 在日本的刊刻流傳

隨着《石倉十二代詩選》明末刊本傳入日本,日本人也不僅僅單刻了《石倉宋詩選》中的惠洪《筠溪集》,元禄二年,京都荒川三郎兵衛還單刻了《石倉宋詩選》卷一百零五真淨克文的《雲庵集》,[①]又把卷一百零四釋淨端的《吴山録》、卷一百零五真淨克文的《雲庵集》、卷一百零六契嵩的《鐔津集》合刻,題爲《三高奇一集》。[②] 江户時期,還有書林藤屋古川三郎兵衛據《石倉十二代詩選·宋詩選》之卷一百零四至卷一百零七所録宋僧詩歌,刻成《宋僧詩選》四卷二册,[③]包括釋淨端的《吴山録》附慈受懷深禪師《擬寒山詩》,釋保暹至釋顯萬二十八人六十一首詩歌,釋真淨《雲庵集》,釋契嵩《鐔津集》附惟晤詩、附楊蟠詩。每卷正文首頁第一行題"宋僧詩選",第二行題著者,如"宋吴興釋淨端著",第三行題"明三山曹學佺閲",其内容與《石倉宋詩選》卷一百零四至卷一百零七四卷所録宋僧詩歌完全相同,祇是把卷一百零七釋保暹至釋顯萬二十八人的詩歌作爲卷二,置於雲庵真淨克文詩前。[④] 由此也可見曹學佺《石倉十二代詩選·宋詩選》傳入日本後所産生的影響。

八、淨端《吴山録》

釋淨端(1032—1103),字明表,自號安閑和尚。俗姓丘,湖州

---

① 日本駒澤大學圖書館編《新纂禪籍目録》,昭和三十七年(1962)日本佛書刊行會,第17頁。今未見此本。

② 《新纂禪籍目録》第142頁。元禄五年刊《廣益書籍目録》、元禄十二年刊《新板增補書籍目録》分别著録爲"《三高一奇集》""《三高一奇》",元禄九年刊、正德五年修《增益書籍目録大全》著録爲"《三京一奇》","京"當是"高"之誤。見《江户時代書林出版書籍目録集成》第1册第272頁、第2册第31頁、第3册第57頁。

③ 《新纂禪籍目録》第270頁。

④ 見[日]長澤規矩也輯《和刻本漢詩集成》總集篇第四輯,昭和五十三年(1978)東京汲古書院景印書林藤屋古川三郎兵衛刻本,第117—139頁。

歸安(今屬浙江)人。六歲出家,二十六歲受具足戒。肄業吴山解空講院,始見人弄師子,發明心要。得法於臨安龍華院齊嶽禪師。叢林號爲端師子。丞相章惇請其開法於湖州吴山。徽宗崇寧二年示寂,年七十二。有《吴山淨端禪師語録》傳世。事見《吴山淨端禪師語録》卷末附宋劉燾《端禪師行業記》、惠洪《西余端禪師傳》、曉瑩《羅湖野録》卷一等。

《吴山録》的編集及在日本的刊刻流傳

1. 編集

淨端詩集,未見歷代目録記載,惟明徐𤊹《徐氏紅雨樓書目》卷四集部宋詩部分記載"吴山録　明表釋淨端",①根據前述惠洪《筠溪集》流傳的考辨,知其出於明曹學佺編《石倉宋詩選》。而曹學佺《石倉宋詩選》卷一百零四録淨端詩即題爲《吴山録》,自《吴少卿入山》至《述懷》共録其二十四首詩歌,而這些詩歌皆見於今傳《湖州吴山端禪師語録》上下兩卷中,②可見曹學佺是從其《語録》中選録,而題爲《吴山録》。《石倉宋詩選》卷一百零四淨端《吴山録》詩後還附有慈受懷深禪師《擬寒山詩》二十首。而清厲鶚《宋詩紀事》卷九十一選録淨端《山居詩》一首,所標出處爲"曹氏《歷代詩選》",此即指曹學佺《石倉歷代詩選》(又稱《石倉十二代詩選》),詩前淨端小傳中,厲氏稱淨端有"《吴山集》",即當指此《吴山録》。

2. 在日本的刊刻流傳

見前《雲庵集》相關段落所涉。

九、惟白《佛國禪師文殊指南圖贊》

釋惟白,俗姓冉,靖江(今廣西桂林)人。歷住泗州之龜山、廬

---

① 《徐氏紅雨樓書目》,《中國歷代書目題跋叢書》,第 376 頁。
② 〔宋〕釋師皎重編《湖州吴山端禪師語録》,《卍新纂續藏經》第 73 册,No.1449。

山湯泉、明州天童、東京法雲寺。哲宗元符三年(1100)二月、四月及徽宗建中靖國元年(1101)二月,曾三次奉詔入内庭演法。① 建中靖國元年七月十五日,撰成《續燈錄》三十卷進上,八月十五日,徽宗賜序,敕入《大藏》。并賜佛國禪師號及金襴衣。爲青原下十二世,雲門宗法雲法秀禪師法嗣。② 其著作除《建中靖國續燈錄》三十卷外,還有《大藏經綱目指要錄》八卷、《文殊指南圖贊》一卷,今皆存。事見南宋釋正受《嘉泰普燈錄》卷五,南宋釋志磐《佛祖統紀》卷四十六、卷五十一,元釋熙仲《歷朝釋氏資鑑》卷十,元釋念常《佛祖歷代通載》卷十九,元釋覺岸《釋氏稽古略》卷四,清釋德介纂輯《天童寺志》卷三、卷四等。③

惟白所著《文殊指南圖贊》(又稱《佛國禪師文殊指南圖贊》)一卷,主要是根據《華嚴經·入法界品》中所描述的善財童子從初參文殊師利菩薩,復游行南方,終參普賢菩薩,歷參五十三位善知識,求證佛法要義的故事。每則故事有一段説明敘述文字,配有一幅圖畫,并在每輻圖畫下撰寫一首詩贊,描寫歌頌善財童子五十三次參謁諸善知識的過程和所求證的法門,最後是佛國禪師的評論文字,配有自己的畫像,也有一首詩贊,抒發自己的認識。共有説明敘述文五十四則,圖畫五十四幅,詩贊五十四首。"《圖贊》規範了各類善知識的形象,準確地提取出各善知識的基本特徵及參訪場景,圖文並茂地展示了五十三參的内容,奠定了其在華嚴文獻中的獨特地位。"④它"在我國古代善財童子五十三參圖像的演變過程中

---

① 《建中靖國續燈錄》卷首徽宗《序》,卷十七《東京法雲禪寺惟白佛國禪師》,卷三十惟白《上皇帝書》,《卍新纂藏經》第78册,No.1556。
② 〔南宋〕釋普濟《五燈會元》卷十六,《卍新纂續藏經》第80册,No.1565。
③ 白化文、張智主編《中國佛寺志叢刊》第84、85册,第184—185、294—295、300、302—306、311頁。
④ 董華峰、張嫒嫒《〈佛國禪師文殊指南圖贊〉考論》,《宗教學研究》2018年第2期,第153頁。

發揮了重要作用",并對元至明初該類圖像的繪製產生了直接的影響。① 對瞭解研究宋代佛教文化藝術等也都有非常重要的價值。根據日本學者的研究,其所述《華嚴經·入法界品》的相關內容,與流傳的實叉難陀(652—710)所譯八十卷本《華嚴經》的內容近似,而與六十卷本和四十卷本的《華嚴經》內容不太相同。② 此書國內存藏極少,現有影印日本刊本可見。但此書在日本爲公、私多家藏書機構收藏,且有多種版本。目前國內學者研究此書所利用的多是《大正藏》《續藏經》及影印日本大谷大學所藏覆宋刊本(往往被認爲是宋本),此書在日本的多種刊本還未見國內學者研究和利用,故下文着重就其在日本的刊刻流傳情況試加考述。

(一)國內刊刻流傳情況

現所見《佛國禪師文殊指南圖贊》前有"中書舍人張商英"(1043—1121)序引,云:

> 華嚴性海,納香水之百川;法界義天,森寶光之萬像。極佛陀之真智,盡含識之靈源。故世主妙嚴,文殊結集,龍宮誦出,雞嶺傳來,繼踵流通,普聞華夏。李長者《合論》四十軸,觀國師《疏鈔》一百卷,龍樹尊者二十萬偈,佛國禪師五十四贊,四家之説,學者所宗。若乃撮大經之要樞,舉法界之綱目,標知識之儀相,述善財之悟門,人境交參,事理俱顯,則意詳文簡,其《圖贊》乎! 信受奉行,爲之序引。③

序中把佛國禪師的五十四贊與論述闡釋《華嚴經》的唐李通玄(又稱枣柏大士)《華嚴經合論》、唐釋澄觀《大方廣佛華嚴經隨疏演義

---

① 董華峰、張媛媛《〈佛國禪師文殊指南圖贊〉考論》,《宗教學研究》2018年第2期,第159頁。
② 日本大谷大學圖書館編《神田鬯盦博士寄贈圖書善本書影》17"佛國禪師文殊指南圖贊"解題,大谷大學1988年,第39頁。
③ 〔宋〕釋惟白《佛國禪師文殊指南圖贊》,《大正新修大藏經》第45册,No.1891。

鈔》、龍樹菩薩二十萬偈①相提并論爲四家之説,并給佛國禪師《圖贊》以很高評價,認爲其"撮大經之要樞,舉法界之綱目,標知識之儀相,述善財之悟門,人境交參,事理俱顯,則意詳文簡"。張商英任中書舍人之職是在哲宗元符二年(1099)十月至元符三年三月,②可見《圖贊》在北宋末已經成書。但今未見宋代目録記載。明永樂十四年(1416)僧録司右闡教兼住鍾山靈谷幻居比丘淨戒作《刊三聖諸賢詩辭總集序》云:

　　宣情達事,世教有取於詩。吾宗聖賢,高蹈遠視逸然矣,亦仿人情近習,琢爲文句,蓋憫物之心不可遏也。抑將激誘於道,奚啻宣情達事,流玩百世珠玉之擬哉! 觀夫豐干、寒、拾三聖所唱,楚石琦公之和韻,皆痛快激烈,斥妄警迷。山中天靈義首座,服膺有素,願繡梓以傳焉,且撰舊本諸名公序帖及《三隱集記》繫之。又見**佛國白禪師所作《文殊指南贊》**詞勝理詣,永明壽禪師、布衲雍、鏡中圓前後山居唱和之什,暨古德《十牛頌》並諸歌偈,切於風礪,有神益於世者,比次成帙。勸率善信陳智寶、賈福常,俾諸衆緣,**並與刊行**,謁言爲弁。……③

説明當時所刊《三聖諸賢詩辭總集》中,包括豐干、寒山、拾得詩及楚石梵琦的和詩,惟白的《文殊指南圖贊》,還有宋永明延壽禪師的《山居詩》及元布衲祖雍、鏡中圓的和韻、《十牛頌》等。而《晁氏寶文堂書目》卷下載有"三聖諸賢詩集""佛國禪師指南圖贊",④《晁氏

---

①　學者羅凌認爲"當是南天竺龍樹菩薩所誦出《華嚴經》下本的概稱",見〈〈佛國禪師文殊指南圖贊〉作者考略〉,《圖書與情報》2005年第3期,第86頁。

②　羅凌《〈佛國禪師文殊指南圖贊〉作者考略》,《圖書與情報》2005年第3期,第89頁。

③　項楚《寒山詩注》附録二序跋、叙録(出自浙江天台山國清寺印行《寒山詩》卷首),中華書局2000年版,第988—989頁。

④　《晁氏寶文堂書目》,《中國歷代書目題跋叢書》,上海古籍出版社2005年版,第219、220頁。其中"三聖諸賢詩集"在第207、219頁兩次出現。

寶文堂書目》是嘉靖年間(1522—1566)晁瑮及其子晁東吳的藏書目，①說明此時惟白《佛國禪師指南圖贊》尚在流傳，不僅有收入《三聖諸賢詩集》總集的，同時還有單行本流傳。明代著名畫家仇英(約 1498—約 1552)也曾畫過《善財童子五十三參圖》，根據清乾隆九年(1744)所撰《秘殿珠林》②卷八《釋氏圖册》記載，當時内府還藏有：

> 明仇英畫《善財童子五十三參圖》一册　次等，地一。
> 磁青箋本泥金書，畫款云：仿烏斯藏紫金瑞像，仇英拜寫。每圖各書"佛國禪師文殊指南贊"，畫前書"大方廣佛華嚴經入不思議解脱境界普賢行願品"一分計五十六幅。

也可視爲此書的一個傳本。《藏園訂補郘亭知見傳本書目》卷十一下"子部釋家類"著録：

> 〔補〕佛國禪師文殊指南圖贊一卷　○卷子本，每行二十九字，圖贊五十四段，上半爲圖，下部爲贊，贊每行七字。前有張商英序，大字，每行十三字，上空一格，實十二字。序後有"臨安府衆安橋南街東開經書鋪賈官人宅印造"一行。此卷詳味其雕工，疑是高麗翻本，非杭本也。③

可見傅增湘(1872—1949)曾見到《佛國禪師文殊指南圖贊》的卷子本，有張商英序，序後有"臨安府衆安橋南街東開經書鋪賈官人宅印造"刊記，但他認爲這個本子有可能是高麗翻刻本，而非南宋杭州刻本，也説明當時國内此書仍有流傳。《五十萬卷樓藏書目録初

---

① 《晁氏寶文堂書目》，《中國歷代書目題跋叢書》"出版説明"，上海古籍出版社 2005 年版，第 1 頁。
② 〔清〕張照等編《秘殿珠林》，影印文淵閣《四庫全書》本。
③ 〔清〕莫友芝撰，傅增湘訂補，傅熹年整理《藏園訂補郘亭知見傳本書目》，中華書局 2009 年版，第 884 頁。

編》卷十四"妙法蓮華經七卷宋刊兩面印折本"下解題云：

> 孫氏從添《藏書紀要》云："宋刻數種中，有釋道二藏經典，刻本行款非長條即闊本。"此本爲長條式，自屬釋典通例，惟兩面印刷者流傳頗罕。……近人題宋槧本《文殊指南圖贊跋》，謂其雕造畫象甚精，我國乃無傳本，可知此種圖象，亦研究諸經版刻之要事也。①

其中所謂"近人題宋槧本《文殊指南圖贊跋》，謂其雕造畫象甚精，我國乃無傳本"，當指羅振玉所題日本大谷大學藏覆宋刻本跋文而言，詳見後述。現國家圖書館藏有《佛國禪師文殊指南圖贊》一卷一册，定爲明刻本，有殘缺。國内較常見的是羅振玉借神田家所藏此書覆宋刊本影印的影印本，收入其《吉石盦叢書》初集中，國家圖書館、中科院、北大、上海、復旦、天津、遼寧、山東、南京、湖北、四川等圖書館皆有收藏。而臺北新文豐出版公司1989年出版的《叢書集成續編》第46册、上海書店1994年出版的《叢書集成續編》第97册都收入此書，皆據《吉石盦叢書》本影印。日本刊《大正新修大藏經》及《續藏經》（有1925年商務印書館影印本）亦收入此書，國内亦常見。

（二）在日本的刊刻流傳

《佛國禪師文殊指南圖贊》一書傳入日本的時間未見明確記載。但根據《大正新修大藏經勘同目録》關於此書的版本説明，它以日本《續藏經》爲底本，以小野玄妙所藏日本建長三年（1251，南宋理宗淳祐十一年）寫本爲校本，②則此書1251年前就已經傳入日本了。《江户時代書林出版書籍目録集成》第三册日本明和九年

---

① 莫伯驥著，曾貽芬整理《五十萬卷樓藏書目録初編》，中華書局2016年版，下册，第675頁。

② 《大正新修昭和法寶總目》第一册，第488頁下。

(1772,清乾隆三十七年)武村新兵衛刊《大增書籍目録》(簡稱《明和九年刊書籍目録》)載録"《佛國禪師文殊指南圖贊》一册",①當是日本明和間刊本。現日本有此書宋本、日本覆刻本多個本子,還有明和四年(1767)刊本及收録於《大正藏》《續藏經》的本子等。

1. 宋刊本

根據記載,日本所藏宋本有多個,皆爲臨安開經書鋪賈官人宅刊,帶圖本。椎名宏雄《宋元版禪籍の研究》中記載有六個:即①成簣堂文庫藏(卷子),②武田科學振興團藏,③天理圖書館藏(有缺頁),④大谷大學藏,⑤今津洪嶽藏,⑥石井積翠軒文庫舊藏,并注明了根據。② 而杏雨書屋編《新修恭仁山莊善本書影》的解題中除介紹此武田氏杏雨書屋所藏原内藤湖南(1866—1934)恭仁山莊藏宋本外,還提到在日本他處收藏的五個與此相同的本子,③筆者將其與椎名宏雄所記載的六個宋本對比,去其重複,還有三浦觀樹將軍、京都松本文三郎博士所收藏的兩個本子是椎名宏雄未提到的,也就是説根據這兩處記載,日本共藏有此書八個宋本。尾崎康先生《〈仏國禪師文殊指南図贊〉の版本について》(可譯爲"關於《佛國禪師文殊指南圖贊》的版本")一文,④引牧野和夫説日本現存此書同版宋本竟達十一個。但尾崎康文中説他經由瑞典學者Söören Edgren告知此書在日本曾被覆刻,除《石井積翠軒文庫善本書目及圖録》(1942)所著録爲南宋刊本外,其他的都是覆宋刊本。之後尾崎康用石井積翠軒文庫本圖録與杏雨書屋所藏本及大谷大學圖書館所藏本書影進行比較,驗證了瑞典學者的説法。尾崎康介紹此

---

① 《江户時代書林出版書籍目録集成》第三册,第189頁第3欄左。
② [日]椎名宏雄《宋元版禪籍の研究》,日本大東出版社1993年版,第588頁。
③ 杏雨書屋編《新修恭仁山莊善本書影》,大阪:武田科學振興財團1985年版,第14—15頁。
④ 杏雨書屋編《杏雨》第3號,大阪:武田科學振興財團2000年版,第107—111頁。

宋刊本經田中光顯(1843—1939)、内野皎亭文庫、石井積翠軒文庫遞藏,現藏於東京大東急記念文庫。

《石井積翠軒文庫善本書目・圖録篇》[①]載有此書卷首、卷尾兩張書影,卷首一張首行頂格寫"佛國禪師文殊指南圖贊",次行低兩格用比首行較小的字寫"中書舍人張　商英　述",其中"商英"二字更小,與"張""述"二字之間上下各空兩格。在"英"與其下空兩格上鈐有楷書"高山寺"豎長方印。自第三行起是張商英序文正文,每行首皆低一格,字的大小與首行同,共占十三行,每行十二字。上、下、右爲單邊,序文末次行有"臨安府衆安橋南街東開經書鋪賈官人宅印造"十九字版記,版記左右雙邊,最上面有類似魚尾的花型裝飾。折裝,可看出三道折痕。(詳參本節文後所附書影圖9-1)

其卷尾的書影包括《善財童子第五十三詣》《參普賢菩薩圖》及《佛國禪師贊》的一部分及最後十行,這十行的第一行前欄綫處有折痕,前兩行頂格寫"佛國禪師昔居龜寺,今在鳳城,觀善財童子參諸知識,未有/休期。咄。直下承當,豁然休歇,大用現前"。第二行倒數第三字處有向下的黑魚尾,魚尾下寫"贊曰"二字。其他八行上面是圖畫,下面是詩贊,圖畫所占長度至第二行的第十四字處,是佛國禪師跌坐圖像,其所坐椅子後有屏風,屏風上寫有草書,其座前有低矮的長方形鞋凳,上面放有兩隻鞋子。屏風左側露出一部分桌子,桌子上有像是蘭花的盆栽及瓶花等物,桌子前有一長方形坐凳,桌面、凳面皆有木紋。其坐像右側椅子旁邊斜立着一根錫杖,杖頭倚着屏風。圖畫下是雙橫綫框,框下八行每行是七字一句的詩偈,即"時光已是覺蹉跎,嗟爾平生跋涉多。五十餘人皆問訊,百重城郭盡經過。而今到此休分別,直下承當得也麽。忽若更云南北去,分明鷂子過新羅"。有界行。而在此卷末尾的空白處,

---

① [日]川瀨一馬編《石井積翠軒文庫善本書目》,臨川書店1981年版。

寫着"佛國禪師文殊指南圖贊卷終",但可能因原版磨損,"佛國禪"三字未顯示,"師"字祇顯示出下面少部分筆畫。(詳參本節文後所附圖9-3)尾崎康判斷積翠軒文庫宋本當刊於南宋前期,即十二世紀後半的宋孝宗乾道、淳熙年間(1165—1189)。而根據此書《大正藏》本首頁地脚校語,謂小野玄妙藏建長三年寫本張商英序後有"安吉州歸安縣太元鄉獨埧庵募緣重雕印行"十八字,[①]可知此書在南宋至少刊刻過兩次。

2. 覆刻本

(1)保留宋本刊記之覆刻本

上述一些作爲宋本收藏的如成簣堂文庫藏本、武田科學振興財團杏雨書屋藏本(以下簡稱杏雨本)、大谷大學藏本(以下簡稱大谷本)等就屬此類。雖然它們和宋刊本從版式、字體、圖畫、内容等方面乍看上去非常相似,但如果細究,還是可以分辨出一些不同之處。如我們用大谷大學藏本卷首張商英序與石井積翠軒文庫藏宋本(以下簡稱積翠本)卷首張商英序加以對比(見本節文後所附圖9-2、圖9-1),很明顯可看出其字體不完全相同。大谷本字的横、豎、撇、捺等筆畫的起筆、落筆筆鋒都非常尖鋭,整體給人感覺不自然,比較僵硬,模仿痕迹較重。而積翠本文字的筆畫起筆、落筆没有那麽尖鋭,整體顯得比較自然和諧。以具體的字舉例,序文第四行的"出"字,大谷本上、下最右邊的兩筆的峰頭幾乎與中間一豎筆接觸,而積翠本中間的豎筆與右邊上、下兩筆的峰頭間還有一定距離。第五行"流"字左邊的"氵",大谷本與積翠本寫法也不太相同,前者第三筆向上明顯與右邊的"㐬"的一横連在一起,後者則未相連。第十二行的"文""行"等字,大谷本"文"字的一撇、"行"字的兩撇末尾都明顯上翹,積翠本則没那麽上翹而比較自然。以上杏雨

---

① 《大正新修大藏經》第45卷,第793頁下。

本與大谷本相同。卷尾部分僅從末尾十行來看，第一行"童子"的"子"，積翠本并未與第三行的"時"字平齊，而是稍靠下，而杏雨本、大谷本則與"時"字平齊；第二行的"前"字，積翠本的第三筆橫筆，與左圖下框雙橫綫的上橫綫齊平，而杏雨本、大谷本則是"前"字的中間部分與雙橫綫齊平。從圖的部分來看，佛國禪師座椅後面屏風上顯露出的字的多少、寫法，杏雨本、大谷本與積翠本皆有不同；桌子、凳子上的木紋也不相同；桌子上盆栽、瓶中插花的花葉形狀也略有不同。故瑞典學者艾思仁（Söören Edgren）、日本學者尾崎康的判斷是正確的，即這些號稱宋本的《佛國禪師文殊指南圖贊》皆是覆宋刊本（參見本節文後所附圖 9-3、圖 9-4、圖 9-5）。《新修恭仁山莊善本書影》所載覆宋刊本卷首書影雖然末尾未顯示"臨安府衆安橋南街東開經書鋪賈官人宅印造"刊記，但根據其解題，序末是有此刊記的，解題還稱此書卷首鈐有"北禪書院印記"，卷尾鈐有"慈雲庵"印記及"京都萬年山相國承天禪寺中北禪慈雲禪寺"墨書（參見本節文後所附圖 9-4）。① 大谷本卷首鈐有"高山之寺/十無盡院"的朱印，根據《大谷大學圖書館所藏貴重書善本圖録 佛書篇》此書後解題，此書原爲高山寺所有，後歸神田香巖，清末羅振玉（1866—1940）在日本京都居住時，曾與神田香巖結交，看過此本，并借去影印，收於《吉石盦叢書》初集中。此本卷末有羅振玉於丙辰（1916）十月用隸書體寫的四行小字識語（參見本節文後所附圖 9-5）。依稀可識這四行小字云：

> 有宋刊刻書籍，杭州推第一。於今世所傳，睦親坊陳氏刊本而已。此賈官人宅刊《文殊圖贊》，尤精好，則世所未知也。香巖先生嗜古，有鑒裁，文庫所儲，片楮隻字，皆爲至寶，此卷

---

① 《新修恭仁山莊善本書影》，第 14—15 頁。

第一章　宋僧詩文集在日本的刊刻流傳考述

其一也。丙辰十月上虞永豐鄉人羅振玉借視□記以志□□。①
此本後由神田香巖之孫神田喜一郎（1897—1984，號鬯盦，曾任大谷大學教授）寄贈大谷大學。杏雨本爲折裝，大谷本爲卷軸裝。東京御茶之水圖書館成簣堂文庫也藏有此種覆刻本，根據川瀬一馬《新修成簣堂文庫善本書目》著録，其書爲卷軸裝，一卷一軸，爲日本江户初期寬永時（1624—1643，明天啓四年至崇禎十六年）在洛西槇尾平等心王院覆刻的，卷首有欠缺。川瀨一馬認爲此書是削去了平等心王院的覆刻刊記，作成似原刻本樣子的僞造本。② 此《書目》祇刊有卷首張商英序文第六行起至正文前十四行（即前十行叙述善財童子初詣裟羅林中參文殊師利菩薩文字、圖畫、詩贊及第二詣妙峰山參德雲比丘前兩行的叙述文字和部分圖畫、七字詩贊的前兩句）的書影（參見本節文後所附圖 9-6）。據尾崎康文中所述，日本天理大學附屬天理圖書館、北京圖書館（即今中國國家圖書館）皆藏有此書後半零本，《中國古籍善本書目》子部著録爲明刊本。日本慶應義塾大學附屬研究所斯道文庫藏有斷簡一折，其他藏本尾崎康説他没有實查。筆者也未得見其他所謂宋本的藏本，情況不明，爲日本覆刻本的可能性較大。

（2）未保留宋本刊記之覆刻本

成簣堂文庫、杏雨書屋、大谷大學圖書館不但收藏有上述保留有宋本刊記之覆刻本，還收藏有此書的另一種覆刻本，它與上面所述的覆刻本版式、字體、圖像等各方面幾乎完全相同，祇是在張商英序後未保留宋本刊記，但在卷末有"洛西槇尾平等心王院常住"刊記（參見本節文後所附圖 9-7、圖 9-8）。《新修恭仁山莊善本書

---

① "□"爲因字迹模糊無法辨識之字。
② ［日］川瀨一馬《新修成簣堂文庫善本書目》，東京石川文化事業財團御茶之水圖書館 1992 年版，第 948 頁。

影》此本解題稱其當於江户中期覆刻，①尾崎康推斷爲江户前期左右印刷、裝訂，他根據書尾題"洛西槇尾平等心王院常住"，認爲是日本永禄年間(1558—1569，明嘉靖三十七年至隆慶三年)槇尾的西明寺燒毀以後，在慶長七年(1602，明萬曆三十年)明忍再興後追刻的。與上述保留宋本刊記之覆刻本相比，前者圖畫的綫條精細、鮮明，後者圖畫看上去時有漫漶，綫條也較粗糙，并時有漫衍(參見本節文後所附圖 9-9、圖 9-7、圖 9-8)。成簣堂文庫本爲卷軸裝，杏雨書屋本、大谷大學藏本爲折裝。

《新修恭仁山莊善本書影》此本解題、《神田鬯盦博士寄贈圖書善本書影》17 "佛國禪師文殊指南圖贊"解題中皆稱日本還存有附"正德六年(1716，清康熙五十五年)丙申三月吉旦百百萬三郎開版"刊記的此書覆刻本，爲折裝本，今未見。可見在日本此書曾多次被覆刻。

3. 影印本

如前所述，羅振玉曾從神田香巖處借其所藏保留宋本刊記之覆刻本(即大谷本)影印，收入《吉石盦叢書》初集中，使我們較易一覽此書的全貌。此影印本爲綫裝，卷首書名、張商英序、版記共十六行，從中間折爲 a、b 兩面，八行爲一面。然後是正文善財童子五十三參的内容、圖像、詩贊和佛國禪師最後的總結、圖像詩贊。每面有兩參的内容、圖畫、詩贊，共占二十行。每參共占十行，其中説明文字占二行，其左邊上面是圖像，下面是詩贊，詩贊爲七言八句，每句占一行，共八行。其行款格式、字體、圖像等全同大谷本(參見本節文後所附圖 9-10、圖 9-11)。共有十六頁(每頁有 ab 兩面)，第十五頁 b 面衹有書名，最後一頁 a 面有羅振玉墨筆題記，云：

宋代刊板蜀刻最盛，杭刻最精。南渡以後，吾杭書籍鋪雕板若陳道人鋪、尹家書籍鋪、張官人宅文籍鋪，可知者寥寥此

---

① 《新修恭仁山莊善本書影》，第 15 頁。

數家耳。此書爲衆安橋南街東開經書鋪賈官人宅印造，爲近人治板本學者所未知。其雕造畫象甚精，我國乃無傳本。丙辰秋，訪神田香巖翁，出此見示，予請付影印，慨然許諾。東京三浦將軍亦藏一本，不獲借觀，疑亦賈官人宅本也。予往欲撰《兩宋杭州雕本考》，苦前籍所記甚略，今得此書，知又有賈官人宅刊本，且藉知宋世卷軸之式雖漸廢，而刊本尚有存卷軸式者，亦以前考板本諸家所罕知者也。影印既成，爰書其後。十月九日永豐鄉人羅振玉記於海東寓居之大雲書庫。

此題記是影印完成後以行書體寫的，與前述以隸書體寫在大谷本上的四行字內容有所不同，突出表述了此版本的珍貴及學術價值。從文中可看出當時羅振玉是把此本作爲南宋刊本來看待的，且認爲"其雕造畫象甚精，我國乃無傳本"，"爲近人治板本學者所未知"。羅振玉 1911—1919 年春旅居京都，在淨土寺修建樓四楹及書庫一所即"大雲書庫"。此書影印於 1916 年，日本東京大學圖書館等處有藏。

4. 寫本

日本國會圖書館藏有此書寫本一冊（索書號：わ183－29），封皮背面有墨筆"古本文珠圖贊"①"萩洞春禪寺藏"兩行字。卷首有張商英序，半頁八行，行十七字，近歐體字，字旁有標明日文讀音、順序的訓點符號。無版心，無界。正文與序行款格式、字體等相同。正文每頁刊載善財童子五十三參之一參的內容，每頁的 a 面爲敘述文字、詩贊，b 面爲圖像。詩贊每兩句一行，首空兩格，兩句間空一格。圖像當是模仿所依據底本重新繪製，有些畫面內容與上述諸本都不相同。如善財童子第三十二參，敘述文字云："善財童子第三十二詣迦毘羅城，參婆珊婆演底主夜神。諸天星辰炳然在體，雲霧黑暗現日月明，巇嶮惡道作橋梁路。得破癡暗光明法門，

---

① "珠"當爲"殊"字誤寫。

證歡喜地。"詩贊云:"西落金烏夜放光,迦毘羅國現熒煌。密雲重霧行平陸,暴雨飄風涉渺茫。便向暗中懸日月,却來嶮處架橋梁。已知多劫成方便,今日相逢喜一場。"[①]影印大谷本圖像正中是穿戴莊重華麗、坐在方臺上的婆珊婆演底主夜神,其周圍順時針依次有爲教化方便而從其自身化現出的六位諸天神環繞,其左右及上方四天神旁有星辰符號,其左上方及右上方分別畫有日、月圖像。其左前方是善財童子畫像,正前方及右前方有密雲等圖像。其圖像大致與敘述文字及詩贊相配合。但此寫本所畫圖像與大谷本完全不同,婆珊婆演底主夜神坐在畫面右上方一座樓閣頂上的蓮花獅子座上,穿戴服飾也不相同,周圍密雲圍繞,背後遠處顯現出幾座山峰,前方善財童子正面對其參謁,畫面右下角是幾株樹木。雖然其圖像中出現的樓閣、蓮花獅子座等與《華嚴經·入法界品》中"見彼夜神於虛空中,處寶樓閣香蓮華藏師子之座"的描寫相吻合(可見其參考了《華嚴經》原文),但總的畫面比較簡略,與敘述文字及詩贊內容的配合亦無大谷本圖像詳細(參見本節文後所附圖9-12、圖9-13)。畫面與上述諸本很不相同的還有第三十三、四十三、四十六、五十三參等。此本末頁在"佛國禪師文殊指南圖贊卷終"隔行寫有"洛西槙尾平等心王院常住"十一字,可見此本是據洛西槙尾平等心王院覆刻本系統的本子抄寫的。

5.日本明和四年(1767)刊本

日本東京藝術大學附屬圖書館還藏有此書的明和四年刊本一册,卷首首行頂格寫"佛國禪師文殊指南圖贊序",其下空白處壓右框鈐有"東京藝/術大學/圖書印"篆文朱方陽印。第二行以下是張商英序文内容,皆頂格刊寫。最後一行低四格寫"中書舍人張商英述"。序文每半頁五行,行十三字,四周雙邊,内框細外框粗,無界,

---

① 引文用《吉石盦叢書》影印大谷本。

無版心，行楷字體，字旁有標明日文讀音、順序的訓點符號。序後正文部分每半頁刊載善財童子五十三參之一參的敘述文字、圖像、詩贊，其版式與上述諸本不同，爲四周雙邊，內框細外框粗，每半頁九行，前兩行爲善財童子所參每一善知識的敘述文字，有界，行二十六至二十八字不等，第二行左邊爲雙綫界欄，界欄左邊上面爲詩贊，下面爲圖像，詩贊與圖像之間亦以雙橫綫隔開，此橫綫位置相當於前兩行的第九至十字之間。上面詩贊部分七行，每行九字，字旁有標明日文讀音、順序的訓點符號。無界欄，第一行先頂格寫"贊曰"二字，然後空一格，再寫詩句。每行皆頂格（參見本節文後所附圖9-14）。其圖像不如上述覆刻宋本圖像簡明生動、細緻，綫條有些粗糙。其正文最後半頁沒有佛國禪師圖像，爲半頁七行，行二十至二十一字不等，字旁有標明日文讀音、順序的訓點符號。四周雙邊，有界。前兩行頂格寫"佛國禪師昔居龜寺，今在鳳城，觀善財童子參諸知識，/未有休期。咄。直下承當，豁然休歇，大用現前。贊曰"，第三行以下皆低一格，寫"時光已是覺蹉跎，嗟爾平生跋涉多。五十餘人皆問訊，百重城郭盡經過。而今到此休分別，直下承當得也麼。忽若更云南北去，分明鷂子過新羅"詩偈。"羅"字下有雙行小注云："宋本卷末有佛國之影贊，爲五十四贊矣。老衲聊有微旨，省其影而載其贊，而昆後賢莫以怪焉。"末行頂格寫"文殊指南圖贊畢"，其下以雙行較小字寫"浪華 篠輔嗣畫""浪華 篠應道書"。其後有跋文，云：

> 佛國惟白禪師贊文殊指南之圖，張氏無盡作序，刊行於趙宋，俱是廓華嚴境畔者之做也。其《圖贊》未鋪衍於桑域爲慊矣。老衲偶得宋本，珍藏焉。將次作翻刻，流通江湖，令叔世參尋徒不執一所見，不起憎上慢而自有究竟參徹之轉身之標準也。尚矣。粵授業徒梵貞不幸而逝，臨末謂余曰："兒有衣資餘財，逝後捐之，刊行夫《圖贊》，則非啻果老師之畜念，於兒之追

福,復莫以加焉。"今兹值諱景因壽梓,以遂貞子之遺意。所冀受持者截柯於善財學菩薩行,看讀時泯量於華嚴入法界觀。
　　旹明和第四龍次丁亥八月廿八日
　　隨流直指叟援筆於浪華明月林

跋文每半頁五行,行十七字,行楷體字,字旁有標明日文讀音、順序的訓點符號,四周雙邊,無界,無版心。跋文後倒數第二行偏下依次有"無依叟"篆文墨方陽印、"直指端"篆文墨方陰印。末行依邊框内左下角有竪長形版記,上寫行書體"浪華莊鷺庵藏板"七字。"浪華"爲日本大阪市附近的古稱,此本由篠輔嗣畫,篠應道書。篠應道即篠崎三島(1737—1813),名應道,大阪人,是日本江户時代中後期的儒者。根據此撰於日本明和四年八月的跋文可知,此本是用大阪明月林號爲"隨流直指叟"的老僧之徒弟梵貞的遺資,以其珍藏的《佛國禪師文殊指南圖贊》宋本翻刻而成,其文字與上述宋本、覆宋本相同,爲同一系統,但版式等作了改變,與宋本及覆宋本不同。

　　5.《續藏經》本、《大正藏》本

　　《續藏經》本的版式都一樣,①四周雙邊,框綫外粗裏細,每半頁分爲上下兩欄,每欄十八行,行二十字。卷首頂格是書名"佛國禪師文殊指南圖贊",次行低七格有"中書舍人 張 商英 述",然後頂格是張商英序文内容,占不足八行。然後是正文内容。其正文内容的版式與宋本、覆宋本、明和本皆不同。每一欄講述善財童子五十三参的一則故事,包括参謁每一善知識的敘述文字、圖像、詩贊。但圖像在中間位置,敘述文字在其右,占三行,詩贊在其左,先以"贊曰"占一行,詩歌内容占三行,共四行。左右皆無界欄。每半頁上下兩欄共講述兩参故事。第五十四是佛國禪師圖像、總結文字、詩贊。其圖像雖然亦稍僵硬,略顯模仿痕迹,但簡潔清晰,更接近宋本圖像。

---

① 《續藏經》第 2 編甲第 8 套第 5 册。以下敘述據上海商務印書館影印本。

《大正新修大藏經》第 45 卷 1891 號亦收錄有《佛國禪師文殊指南圖贊》一卷，以《續藏經》本爲底本，用小野玄妙（1883—1939）所藏日本建長三年（1251）寫本校勘後刊印。① 但《大正藏》的版式與《續藏經》又不同。四周雙邊，框綫粗細裏外相同。每頁分上中下三欄，每欄二十九行，行十七字，有句讀，無界。卷首先寫此書序號 No.1891，然後是書名"佛國禪師文殊指南圖贊"，比正文大，次行低正文字九格有與正文字大小相同的"中書舍人張商英述"，然後頂格是張商英序文内容，占不足九行。其後隔一行是正文内容。其正文總體是按善財童子五十三參每參敘述文字、圖像、詩贊的順序排列，但主要根據排版情況，圖像的位置不固定。"贊曰"二字占一行，詩贊是兩句占一行，圖像有時在"贊曰"之前，有時在"贊曰"的次行，有時插在詩句之間，有時又插在敘述文字之間。圖像縱向爲每欄的高度，橫向約占十至十一行。每一欄基本分爲三部分，一幅圖像，兩部分文字，或兩幅圖像，一部分文字。除了首、末頁，其餘每頁皆是第一、三欄圖像在中間，第二欄兩邊各一幅圖像，每頁各有四幅圖像。其中善財童子第十一參與第十四參的插圖顛倒錯置，②與其他各本不同。《續藏經》在刊印此書時曾與《華嚴經》本經及《華嚴經疏》等校勘，爲《大正藏》所沿用。如善財童子第十二參敘述文字中"頂文三道圓光一尋"句，其中"頂"下《續藏經》有校語云"本經作頸"，《大正藏》同；第十六參敘述文字中"證離癡亂行"，"離"字下《續藏經》有校語云"華嚴疏作無"，《大正藏》同。經過比勘，《續藏經》本與上述諸本多有異文，《大正藏》因以《續藏經》本爲底本，文字同《續藏經》本。如善財童子第四十三參詩贊首句"三十

---

① 《大正新修昭和法寶總目》第一冊《大正新修大藏經勘同目録》，第 488 頁下。又《神田鬯盦博士寄贈圖書善本書影》17"佛國禪師文殊指南圖贊"解題，第 40 頁。

② 《〈佛國禪師文殊指南圖贊〉考論》一文已指出這點，該文同時指出此書在南宋初刊行時就出現了諸多插圖錯位的問題，并進行了考述，可參。

三大天主天"中之"大"字，上述影印大谷本、寫本、明和本（以下此三種版本簡稱諸本）皆作"天"。但從大多數異文可判斷《續藏經》本、《大正藏》本爲誤，其誤字或從底本而來。如：善財童子第二參敘述文字"羅尋覓七日方見在別峰上徐步經行"中之"羅"字，諸本皆作"四維"，或許是《續藏經》底本已把"四維"誤寫爲"羅"故致誤。又如：善財童子第五參詩贊第五句"欝密林蠻處虎豹"中之"蠻處"二字，諸本皆作"戀藏"，爲是，當因"蠻戀""處藏"形近致誤。又如：第七參詩贊首句"光陰已過半身間"之"身"字，諸本皆作"年"；第十四參敘述文字"見足優婆夷"之"見"字，諸本皆作"具"；第三十二參詩贊第四句"暴雨瓢風涉渺茫"之"瓢"字，諸本皆作"颼"；第四十九參詩贊第七句"作夜松床秋夢起"之"作"字，諸本皆作"昨"，等等。以上皆顯爲《續藏經》本、《大正藏》本之誤。

另從《大正藏》本每頁底部框外的校語中，我們可以瞭解到建長三年寫本（以下簡稱小野本）的文字情況。上述《續藏經》《大正藏》本文字誤例，除第五參《大正藏》校語小野本"蠻"作"藏"（疑此處《大正藏》校勘者因疏忽寫錯校語）外，其餘小野本皆同諸本而不誤。但小野本也有不同於其他各本的異文，如：第十七參敘述文字"運平等悲"之"悲"作"智"；第三十八參詩贊末句"遠地相逢也深奇"之"深"作"大"；第五十一參詩贊第七句"若要一生成佛果"之"成"作"求"，等等。第三十六參敘述文字"證現前地"之"現前"作"難勝"；第三十七參敘述文字"證難勝地"之"難勝"作"現前"，正與其他諸本相反。因小野本爲抄本，從《大正藏》本校語也可看出其有衍字、脱字、誤字等現象。如第十參敘述文字"心生疑惑"，小野本"心"前有"身"字，當是承上句"五熱炙身"之"身"而衍；第三十三參敘述文字"善財童子第三十三詣菩提場"，①小野本"三十三"作

---

① 《續藏經》本、《大正藏》本第一個"三"前脱"第"字。

"第十三","十"前脱一"三"字;第二十六參詩贊第三聯"人非人女皆隨現,天與天形應不偏"下句"應"字,小野本作"皆",但上句相應位置已出現"皆"字,此處顯然爲小野本誤字。

《大正藏》本雖以《續藏經》本爲底本,但圖像綫描多有漫衍,不如《續藏經》本淨潔清晰。

綜上所述,宋惟白《佛國禪師文殊指南圖贊》一書在國内雖然稀見,但在日本有宋本、和刊本、寫本等多種版本,一直流傳至今。

附書影:

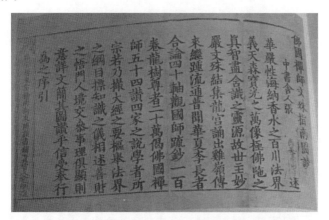

圖 9-1 《石井積翠軒文庫善本書目 圖録》所載宋刊本卷首

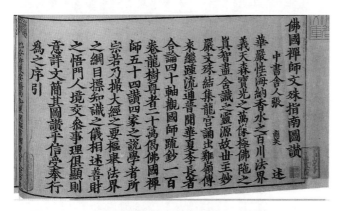

圖 9-2 《大谷大學圖書館所藏貴重書善本圖録 佛書篇》所載宋刊本卷首(實爲覆宋刊本)

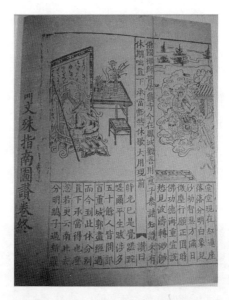

圖9-3 《石井積翠軒文庫善本書目 圖錄》所載宋刊本卷尾

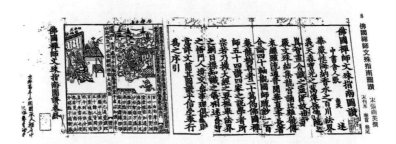

圖9-4 《新修恭仁山莊善本書影》所載宋刊本卷首、卷尾(實爲覆宋刊本)

圖9-5 《神田鬯盦博士寄贈圖書善本書影》所載宋刊本卷尾(實爲覆宋刊本)

第一章　宋僧詩文集在日本的刊刻流傳考述　247

圖 9-6　《新修成簣堂文庫善本書目》所載保留宋本刊記覆刻本卷首

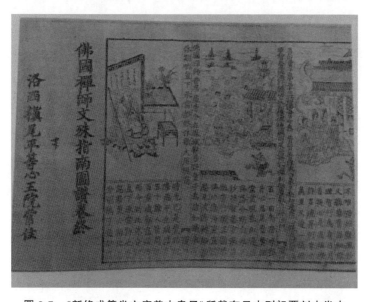

圖 9-7　《新修成簣堂文庫善本書目》所載有日本刊記覆刻本卷末

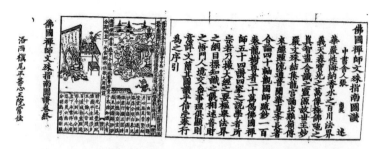

圖 9-8 《新修恭仁山莊善本書影》所載日本覆刻本卷首、卷尾

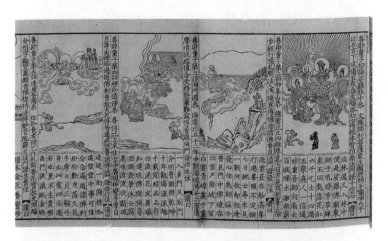

圖 9-9 《大谷大學圖書館所藏貴重書善本圖錄 佛書篇》
所載宋刊本正文前四則故事（實爲覆宋刊本）

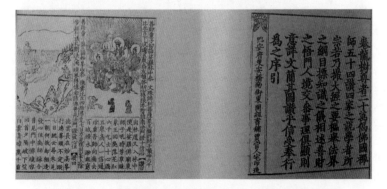

圖 9-10 《吉石盦叢書》初集影印大谷本卷首及正文部分

第一章 宋僧詩文集在日本的刊刻流傳考述 249

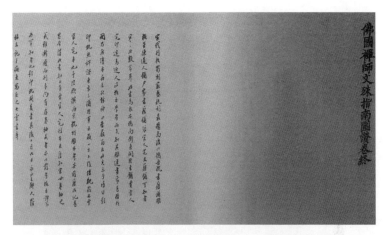

圖 9-11 《吉石盦叢書》初集影印大谷本卷末

圖 9-12 《吉石盦叢書》初集影印
大谷本

圖 9-13 國會圖書館藏寫本

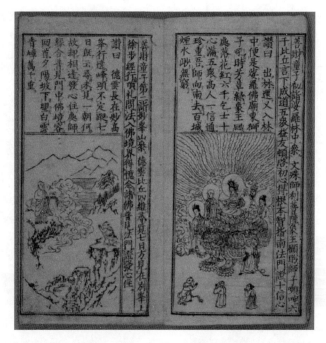

圖 9-14　明和四年刊本正文首

十、慧空《雪峰空和尚外集》

釋慧空（1096—1158），號東山，福州（今屬福建）人。俗姓陳。十四歲圓頂，即游方，遍謁諸老。與妙喜同參圓悟克勤禪師於雲居寺，已而復聚雲門庵。尋因避寇之曹溪，及禮六祖歸，抵臨川疏山，參侍草堂善清禪師，契悟，服勤有年。後歸閩，寓古田秀峰，道望四馳，屢却名刹之招。高宗紹興二十三年（1153），開法福州雪峰寺，爲第二十一代住持，①居一載即退歸東庵。二十八年三月十三日示寂，俗壽六十三，僧臘四十八。爲南嶽下十四世，臨濟宗黄龍派草堂善清禪師法嗣。事見其門人慧弼編《福州雪峰東山和尚語録》後

---

① 〔明〕徐燉纂輯《雪峰志》卷五，白化文、張智主編《中國佛寺志叢刊》第 103 册，第 131 頁。

所附其生平介紹、南宋釋曉瑩《羅湖野録》卷下、南宋釋正受《嘉泰普燈録》卷十、南宋釋普濟《五燈會元》卷十八等。現有《雪峰慧空禪師語録》(又稱《福州雪峰東山和尚語録》)、《東山空和尚語要》(見《續古尊宿語要》第六集)、《雪峰空和尚外集》傳世。

《雪峰空和尚外集》,又稱《東山外集》,收録其《語録》外之偈頌詩歌、法語、真贊、書簡等內容。其詩偈爲當世詩人曾幾贊賞,稱"江西句法空公得,一向逃禪挽不回。深密伽陀妙天下,無人知道派中來"。① "謂空公偈頌,援江西詩派篇章之法而成,人但服其深密,而不解其所自出。"② 曾幾還有《次雪峰空老韻二首》,其一云:"雪峰僧中龍,此道誰與共。蕭然兩伽陀,不舉似大衆。獨貽茶山老,以當蒲塞供。巖花與澗草,信手拈來用。"③ 稱慧空爲僧中龍,其說法及詩藝都達到了"信手拈來"的境界。曾幾又在《贈空上人》中稱贊慧空詩"清妍梅著雪,圓美珠走盤"。④ 慧空也有《謝曾運使惠詩幷石爐二首》《和曾運使》,可見其交往及詩歌唱和情況。但此書未見宋以來書目記載,現國內僅有日本刊本流傳。而在日本各圖書館則有五山版及其覆刻本、江户刊本等多種存藏。

(一)在宋代刊刻情況

《雪峰空和尚外集》當初刊於宋孝宗淳熙五年(1178)。現流傳的日本刊本其卷首有惠昇序,云:

> 東山和尚以百千三昧置於毫端,縱橫變態,得從上佛祖不傳之妙。凡有一言一句,叢林爭以傳誦,侍郎曾公謂其深密伽陀妙天下,乃信然矣。而其道高一世,俯視諸方。平居面目嚴

---

① 〔南宋〕釋曉瑩《羅湖野録》卷下,《卍新纂續藏經》第83册,No.1577。
② 臺北藏舊刊本前釋明復所撰《題解》,《禪門逸書初編》影印。
③ 《全宋詩》册二九卷一六五二,第18502頁。
④ 同上书,第18503頁。

冷，學者不可得而親近，或遭喝罵而出也。此真①善知識慈悲也。惠昇嘗獲侍其誨藥，臨寂之時，以其親刪《語錄》相授，尚有偈語、書、贊不入錄者，皆斟酌古今，發揚蘊奧。禪衲競編，烏焉成馬，念欲鏤正以廣其傳，今始符斯願，亦季子掛劍之義矣。於戲！真正法眼，不類常流。故大惠老人每以東山為稱，今信道者咸生敬仰，乃知南陽之鐘，不待扣而鳴也。淳熙戊戌季冬朔日，住雪②峰比丘惠昇③敬書。④

惠昇具體事迹不詳，從此序內容看，他曾隨侍慧空禪師。慧空禪師臨寂之時，把自己親自刪定的語錄交給他，可見對他十分信任。南宋釋正受《嘉泰普燈錄》卷十九南嶽下第十六世丹霞佛智蓬庵端裕禪師法嗣下，錄有"泉州延福寒巖慧昇禪師"，稱其為建寧人。⑤ 明徐𤊹纂輯《雪峰志》則未錄其人。此住泉州延福寺的建寧人寒巖慧昇，當與此序撰者為同一人。淳熙戊戌即淳熙五年。而《福州雪峰東山和尚語錄》首也收錄了此文作為語錄序，祇是內容有所減少：

東山和尚道高一世，俯視諸方。平居面目嚴冷，學者不可得而親近，或遭喝罵而出。此真善知識慈悲。慧昇嘗獲侍其藥誨，臨寂之時，以其親刪《語錄》相受。皆斟酌古今，發揚蘊奧。禪衲竟編，烏焉成馬。念欲鏤正以廣其傳，今始符所願，亦季子掛劍之義矣。於戲！真正法眼，不類常流。大慧老人每以

---

① "真"字原無，據《禪門逸書初編》影印臺灣藏舊刊本補。
② "雪"，《禪門逸書初編》影印臺灣藏舊刊本作"雷"。
③ "昇"，《禪門逸書初編》影印臺灣藏舊刊本原誤抄作"然"，但在字左旁以小圓圈標出，并在本行下寫出改正之字"昇"，但釋明復在為此本撰寫解題時，未注意到行下改正之"昇"字，仍誤把"昇"當作"然"，導致其認為"雷峰惠然再刊之"。李國玲《宋僧著述考》，祝尚書《宋人別集敘錄（增訂本）》中冊"《雪峰空和尚外集》一卷"敘錄皆引用了明復解題內容，沿襲其誤。分別見於四川大學出版社 2007 年版第 435—436 頁，中華書局 2020 年版第 850—851 頁。
④ 日本國立公文書館內閣文庫藏覆貞和五年刊本《雷峰空和尚外集》首鈔補序一。
⑤ 《五燈會元》卷二十南嶽下十六世育王端裕禪師法嗣下也有相同記載。

東山爲稱，今信道者咸生敬仰，乃知南陽之鐘，不待扣而鳴也。

峕淳熙戊戌季冬朔日，住雷峰此丘慧昇拜序①

二者相較，可以看出後者少了"以百千三昧置於毫端，縱橫變態，得從上佛祖不傳之妙。凡有一言一句，叢林爭以傳誦，侍郎曾公謂其深蜜伽陀妙天下，乃信然矣。而其""尚有偈語、書、贊不入錄者"語句；"悲"字後無"也"字，"斯"作"所"，"大慧"前無"故"字，"雪"作"雷"，"比"誤作"此"。一般認爲《外集》惠昇序爲原作，《語錄》序是删去《外集》序中與描述《外集》内容相關的兩處語句而成。日本學者椎名宏雄在《五山版中國禪籍叢刊》第 10 卷所收《雪峰空和尚外集》解題中説，日本山口縣萩市龍藏寺藏有古寫本《外集》一册，根據介紹記載，此册是龍藏寺和同縣香積寺開山石屏子介（1381 示寂）入元帶回的傳本。而從其刊載的卷首部分的照片看，此本卷首祇有惠昇序，序文的内容與《語錄》序相同。② 故《外集》惠昇序的真實面貌是什麽？還需要更多材料來證實。

現流傳的日本刊本後有惠然跋文，云：

> 惠然頃在雙徑，日有衲子袖東山老人送行偈頌相示，遂獲敬觀，如在其傍聽法藥亡異，慨歎久之。叢林不復見此老人矣，求書其後。惠然是時赴巖間之請，迫於行色，因和其韻。有言"願君此偈勿流傳，爲渠除却閑名字"。今覽全編，亦如是言。禪者觀之，宜著精彩。始知自庵老子善用其心，可庵病僧錯下注脚。淳熙戊戌歲臘月旦日，巖下庵居比丘惠然謹言。③

此跋文所作時間與惠昇序相同，其中並未涉及其刊刻《外集》的内容，應是在《外集》刊成、他閲覽後題寫的一段文字，被作爲跋文置

---

① 《雪峰慧空禪師語錄》首，《卍新纂續藏經》第 69 册，No.1346。
② ［日］椎名宏雄編《五山版中國禪籍叢刊》第十卷，臨川書店 2013 年版，第 663 頁。
③ 《東山語錄》（實爲《東山外集》）卷末鈔補跋文一，日本京都大學谷村文庫藏本。

於《外集》之後。此惠然即可庵慧然，是臨濟宗楊岐派大慧宗杲禪師（1089—1163）的弟子，宗杲所作的《正法眼藏》，就是由慧然和其另一弟子沖密根據宗杲居衡陽時酬答衲子的請益隨手抄錄而成的。① 惠然也曾住福州雪峰寺，爲第二十四代住持。《雪峰志》卷五謂其"侯官黃氏子，乾道五年當山，淳熙元年示寂，壽七十四，臘五十一"。② 根據此記載，惠然的生卒年當爲 1101—1174。既然惠然淳熙元年已經示寂，怎麼還有淳熙五年寫跋文之事呢？二者必有一誤。

而在理宗紹定三年（1230），其《外集》當再次被刊刻。日本刊本前有釋覺性序，云：

> 昔孔門曾參、孔伋傳道，而罕見其著書，獨孟軻七篇具在，學者講習，則知曾子、子思同道者也。吾宗草堂，衍派黃龍，而《語錄》皆湮沒。因閱《普燈》，僅載一二而已。余舊藏象骨《東山外集》，今刊《靈源筆語》之外，就以《外集》繡諸梓。學者觀東山機用橫放若是，況於《内集》乎？覩東山鉗鎚妙密若是，況於草堂乎？直須透得他中木蛇之毒處，便見風幡下狸奴搏鼠底消息。時庚寅中秋日，前起廢住持黃龍雪村叟覺性書。③

文中有"因閱《普燈》"語，"《普燈》"指南宋寧宗嘉泰四年（1204）釋正受所編的《嘉泰普燈錄》，故此序文之作當在嘉泰四年之後，庚寅當爲理宗紹定三年（1230）。④ 其後在淳祐三年（癸卯，1243），他又刊刻了《福州雪峰東山和尚語錄》（即内集），在《語錄》跋文中也提到刊刻《東山外集》之事：

---

① 見《正法眼藏》卷一釋宗杲語。《卍新纂續藏經》第 67 册，No.1309。
② 白化文、張智主編《中國佛寺志叢刊》第 103 册，第 131—132 頁。
③ 日本國立公文書館内閣文庫藏覆貞和五年刊本《雪峰空和尚外集》首鈔補序二。
④ 椎名宏雄在《雪峰空和尚外集》解題中判斷"庚寅"是孝宗乾道五年（1169），乃誤。見氏編《五山版中國禪籍叢刊》第十卷解題部分，第 662 頁。

> 余昔刊《東山外集》，喜其機用橫放。欲刊内集，而未得善本。堂中首座珍藏久之，亦有志於茲，因循閱紀。一月，因話閒，慨然募衆，繡梓流通。衆中豈無具眼衲僧向鉗鎚妙密處一觸觸着，便知道妙喜老人所謂造次顛沛不失臨濟宗旨之語不虚。其或未然，劍去久矣。
>
> 時癸卯王正上元 三關老雪 覺性 書①

至宋恭宗德祐元年(1275)，《外集》與《語録》一起，當再次被刊印。現流傳日本刊本前還有釋可湘序，云：

> 東山内外集共百六十枚，句句光焰，字字馨香。日留山間，咸憫朽腐磨滅，爭抖破篋，易而新之云。板滅而人不滅，句滅而光焰不滅，字滅而馨香不滅。在利根上智，一撥便轉，何待重録而後見，再印而知也。德祐改元乙亥夏，雪峰比丘可湘敬題。②

釋可湘(1206—1290)，號絶岸，台州寧海(今屬浙江)人。俗姓葛，參無準師範禪師得旨。理宗寶祐元年(1253)，初住嘉興府流虹興聖寺。歷住温州雁山能仁寺、越州九巖慧雲寺、天台護國廣恩寺、臨安府崇恩演福寺、温州江心龍翔興慶寺。度宗咸淳八年(1272)，住福州雪峰崇聖寺，爲第四十五代住持，住十載，元世祖至元二十七年示寂於杭州寶壽寺，俗壽八十五，歸骨於雪峰，建塔於西庵。爲南嶽下二十世，無準師範禪師法嗣。有《絶岸可湘禪師語録》一卷，收入《續藏經》。③ 從可湘序文看，因當時東山内外集刻板"朽腐磨滅"，大家"爭抖破篋，易而新之"，進行了重録再印。此時距《外集》初刊已經過了九十七年，距紹定三年再刊也已四十五年了。

---

① 《雪峰慧空禪師語録》末尾，《卍新纂續藏經》第69册，No.1346。
② 日本國立公文書館内閣文庫藏《雪峰空和尚外集》覆貞和五年刊本首鈔補序三。
③ 事見《全宋詩》册六三卷三二九九第39301頁釋可湘小傳及《雪峰志》卷五(《中國佛寺志叢刊》第103册，第136—137頁)。

（二）在日本的刊刻流傳情況

1. 五山版

《雪峰空和尚外集》一書雖然在國內未見流傳記載，但在日本五山時期則流傳頗廣。傳入日本的時間因資料闕如目前不能確考。現流傳的日本刊本有元代入日僧竺僊梵僊所撰《重刊雪峰空和尚外集跋》，云：

> 東山和尚自於疏山踏着木蛇，遭其一口，既乃去死無幾。痛定之後，便解拈頭作尾，拈尾作頭，正所謂雖是死蛇，解弄也活。由是，叢林之士鮮有不受其毒氣，自爲迷悶，欲窺其斑者。數百年後流於扶桑，有契充書記，欲滋其毒於一切，以殘涎剩沫，化緣以鋟於梓，其事未畢，而輒南詢，而後元圭首座曰："奈何有其頭而無其尾，使人胡爲而拈弄也耶？"於是爲其續之，乃使梵僊爲添此足耳。丁亥七月，書於建長方丈。①

釋梵僊（1292—1348），字竺僊，自號來來禪子，又號最勝幢、思歸叟。明州象山（今屬浙江寧波象山）人。俗姓徐，爲家中季子。六歲入鄉校，逾十歲出家。年十八，依杭州靈山瑞雲隱公，得度牒，落髮禀具。歷參晦機元熙、雲外雲岫、景元端、東嶼德海、止巖普成、中峰明本諸老宿，於古林清茂處契悟。元文宗天曆二年（1329，日本元德元年）登徑山，會明極楚俊應邀赴日弘法，挽之偕行，五月離福建渡海，六月至日本關西。次年二月入鎌倉，元帥平高時請明極楚俊住建長寺，梵僊居第一座。日本正慶元年（1332），住淨妙寺。後受到足利尊氏、足利直義的尊崇禮遇，建武元年（1334），主淨智寺，後爲三浦無量寺開山。曆應元年（1338）退淨智居東堂。四年，住南禪寺。貞和三年（1347），住建長寺，四年七月，於淨智寺楞伽

---

① 日本國立公文書館內閣文庫藏覆貞和五年刊本《雪峰空和尚外集》末刊跋文二。

院示寂。世壽五十七,法臘三十九。有《竺僊和尚語錄》《來來禪子集》等傳世。事見元釋清欲撰《建長禪寺竺僊和尚行道記》、①日釋師蠻《本朝高僧傳》卷二十七《京兆南禪寺沙門梵僊傳》。② 其跋文作於貞和三年(1347,丁亥,元至正七年)住建長寺時。從文中可瞭解到首先由日本契充書記化緣刊刻《外集》,未竟,又由元圭首座繼之完工,并請梵僊寫了跋文。説明《雪峰空和尚外集》至遲貞和三年已傳入日本。現日本流傳的多種《外集》版本,皆是從此貞和三年刊本而來。梵僊還撰寫過《古林清茂禪師拾遺偈頌》序,其中透漏出慧空著作流傳日本的一些消息:

> 小師海壽侍者,一日携巨册謂余曰:"昨有如聞上座者,欲南詢,乃附舶而去。飄風至耽羅,舶破之,逗留高麗。高麗人問其故,乃出一巨編以示,則皆古林和尚所作,中間唯略間東山空和尚者一二耳。聞乃錄之,以爲得至寶而歸。"……時康永乙酉秋,書於南禪東堂之東軒。③

其中講到梵僊的弟子海壽有一天帶着一巨册書籍告訴他,僧人如聞打算去元地參訪,被大風吹至濟州島(按:耽羅爲濟州島上古國名),船舶破損,故逗留高麗。高麗人問其緣故,并拿出一巨編給他看,乃古林清茂和尚所作,間或有東山空和尚所作一二。如聞就將此巨編抄錄下來,以爲得到了至寶而返回日本。康永乙酉爲貞和元年(1345)。此文主要是介紹刊刻古林清茂禪師偈頌的過程,其中提到如聞所抄錄的內容中,包括了慧空的著述,但没有詳細説明是慧空的《外集》或《語錄》,還是其中的單篇(首)作品,所以我們無

---

① [日]塙保己一編《續群書類從》第九輯下卷二三一《傳部》四十二,東京:續群書類從完成會1988年版,第454—457頁。
② 鈴木學術財團編集《大日本佛教全書》第63卷,昭和四十七年(1972)年版,第169—170頁。
③ 《古林清茂禪師拾遺偈頌》卷上首,《卍新纂續藏經》第71册,No.1413。

法判斷其中的慧空著述與貞和三年刊《外集》的關係，但它起碼也揭示了慧空著述流傳日本的一種途徑。

貞和五年（1349），《外集》再次被刊刻。日本宫内廳書陵部藏有一部日本南北朝時期刊本《雪峰空和尚外集》（索書號：556/93），卷末有"貞和己丑仲秋寓於龜山雲居僧妙葩命工刊行"的木記，貞和己丑即貞和五年，由當時居於天龍寺的妙葩命工刊行。妙葩（1311—1388），字春屋，自號不輕子，甲斐（今日本山梨縣）人，日本南北朝時期臨濟宗著名僧人。他是日本五山文學代表人物、臨濟宗高僧夢窗疏石（1275—1351）的俗甥及嗣法弟子。歷住等持、臨川、大光明、天龍、天寧、安國、崇禪、南禪、寶幢、相國等寺，賜號智覺普明國師。編有《夢窗國師年譜》《西山夜話》，有《智覺普明國師語録》、詩集《雲門一曲》傳世。① 他的禪宗傳承世系爲：圓悟克勤→虎丘紹隆→應庵曇華→密庵咸傑→破庵祖先→無準師範→無學祖元→高峰顯日→夢窗疏石→春屋妙葩。他在日本建武元年（1334）十一月，參謁住持鐮倉淨智寺的竺僊梵僊，成爲其會下的書狀侍者。其間他充分學習了古林清茂偈頌的風格、書籍刊印、金陵保寧寺具有都市風的梵唄曲調等，佛學素養和技藝都得到很大提升。受竺僊梵僊的影響，妙葩熱心於歷代佛教内外典籍在日本的刊刻，貞和五年，除了主持刊刻此慧空《雪峰空和尚外集》，還同時刊刻了《雪峰東山和尚語録》和南宋釋紹曇《五家正宗贊》，這三種書版式相同，版型皆爲縱六寸、橫四寸，左右雙邊，有界，十行行二十字。《語録》及《五家正宗贊》卷末有相同的刊記"貞和己丑仲冬寓於龜山雲居僧妙葩命工刊行"。② 應安四年（1371），又刊宋初延壽的《宗

---

① 事見釋師蠻《本朝高僧傳》卷三十五《京兆萬年山相國寺沙門妙葩傳》（《大日本佛教全書》第63卷，第212—214頁）、玉村竹二《五山禪僧傳記集成》之《春屋妙葩傳》，東京：講談社昭和五十八年（1983）版，第290—298頁。

② 參川瀨一馬《五山版の研究》上卷，第120—121頁。

鏡録》。還先後刊刻了南宋虎丘紹隆《虎丘和尚語録》、應庵曇華《應庵和尚語録》、密庵咸傑《密庵和尚語録》、破庵祖先《破庵和尚語録》、無準師範《佛鑒和尚語録》、無學祖元《佛光和尚語録》等許多祖師語録，以及外典，作爲天龍寺雲居庵的藏板，成爲日本五山版的重要組成部分。①

日本五山最著名詩僧之一中巖圓月撰有《開〈東山外集〉疏》，云：

> 南閻尊宿稱於中古，惟師名翔江南兩浙之間。東山遺文流於當今，斯集聲振海東三韓之外。鐵牛價重，木蛇毒深。平日生嫌成佛，而有究竟成佛之期。草堂室内投機，點則行，推則動。從前不肯説法，而爲將來説法之式。妙喜面前納敗，債有主，冤有頭。造次顛沛，而不失濟北風規。鼓舞激昂，而皆出江西宗派。莫論從印版上印就去，且請把撲滿子撲將來。②

當是貞和年間《東山外集》在日本開版時所寫。圓月（1300—1375），號中巖，別號中正子、中正叟，鐮倉人。八歲爲僧童，十三歲稟戒，歷參諸師。正中二年（1325，元泰定二年）秋到達元江南地區，游歷嘉興、金陵、蘇州、吳門、湖州、江西等地禪刹，參見靈石如芝、古林清茂、濟川若機、東陽德輝等禪師，並爲東陽德輝法嗣。元弘二年（1332，元至順三年）返回日本。後常往來於鐮倉藤谷崇福庵與利根吉祥寺之間。文和二年（1353），住持鐮倉乾明山萬壽寺，歷住豐後蔣山萬壽寺、京兆萬壽寺、建仁寺、鐮倉建長寺等，應安八年（1375）正月示寂，謚號佛種慧濟禪師。有《東海一漚集》《中正子》《中巖月和尚自歷譜》《藤陰瑣細集》《文明軒雜談》《佛種慧濟禪

---

① 參《五山禪僧傳記集成》之《春屋妙葩傳》，第291、297頁。
② 中巖圓月《東海一漚集》卷二，《五山文學全集》第二卷，第44頁。

師語録》《日本書》等傳世。他還爲元代臨濟宗禪師笑隱大訢的《蒲室集》作注。① 他和竺僊梵僊同一時代，二人皆屬臨濟宗楊岐派，圓月屬大慧派，其法系爲：圓悟克勤→大慧宗杲→拙庵德光→北磵居簡→物初大觀→晦機元熙→東陽德輝→中巖圓月。梵僊屬虎丘派，其法系爲：圓悟克勤→虎丘紹隆→應庵曇華→密庵咸傑→松源崇岳→滅翁文禮→橫川如珙→古林清茂→竺僊梵僊。建武四年（1337）冬至曆應元年（1338）四月，中巖圓月曾在鐮倉淨智寺竺僊梵僊的會下任前堂首座，二人結下深厚的友情，中巖圓月寫有《與竺僊和尚》，講到兩人交往情況，且説二人"氣味頗相似"。②

《雪峰空和尚外集》在當時廣泛流行。現存藏於日本各藏書機構的有貞和三年、五年刊本及覆刻本多種。川瀨一馬《五山版の研究》一書中，對其所見此書八種五山版進行了詳細的記録和解説。③ 爲避免重複，現依據川瀨一馬所記載，筆者加上分類標題，轉（叙）述如下。并補充筆者所見於後：

（1）貞和三年刊本《雪峰空和尚外集》及其覆刻本

①有"此版留在嵯峨印行"刊記本

一卷一册。左右雙邊，有界，十行二十字。框廓内縱五寸七分五釐弱，橫三寸九分。版心寫"東"字，下寫頁碼。卷末有貞和三年（丁亥）惠然跋（一頁）、梵僊的刊語（二頁）。正文包括偈頌（一至七十頁）、法語（七十一至七十三頁）、真贊（七十四至七十九頁）、書簡（八十至八十八頁）等。本文總共八十八頁，跋文三頁。卷末有梵僊的跋文刊語（筆者：川瀨所引梵僊跋文刊語此處略），梵僊刊語之

---

① 事見釋師蠻《本朝高僧傳》卷三十三《上州吉祥寺沙門圓月傳》《大日本佛教全書》第 63 卷，第 199—200 頁）、玉村竹二《五山禪僧傳記集成》之《中巖圓月傳》，第 441—458 頁。
② 《東海一漚集》卷三、《五山文學全集》第二卷，第 93—95 頁。
③ 《五山版の研究》下卷《解説篇・解題禪籍之部》，第 401—403 頁。

後,附刻有"此版留在嵯峨印行"八字。東北大學狩野文庫(東濃大仙寺舊藏,有室町中期人書寫的批語,一册)、成簣堂文庫(一册)有藏。

筆者按,所謂"貞和三年(丁亥)惠然跋"或爲川瀨一馬筆誤。筆者所見卷末有惠然跋文的刊本如北京大學圖書館藏本、《禪門逸書初編》影印臺灣藏舊刊本、谷村文庫藏本(惠然跋爲抄補)、内閣文庫藏覆貞和三年刊本(惠然跋爲抄補)、内閣文庫藏覆貞和五年刊本、國會圖書館藏江户刊本等卷末惠然跋文時間皆爲"淳熙戊戌",即淳熙五年,書陵部藏本(索書號:556/83)亦謂惠然跋時間爲"淳熙戊戌",①而梵僊跋文時間則爲"丁亥七月",即貞和三年。如前所述,可庵惠然是大慧宗杲禪師(1089—1163)的弟子,即使其淳熙元年未去世,也不可能至元惠宗至正七年(1347,貞和三年丁亥)還在世。另外,川瀨先生所引梵僊跋文有三處文字識誤,"契充"之"充",誤爲"党";"殘涎剩沫"之"沫",誤爲"深";"南詢"之"南",誤爲"爾"。

②無"此版留在嵯峨印行"刊記本

如東洋文庫藏本(經重新裝裱一册)、石井積翠軒文庫藏本(富岡文庫舊藏,一册。今天理圖書館藏)、國立國會圖書館藏本(鶚軒文庫舊藏,45頁以下缺。一册)這三種。東洋文庫藏本中有江户初期人鈔寫補入的"此版留在相之福山建長檀林照心軒 貞和丁亥仲秋前三日幹緣僧元圭志之"刊記,説明了貞和三年建長寺版的存在,應當引起注意,期待他日的出現。

筆者按:國會圖書館藏南北朝時期刊《雪峰空和尚外集》(索書號:WA6-78)爲藍色封皮,扉頁背面中間靠下鈐有"岡本藏書記"

---

① 宫内廳書陵部編《圖書寮典籍解題(漢籍篇)》卷七佛書部分,大藏省印刷局1960年版,第194頁上。

豎長形楷書墨陽印，無序文，正文首頁天頭壓上框由右至左依次有"閻魔庵/圖書部"豎長形隸書朱陽印、"國立國/會圖書/館藏書"篆文朱方陽印；右下壓右框有"岡本藏書"豎長形隸書朱陽印，首兩行下方空白處壓一、二行間有"江風山/月莊"篆文朱方陽印，其下還有一暗紅色方陽印因字迹模糊無法辨識。正文字旁有標明日文讀音、順序等的訓點符號，一些人名、地名等專用名詞旁有後人朱筆畫綫（即日文訓點符號中的縱點），天頭、框外及行間空白處有兩處日人墨筆批注，即頁九 a 和頁二十六 b。如頁二十六 b《和曾運使》六首之六"我已佯狂類萬回"詩句之"萬回"旁注文云："《傳燈錄》：萬回法雲公者，虢州人也。姓張氏，唐貞觀六年五月五日生。始在弱齡，嘯傲如狂。見坡詩注也。"而在本頁天頭此詩上方又有注云："萬回，坡詩'錦袍錯落真相稱，乞與佯狂老萬回'，小注云：唐武后賜萬回和尚錦袍玉帶。師八九歲能言，其兄戍安西，師持信□往夕返。自弘農抵安西萬餘里，故號。"四十二頁以前，皆爲白口，上單黑魚尾，魚尾朝下，而自四十三頁起，爲下闊黑口，上下雙魚尾，魚尾相對。至四十四頁 b 面《和趙超然》二首之一，未完，末行爲"花開恰好。開恰好，慚愧東君解傾倒。一枝倒把贈公"二十字。此頁左下框外也有"岡本藏書"豎長形隸書朱陽印。此書實爲一殘本。奇怪的是，西南師範大學出版社、人民出版社出版的《日本五山版漢籍善本集刊》第九册收録了《雪峰空和尚外集》，其提要介紹此書是"日本國會圖書館藏日本南北朝時期刊本"，而實際上提要所介紹的書籍內容、鈐印及書中所影印的與《禪門逸書初編》所影印的臺灣藏日本舊刊本完全相同，根本不是上述日本國會圖書館藏南北朝時期刊本。而根據筆者查閱，日本國會圖書館祇藏有此一種日本南北朝時期刊本《雪峰空和尚外集》。更令人瞠目的是，該提要介紹慧空生平，不僅標其生卒年爲 1644—1721，還稱其"俗姓川那邊，號光遠房、秀光堂，近江國野州郡人。日本真宗大谷派第一

第一章　宋僧詩文集在日本的刊刻流傳考述　263

世講師"①等,和慧空毫無關涉,不知從何而來。

③有"此版留在嵯峨印行"刊記本的覆刻本

此爲貞和三年本的覆刻本。作了很好的模刻,卷末跋文刊語的後面"此版留在嵯峨印行"的字中,附刻了"山"和"嵯"字的偏旁。行款格式等完全相同,框廓内縱五寸六分五釐,横三寸九分。這種傳本的初印本有大東急記念文庫藏本(三井家舊藏,鈐有"靈雲院"朱印,多有室町時期人的批注,一册)、書陵部藏本(鈐有"孤獨庵"墨印,經過重新改裝,二册)、内閣文庫藏本(鈐有"光源院"朱印,佐伯毛利家舊藏,二册)、兩足院藏本(鈐有"正光庵"朱古印,一册)。東洋文庫藏本(稍後印,洒竹文庫舊藏,一册)、大東急記念文庫藏一本(後印,很多地方磨滅不清,一册)、大島氏清谿書屋藏本(現天理圖書館藏,鈐有"鹿王藏書"朱印,有清巖手迹)。

筆者按:大東急記念文庫藏本(三井家舊藏),已被日本椎名宏雄編《五山版中國禪籍叢刊》第十卷影印,著録爲南北朝時期刊本,乾坤二册。有假名訓點,鈐有"靈雲院""翠夢堅""三井家鑒藏"印。卷末附刻"山"字,應當是在覆刻時底本的"此版留在嵯峨印行"的刊記祗殘留了"山"字。無刊記,當是貞和三年刊本的覆刻本。本文内容包括頌古、偈頌、法語、真贊、書簡。末有淳熙五年惠然跋文、貞和三年梵僊刊語。卷首無序文。②

内閣文庫藏此本現登録爲覆貞和五年刊本,不知何據。棕色封皮,靠左上書口處有墨筆題寫"雪峰外集"。二册。卷首有釋惠昇序,作於淳熙五年(戊戌,1178)。然後是覺性序,作於庚寅(1230,紹定三年),再次是德祐元年(1275)釋可湘序。三序皆爲墨筆補寫,行草體。序半頁六行,前兩序行十一至十四字不等,釋可

---

①　《日本五山版漢籍善本集刊》第九册,西南師範大學出版社、人民出版社 2012 年版,第 4 頁提要。

②　參椎名宏雄解題,《五山版中國禪籍叢刊》第十卷,第 662 頁。

湘序八至九字不等。有界，無版心，四周單邊。序首頁天頭壓上框及每行第一字從右至左依次有"日本/政廳/圖書""內閣/文庫"篆文朱方陽印，右框外依次有"淺草文庫"豎長楷書朱陽印，"佐伯侯毛利/高標字培松/藏書畫之印"篆文朱方陽印（壓右框外及序文前兩行）、"光源院"豎橢圓形楷書朱陽印。正文行款格式同覆貞和三年本。但八十一頁版心之前皆爲上單黑魚尾，魚尾朝下，白口，自八十二頁起至八十七頁，版心爲上下雙魚尾，魚尾相對，下闊黑口。這六頁的字體亦與前面略有不同，稍寬，感覺稍密，沒有前面的文字看上去那麼清朗。當爲補刊。第八十八頁（正文末頁）又爲上單黑魚尾，魚尾朝下，白口。第八十九至九十一頁是惠然跋文、梵僊跋文，行草體，爲四周單邊，左右邊框黑粗，有界。惠然跋文爲半頁六行，行十至十三字不等，梵僊跋文半頁五行，行八至十字不等。而八十九至九十頁版心爲上下雙魚尾，魚尾相對，下闊黑口。第九十一頁（末頁）版心爲上下雙魚尾，魚尾相對，白口。但梵僊跋文末未見有"山"字及"嵯"字的偏旁，與川瀨一馬所記不同。第一册從卷首至"偈頌"部分的《與開道者》，末頁天頭壓上框及五至七行第一字有"日本/政廳/圖書"篆文朱方陽印，其左上框外有"昌平坂/學問所"豎長篆文墨陽印，左下角框內壓末四行有"內閣/文庫"篆文朱方陽印。第二册首頁起自"偈頌"部分的《與明州茂上人》至卷末，其首頁鈐印除了無"佐伯侯毛利/高標字培松/藏書畫之印"外，其他四印同第一册序文首頁。末頁天頭壓上框及前兩行第一字有"日本/政廳/圖書"篆文朱方陽印，其左上框外有"昌平坂/學問所"豎長篆文墨陽印，左下角壓左框有"內閣/文庫"篆文朱方陽印。此書天頭及行間空白處偶有日人批注。

④雖無刊記，但是根據有"此版留在嵯峨印行"刊記的貞和三年本的覆刻本

從版式上看，應是南北朝時期開版，與他版相比，文字稍小而

第一章　宋僧詩文集在日本的刊刻流傳考述

緊湊。框廓内縱五寸六分五釐，横三寸九分。大東急記念文庫藏二本，一爲三井家舊藏，二册，藍色古封面；第二種四十五頁以下缺，一册，多處補刻。

（2）貞和五年刊本《雪峰空和尚外集》及其覆刻本

①原刊本

祇有春屋妙葩所刊行的一種，因爲它與貞和三年刊本無論從版式還是書體等都極其相似，很可能是貞和三年本的覆刻本，或者兩者底本用的是同一宋刊本，所以才會如此相似。春屋妙葩同時還刊刻了《雪峰空和尚語録》（貞和己丑仲冬），而本書刊記所記爲"仲秋"，所以比《語録》的刊刻時間稍早一些。行款等與《語録》完全相同，框廓内縱五寸七分，横三寸九分五釐。卷末有"貞和己丑仲秋寓於龜山雲居僧妙葩　命工刊行"刊記。現唯一存本是書陵部藏本，原爲金地院舊藏，卷首有覺性序一頁，室町時代補寫。一册。

筆者按：有五山僧人的朱筆批注。

②覆刻本之一

框廓内縱五寸七分，横三寸八分。未附載跋文。有内閣文庫藏本（有"嵯峨印行"的標志和江户初期補寫的跋文，多有補刻之處，一册）、小汀文庫藏本（石井積翠軒文庫舊藏，無跋文，相對於内閣文庫藏本補刻的部分，時常顯示出舊版被磨滅的樣態）兩種。

筆者按：内閣文庫藏此本現登録爲覆貞和三年刊本，不知何據。封皮深棕色，有磨損，靠左上書口處有墨筆題寫"雪峰空和尚外集　全"，右上鈐有"昌平坂/學問所"竪長篆文墨陽印。書前無序，直接是正文頌古，半頁十行，行二十字，左右雙邊，上下單邊，外框黑粗，有界，版心上黑單魚尾，魚尾下寫"東"，再下寫頁碼。但自四十三頁起至七十頁"偈頌"終，爲上下雙魚尾，魚尾相對，白口。字體略有不同，筆畫略粗黑，當爲補刊。自七十一頁"法語"至八十八頁"書簡"末。則仍爲上黑單魚尾，白口。有朱筆句讀，人名、地名等專用名詞上及左、右有朱筆畫綫（從點）。天頭偶有日人批注。末有惠然跋文、梵僊跋文，爲墨筆補寫，行草體。末行小字寫"此版留在嵯峨刊行"。左上角鈐有"昌平坂/學問所"豎長篆文墨陽印，左下角有"文政辛巳"（四年，道光元年1821）豎寫篆文朱字。

　　筆者所見日本駒澤大學圖書館所藏五山版《東山外集》，似爲川瀨一馬所述"小汀文庫"本。一卷一册，著録爲室町初期刊本，列爲貴重圖書（索書號：H151W/123）。外有深黄色木質書函，正面中間墨筆寫"東山外集"四字，其下寫"五山版"。内有綫裝書籍一册，棕紅色封皮。前後無序跋，版式、行款等與上述諸書相同。正文首頁首行頂格刻"雪峰空和尚外集"，右上角框内壓前五行字上鈐有"駒澤大/學圖書/館之印"篆文朱方陽印，第二行下方空白處有"小汀文庫"豎長形楷書朱陽印，其下還有一豎長形篆文朱陽印，因字迹模糊無法辨識。第九頁之前，每頁天頭地脚、框外、行間空白等處，皆爲密密麻麻的日人批注。四十二頁之前，版心爲上黑魚尾，魚尾朝下，白口；四十三至六十四頁，爲上下雙黑魚尾，魚尾相對，白口；六十五至六十八頁，爲上黑魚尾，魚尾朝下，白口，但書版磨損痕迹明顯，有的字被描過；六十九至七十頁，爲上下雙黑魚尾，魚尾相對，白口；七十一頁（"法語"始至"書簡"末）爲上黑魚尾，魚尾朝下，白口；第七十三頁"法語"末六行（有界行），墨筆補寫了《曾侍郎與東山》（"江西句法空公得"至"無人知自派中來"）、《東禪淨禪師頌》（山龜有殼藏頭尾，七十二鑽不奈何。恰似秀峰空首座，嘉招不肯出煙蘿）兩首詩偈，各占三行。"書簡"部分的第八十五至八十六兩頁，書版磨損痕迹特別明顯，有些字迹不清，有些字迹被描過，墨色很重，版面字顯得凌亂。末頁有缺損。末頁末行"雪峰空和尚外集 終"下有"駒澤大學/圖書館印"豎長形篆文朱陽印，右下角框内有"巖松堂古典部/波多野扱斯書"篆文深紅豎長形陽印，說明此書曾經日本東京古書肆巖松堂收藏，其店主是波多野重太郎

(1875—1958)。此印下（部分重合）還有一豎長形小朱印模糊不清，無法辨識。後無跋文。其後空白紙下部有"玄徹"花押。

③覆刻本之二

藏於大東急記念文庫，爲三井家舊藏，鈐有"芳春藏書"朱印，上面有相傳是玉室和尚所寫的批語，一册。框廓内縱五寸七分五釐，橫三寸八分五釐。這個本子是現存《東山和尚外集》中最後出版的，雕版粗糙，應當刊刻於室町初期以後。

(3) 谷村文庫藏本

此爲與以上各版完全不同的另一種版本。可惜缺失卷首第一頁 a 面、卷末第八十八頁 b 面。第一頁是重新補寫的，跋文刊語也是室町末期補寫的，在現存諸版中，此版應當是最先出現的。谷村文庫所藏的一本（萩洞春寺舊藏）即是。該本已有補刻（第十九至二十四頁），整體上板木的磨損非常明顯，但是筆畫清晰，版式、書體的優秀特點一看便知。真贊的末尾刻有"瑞應禪寺住持契聞書之"十字，期待他日完本的出現。

筆者按：此本扉頁右上用朱筆寫"東山語録"四字，其下有墨筆大字"十二箱"三字。左邊有墨筆大字"東山老人偈頌"六字，其下以墨筆小字分三行寫"竺僊禾上/惠然比丘/跋文有之"，故京都大學圖書館以"東山語録"之書名著録（索書號：1-25/セ/2 貴）。前無序文，正文首頁 a 面爲補寫，首行寫"雪峰空和尚外集卷之上"，其下隔兩字空白寫"共二"，再下壓右框有"秋邨遺志"豎長形篆文朱陽印。右上角天頭有"京都/帝國大學/圖書之印"篆文朱方陽印。此書版心皆爲上單黑魚尾，魚尾朝下，白口。自第三頁 a 面起，每頁天頭上以墨筆寫一字，連起來爲"府正宗山洞春禪寺什物"，其中第六頁 b 面天頭無墨筆字，"寺"字在第七頁 a 面。七十三頁 b 面末六行無界行，爲墨版，上面有墨筆書寫"曾侍郎與東山附"，此詩題占一行，詩句即："江西句法空公得，一向逃禪挽不回。深密伽/陀妙天下,無人知自派中來。"頂格占兩行。七十九頁 b 面即"真贊",末尾後七行亦無界行,爲墨版,其前三行的第三行頂格刻有"瑞應禪寺住持契聞 書之"十字,字體及大小與正文其他字相同。説明版書是由契聞寫的。

契聞號不聞,稱不聞契聞(1301—1368),武藏川越人。俗姓平氏。幼隨伯父之鎌倉,成爲當時由元入日住鎌倉圓覺寺的東明慧日禪師的隨侍僧童。十四歲,由慧日剃髮受戒。十九歲,隨侍慧日住建長寺。後去京都東福寺參虎關師煉、雙峰宗源禪師,一年後返回關東,繼續隨侍慧日。正中二年(1325),與中巌圓月一起乘商船入元,在台州寧海登岸,歷參華頂無見先覩、靈隱東嶼德海、淨慈靈石如芝、金陵保寧古林清茂及月江正印、斷江覺恩、竺元妙道諸禪師,元統元年(1333,日本正慶二年),受東明慧日之招返回日本,繼續隨侍退居圓覺寺白雲庵的慧日,朝參暮請,終登其堂奧,受到慧日印可,之後始終隨侍其左右直至其曆應三年(1340)示寂。爲其守心喪三年,受請任武藏瑞應寺住持,貞和五年(1349),足利直義迎請其住駿河清見寺。延文五年(1360),將軍足利義詮任其住鎌倉淨智寺。貞治四年(1365),住鎌倉圓覺寺,六年退院,歸隱武藏瑞應寺。應安元年(1368)七月十二日示寂,俗壽六十八。他與五山詩僧義堂周信、中巌圓月、別源圓旨是最爲親近的好友及詩友。其撰述大都佚失,祇有松ケ岡文庫所藏雜録《關東諸老遺稿》中,有過半是不聞契聞的作品。他還編纂了東明慧日的語録,是曹洞宗宏智派禪僧,爲東明慧日的忠實門人。[1]根據其生平,他書寫《雪峰空和尚外集》書版當在1343至1349年間。此本還缺失了第八十八頁 b 面,即"書簡"部分《答余才茂》内容的最後兩行及"雪峰空和尚外集 終"一行。卷末八十九至九十頁有抄補的惠然跋、梵儒跋,有

---

[1] 參《五山詩僧傳記集成》之《不聞契聞傳》,第 565—568 頁。

版心，上黑魚尾同前，但四周版框像是細筆畫出，左右雙邊，上下單邊，無界，半頁十行，行十五字，紙質、紙色（淺黃色）都與正文同。則其補寫當在貞和三年之後。

(4)川瀨一馬未提到之五山版

①北京大學圖書館藏日本五山刊本

一卷一册(索書號：李□7923)。北大圖書館著録爲"日本正平貞治間(1346—1369)刊本"，乃李氏木犀軒舊藏，有缺頁及抄配，有日人批注。此書第一頁至第二頁a面爲墨筆抄寫部分僧人語録，可能是慧空語録的一部分。首頁有破損，右上依次有"元□寺印"篆文朱方陽印、"願海寺"楷書豎長形朱陽印；第二頁a面右下有"大行波/願海寺"黑色陽方印。第二頁b面抄寫有從"汾陽善昭→石霜楚圓→黄龍慧南→晦堂祖心→草堂善清→雪峰慧空"(臨濟宗第六至十一世黄龍派)及"汾陽善昭→石霜楚圓→楊岐方會→白雲守端→五祖法演→圓悟克勤→大慧宗杲"(臨濟宗第六至十二世楊岐派)的傳法世系，并在旁邊用日文寫道："東山空禪師受業師是圓悟勤，門人是此庵景元也，得法師是草堂清也。"①

接下爲抄補的淳熙五年(1178)釋惠昇序，首頁首行寫"雪峰東山空和尚外集序"，下有"寂忍房/圖書章"暗紅色豎長形楷書陽印，其下有"北京大學藏"篆文朱方陽印。正文每半頁十行，行二十字，有界，白口，上黑魚尾，魚尾下寫"東"字，再下寫頁碼。左右雙邊，上下單邊，左右外框黑粗。正文首頁前三行中間壓字及空白有"大行波/願海寺"楷書暗紅色陽方印(可能原爲朱紅色，經長時間氧化變色)。其下壓前兩行空白處有"古(囗一丿)家藏"隸書豎長形朱陽印。四十六至八十八頁天頭及行間全是日人墨筆批注，四十六至五十六頁、六十一頁至卷終(包括後面兩篇跋文)版心爲上下雙

---

① 筆者譯爲中文。

魚尾，下闊黑口。可見此書亦經過補刊。卷末依次有淳熙五年（戊戌）惠然跋文、貞和三年（丁亥，1347）梵僊跋文。其下有"寂忍房/圖書章"暗紅色豎長形楷書陽印。頁八十b至九十a間夾有一豎長形小紙條，紙條上朱筆寫着"安政四丁巳年修補。時寓於洛西□尾峰石雲葊"。在九十一頁b面（書末頁）天頭上朱筆（色較暗）寫着三行字："是當貞和三丁亥至今安政丁巳五百十三年也。豈可不愛耶！丁巳初夏，手親修補之，記於石雲葊。寓山媚水明之處。天台山大行滿尺迦願海字大悲號金剛幢，時年三十五歲。"安政丁巳即日本安政四年（1857，清咸豐七年），從1347至1857當爲五百一十年。從這兩處記載可知此書經當時寓居京都西山□尾峰石雲庵的字大悲號金剛幢的僧人修補，當時他祇有三十五歲。

②中國國家圖書館藏日本刊本

一册（索書號：04516）。李盛鐸木犀軒舊藏，首頁首行書名下依次鈐有"北京/圖書/館藏""木齋/秘玩""李盛鐸印""木齋"篆文方印。左右雙邊，上下單邊，外框黑粗，字筆畫較粗黑，略顯拙硬，字旁有標明日文讀音、順序等的訓點符號。版心上單黑魚尾，魚尾朝下，白口，自四十三頁起至七十頁"偈頌"終，爲上下雙魚尾，魚尾相對，白口。當爲後出之覆刻本。前後無序跋。天頭及行間空白處時有日人批注。内容包括偈頌、法語、真贊、書簡。

③《禪門逸書初編》影印臺灣藏日本舊刊本

1980至1986年間，臺灣漢聲出版社影印出版了《禪門逸書初編》《續編》，《初編》第三册收錄了《雪峰空和尚外集》，標爲根據"日本舊刊本"影印。《禪門逸書初編》後，此本又被多次影印。綫裝書局2004年出版的《宋集珍本叢刊》即據《禪門逸書初編》本影印，見第四十册。此"日本舊刊本"現藏臺北"國家圖書館"，金程宇主編《和刻本中國古逸書叢刊》亦影印此本，稱"據臺灣'國家圖書館'藏貞和三年（1347）刊本影印"。

此本卷首前兩頁爲補抄，包括雪村覺性序、惠昇序、對"東山空""雪峰""外集""頌古"的注解。經筆者比對，這些注解抄自日本五山著名詩僧義堂周信的《東山外集抄》。然後是正文，其行款也是半頁十行，行二十字。版心上單黑魚尾，魚尾下刻"東"字，再下爲頁碼。但自八十二至八十七頁、八十九頁、九十一頁，版心爲上下雙黑魚尾，下闊黑口；八十八頁爲上單黑魚尾，白口；最末九十一頁（梵儸刊語）爲上單黑魚尾，下闊黑口。正文字體也由前面多似歐體變爲多類柳體。左右雙邊，外框略粗黑，上下單邊，有界，刊刻文字精美。字旁有標明日文讀音、順序等的訓點符號。天頭、地脚、行間、框外多有日人批注，這些批注集中於"偈頌"部分，"書簡"祇有兩處有批注。此本首頁右上有"神田家藏"楷書豎長陽印，右下及七十頁b面右下、卷末左框外皆有"莅圃/收藏"篆文長陽印。卷末框外"莅圃/收藏"印下還有"香巖/珍藏"篆文方陽印、"有漏神/仙有/髮僧"篆文方陰印。則此書經日本京都神田氏及近代藏書家張乃熊（1891—1942）收藏。

現所見《雪峰空和尚外集》五山版卷首有的無序文，有序文的皆爲補抄，所以日本學者椎名宏雄認爲五山版原本就無序文，所補抄的序文是根據當時所見宋元版。但五山版的底本也當是此書的宋元版，爲什麼刊刻時省略了序文，其理由難以瞭解。所以後世的補寫就顯得十分珍貴。① 川瀨一馬認爲《雪峰空和尚外集》在五山版禪籍中是最盛行的。②

④義堂周信《東山外集抄》

日本國會圖書館還藏有日本五山著名詩僧義堂周信對《雪峰空和尚外集》的注釋本，即《東山外集抄》四卷，日本南北朝時期寫

---

① 《五山版中國禪籍叢刊》第十卷解題，第662—663頁。
② 《五山版の研究》下卷《解説篇・解題禪籍之部》，第403頁。

本。一册(索書號:WA15—10)。橘紅色封皮。釋周信(1325—1388),號義堂,別號空華道人,土佐(高知縣)人。屬於日本臨濟宗夢窗派。七八歲起,學習《法華經》《臨濟錄》及諸儒書,十四歲在京都延曆寺登壇受戒。後歸鄉,師事日本天台宗寺院新福寺的道圓學習台密。曆應四年(1341),歸向禪宗,禮臨川寺夢窗疏石爲師。曾立志入元,因病作罷。夢窗疏石去世後,依建仁寺龍山德見,并隨侍其住南禪寺、天龍寺。延文四年(1359),受同爲夢窗派的法兄春屋妙葩指派,往鎌倉圓覺寺掛搭,在鎌倉叢林生活約二十年。其間曾擔任圓覺寺後堂首座、前堂首座,相模善福寺住持,圓覺寺黄梅院塔主,瑞泉寺、保壽寺、南陽山報恩寺住持。康曆元年(1379),還京都,任建仁寺住持。後歷任等持寺、大慈院住持。至德三年(1386,明洪武十九年),任南禪寺住持,因其向足利義滿進言,南禪寺位升五山之上。任滿後隱棲東山觀持庵,移居東山常在光院。嘉慶二年(1388,明洪武二十一年)四月四日示寂,俗壽六十四。著述有《義堂和尚語録》《空華集》《空華日用功夫集》等,編纂有《新撰貞和集》《重編貞和類聚祖苑聯芳集》等傳世。① 他博通内外,擅長詩文,是日本五山文學的重要代表。

《東山外集抄》實是他講解《雪峰空和尚外集》的講義。本書未載録《雪峰空和尚外集》的原文,祗列出原文中需要講解的名物典故,引用大量資料,進行詳細解釋。需要解釋的詞語以大字書寫,注文以雙行小字的形式列於其下。如卷一首行爲"東山外集抄卷之一",次行寫"五臺釋周信 撰"。第三行首先注釋"雪峰"二字,其下雙行小注引《方輿勝覽》《閩中實録》中的記載介紹"雪峰"其名的來歷,注文中遇到所注釋的詞語時,以"——"符號代替。接着又注

---

① 事見[日]釋師蠻《本朝高僧傳》卷三十四《京兆南禪寺沙門周信傳》(《大日本佛教全書》第63卷,第211—212頁)、《五山詩僧傳記集成》之《義堂周信傳》(第85—95頁)。

釋"東山空""和尚""外集"等詞，可看出他首先是解釋書名涉及的關鍵詞。在"東山空"下介紹慧空生平事迹，其資料實出於慧空門人慧弼所編《福州雪峰東山和尚語錄》末所附其生平及南宋釋曉瑩《羅湖野錄》中所載其生平。其中引慧空詩"敢將不出以爲高，朽索其如六馬何。賴有舀谿長柄杓，不妨霜月在松蘿"，周信注中謂"見於第十七紙"，今檢五山版《雪峰空和尚外集》，此詩正是在第十七頁，是《和東禪以李侍郎庵招》二首之二。接下來是正文注釋，注釋"頌古""梁魏""老狐精"等詩題及詩句内詞語。卷二首頁首行"東山外集抄卷第二"右下，有小字注"自七丁至十二丁"；卷三首頁首行"東山外集抄三"右下注"十三紙至二十紙"，"丁、紙"皆指頁碼。經筆者核查，其所注明的頁碼，亦與五山版《雪峰空和尚外集》的頁碼相合。卷四首行下未注明頁碼，經筆者核查，它是接卷三自二十一頁《與香山虛頭陀》詩開始注釋，至二十七頁《別圓融庵主》，其末兩頁所注釋的"雲腴""汾陽昭""甘露""梅子熟""風月平分""鼎三足""折脚鐺"等詞語正是出自《別圓融庵主》一詩。可見義堂周信所用以注釋的底本與我們今天所見的五山版《雪峰空和尚外集》是一致的，可惜的是此國會圖書館藏本並非完本，祇有一册，祇保存了前四卷，祇涉及對《外集》二十七頁之前的詩歌的注釋。如果能得見全本，可能瞭解更多信息。僅此四卷，已經顯示其注文廣泛引用佛教經典、禪宗語錄、史傳、筆記、地志、詩文集、方言俗語等各類文獻資料，解說深入淺出，通俗易懂，充分體現了義堂周信博學擅文，兼通内外，具有深厚的漢學素養及精湛的漢語文學能力，代表了日本五山文學的水平。

另外，駒澤大學圖書館所編《新纂禪籍目錄》第 341 頁上載録有《東山外集抄》十卷，義堂周信撰，可能是全本，惜未得見，不知其今藏何處。又有《東山外集抄》三卷，一瑞中曇撰，亦未得見，不知藏在何處。

2. 江户刊本

日本江户時期《雪峰空和尚外集》再次得到刊刻。《寬文十年刊書籍目錄》《寬文十一年刊書籍目錄》《延寶三年刊書籍目錄》《元禄五年刊書籍目錄》皆著録"東山外集 二册",①後二者"東山外集"下還有小字注文"雪峰和尚詩"。《延寶三年刊新增書籍目錄》《天和元年刊書籍目錄大全》也有相同記載,祇是小字注文作"雪峰空和尚詩集",②而《元禄九年・寶永六年書籍目錄大全》《正德五年書籍目錄大全》則注爲"雪峰空和尚"。③ 其中《元禄九年・寶永六年書籍目錄大全》標明了其刊行者分别是"長屋平""立入",《正德五年書籍目錄大全》也標明刊行者爲"立入"。可見這些目錄中所載"東山外集"即慧空《雪峰空和尚外集》,且被多次刊刻。

現日本國會圖書館藏有江户刊本《雪峰空和尚外集》上、下兩卷二册(索書號:821-56)。封面題籤寫"東山外集 一(二)",卷首無序。第一册正文首行頂格刻"雪峰空和尚外集卷上",半頁九行,行十八字,字旁有標明日文讀音、順序等的訓點符號。四周單邊,無界,版心無魚尾,頂上框刻"東山外集卷上",下寫頁碼。第一册上卷正文共五十五頁,自《頌古》("梁魏山河本太平")至《與開道者》("大悲院裏羅齋出"至"草鞋落地作金聲");第二册下卷自《與明州茂上人》("十五已前不得去")至卷末(包括跋文)共五十五頁。下卷第三十頁b面即"偈頌"部分最後一首詩偈《答普賢夢石紀夢授觀音偈并序》末,另行低一格刻"補刊東山外集施主芳衙"十字,次五行低一格每行分别刻"建長禪寺住持比丘 梵僊""東勝禪寺住

---

① 《江户時代書林出版書籍目錄集成》第一册,第84頁第三欄左、第134頁第一欄左、第186頁第三欄左、第270頁第二欄右。
② 《江户時代書林出版書籍目錄集成》第二册,第76頁第一欄右、第172頁第四欄左。
③ 《江户時代書林出版書籍目錄集成》第二册第239頁第一、二欄左,第三册第17頁第一欄左。

持比丘 聰秀""前崇禪寺住持比丘 可什""東光禪寺住持比丘 友桂""保寧禪寺住持比丘 俊雄"。第四十一頁b面即"真贊"部分最後一首《八風》末尾，隔行頂格刻"瑞應禪寺住持契聞書之"十字，次行頂格刻"助緣 契鈞 元遵 志春 景忍 元周"十二字，每兩字間空兩格。這是非常重要的信息，說明此江戶本的底本來自五山時期契聞書刻本，它是對《東山外集》的"補刊"，施主是當時住持建長禪寺的梵僊、東勝禪寺的聰秀、前崇禪寺的可什、住持東光禪寺的友桂、保寧禪寺的俊雄五人，另有契鈞等五人助緣。它和前述谷村文庫本屬同一來源。在第五十二頁b面即正文末行"雪峰空和尚外集 卷之下終"的次七行，頂格分別刻了三十八個僧人名，即"俊契 裔翔 圓觀 希存 性忠 信虔/俊銃 全快 志應 識桂 僧府 攸宜/守謙 安乎 宗雄 嗣燈 曇甲 用郁/志稠 妙松 永龍 妙衷 契習 元方/希潛 希舟 希看 用瞿 希琢 裔書/素明 希醒 海壽 希齊 德玄 慈懷/元英 正了"，每個人名之間空兩格，這三十八個僧人應該是參與契聞刻本工作的人。後有淳熙五年(1178)惠然跋文，半頁七行，行十二字，無界，楷書字體，皆低一格，實際每行刻十一字，字旁刻有標明日文讀音、順序等的訓點符號。然後是梵僊貞和三年刊語，半頁六行，行十二字，無界，楷書字體，皆低二格，實際每行刻十字，字旁無日文訓點符號。此江戶刊本當根據五山版把惠然跋文、梵僊刊語由行草改爲楷書字體，在改寫時有誤識其字者，如惠然跋文"慨歎久之"之"之"誤作"矣"；"叢林不復見此老人矣"之"矣"誤作"異"；"迫於行色"之"於"誤爲"猶"；內閣文庫藏覆貞和五年本"爲渠除却閑名字"後有"之句"二字，此本誤爲"好"字。梵僊刊語"便解拈頭作尾"之"便"字，誤作"使"；"欲窺其斑者"之"欲"，誤作"如"；"契充"之"充"，誤作"竟"；"欲滋其毒"誤作"所流其毒"；"殘涎剩沫"之"沫"，誤作"餘"；"南詢"之"南"，誤作"角"。末頁b面有墨筆行草體占四行寫"東山外集二册往時一隱/軒陽翁東堂所兼助也/享保六年辛丑閏七月中澣/山舟庵"。"享保六年"即 1721（清康熙六十年），說明此書刊於此時。此書卷上、下首頁皆鈐有"瑞巖圓光/禪寺藏書"隸書朱長方陽印、"帝國/圖書/館藏"篆文朱方陽印、"明治三九 七 七 購求"圓環形朱陽印等，可見此書曾經日本瑞巖圓光禪寺收藏，明治三十九年（1906）七月七日購買入藏該圖書館。

由以上論述可以看出，慧空《雪峰空和尚外集》雖國內刊本已佚失不存，但在日本五山時期十分流行，日本至今還存有多種五山版刊本及覆刊本，日本五山著名詩僧義堂周信還對其加以注釋，可見其對日本五山僧人的影響。其江户刊本也從五山版而來。其五山版在清末又回流我國，國家圖書館、北京大學圖書館、臺北"國家圖書館"都有收藏。

十一、寶曇《橘洲文集》

寶曇（1129—1167），字少雲，俗姓許，嘉定龍游（今四川樂山）人。臨濟宗大慧宗杲弟子。他雖爲釋子，"然雅慕東坡、山谷詩文，即規模兩家，筆意簡古，厠諸南宋諸名家中，可亂楮葉"。① 他學問該博，擅名天下，所結交如魏杞、曾覿、汪大猷、王炎、李燾、張鎡、樓鑰、吳芾、袁燮、張栻等都是當時的名公巨卿，尤爲史浩一門所敬重。其著作流傳至今的有《大光明藏》三卷、《橘洲文集》十卷。關於他的生平事迹，《橘洲文集》卷十他自撰的《龕銘》及宋釋道融《叢林盛事》卷下、宋釋圓悟《枯崖和尚漫錄》卷上、宋羅浚《寶慶四明志》卷九等都有記録。而以他的自撰《龕銘》最爲詳盡可信。《龕銘》曰：

  余幼學道，若涉大海而無津涯，中遇司南之車，知所趨向。

---

① 《橘洲文集》書後羅繼祖題記，《續修四庫全書》影印中國科學院圖書館藏日本元禄十一年（1698）織田重兵衛刻本。如無特別説明，以下均爲此本。

晚觸洄洑，逆折萬變，然後一登休歇之場，吾大慧先師之力也。幼始知學，從先生授五經，習爲章句。自少多病，父母許以出家，遂投本郡德山院僧某爲師。師賢而能教其徒，俾從一時經論老師游，聽《楞嚴》《圓覺》《起信》，越五歲，舍去，依成都昭覺徹庵、白水∴庵。挈包南來，從先大慧於育王、徑山，晚見東林卍庵、蔣山應庵，辛苦艱難，始畢平生之願。世緣未盡，被人推出，以長老名，初領四明杖錫山，晚爲葬親而歸，住無爲禪刹。憂患一世間，游戲翰墨海，人便謂其以文詞鳴，是未知我者。今年六十九矣，示疾而化。嗚呼！人孰不死，死而不亡者，聖賢也。學佛而至如來大寂滅海，學聖人而至夢奠兩楹之秋，是真不負所學矣。夫生死也，夢幻也，世人以爲虛妄不實，殊不知此吾廣大寂滅不動不變第一義諦心，祖師以爲面目見在，余嘗於《傳燈‧七佛偈》下略發明之。余即寶曇，字少雲，俗許氏，蜀之嘉定府龍游符文人，没於慶元三年四月二十六日，臨行不能饒舌，終之以言曰：放下便穩。

從中可以瞭解他一生的主要經歷。關於他的生卒年，《龕銘》中講得很清楚，他卒於寧宗慶元三年（1197），時年六十九歲。則其生年應爲高宗建炎三年（1129）。但宋釋道融《叢林盛事》卷下、元熙仲《歷朝釋氏資鑑》卷十一皆謂"一日沐浴更衣，請史魏公敘平日行紀，談笑中而化"。這種說法是不足爲信的。史魏公即史浩，字直翁，自號真隱居士，鄞縣（今浙江寧波）人。高宗紹興十五年（1145）進士，孝宗朝重臣，官至右丞相，封魏國公。《寶慶四明志》卷九、《宋史》卷三百九十六等皆有傳。他卒於光宗紹熙五年（1194），終年八十九歲，即應該早於寶曇三年而卒。寶曇《橘洲文集》卷三有《詩挽史魏公》五首，卷七有《祭史魏公》《代護聖祭史魏公》文，稱贊他一生的功績，同時也表達自己的哀悼之情。《詩挽史魏公》五首之二、四曰：

>在昔功名會,淩煙有老臣。幾人扶日月,一角見麒麟。共泣中原淚,寧爲去國賓。西風幾黃壤,松柏獨輪囷。
>
>十載江湖上,三從北闕歸。宮花欹帽側,玉帶重腰圍。屬客黃金盡,淩空寶墨飛。夜堂燈火冷,猶下讀書幃。

《祭史魏公》文曰:

>昔與仲弟,辱公愛憐。在門下士,識公最先。早以道合,心期石堅。世益凋落,情隨日遷。公今古人,我亦白顛。一慟永訣,公無棄捐。

這些都説明史浩先於寶曇去世。而且《橘洲文集》卷四有《樓尚書生日》詩,頭兩句是:"歲行丁巳生公年,一周甲子初回旋。"説明寶曇是在樓鑰六十歲生日時爲他寫的。樓鑰生於高宗紹興丁巳(七年,1137),①則他六十歲生日當是在寧宗慶元二年(1196),也就是寶曇去世的前一年。又《橘洲文集》卷十末《辭世頌》後有這樣的話:"今日困甚,今夜定行,付宜弟,珍重珍重。"宜弟即寶曇的弟弟釋可宣,字石橋,參佛照禪師得法,史彌遠請住徑山,創化城於雙溪之上,接待雲錫,寧宗賜號佛日,嘉定丙子(九年,1216)仍在世。②《橘洲文集》卷四有《題智門宣弟不繫舟》,卷五也有《石橋記》。這就説明寶曇去世時,他的弟弟可宣在場,並非與史魏公在談笑中化。

(一)《橘洲文集》的成書

現存《橘洲文集》十卷,有寧宗嘉定元年(1208)仲春住通州狼山淩雲叟曇觀的跋,云:"橘洲詩文高妙簡古,有作者之風。予少年誦之,實深跂慕。自是片言隻字,率訪尋之,久而成編。不敢自閟,敬命工鋟版,以廣其傳,是亦徐君掛劍之義也。"説明《橘洲文集》首

---

① 〔宋〕袁燮《絜齋集》卷十一《樓公行狀》,《叢書集成初編》本。
② 事見〔宋〕楊汝明《雙溪化城接待寺記》,〔明〕釋宗淨《徑山集》卷上所録,《四庫全書存目叢書‧史部》。

先是由曇觀搜集編成的,並於嘉定元年刊刻。此時距寶曇去世有十一年。但在此書末有板記云:"右板元存徑山,燬於癸巳之火,咸淳改元歲在乙丑,化城石橋塔院重刊印行。"癸巳即理宗紹定六年(1233),由於徑山發生火災,把原板燒毀了。度宗咸淳元年(1265)寶曇的弟弟可宣所在的化城石橋塔院又重新刊刻印行。今存《橘洲文集》即是根據此板而來。

(二)流傳收藏情況

1. 在國內的流傳收藏

《橘洲文集》十卷,宋代及以後的公私書目都未見記載,説明此書經宋末戰亂兵燹在國內流傳很少或佚失不存了。國內見存的《橘洲文集》有兩種,一是臺北"中央圖書館"藏抄本,祇存卷七至卷十共四卷。正文每半頁十三行,行二十字。四周單邊,無界行,版心白口,單黑魚尾,魚尾下方題書名,再下方偏右記頁碼。卷七爲雜文,卷八、卷九爲榜疏,卷十爲記。在卷十之後一頁有前引曇觀的跋文,空一豎行,有前引咸淳元年(1265)化城石橋塔院重刊印行的板記。其後附《與金山別峰和尚》《與史太師》《上林侍郎》《賀史丞相復觀文職二首》《謝汪宰惠書》《與汪相公》《送謝子儀西上》《次梅花韻》《梅馥》《送友人》《與月上人》《史衛王祭石橋》等詩文。其中《與金山別峰和尚》《與史太師》《上林侍郎》是文章,《史衛王祭石橋》是四言韻文,其餘九首都是詩歌。經查閲,這些詩文都是十卷本(日本元禄十一年織田重兵衛刻本,詳見後述)《橘洲文集》裏未收録的。説明此本是由宋嘉定、咸淳本而來,但又經人搜集整理,補充了原本中未收的詩文,作爲補遺附在了卷末。此書卷末最後一頁有清光緒丙戌(十二年,1886)天南遯叟所書題識,曰:"此宋僧文集未收入《四庫》者,文頗有古音節,世間流傳甚少,亦秘本也。"天南遯叟即王韜(1828—1897),江蘇長洲人。初名利賓,字紫銓,號仲弢,晚號天南遯叟。曾在外國教會主辦的墨海書館供職,因偏袒太平軍,爲清廷通緝,遠適重洋，後又回滬任《申報》編輯、格致書院山長，有《弢園文録外編》《弢園尺牘》《淞隱漫録》《甕牖餘談》等著作。在此書卷七首頁也有"臣王韜印""紫荃父"二方印，説明此書確經王韜收藏。此書收入《禪門逸書》初編第五册，由臺北漢聲出版社影印出版。

　　國内現存另一種版本就是十卷本《橘洲文集》，日本元禄十一年（1698，相當於清康熙三十七年）織田重兵衛刊本。此本現藏於中國科學院圖書館，已收入《續修四庫全書》集部。此書共十卷，分爲二册，其中卷一至卷五爲一册，卷六至卷十爲第二册。已合訂在一起。正文每半頁十行，行二十字。版心白口，無魚尾，頂上框直接寫書名卷數，靠下方寫頁碼，頁碼有圓圈圈住。四周單邊，無界行。卷首有曇觀跋文，接着是此書的目録，然後是正文。跋文和正文旁都有日語假名等訓點符號。卷十末《辭世頌》後隔兩行有咸淳元年化城石橋塔院重刊印行板記。説明此書也是由咸淳刻本翻刻而來，大致保存了原槧的面目。但把曇觀的跋文移到了書首，首頁跋文版心寫"橘洲文集跋"。跋文一般都是放在書末的，故又稱跋尾，由此看來，臺北"中央圖書館"所藏抄本跋文在卷末應是原貌。此書在卷十最後一頁 b 面有"元禄十一戊寅歲林鐘上浣日　織田重兵衛壽梓"的版記。經與上述殘存的四卷抄本比勘，兩書的卷七至卷十所收文章數量及文字、次序等都完全相同，但中科院藏本没有附録補遺的詩文。此書最後附一頁紙，上面是羅繼祖 1970 年 4 月 28 日的題記，對寶曇的生平及交游略作考述。此書目録第一、二行右方有"羅繼祖讀書印"陰朱印；卷一首頁右下也有"羅""繼祖印"兩個小朱方印；題記末也有"羅繼祖"小朱方印，説明是羅氏的家藏圖書。羅繼祖是羅振玉之孫，根據莫榮宗《羅雪堂先生年譜》，羅振玉於 1912 至 1919 年間曾在日本京都淨土寺町居住，其藏書處稱大雲書庫，而此書卷一首頁上框外有"大雲爐餘"方朱印，這就説明此書是由羅振玉大雲書庫藏書而傳下來的。

2. 在日本的流傳收藏

既然現存《橘洲文集》十卷本衹有日本元禄十一年刻本,那麽它是何時傳入日本的呢？這大概與宋末元初中日僧人之間的交流往來有密切關係。前述由入宋日僧圓爾辨圓帶回的經論章疏、語録、儒書等數千卷書籍,收藏於京都東福寺普門院的書庫,1353 年,東福寺第二十八世大道一以整理該寺院藏書編成的《普門院經論章疏語録儒書等目録》①"成"字下,列有"《橘洲文》一部(二册)",②這可以説是至今所見《橘洲文集》傳入日本的最早記載。但圓爾辨圓入宋時,《橘洲文集》嘉定元年(1208)的刻版已被燒毁,而圓爾辨圓回國的時間是在理宗淳祐元年(1241),這時離咸淳元年(1265)重刊的時間還有二十四年,今傳日本元禄刻本又有咸淳元年重刊的板記,説明此書不可能是圓爾辨圓帶回的,可能是後來才入藏普門院書庫的,但入藏時間一定是在 1353 年以前。而日本五山著名禪僧虎關師煉(1278—1346)於康永元年(1342,元惠宗至正二年)在東福寺海藏院居住時,編撰《禪儀外文集》一卷,③選録宋代禪師(主要是南宋的)等十三人所撰寫的疏、榜、祭文等,以供日本禪林學習借鑒,其中就録了寶曇的《德和尚住象田》《印别峰住雪竇》《興和尚住天寧》《彦雪林》等四篇榜疏、塔銘,這些文章都見於今傳《橘洲文集》卷七至卷八中。也就是説在 1342 年以前,《橘洲文集》當已傳入日本。日本内閣文庫、成簣堂文庫現藏有《橘洲文集》十卷,都是元禄十一年織田重兵衛刻本。

---

① 參見嚴紹璗《漢籍在日本的流布研究》第一章第三節,江蘇古籍出版社 1992 年版,第 43 頁。
② 見王勇、大庭修主編《中日文化交流史大系·典籍卷》第一章所引該目録。
③ 《本朝高僧傳》卷二十七淨禪三之九《師煉傳》,及日本東洋文庫藏五山板《禪儀外文集》首自序。

附書影:

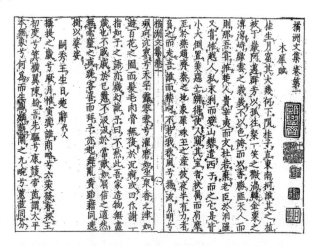

圖 11-1　日本元禄十一年織田重兵衛刻本《橘洲文集》

十二、顏丙《如如居士語錄》[①]

如如居士顏丙(？—1212)，是南宋時起在閩西北至東南一帶地方民間宗教中有一定影響的人物，時人稱其有"掀天聲價"。[②] 其故事在民間流傳，明清時期更賦以神化傳奇色彩。他在世時著作已刊行天下，後又有多種不同版本流傳，並傳入韓、日等國，但現存南宋史籍中並未見有關其生平的記載。其著作目前國內也僅見存殘本，也未見國內有研究成果出現。國外相關研究成果最早有日本學者椎名宏雄的論文《宋元版禪籍研究（四）——如如居士語錄·三教大全語錄——》，[③]主要介紹京都大學圖書館所藏三冊本《如如居士語錄》、谷村文庫本和京都建仁寺兩足院藏《重刊增廣如

[①] 本書一般不涉及僧人語錄，但顏丙爲佛教居士，其《語錄》和其他僧人語錄不太相同，包括了他所撰大量詩文，故在此收錄。

[②] 《如如居士坐化語錄》卷一《請疏》，日本京都大學圖書館藏本。

[③] 見日本印度學佛教學會所編集《印度學佛教學研究》第二十九卷第二號第251-254頁，昭和五十六年(1981)出版。

如居士三教大全語錄》三個本子的情況和内容，并提醒研究者注意此書對研究大慧派思想禪風及宋代福建地方佛教禮儀、民間行事等方面的資料價值。之後日本學者永井政之發表了論文《南宋における一居士の精神生活——如如居士顏丙の場合(一)、(二)》，①對顏丙的生平傳記、三教觀、職業觀等進行研究。美國哈佛大學 Alan Gerard Wagner 於 2008 年 5 月提交的博士論文"Practice and Emptiness in the *Discourse Record of Ruru Jushi*, Yan Bing(D. 1212), a Chan Buddhist Layman of the Southern Song"("南宋一位佛禪居士顏丙的《如如居士語錄》中所呈現的實踐與空無的思想")，首次把顏丙的著作介紹給西方學者，其論文包括對顏丙生平事迹、著作版本、思想淵源、特點等内容的研究，還分主題對顏丙書作文本部分内容進行翻譯並解析探討。這三位東、西方學者的研究成果對於我們進一步研究如如居士顏丙有很重要的參考價值。但是在文本資料的掌握②、解析上，以及一些問題的認識上，筆者與以上三位學者尚有一些不同。

(一)如如居士顏丙的生平事迹

1.民間傳聞及演繹

如如居士顏丙應當是在閩西北至東南一帶地方民間宗教中頗具影響的一個人物，正統文獻典籍中很少有關他生平事迹的記載，有較具體記載的是福建歷代的方志。現所見最早有關其生平事迹的記載是明弘治《將樂縣志》卷十四：

---

① 可譯爲《南宋一居士的精神生活——如如居士顏丙的情況》，見日本《駒澤大學佛教學部論集》第十五號第 202－227 頁、十六號第 170－192 頁，分別於昭和五十九年、六十年出版。

② 《如如居士語錄》已知現存六種版本，而日、美三位學者祇利用了現藏於日本的三種版本，對藏於日本的另一種版本則未加利用，而對藏於中國和韓國的兩種版本則隻字未提。

> 元 如如居士，順昌人，顏氏子。宋末舉子，辭儒入釋。元初過將樂萬安都，見下洞庵毀，鳩材將建，所少者梁也。張氏之墓側一梓木，大可合抱，求之，弗許。是夕，風雷拔之，因鬻爲梁，自題曰："靈根不肯混凡柴，天意移將福地來。向日親逢霹靂手，今朝果作棟梁材。"其庵又廢幾百載。正統間，有華和尚者，志於復興，因除瓦礫蕪穢而偶得梁，外朽而中堅，所題之字，墨汁入木，至今儼在新梁之間。有《語録》並《六時淨土文》行於世。①

這則資料可以説是真偽相參。其中所講如如居士爲順昌（今屬福建）人，曾爲"舉子"，"辭儒入釋"，"有《語録》並《六時淨土文》行於世"，皆是實情。但把其時代定爲"宋末元初"，則是錯誤的，當是傳聞所致。如如居士顏丙卒於南宋寧宗嘉定五年（1212），詳見下述。而其中所述如如居士"鬻木爲梁"的故事，或許實有其事，但已爲如如居士本人增添了一些神奇的色彩。其後，《（正德）順昌邑志》卷八有如下記載：

> 元 如如居士，姓顏，諱丙，字守中。母死，葬獅子峰，廬於墓側。苫塊土室之類近存，峰前後巨木皆其手植。後悟禪學，至邵武清涼寺坐逝。子孫以其櫬歸葬獅子峰墓側。有遺《六時淨土文》傳於世。②

同書卷一"獅子峰"條下又載：

> 在縣南，以形似名，上有禪院並如如居士墓。

此書中的記載總體來説應當是客觀真實的，它提供了一些有關如如居士生平的不同於《（弘治）將樂縣志》記載的、更具體的資料，

---

① 〔明〕李敏纂修《（弘治）將樂縣志》，明弘治十五年（1502）修，十八年刻本，頁2。
② 〔明〕馮性魯纂修《（正德）順昌邑志》，明正德十六年（1521）刻本，頁34下。

第一章　宋僧詩文集在日本的刊刻流傳考述　285

如其名、字,逝地及其與獅子峰的密切關係等,並突出了其爲母盡孝的事迹。遺憾的是此書也誤把如如居士定爲元人。之後的明、清福建方志中,也有其生平事迹的記載,或同《(弘治)將樂縣志》,或同《(正德)順昌邑志》,都未超出這兩種書籍所載內容的範圍。如《(嘉靖)延平府志・地理志》卷二、《(崇禎)閩書》卷二十、《(乾隆)福建通志》卷六十、《(乾隆)延平府志》卷三十一①等。而《(乾隆)順昌縣志》卷十則把前兩種資料合二爲一,並於清代情況稍加補充:

　　(宋)如如居士,姓顔名丙,字守中。宋末舉鄉試,母死,葬獅子峰,廬墓。苫塊土室之類猶存,峰前後巨木皆其手植。後棄儒入釋,過將樂萬安都,見下洞建庵,缺正梁。張氏墓側有合抱梓一,求之弗得。是夕,風雨拔之,因驚爲梁,居士題其上曰:"靈根不肯混凡柴,天意移將福地來。向日親逢霹靂手,今朝果作棟梁材。"後庵圮。正統間新之,於瓦礫中得舊梁,外朽內堅,所題字漬入木不没。後至邵武清涼寺坐逝,子孫以其櫬歸葬母墓側。康熙甲辰,邑人何純子登其墓,常住號憨子者,建言欲以其地爲四衆塔,因述其始末,嚴止之,得存所遺。有《六時淨土文》行於世。②

其中自"康熙甲辰(三年,1664)"之後的一段敘述,是此書的補充,說明康熙三年時如如居士的墓還存在。此書不僅補充了資料,還把"如如居士"列入"宋"人之列,說明其編纂者進行了精細的考核。其後《(嘉慶)順昌縣志》卷十、《(民國)順昌縣志》卷二十等記載都

---

① 此書爲清傅爾泰修,乾隆三十年(1765)刻本。又有同治十二年(1873)重刻本,日本學者永井政之、美國學者 Alan Gerard Wagner 皆衹見到並使用同治本,其內容與明《(弘治)將樂縣志》所載相同。
② 〔清〕陳鍈纂修《(乾隆)順昌縣志》,乾隆三十年(1765)刻本,頁9。

與此書相同。這説明如如居士的故事自宋代以後民間一直流傳。方志作爲一種史料記載還是比較嚴謹的，但是也不排除其根據有傳聞因素，所以大多數方志把其列爲元人，而對其"鬻木爲梁"故事的記載，則爲如如居士增添了一些神奇色彩。

　　另一方面，明清時流傳的一些民間宗教經卷文獻關於如如居士故事的記載，則完全是文學作品演繹。現所見有《佛説如如居士度王文生天寶卷》《如如老祖化度衆生指往西方寶卷》兩種。① 這兩種《寶卷》的創作年代不詳，前者原卷多破損缺字，末尾也有殘缺，没有刊刻年代，主要以唱詞和白文構成，唱詞前多標明諸如"桂枝香""黄鶯兒""駐馬聽""綿答絮""金字經""傍妝臺"等詞牌和曲牌名，並根據故事的進展分爲若干部分，如"如如居士埋没在清凉山修行分第一"②"如如居士師徒二人下山分第二""如如祖師在大賢莊度王文分第三""如如居士度王文同妻修行分第二十"③等。後者字迹清晰規整，末尾有"大清光緒元年越郡剡比孫興德公室喻氏重刊願祈國泰民安版存杭州錢塘門外昭慶寺印造"的版記。由唱詞和敘述文字組成，但唱詞多爲七言韻語，與前者不同，也未標分爲若干部分，而是一直貫通到底。兩種《寶卷》中所出現之人物、故事情節有所不同，但其主要人物和故事及所宣揚的思想是相同的。故事主要講如如居士以因果報應、六道輪回之説，勸導一個叫王文的富紳修行念佛，往生西方極樂世界。經歷了王文起初歸信佛法，後又反悔破戒，飲酒食肉殺生，被打入陰司地府見十閻王，受盡各種苦刑，又被如如居士救出地獄，還魂返陽間，出家修道，最後坐化，歸於西方極樂世界的過程。故事中如如居士大

---

① 見王見川、林萬傳主編《明清民間宗教經卷文獻》第六册，臺北新文豐出版公司1999年影印出版。

② "第一"二字原因破損而缺，筆者據其後體例補。

③ 原落"士"字，據文義補。

顯神通,甚至被看成"如來"的化身,還稱其説教爲"如如教",可見如如居士在民間宗教中是頗具影響力的。其中的人物及其故事情節當是文學作品的虚構,但所宣揚的佛教思想,確是如如居士思想的一部分。

2. 真實面貌

關於如如居士生平事迹,除了以上透漏的一些消息外,主要還是從其現今流傳的著作中找到蹤迹。現存《如如居士語録》卷首有南宋光宗紹熙甲寅(五年,1194)正月謝師稷所作的序:

> 歷觀今昔士大夫之角者,往往游戲禪林三昧。……如如居士得古人之旨趣,不以三舉連捷以爲眷戀之具,忽朝猛省,參徹雪峰可庵,拂袖於千峰頂上,誅茅結草,長育聖胎。又將四方所求禪語以廣其傳,上欲續佛命根,下乃開鑿人天眼目。舊有因是而打發向上巴鼻者,其不能無補於天下後世。見其出入三教,殊無一毫之拘,安得不以是而歸之?①

謝師稷字務本,邵武(今屬福建)人。孝宗淳熙中爲福建提刑,以守法除弊爲己任。又領漕事,於民多惠政。② 他與如如居士顏丙當爲同時之人。這段文字爲前述其"辭儒入釋"作了很好的注脚。文中還講到其"參徹雪峰可庵""出入三教"。關於其"參徹雪峰可庵"之事,明僧人居頂於洪武年間(1368—1398)編撰的《續傳燈録》卷三十四目録中於大鑒下十八世"可庵然禪師法嗣"下有"如如居士顏公",但注明正文無録其人。釋文琇永樂十五年(1417)編撰之《增集續傳燈録》卷一於大鑒下十八世"可庵然禪師法嗣"下亦有"如如居士顏公",但無録其具體事迹,祇録了他所作"頌趙州見南泉話""頌子湖狗話"兩首頌。明釋道忞《禪燈世譜》卷五"南嶽下臨濟宗楊

---

① 《如如居士語録》,京都大學藏谷村文庫本。
② 事見〔明〕陳道《(弘治)八閩通志》卷六十《祠廟》、卷七十《人物》。

岐法派世系圖"中於十七世"雪峰慧然"下錄有"顏如如居士"。清彭際清所編《居士傳》卷三十一有"如如居士顏丙"的傳，但也祇説"雪峰然公嗣也"，"著《勸修淨業文》行於世"，並錄其《三教詠》與《頌子湖狗話》。而在《如如居士語錄》中，對其參雪峰慧然禪師及其他禪學活動則有相對較爲具體的記載。如《如如居士三教語錄》丙集卷一中有"見尊宿參問門"，由其隨侍僧惠進等人編錄，包括《見雪峰可庵》《見府中即庵》《見雪峰一大禪》《見福泉尊宿》四部分內容。《見雪峰可庵》①云：

> 居士於弱冠之餘，留意燈窗，因編節夫書，偶於放筆頃，豁然頓悟。直尋覓身心，了不可得，生大歡喜。後謁雪峰可庵禪師求證。師一見便云："颺却甜桃木，尋山摘醋梨。居士不去享富貴，却來這裏尋個村僧作麽？"居士遂呈悟處。師云："我不妄説，我一見居士來，預知汝有這事，果然果然。此是居士夙劫從海惠中帶來，我門禪和子，三二十在江海上走，不得到你這般田地。可善自護持，從今後，但依本而行將來，愈久愈明。"居士答云："這裏無本可據。"師云："恰是。"後數日閒，師却云："我欲問你一件事。"士云："好。"師舉二十餘件公案作一句問云："拈却你悟處，你怎作麽生？"居士一時下語不契。師笑云："你這般參禪，如我福州人作《蜻蜓詩》相似：蜻蜓蜻蜓，飛來飛去不曾停。被我摘了四翼，恰似大鐵釘。"師云："我適閒分明與你個斷情識底刀子，還會麽？"士數日做肚腸不成。所謂作頌下語，談玄説妙，自知其罪。一日，上堂告師云："別人參禪學道得道，某此番來，却是折本歸去。"便問訊而退。師云："且喜參禪長進。"令成侍者夜送頌曰："赤骰髏窮無窖子，胸

---

① 原落"可"字，據目録補。

中富有五車書。自從颺下毛錐後,活潑潑如盤走珠。"①居士辭出門,同行黄道問士云:"如何是佛?"答云:"聾漢喬松夾道青。"當初鳳山圓照和尚勸士云:"居士既得悟了,更須見人始得。"及士三山回,作頌以謝之云:"把髻投衙日,蒙師賜一刀。斷除情與識,刲却佛和魔。飯是米來做,眉分八字毛。知音更相問,撫掌笑呵呵。"師肯之。②

福州雪峰寺的可庵慧然禪師是臨濟宗楊岐派大慧宗杲禪師的弟子,宗杲所作的《正法眼藏》,就是由慧然和其另一弟子沖密根據宗杲居衡陽時酬答衲子的請益隨手抄錄而成的。③ 文中講到如如居士二十餘歲時,曾爲求取功名而燈窗苦讀,偶因編書放筆時而豁然頓悟,且詳細記載了他參謁雪峰慧然禪師求證的過程。之後他回到家鄉,經過幾十年時間,又到建寧府開元寺參即庵禪師,得到即庵的認可。《見府中即庵》一文中也詳細記載了其參謁過程:

> 後歸鄉數十年,少有知音可語此道者。不免到建寧府見即庵和尚。即庵乃靈隱密庵之上足也。……師升座云:"延平如如居士三試皇都,大章屢驗。偶因放筆,徹悟大事,遍歷叢林,飽參知識,却被可庵收下,針芥相投,當有頌以證之。大衆,居士未到此間,已聞大名。及乎到來,一下問着,果然是我家裏人也。後與黄居士之順昌山縣,却有個佛種在那裏面爆出來。"闔府城請居士就水西圓容庵,請士煎點,却請即庵相伴。大衆既集,師出袖中頌以贈之,普呈大衆,頌云:"之乎者也忽穿通,三教由來摠一同。倒着襴衫翻裹帽,更於何處覓龐公。"

---

① 原落"走"字,"珠"誤抄作"殊",據《如如居士語錄》甲集卷四引此頌補、改。
② 《如如居士三教語錄》,京都大學圖書館藏三册本,簡稱京大本,以下引文若無特別標明,皆出自此本。
③ 見《正法眼藏》卷一宗杲語。《卍新纂續藏經》第 67 册 No. 1309。

即庵禪師事迹不詳，文中講到其爲"靈隱密庵"之上足。密庵當指釋咸傑（1118—1186），號密庵，福清（今屬福建）人。出世後歷住衢州西烏巨山乾明禪院、衢州大中祥符禪寺、建康府蔣山太平興國禪寺、常州褒忠顯報華藏禪寺、臨安府徑山興聖萬壽禪寺、臨安府景德靈隱禪寺、明州太白名山天童景德禪寺七名刹，其受請住臨安府景德靈隱禪寺，是在孝宗淳熙七年（1180）六月至十年八月之間。十一年，歸老於天童，十三年六月示寂。年六十九。他是臨濟宗楊岐派虎丘紹隆一系著名禪師應庵曇華的弟子，其法系爲圓悟克勤→虎丘紹隆→應庵曇華→密庵咸傑。① 但令人疑惑的是，查檢禪宗的燈録、世譜、宗派圖等資料，密庵咸傑的弟子中並未見有稱"即庵"的。日本學者永井政之在其論文中對此"即庵"作了推測，認爲其或者是破庵祖先的嗣法弟子、密庵咸傑的法孫"即庵慈覺"，但這與文中所述"密庵之上足"並不吻合。他還推測"密庵"或許是大慧宗杲的弟子密庵道謙，但道謙並未當過靈隱寺的住持。筆者以爲"密庵"應當是釋咸傑，但"即庵"肯定不是釋慈覺，因爲在《如如居士語録》甲集卷四"證據門"中也載録了上文中所引的即庵贈如如居士之頌，題爲《建寧府開元寺即庵然老頌贈居士》，②可見此即庵被稱爲"即庵然"。至於其法名全稱及其他情況，還有待進一步研究。引文中稱其"三試皇都"，可見其辭儒入釋之前，曾多次到京城參加科舉考試，應皆未考中。其參見即庵之前，在禪林已有一定的聲名。

《見雪峰一大禪》中講到"居士向來在本邑胡宰處作館"，有一稱作俊和尚者告訴他"雪峰此庵在此，可請普説"。文中記述了如

---

① 事見《密庵和尚語録》及末附宋葛郯撰《塔銘》，《大正新修大藏經》第47册，No. 1999。

② 此處録即庵頌二首，其二云："可庵室裏呈檢索，建水溪邊采急流。透過約齋關捩子，歸來更喫老拳頭。"

如居士造訪雪峰此庵於寶月庵，並請其爲衆普説的一段對話。"雪峰此庵"事迹不詳。永井政之没敢肯定，提出有可能是大慧宗杲的法嗣此庵守淨禪師，曾住福州西禪寺。但筆者以爲不大可能，因爲根據《續古尊宿語要》卷五《此庵淨和尚語》首無垢居士張九成於紹興己卯（二十九年，1159）所作的序，此時此庵守淨已去世。

《見福泉尊宿》主要記載了如如居士参福州西禪寺的中庵禪師及泉州城一老僧的經過。大鑒下第十八世、教忠晦庵彌光禪師法嗣有中庵慧空禪師，曾住泉州府法石寺，淳熙甲午（元年，1174）三月示寂，俗壽六十九。① 如果如如居士所見是中庵慧空的話，則必在淳熙元年三月之前。他在参見了福州西禪寺的中庵禪師之後，被"款留方丈數日"，後告辭前往泉城，受到一老僧的勘驗，雙方經過多個回合的問答，如如居士占據上風，他嘲笑老僧道：

老僧失却一隻眼，不識茶囊唤作盞。大法不明要辦人，須是更喫三生飯。咄，當初將謂是收燕破趙之才，子細看來，原來祇是販私鹽的村漢。

這説明此時如如居士的佛學修養已經達到了較高水平。可想而知，經過此事之後，如如居士在當時泉州佛教禪林的聲名和影響一定會增强。文中還講到"其餘諸方飽參尊宿及城内外具眼居士，無不知音"。如如居士還曾經在泉州城進行講經等佛教活動。《如如居士語録》丙集卷二，就專門設了"泉城講經門偈頌"，從《第一日偈》至《二十一日偈》皆有記録，後面還有一首《散講日普説偈》，每首偈後有一首頌。其《九日偈》首二句云"今朝十月初一日，龍象交参盡雲集"，説明如如居士在泉州城講經的時間至少是從某年的農曆九月二十二（或二十三）日至十月十三日，其《散講日普説偈》末兩句

---

① 〔宋〕釋正受《嘉泰普燈録》卷二十一《中庵慧空禪師傳》。

亦云"相逢正值何時節,恰是陽和十月天"。但此次在泉州城的講經活動是否和在泉州城參見一老僧同時,目前還無法考知。他還作有《題泉州北山聞思巖》《詠留丞相梅巖二十奇泉州》等詩歌,①當也是在泉州期間所作。

此外,從其《語錄》中所收錄的他與當時僧俗贈答的詩歌贊頌,也可瞭解到其交往活動情況。如《如如居士語錄》甲集卷四"證據門"就載有《上天竺敕賜右街鑒義輝光頌贈居士》《福州大日山舒老和可庵頌上居士》《雪峰禪和子贊居士參可庵》《廖貢士贈居士巖隱》。其中《廖貢士贈居士巖隱》云:

> 知君弱歲氣若牛,三把琴書上帝州。丹桂豈曾□願望,紅塵不肯竟淹留。童包宇宙三千界,迹寄煙霞最上頭。昨夜團欒消息好,月涼星淡鬼神憂。

談到他弱歲曾懷抱雄心壯志,多次進京參加科考而未中,後脱離紅塵而寄迹煙霞。在同卷"詩頌門"還有《贈成禪人住五臺》《贈張道參禪》《答建寧嚴居士》《贈建寧府李長者》《贈建寧府吳居士》《送周廖二人行脚》等。

《如如居士坐化語錄》(別集)卷一、卷二"坐化門",記載了如如居士臨終前的一些活動情況。卷一首《如如大居士結夏邵武清涼禪院升堂演法坐化語錄序》云:

> 即心是佛,無言可傳。垂世立教,無言不傳。……如如居士顏公,少學周孔,切有志於功名。俄而水冷雲閑,究心內典,真積力久,靈府洞然照破三千大千世界,一切有爲無爲,包羅胸臆。公方且不忍獨善其身,時或托諸翰墨,爲世俗覺迷返正。其言近,其旨遠,使人隨其資品,皆知進道之門。至與吾

---

① 見日本京都建仁寺兩足院藏寫本《如如居士語錄》卷十。

黨酬接,則又援引聖經,貫穿佛教,不專談苦空而已。和會三家,該通一理。其諸昔者雙林大士之途歟。是其言不可廢也。聞中解符蜀郡,邂迹丘園,萬里征塵,思接談塵一麈之。而公結廬聚徒於獅子峰頂,殆將老焉。書三遣而始臨,日七閲而遽逝。雲馭茫茫,不復可覩。惟猊座兩升,鴻音數條,言猶在耳。……舊所刊行《語録》,既已流播天下,有孚顒若,諒未後一著,尤喜聞而願見之,詎可以無傳?況夫死生大變,顛倒迷惑者固無足道,其間號爲神識不亂,往往強自支持於寢室中。惟公當場説法,朗然精明,一語觸機,應聲而去,非有道者能之乎!是其言尤不可廢也。著之方册,用廣發揮。嘉定壬申六月中澣,朝散郎、前知敘州軍州主管勸農事、沿邊溪洞都巡檢使借緋魚袋俞聞中序。

"嘉定壬申"即嘉定五年(1212)。俞聞中,字夢達,邵武人。從學朱熹,登淳熙八年(1181)進士第。① 敘州相當於今四川宜賓一帶。文中講到如如居士悟道以後,"時或托諸翰墨,爲世俗覺迷返正",在和士大夫相酬接時,不專主佛教,而是和會儒釋道三家,該通一理。俞聞中從蜀地解職返回故鄉,想請如如居士前來説法,其時居士在家鄉順昌"結廬聚徒於獅子峰頂",打算終老於此。俞聞中用了三封書信邀請他,如如居士才來到邵武清涼禪院,但過了七天就去世了。序文後還載録了俞聞中邀請如如居士前來的一封書信即《請疏》,後有一封居士的親筆回信,寫於三月份,稱自己"仰沐令叔安撫龍圖、宣義道契,不以草茅晚進見逐,曲賜躬臨,疏意過褒,汗愧無地"。但他主要是擔心客喪他鄉,所以不敢遠出。這封回信實際上是婉言謝絶了前往。從此回信中我們也可看出如如居士與俞聞中的叔父輩之前可能也有交往。但是,到六月中旬,居士還是應邀

---

① 事見明黄仲昭撰《(弘治)八閩通志》卷七十《人物》。

來到了邵武清涼禪院。

別集卷二詳細記載了從入院開堂至六月十五日説法中坐化，每一天的活動情況。如（初九日）在開堂儀式後，一名叫"了善"的僧人説"願聞不二門，請闡第一義"，就開始了與居士的很長一段問答。初十日，見安撫，繼謁淡谷宣義四次，然後入寺坐雲堂示衆。"安撫"及"淡谷宣義"當是俞聞中叔父輩人，具體情況無法考知。七日之中，他們之間多次交談。十一日早晨，"憩於詩禮堂之万壺有道，衆來參甚虔"，後又入寺接受學徒的請益。"詩禮堂"當是寺外接待客人的居所，如如居士晚上就住在那裏。十二日，在雲堂示衆。十三日，先在詩禮堂説法，又入寺示衆。十四日，"赴安撫供席間"，開始了與安撫的一段對話：

> （安撫）問云："學道須還出家人，火宅塵勞，終是難得清脱。"（士）答曰："隨順一切世間而常行一切出世間法，此火宅中真方便也。今人捨此方便，一向祇在火宅塵勞中頭出頭沒，更無休歇。若能回光返照，發無上菩提心，及至出來應世接物，祇以事處事，不以心處事，事未來時心下清涼，事來時也依舊清涼，如此用工，驀忽地徹悟，煩惱而菩提，無明即大智，更無障礙，洞然與太虛爲一。惟佛之一字，亦祇是外物，何用毀形易服、滅人倫、絶祭祀方謂之修行學道，佛亦不教人如此。祇説應以佛身得度者，即現佛身爲説法；應以宰官身得度者，即現宰官身爲説法；應以比丘、比丘尼、優婆塞、優婆夷得度者，即皆現之而爲説法。"

從中我們不但可以瞭解到他的佛學思想，還可以看出他是如何開示宰官士夫的。當時淡谷宣義也在席間，也向他提問並得到回答。十五日，先在詩禮堂説法，後入寺"時或應酬賓客"，午食後與衆人在會星亭休憩。時有一叫何妙惠的人召集境内三百餘人在法堂禮淨土，請居士說法，居士答應了，但是起身之前，又對衆人説："昔有宗師遇日者講命，師曰：'人命可延乎？'日者曰：'如修福施財，作種種功德，則命實可延。'師又曰：'命可促乎？'日者曰：'天有定數，命豈可促？'師云：'吾促命與汝看。'即時端然而逝。"説完後，慢慢進入雲堂盥漱易服，衆人備香花法樂迎其出來升座，他上座後索話云："竿木隨身，逢場作戲。莫有善佛法底出來結緣也無？"僧了善上前説道："今朝六月一十五，吹大法螺擊法鼓。闡開維摩丈室門，便見儒林三角虎。"並禮拜。然後，就開始向居士請益。當了善説道"恁麼則變大地爲極樂之國，回真心於浩劫之初"時，居士即點頭云："如是如是。"隨即"端然而化"。這就是他坐化的過程。之前他爲衆人講一宗師遇日者講命的事情，其實也就預示着他要圓寂了。人們經常把禪師能否準確預見自己圓寂的時間，看作是其道行深淺的標志，所以俞聞中在序中對其"末後一着"，也認爲是值得一書的事情。此處僧了善點明了其最後説法圓寂的時間是"六月一十五"，之前俞聞中的序作於嘉定五年六月中旬，應當是居士剛去世之後，所以其坐化時間應當是嘉定五年農曆六月十五日。

另外，永井政之論文中根據《如如居士語錄》己集卷三中有《薦女婿》《薦母小祥》《薦父五七》，卷四有《薦長子溺水》，認爲是居士自己遭遇了女婿之喪、七十八歲母親之喪、六十二歲父親之喪、長子溺水而死的事故。但是筆者以爲這不一定都是指居士自己的親人。因爲在《語錄》其他各處還有不少類似文字，如《語錄》丙集卷四有《薦母並媳婦課經建燈》《薦母百日禮九品》《薦子六七母四七禮懺》等，乙集卷四"追薦疏意門"、卷六"拋偈祝願門"也有類似文字。這正是如如居士作爲民間宗教代表人物的作用所在。《語錄》的一個重要特點就是顯示出其實用性，除了這些薦亡的文字外，還有諸如保平安、祝願官員、士、農、工、商、老人、小兒、僧道，祈男、祈嗣等。這些可能都是居士爲大衆所寫，很難分清哪些是爲自己的親人而作。

(二)如如居士顔丙著作的編纂流傳

爲了使世俗"覺迷返正",如如居士顔丙寫下了不少文字,這些文字被編集成書而流傳於世,上述引文資料裏提到的有《語録》和《六時淨土文》。《六時淨土文》在《如如居士三教語録》丙集卷一可看到。他還注釋過《金剛經》,在現今流傳的明正統三年(1438)洪蓮重刊本《金剛經注解》中,引用了五十三家注解,其一就是如如居士顔丙的注解。據筆者統計,此書四卷中,引用顔丙注解的共有五十六處。① 下面主要闡述《語録》的編纂流傳情況。

1. 目録記載

根據前引謝師稷序,其《語録》在光宗紹熙五年(1194)已成書。俞聞中序中也講到"舊所刊行《語録》,既已流播天下"。説明顔丙在世時其《語録》就已刊刻流傳。但南宋晁公武《郡齋讀書志》、陳振孫《直齋書録解題》及元代所編《宋史·藝文志》等書中並未見記載。現所見主要是明代公、私藏書目的記載。② 《文淵閣書目》卷四"寒"字號第一厨"佛書"部分載有"《三教語録大全》一部一册""《如如居士語録》一部一册""《如如三教大全語録》一部一册""《三教語録》、《六祖壇經》一部一册"四種。③ 其中最後一種可能是與《六祖壇經》合在一起的。明晁瑮《晁氏寶文堂書目》"佛藏"類著録"《如如居(士)三教大全》",④明徐燉《徐氏家藏書目》卷三子部釋類著録"《三教語録》",⑤明趙琦美《脉望館書目》"餘字號不全舊宋元板書"也著録"《如如居士三教大全》",書名後還注明了"欠四卷以

---

① 見《卍新纂續藏經》第24册,No.0468。
② 關於明代書目中的著録情況,最早進行研究的是日本學者椎名宏雄《宋元版禪籍の研究》,見第463—464、477—480頁。
③ 《文淵閣書目》,王雲五主編《叢書集成初編》本,第213、214、215、219頁。
④ 明鈔本,原落"士"字。
⑤ 〔明〕徐燉《徐氏家藏書目》,《明代書目題跋叢刊》下册影印道光七年(1827)劉氏味經書屋鈔本,書目文獻出版社1994年版。

第一章　宋僧詩文集在日本的刊刻流傳考述　297

後",説明是殘本,但是宋元板。① 從中我們可以看出其《語録》在明代流傳着各種不同的版本,有《如如居士語録》《如如三教大全語録》《三教語録大全》《三教語録》《如如居士三教大全》等五種不同的稱呼。

2. 傳入日本

日本的目録書中也有關於《語録》的記載。《普門院經論章疏語録儒書等目録》"閏"字號下著録有"《如如居士録》三册","光"字號下著録"《如如居士語》七册"。永井政之認爲顔丙的語録很可能是聖一國師圓爾(1202—1280)帶到日本的,②是有道理的。雖然筆者認爲現所見此目録中的一些書籍並非是圓爾帶回日本的,③但圓爾入宋時,顔丙的《語録》已經刊刻流傳於世,所以筆者贊同永井政之的意見,認爲該《語録》由圓爾帶回日本的可能性很大。而在日本京都《建仁寺兩足院藏書目録》中,也有顔丙《語録》的著録。此書目"第四十四番"下有"《如如語録》洪武一;《如如居士録》寫一"的記載。至於其流傳緣由,還有待進一步研究。

如如居士顔丙的《語録》也傳入朝鮮半島,但何時傳入的,我們目前還無法考知。全寅初教授主編《韓國所藏中國漢籍總目》子部即著録《如如居士語録》一册,木刻本,編者、刊年皆未詳,④爲韓國精神文化研究院(現韓國學中央研究院)藏。

3. 在日本的流傳收藏情況

目前筆者所見顔丙語録版本共有六種,其中流傳於日本者最多,筆者所見有四種。即日本京都大學圖書館藏三册本(簡稱京大

---

① 〔明〕趙琦美《脉望館書目》,《明代書目題跋叢刊》下册影印鈔本。
② 見其論文注(2),第 225 頁。
③ 參見許紅霞《〈普門院經論章疏語録儒書等目録〉所載書籍傳入日本的時間之辨疑》,《普門學報》第 33 期,臺灣佛光山文教基金會 2006 年版。
④ 〔韓〕全寅初編《韓國所藏中國漢籍總目》,韓國學古房 2005 年版,第 1050 頁。

本)、日本京都大學圖書館谷村文庫藏本(簡稱谷村本)、日本京都建仁寺兩足院藏明洪武十九年(1386)翠巖精舍刊本(簡稱洪武本)、日本京都建仁寺兩足院藏寫本(簡稱寫本)。這四種版本各有不同的情況和特點,現分述如下。

(1)京都大學圖書館藏《如如居士語録》。抄本,[①]分爲天、地、人三册。全書又分爲甲、乙、丙、丁、戊、己、别集共七集。第一册包括甲集四卷、乙集六卷;第二册包括丙集五卷、丁集四卷;第三册包括戊集六卷、己集四卷、别集五卷。全書共三十四卷,是目前所見收録顔丙語録最全的一個本子。每集内又根據内容分爲不同的門類,共有五十五門,其中甲集"諸文門"、丁集"頌釋教門"皆分爲上下兩卷,戊集"諭世詩偈歌頌門"、别集"坐化門"也各分爲兩卷。詳見下表所示:

表 1

册	集	卷一	卷二	卷三	卷四	卷五	卷六
一(天)	甲	諸文門(上)☆#	諸文門(下)☆#	傳燈門☆	證據門 詩頌門		
	乙	音聲佛事門	放生科儀門 施食科儀門	陳意散語門 一年景散語門	諸般回向門 引亡魂入浴門 追薦疏意門	涅槃法語門	諸家伏願門 抛偈祝願門
二(地)	丙	修禮六時淨土文門 見尊宿參問門	泉城誦經偈門#	聖誕疏門 妙題善會門 伏願懺悔門	開堂疏門 化拔剃門 化法衣門 建水陸門 追薦疏門	化緣起造門 雜化門 化齋糧門 化橋路門	
	丁○	頌儒教門	頌道教門	頌釋教門(上)	頌釋教門(下)		

---

① 椎名宏雄先生推定爲日本室町期古寫本。

續表

册	集	卷一	卷二	卷三	卷四	卷五	卷六
三（人）	戊	諸諭世文門	諭世詩偈歌頌門	諭世詩偈歌頌門	諭世偈頌門	器物贊偈門 題訪警誡門 涅槃法語門 諭世勸誡門♯	諭世警誡門 警世歌頌門 化緣疏頭門♯
	己○	修行方便門☆♯	善惡勸誡門※☆	僧俗疏意門 吉凶燈疏門※☆		誥牒疏語門 序跋諸語門 致語口號門※☆	
	別	坐化門	坐化門※☆	（拾遺）偈頌門※☆	六道輪回門※☆	薦拔門 諸般回向門♯	

按："☆"表示谷村本、洪武本有此卷。"♯"表示寫本有此卷部分内容。"♯"表示寫本有此卷。"○"表示國圖本有此集。"※"表示韓本有此卷。

　　分類並不十分合理，有些同屬一類的内容被分在不同的類中，如《舉棺》《掛真》，在乙集入於卷五"涅槃法語門"，而在別集則置於"薦拔門"。有些類目重出，如乙集卷四、別集卷五皆有"諸般回向門"；乙集、戊集卷五皆有"涅槃法語門"；乙集、丙集卷四皆有"追薦疏（意）門"。

　　全書以小楷書寫，字體有隸書燕尾之風，很多字筆畫輕省，不易辨識。第一册卷首有謝師稷序，序文半頁八行，行十四字，無界。然後是甲集的目録，首行寫"如如居士語録目録"，接着有三行字寫道："此文乃如如居士所著，其中多大藏真詮，教外密旨，混於其間，大足以超凡入聖，次足（以）殖福種慧，①摠括三乘，兼修萬行，辭簡意盡，便於覽悟云。"頗有廣告詞之意味。每集前都有本集各卷的詳目，但也常見正文有標題而目錄漏抄者，目錄中也常有漏字、錯字。甲集至己集，抄寫行款都是每半頁十四行，行二十五字。而別集部分則是每半頁十三行，行二十二至二十三字不等。別集的卷一俞聞中序是半頁九行，行十四字。《請如如居士疏》是半頁十二行，行十七字。《居士親筆回劄》是半頁九行，行十四字。別集部分當是後來補入的，保持了原書原文的行款格式。

書中有些文字並非顔丙所著，而是從他書轉引。如甲集卷三"傳燈門"的《釋迦佛總偈》，就標明"《延光集》載"。② 己集卷二目錄中題爲"善惡勸誡門"，而正文中則明確標爲"道釋三藏經善惡報門"，其中很多文章都是引自道、釋各種經典，且在文末標出。書中前後内容也偶有重複，如甲集卷四"證據門"的《雪峰可庵即證頌》《建寧府開元寺即庵然老頌贈居士》，"詩頌門"的《參可庵歸頌》，又見於丙集卷一之"見尊宿參問門"中的《見雪峰可庵》《見府中即庵》。

此書還有不少問題，如乙集"追薦疏意門"的内容目錄中置於卷五首，而正文中其實是在卷四末。丁集目錄中卷四包括"三教論門""三教無諍門""敬僧門"三類共八篇文章，但其卷四的正文中並無此部分内容，而是作"頌釋教門下"。戊集卷六目錄中"諭世警誡門"下有《誡張羅網捕禽》，但正文中並無此文，而是置於卷五的"諭世勸誡門"下。且卷五、卷六正文中大部分都未標明門類。有些地方還發生了嚴重的竄亂，丙集卷四"建水陸門"中的《懺橋建水陸會》《寶月長老五七追薦》《五通生辰水陸》三篇及"追薦疏門"中的

---

① "以"字原無，據谷村本補。
② 《延光集》不知何人所著，宋以後人的書籍中常有引此書内容的，《文淵閣書目》卷十七佛書"寒"字號第一厨著録有《延光集》一部二册，今未見此書。

《女薦父禮彌陀》《女薦母夫薦妻三七建燈》兩篇，正文中未見，而是竄入卷五"雜化門"中的《化茶》文之前，而卷五《化茶》文前又缺《爲三聖開光》至《化未開路》共十四篇。戊集卷六"諭世警誡門"下《誡射禽殺水族》竄入同卷"警世歌頌門"下《悟了歌》之後。更甚的是別集正文中居然出現了兩個卷五，前一個卷五主要是由丙集卷五"化緣起造門"全部及"雜化門"的一部分竄入重出造成的。

此書每冊封面題籤爲"如如居士語錄"，但書中每集各卷題寫書名不盡相同。第一冊的甲集、乙集，第三冊的己集，各卷皆題書名爲"如如居士語錄"。第二冊丙集卷一則題爲"如如居士三教語錄"；卷二首行題"如如居士語錄"，末尾則題"如如居士三教語錄"；卷三、卷四、卷五皆題"如如居士語錄"。丁集各卷皆題"如如居士三教語錄"。這種做法一可能是爲了突出內容，如丁集各卷分別是頌儒、道、釋三教的內容；二可能説明有些部分曾經單獨成書流傳，後來才彙集在一起，所以還保留了原書的稱呼。前述目錄書著錄有多種書名就是例證。第三冊戊集題作"如如居士增入丹霞先生語錄"，關於"丹霞先生"，永井政之認爲似乎是對如如居士的尊稱，①也就是説，二者爲同一人。Wagner沿襲永井的觀點，認爲二者爲同一人，並進一步闡述認爲丹霞山在廣東北部，是著名的禪學中心，正好位於顏丙的家鄉福建省南部，所以此集當是顏丙退居該地時所創作的作品單獨編成的。② Wagner把"如如居士增入丹霞先生語錄"直接譯爲"The Additional Discourse Record of the Gentleman Who Entered [Mount] Danxia"。如如居士是否到過丹霞山，現在未見到任何資料記載。如果戊集的作品是他在丹霞山所作的話，那麼此集的標題完全可以標明，而不必標寫爲"丹霞先

---

① 見其論文第204頁。
② 見其論文第38頁，筆者根據英文譯爲中文。

生語錄",這個標題給人的感覺似乎如如居士與丹霞先生並非一人。從戊集的内容看,雖然和《如如居士語錄》其他部分有相似之處,也有三教合一的思想,但其中絶大部分都是以詩頌的形式來勸誡世人,覺迷返正,不像《如如居士語錄》其他部分有很多爲民衆生老病死所作的實用性作品。且其中自稱爲"丹霞野人"。① 筆者以爲二者是否是同一人,還不能驟下結論。但戊集内容原是獨立的一部分,後編入此書是無疑的。別集卷一、卷二皆題爲"如如居士坐化語錄",明顯是根據其所收内容而定的。卷三至卷五則題爲"如如居士語錄"。第二卷末尾有"六月門人訥齋了了野漢張守中跋",其後還寫有"二卷終"三字,説明別集的前兩卷原爲一體,主要講述顔丙至邵武清涼山説法而坐化的事情。而卷三目録中明確寫着"拾遺",故卷三以後的部分當是編者搜集了已成書的《如如居士語錄》以外的作品,與前兩卷合在一起,編成了別集,又與其他部分合成一書,成爲今天我們所見的樣子。此書中祇有丙集卷一"見尊宿參問門"下署"隨侍僧惠進等編録",②丁集卷首署"住獅子峰參學小師僧慧進編",其餘部分編者不詳。

(2)日本京都大學圖書館谷村文庫藏本。刻本,分爲上下兩卷,無刊刻年代。正文每半頁十六行,行二十八字,四周雙邊,有界,黑口,上下雙魚尾,魚尾方向皆朝下,上魚尾下寫書名簡稱及卷數,下魚尾下寫頁碼。文字規整,但排列密集,有個別地方字有殘缺。首有紹熙五年(1194)謝師稷所作序,但序末謝師稷署名内容要比京大本詳細,署爲"峕紹熙甲寅正月上元日太中大夫集英殿修撰致仕陳留縣開國男食邑三百户謝師稷序",而京大本祇署爲"紹熙甲寅正月上元日師稷序"。序後目録首行題"重刊增廣如如居士

---

① 卷四《述懷諭世頌》。
② 永井政之把"惠"字誤爲"愚"字,見其論文第205頁。

三教大全語錄",第二至四行也有一段如前述京大本中所有的如廣告詞一類的話。卷上包括"諸文門上""諸文門下""傳燈門""修行方便門""善惡報應門""因由門"六門五類,分別相當於京大本的甲集卷一至卷三、己集卷一卷二、別集卷二的內容。但是其"因由門"有殘缺,如如居士在邵武清涼禪院第十五日上堂説法,僧了善禮拜,進云"鎮海明珠初出水,今日當場借一觀",之後的一段對話直至坐化,以及其門人張守一的跋語此本皆缺。卷下包括"偈頌雜著門""齋疏門""誥牒門""六道輪迴門""諸天世界門""劫數世界門"六門,分別相當於京大本的別集卷三①、己集卷三②、卷四③、別集卷四的內容。但是此本"六道輪迴門"的《天道》文中竄入了"誥牒門"中的自《金剛會過牒語》至《禳災》共七篇文章的內容而重出一頁。此本的"諸天世界門",是"娑婆世界三界圖",由六張圖組成。其後又有"劫數世界門",目錄中並未出現此類,它包括《明曩劫前事》和《紀混沌後事》兩篇文章。

　　從以上敘述可以看出,此本上下兩卷中包括了京大本甲集卷一至卷三、己集卷一至卷四、別集卷二至卷四共十卷的內容,但編排順序與京大本不同。書名也不同,卷上正文首行題"如如居士三教大全語錄",目錄首行及卷下正文首尾行皆題"重刊增廣如如居士三教大全語錄",標明是"重刊增廣",又有京大本中所無的"諸天世界門"與"劫數世界門",可以看出它是一個與京大本源流不同的本子,可用來校勘京大本,改正京大本之錯字,補充其漏字,京大本中很多不易辨識之字也可得以解決,特別是甲集、別集部分,

---

　　① 京大本卷三在《剪髮》兩段文字後附有兩首《偈》,但在第一首《偈》後又有《沙門不敬王者論出家》兩段文字,占二十四行約四百八十餘字,然後才接另一首《偈》,明顯是插入的。而此本無此兩段文字,而是兩首偈連排,以"又"字區分。
　　② 此本"齋疏門"中的《上元》《薦母小祥》《燈疏》《薦父五七》四篇共一頁內容,前後頁接連重出。
　　③ 其中《佛頂心經跋》與《施普門品經跋》兩篇前後順序正好與京大本相反。

國圖本（詳後述）所無，可用此本來校勘。但此本也常出現錯字，如"竿木"誤作"等木"，"稠人"誤作"禟人"，"實"誤作"豈"等。有些地方錯字連篇，嚴重影響到文義的理解，如卷上"因由門"中的《入院開堂疏》《北面謹疏》等即是。所以在使用此本時，一定要小心謹慎。

（3）日本京都建仁寺兩足院藏明洪武十九年（1386）翠巖精舍刊本。此即《建仁寺兩足院藏書目錄》中所載之洪武本一冊。分爲上下兩卷。首有紹熙五年謝師稷序，序文半頁十行，行十九字，行款格式、字體與谷村本完全相同。但洪武本書版有殘損，如序文首頁第十行最末一字爲空白，而谷村本則作"夫"字，同行倒數第二字作"忘"，疑爲後來補寫，因字體風格與序文其他字不同，與谷村本此處"忘"字寫法也不同，谷村本"忘"字風格與序文其他字一致。又此本序文最末行"開國男食邑三百（户謝）師稷序"，缺"户謝"二字，"師稷序"三字亦明顯爲墨筆補寫，故原缺"户"以下五字，"百"字有殘。谷村本則未有殘缺。谷村本序文後一頁首行是"重刊增廣如如居士三教大全語錄目錄"及詳目，洪武本缺"三教大全語錄目錄"八字。目錄部分洪武本行款爲半頁十五行，行二十四字，與谷村本相同，内容也相同。但洪武本目錄有殘缺，首頁第二行"此文乃如如顔居士所著其中多以大藏真詮教外密旨"二十二字中，缺"居士所著其中多以大"九字，以墨筆手寫"公居士所著其中多大"九字補之；第三行"混融於其間大足以超凡入聖次足以殖福種慧摠括三"二十二字中，缺"足以超凡入聖次足"八字，亦用墨筆手寫補之，谷村本則不缺。又洪武本目錄卷上"善惡報應門"中缺"淫戒""十惡"二詳目，也是書版殘損所致，谷村本也不缺。洪武本目錄末半頁有"諸天世界門"細目"娑婆世界圖、無色界、色界、不還天、四禪天、三禪天、二禪天、初禪天、欲界、須彌山燄摩天圖、佉提羅迦等山并諸地獄圖"及"劫數世界門"細目"明曩劫前事、紀混沌後事"，細目後隔行又有"洪武丙寅孟春翠巖精舍新刊"刊記，其中"洪武丙寅孟春"與"翠巖精舍新刊"各占三豎行，正楷大字，置於黑色長方形豎框中，兩豎行大字間以界欄分開。"洪武丙寅"即洪武十九年，"翠巖精舍"是福建建陽衆多書坊之一，其主人爲劉氏，其刻書"始元延祐至明成化"。① 刊記隔行是此半頁末行，有"重刊增廣如如居士三教大全語録目録"十六字。谷村本缺此整半頁，上述此半頁内容皆無，在上頁目録末行爲"諸天世界門"，無細目及以下内容，而接着的一頁是本書正文第一頁"如如居士三教大全語録卷之上·諸文門上·見性成佛直指"的内容。谷村本目録缺最後半頁，無細目及刊記，細目内容正文中皆有，且圖畫、字迹比洪武本清晰。

洪武本正文部分每半頁十六行，行二十八字，行款、内容亦皆與谷村本同。衹是很多地方字迹筆畫清淺漶漫，難以辨識，且時有補寫，谷村本則清晰可辨。不過谷村本時有缺頁，除上述目録部分的缺頁外，在卷上末尾又缺半頁，即前述其"因由門"殘缺部分，洪武本則不缺。谷村本卷下"齋疏門"中《上元》《薦母小祥》《燈疏》《薦父五七》四篇共一頁重出内容，洪武本不重。洪武本缺卷下"六道輪迴門"《天道》文末十三行及《人道》文前十九行共一整頁，而谷村本則在所缺位置增入了"誥牒門"中的自《金剛會過牒語》至《禳災》共七篇文章一整頁的内容而造成重出，後面又緊接《天道》文末十三行及《人道》文前十九行一整頁。故此處洪武本所缺内容谷村本不缺，衹是因增入"誥牒門"中自《金剛會過牒語》至《禳災》的一頁内容而割裂《天道》文的内容造成混亂。

除了以上所述兩個本子的殘缺、重出之處有别外，其他内容則相同。從行款字數、邊框界欄、版口、魚尾、字體等情況看，這兩種版本都極其相似，故椎名宏雄認爲這兩個本子是同一版，并否認了

---

① 葉德輝《書林清話》卷四，北京燕山出版社1999年版，第113頁。

一直以來人們認爲谷村本是元版的説法。①但如果拿這兩個本子仔細比對的話,還是可以發現從序文至書籍正文中,一些文字筆畫的細微處是有不同的。比如序文第二行末尾"超脱"的"脱"字右邊"兑"字最上面兩筆谷村本連筆而寫,洪武本則分爲兩筆寫;最下面兩筆谷村本分别於中間"口"字的左、右下角起筆,即"儿"字兩筆分開,中間的空隙較大,而洪武本最下面兩筆皆從"口"字的右下角起筆,即"儿"字兩筆的起筆是在同一位置,合在一起的。第五行"老"字下面的"匕"、"歸"字左邊最後一筆寫法也明顯不同;第六行"曾"字最上邊兩筆谷村本也一筆連寫,而洪武本則分作兩筆寫;第八行"唐"字上面"广"字頭的寫法兩本也明顯與不同。正文首頁第七行"流"字左邊"氵"谷村本一筆連寫,洪武本則分開寫;第十二行的"法""海"二字左邊"氵",谷村本下兩筆連寫,洪武本則分開寫而未連筆;第九行"猶"字左邊"犭",谷村本兩撇位置靠上離得很近,洪武本則處於正常位置;第十五行末尾"快樂"之"快"字,谷村本右邊寫成了"央",與洪武本明顯不同。

筆者認同椎名宏雄關於谷村本並非元版的判斷,但筆者以爲谷村本與此洪武本亦非同一版,而是洪武本的覆刻本。正因谷村本是覆刻本,其所用底本模糊不清或刻寫者態度不認真,才會導致出現錯字甚至有時錯字連篇的情況,如前面提到卷上"因由門"中的《入院開堂疏》《北面謹疏》等處即是。又比如卷上"善惡報應門"中《惡報并善報附末》一文的後半頁第一行"鞭杖捶打"中"鞭"誤爲"更","捶"誤爲"垂";第五行"蛇"誤爲"虵";第七行"猿猴"誤作"遠作","憍"誤作"橋","懷"字左邊誤作"扌";第九行"中"誤爲"軍","墮蛆蚖飛蛾中以上出梁武懺"誤作"墮蛆及氣娄甲以主出梁武戴",

---

① 見《宋元版禪籍研究(四)——如如居士語録・三教大全語録——》,《印度學佛教學研究》第二十九卷第二號,第 254 頁。

未分出正文與小字注文，且十二個字中錯了六個字；第十二行"戰鬭"誤作"五間"；第十四行"怖"誤作"布"，"恐懼"誤作"四攫"；"見諸患若起慈愍心"誤作"見者患者起慈改心"。從以上所舉谷村本誤例中可看出，有些錯誤的產生可能是所據底本字迹模糊不清所致，但有些明顯是袛寫了字的一部分，如上述"更、垂、布"等字，有些字錯得莫名其妙，完全沒有考慮到文字所表達的意思，顯示出刻寫者文化水平不高且態度不認真。但以上谷村本誤處此本皆不誤，所以筆者認爲谷村本是洪武本的覆刻本。對於谷村本目錄部分所缺的有"洪武丙寅孟春翠巖精舍新刊"刊記的那一頁，椎名宏雄認爲是刊者出於某種意圖而删除了有刊記的一頁，筆者十分贊同，這大概也是谷村本一直以來被看作元刊本的主要原因吧。谷村本雖然有不少誤字，但由於此洪武本在刊刻時原版殘損、漫漶之處較多，而谷村本所用底本相對來説很多地方字迹清晰，所以可以用這兩種版本比對校勘，同時，這兩種版本也可以用於校勘京大本。總之，谷村本是洪武刊本的覆刻本，與此本屬同一系統。

（4）日本京都建仁寺兩足院藏寫本。即《建仁寺兩足院藏書目錄》所著錄的《如如居士錄》寫本一册。① 此本前述日、美兩國學者都未論及。它也是殘本，存卷一、卷六、卷八至卷十共五卷，被判定爲日本江户前期寫本。此書封面題籤作"如如居士錄"，卷首無序及目錄，首頁首行題"如如居士語錄卷之一　　前集"，卷一正文每半頁十三行，行二十字。無版心及邊框、界欄，字體工整娟秀。正文第二行題"諸文門　上"，內容依次是《普勸發心文》《齋戒文》《見性成佛直指》《選佛捷徑》《初學坐禪法》《回心向善》《藏眼語》《藏眼兩邊語》《爲東岳作藏眼輪回圖》九篇詩文，其中前四篇相當於京大

---

① 此寫本在《如如居士語錄》後附抄有入日宋僧大休正念（1215—1289）法語十一頁，合爲一册。

本卷一"諸文門上"中的部分內容，但排列順序不同，後五篇相當於京大本卷二"諸文門下"中的部分內容，排列順序也不相同。而《初學坐禪法》中"久久"後無"純熟自然打成一片"至"檀越何得以四威儀"之間的內容，當是欠缺一整頁。

接下來的一卷首頁首行題"增入丹霞先生語錄卷六之七"，正文每半頁十三行，行二十一字，比卷一每行多一字，字體也明顯不同，當爲另一人抄寫。無版心及邊框、界欄。第二行題"諭世門"，以下依次是《警牛頌》《警豬頌》《警犬頌》《警羊頌》《警雞頌》《警鵝鴨頌》《林泉通達歌》《悟了歌》《莫射飛禽莫殺水族》《善人論》《惡人論》《起橋疏》《砌路疏》十三篇詩文。相當於京大本"如如居士增入丹霞先生語錄戊集"卷六"諭世警誡門""警世歌頌門""化緣疏頭門"的全部內容，排列順序也相同，但多出《善人論》《惡人論》兩首詩歌，而這兩首詩歌在京大本中位於"如如居士增入丹霞先生語錄戊集"卷五末尾，①且"論"作"諭"。

再下來一卷首頁首行題"如如居士語錄卷之八"，正文每半頁十三行，行二十三字，字體與上一卷相同，當爲同一人所抄寫。無版心及邊框、界欄。第二行題"修行方便門"，以下內容依次是《士大夫方便修行》《在家人方便修行》《武士方便修行》《公門方便修行》《醫者方便修行》《工巧技術方便修行》《辛苦人方便修行》《婦女人方便修行》《老人方便修行》《少年方便修行》《屠者方便修行》《娼門方便修行》《出家人方便修行》《参請人方便修行》，與京大本《如如居士語錄》己集卷一的內容、次序完全相同。

再下來一卷首頁首行題"如如居士三教語錄卷之九"，行款格式、字體等皆與上一卷相同。第二行題"薦拔門"，以下內容依次是

---

① 京大本目錄中此兩首詩位於戊集卷五"諭世勸誡門"下，但卷五正文中無"諭世勸誡門"門目。

《薦水府疏》《子薦母縣主五七水陸疏》《女壻薦丈母縣主六七水陸疏》《舉棺》《下火》《撒土》《掛真》，又題"諸般回向門"，內容依次是《回向三寶聖衆》《回向一切護沙聖賢》《回向本命元辰》《回向一切神衆》《回向聲聞緣覺》《回向亡過父母》《回向在堂父母》《回向六道》《回向天道》《回向人道》《回向脩羅道》《回向地獄道》《回向餓鬼道》《回向畜生道》《回向自己》。這與京大本《如如居士坐化語錄》別集後一個卷五的內容、次序基本相同，但京大本別集後一個卷五缺《下火》《撒土》《掛真》三篇及"諸般回向門"標題和《回向三寶聖衆》《回向一切護沙聖賢》兩篇，這部分內容京大本置於別集前一個卷五的末尾。如前所述，京大本別集的前一個卷五主要是由丙集卷五的"化緣起造門"全部及"雜化門"的一部分竄入重出造成的。此寫本在《回向自己》後又有"泉城講經偈門"，①署"侍者 普覺 編"，從《第一日偈》至《二十一日偈》共二十一首，後面還有一首《散講日普説偈》，每首偈後有一首頌。如本文第一部分所考述，當是如如居士約從某年的農曆九月二十二（或二十三）日至十月十三日在泉州城講經所誦偈頌的記録。這部分內容相當於京大本丙集卷二的內容，但京大本未署編者，且此寫本在《第五日偈》與頌之間還有以下一段話，爲京大本所無：

謝。攀騷雅之逸駕，按龍象之遺躅。所聞益偉，所出益奇。强飯自憂。道繫時，時繫人，不可諉也。知幾守正，動靜適義者也。自吾贅閑某處，所交者皆瑰偉識達之人也。與異時輻湊景從，之死不離清衆者，一何乖剌也。叢林浩浩，所至眉摩袂屬，老輩行顧落落如晨星。某佩某左券，聲獵獵朋儕中，是豈法社不得人耶？察其處衆，有以覘其外。噫！蒐羅人材，師法也。道固長遠，古亦可復。抱道而趍者亡，駕願轂而

---

① 京大本目録作"泉城誦經偈門"，正文作"泉城講經門偈頌"。

再來者興。某輩行老蒼,江湖爛歷。他日以淑諸人,則培壅陰涼者也,作興法社者也。某叢林英衲,江湖名流。熟處令生,靜中肆志。金無可留之鑛,玉無可指之瑕。千鍛萬鍊而色不渝,以成有道之器,非子而誰?

從這段話的內容來看,不像是如如居士所言,而像是其講經現場的某爛歷江湖的"叢林英衲"對如如居士所言。此卷尾末行亦題"如如居士三教語錄卷之九"。

此寫本最後一卷首頁首行題"如如居士三教語錄卷之十　續集",行款格式、字體等皆與上一卷相同。第二行題"題詠門",下面有《獅子峰閑吟》《詠獅子峰二十奇》《題泉州北山聞思巖》《詠留丞相梅巖二十奇泉州》《居士喚醒髑髏歌》共四十三首詩歌。此卷尾末行亦題"如如居士三教語錄卷之十　續集"。此卷內容其他五種版本皆未見。

通過以上敘述可以看出,此寫本包含了京大本甲集卷一、卷二的部分、戊集卷六、己集卷一、別集卷五、丙集卷二的內容,似乎是這些內容重新拼合而成的一個本子,且有其他五種版本所沒有的"續集"等內容,所以與其他五種版本不屬同一系統。

另外,筆者所見還有中國國家圖書館藏本(簡稱國圖本)與韓國精神文化研究院藏本(簡稱韓本),情況見下文。

(5)中國國家圖書館藏《如如居士語錄》。明刻本,每半頁十行,行二十字,四周雙邊,有界,黑口,上、下雙魚尾,魚尾相對,文字端正清晰,可惜為一殘本,現祇存丁集四卷,己集四卷,共八卷,二册。經筆者核對,內容與京大本完全相同,可以用來與京大本相校勘,改正京大本的錯字,補充其缺失的內容。如丁集卷一《儒教五十三頌》之七京大本"張九成狀元謁胡文定公問治身修心之道一日登廁因思惻隱乾坤共一家正恁麼時誰會得嶺頭脚痛有玄沙"一段,明顯有讀不通之處。與國圖本相校,可知京大本"隱"字與

第一章　宋僧詩文集在日本的刊刻流傳考述　311

"乾"字之間落了"之心仁之端忽聞蛙聲汗下大悟頌曰春天月下一聲蛙撞破"二十四字。京大本中許多難以辨識的字通過此本也可以解決。

（6）韓國精神文化研究院（現韓國學中央研究院）藏本。木刻本，編者、刊年未詳。每半頁十行，行二十字。四周單邊，有界，黑口，上、下雙黑魚尾，魚尾相對。字體規整秀美，但個別版面可能因刻板被磨損而字迹不清晰。此本可惜也是一殘本，祇存卷五至卷十共六卷五十五頁，一册。此本扉頁從右至左有墨筆豎寫的八行字，有些字不能辨識，依次是"归□石□□正外""慶尚道有□者銀海南庵性勳謹書""軍官李□""初九日""曹才汗　□□□""奴□男　归□□□外""姊化良　归丐名　□""□□今　□□□　海人單"。①

卷五首行題"如如居士語録卷之五"，内容相當於京大本己集卷二全部。

其卷六首行題"重刊增廣如如居士坐化語録卷之六"，内容相當於京大本别集卷二"如如居士坐化語録"。但其卷六第二行有"因由門"三字，而京大本則是"再請方赴"四字。

卷七首行題"重刊增廣如如居士三教語録卷之七"，内容相當於京大本别集卷三；第二行標"偈頌雜著"四字，而京大本作"偈頌門"。但此本同洪武本、谷村本，也没有前述《沙門不敬王者論出家》兩段文字。

卷八首行題"重刊增廣如如居士三教語録卷之八"，内容相當於京大本"如如居士語録"己集卷三。

卷九首行題"重刊增廣如如居士三教語録卷之九"，内容相當於京大本"如如居士語録"己集卷四，但其中《佛頂心經跋》與《施普

---

① 以上未能辨識者以"□"表示。

門品經跋》兩篇前後順序同洪武本、谷村本。

卷十首行題"重刊增廣如如居士三教語錄卷之十",內容相當於京大本"如如居士語錄"別集卷四,但此卷爲殘卷,卷末缺《畜生道》一文末尾四十二字。

從以上敘述可以看出,此本六卷中包括了京大本己集卷二至卷四、別集卷二至卷四,但編排順序與京大本不同。如果以京大本爲參照,此本、谷村本相當於京大本內容的次序可排列如下:

此本:己集卷二→別集卷二→別集卷三→己集卷三→己集卷四→別集卷四

谷村本:甲集卷一至三→己集卷一→己集卷二→別集卷二→別集卷三→己集卷三→己集卷四→別集卷四

很明顯它與谷村本後面部分的排列順序和內容全同。此本現存部分從卷五開始,而谷村本從甲集卷一至己集卷一正好是四卷,由此我們可以推斷此本前四卷的內容很可能就是谷村本前面的內容(即相當於京大本甲集卷一至卷三、己集卷一的內容)。至於此本卷十後有無谷村本的"諸天世界門"與"劫數世界門"兩部分內容,因爲已爲殘卷,也不得而知了。但是可以看出此本與洪武本、谷村本屬於同一源流。祇是洪武本、谷村本分爲上下兩卷,而此本應該有十卷或更多。其書名比洪武本、谷村本少"大全"二字,應是不同時期刊行的本子。與國圖本、洪武本、谷村本一樣,由於此本大多數內容字迹清晰,也可用來校勘京大本。但此本也有錯字,如"延光集"之"延"誤作"迎","功德"之"功"誤作"切","羚羊"之"羊"誤作"年"等。可能是因爲其刊刻時所據底本爲抄本,字迹不清,或者底本有誤,也説明刊刻者文化水平並不高。

綜上所述,現所見六種版本中,京大本與國圖本屬同一系統,洪武本、谷村本與韓本屬同一系統,寫本單屬一系統。

十三、梵琮《率庵外集》

釋梵琮,號率庵,鄞縣(今浙江寧波)人,俗姓高。曾住慶元府仗錫山延勝禪院、南康軍雲居山真如禪院,晚年在鄞縣東湖庵居。約卒於理宗淳祐二年(1242)三月前,年八十餘歲。爲南嶽下十七世,臨濟宗大慧派佛照德光禪師法嗣。其著作現有《雲居率庵和尚語錄》及《率庵外集》傳世。

關於率庵梵琮的生平事迹,文獻資料少有記載,明、清的幾種禪宗典籍如明釋文琇《增集續傳燈錄》卷一、清釋通問《續燈存稿》卷一、清釋性統《續燈正統》卷十一、清釋超永《五燈全書》卷四十七在臨濟宗大慧宗杲的嗣法弟子佛照德光的法嗣下著錄有"雲居率庵梵琮禪師",但皆衹錄其《舉百丈野狐話頌》及《浴佛頌》,没有更多信息。其主要生平事迹衹見於《雲居率庵和尚語錄》。① 據此《語錄》記載,梵琮於宋寧宗嘉定十二年(1219)四月十三日始,住慶元府仗錫山延勝禪院,理宗紹定元年(1228)五月初三日受請住南康軍雲居山真如禪院,晚年在東湖庵居,其他事迹則不詳。

現所見日藏《率庵和尚外集》附在《率庵和尚語錄》之後,二者合爲一册,乃稀世珍本。而二十世紀初(1905—1912)日本編輯出版的排印本《卍續藏經》中收錄了《雲居率庵和尚語錄》,其後中國大陸、臺灣地區的出版機構又影印出版了《卍續藏經》,故《語錄》得以流傳開來並爲研究者所利用。《全宋詩》中率庵梵琮的詩歌主要就是從《雲居率庵和尚語錄》中輯錄出來的,小傳也主要根據《語錄》提供的資料撰寫。

釋氏以研習佛典爲内學,而將研習佛典之外所撰作的類似於一般文人的詩文特别是詩歌另編成集,稱爲"外集",《率庵外集》之

---

① 〔宋〕釋了見等編《雲居率庵和尚語錄》,《續藏經》第 2 編第 26 套第 1 册。

稱即是如此。《率庵外集》，一卷，是梵琮的詩集，宋代以下目錄未見記載，在中國國內早已佚失不存，而日本有傳，共收錄梵琮詩歌一百九十二首，其中一百九十一首爲《全宋詩》及其他宋詩和宋代詩僧詩歌輯補著作所未收。近年來出版的有關《全宋詩》及宋僧詩的輯補書籍如朱剛、陳珏著《宋代禪僧詩輯考》，①湯華泉編輯《全宋詩輯補》②等，皆未利用到《率庵外集》。《率庵外集》無疑是一部非常珍貴的宋代詩僧及宋代文學研究資料，無論是對梵琮的生平事迹還是對其詩歌研究，甚至對南宋詩僧和南宋文學的研究都大有裨益。

關於其生平，李格在所作《語錄》序中謂"率庵禪師佛照正傳，壞家種草八十餘載，聲名塞破江湖"；顧端父所作《外集》序云："師亡矣，道未亡也，詩亦未亡也。道在天下，固不可爲囊中物，詩落人間，猶可以入六丁手。今其壹族諸高君蒐獵會稡《語錄》之外，別刊《詩集》，其詩存而其道亦存焉。僕館其族，僅聞其詩，今序此詩，是又添一注脚子云。"顧端父生平不詳，其序後署"適軒伯起"，則其號當爲"適軒"，字"伯起"。《外集》中有《寄善長卿并簡顧適軒》詩，則其與梵琮有交往。顧序作於淳祐二年（1242）立夏日。李格與梵琮也是故交，其《語錄》序作於淳祐二年三月，二人作序時梵琮當圓寂不久，我們可以推斷梵琮約於淳祐二年三月前去世，時年八十餘歲。則其生年約是 1154 年至 1162 年之間。又其紹定元年（1228）五月初三日受請住南康軍雲居山真如禪院時，《州疏》中有"八十翁翁入場屋，真個不是小兒婚"之語，其中"八十"雖不是實指，但此時梵琮當已年過七十，則其生年當在 1154 年至 1158 年之間，約是高宗紹興二十四至二十八年間。其嘉定十二年（1219）住慶元府仗錫

---

① 此書據《江湖風月集》《增集續傳燈錄》《禪宗雜毒海》《重刊貞和類聚祖苑聯芳集》《新撰貞和分類古今尊宿偈頌集》諸書續輯《全宋詩》所失收梵琮詩歌 50 首，見朱剛、陳珏《宋代禪僧詩輯考》卷八，復旦大學出版社 2012 年版，第 484－488 頁。

② 湯華泉編《全宋詩輯補》，黃山書社 2016 年版。

山延勝禪院時約六十餘歲,其徒弟了見所編《慶元府仗錫山延勝禪院率庵和尚語錄》,是根據其嘉定十二年四月十三日入院以後的佛教活動按照時間順序記錄的,一直記錄到第二年的十月初,可見其住持慶元府仗錫山延勝禪院至少有約一年半的時間。他紹定元年住南康軍雲居山真如禪院時,已約七十餘歲,其侍者文郁所編《南康軍雲居山真如禪院率庵和尚語錄》中所記內容,是紹定元年五月初三日受請住南康軍雲居山真如禪院起,至第二年二月,則其住持此禪院至少也約有八九個月的時間。又,顧端父序中稱"其壹族諸高君蒐獵會稡《語錄》之外,別刊《詩集》",《外集》中有詩《示高姪讀書》,[1]又有《寄石藤高學士庵》詩,首句云"同心密契復同宗",[2]《語錄》末有"板留東湖錢堰高路分宅",皆可説明梵琮俗姓高。

《率庵外集》在日本的流傳收藏

《率庵外集》傳入日本的具體時間,目前無法考知。日僧義堂周信(1325—1388)所編《重刊貞和類聚祖苑聯芳集》十卷,其中卷一至卷四、卷八至卷九中收錄有梵琮詩《開佛光》《魚籃》《天窗》《醫牙》《百鳥鳴人》《剪花樣人》《琴枕》《如意袋》《謝送剪刀》《風鈴》《送米上佛照禪師》《送楊梅與史友林》《荔支》《天台神護瓜》《姑惡鳥》《魚虎》《蜘蛛》《蜂》《促織》《醽鷄》《矮桃》《接桃樹》《黃薔薇》《荷花》《雞冠花》二十五首,都是其《語錄》和《外集》中未錄的,説明義堂周信選其詩所依據的本子與我們今天所見不同,非常珍貴,同時也説明梵琮詩歌至晚在 1388 年之前已傳入日本,很可能在 1345 年至 1349 年之前就已經傳入日本。目前所見流傳於日本的《率庵外集》主要有兩種:

1. 京都建仁寺兩足院藏本(以下簡稱"兩足本")

《率庵外集》一卷,附在該院所藏《率庵和尚語錄》一卷之後。

---

[1] 《率庵外集》頁 8b。
[2] 同上書,頁 32a。

根據記載，此本乃日本江戶中期寫本，由日本京都兩足院僧高峰東晙(1736—1801)根據宋刊本傳寫。封面題籤豎寫"率庵琮和尚語錄附外集　　全"，扉頁中間偏上用墨筆占三行接連豎寫率庵梵琮的禪宗傳承法系即：徑山大慧宗杲—育王拙庵德光—雲居率庵梵琮。① 卷首有理宗淳祐二年(1242)三月四明李格所寫語錄序，行草體，半頁五行，行十至十四字不等，無界（參見本節末所附圖13-1）。接着是語錄正文部分，包括其弟子了見編《慶元府仗錫山延勝禪院率庵和尚語錄》、文郁編《南康軍雲居山真如禪院率庵和尚語錄》、本空編《率庵和尚東湖庵居語》及《頌古》《佛祖贊》《歌偈》等。每半頁十行，行二十字，文字端正清秀，無界。有句讀，一些固定名詞如人名、地名、國名、山名、寺院名、書名等上及旁皆有朱筆畫綫（縱點），漢字旁還有片假名等標明日文讀音、順序等的訓點符號。行間偶有小字校語，指出誤字、脱字等情況。如："……太白禪師忽聞知，不覺呵呵大笑道：'我夢已覺，汝夢方做。一覺一做，有唱有和。午夜金鷄啼一聲，覺紛紛俱裂破。'"② 末句"覺"字旁有"夢字脱歟"四字校語。又："赤條條，空索索。月下風前嘯一聲，驚起松梢千歲鶴。鶴錯，風吹殿角搖鈴鐸。"③ 第二個"鶴"字旁有"錯歟"二字校語。《頌古·庄上喫油糍》之"庄"字旁有"寫本作在恐非"六字校語。④ 可看出此本的確經人用另一寫本作過校勘，但異文並不多，大多是校對者根據文義對脱字、誤字作出的推斷。《語錄》末頁末兩行以比正文略小的字寫"更有《外集》二卷，板留東湖錢堰高路分宅"十六字。末頁倒數第三行寫"雲居率庵和尚語錄卷終"，在此行

---

① 其中"徑山、育王、雲居"六字爲小字雙行。
② 兩足院抄本《率庵琮和尚語錄》頁2a倒數2-4行，《慶元府仗錫山延勝禪院率庵和尚語錄》。
③ 兩足院抄本《率庵琮和尚語錄》頁9a正數2-3行。
④ 兩足院抄本《率庵琮和尚語錄》頁26b正數第2行，《頌古》。

與《語錄》正文最後一行之間的空白處，又有後人用墨筆占三行補寫的一首詩偈：

　　天　窗　　　貞和集上六十五丁亭宇部
　　個中毫髮無遮障，歷歷分明亘十方。
　　揭却頂門些子盖，直須暗處也生光。

"貞和集上六十五丁亭宇部"是指此詩偈出自《貞和集》①卷上第六十五頁"亭宇"類。從筆墨的粗細、字的大小、書寫風格看，此補寫詩偈者與此本抄者、校者皆非同一人，當爲後來另一日本人補寫（參見本節末所附圖13-2）。此詩偈不見於《語錄》及《外集》中，是一首佚詩。②《語錄》正文共三十五頁半。接下來的一頁就是淳祐二年立夏日鄞川顧端父爲詩集所寫的序，字體與《語錄》序相同，也是半頁五行，行十至十二字不等，無界。序後是《外集》的正文，首頁首行有"率庵外集"四字，其行款格式、字體、句讀、固定名詞上朱筆畫綫、漢字旁有假名訓點等情況，與《語錄》完全相同（參見本節末所附圖13-3），也時有校語，字體、語氣與《語錄》一致。如：《送紅糟與月栢庭》詩是一首五言古風，末二句爲"唯有知人，同風深委悉"，③"唯"字旁有小字校語"此句一字脫乎"；《弔西湖銛無懷於柳下》詩中有"賓主兩相忘，有語堪共輪"④句，在"輪"字旁有小字校語"論乎"二字（參見本節末所附圖13-4）；又《贈永嘉薛宣教篆一大佛字中隸千佛名》詩末句"字密行疏無兩般"，⑤在此行天頭空白處有三豎行小字校語："寫本'兩般'下有'我聞永嘉'之四字，衍歟？文

---

①　《貞和集》全稱《新撰貞和分類古今尊宿偈頌集》，日本五山禪僧義堂周信編，但現流傳本曾經人竄改重編。

②　《宋代禪僧詩輯考》卷八已據義堂周信《重刊貞和類聚祖苑聯芳集》卷三輯錄，第485頁。

③　見《率庵外集》頁7a正數第2行。

④　同上書，頁10a正數第1行。

⑤　同上書，頁10b倒數第4行。

後句脫歟？不審。"(參見本節末所附圖13-5)可以斷定此本《外集》與《語錄》是同一人所抄，也經同一人所校，校者也是日本人。《外集》正文共四十二頁，末頁末行有"率庵外集 終"五字。

2. 京都大學圖書館藏本(以下簡稱"京大本")[①]

此本封面左上直接用墨筆豎寫"率庵琮和尚語錄并外集 全"，包括《語錄》與《外集》，內容與兩足本全同，但無《語錄》序與《外集》序。《語錄》末頁末兩行也有以比正文略小的字寫的"更有《外集》二卷，板留東湖錢塘高路分宅"十六字。每半頁十行，行十八字，無界，字體秀整，有歐體風格，但稍顯拘謹僵硬。其行款、字體與兩足本皆有異，漢字旁也無標片假名等訓點符號。此本《語錄》及《外集》首頁右下依次鈐有"常×石門遺書 建仁大中藏本"豎長印及"××靈源"方印，[②]則此本曾經京都建仁寺大中院的常澄石門(？——1904)收藏(參見本節末所附圖13-6)。京大本《語錄》三十九頁，《外集》五十一頁，共九十頁。有些地方因原紙張(或膠片)侵蝕造成多頁字跡不清，黑糊一片，如頁六十七、八十九兩整頁，頁十三、二十一、四十七、五十七、六十一、七十四的b面即是(參見本節末所附圖13-7)。還有多處字跡漫渙、黑糊不清，後又經人據他本描清(見本節文後所附圖13-8)。

京大本錯字較多，如"四山青又黃"[③]之"四"誤作"回"，"幽禽偷眼覷木末"[④]之"覷"誤作"戲"，"君今妙手孰能敵"[⑤]之"妙"誤作

---

① 目前筆者所見衹是根據縮微膠片所拍照片的複製本，未及目驗。京都大學圖書館著錄此本爲和刻，藏經書院文庫藏本，青寫真。

② "×"表示因複製本顯示不完整，筆者無法辨識。第一個"×"，當爲"澄"字，常澄石門是明治時期京都建仁寺大中院的僧人。

③ 《率庵外集》頁3b《和史愷齋韻兼簡易齋》。以下引文若無特別指出皆據兩足本。

④ 同上書，頁12a《贈徐省幹棄儒攻畫作花木圖》。

⑤ 同上。

"如","倚杖不妨扶日月"①之"倚"誤作"何",等等,都屬形近而誤,可見刻工文化水平不高或所據底本模糊不清。有時還把本應是二首或三首詩的作品連刻成一首,如《悼樓迂齋二首》《和月柏庭答無懷三首》即是。又《和陶淵明形影釋三首》詩每首後有"右形""右影""神釋",兩足本都是另起各占一行,但京大本"右形""右影"皆是附在前兩首詩的末句後而未另占一行,大概是爲了節省空間。但"神釋"二字則是在第三首詩後另占一行的,這應該是保留了底本的原樣。而把標明詩體的"律詩"二字,也附在古風部分最後一首詩末句之後不另起占一行,就顯得很不專業。

兩足本和京大本都有脱字的現象,而且所脱之處完全相同,分三種情況:一是脱字之處以空一格表示,二本皆空,這樣的情況祇有一處,即"定回月轉□窗迴",②這可能是所據底本漫漶不清所致。二是兩足本脱字之處以空一格表示,京大本則不空而接排,如"而今如再□,當頭棒將去",③"翁曾□吐吞,傍觀無可奈","有正亦有偏,不小□亦大"。④這應當是其所據底本本就脱字,兩足本抄手抄寫過程中發現有脱字而空出一字,但從詩歌內容和用詞結構來看,其所認爲的脱字有的并不一定正確。第三種情況是雖然有脱字,但兩足本與京大本都未留空而是接排,如"心如井絶狂瀾身如枯木橫春枝"⑤"唯有知人同風深委悉"⑥"以物觀三物物見平分"⑦"排簷高架霑灵曉露滴""磊落清霜低垂應秋色"等,⑧這就再次説明兩本所據底本本身就有脱字,也説明兩本同出一源,應都由宋本而來。

----

① 《率庵外集》,頁 30a《賀史衛王病愈》。
② 同上書,頁 14a《南湖重臺蓮》,□表示空字處。
③ 同上書,頁 2b《和陶淵明形影釋三首·神釋》。
④ 同上書,頁 7a《送栗子與月柏庭》。
⑤ 同上書,頁 4a《和趙佚老玉几山苔梅韻》。
⑥ 同上書,頁 7a《送紅糟與月柏庭》。
⑦ 同上書,頁 10a《弔西湖銛無懷於柳下》。
⑧ 同上書,頁 17a—b《茶瓢》。

附書影

1. 兩足本

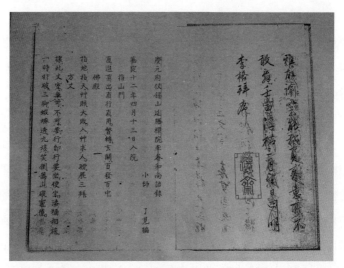

圖 13-1

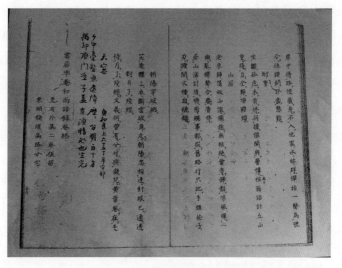

圖 13-2

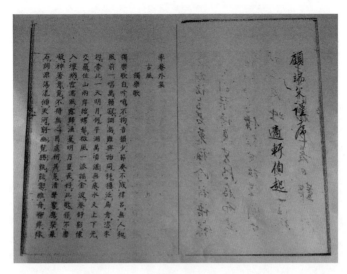

圖 13-3

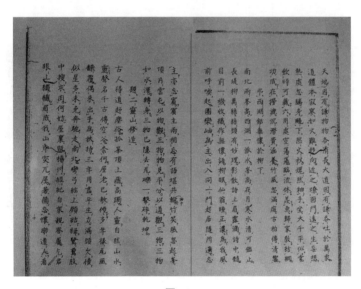

圖 13-4

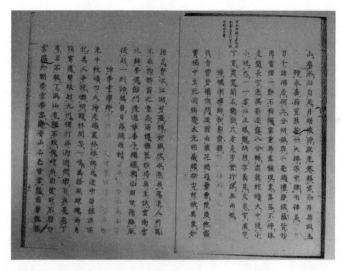

圖 13-5

2. 京大本

圖 13-6

第一章 宋僧詩文集在日本的刊刻流傳考述

圖 13-7

圖 13-8

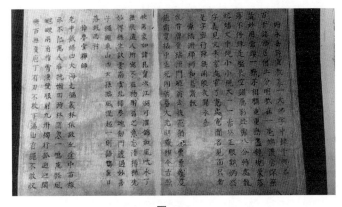

圖 13-9

十四、居簡《北磵文集》《北磵詩集》《北磵和尚外集》《北磵和尚續集》

　　釋居簡(1164—1246),字敬叟,號北磵,潼川通泉(今四川射洪東南)人。是南宋著名的詩僧和禪僧。俗姓龍。① 二十歲時因病出家,依邑之廣福院圓澄禪師。二十一歲剃染後,即束包下三峽,去江南訪詢名山大德。歷參諸老,爲拙庵佛照德光禪師所印可,往來其門十五餘年。又參訪江西、閩中等地,後返回浙江。歷住台州般若禪院、台州報恩光孝禪寺、湖州鐵觀音禪寺、湖州西餘大覺禪寺、安吉州思溪圓覺禪寺、寧國府彰教禪寺、常州顯慶禪寺、常州碧雲崇明禪寺、平江府常熟縣慧日禪寺、安吉州道場山護聖萬歲禪院、臨安府淨慈山報恩光孝禪寺等名刹。曾於飛來峰北磵掃一室居十年,人因以北磵稱之。理宗淳祐六年(1246)卒,俗壽八十三歲,僧臘六十二。事見《物初謄語》卷二十四《北磵禪師行狀》。② 在禪宗法系上屬於臨濟宗大慧宗杲禪師一派,爲南嶽下十七世,拙庵佛照德光禪師法嗣。其著作今存《北磵文集》十卷、《北磵詩集》九卷、《北磵居簡禪師語錄》一卷、《北磵和尚外集》一卷、《北磵和尚續集》一卷,大都由其弟子編成。

(一)居簡詩文集的編纂成書情況

1.《北磵文集》的編纂

　　今存《北磵文集》十卷,卷首有嘉定十年(1217)張自明所作《北

---

①　關於居簡的俗姓,有二説:明釋大壑《淨慈寺志》卷四、明宋奎光《徑山志》卷三、明釋文琇《增集續傳燈錄》卷一、清孫治《靈隱寺志》卷三下、民國喻謙《新續高僧傳四集》卷三皆作龍氏;明釋明河《補續高僧傳》卷二十四,清通問編定、施沛彙集《續燈存稿》卷一作王氏。居簡弟子物初大觀所作《北磵禪師行狀》作龍氏,今從之。

②　關於居簡的生平傳記,現國内能見到的最早資料就是明人編纂的書籍,如明釋大壑《南屏淨慈寺志》、明宋奎光《徑山志》、明釋明河《補續高僧傳》、明釋文琇《增集續傳燈錄》等。陳垣《釋氏疑年錄》關於居簡生卒的考證即據《增集續傳燈錄》。而物初大觀所撰之《北磵禪師行狀》,見於《物初謄語》卷二十四,此書國内久佚,2000年筆者在日本訪書時得之,是非常珍貴的資料。

澗文稿敘》，云：

> 慶元初，予始如太學，於時僞學之禁嚴。台官胡紘、司業高文虎表裏爲爪牙，搏噬無虛日。學校諸生語言小異，輒坐僞罪，不以聽。予浮沉其間，日以短氣。遇休沐，率一游南北山，得士於北磵，相羊林泉，吟弄風月，足以消遣世慮。然予學乎泗水，北磵學乎靈山，予固不以及彼，彼亦不予及也。居數年，北磵出天台爲導師，而予更憂患，歷兵間，自荆楚浮江漢以歸，至東海上，則南北山無復相誰何矣。予時以特薦補官，不受，擢第太常，寓輦轂下，北磵以赤書相勢苦，寄新詩啓予，出語益峻偉。予既歸江西，與旴江刺史言北磵於今爲偉士，刺史走書邀北磵以唐僧紹隆所開山處之，北磵高卧不肯起。既而江東部使者以東林、雲居力致之，亦復不肯起。今年予歸自嶺表，北磵游華亭，知予入長安，駕小舟看予於清河坊。客舍握手，道契闊，十有三年如一日也。讀其文，宗密未知其伯仲；誦其詩，合參寥、覺範爲一人不能當也。雖然，北磵無學之宗也，文於何有？見之文者，似焉而已矣。北磵於人不苟合，合亦不苟睽，取捨去就之際，潔如也。其名居簡，其字敬叟，其生潼川，寓北磵之日久，故人不名字之，稱北磵云。嘉定丑十月望日旴江張自明誠子敘。①

這篇序文敘述了張自明結識居簡及與之交往的過程，並給居簡以很高評價。嘉定丑，即嘉定丁丑，也就是嘉定十年。張自明，字誠子，號丹霞（霞一作瑕），江西南城人。寧宗嘉定元年（1208）進士。曾官衢州教授、江陵戶曹。從朱、陸明性理，尤精先天之學。與戴

---

① 見日本内閣文庫藏本。

復古、嚴華谷結詩社，①學者稱丹瑕先生。②《全宋詩》册五六卷二九三九録其詩十一首。今存居簡所作詩中，也有幾首是與張自明有關的。如《北磵詩集》卷四有《丹霞張府博入夏蔬食》詩；卷五有《十四日夜竹間對月客有說丹霞張郡博已還豫章》詩；《北磵和尚外集》中有《吊朱堅老》詩，自注云：張誠子丈人。特別是《北磵詩集》卷一有《謝張丹霞序疏稿》詩云：

> 裳織新雲錦，交尋舊布衣。荆蠻九鼎重，嶺海一官微。心事淵明是，天時伯玉非。談高方諤諤，調古獨巍巍。亦有蘭爲佩，能無蕑絕韋。濯纓東磵水，訪舊北山薇。老我家何在，顚風鷁退飛。襪頭常反著，車轍每殊歸。但覺烏仍好，端知驥可睎。草中同臭少，蘗下賞音稀。煮字徒相餉，忘言合見譏。牛腰繁卷軸，蚌腹欠珠璣。重借言如史，輕因鼠發機。毳雲甘寂寞，華袞借光輝。雞肋初無取，雲斤不足揮。樓寬常掛榻，月好許敲扉。踵息寧乖衆，心聲願聽稀。李雖嘲杜瘦，孟不與韓違。末路宜多助，孤軍佇解圍。載驅慚款段，忍負鏤金幾。

文中居簡對張自明表達了贊賞、欽佩之情，同時對他能賞識自己、爲自己的文稿寫序，深表感激。但是，今存《北磵文集》中有很多篇文章都作於嘉定十年（1217）之後，如卷三《九龍山重修普澤寺記》作於嘉定十七年，《書東禪浴室壁》作於紹定六年（1233），卷五《送觀書記序》作於嘉熙二年（1238），這就說明張自明此序原本不是爲今存的《北磵文集》所作的，而是爲居簡在嘉定十年以前已編好的文稿所作的，這部文稿很可能就是居簡自己編的。後來他人又以

---

① 戴復古有《送吴伯城歸建昌二首》之二云："吾友嚴華谷，實爲君里人。多年入詩社，錦囊貯清新。昨者袁蒙齋，招爲入幕賓。千里有遇合，隔牆不見親。君歸訪其家，説我老病身。別有千萬意，付之六六鱗。"講到嚴華谷及詩社事。又有《婕妤詞》及《江南新體》詩，題下自注中都提到張自明。見《全宋詩》册五四卷二八一三第 33460、33466 頁。

② 事見清曾燠編《江西詩徵》卷十八小傳，清嘉慶九年（1804）刻本。

此文稿爲基礎，增加了居簡的其他作品而編成今傳的《北磵文集》，故仍把張自明的序放在卷首。而今存的《北磵文集》在張自明序後面，還有永嘉普觀義問宣子序，云：

> 余自總角時，讀張穎《周禮義論》策，蓋蜀所謂省元者，雖場屋之文而得宣公奏議體，一時學者實佳尚之，謹言蜀固有人。少長，從止齋、岷隱游蜀，士夫王德修徠特見其濃墨大字，妙兼衆體，而未見有所述作也。晚爲浮圖，北磵相與洽比，而詞章皆獲見之，高論偉然，無雷同。其佶屈聱牙，雖問字於楊雄，假詞於柳州，曾不是過。烏乎，旨哉！北磵，蜀人也，蜀有山水之秀，是多異人，要非甚異者不出，則北磵其人也。其徒會稡成編，因抗筆以題其卷端云。①

雖未標明此序寫作年代，但國家圖書館藏宋崔尚書宅刊本此序與正文的行款格式相同，正文是半頁十四行，行二十四字，此序文也是半頁十四行，祇是爲了與正文區別而每行都低三格，爲二十一字，字體相同。而張自明序則是用原來的大字手寫體，半頁七行，行十三字。可以斷定義問宣子的序正是爲《北磵文集》而作。其中還指出《北磵文集》是由居簡的徒弟編成的。關於義問宣子其人，《北磵文集》卷三《四無室記》中曾提到説："問宣子以内三術爲之主，立性具之體；以外三術爲之張，發身器之用。"並説他爲自己的居室起名爲"四無"。序中宣子講到自己曾跟隨止齋、岷隱游蜀，止齋即陳傅良（1137—1203），字君舉，號止齋，溫州瑞安人。曾師事鄭伯熊、薛季宣，爲永嘉學派之大儒。② 岷隱即戴溪（？—1215），字肖望，一作少望，學者稱岷隱先生，永嘉（今浙江溫州）人，曾任石鼓

---

① 見國家圖書館所藏宋崔尚書宅刻本。
② 事見《宋史》卷四百三十四本傳、影印文淵閣《四庫全書》本《止齋文集》末所附蔡幼學所撰《陳公行狀》及葉適所撰《陳公墓志銘》。

書院山長。① 這説明義問宣子原本是儒學出身，晚年出家爲僧，與居簡爲同時人。至於《北磵文集》編成於何時，從其所收的内容來看，最晚的有明確紀年的文章作於理宗嘉熙二年（1238），如卷五《送觀書記序》《無外序》，②但卷八還有《道場建千僧行道閣榜》，卷九又有《淨慈冬節疏》，據物初大觀所作《北磵禪師行狀》，居簡住道場山護聖萬歲禪院和淨慈山報恩光孝禪寺應是在理宗嘉熙三年至淳祐六年（1246），這兩篇文章很可能就是在此期間寫的，所以《北磵文集》的編纂成書可能就在居簡去世前後不久，由其徒弟編成的。

2.《北磵詩集》的編纂

今存《北磵詩集》九卷，卷首有"水心先生酬北澗詩帖"九字，用篆文書寫，詩歌標題爲《奉酬光孝堂頭禪師》，云：

　　簡師詩語特驚人，六反掀騰不動身。説與東家小兒女，塗紅染緑未禁春。

　　新詩尤佳，三復愧歎，然有一語，不敢不告。林下名作，將以垂遠，不可使千載之後，集中有生日詩。此意幸入思慮，何時共語，少慰孤寂。③

根據《北磵禪師行狀》及《北磵文集》卷二《承天水陸堂記》，居簡應於寧宗開禧二年至嘉定八年（1206—1215）間住台州報恩光孝禪寺，④則

---

① 《宋史》卷四百三十四有傳。
② 日本學者椎名宏雄據此認爲《北磵文集》的編纂在此後不久。見其論文《北磵と物初の著作に関する書誌の考察》，收入《駒澤大學佛教學部研究紀要》第四十六號。
③ 見日本内閣文庫藏本。
④ 椎名宏雄論文中認爲葉適寫此詩帖時，居簡住淨慈報恩光孝禪寺，大誤。他又根據清光緒十四年（1888）刊行的《淨慈寺志》，斷定居簡住持淨慈寺的時間是在理宗寶慶二年（1226）至紹定二年（1229）三年間，而葉適的題詩也是在此期間，這就更是錯上加錯了。根據物初大觀《北磵居簡禪師行狀》，居簡是在他一生的最後六年住淨慈寺的，又《物初賸語》卷二十一《祭老磵先師》云："歲在庚子……師始蒞此。"庚子即理宗嘉熙四年（1240），至淳祐六年（1246）去世，正好是六年。更不用説葉適早已於寧宗嘉定十六年（1223）去世，怎麽可能還在理宗寶慶二年至紹定二年間寫詩給居簡呢？

此詩帖應是作於此間。雖然在詩帖中葉適提醒居簡，不可使千載之後，集中有俗世的生日詩，實際上今傳《北磵詩集》中也沒有宋人詩集中常見的祝壽詩，但此詩帖原本也不是爲《北磵詩集》所作。《北磵詩集》卷二有《酬水心葉待制見寄〈宿覺庵記〉並詩》，根據《葉適年譜》，葉適於寧宗開禧二年在永嘉守父喪期滿，被招至臨安，改授權工部侍郎。開禧三年二月，進爲寶文閣待制，兼江淮制置使，十二月，因被劾附韓侂胄用兵，落職，奉祠，歸永嘉。① 而《宿覺庵記》作於寧宗嘉定二年（1209），②此時葉適在永嘉，故居簡此詩應該作於嘉定二年或稍後的時間內，而葉適寄給他的詩很可能就是此詩帖。但現存《北磵詩集》中還有一些更晚的作品，如卷七《哀三城》應作於理宗紹定六年（1233）左右；卷八《丙申六月二十六日作飄風行》，丙申，即理宗端平三年（1236）；卷九《賀湖州太守劉右司》，劉右司即劉震孫，字朔齋，於理宗嘉熙元年（1237）至二年在湖州太守任。③《物初賸語》卷十五《北磵老人詩》曰：

  《紙被歌》，不知作於何時，集中所無，昔所未見，豈其刪之邪？味之，不當刪，則逸之也審矣。覃上人藏此，晚攜往南山病榻前，復爲書"重九"二十八字於後，距瞑目四日耳。余既以壽諸續編，書以歸覃。

從這段話的意思來看，《北磵詩集》應該是居簡去世前已經編好，並且經過居簡自己的刪改。則編纂的時間一定是在嘉熙二年之後至淳祐六年（1246）居簡去世之前這段時間內。

————————

 ① 周夢江《葉適年譜》，浙江古籍出版社 2006 年版，第 119—120、第 125、第 129—131 頁。
 ② 〔宋〕葉適著，劉公純、王孝魚、李哲夫校點《葉適集》卷九，中華書局 1961 年版，第 158 頁。
 ③ 見〔清〕宗源瀚等修《（同治）湖州府志》卷五《職官表》。

3.《語錄》《外集》《續集》的編纂刊刻

今存《北磵禪師語錄》一卷,收錄了居簡從初住台州般若禪院到最後住臨安府淨慈光孝禪寺的十一會語及小參、秉拂、告香普説、法語、頌古、偈頌、贊、小佛事等。由他的嗣法徒弟物初大觀所編。卷首依次有理宗淳祐十二年二月劉震孫題,淳祐八年三月靈隱石溪心月書,淳祐十一年住冷泉大川普濟書。① 則《語錄》的刊刻當在理宗淳祐十二年以後。而物初大觀在《北磵禪師行狀》中説:"有《語錄》《外錄》各一卷,判府右司劉公朔齋爲序,已鋟梓行。"説明物初大觀在寫《行狀》時《語錄》與《外集》已經刊行。日本宫内廳所藏宋版《北磵和尚外集》後附有《續集》及《行狀》,《行狀》末屬"淳祐辛亥季春客北山靈隱嗣法小師大觀謹狀",淳祐辛亥即淳祐十一年,則《語錄》《外集》《續集》應都刊刻於此時。則前劉震孫所寫序的時間或有誤。

今存《北磵和尚外集》一卷、《北磵和尚續集》一卷均由物初大觀編定。日本内閣文庫藏本《外集》及《續集》的首頁書名下,都寫有"嗣法小師大觀編"。《物初賸語》卷十三有《先師外錄序》,曰:

> 某昔侍先師,每聽火爐頭話在衆時事,間舉舊作偈句,多佛照祖會下洎雪峰鐵庵時也。兹於提唱錄外得之,又錄中所不載者,並萃以爲《外錄》焉。夫言豈有内外哉?以其多未出世時之言耳。惟先師於佛照祖相見處,脱然忘所得,故見於言句,如珠走盤。其發揚宗趣,砭警後學,自是前輩手脚。如《禮諸祖塔》,與夫《東山下十父子》漁家傲讚之類,尤爲叢林所傳。舉見於此,渾金璞玉,土苴緒餘,具眼高流,大家證據。②

這裏所説的"外錄",應該就是指《外集》,因爲現存《外集》中的内容

---

① 見日本内閣文庫藏本。
② 許紅霞輯著《珍本宋集五種——日藏宋僧詩文集整理研究》,下册,第785頁。

與物初大觀所講是一致的，大部分當是居簡初住台州般若禪院之前的作品，如《禮諸祖塔》《漁家傲詞》等，《外集》中都有。大觀序中敘述了他編纂《外集》的緣由及目的。今日本宮內廳書陵部所藏宋本《外集》首確有物初大觀此序，並署有寫作年代"淳祐庚戌"（即淳祐十年，1250）。又據前引《物初賸語》卷十五《北磵老人詩》所言，物初大觀曾把居簡集中未收而被覃上人所收藏的《紙被歌》刻入續編中，但今存《續集》中並沒有《紙被歌》一詩。而物初大觀在寫給"崔都廂"的書信中說："……先師《續集》，近得塔頭勝老寄來，點校楷書成册，便可鋟梓。內有三兩篇可去者，去之矣。了此一事，諺所謂'一客不煩兩主人'也。"（《物初賸語》卷二十五《崔都廂》）說明在刊刻之前，物初大觀對《續集》進行了點校篩選，並以楷書抄寫成册。而前所言"續編"，也許並非指今傳之《續集》。

另外，物初大觀在《北磵禪師行狀》中提到"詩文四十卷，已前行"，說明在理宗淳祐十一年（1251）以前詩文集已經刊行。但今存《文集》十卷、《詩集》九卷，與大觀所言卷數不同。

（二）居簡詩文集在國內的流傳

居簡的詩文集，宋代公私書目未見記載，元代虞集爲元釋大訢《蒲室集》所作序中說："以予所知，自其先師北磵簡公、物初觀公、晦機熙公相繼坐大道場，開示其法。然皆有別集，汪洋紆徐，辨博瓌異，則訢公之所爲，有自來矣。"[1]又元釋熙仲《歷朝釋氏資鑒》卷十一講到葉適曾給居簡詩帖，並說"盱江張誠子題師集曰……"，說明他們都曾見到居簡的詩文集。明楊士奇等編《文淵閣書目》卷十七記載"《北磵禪師詩集》一部四册"；[2]明焦竑《國史經籍志》卷四上

---

[1] 《蒲室集》序，影印文淵閣《四庫全書》本。
[2] 《文淵閣書目》，寒字號第 1 廚，王雲五主編《叢書集成初編》本，第 217 頁。

載"《北磵簡禪師語録》一卷",卷五載"僧居簡《北磵集》十卷";①明孫能傳等撰《内閣藏書目録》卷三載"《北澗文集》二册全,宋寧宗朝釋居簡著,凡十卷";②明錢溥《秘閣書目》文集類有"僧《北磵集》二",佛書類有"《北磵禪師詩集》四";③清倪燦、黄虞稷撰,盧文弨訂正《宋史藝文志補》集部有"釋居簡《北澗文集》十卷、《詩集》九卷";④清乾隆中官修《續文獻通考·經籍考》卷一百九十有"釋居簡《北磵集》十卷"。⑤可見《北磵文集》《北磵詩集》至清代國内一直有流傳。至於《外集》及《續集》,則未見記載。民國董康的《書舶庸譚》卷三記載有"《北磵和尚外集》一册,宋槧本",⑥是董康在日本訪書時於宫内省圖書寮所見,他詳細記載了書的尺寸、行款格式及頁數,並説有大觀的序,作於淳祐十年(1250),末附大觀撰行述,還有從五山本補録的五山詩僧中巖圓月所作的題識。

現國内所見《北磵文集》最早版本是宋崔尚書宅刻本十卷,存一至八卷。藏中國國家圖書館。其組成如下:①張自明的序,但缺首頁。序爲半頁七行,行十三字。序後有張自明的三方印。②永嘉普觀義問宣子序,序末隔行有"崔尚書宅刊梓"六字。序文爲半頁十四行,行二十四字。與正文同,祇是每行都低三格,以示與正文的區別。③北磵文集目録,列出卷一至卷十的分類目録。④北磵文集目録,是一個詳目,列出了卷一至卷十每篇文章的篇名。⑤正文,每半頁十四行,行二十四字。左右雙邊,上下單邊,有界行。版心上黑魚尾,魚尾上方有本頁字數,下方是"文×(卷數)",再下是

---

① 《明史藝文志·補編·附編》,北京商務印書館1959年版,第1006、1150頁。
② 〔明〕孫能傳等《内閣藏書目録》,馮惠民、李萬健等編《明代書目題跋叢刊》,上册,第506頁。
③ 〔明〕錢溥《秘閣書目》,《明代書目題跋叢刊》上册,第660、670頁。
④ 《宋史藝文志·補·附編》,上海商務印書館1957年版,第262頁。
⑤ 《明史藝文志·補編·附編》,第714頁。
⑥ 董康著,朱慧整理《書舶庸譚》,中華書局2013年版,第112頁。

頁碼，最下是刻工姓名。刻工姓名全者有"賈義、蔣榮祖、馬良、徐珙"四人，其餘或姓或名，僅記"賈、義、徐、夔、俊、史、良、馬、珙"等字。① 此書有"毛氏子晉""毛晉之印""棟亭曹氏藏書""涵芬樓""涵芬樓藏"等印，説明經明毛晉、清曹寅及涵芬樓遞藏。其餘國内現存的《北磵文集》十卷都是抄本，但行款與此宋本不同，如國家圖書館藏明謝氏小草齋抄本、上海圖書館藏清抄本（爲《四庫全書・北磵集》底本）、臺北"國家圖書館"藏抄本（存前五卷）均有張自明序而無義問宣子序，序及正文都爲每半頁十行，行二十字；國家圖書館藏清抄本（陸心源校並録吴城跋），有張自明序及義問宣子序，序及正文都是每半頁九行，行二十一字。又近人傅增湘《雙鑑樓藏書續記》載《北磵文集》三十八卷，亦爲明謝氏小草齋抄本（今未見），半頁十行，行二十字。如果不是在抄寫時改變了行款和卷數的話，《北磵文集》在宋代及以後還應有其他的刻本，但今俱未見。

　　國家圖書館藏清抄本《北磵文集》（陸心源校並録吴城跋）首有吴城跋，云：

　　　　厲徵君樊榭近自馬氏小玲瓏山館借得宋槧居簡《北磵集》文十卷，嘉定盱江張自明序，詩九卷，以葉適所答七絶一首、尺牘一通冠於簡端。……焦氏《經籍志》祇稱集有十卷，全集豈未之見耶？

這段話至少説明兩個問題，一是清厲鶚曾經從馬氏小玲瓏山館借到宋刻本《北磵集》文十卷、詩九卷，吴城稱爲"全集"，則説明文集與詩集可能是同時刊刻的。二是説明在清代還有《北磵詩集》九卷宋刻本的存在。但此宋刻《詩集》今不知流落何處，現國内所見完整的祇有清抄本《北磵詩集》九卷，二册，藏國家圖書館。前面有葉

---

① 由於有些刻工姓名模糊不清，參考了《涵芬樓燼餘書録》集部《北磵文集》下所載。

適的詩帖，接着是卷一至卷九的詩題目錄，正文每半頁十四行，行二十四字。這與前面所述宋本《北磵文集》的行款相同。應該是從與《文集》同時刊刻的宋本《詩集》而來。此抄本無邊框、界行、魚尾等，版心寫"詩×（卷數）"，下寫頁碼。又臺北"中央圖書館"藏有《北磵詩集》二冊，①標爲"朝鮮舊刊本"，存卷一至卷四共四卷。首有葉適詩帖，正文也是每半頁十四行，行二十四字。左右雙邊，白口，上黑魚尾，魚尾下有"詩×（卷數）"，再下是頁碼，最下記刻工姓名。刻工姓名有"壽、仲、史、夔、孟才"等。這些都與日本五山版《北磵詩集》（詳見後述）完全相同，字體也同，應是五山版。此本正文旁時有用墨筆所寫的日文假名等訓點符號，並有"佐伯文庫""菦圃收藏"等印。"佐伯文庫"是日本九州佐伯藩第八代藩主、藏書家毛利高標（1755—1801）所用的藏書印，②"菦圃"乃清末吳興藏書家張乃熊的藏書室名，則此書必是由日本又傳回中國，故標爲"朝鮮舊刊本"是錯誤的。

（三）居簡詩文集在日本的流傳收藏

1. 傳入日本

隨着宋代及以後的中日文化交流，特別是宋末元初中日詩僧之間的來往交流，居簡的著作也被傳到日本。東福寺大道一以所編《普門院經論章疏語錄儒書等目錄》"成"字部下，就載有"《北磵文集》一部（六冊），同《語錄》一冊，同《外集》一冊"，説明在 1353 年（元至正十三年）以前，《文集》《語錄》《外集》就已經傳入日本。而實際上，居簡著作傳入日本的時間可能更早。因爲日本五山著名禪僧虎關師煉（1278—1346）於康永元年（1342，元惠宗至正二年）在東福寺編撰的《禪儀外文集》中，就已經收錄了居簡《文集》中的

---

① 見《禪門逸書初編》第五冊，臺北漢聲出版社 1980—1986 年版影印本。
② 詳見日本《國立國會圖書館藏書印譜》，青裳堂書店刊行，第 77 頁。

榜、疏、祭文等多篇。又日本京都東山東福寺開山祖師圓爾辨圓曾於嘉禎元年(1235,南宋理宗端平二年)入宋,在宋七年,於仁治二年(1241,理宗淳祐元年)返日,其間曾拜謁居於北磵的居簡。但居簡的著作不大可能是由他帶回來的。因爲此時《文集》《詩集》可能還未刊刻,《語録》《外集》及《續集》如前所述,都刊刻於理宗淳祐十一年(1251)。居簡的著作最有可能是由宋僧無學祖元帶到日本的。祖元(1226—1286),字子元,别號無學,宋慶元府(今浙江寧波)人。十三歲出家,於杭州净慈寺禮北磵居簡,居簡爲其剃髮受具師,跟隨居簡五年。日本弘安二年(1279,元世祖至元十六年),他應邀到日本,住建長寺,後爲圓覺寺的開山祖師。① 他與居簡的嗣法弟子物初大觀關係也很密切,大觀住大慈寺時,祖元前往依之,有兄弟之稱。② 故他去日本時帶上先師的著作,應是情理中事。且日本東京御茶水圖書館成簣堂文庫現藏有《北磵詩集》宋刻本九卷三册,第一册首有德富蘇峰手識,稱此書是在明治三十八年(1905,清光緒三十一年)末從鎌倉圓覺寺塔頭歸源院得到的。③ 這也是居簡著作有可能是祖元帶到日本的一個證據。

2. 在日本的流傳收藏

居簡的詩文集在國内雖然一直流傳,但所存刻本却極少,大多都是清抄本。而在日本其《文集》《詩集》《外集》(包括《續集》)及《語録》現在都藏有多種版本,是十分珍貴的文獻資料。④

---

① 事見[日]釋虎關師煉《元亨釋書》卷八及釋師蠻《本朝高僧傳》卷二十一《相州瑞鹿山圓覺寺沙門祖元傳》,《大日本佛教全書》第六十三卷史傳部二。
② 《物初謄語》卷十七《跋送元首座住羅庵偈編》。
③ 見[日]川瀨一馬《新修成簣堂文庫善本書目》第四編第一章《北磵詩集》解題。
④ 筆者在日本訪書期間有幸閲覽了居簡詩文集的宋版、五山版、木活字版、手寫本等各種版本,但不同圖書館所藏居簡著作之相同版本如五山版、木活字版等,筆者並未一一過目,故以下所述相關内容還參考了椎名宏雄先生的論文及相關圖書館的館藏書目。

（1）宋版

①《北磵文集》

現在日本所收藏的《北磵文集》宋刻本有二冊，存卷七至卷十共四卷，藏於宮内廳書陵部。正文每半頁十四行，行二十四字，版心等其他書籍形態與日藏宋版、五山版《北磵詩集》完全一致。此書版心下方出現的刻工姓名有"賈、賈義、義、史、夔、良、僅"，與中國國家圖書館所藏宋崔尚書宅刻本完全相同（國圖藏本無"僅"字，因爲"僅"字出現在卷九，而國圖藏本缺九、十卷），二者應該是同一種版本。如果把這二者合在一起，就能組成完整的《北磵文集》宋刊本。書陵部宋本現在被收入後人重新編排命名的《北磵全集》第四、五冊。

②《北磵詩集》

日本今存《北磵詩集》的完整宋刻本，九卷，三冊，藏於成簣堂文庫。首有葉適的詩帖，接着是目錄，正文每半頁十四行，行二十四字，左右雙邊，有界行，上單黑魚尾，魚尾上方有本頁字數，魚尾下面有"詩×（卷數）"，再下是頁碼，最下記刻工姓名。此書卷九的第二、四兩頁爲補寫。第一冊首葉適詩帖前有德富蘇峰手識，卷九末添有筆寫的五山版付刻時應安甲寅祖應的刊語。由於蟲蝕破損等原因，全書經過重新裝裱修補。每册首尾空白處鈐有多種德富蘇峰的收藏印，如"天下之公寶須愛護""德富護持""蘇峰清賞""青山草堂""蘇峰""德富藏印""德富氏""成簣堂""蘇峰珍藏"等。此本版心刻工姓名有"賈、史義、義、僅、夔、史、蔣、馬、儀、良、馬良、馬祖、賈義"，與國家圖書館所藏宋本及宮内廳書陵部所藏宋本《北磵文集》版心刻工姓名完全一樣的有"史、夔、賈、賈義、義、良、馬、馬良、僅"。而"賈""良"，當爲"賈義""馬良"的簡寫；"蔣"可能就是宋本《文集》中"蔣榮祖"的簡寫，故宋本《文集》與《詩集》當爲同時刊刻的。又從此書的行款格式來看，版心標

"詩×(卷數)"，而宋本《北磵文集》標爲"文×(卷數)"，也可以證明這一點。

另外，宮內廳書陵部也存有《北磵詩集》的宋刊本，殘一册，即卷五、卷六兩卷，被編入《北磵全集》第三册。其行款格式、字體等與成簣堂文庫所藏宋本相同。版心下所載刻工姓名有"婁、儀、崔僅、蔣、馬祖、賈、義、賈義、良、馬、馬良、金"等，其中"崔僅、儀、金"三個姓名不見於成簣堂宋本，可能是成簣堂宋本有些地方因蟲蝕破損，經重新裝裱後不能清楚辨識的緣故。而成簣堂宋本中之"僅"字，可能就是"崔僅"的簡稱。

③《北磵和尚外集》及《續集》

日本宮內廳書陵部還藏有《北磵和尚外集》一卷一册，其中包含了《續集》。每半頁十行，行二十字。左右雙邊，有界行。正文前有物初大觀的序，後有大觀所撰《行狀》。最後還有應安庚戌即日本應安三年(1370)中巖圓月的題識，乃補寫。

④《北磵居簡禪師語錄》

日本現有兩個宋本。其一藏於內閣文庫。內閣文庫藏本共有九册，包括《詩集》二册、《文集》五册、《外集》及《續集》一册，第九册是《語錄》。這九册並非都是宋刻本，而是由不同版本組合起來的。《詩集》第二册末尾有墨筆書寫的沙門伯映泰的識語，講述了組合九册的經過：

> 北磵禪師《語錄》乙卷、《文集》十卷、《詩集》九卷、《外集》《續集》各一卷，合五部二十二卷，是一代之全編也。而全部本稀於世也。適得《文集》並《外》《續集》，開卷視之，扶桑上古之印板也。蓋是貞和、觀應之間(按，相當於元至正五年至十一年，1345—1351)於天龍、臨川等禪刹以宋、元印本所翻刻者。囊濕損耗，匹展開卷，因修補焉。次復獲支那印刻之《語錄》，損滅殊多，已没序跋等，前後紙亦加修飾，校於類本，

補於其缺。久欠《詩集》，歷年月矣。今歲復感得古本《詩集》，三度五部二十二卷，圓備周足，歡喜修補，調成九册，收之一袟，留書藏焉。嗚呼！是誠因緣不思議而見北磵禪師之全懷者乎？　旹正德辛卯仲夏下浣　求法沙門伯映泰

日本正德辛卯相當於清康熙五十年(1711)。其中講到《語錄》是中國印刻的，殘破不全，序跋已缺等，他拿類似的本子相校，補足殘缺處。

今所見內閣文庫本《語錄》首依次有劉震孫的序及印、石溪心月的序及印、大川普濟的序及印。然後是居簡曾經居住過十一個禪寺的語錄及小參、秉拂、告香普說、法語、頌古、偈頌、贊、小佛事、佛事等。其後是秋房樓治的題記及印，最後有應安庚戌五山詩僧中巖圓月題識。正如伯映泰所言，前後的序跋及印都是仿照原文大小樣式補寫的，《語錄》正文首頁及佛事部分的七頁半都是補抄。中巖圓月的題識也是補抄。其餘七十頁都是刊刻的，其形制與宋本《外集》及《續集》完全相同，也是半頁十行，行二十字，左右雙邊，有界行，上單黑魚尾（個別是花魚尾，行狀稍異，可能是不同刻工所爲），魚尾上方有本頁字數，下是"北磵語"，再下是所住寺院的簡稱如"報恩""顯慶""淨慈"等，最下是頁碼。字體也與宋本《外集》及《續集》相同，因爲二者是同時刊刻的原故。

另一宋本藏於宮內廳書陵部。也是一卷一册。但此本前三十一頁皆爲補抄，從"安吉州道場山護聖萬歲禪院語錄"部分起至"佛事"部分的前四頁，共四十五頁是宋版的原初部分，其餘都是補寫。而且此本還把秋房樓治的題記放在了卷首劉震孫的序與石溪心月的序之間，這是不符合原貌的。樓治的題記云：

一脈能分妙喜泉，薰風一轉代流傳。等閒坐斷南山頂，擊碎珊瑚也值錢。北磵禪師以載道之文鳴於時，方壯歲，已爲善知識，名公卿友而畏之。或者舍其造詣而聲其文，豈深知吾北

礀也耶？物初攜室中語來，因題其後。

其中明確講到"題其後"，故可能還是內閣文庫本保存了原貌。而《續藏經》中所收《語錄》樓治題記的位置與書陵部本相同，則可能是以書陵部本爲底本。

(2) 五山版

①《語錄》與《外集》

如前所述，宮內廳書陵部藏宋本《北礀和尚外集》及內閣文庫藏宋本《北礀居簡禪師語錄》後面都有後來抄補的中巖圓月題識，云：

礀陰語，日本未行，予忝爲耳孫，責不歸焉耶？古巖西堂募緣開板，《語錄》《外集》二冊，既印行京師，予集衆，讀而誇之吾祖。如此胸次也，有似葛伯不能祀其先，成湯送餉於民，使耕田爲祀，葛伯奪而食之。繇是予雖讀而誇之，顙泚且如雨下。應安庚戌夏不肖遠孫圓月拜手。①

"礀陰"代指居簡，《北礀文集》卷一《石賦》有"礀陰洗濯，雨蝕摩挲"之句。卷五《溪翁掾海塗序》有"溪居緇褐某翁者，訪余，來礀陰"語。應安庚戌即日本應安三年(1370)，相當於明洪武三年。中巖圓月(1300—1375)是日本五山最著名的詩僧之一，他來元在江南地區游歷時，成爲東陽德輝禪師法嗣。東陽德輝屬於臨濟宗楊岐派大慧宗杲一派的傳人，其傳承法系是：大慧宗杲→佛照德光→北礀居簡→物初大觀→晦機元熙→東陽德輝，所以圓月稱居簡爲師祖。根據文義，應安三年，居簡的《語錄》《外集》二冊，已經由古巖西堂募緣開版，印行京師。現《外集》《語錄》的應安三年版日本有多家公私單位收藏，如大東急記念文庫藏有《語錄》《外集》混合本二冊；成簣堂文庫有《語錄》一冊；兩足院藏《語錄》二冊；內閣文庫

---

① 見日本宮內廳書陵部藏宋本《北礀和尚外集》末。

藏《外集》一册,有殘缺;梅沢彦太郎藏《外集》一册。

②《北礀詩集》與《北礀文集》

内閣文庫本《北礀詩集》卷末有應安甲寅(七年,1374,明洪武七年)孟春下澣僧祖應記,云:

> 詩也者,人之情性也。……北礀老子從涵養蘊藉之中,獲超然自得之妙,離文字之縛,脱筆墨之畛畦,文章鉅公與交,則寂寥乎短章,舂容乎大篇,謂之詩也,亦得;衲子與酬唱,則痛快過乎棒喝之用事,謂之頌也,亦得。與夫休、己、島、可之徒雕肝鏤腎、抽黄對白以詩著名者,不亦邈乎?繇此云之,謂舍吾佛祖之道而到詩之妙處,則吾不信焉。古巖峨公盡將北礀平生文字儹工鋟木,不終而遽爾。其徒周楨書記善卒先志。峨,長崎之子,世稱名家,視其所眤,可以知其人焉。

按,此文與《詩集》連刻,在卷九末,版式行款全同,説明爲同時所刻。祖應號夢巌,其禪宗傳承法系是東福圓爾→潛溪處謙→夢巌祖應,他是日本五山著名詩僧,與中巌圓月齊名。應安七年十一月去世。① 古巖峨公即古巖周峨(?—1371),即前引中巌圓月題識中提到的"古巖",是日本五山另一著名詩僧夢窗疏石下第三代傳人,夢窗疏石師承高峰顯日,高峰顯日又師承無學祖元,故他與居簡也可以説有間接的師承關係,所以對居簡的著作特别注目關心,在募緣完成居簡《語録》及《外集》的刊行後,又接着刊行居簡的詩文集,但應安四年(1371)他還没有完成居簡詩文集的刊行就去世了,其徒周楨書記完成了他的遺願。這時是應安七年。

内閣文庫藏本《詩集》九卷二册、《文集》十卷五册。《詩集》首

---

① 《本朝高僧傳》卷三十二《京兆東福寺沙門祖應傳》。

有葉適詩帖，正文是每半頁十四行，行二十四字。左右雙邊，白口，上黑魚尾，魚尾下有"詩×（卷數）"，再下是頁碼，最下記刻工姓名。刻工姓名有"婁、壽、僅、賈、金、仲、史、孟才"等。這些刻工中，有的應是元末爲躲避戰亂而去日本的。五山詩僧義堂周信《空華日工集》"應安三年九月二十二日"條有如下記載：

> 唐人刮字工陳孟才、陳伯壽二人來，福州南臺橋人也。丁未年（貞治六年，1367，元至正二十七年）七月到岸，大元失國，今皇帝改國爲大明，孟才有詩，起句云"吟毛玉兔月中毛"云云。①

此"陳孟才"，可能就是《北磵詩集》中的刻工"孟才"。此本行款格式都與宋本《詩集》相同，應是以宋本《詩集》爲底本翻刻的。《文集》雖然沒有明確標出應安七年刊刻的印記，但其行款格式與《詩集》相同，也是正文每半頁十四行，行二十四字。左右雙邊，上下單邊，有界行。版心上黑魚尾，魚尾上方有本頁字數，下方是"文×（卷數）"，再下是頁碼，最下記刻工姓名。刻工姓名有"賈、徐、史、仲"等字，其中"賈、史、仲"三字與《詩集》同，字體也與《詩集》相同或相近，加之祖應所言古巖周峨"盡將北磵平生文字倩工鋟木"，所以《文集》應是同《詩集》同時刊刻的。此本《文集》卷首也有張自明《北磵文稿序》，爲半頁七行，行十三字，序後有張自明的印，這些都與宋本《文集》相同。祇是義問宣子序及"崔尚書宅刊梓"刊記在卷十末隔一頁處，格式、字體也與宋本《文集》相同，說明是根據宋本《文集》翻刻的，很可能就是覆刻，祇是把義問宣子序及"崔尚書宅刊梓"刊記由卷首移至卷尾了。此五山版《文集》內閣文庫還藏有十卷四冊；國會圖書館、東洋文庫、成簀堂文庫、積翠軒文庫藏有十

---

① 見《五山版の研究》第三章第三節所引。

卷三册；早稻田大學藏有十卷二册。《詩集》還有成簀堂文庫、積翠軒文庫、神田喜一郎所藏九卷四册。另外國會圖書館還有《文集》十卷與《詩集》九卷的混合本三册。

(3) 木活字版

根據椎名宏雄介紹，居簡的著作日本還有木活字版。分爲兩種，一是元禄十六年（1703）刊行的，金閣寺藏有《外集》一卷二册，松ケ岡文庫有《文集》十卷四册。另一種是寶永三年（1706）刊行的，松ケ岡文庫、旭伝院岸澤文庫藏有《語録》一卷二册，松ケ岡文庫藏有《詩集》九卷四册。刊行者都是"常信"，可能是以五山版爲底本。常信生平事迹不詳，曾經刊行過大量禪籍。川瀬一馬認爲他是一個"植版"的工匠，與當時京都書肆的書商田原仁左衛門有一定關係。① 另一學者森潤三郎推斷"常信"其人可能是禪宗的僧侣或檀越。② 以上諸處所藏木活字版居簡著作筆者没有見到，筆者所見的有静嘉堂文庫藏《北磵詩集》九卷四册，首頁有古經堂主人墨筆題識：

《續傳燈》三十五云：杭州府淨慈北磵禪師，嗣育王光佛照，名居簡，字敬叟，蜀之潼川王氏，以其寓北磵之日久，故人不名字，稱北磵。定按，此本西土既佚，簡公詩僅見九僧詩中耳。今得窺其全豹，亦何幸也。乙丑之秋　古經堂主人識

每册首頁及卷九末都有"古經堂藏"方印。此古經堂主人名叫養鸕徹定（1814—1891），六歲出家，曾任日本淨土宗本山知恩院第七十五代管長。一生搜集了大量的古寫經、繪畫等，明治二十四年去

---

① 見川瀬一馬《植工"常信"活字印行的禪籍》一文，《續日本書志學之研究》轉載，雄松堂書店 1980 年版。

② 見森潤三郎《活版植工常信》一文，《考證學論考 —江户の古書と藏書家の調查》轉載，《日本書志學大系》9，青裳堂書店 1979 年版。

第一章 宋僧詩文集在日本的刊刻流傳考述 343

世。"乙丑"應是慶應元年(1865,清同治四年),養鸕徹定得到此書,但題識中把居簡與宋初九僧中的簡長混爲一談,是錯誤的。此書第三、四册首頁還有"島田翰讀書印"豎長形陰印,乃明治時期漢學者島田翰(1879—1914)的藏書印,説明此書又經島田翰收藏,後歸靜嘉堂文庫。此書卷首也有葉適的詩帖,正文每半頁十一行,行二十字,四周單邊,無界行、魚尾。版心有"磵和尚×(卷數)",下是頁碼。卷九末有應安甲寅祖應的題記,説明此本是根據五山本而來。卷九末頁左下方有"植工　常信"的標記。

(4)手寫本

居簡的著作日本還有幾種手寫本。駒澤大學圖書館藏有《北磵和尚語録並同外集》一册,是一個殘本。又有《北磵詩集》九卷三册。成簣堂文庫藏有《北磵文集》十卷五册,松ケ岡文庫、靜嘉堂文庫都有《文集》十卷二册。這些手寫本也應由五山版而來。

附書影:

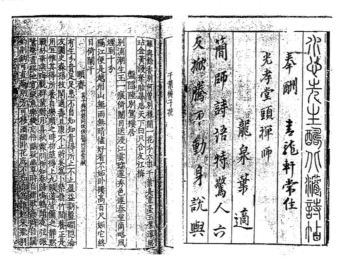

圖 14-1　日本成簣堂文庫藏宋本《北磵詩集》

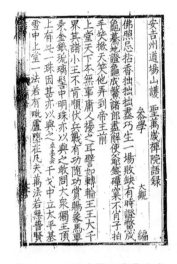

安吉州道場山護聖萬歲禪院語録
參學　大觀　編
佛照忌拈香拈拈拈盡巧生一場敗缺有時證鱉成
龜驀地證龜成鱉諸郎盡解使爺錢磾寞不肖子拍
手笑掀天笑他弄到帝王前
上堂天下本無事庸人擾之耳譬如轉輪王王大千
界其諸小王不肯順伏兵戰有功隨功賞賜象馬車
乘金銀琉璃髻中明珠亦以與之敢問大衆獨王頂
上有此一珠因甚亦以與之卓拄杖干戈中立太平基
雪中上堂一法若有毗盧墮在凡夫萬法若無普賢

圖 14-2　日本内閣文庫藏宋本
《北磵和尚語録》

北磵文集卷第一
石賦　飛來天竺講[illegible]聚石作供[illegible]之賦
石奇而怪兮有惜不惜石眠人兮猶人眠石夫二三子悠然會
心扳兮步遐隱搜細尋捫蘿[illegible]雲景沉俯闞嶽嶽側行岑
崟磅礴若阿裴回礀陰洗濯雨蝕摩挲[illegible]侵[illegible]駭始躋[illegible]而欲
外介如其賓鏘乎其音如考琮璜如戛球琳如獲大貝如致南
金室迩兮其何能及石遠兮輦無傭直屹如林兮若拱而揖百
夫睨兮無用其力若失坡陁兮盤峭崎兮植王佐才可就而不
可致權奇兮巧玲瓏兮小市鄙隱可致而不可馬俯蹂蹯而巍
插挂綺疏而環植立六六倚凜姿淩如却步欲前傴僂反趍匪
早婐嫷匪親商蹂匪丈貴雕匪瑑貴腴葰之以緑蕉密葉之[illegible]
之以青琅方寸之虚澤之以金薤沆瀣之清鐫之以石鼓斷缺
之餘堅不可鐫頑可澤與將為郎吏之堅乎抑為瞀吏之頑乎
或曰是石也皆有飛來之一体始焉飛來終將飛去固蕩誕慢

圖 14-3　日本内閣文庫藏五山版
《北磵文集》

北磵詩集卷第一
[illegible]山行
盛時考槃古逸民湖山草木咸知名至今八篇爛古錦豈特五
字如長城長驅萬騎到其下束手擁甲猶墻行大邦維翰藩騷
雅蹮衡既折猶精神抗衡劇孟一敵國彈壓西子孤山春宛諸
葛先生仲達送修靖邀陶淵明聚蚊莫反怒雷迅老瓦不亂黃
鍾鳴清彈豈爲賞音發自芳更問林逋爲鷗盟未冷浪拍拍弋
者何慕鴻冥冥水流山空鶴態度采枯雪寒梅弟兄梅當成賈
自謂鼎鼐既生子仍姓丁鄉來偶同賦招隱老去亦各相忘形
故廬夜夜月如畫少微耿耿天無雲千金儻可市駿骨萬古適
足寶九殤百身可贖但虛語九原喚起知無因爲公滿酌井花
水酹一抔土公應聞
[illegible]
蒼官百夫雄盤錯千仞岡鐵幹森尤勁銅柯青更剛屢吞霜雪

圖 14-4　日本内閣文庫藏五山版《北磵詩集》

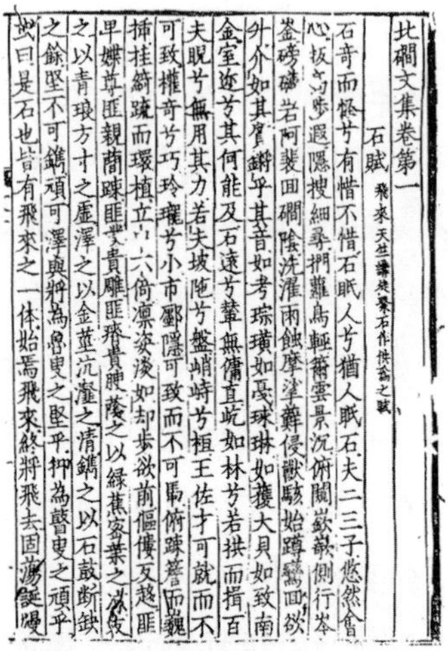

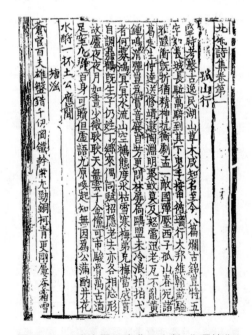

十五、永頤《雲泉詩集》

永頤,字山老,號雲泉,曾居仁和唐棲寺。其生平資料現流傳不多,從其詩集内容看,與江湖詩人周文璞、周弼父子交往密切,另外與周師成、趙師秀、姚鏞、李龏、馮去非等人也有交,有《寄周宗聖》《悼趙宰紫芝甫》《寄姚贛州》等詩。趙師秀卒於嘉定十二年(1219),姚鏞知贛州是在理宗紹定六年(1233),①則其詩應分別作於寧宗嘉定十二年和理宗紹定六年。姚鏞也有《懷雲泉頤山老》詩云:"枯吟世慮輕,求道不求名。病起春風過,閒居野草生。游山尋舊屐,煮藥試新鐺。別久空相憶,疏鐘隔水鳴。"②還有《王別駕訪天竺頤曄二師》,③永頤也寫有《天竺秋日》詩,説明他可能在天竺寺居住過。李龏有《寄雲泉頤上人》詩,云:"溪房夜掩白雲層,酬唱詩筒繫海藤。花落煮茶窗外石,一航春雨隔吟燈。"④由此也可以看出其生活情趣之一斑。理宗淳祐十年(1250),上天竺佛光法師抗拒左藏薛師普侵占寺産,憤而渡江東歸時,永頤曾遣書慰問,⑤可見其正義,也説明他此時尚在世。

(一)永頤詩集在國内的流傳及版本

據清乾隆中官修的《續文獻通考·經籍考》卷一百九十五記載,永頤有《雲棲集》一卷傳世,但此書今未見。現所見的有被收入《南宋群賢小集》《南宋六十家小集》等叢書中流傳的《雲泉詩集》一卷,未見有單行本傳世。又可分爲兩種,一是宋刻本,存於臺北"中

---

① 《全宋詩》册五九"姚鏞小傳",第37090頁。
② 《全宋詩》册五九卷三一〇八,第37091頁,第37091頁。按,此詩又重見於《全宋詩》册六三卷三三三一馮去非下,爲重出,第39735頁。
③ 《全宋詩》册五九卷三一〇八,第37094頁。
④ 同上書卷三一三〇,第37438頁。
⑤ 見本集末附《上天竺志》永頤傳。

央"圖書館所藏《南宋群賢小集》中，①此本每半頁十行，行十八字，上單黑魚尾，魚尾下寫書名、頁數，與此叢書中所收其他宋刻本南宋詩人小集行款格式、字體相同。另外汲古閣影宋抄《南宋六十家集》中也有《雲泉詩集》一卷，與此本的行款格式及字體、文字也完全相同，説明汲古閣所用宋本與此本當是同一版本。另一種就是清嘉慶年間石門顧修根據流傳抄本補輯刊行的《南宋群賢小集》中所收本，即讀畫齋刊本，所收詩歌數量及排列順序與宋刻本相同，半頁九行，行十八字。個别地方有異文，如詩《龍山野望》之"野"字，宋本作"舒"；《送甬上人歸仙潭寺》之"甬"字，宋本作"通"；《裴六書堂》宋本作"書堂"；《次韻伯弼值雨見留》中最後一句"刻竹記幽期"之"期"字，宋本作"詞"，等等。此本卷末還附有一則引自《上天竺志》的永頤逸事，云：

> 錢塘釋永頤，號雲泉，杭之耆宿也。淳祐十年冬十一月，聞上竺佛光法師以左藏薛師普占廨院欲作廳，佛光勿許，輒渡江東歸，頤甚高之，遺書慰曰："公幡然高舉，佛祖所謂勿自辱也。顧戀乎何有？昌黎公所譏'語刺刺不能休'者，當愧死矣。"

今傳明釋廣賓纂《杭州上天竺講寺志》卷十五《詩文紀述品》有此段記載，文字絲毫不差，②可見引自此書。故此讀畫齋刊本底本可能

---

① 此集收録了宋嘉定至景定間臨安府陳解元宅書籍鋪遞刊本宋人小集五十九種。但"南宋群賢小集"的書名，是清人後加的。參見費君清《〈南宋群賢小集〉彙集流傳經過揭密》一文，《紹興文理學院學報》1999年第19卷第4期。但作者似未見到此臺北"中央圖書館"所藏本。

② 此書卷八"上天竺廨院"及卷十三"宋薛師魯左藏官"條下也記載了此事，衹是"薛師普"皆作"薛師魯"。卷八還引載了永頤贈佛光法照法師的詩云："瀟灑白雲卿，泠然非世情。住山金玉重，去路羽毛輕。禁渡停江棹，高名滿上京。野人心獨喜，得失憺夫驚。"此詩《雲泉詩集》中未收。見《四庫全書存目叢書》史部第234册影印清順治刻康熙增修本。

也是源於宋本,但經過明代以後人的重新編輯增補。現流傳的清仁和趙氏小山堂傳抄本《南宋群賢小集》中所收《雲泉詩集》一卷及清光緒中錢塘丁氏嘉惠堂刊本《武林往哲遺著》中所收《雲泉詩稿》一卷、《補遺》一卷(即《上天竺志》所載逸事),都與讀畫齋刊本同。

另外影印文淵閣《四庫全書》集部總集類《江湖後集》卷十六也錄有永頤詩三十八首,前有永頤小傳,據《上天竺志》之永頤逸事所寫,但所錄詩的排列順序與宋本及讀畫齋本完全不同,且有三首詩《呂晉叔著作遺新茶》《游張園觀海棠戲作》《雪中海棠》不見於宋本及讀畫齋本,但《呂晉叔著作遺新茶》《游張園觀海棠戲作》收入《全宋詩》作釋紹嵩集句詩。① 《江湖後集》是四庫館臣根據當時各種傳本及《永樂大典》重新編輯而成,此兩首詩實爲館臣誤收,從此亦可見其魚龍混雜之處,使用時當謹慎。

(二)在日本的刊刻流傳

《雲泉詩集》在日本亦未見單刻本,也多隨《南宋群賢小集》《汲古閣影宋鈔南宋群賢六十家小集》等流傳。日本國會圖書館、神户市立中央圖書館、京都大學人文科學研究所、立命館大學等皆藏有臺北藝文印書館影印宋刊本《南宋群賢小集》;公文書館、京都大學圖書館、京都大學人文科學研究所、靜嘉堂文庫、立命館大學等皆藏有清顧氏讀畫齋刊本《南宋群賢小集》;日本東北大學、東京大學、京都大學圖書館、京都大學人文科學研究所、東洋文庫等皆藏有民國十一年(1922)上海古書流通處影印本《汲古閣影宋鈔南宋群賢六十家小集》。另外,日本國立公文書館內閣文庫藏有日本享和二年(1802)昌平坂學問所鈔本《江湖集》二十四册(以下簡稱享和鈔本),收錄有永頤《雲泉詩集》一卷;日本滋賀大學藏有日人闕名所輯《無名叢書》鈔本一百三十一種一百二十四册,其中第九十

---

① 見《全宋詩》册六一卷三二三九,第38657頁。

七册收録有宋永頤《雲泉詩集》一卷(以下簡稱"無名叢書本");日本國會圖書館藏有清寫本《宋詩外集》共十二册,其中第二册收録宋永頤撰《雲泉詩集》一卷(以下簡稱"宋詩外集本")。以下主要介紹此三個版本。

1. 享和鈔本

日本公文書館藏享和二年(1802)昌平坂學問所抄本《江湖集》共十六卷二十四册,每册首頁皆鈐有"大學/藏書""書籍/館印""日本/政府/圖書"篆文方朱陽印及"淺草文庫"楷書豎長形朱陽印;末頁皆鈐有"昌平坂/學問所"篆文豎長形墨陽印及"享和癸亥"隸書四朱字。"癸亥"乃享和三年,應是該本入藏昌平坂學問所的時間。每册天頭時有朱筆校字、校語,末頁有朱筆或墨筆手寫校勘人識記。其校勘時間除了第一册是在享和二年九月外,大都在享和二年冬十月。二十一册後有在十一月的,由大鄉良則、加藤維藩、片岡孝幹、乾無必四人校勘。有的册是二人同校,有的是一人校一册,加藤維藩一人校一册者較多。如第一册末有"享和壬戌九月念一日 大鄉良則 加藤維藩 仝校";第二册末有"享和二年歲次壬戌孟冬之月 片岡孝幹 乾無必 仝校";第四册末有"享和壬戌十月 加藤維藩校";第十三册末有"享和壬戌孟冬 乾無必校";第十八册末有"享和二年冬十月 片岡孝幹校";第二十一册末有"享和壬戌冬十有一月 片岡孝幹 乾無必 仝校"。

此本乃據鮑廷博(1728—1814)抄校本傳録,書中有十餘處過録鮑廷博題識,這些題識祇有第一册高翥《菊磵小集》末頁題識署"知不足齋鮑廷博識";他處則或署乾隆干支紀年,或祇有干支紀年,皆未直接署鮑廷博之名,但根據其題識中透露的信息可以肯定這些識語原都是鮑廷博所寫,由此本轉録的。如第十五册末頁有"乾隆甲申二月十二日查初白本勘於貞復堂""壬寅十一月十一日鐙下宋刻校"兩條識語;第二十二册末又有"甲申二月十六日查初白本重勘於貞復堂";第十七册末有"乾隆丙戌三月二十四日得閑居士補鈔於蘆浦寓廬"識語。查初白即清初詩人、文學家查慎行(1650—1727),初名嗣璉,字夏重,後改名慎行,字悔餘,號他山,又號查田,晚年居於初白庵,故又稱查初白。① "貞復堂"當爲鮑廷博書室,清吳騫《吳兔床日記》乾隆四十八年(1783)九月廿八日有"過綠飲貞復堂。魏叔子出示陳砥蘭竹卷"語,② "綠"當爲"淥","淥飲"乃鮑廷博之號。"得閑居士"亦爲鮑廷博自號,他在乾隆三十年爲所刊宋汪元量《湖山類稿》《水雲詞》作的跋文末即署"得閑居士鮑廷博識於知不足齋"。③ 鮑廷博原本已不可見,通過此本的轉録可以瞭解鮑本的校勘時間、過程、所用版本等内容,對於瞭解此享和抄本的源流也頗有幫助。

永頤《雲泉詩集》一卷,收録於第四册卷二,共二十三頁。首頁首行頂格寫"雲泉詩集",次行靠下寫"唐棲 釋永頤 山老",然後抄録自《越溪吟》至《春至》共一百一十三首詩。半頁十行,行十八字,無版框,無界,版心位置上方寫書名"雲泉詩集",下方寫頁碼。字體秀整。《龍山野望》之"野"字亦作"野";《送甬上人歸仙潭寺》之"甬"字同宋本作"通";《裴六書堂》同宋本作《書堂》;《次韻伯弼值雨見留》"刻竹記幽期"之"期"字,亦作"期"。卷末亦附有一則引自《上天竺志》的永頤逸事,最末有一行字,寫"丙戌二月初九日東嘯軒本重勘於蘆渚寓舍"。"東嘯軒"爲清代藏書家郁禮(1725—1800)的藏書樓,則此本是根據鮑廷博用郁禮藏本校勘過的本子抄寫的。

---

① 參〔清〕沈起、陳敬璋撰,汪茂和點校《查慎行年譜》校點説明,中華書局 1992 年版,第 3 頁。
② 〔清〕吳騫著,張昊蘇、楊洪昇整理《吳兔床日記》,鳳凰出版社 2015 年版,第 19 頁。
③ 〔清〕鮑廷博撰,周生傑、季秋華輯《鮑廷博題跋集》卷三,浙江古籍出版社 2012 年版,第 161 頁。

2.《無名叢書》本

《無名叢書》各冊抄錄中國漢至明人經史子集各類著作，其第九十七冊共鈔録有《雲泉詩集》《學詩初稿》《西麓詩稿》三個小集子。《雲泉詩集》在最前面。首行題書名"雲泉詩集"，次行靠下題"唐棲 釋永頤 山老"，然後抄錄自《越溪吟》至《春至》共一百一十三首詩歌。每半頁十行，行十八字，文字整潔。無版框，無界。每頁版心位置上方寫"雲泉詩集"，首頁右上鈐有"稽古館"豎長篆文朱陽印、"彥藩/弘道館/藏書印"豎長篆文朱陽印、"大津師範學/校書籍縱覽/所藏書之印"篆文朱方陽印。《龍山野望》之"野"字亦作"埜"；"送甬上人歸仙潭寺"之"甬"字同宋本作"通"；《裴六書堂》同宋本作《書堂》；《次韻伯弼值雨見留》中"刻竹記幽期"之"期"字，亦作"朞"。此本卷末亦附有一則引自《上天竺志》的永頤逸事，最末有一行字，亦寫有"丙戌二月初九日東嘯軒本重勘於蘆渚寓舍"。則此本亦是根據鮑廷博傳抄本系統抄寫的。此《無名叢書》本乃日本江户時期彥根藩弘道館舊藏。

3.《宋詩外集》本

《宋詩外集》署爲元陳世隆輯，薈萃了宋時《羽緇》《閨秀》等集及一些散佚的雜詩，前有清康熙二十五年（1686）朱彝尊序，云：

> 元陳彥高徵士既輯《兩宋名家小集》成，又以宋時《羽緇》《閨秀》等集洎一切雜詩多散佚者，蓋欲爲一網無餘之計，復薈萃是編，名曰《宋詩外集》，共十有二冊。絳雲晚年懸價求之，終於莫得。余於辛酉之冬從吾鄉倦圃曹先生借至京師，初疑陳氏所編或不止此，逡巡未錄。而曹先生岱游之信忽至，物在人亡，不勝淒悼，因即命傭手抄竟，綴此數語，緘歸其家。竊嘆前輩借書之不吝，真有一瓻還一瓻之風，而今尚何人哉！康熙丙寅歲立秋後二日小長蘆朱彝尊書於京邸之古藤書屋。

根據文義,此書曾被藏書名家錢謙益晚年懸價求購而未得,朱彝尊於康熙二十年(辛酉)從其同鄉好友、明末清初著名藏書家曹溶(號倦圃)處借至京師,聽到曹溶去世的消息後(卒於康熙二十四年),即命人抄就,寫了這篇序,並把書還歸其家。此書分爲方外、閨秀、唱和、聯句、集句、集字、選集等類,每類中收錄若干種詩集。如"方外一·道"類中收有陳摶《劍潭吟稿》、黃希旦《支離子集》、葛長庚《瓊山道人集》。書前目錄下,時有元陳世隆或清曹溶的識語。如"方外一·道"下有:"宋時道釋二家能詩者不乏,此蓋錄其隱僻不盛行於世且幾乎失傳者。世隆識。""選集"類目錄中《宋詩拾遺》一書下有曹溶識語云:"宋詩之散佚,此二十八卷盡之矣。牧翁嘗以不見彥高《拾遺》爲恨,惜其既赴招玉樓而余得之。淵明詩云'奇文共欣賞',蓋其難哉。倦圃老人溶識。"此書還經清道、咸間著名金石學家、古泉學家、藏書家劉喜海收藏,每册首頁鈐有"燕庭藏書""嘉蔭簃藏書印""御賜清愛堂""劉喜海""燕庭"等多枚藏書印。但此書流入日本的具體時間未知。

今傳《宋詩外集》是否都是陳世隆所編輯,值得懷疑。[①] 其中第二册所收的宋釋道璨《柳塘外集》二卷,是江都張師孔在康熙四十六年(1707)游廬山時才發現的,事見此書卷首張師孔序,清王士禛《分甘餘話》卷三也提到此事。這顯然是矛盾的。而《增訂四庫簡明目錄標注》卷十九集部八總集類《兩宋名賢小集》下有邵章續錄:"瞿氏有舊抄本《宋詩外集》七册,元錢塘陳世隆彥高所編,以補《兩宋名家小集》之遺。"[②]故疑十二册本的《宋詩外集》經過清人重新編定,並增加了內容。

《宋詩外集》的編輯者雖然存疑,但其中所收錄的大多數宋人詩

---

① 王媛《陳世隆著作辨僞》一文中認爲,凡署作者爲元陳世隆的著作皆是清人作僞。《文學遺產》2016 年第 2 期,第 98—112 頁。
② 《增訂四庫簡明目錄標注》,上海古籍出版社 2000 年版,第 902 頁。

集及詩歌不僞,是確定的。它原分爲十二册,後兩册合爲一册,改裝成六册。永頤《雲泉詩集》即收録於原第二册"方外二•釋"類。

　　此書首行頂格題書名"雲泉詩集",次行靠下題"唐棲釋永頤山老",共抄録自《越溪吟》至《春至》共一百十三首詩歌。半頁九行,行二十一字。文字秀整。四周雙邊,無界,版心上單黑魚尾,朝下,白口,未寫書名頁碼等字。可能所據底本有缺損,詩句中偶有空字,如:《汀漲》詩第七句"望人煙思遠"之"煙"空缺;《友人銅雀臺硯》詩第五句"往日姦文須九錫"之"姦"字空缺;《贈術者王髯》詩首句"王君僧服而髯鬚"之"僧"字空缺,且"髯"字作"髯";《將別舊山寄伯弼》之"舊",袛寫了偏旁"臼"。常有抄誤之字,如:《寄周宗聖》之"聖"誤作"望";《虎丘》之"虎"誤作"虚";《龍岫南窗抒懷》之"龍"誤作"南";《寄鳳山滿上人》之"山"誤作"上";其《龍山野望》之"野"字亦作"野";《送甬上人歸仙潭寺》之"甬"字同宋本作"通";《裴六書堂》同宋本作《書堂》;《次韻伯弼值雨見留》最後一句"刻竹記幽期"之"期"字,同宋本作"詞"。可見此本的底本也是用宋本校勘過的本子。

附書影:

圖 15-1　汲古閣影宋抄《雲泉詩集》首頁　　圖 15-2　滋賀大學藏《無名叢書》本

第一章　宋僧詩文集在日本的刊刻流傳考述　353

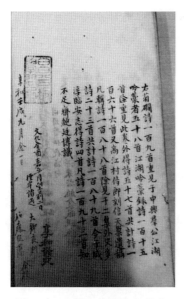

圖 15-3　內閣文庫藏享和鈔本錄鮑廷博題識

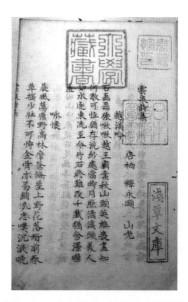

圖 15-4　享和抄本《雲泉詩集》首頁

圖 15-5　國會圖書館藏清抄本《雲泉詩集》朱彝尊序

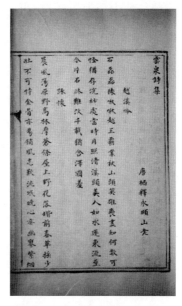

圖 15-6　國會圖書館藏清抄本《雲泉詩集》首頁

十六、斯植《采芝集》《采芝續稿》

斯植,字建中,號芳庭,武林(今浙江杭州)人。① 一作天台(今屬浙江)人。② 初住南嶽寺。曾游歷長洲(今江蘇蘇州)、江淮、金陵(今江蘇南京)等地,有《長洲夜泊》《江淮傷感》《金陵道中》《金陵道上》《金陵懷古》諸詩。與江湖詩人馮去非(字可遷,號深居)、朱繼芳(字繼實,號靜佳,有《有懷鷲山次僧芳庭韻》詩)、胡仲弓(字希聖,號葦航,有《芳庭爲作希聖二字以詩謝之》詩)、李龏(字和父,號雪林,有《敬酬芳庭植講師》詩)、周端臣(字彦良,號葵窗)、趙崇嶓(字漢宗,號白雲)以及陳起父子相唱酬。與道士楊至質(字休文,號勿齋)、王鎡(有《芳庭植上人》詩)也有交。晚年築室天竺,曰水石山居。吟詠其中。理宗寶祐四年(1256),曾自跋其詩稿。清曹庭棟謂"其詩雅煉深穩,脱去禪家落套語,不愧風雅之目",③清王士禛評其詩"五言皆多佳句而無遠神"。④

(一)斯植詩集在國内的流傳及版本

斯植著作今有《采芝集》《采芝續稿》傳世。明《永樂大典》中曾經引録斯植《采芝集》中的詩歌。清黄虞稷《千頃堂書目》卷二十九記載斯植《采芝集》一卷、《續稿》一卷。現今流傳的也是此書。與永頤《雲泉詩集》相同,斯植《采芝集》一卷、《采芝續稿》一卷,也大都是保存在叢書中,如《南宋群賢小集》《南宋六十家小集》《宋人小

---

① 見〔清〕曹庭棟編《宋百家詩存》卷四十斯植小傳,影印文淵閣《四庫全書》本。

② 見[日]大塚光信編《新抄物資料集成》第一卷影印名古屋市蓬佐文庫所藏抄本《中興禪林風月集》卷上斯植《寒食》詩下日人注釋。日本清文堂出版 2000 年版,第 405 頁。但此書卷下斯植《古樂府》詩下日人注釋又稱斯植爲"中建人",恐有誤(第 425 頁)。

③ 見《宋百家詩存》卷四十斯植小傳。

④ 〔清〕王士禛撰,張鼎三點校《居易録》卷二,袁世碩主編《王士禛全集》第二册,齊魯書社 2007 年版,第 3704 頁。

集》等，但都是同一來源，也就是宋刻本或宋刻本的傳抄本。祇是有的抄本把"續稿"改爲"續集"，如清黄氏醉經樓抄本（藏南京圖書館）、顧氏讀畫齋刊本（據抄本刊刻）等。其宋刻本見於臺北"中央圖書館"所藏《南宋群賢小集》中，卷一首行下有"楝亭曹氏藏書"印，説明是清代曹寅的藏書。此本與此《南宋群賢小集》中所收其他宋刻本南宋詩人小集行款格式、字體等相同。也是每半頁十行，行十八字，上單黑魚尾，魚尾下寫書名、頁數。《采芝續稿》末有斯植跋，云：

> 詩，志也。樂於情性而已，非所以有關於風教者。近於覽卷之暇，心忘他用，得之數篇，目之曰《續稿》，然不可謂之無爲也。寶祐丙辰良月望日芳庭　斯植書。

寶祐丙辰即寶祐四年（1256），但在《續稿》中還有《丁巳燈夕前六日觀抱拙寄敏齋韻因事有感走筆以賦》詩，丁巳乃寶祐五年，説明此集可能經過後人整理，已非原貌。

另外《江湖小集》①卷三十五、卷三十六也載録了《采芝集》與《采芝續稿》，《續稿》末也有斯植跋，所收詩歌的數量及排列順序與宋刻完全相同，文字也基本相同（個别地方有異文），應屬同一系統。《江湖後集》卷二十三録有從《永樂大典》中輯出的《和子履雍家園詩》《送李容甫歸北都》兩首詩，都是集外詩，但《和子履雍家園詩》收入《全宋詩》歐陽脩名下，②又重見於蘇舜欽，③絶非斯植之詩；《送李容甫歸北都》收入《全宋詩》李昭玘詩名下，④也頗使人懷疑它並非斯植之詩。

---

① 《江湖小集》，影印文淵閣《四庫全書》本。
② 見《全宋詩》册六卷三〇二，第3803頁。
③ 同上書，卷三一一，第3911頁。
④ 同上書，册二二卷一二八九，第14628頁。

（二）在日本的刊刻流傳

與永頤《雲泉詩集》在日本的流傳相同，斯植《采芝集》《采芝續稿》在日本亦未見單刻本，多隨《南宋群賢小集》《汲古閣影宋鈔南宋群賢六十家小集》等叢書流傳，其館藏見前述"《雲泉詩集》在日本的刊刻流傳"部分。另外，日本國立公文書館內閣文庫藏有日本享和二年昌平坂學問所鈔本《江湖集》二十四册（以下簡稱"享和鈔本"），收錄有斯植《采芝集》一卷，《續稿》一卷；日本滋賀大學藏有日人闕名所輯《無名叢書》抄本一百三十一種一百二十四册，其第一百零五册，收錄有斯植《采芝集》一卷，《采芝續稿》一卷（以下簡稱"無名叢書本"）；日本國會圖書館藏有清寫本《宋詩外集》共十二册，其中第二册也收錄其《采芝集》一卷，《續集》一卷（以下簡稱《宋詩外集》本），以下主要介紹此三本。

1. 享和鈔本

此享和《江湖集》抄本乃據鮑廷博抄本傳錄，已見前"《雲泉小集》在日本的刊刻流傳"部分。斯植《采芝集》一卷，《續稿》一卷收錄於第二册卷一。《采芝集》共十六頁，首頁首行頂格寫"采芝集"，次行靠下寫"芳庭　斯植"，然後抄錄自《山居懷舊隱》至《江淮傷感》共八十九首詩。半頁十行，行十八字，無版框，無界，版心位置上方寫書名"采芝集"，下方寫頁碼。《采芝續稿》共十一葉，首頁首行頂格寫"采芝續稿"，次行靠下寫"芳庭　斯植　建中"，然後抄錄自《送故人之天台》至《池上曲》共五十八首詩。行款同《采芝集》，版心位置上方寫書名"采芝續集"，下方寫頁碼。《采芝續稿》末尾亦有斯植跋文。跋文後空白處居中有朱筆行書寫"享和二年歲次壬戌孟冬之月"，其左下寫"片岡孝幹　乾無必　仝校"，可見此書經日人片岡孝幹、乾無必校勘。另有"享和癸亥"四字朱戳，"享和癸亥"爲享和三年。左上鈐有"昌平坂學問所"墨印。

2.《無名叢書》本

《無名叢書》第一百零五冊共抄錄有《梅屋吟》《北窗詩稿》《鷗渚微吟》《學吟》《雅林小稿》及《采芝集》《采芝續稿》六個宋人小集。《采芝集》《采芝續稿》在最後。《采芝集》共有十六頁，首行題書名"采芝集"，次行靠下題作者"芳庭　斯　植"，然後抄錄自《山居懷舊隱》至《江淮傷感》共八十九首詩歌。《采芝續稿》共十一頁，首頁首行頂格寫"采芝續稿"，次行靠下寫"芳庭　斯植　建中"，然後抄錄自《送故人之天台》至《池上曲》共五十八首詩。其天頭偶有朱筆校字，校正所對應的一行中誤寫之字。如《采芝集》第十三頁 b 面第七行對應天頭上有朱筆寫"頻"字，是校正此行中詩句"海開頻生霧"中"頻"字之誤。《采芝續稿》末尾亦有斯植跋文。其行款格式與前述《無名叢書》本《雲泉詩集》相同，與上述享和鈔本《采芝集》《采芝續稿》亦相同，説明此本亦是根據鮑廷博傳抄本系統抄寫的。

3.《宋詩外集》本

《宋詩外集》第二册"方外二·釋"類亦收錄了《采芝集》一卷、《采芝續集》一卷。共二十五頁。首行頂格題書名"采芝集"，次行靠下題"芳庭斯　植建中"，共抄錄自《山居懷舊隱》至《江淮傷感》共八十九首詩歌。半頁九行，行二十一字。文字秀整。四周雙邊，無界，版心上單黑魚尾，朝下，白口，未寫書名頁碼等字。《采芝續集》，首頁首行頂格寫"采芝續集"，次行靠下寫"芳庭斯　植建中"，然後抄錄自《送故人之天台》至《池上曲》共五十八首詩。行款與《采芝集》同。末尾亦有斯植跋文。可能所據底本有缺損，詩句中偶有空字，如《采芝集》中《林間》詩第三句"青山似與人相入"之"入"字空缺；《韜光庵》詩第五句"老樹夜殘霜鬼哭"之"霜"字空缺，"哭"誤作"笑"；《過桃源》詩第三句"桃花曉落水流去"之"曉"字空缺；第七句"長關春有愁人分"之"分"字空缺，"有"誤作"又"。《采芝續集》中《春日湖上五首》之第四首第四句"海棠無處是山光"之

"無"字空缺。

十七、紹嵩《亞愚江浙紀行集句詩》

釋紹嵩(1194—?)，一作少嵩，字亞愚，廬陵(今江西吉安)人，寧宗嘉定五年(1212)，年十九，秋，自穆湖買船由鄱陽九江之巴河，往來凡數月。長於詩，自謂"每吟詠信口而成，不工句法，故自作者隨得隨失"。理宗紹定二年(1229)秋，自長沙出發，訪游江浙，途中作了大量集句詩。紹定五年，應知嘉興府黃尹元之請，主大雲寺。八月，把前所作集句詩編爲《江浙紀行》七卷。① 與林岊(字仲山)、曾黯(字温伯)、王諶(字子信)等人有交，王諶有《次亞愚韻》《嘉熙戊戌季春一日畫溪吟客王子信爲亞愚詩禪上人作漁父詞七首》等詩。② 《中興禪林風月》所引紹嵩《題方廣僧舍》詩下有日人注釋，稱其爲"癡絶派僧也"。③ "癡絶"指釋道沖(1169—1250)，號癡絶，武信長江(今四川遂寧西北)人。因科舉失意出家，後遍參松源崇岳、曹源道生等禪宗諸老，歷住嘉興報恩光孝寺、蔣山太平興國寺、雪峰崇聖寺、天童景德寺、景德靈隱寺、覺城山法華寺、徑山興聖萬壽寺等名刹。④ 爲南嶽下十九世，曹源道生禪師法嗣。其在南宋的禪宗傳法世系爲：圓悟克勤→虎丘紹隆→應庵曇華→密庵咸傑→曹源道生→癡絶道沖→釋紹嵩。故紹嵩亦當屬於臨濟宗僧人。

紹嵩的著述，今祇存《亞愚江浙紀行集句詩》七卷。實際上他還有詩集《眉白集》，王諶《題詩僧亞愚眉白集》詩云：

向來已觀集，今見自吟詩。天下有清論，僧中真白眉。淡

---

① 事見《四庫全書總目》卷一百七十四集部別集類存目一《漁父詞集句》提要及《亞愚江浙紀行集句詩》卷首自序。
② 見《全宋詩》册六二卷三二五二，第38816頁。
③ 見[日]大塚光信編《新抄物資料集成》第一卷影印名古屋市蓬佐文庫所藏抄本《中興禪林風月集》卷上第，第408頁。
④ 參見《全宋詩》册五四第33780頁釋道沖小傳。

如秋水淨，濃比夏雲奇。慎勿輕拈出，常人罕見知。①

可見《眉白集》中所收錄的是紹嵩自己創作的詩歌，而非集句詩。而且此時他年事已高。但《眉白集》今已佚失不存。另外，紹嵩還有《漁父詞集句》二卷，見《四庫全書總目》卷一百七十四集部別集類存目，標爲《永樂大典》本，《四庫總目提要》引其自序曰：

　　嘉定壬申，予年十九，其秋自穆湖買船由鄱陽九江之巴河，往來凡數月。每遇景感懷，因集句作《漁父詞》以自適。②

可見此《漁父詞集句》爲其早年所作，《四庫總目》謂其"所集不甚工，亦李龔《剪綃集》之流亞耳"。今此書也不知存於何處。今存《亞愚江浙紀行集句詩》七卷，共有集句詩三百七十六首，集自六朝至南宋約三百九十七人的詩歌，而以唐宋人詩爲主，兩宋詩人的詩尤多，可考知的有二百餘人，宋代著名的詩人如蘇舜欽、梅堯臣、歐陽脩、蘇東坡、王安石、楊萬里、陸游等都在其中，而以集楊萬里的詩最多。還有大量不著名詩人的詩，也有不少是詩僧的詩，如九僧、仲休、道潛、惠洪、善權、祖可、蘊常、寶曇、梵崇等。很多詩人的詩歌今已不存或大量佚失，幸從其集句中得以窺見一斑。如《羅湖野錄》的作者釋曉瑩，流傳至今的詩歌並不多，陳起《聖宋高僧詩選》中祇錄其《南昌道中》一首詩，而紹嵩《江浙紀行集句詩》卷一至卷七共集其詩句一百三十四句，可見曉瑩也是擅長作詩的詩僧。又如張釜，字君量，號隨齋，孝宗淳熙五年（1178）進士，並不太知名，所存詩也不多，但《江浙紀行集句詩》中集其詩句有六十句。像薛舜俞、劉昌詩、顏棫等人的詩今他書已不可見，靠紹嵩的集句才得以保存下來。而且還有很多詩人到今天可能他書中連名字也沒

---

① 參見《全宋詩》册六二卷三二五二頁，第 38812 頁。
② 《四庫全書總目》，第 1542 頁。

有流傳下來,其詩與名衹保存在此書中。這雖然不是紹嵩當時作集句詩的目的,但客觀上起到了保存宋人詩歌的作用。除今存《亞愚江浙紀行集句詩》中三百七十六首集句詩外,筆者又從《中興禪林風月》一書中發現紹嵩佚詩二首:

   山勢如城繞梵宫,薄嵐濃翠鎖寒空。憑欄不見當時事,一片斜陽細雨中。《題方廣僧舍》

   水環洲渚更連天,杳杳漁舟破溪煙。最愛蘆花經雨後,曉霜插月作嬋娟。《秋暮江上》①

這兩首詩也當爲集句詩。《題方廣僧舍》詩第一句乃宋初滕宗諒《石城寺》詩首句,②衹是"梵"作"楚";第二句乃宋初畢田《凝碧亭》詩第二句,③衹是"薄"作"古";第三句乃宋初陳誼《螺江廟》詩第三句,④第四句乃唐末沈彬《湘江行》中詩句。⑤《秋暮江上》詩第一句乃南宋張孝祥《登清音堂其下琵琶洲也再用韻》詩第四句,⑥第二句乃唐鄭谷《江際》詩首句,見鄭谷《雲臺編》卷下;⑦第三句乃北宋林逋《秋江寫望》詩第三句,⑧第四句乃宋吕本中《戲呈外弟趙才仲》詩第四句,⑨衹是"插"作"扶"。可見其集外仍有佚詩。

(一)《亞愚江浙紀行集句詩》的編刻及國内流傳

據《亞愚江浙紀行集句詩》卷首紹嵩自序,此書是他在理宗紹

---

 ① 以上見日本内閣文庫藏抄本《中興禪林風月》卷上。
 ② 《全宋詩》册三卷一七四,第 1974 頁。
 ③ 《全宋詩》册三卷一五二,第 1725 頁。
 ④ 《全宋詩》册一卷五八,第 651 頁。
 ⑤ 〔清〕鄧顯鶴《沅湘耆舊集前編》卷十二方外名釋"釋齊己"傳下注釋引宋陶嶽《零陵總記》中所引,清道光二十四年鄧氏小九華山樓刻本。影印文淵閣《四庫全書》本宋阮閱《詩話總龜》卷十六所引此句中"一片斜陽"作"一岸殘陽"。
 ⑥ 《全宋詩》册四五卷二四〇三,第 27766 頁。
 ⑦ 〔唐〕鄭谷《雲臺編》,《叢書集成續編》本,臺北新文豐出版公司 1989 年版。
 ⑧ 《全宋詩》册二卷一〇八,第 1234 頁。
 ⑨ 同上書,册二八卷一六〇九,第 18079 頁。

定五年(1232)八月主持嘉興大雲寺時,與來訪的永上人一起,把他在紹定二年秋,自長沙出發,訪游江浙,村行旅宿,感物寓意而作的集句詩三百七十六首編録成了《江浙紀行》。今傳本《亞愚江浙紀行集句詩》卷七末書名卷數行後面兩行寫有"嘉熙改元丁酉良月師孫奉直命工刊行"的刊記,説明此書是在理宗嘉熙元年(1237)紹嵩還在世時刊行的。

明《永樂大典》中曾經引録《亞愚江浙紀行集句詩》中的詩歌,出自《江湖續集》,①説明此書在宋代曾經被收入《江湖續集》中流傳。今宋刻本《亞愚江浙紀行集句詩》,存於臺北"中央圖書館"所藏《南宋群賢小集》中,此本正文每半頁八行,行十六字,上下雙花魚尾,上魚尾下寫卷數,下魚尾下寫頁數,左右雙邊,上下單邊,有界行,字體奇古樸質,世所罕見。此書卷首首行下及卷一首行下都有"棟亭曹氏藏書"印;卷五末行下方文字上有"白堤錢聽默經眼""吳越王孫"二印;倒數第二行《題謝公橋》詩題下有"國立'中央'圖書館收藏""吳縣楊壽祺發見逸存宋本"二印,而"白堤錢聽默經眼""吳越王孫"二印是清代江浙藏書家錢景開(名時霽)的藏書印,説明此書經清代藏書家曹寅及錢時霽收藏,後由民國楊壽祺發現,現歸臺北"國家圖書館"。此書首有紹嵩自序,與正文行款格式、字體相同;接着是朝議大夫國子監丞楊夢信的題辭及詩,並有楊夢信的印;奉議郎知臨安府鹽官縣事楊之麟題辭及詩和印;從事郎常州宜興縣尉權州學教授陳□□②題辭及詩,都是用原大字手寫體刊刻。卷七後有"嘉熙改元丁酉良月　師孫奉直命工刊行"的刊記,最後有紹定四年(1231)從事郎監慶元府昌國縣西監鹽場宣城陳應申跋,跋文爲每半頁十行,行十八字,字較小,與正文不同。毛氏汲古閣影宋抄本的行款格

---

① 見《永樂大典》卷七九六二,中華書局1986年影印本,第3696頁。
② "□□"二字字迹潦草,無法辨識。

式、内容、前後編排次序等與此本完全相同，則抄本所依據之宋本與此本當爲同一版本。衹是最後陳應申跋之"申"字寫成了"中"，可能是形近錯誤。清嘉慶六年（1801）石門顧氏讀畫齋刊本《南宋群賢小集》中也收有《亞愚江浙紀行集句詩》七卷，也源於宋刻本，但楊夢信、楊之麟、陳□□題辭及詩都被放在了卷七之後、陳應申跋之前，且陳應申跋的末後部分與陳□□題辭及詩的末後部分次序發生竄亂，這可能是其所依據的底本竄亂所致。另外影印文淵閣《四庫全書》本《江湖小集》卷三至卷九也收錄了紹嵩《亞愚江浙紀行集句詩》，前有其自序，後有陳應申跋，與宋刻本屬同一系統。

（二）在日本的刊刻流傳

與永頤《雲泉詩集》、斯植《采芝集》《采芝續集》在日本的流傳相同，紹嵩《亞愚江浙紀行集句詩》在日本亦未見單刻本，也多隨《南宋群賢小集》《汲古閣影宋鈔南宋群賢六十家小集》等叢書流傳，其館藏情況，見前述"《雲泉詩集》在日本的刊刻流傳"部分。另外，日本國會圖書館藏清寫本《宋詩外集》第四冊集句類收錄紹嵩《江浙紀行集句》四卷，下面介紹此本。

《宋詩外集》第四冊所錄《江浙紀行集句》四卷，共五十二葉。其行款格式同前述《宋詩外集》本永頤《雲泉詩集》、斯植《采芝集》《采芝續集》。卷一錄《發長沙》至《憩靈隱寫懷》共五十五首集句詩；卷二錄《雪後復雨過西湖》至《贈別顯上人》共四十七首集句詩；卷三錄《道中自遣》至《山居即事二十首》共五十四首集句詩；卷四錄《列岫亭書事》至《贈聞人必大》共五十首集句詩。紹嵩《亞愚江浙紀行集句詩》，《南宋群賢小集》《汲古閣影宋鈔南宋群賢六十家小集》等皆爲七卷，此本衹抄錄了前四卷。末附朝議大夫國子監丞楊夢信的題辭及詩，奉議郎知臨安府鹽官縣事楊之麟題辭及詩，從事郎常州宜興縣尉權州學教授陳□□題辭及詩。與永頤《雲泉詩集》、斯植《采芝集》《采芝續集》相同，詩句中亦時有空缺之字。

十八、元肇《淮海挐音》《淮海外集》

元肇(1189—1265),字聖徒,號淮海,通川靜海(今江蘇南通)人,俗姓潘。年十三即禮本邑利和寺妙觀爲師,十九薙染受具。初習教觀,後歸禪宗。首參浙翁如琰禪師於徑山,居無何,往游台雁,過能仁寺。回京師,徜徉湖山間,從北磵居簡、天目文禮二禪師游。登徑山,再參浙翁,契悟,爲掌記。出世通州報恩光孝禪寺,歷住平江府雙塔壽寧萬歲禪寺、建康府清涼廣慧禪寺、台州萬年報恩光孝禪寺、平江府萬壽報恩光孝禪寺、溫州江心龍翔興慶禪寺、慶元府阿育王山廣利禪寺、臨安府淨慈報恩光孝禪寺、景德靈隱禪寺、徑山興聖萬壽禪寺。度宗咸淳元年(1265)六月示寂,壽七十七,僧臘五十八。事見物初大觀所撰《淮海禪師行狀》。①

關於元肇的著述,物初大觀在《淮海禪師行狀》中説:"遺語十會提唱外,有雜筆一編,并鋟諸梓。"這是指元肇的《語録》和《外集》。《淮海禪師行狀》作於元肇去世後一年,即度宗咸淳二年(1266),此時其《語録》與《外集》將被刊行,元肇徒弟法思請大觀爲其師寫了《行狀》。明王圻纂輯的《續文獻通考·經籍考》卷一百八十三詩集類著録有:

> 《淮海詩集》,元肇著,通州人,生而癡愚,號淮海。淳熙間爲人牧羊,忽吟詩曰:"麥浪清如水浪,梨花白似梅花。不暖不寒天氣,半村半郭人家。"後爲僧,遍游江湖,爲詩清麗,文亦雅健。②

其中關於元肇生平的記載,包含了以訛傳訛的成分,所引詩也不見於今傳詩集。而明《(嘉靖)通州志》卷五元肇傳、明《(萬曆)通州志》卷八元肇傳及明彭大翼《山堂肆考》卷一百二十二皆謂"有《淮

---

① 見《物初賸語》卷二十四。
② 〔明〕王圻纂輯《續文獻通考》,明萬曆三十年(1602)松江府刻本。

海語録》及《詩集》傳於世"，①這就説明在明代《淮海語録》及《詩集》都有流傳。清康熙四十八年（1709）張豫章等人奉敕編纂的《御定四朝詩》之宋詩部分，元肇名下也謂"有《淮海集》"，説明《淮海詩集》清初還存在。但《淮海詩集》今不可見，今存於世的有《淮海挐音》二卷、《淮海元肇禪師語録》一卷、《淮海外集》二卷。

（一）《淮海挐音》在日本的刊刻流傳

《淮海挐音》二卷，是元肇自編的詩集，卷一收録了五律和五古，卷二收録的是七律、七絶及七古。總的來説五律、七律和七絶占絶大部分，古體詩較少。此書在國内佚失已久，宋以後的公私藏書目都未見著録，現祇能見到日本元禄八年（1695，清康熙三十四年）刊本。日本内閣文庫、東洋文庫、静嘉堂文庫等處有藏。此書末有元禄乙亥二月神京書林茨城方道題識，云：

> 《淮海挐音》上下二册，世罕傳之，予嘗聞藏宋刻舊本於名山書庫而欲廣行於世，數請而得之矣。刻字楷正，足爲清玩，直貼壽梓。好雅君子幸賞鑒焉。

乙亥即元禄八年，神京指日本京都。可見此本是由京都茨城方道從名山書庫求得宋刻本而覆刻的。此本每半頁十行，行十六字，字體工整秀麗。卷首有居簡、陸應龍、陸應鳳及趙汝回、程公許、周弼等人的序。根據陸應龍、陸應鳳的序，此宋本刊刻於居簡、寶祐戊午（即寶祐六年，1258），此時元肇在平江府萬壽報恩光孝禪寺。《淮海外集》卷下有《題詩後與徑山偃溪和尚》，云：

> 頃上凌霄，首被吾偃溪發露所習。後如師爐，日鍛月煉，銷化未盡，往往爲人指謗，坐此鷁飛四十年矣。去夏過永嘉，不知爲鄉寓陸氏所刻畫，亦禁其勿廣印。今兩度到庵，對榾柮

---

① 〔明〕彭大翼《山堂肆考》，明萬曆二十三年（1596）刻本。

話舊,觸着昔癢。輒以一本托心契之深,書後奉納,亦可舟中省瞌睡,切勿示禪流也。

偃溪廣聞(1189—1263)也曾師從浙翁,與元肇爲同門師兄弟,理宗寶祐四年(1256)至景定四年(1263)住徑山。① 元肇此文當作於理宗開慶元年(1259),文中敘述了他作爲一個禪僧,因爲擅長作詩而遭到他人的指責和誹謗,故禁止陸氏對其詩集大量印刷,並叮囑偃溪廣聞不要把他的詩集給其他禪僧看。這可能就是《淮海挐音》在國内没有廣泛流傳而早已佚失的重要原因。日本大正二年(1913)成簣堂文庫庫主德富蘇峰曾經把此書的元禄刊本收入《成簣堂叢書》影印五百部,在解題中稱此書的淳祐舊刊本是鎌倉初期五山高僧去南宋江南游歷時得到而帶回日本的,這種説法是可信的。但元肇詩集最初應刻於淳祐十二年(1252)左右,因爲據周弼作於淳祐十二年的序中云:"十年與弼三會於吴門,屢云待子數語,然及板行,弼目揆衰薾,故少遲焉。"明確講到其作序時元肇詩集已經開始刻板。今傳《淮海挐音》卷上有《趙東閣奏院》詩,云:

東閣王孫貴,才名似謫仙。可憐頒郡下,不及蓋棺前。家乏千金計,詩應萬古傳。生來同四柱,豈料哭君先。

又有《周伯弼明府》詩,云:

昨過楊州日,知君病已侵。殊非折腰具,竟作斷弦吟。遠信逢秋笛,驚哀徹樹禽。有才無命者,從古至於今。

這兩首詩説明趙汝回、周弼已經去世。也就是説,寶祐六年(1258)陸氏刻本,是根據淳祐十二年刻本,又加入了其後元肇所作的詩而刊刻印行的。而日本元禄刻本又是據寶祐六年陸氏刊本而來的。

---

① 見《偃溪廣聞禪師語録》所附林希逸撰《塔銘》,《續藏經》第 1 輯第 2 編第 26 套第 2 册。

《成簣堂叢書》影印本現我國天津圖書館和大連圖書館各藏有一部，①我國當代學者私人也收藏有此本。② 金程宇《和刻本中國古逸書叢刊》據內閣文庫藏元祿八年刊本影印。

(二)《淮海外集》在日本的刊刻流傳

《淮海外集》二卷，收錄了元肇所作的表、榜、疏、銘、記、跋、祭等雜文。宋以後的公私書目也未見著錄，說明國內也早已佚失。日本五山著名詩僧虎關師煉於康永元年(1342,元惠宗至正二年)所編撰的《禪儀外文集》中，已收錄元肇榜、疏、祭文等十四篇，這些文章皆見於《淮海外集》二卷中，說明此書在1342年以前已傳入日本。現日本國會圖書館藏有寶永七年(1710,清康熙四十九年)常信活字印本，首有咸淳二年(1266)物初大觀序，稱"諸子會粹十會提唱并以《外集》鋟諸梓"，說明《外集》與《語錄》是同時刊刻的。此書分上、下兩卷，有目錄，正文每半頁十一行，行二十字。卷上字旁有墨筆標出日文讀音、順序等的訓點符號，又有朱筆句讀、縱點，卷下則無。卷下末頁有"通川花路分助錢刊行"，又有"時寶永七庚寅下秋　植工常信"刊記。此書最後一頁有"咸淳庚午(六年,1270)重陽日應雷題"，曰：

> 前輩謂晉無文章，惟《歸去來》一辭；唐無文章，惟《盤古》一序。甚矣。文名世，不以多為貴也。《淮海外集》一卷，余軍書膠葛中，不暇盡讀，觸手而觀，得《來月軒記》，為之擊節。蓋其命意遠，狀物工，嘗鼎一臠，已知師之所以為文者矣。若夫末後轉語，乃法門中機關，活潑潑地，不必為蜜說甜。

"應雷"即印應雷，與元肇同鄉，寓居常熟，嘉熙二年(1238)進士。曾知溫州、江州、福州等地。度宗咸淳六年(1270)正月，任兩淮安

---

① 據《中國館藏和刻本漢籍書目》記載，杭州大學出版社1995年版。
② 見辛德勇《淮海挐音》一文，《中國典籍與文化》1998年第1期。

撫制置使,至九年十月致仕。① 元肇有《送印寶章知溫州》等詩。印應雷寫此題記時正在兩淮安撫制置使任上。由此看來,在咸淳二年刊本後可能又有咸淳六年刊本,那麼此書傳入日本的時間也必在咸淳六年之後。此寶永本應是根據宋本而來。

另外此書在日本還有抄本,已收入《禪門逸書續編》第一册,由臺北漢聲出版社影印出版。此抄本也分爲上、下兩卷,卷首也有物初大觀序及目録,最後一頁也有印應雷題記,但稱爲"《淮海外集》跋",文末也署爲"咸淳庚午重陽日應雷跋",則抄本所據之本與寶永本所據之本不同,但應同屬宋本系統。印應雷跋後又有元禄十四年(1701,清康熙四十年)日僧月潭題,稱"《外集》上、下卷,藏在慧日山中,獲借覽,命椿洲徒謄寫一本"。這就是此抄本的由來。由於所據本模糊不清或抄手水平所限,此本中有不少抄錯之字。

附書影

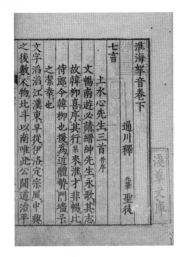 

圖 18-1　内閣文庫藏元禄刊本　　圖 18-2　國會圖書館藏寶永活字本
　　　　　《淮海挐音》　　　　　　　　　　《淮海外集》

---

① 事見〔明〕張景春撰《吴中人物志》卷十(明隆慶四年刻本)、吴廷燮編《南宋制撫年表》等。

十九、善珍《藏叟摘稿》

善珍（1194—1277），字藏叟，泉州南安（今福建南安東）人，俗姓吕。年十三，依郡之崇福寺南和尚受業落髮，十六游方，至杭州，受具足戒。謁妙峰之善禪師於靈隱，入室悟旨。後出世住里之光孝禪寺，升承天寺，繼遷安吉州思溪圓覺寺、福州雪峰禪寺，朝命移四明之育王、臨安之徑山。端宗景炎二年五月示寂，年八十四。事見《補續高僧傳》卷十一、《徑山志》卷三、《增集續傳燈録》卷二、《續燈存稿》卷二、《續燈正統》卷十一。善珍是宋末繼元肇之後較爲著名的詩僧。其詩學晚唐，與南宋詩人劉克莊、林希逸、盛世忠、胡仲弓、蒲壽宬等相酬唱，[①]與北磵居簡、物初大觀、淮海元肇、愚古元智、偃溪廣聞等禪僧關係密切，[②]其著述現有《藏叟摘稿》二卷傳世。

（一）《藏叟摘稿》在日本的刊刻流傳

《藏叟摘稿》分爲上、下二卷，是善珍存世的詩文集。上卷爲詩，下卷基本上是文。此書明代嘉靖年間（1522—1566）晁瑮及其子晁東吳的藏書目《晁氏寶文堂書目》"佛藏"類中還有著録，[③]説明當時國内還有收藏，但今已佚失不存，而存於日本。日本五山著名詩僧虎關師鍊於康永元年（1342，元惠宗至正二年）所編撰的《禪儀外文集》中，已收録善珍榜、疏、祭文等十二篇，這些文章皆見於《藏叟摘稿》卷下，説明此書在1342年以前已傳入日本。現主要有五

---

① 盛世忠有《寄藏叟僧善珍》，林希逸有《雪峰藏叟過門見訪贈别一首》，胡仲弓有《枯崖韻速藏叟和篇》、《寄藏叟》，蒲壽宬有《寄思溪老藏叟珍上人》詩，分見於《全宋詩》册五九卷三〇八七頁36828、卷三一二二頁37296、册六三卷三三三三頁39753、39757、册六八卷三五七八册頁42764。

② 《北磵文集》卷七有《書泉南珍書記行卷》，《物初賸語》卷十三有《藏叟詩序》。

③ 〔明〕晁瑮《晁氏寶文堂書目》卷下，《中國歷代書目題跋叢書》本，上海古籍出版社2005年版，第220頁。

山版和寬文十二年（1672，清康熙十一年）版兩種。

1.五山版

五山版，日本尊經閣文庫及東洋文庫有藏，二者爲同一版本，爲日本南北朝時所刊。分爲二册，按類編排。第一册（上卷）包括吴歌、古體詩、七律、五律、七絶、五絶、騷詞等，以七律、五律爲多。第二册（下卷）包括記銘、題跋、榜、疏、祭文、上梁文等。此書無序跋，正文都是半頁十一行，行十八字。左右雙邊，有界行。尊經閣藏本有朱筆句讀，在每卷末有用墨筆小字豎寫"永正丁丑夏於東山建仁清涼之東軒加點句讀了"這樣的記語。永正丁丑即日本永正十四年（1517，明正德十二年），説明句讀加於此時。另據川瀨一馬《五山版の研究》一書記載，此五山版《藏叟摘稿》還有日本國會圖書館、東北大學狩野文庫、成簣堂文庫、大東急記念文庫等多處收藏。椎名宏雄編《五山版中國禪籍叢刊》第十一卷影印日本東北大學狩野文庫藏本；中國社會科學院歷史研究所主持編纂《日本五山版漢籍善本集刊》第十册、金程宇《和刻本中國古逸書叢刊》皆據日本國會圖書館藏本影印。

2.寬文版

寬文十二年版與五山版内容、排列次序等完全相同，應由五山版而來。祇是寬文版版式稍異，正文爲半頁九行，行十八字，四周雙邊，無界行。漢字旁標有日文片假名等標明讀音、順序等的訓點符號。書的最後一頁有"寬文十二年歲次壬子仲春下浣　藤田六兵衛鋟梓"版記。此本日本内閣文庫有藏，乃昌平坂學問所舊藏。日本國會圖書館、大阪府立圖書館等處亦有收藏。

附書影：

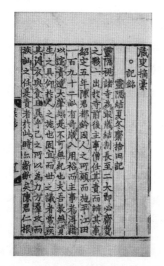

圖 19-1　國會圖書館藏日本南北朝時期刊本

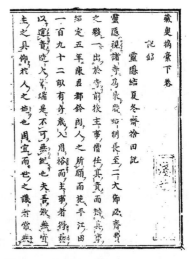

圖 19-2　內閣文庫藏寬文十二年刊本

二十、大觀《物初賸語》

物初大觀（1201—1268），字物初，號慈雲，俗姓陸。鄞縣（今浙江寧波）人。乃陸佃之後。自幼父母雙亡，仲父使就舉業，後棄之，從道場山北海悟心禪師薙髮受具。首見育王無準範禪師，後依淨慈寺石田法薰禪師爲掌記。會北磵居簡禪師寓冷泉，訪淨慈，參之開悟。之後隨北磵遷道場山、淨慈寺。理宗淳祐元年（1241），出世住臨安府法相禪院，後歷住安吉州顯慈禪寺、紹興府象田興教禪院、慶元府智門禪寺、大慈山教忠報國禪寺，景定四年（1263），入住慶元府阿育王山廣利禪寺。度宗咸淳四年卒，年六十八。葬寺西庵。事見其嗣法門人元晦機元熙所撰《鄮峰西庵塔銘》、[1]門

---

[1]　〔明〕郭子章《明州阿育王山志》卷八下，明萬曆四十七年（1619）序刊本。

人德溥等編《物初大觀禪師語録》①及清釋際祥等編《淨慈寺志》卷十《法嗣》。②

大觀的著述現有《物初賸語》二十五卷、《物初大觀禪師語録》一卷傳世。《物初賸語》一書,根據大觀度宗咸淳丁卯(三年,1267)的自序,是由他的徒弟嚜子潛編成的,編成於大觀去世前一年,是大觀的詩文集,其中卷一至卷七爲詩,卷八至卷二十五爲文。而《物初大觀禪師語録》,收録了他住臨安府法相禪院、安吉州顯慈禪寺、紹興府象田興教禪院、慶元府智門禪寺、大慈山教忠報國禪寺、慶元府阿育王山廣利禪寺的語録以及小參、法語、頌古、佛祖讚、偈頌、小佛事等。也是由他的門人德溥等人編校而成的。《語録》中《慶元府阿育王山廣利禪寺語録》的末尾,收有大觀"垂寂前六日上堂"的語録,這就説明《物初大觀禪師語録》是在大觀去世以後編成的,很可能是在大觀剛剛去世後,其門徒德溥等人彙集其住六處語録編校而成。《物初賸語》今國內未見,保存在日本的公私圖書館中。《語録》雖然國內有藏,也是由日本傳回中國的。元熙爲物初大觀所撰的《塔銘》中講到"有《賸語》六册,《六會語》一册",《賸語》指《物初賸語》,《六會語》指大觀入住前述六個寺院時的《語録》,元熙撰《塔銘》的時間是在元仁宗延祐二年(1315),距大觀去世已四十七年,説明他曾經看到過這兩部書。而元代虞集在後至元四年(1338)爲元熙嗣法弟子笑隱大訢(1284—1344)的《蒲室集》所作序中,也説:

南昌訢公,早有得於其宗,精神所及,六藝百家殆不足學也。故其説法之餘,肆筆爲文,莫之能禦。以予所知,自其先師北磵簡公、物初觀公、晦機熙公相繼坐大道場,開示其法,然

① 《卍新纂續藏經》第69册,No.1366。
② 〔清〕釋際祥等編《淨慈寺志》,《武林掌故叢編》第十三集。

皆有別集,汪洋紆徐,辨博瑰異,則訢公之所爲,有自來矣。①

這就説明大觀的著作在元代時還存在,但宋代及其後的公私書目皆不見著録,説明在元代以後就佚失了,具體佚失於何時,已無從考知。

(一)《物初賸語》在日本的刊刻流傳

《物初賸語》一書,在中國佚失已久,在日本所存部數雖然不算太多,但也並非罕見。此書現在日本有宋刻本、日本木活字本、抄本等多種版本存在。

1. 宋刊本

筆者所知日本現藏有此書宋刊本共兩部,分別收藏於斯道文庫和成簣堂文庫。

(1)斯道文庫藏本

《物初賸語》一部五册,但缺卷七至卷十一、卷二十四、卷二十五共七卷,亦無《語録》。經過重新裝裱補修。首有物初大觀咸淳三年(1267)自序,序後有分別刻着"大觀"(小方形)、"物初"(豎橢圓形)、"慧山"(爵形無鏊)的三印。接着是"物初賸語目録",目録卷四之前爲補抄,卷四至卷五部分目録缺,其餘目録全。正文每半頁十一行,行二十字,左右雙邊,上下單邊,白口,上單黑魚尾(亦時有花魚尾),魚尾朝下,下有卷數、頁碼,最下有刻工姓名。字有歐體風格,整潔清秀。書中時有補抄,如卷三全卷,卷二、卷五部分。卷十四則缺七、八兩頁。書中亦時有因蟲蛀而字體殘損的情況。版心下所出現的刻工姓名有:(建安)吴漢、章湘、章萬竹、萬竹、范生、任、奉、信、吴、文、章、山等字。個別地方如卷十二有後人所加朱筆句讀,天頭時有墨筆批注,墨筆旁有日文片假名等訓點。②

---

① 見《蒲室集》首序,影印文淵閣《四庫全書》本。
② 《慶應義塾大學附屬研究所斯道文庫貴重書蒐選圖録解題》亦有關於此書的解題及書影,見第123頁,160—161頁。

（2）成簣堂文庫藏本

《物初賸語》二十五卷，十冊。其中《賸語》九冊，語錄一冊。也經過重新裝裱，正文中有後人的朱筆句讀，在人名、地名等固定名詞上及旁畫有紅綫（縱點）。其編排順序與斯道文庫本相同，首亦有物初大觀咸淳三年（1267）自序，但自序的五頁半中前三頁皆爲補抄，接下來的目錄中第一、六至十、十三、二十三等頁亦爲補抄，且第十四頁與第二十三頁位置錯置。此書的行款格式、版心、刻工姓名、字體等情況，都與上述斯道文庫所藏宋本完全相同，可以斷定爲同一版本。此書正文也多有抄補之處，如卷一第二頁，卷二第七至九、十二至十五頁，卷三第一至四頁，卷四第三頁，卷五第八至九頁，卷六第十一、十五至十六頁，卷七第七至八頁，卷八第二至三頁，卷九第七至九、十一頁，卷十第十一頁，卷十一第二至十一頁，卷十二第十二、十四至十七頁，卷十九第一、三至四頁，卷二十二第十一至十四頁，卷二十五第二十至二十一頁皆爲補抄。此本《賸語》和《語錄》合刻，行款格式、版心、字體等情況兩者全同。《語錄》偈頌末空白處，有分四行而豎寫的"碩人魏氏道昌施財/命工鏤板以垂後學/功德報答/四恩三有"木記。《語錄》的第十一、三十九、四十五至四十六、六十一至六十二頁亦爲補抄。由於斯道文庫本缺失七卷，二本補抄之處多有不同，且因殘破不清等原因，此書（包括序及目錄）刻工姓名能辨識的除上述見於斯道文庫本者外，還有"陳、錢、季、川、東"等字。第十冊《語錄》部分有刻工姓名如"吳漢、季文、季、吳、洪公"等字。

此書乃成簣堂主人德富蘇峰的舊藏，每冊卷首天頭及右框外都有多個屬於德富蘇峰及成簣堂的藏書印，如："蘇峰學人德富氏愛藏圖書記""菅正敬印""蘇峰""成簣堂主""德富文庫""自強不息""蘇峰清賞""蘇峰讀書記印""成簣堂""德富所有""天下之公寶須愛護"等。每冊卷首正文前兩行下方空白處常有"寶珠庵常住"的朱印，但都被墨迹塗蓋（見本節文後所附圖 20-1）。每冊卷首右框外下還有寫着"歸源"二篆字的黑方印,據川瀨一馬《新修成簀堂文庫善本書目》第四編第一章"宋刊本"部分對此本所作的介紹,這是鎌倉歸源院(圓覺寺塔頭)的古印。川瀨解題中説此書傳説與佛國國師帶來有關,又推測是由祖元禪師傳來的,是有道理的。佛國國師即高峰顯日①(1241—1316),後嵯峨帝之子,十六歲從聖一國師(圓爾辨圓)受具。文應元年(1260,南宋理宗景定元年),宋僧兀庵普寧②來日,住建長寺,高峰日往掛搭,並爲侍藥。後入下野那須山,誅茅隱棲。弘安二年(1279,元世祖至元十六年),宋僧無學祖元③來日,住建長寺,高峰顯日由一翁院豪(1210—1281,曾入宋)介紹與祖元相見,參禪問道,凝滯俱消,祖元付以信衣並法語印之。祖元後爲圓覺寺開山。又圓爾辨圓④於嘉禎元年(1235,南宋理宗端平二年)入宋,仁治二年(1241,理宗淳祐元年)返日,其間曾拜謁居於北磵的居簡(物初大觀之法師)。但如前所述,物初大觀在去世前一年(1267)爲自己的書寫了序,所以《物初賸語》的刊行,至少是在1267年之後,圓爾辨圓不可能攜帶此書返日。而兀庵普寧於1260年來日,也不可能攜帶此書。祇有無學祖元在物初大觀卒後十二年來日,而祖元最初是由北磵居簡剃髮受具,曾跟隨他五年,物初大觀住大慈寺時,祖元又前往依之,有兄弟之稱,⑤所以他來日時攜帶其法兄大觀所著書是可能的。雖然此書的詳細傳承過程已不可考,但説它的流傳與高峰顯日和無學祖元有關還是有道理的。但恐怕此本已不是宋本的原樣,因爲補寫的

---

  ① 事見釋師蠻《本朝高僧傳》卷二十三《野州東山雲巖寺沙門顯日傳》,《大日本佛教全書》第六十三卷史傳部二。
  ② 同上書,卷二十《相州建長寺沙門普寧傳》。
  ③ 同上書,卷二十一《相州瑞鹿山圓覺寺沙門祖元傳》及虎關師煉《元亨釋書》卷八淨禪三之三。
  ④ 事見釋師蠻《本朝高僧傳》,卷二十《京兆慧日山東福寺沙門辨圓傳》及《元亨釋書》卷七淨禪三之三。
  ⑤ 見《物初賸語》,卷十七《跋送元首座住羅庵偈編》。

部分有六十多頁（包括《語錄》），而且經過重新修補裝訂，所以變爲十册，而原始的形態應該是七册（《賸語》六册、《語錄》一册）。

2. 寶永五年（1708）常信木活字本

筆者也見到兩部。一是日本内閣文庫所藏《物初賸語》，二十五卷六册。卷首有物初大觀自序及總目錄，正文每半頁十一行，行二十字。則此本當從宋本而來，與宋本屬同一系統。卷二十四末刻有"寶永五年戊子孟冬吉日　植工常信"十四個字，故此本爲日本寶永五年常信木活字本。四周單邊，無界，無魚尾，版心寫書名卷數，下寫頁碼。另一部是日本國會圖書館所藏《物初賸語》，二十五卷五册，行款格式、字體與内閣文庫所藏本完全相同，卷二十四末也有"寶永五年戊子孟冬吉日　植工常信"十四個字，所以這兩個本子是同一版本，祇是分册不同。

3. 抄配本

《物初賸語》二十五卷六册，日本尊經閣文庫藏。此書卷首也有物初大觀的自序及總目，序的字體與前述宋本序的字體極相似，仔細辨別才能發現字的點畫略有不同，而且序末也有物初大觀的三個印記，可以斷定此本爲仿宋抄本。卷十九前正文每半頁十三行，行二十字，字體整潔清秀。從第五册卷十九起，抄寫的字體與前十八卷有所不同，字迹較草，文章的題目下及正文中並帶有雙行小注，每半頁十三行，行十九至二十一字不等。可見五、六兩册（卷十九至卷二十五）是用另一本抄配而成。注中廣泛引用中國古代四部各類典籍，經部如《易》、《書》、《詩》、《禮》、《春秋》三傳、《説文》、《爾雅》、《方言》、《廣韻》等；史部如《漢書》、《後漢書》、《東觀漢記》、《晉書》、《吳越春秋》、《越絶書》等；子部如《孫子》、《荀子》、《管子》、《論衡》、《淮南子》、《幽冥錄》、《續齊諧記》、《世説新語》等，也引用了大量佛教書籍，如《法華經》、《楞嚴經》、《雜阿含經》、《智度論》、《傳燈錄》、《證道歌》、《新編梵語》等；集部如《楚辭》、《文選》、《玉臺新詠》、陶詩、杜詩、王維詩、韓詩、孟郊詩、歐詩、蘇詩、黄詩等。雖然有的注釋內容並無多大意義，但可以看出注者是精通經史子集各類典籍而對佛學又有一定造詣的人。卷二十《天童再造疏》中"皇朝紹興間"下注："宋高宗年號也。"卷二十四《笑翁禪師行狀》中"廷臣奏端嘉以後牒廉僧雜欲增免丁三分之一"下注："端、嘉，端平與嘉熙，寧宗之子理宗皇帝之二年號也，宋朝之時禪、教院皆悉取免丁貨。"則説明作注之人不是宋人，而是宋以後的人，很可能是日本人。又卷十九《請某人江湖疏》及《雙塔請某人山門疏》之"某人"旁，用小字注明"唐本漫滅"，卷二十一《祭老碢先師》第一篇祭文末尾，有"淨慈知事"四字，旁邊也用小字注明"唐本為細字"，可見抄配部分所依據的版本當是宋以後中國的傳本。

另外，據駒澤大學圖書館所編《新纂禪籍目錄》載，據書店目錄，此書日本還有元版二十五卷五冊、明版五冊存在，不知在何處。另有永平寺藏慧達筆寫本五冊及大阪安福寺藏古寫本五冊，①筆者惜未見到。

附書影：

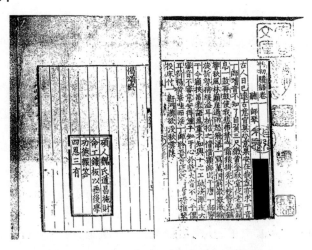

圖 20-1　日本成簣堂文庫藏宋本《物初賸語》

---

① 見椎名宏雄引《大藏會展觀目錄》。

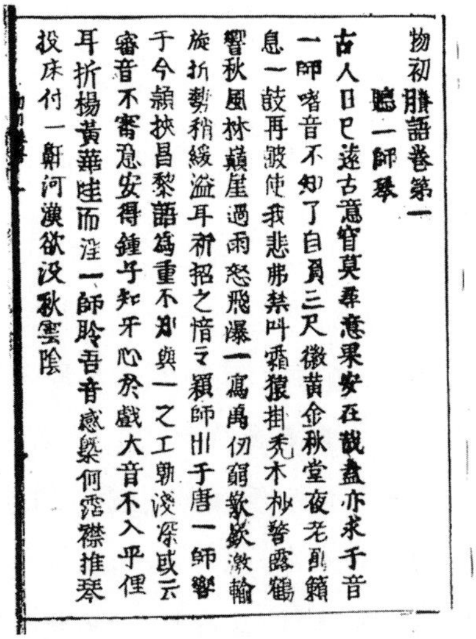

物初賸語卷第一
聽一師琴
古人日已遠古意曾莫尋意果安在設盡亦求于音
一師嗜音不知了自負三尺徽黄金秋堂夜老[illegible]籟
息一鼓再鼓使我悲怫禁叫霜猿掛禿木杪警露鶴
響秋風林巔崖過雨怒飛瀑一瀉萬仞窮欻激輪
旋折勢稍緩溢耳祈招之愔愔穎師出于唐一師響
于今韓挾昌黎語爲重不知與一之工孰淺深或云
審音不審意安得鍾子知牙心於戲大音不入乎俚
耳折楊黄華哇而注一師聆吾音感槩何霑襟推琴
投床付一嘯河漢欲沒秋雲陰

圖 20-2　日本内閣文庫藏寶永五年常信木活字本《物初賸語》

二一、道璨《無文印》《柳塘外集》

道璨(1214—1271),號無文,俗姓陶,豫章(今江西南昌)人,爲晉代大詩人陶淵明之族裔。年少時即去母從釋。理宗紹定六年(1233),從其兄陶叔元游白鹿洞書院,與理學家湯巾講席,聞知行大要。後漫游吴越二十餘年,歷見禪宗諸老,曾掌笑翁妙堪(1177—1248)、無準師範(1178—1249)、癡絶道沖(1169—1250)三老之記。[①] 寶祐二年(1254),初住饒州薦福禪寺,開慶元年(1259),住南康軍廬山開先華藏禪寺,景定元年(1260)十月,致開先寺事,寓柳塘。景定五年,再住薦福禪寺。度宗咸淳七年卒,年五十八。爲育王笑翁妙堪禪師法嗣。其著述現有《無文印》《柳塘外集》及《無文道璨禪師語録》傳世。

① 見《無文印》卷八《橘林詩集序》、卷十《書趙騰可〈雲萍録〉》,宋僧物初大觀《物初賸語》卷十三《無文印序》。

(一)《無文印》成書及在國內流傳情況

1. 成書

關於《無文印》的最早記載,見於與道璨同時的南宋僧人物初大觀(1201—1268)的著作《物初賸語》卷十三《無文印序》:

> ……前輩愈遠,人才愈不競,一攻於吟,束大爲小口吻,聲鳴如候蟲,其辛苦得之者不離乎風雲月露,所謂春容大篇,寂寥短章,迨箴聞矣,方興秦無人之歎。於斯時也,吾友璨無文崛起,以參爲主,以學爲張,振南浦、西山之英氣,追寂音、浯溪之逸響,歷掌笑翁、無準、癡絕三老之記,三老咸敬愛之。健筆如建瓴,間以稿曰《無文印》爲示,余得而備覽之,簡而足,繁而整,於理脫灑,於事調豈,蓋假文以明宗,非專文而背宗也。噫!僧史斷缺,英才不生,網羅遺逸,放失舊聞,此吾黨之責也。余嘗以此責加諸無文,他日將取償焉,則今之述作又未遽充余饞腹也。無文性耿介,重然諾,秕糠乎聲利。於朋友交和而不同,論士則先節概後事業,蓋躬允蹈之,非自恕以責人,人亦敬服焉。余謂無文從事乎筆墨間,文采爛然,敢問無文印果安在哉?

根據此文,道璨曾經以《無文印》稿給物初大觀看,但具體時間已不可考知。物初大觀卒於度宗咸淳四年(1268),則看稿時間必在此之前,這時離道璨去世還有三年,也就是説,道璨在世時已編自己的著作爲《無文印》稿。今存《無文印》首有咸淳九年長至日李之極序,曰:

> ……辛未二月示寂後,其徒惟康稡遺稿二十卷,請於常所來往之有氣力得位者,助而刊之,囑予爲之序。予家番,與師游最後而語最合。於康之請,不復辭。……

據筆者考知,今存二十卷本《無文印》中,收錄有道璨咸淳四年及以後的作品。如卷十六《溪園周通判》、卷十八《省身雷侍郎》當作於咸淳四年，卷十《跋樗寮書九歌》、卷十七《中峰郭知府》當作于咸淳六年。那麽，今存《無文印》二十卷當是其徒弟惟康在其《無文印》稿的基礎上，於咸淳七年道璨去世後又彙集他的其他遺稿編成的。

2. 在國內流傳情況

關於《無文印》一書，宋代及以後的公私書目皆未見著録。祇有明俞弁《逸老堂詩話》卷下曰：

> 元僧道璨，號無文印，進士陶躍之之子，善詩文。余愛其《題坡翁墨竹》云："長公在惠州日，遺黃門書，自謂墨竹入神品，此枝雖偃蹇低徊，然曲而不屈之氣，上貫枝葉，如其人，如其人。"①

這段話中有兩處錯誤，一是道璨爲宋僧而非元僧；二是道璨自號無文而非無文印，但它至少説明《無文印》在明代還有流傳。其所引《題坡翁墨竹》，見於《無文印》卷十，文字完全相同，祇是題目中的"坡翁"作"東坡"。另外，明釋無愠《山庵雜録》卷下引道璨語"今時叢林中眼不識丁者窮則不失真禪和子，達則爲真善知識"，見《無文印》卷二十《與明月澗書》；明釋文琇《增集續傳燈録》卷四《道璨傳》中引其《與知無聞書》，見《無文印》卷十九，爲節引。這些都説明了《無文印》在明代的流傳。

民國李之鼎曾經購得舊抄本《無文印》，"惜破爛斷字"，②他用此本與四卷本《柳塘外集》（抄本，藏北京大學圖書館）對校，並在《柳塘外集》卷末抄附了今本《無文印》卷十一、卷十二榜疏、祭文部分《柳塘外集》所未收之文目。但從其把"卷十一"寫作"卷一"，"卷十二"寫作"卷二"，校語也是從《柳塘外集》卷三部分才開始的情況來看，此舊抄本《無文印》的破爛、斷字程度是相當厲害的。此本來

---

① 見《歷代詩話續編》，中華書局 1983 年版，第 1325 頁。其引文第一句原斷在"州"字後，誤，今改。

② 見清抄四卷本《柳塘外集》（藏北大圖書館）卷末朱筆題語。

自何處，今存何處皆不可考知。

現在國內所能見到的《無文印》版本有兩種：

①宋咸淳九年（1273）刊本，藏於遼寧省圖書館。此本共有六冊，前五冊是《無文印》二十卷，第六冊爲語錄、讚、偈頌、題跋等，但自《無文印》卷十二以後爲抄配。此本《無文印》包括詩二卷、文十八卷，首有咸淳九年李之極序，正文每半頁十一行，行二十字。左右雙邊，有界行，白口，上黑魚尾，魚尾上方記本頁字數，魚尾下方寫每卷類目的簡稱字，或用偏旁簡寫，如卷四"行狀"，寫作"行"；卷一"詩"寫作"寺"；卷五"塔銘"寫作"荅名"；卷十"題跋"寫作"友"等。版心中間寫頁碼，下面寫刻工姓名。版心下方出現的刻工姓名可辨識的有："何洪、馬、刀、才、劉、可、薛、東、有、尤、失、牛、良、王、夬、文、大、日、新"等字，筆者懷疑這些字也有簡寫的情況，如"可"字可能是"何"字的簡寫。此書經過重新裝裱，蟲蛀嚴重。正文旁邊多有用墨筆標注的日文訓讀，用朱筆斷句及在文中的專有名詞（如人名、地名）上畫綫，也時有用朱筆在正文旁標注日文訓讀的，説明用墨筆、朱筆的皆爲日本人。卷五《石霜竹巖印禪師塔銘》題下有墨筆注："竹巖妙印，《續傳燈》二，盡傳月林觀之□□"；卷八《瑩玉磵詩集序》題目上方空白處用墨筆注"嗣無塵淨，嗣少林崧，嗣仏照光"，而"竹巖妙印、《續傳燈》、月林觀、無塵淨、少林崧、仏照光"上面都有朱筆畫綫，這説明墨筆早於朱筆。《續傳燈》即明釋文琇《增集續傳燈錄》，此書成於明成祖永樂十五年（1417），①則墨筆作注之人必在此之後，而且從其對"仏（佛）"字的寫法，也能斷定其必爲日本人。此本自卷十二以後的抄配部分，也多有墨筆標注日文訓讀，朱筆斷句、畫綫及標注日文訓讀，説明無論是宋刻部分還是抄配部分都曾經在日本流傳。此書卷一首頁靠右邊框中間有一

---

① 《增集續傳燈錄》前釋文琇所撰序，日本《續藏經》第2編第15套第4册。

"大雲精舍"方朱印,乃羅振玉的藏書印。根據莫榮宗《羅雪堂先生年譜》,羅振玉於1912至1919年間曾在日本京都淨土寺町居住,其藏書處稱大雲書庫。按,《羅氏藏書目錄》原稿,今存大連圖書館。京都大學附屬圖書館存《羅氏藏書目錄》即以大連圖書館藏稿爲基礎謄寫補正而成。後稻葉巖吉又據京都大學本鈔寫,此鈔本今存遼寧省圖書館。① 京大本《羅氏藏書目錄》"宋元本書目"條"子部"下即有《無文印》,言:"無文印二十卷語錄五卷,每半頁十一行行二十字,卷十二以下鈔補,六本。"② 這就進一步證明此本《無文印》原先是在日本流傳,由羅振玉訪得,後傳回國内。

②日本貞享二年(1685)刻本。北京大學圖書館有藏。凡十册,其中《無文印》二十卷九册,《語錄》等一册,此本正文行款與宋咸淳九年刊本完全相同,也是每半頁十一行,行二十字,與宋本屬同一系統。卷二十最後一頁末署有"貞享二龍次乙丑仲夏穀旦洛下京□通松原下町寺西甚次郎藏版"。

由上述可以看出,《無文印》一書,在國内實屬稀見,現可見到的兩種版本都是由日本傳回的。

(二)《無文印》傳入日本及其流傳收藏情況

1. 傳入日本的時間

日本在《無文印》一書的保存和流傳方面起了重要作用。那麼,它是何時傳入日本的呢? 日本東福寺第二十八世大道一以《普門院經論章疏語錄儒書等目錄》"成"字下,列有"《無文印》三册,同《錄》一册",③ 這可以説是至今所見《無文印》傳入日本的最早記載。其中的《錄》一册,當指道璨的語錄。今存《無文道璨禪師語錄》也

---

① 羅振玉、王國維編《羅氏藏書目錄》書前劉玉才《弁言》,北京大學出版社2015年影印日本京都大學附屬圖書館藏本,第2頁。
② 同上書,下册,第36頁。
③ 見王勇、大庭修主編《中日文化交流史大系·典籍卷》第一章所引該目錄。

是道璨去世後，由其徒弟惟康編成的，與《無文印》同時刊刻於度宗咸淳九年(1273)。圓爾辨圓回國的時間是在1241年，這時道璨祇有二十八歲，正在江浙一帶游歷，離他初住饒州薦福禪寺(1254)還有十三年時間，《無文印》和《語錄》還不可能成書，故此"《無文印》三册、《語錄》一册"，不應該是圓爾辨圓帶回的書，可能是後來才入藏普門院書庫的，但入藏時間一定是在1353年以前。而日本五山著名禪僧虎關師煉(1278—1346)於康永元年(1342，元惠宗至正二年)所編撰的《禪儀外文集》中，已收錄了道璨的文章十二篇，這些文章皆見於今傳《無文印》卷十一至卷十三，其中有八篇文章爲今傳《柳塘外集》四卷本所未收，這就說明這些文章應是從《無文印》中采錄的，也就是說在1342年以前，《無文印》當已傳入日本。

2. 在日本的流傳收藏情況

現存日本的《無文印》版本有三種：

(1)日本國立國會圖書館藏宋咸淳九年刊本，二十六卷八册，其中《無文印》二十卷七册，包括詩二卷，文十八卷。語錄、贊、題跋等六卷，一册。其中語錄等一册爲抄配。《無文印》中也有個別地方爲抄補。如卷十六末有三頁爲抄補，抄補部分保持原來的行款格式，祇是無界行。此本版心及靠近版心的邊角之字多處有爛損。第二册首有咸淳九年李之極序，其版式、行款、字體及刻工姓名等與遼寧省圖書館所藏宋本均完全相同，乃同一版本。第一册(語錄等)、第二册首頁右下及最後一册末頁左下都有"向黃邨珍藏印"豎長方形陰朱印，則此書曾經日本江户末、明治時代的漢詩人、收藏家向山黃邨(1826—1897)收藏。

(2)日本内閣文庫藏室町寫本《無文印》二十卷，四册，也是每半頁十一行，行二十字。筆者以其與國會圖書館所藏宋本卷一、卷二詩的部分對校，詩題、次序完全相同，文字也同(個別地方有抄寫錯誤，如"晝"誤爲"畫"等)。可以斷定其屬於宋本系統。祇是在卷首,除了李之極序外,還有虛舟普度跋和仲穎序,而虛舟普度跋原在宋本所附《語録》之末尾,仲穎序原在《語録》之首,但此本祇録詩二卷、文十八卷,無附《語録》,祇把虛舟普度跋和仲穎序放在了李之極序後。此室町寫本第一册正文首頁右上方有"林氏之藏書"豎朱印,乃日本江户末期藏書家林衡(1768—1841,字述齋)藏書印。①

(3)日本國立國會圖書館藏貞享二年刻本《無文印》二册,卷一至卷十二爲第一册,卷十三至卷二十爲第二册,序、語録、小佛事、讚、偈頌、題跋附在卷二十之後。卷二十末頁尾部有貞享二年寺西甚次郎的板記。此本正文也是每半頁十一行,行二十字,與北大圖書館所藏貞享二年本應爲同一版,都源於宋本。但此本卷首在李之極序後,還有咸淳九年信州余安禮序,②而北大藏本余序在《語録》之前,根據序文"……康侍者以無文語録一篇示予,且求一語",説明這是道璨徒弟惟康請求他爲《語録》作的序,北大藏本置於《語録》之前,應是書的原始形態。日本國會圖書館藏貞享二年本經過了重新裝訂,兩册都很厚,而誤把信州余安禮的序放在了《無文印》首李之極序後。

此外,根據日本駒澤大學圖書館編《新纂禪籍目録》第472頁載,駒澤大學還藏有:①《無文印》並《語録》二十一卷六册,貞享二年京都寺西甚次郎刊。②寫本五册(原貞享二年本)。這都是貞享二年刊本或根據貞享二年本所抄寫,祇是分册不同而已。

(三)《柳塘外集》的編纂流傳

1.《柳塘外集》的編纂

《柳塘外集》是道璨著作的另一傳本,浙江省圖書館藏有清抄

---

① 見林申清編著《日本藏書印鑒》,北京圖書館出版社2000年版,第78頁。
② 遼寧省圖書館所藏宋本和日本國會圖書館所藏宋本的《語録》部分都是抄配而非宋刻,前者《語録》爲最後一册,後者《語録》爲第一册,二者《語録》册首都有仲穎序,尾都有虛舟普度跋。這和北大藏貞享二年本不同,北大藏貞享二年本《語録》附在卷二十之後。首是信州余安禮序,尾有仲穎序和虛舟普度跋,必有所據。

六卷本二冊(詳見後述)。此本每卷正文首行都署有"侍者康知明編錄"。"康"當指惟康,是道璨的嗣法門人,他曾編集了《無文印》及《語錄》。"知"指知無聞,《無文印》卷二有《寄無聞知侍者》詩,卷十九有《知無聞》書;"明"指月澗文明(1231—?),《無文印》卷一有《贈明侍者》詩,卷二十有《明月澗》書。道璨去世後,月澗文明曾寫了《祭薦福璨無文》,稱"辛亥春,識師吳門,我生也後,視師達尊。師不以愚,教意勤勤"。① 辛亥,即淳祐十一年(1251)。這就説明《柳塘外集》也是由道璨的弟子編成的,道璨在景定五年(1264)寫給南屏湯節幹的信中稱:"某過廬山後亂道,詩文僅二百餘篇,詩蓋十之七八,多是和卓山、恕齋、山泉諸公者,自賦不過五七篇而已……"②而今存《柳塘外集》所收詩文共二百三十一篇,其中一百零二首詩中有四十六首爲和詩或次韻,與道璨自述大致吻合。但其中也有寫於景定五年之後的詩,如《紀夢》一首,即作於度宗咸淳四年(1268,即道璨之友張即之去世一年後),則《柳塘外集》之編録大約在此之後,但並未收録道璨之全部作品。

2.《柳塘外集》國内流傳情況:

有關《柳塘外集》,宋代及以後的公私書目皆未見著録,最早由清釋大雷發現:

> 馬祖以不世出之才賢應讖上藍,化被天下,……翁之語録近日始繡梓於海鹽,如萬鈞洪鐘裂範出土,聾瞶未有不立醒者。獨外集拾遺四卷,藏於新建昌邑養母之室,齋上廬山。予甲寅避亂,讀之於黄巖歸宗,入大寧,復得昌邑原本校正。噫!是集也,不傳於五百年前,乃傳於五百年後。翁嘗序《高僧傳》云:"發潛德之幽光,訪遺才於林壑斷碑草莽,奮筆端之鋭而表

---

① 見《月澗别稿》卷十一,《禪門逸書續編》第一册所收,影印日本舊抄本。
② 見《無文印》卷二十。

章之,以成末世之大典,天下豈無人乎?"此蓋翁之自序也。此毒流行,命根未斷者當以此爲發藥。康熙己未春住壽聖後學沙門大雷慶盤譚謹撰。①

這就説明《柳塘外集》在道璨的家鄉昌邑一直有藏本流傳。甲寅乃康熙十三年(1674),釋大雷此時讀了《柳塘外集》四卷。而他作序的時間是康熙十八年己未。後元弘石庭得到此本,與鐙岱岳宗共同校勘後於雍正元年(1723)刊行。即《四庫全書總目》卷一百六十五集部別集類所著錄之本。

而在康熙四十六年(1707),江都張師孔游廬山時也發現了《柳塘外集》:

《柳塘外集》者,宋南渡僧無文道璨之所著也。寶慶間,師住薦福,既又住開先,五年,還薦福,所著有銘、贊、記、序、雜文若干篇,皆抄本。予丁亥游廬山,偶獲翻閱,不及錄,錄其詩凡百二首以歸。……予懼其寖久失傳,因校刊備宋人之一臠。柳塘屬豫章,漢昌邑地,多陶姓,五柳先生後也,今猶聚族居焉。師亦其裔,故以柳塘自名集云。江都張師孔書。②

張師孔生平事迹不詳,清王士禎《分甘餘話》(成於1709,康熙四十八年)卷三也提到此事:

《柳塘外集》二卷,宋廬山僧無文道璨詩也,頗有江西宗法。江都張印宣師孔游開先,於佛藏中抄得之,刊以行世,問序於余,老懶未報,姑記於此。③

這就説明張師孔與王士禎爲同時之人,他在游廬山時,也發現了

————————
① 見北大藏清抄四卷本《柳塘外集》首釋大雷序。
② 見北大藏清抄二卷本《柳塘外集》首序,序中"寶慶"爲"寶祐"之誤。根據今存《無文道璨禪師語錄》,道璨於寶祐二年(1254)初住薦福。
③ 見北大圖書館藏清康熙四十八年(1709)歙縣程氏刊本。

《柳塘外集》，祇抄錄了其中詩的部分，在準備刊行時，曾求王士禎作序，但無果。現存《柳塘外集》的版本都是從釋大雷發現本和張師孔刊刻本這兩種本子而來的。現存《柳塘外集》有三種版本：

（1）二卷本，分爲上、下二卷，祇錄詩，共一百零二首。根據上引張師孔序及王士禎語，此二卷本曾經刊行，但今存二卷本却都是抄本或據抄本刊刻。如國家圖書館藏拜經樓舊藏清抄本，南京市圖書館藏清黃氏醉經樓抄本，北大圖書館藏清抄本，臺北"國家圖書館"藏舊抄本，日本靜嘉堂文庫藏抄本（原爲清陸心源藏書），民國李之鼎所輯《宋人集》中所收《柳塘外集》（用醉經樓抄本與振綺堂所藏舊抄本互校而刻）。卷首都有張師孔序。

（2）四卷本，錄詩文。卷一詩，卷二銘、記，卷三序、文、疏、書，卷四塔銘、墓志、壙志、祭文。文淵閣《四庫全書》中之《柳塘外集》、北大藏清抄本、北大藏康熙妙葉堂刻本①都屬於此。此四卷本卷一詩部分的排序和錄詩數量都和二卷本不同。根據目錄，卷一爲：五言古二十七首，七言古十二首，五言律八首，七言律十七首，七言絶三十八首。共應有一百零二首詩。而實際上七言律祇收十三首，②以下四首詩無錄：《見和菊隱陳知縣西庵有感》《和南屏湯司户》《和雲壑吳衡州》《和傅處厚》。這四首詩皆見於二卷本《柳塘外集》。所以四卷本實際收詩九十八首，有殘缺。二卷本在目錄中祇列詩題名，未標詩體，但實際上是按五古、七古、五律、七絶、七律的順序排列，與四卷本七律排在七絶之前不同。

（3）六卷本，今所存祇有一種，藏浙江省圖書館，乃吳興劉氏嘉業堂藏本。此書卷首爲張師孔序，接着是釋大雷序，但二序的内容

---

① 此本與影印文淵閣《四庫全書》本《柳塘外集》全同，錯亂之處也同。首有釋大雷序及雍正元年（1723）釋鐙岱序，但北大圖書館定爲康熙妙葉堂刻本，不知何據。

② 四庫本與妙葉堂刻本《和菊隱陳知縣西庵有感》詩題下列的是《紀夢》詩的内容，發生竄亂，清抄本無竄亂，題爲《紀夢》。此處以清抄本爲準。

和二卷本張師孔序及四卷本釋大雷序略有不同，個別字句有改動。如張師孔序最後署爲"康熙丁亥江都張師孔印宣氏撰"，則明確表明序作於康熙四十六年（1707）。其目錄則與四卷本完全相同，祇是分卷不同：

卷一：五言古詩二十七首　七言古詩十二首　五言律詩八首　七言絕三十八首

卷二：七言律詩十七首　銘三十首

卷三：記十二首

卷四：序三十四首

卷五：文二首　疏六首　書一首　塔銘二首　墓志一首　壙志一首

卷六：祭文四十首

可以看出，其詩體的排列順序與二卷本相同，與四卷本不同。故此六卷本是合二卷本的詩與四卷本的文而成。此本每卷正文首行都署有"侍者康知明編錄"，必有所據。此六卷本雖然是合二卷本與四卷本而成，但其所依據之本當是比較原始的本子。而筆者懷疑今傳二卷本張師孔序及四卷本釋大雷序可能都經後人竄改。

3.《柳塘外集》在日本的流傳情況

日本未見有和刻本《柳塘外集》，它主要是隨着一些叢書、總集等一起流傳。如日本愛知大學圖書館、京都大學人文科學研究所、東洋文庫等收藏有清曹庭棟編《百家詩存》，其中就有《柳塘外集》一卷，祇是一個選本；日本東北大學圖書館、東京都立中央圖書館、東洋文庫、京都大學人文科學研究所等皆收藏有民國李之鼎刊《宋人集甲編》，其中有《柳塘外集》二卷；日本國會圖書館、京都大學人文科學研究所、愛媛大學圖書館等所藏民國上海商務印書館影印《四庫全書珍本五集》中有《柳塘外集》四卷。另外，影印文淵閣《四庫全書》（包括《柳塘外集》四卷），更是爲日本各家藏書機構所收藏，茲不贅述。

需要指出的是，前述國會圖書館所藏《宋詩外集》中"方外二"第二册亦録有《柳塘外集》，分爲上下二卷，首有江都張師孔序，上卷自《陪山泉登芝山和文正公韻》至《和余山南僉判清溪觀荷》共三十八首詩歌；下卷自《陳東廬提幹》至《紀夢》共六十四首詩歌，合計一零二首，屬於二卷本系統。行款格式皆同前述《雲泉詩集》《采芝集》等，也時有空白闕字之處。

（四）《無文印》與《柳塘外集》相比内容不同之處

1. 從詩歌來看

《無文印》所收的二卷詩，不分詩體，混合編排。但收詩數要比《柳塘外集》（以二卷本爲準）多，計多出如下三首詩：《湘南淵上人求雪坡詩》《和金山曇書記韻寄仟弁山》《和湯提幹伯晉》。

另有如下三首詩二卷本及四卷本《柳塘外集》雖收有同題之詩，但祇録了一首，而《無文印》爲兩首：

> ①《致軒趙使君領客及子侄入山即事次韻》之二
> 勝踐偶重尋，尋僧到茂林。人堪追逸少，樂不減山陰。
> 雲密爐煙合，林函雨氣深。調高知和寡，雋永意沉沉。
>
> （《無文印》卷二）
>
> ②《迎湯先生晦靜》之二
> 地下蒙齋唤得不，眼看宿草長新愁。
> 杜鵑也識先生意，啼得血從花上流。　（《無文印》卷一）
>
> ③《送薛野鶴子弟過維揚見秋壑制使》之二
> 春風十里小紅樓，一樣朱簾半上鉤。
> 向北闌幹不須倚，眼前歷歷是神州。　（《無文印》卷一）

而在《無文印》其他卷中也保存有道璨之詩：

第一章　宋僧詩文集在日本的刊刻流傳考述　389

①《嘗賦五偈與息庵湯侍郎修贄》之五
　　　　　　　　　　　　　　（詩題乃筆者據文義擬定）
諸老門庭早已參，十年行遍海東南。
重來上國無他事，看了梅花見息庵。
　　　　　　　　　　　（《無文印》卷十五《息庵湯侍郎》）

②《寄鵝湖山長》
牛頭向北馬頭南，末學紛紛轉不堪。
放得自家天地闊，方知朱陸是同參。
　　　　　　　　　　　（《無文印》卷十七《何簽判》）

③《和恕齋吳侍郎韻》
雲屯萬騎西風急，月浸三邊夜柝清。（《無文印》卷十八《恕齋吳制置》）

④《書三絕於二甥書室》之三　　（詩題乃筆者據文義擬定）
曾把黄家文集看，能文極愛玉鴻駒。
元符以後無甥舅，令我丁寧兩鳳雛。
　　　　　　　　　　　（《無文印》卷十八《山南余簽判》）

⑤《訥坦二師自湖上來訪索詩贈二絕》
面帶西湖秋水清，尋詩深入亂雲層。
一千七百淩霄衆，不信梅邊有此僧。
惜得樓居當住家，一秋強半在京華。
自言除却翻書外，多在天街看菊花。
　　　　　　　　　　　（《無文印》卷十九《省東岡》）

⑥《求教隆瘦巖初作四句》　　（詩題乃筆者據文義擬定）
霜華用底筆如椽，颺在湘江不計年。
昨夜西風吹急雨，隨流飄落石溪邊。
　　　　　　　　　　　（《無文印》卷十九《隆瘦巖》）

以上共有九首零一聯詩是《柳塘外集》中所無的，占其一百零二首詩的近十分之一，不可謂小數，而且《柳塘外集》所錄詩有殘缺處，《無文印》中却完好無缺。如《和鄭半溪》詩：

> 詞林丈夫安晚氏，筆端有口吞餘子。
> 阿戎在傍橫點頭，萬言不直一杯水。
> 文詞於道祇毫芒，枉勞平生兩鬢蒼。
> 落花植實願自□，□□□□□□。

二卷本、四卷本《柳塘外集》最後一聯都有殘缺，而《無文印》作："落花植實願自强，深炷胸中書傳香。"

2. 從文章來看

《柳塘外集》四卷本收有銘三十首，記十二篇，序三十四篇，文兩篇，疏六篇，塔銘二篇，墓志一篇，壙志一篇，祭文四十篇，全見於《無文印》中，祇有"上侍郎蛟峰書"一篇，不見於《無文印》(《無文印》卷十八有《與蛟峰方運使》書二篇，但内容與《柳塘外集》所錄完全不同)。而《無文印》卷四育王笑翁禪師、徑山無準禪師、徑山癡絶禪師之行狀三篇；卷九序三篇、字説九篇；卷十題跋等四十八篇；卷十一四六榜疏等三十篇；卷十二、卷十三祭文二十二篇；卷十四至卷二十書劄一百三十六篇，《柳塘外集》都没有收。這些資料都是研究道璨本人及南宋(特别是宋末)社會歷史、文學、理學、宗教等各方面的重要文獻，所以《無文印》一書，可以説是收錄道璨一生著作的詩文全集，①價值要比《柳塘外集》高得多，應該引起學術界的重視和學者的注意。

---

① 今從日本内閣文庫藏抄本《中興禪林風月》卷上發現其《宿道場雲峰閣下》一首云："滿院秋蚊睡不成，自攜團扇下堦行。轆轤知爲誰辛苦，夜夜中庭轉月明。"此詩《無文印》《柳塘外集》中皆未見，可見其集外仍有佚詩。

附書影：

圖 21-1　日本國會圖書館藏宋本《無文印》

二二、文珦《潛山集》

　　釋文珦(1210—?)，字叔向(影印《詩淵》册五頁三七九八《宿山庵》詩署)，自號潛山老叟，於潛(今浙江臨安西南)人。早歲出家，遍游東南各地，游蹤略見集中《閑中多暇追敘舊游成一百十韻》詩，有"題詠詩三百，經行路四千"之句，後以事下獄，久之得免，遂遁迹不出。八十歲時還在世。從其所存詩歌看，所交往的宋末文人有馮去非、趙汝回、周弼、李龏、趙希邁、趙崇嶓、趙叔迓、周密、朱繼芳、林希逸、林泳父子、李彭老、李萊老兄弟、仇遠、顧逢、劉植等人，還有道士褚伯秀等。顧逢有詩《寄徐雪江珦潛山老友》云："雪江連雪巘，天目一般清。三老真稀有，幾年能再生。琴中彈自譜，講外著詩聲。豈獨箋莊老,猶於翰墨精。"①有《潛山集》傳世。

(一)《潛山集》編集及在國内流傳情況

今傳《潛山集》十二卷,已非原編,而是四庫館臣從《永樂大典》中輯出來的。其卷四《哀集詩稿》云:

> 吾學本經論,由之契無爲。書生習未忘,有時或吟詩。興到即有言,長短信所施。盡忘工與拙,往往不修辭。唯覺意頗真,亦復無邪思。事物皆寓爾,又豈存肝脾。老來欲消閒,哀集還自嗤。聊以識吾過,吾道不在兹。②

這是一首幫助我們瞭解文珦思想、詩歌創作特點的非常重要的詩。同時也説明他晚年曾把自己的詩稿編輯成集。元釋英有《夜坐讀珦禪師〈潛山詩集〉》詩,云:

> 詩從心悟得,字字合宫商。一點梅花髓,三千世界香。卷翻燈影斷,葉墮漏聲長。遠想人如玉,何時叩竹房。③

釋英,字實存,號白雲,錢塘人,俗姓厲。元泰定元年(1324)住陽山福嚴精舍。生卒時間不詳。從詩中可以瞭解到他寫這首詩時文珦還在世,而且他所讀的文珦的詩集叫《潛山詩集》。明代文珦的集子尚存,《永樂大典》及《詩淵》中都收有大量的文珦詩。《永樂大典》在引録文珦詩時通常有五種説法,即"僧文珦、文珦詩、文珦集、文珦《潛山集》、文珦《潛山稿》",筆者以爲前三種是概指,後兩種則是實指,是指具體的書名。如《永樂大典》卷二二一八〇在引録其《陌頭》詩時,即用"僧文珦《潛山集》";卷三五七九在引録其《水村即事》《山村》諸詩時就用了"僧文珦《潛山稿》"。而成書與《永樂大典》同時或稍晚的《詩淵》④

---

① 見《全宋詩》册六四卷三三四九,第40004頁。
② 見《全宋詩》册六三卷三三一八頁39555。
③ 見《白雲集》卷一,影印文淵閣《四庫全書》本。
④ 見書目文獻出版社影印《詩淵》前言。

中也用了《潛山稿》，如第一册頁六在引録其《一身》《身老》詩前就署"宋《潛山稿》僧文珦"。這就説明在明代文珦的集子有《潛山集》和《潛山稿》兩種存世。但後來這兩種集子都佚失不見了。明釋正勉等編的《古今禪藻集》、清厲鶚《宋詩紀事》、顧嗣立《元百家詩選》等書都未録文珦詩，説明其集佚失已久。現流傳於世的《潛山集》十二卷，是四庫館臣從《永樂大典》中所輯出重編的本子，但有誤輯、漏輯的現象，如今本《潛山集》卷十《奉酬監倉李丈金橘銀魚之什》，乃南宋林亦之詩而誤收，見林亦之《網山集》卷一；《子思惠詩用韻酬之》乃南宋陳藻之詩而誤收，陳藻《樂軒集》卷三有此詩，作《子畏惠詩用韻酬之》；今本《潛山集》卷十二《法寶璉師求竹軒》乃南宋陸游詩，見陸游《劍南詩稿》卷一。另館臣所輯還有不少遺漏，筆者根據《永樂大典》及《詩淵》，又補輯了其所遺漏之詩一百七十二首，收入《全宋詩》卷三三二七。①且《永樂大典》和《詩淵》在編輯過程中其所依據的資料也可能存在錯誤，如影印《詩淵》册四頁二七六六署爲文珦詩的《雉朝飛操》："春日遲遲，有雉朝飛。一雄自得，群雌相隨。自西自東，飲啄不違。牧犢采薪，見而感之。我生徒爲人，七十反無妻。嘗聞二南世，天下無鰥嫠。萬物得其所，婚姻皆以時。"從内容看不應是作爲僧人的文珦所作詩。另外，現文淵閣《四庫全書》中所收之《潛山集》卷十二末還有文珦所作《杭州薦福寺記》一篇，説明其集子中還有文章存在，但數量可能不多，主要還是詩歌。

（二）在日本流傳情況

文珦《潛山集》亦未見有和刻本，多是隨影印《四庫全書珍本初集》、影印文淵閣《四庫全書》而流傳，而這兩部叢書日本各藏書機

---

① 但由於當時補輯時的疏忽，現《全宋詩》卷三三二七中收録一百八十二首，其中《聽松》《效陶秋巖韻》《訪山家》《端居》《竹居》《荒徑》《幽徑》《江上》《春曉尋山家》《靜處》等十首詩重出，當删。

構收藏頗多,此不贅述。但靜嘉堂文庫藏有寫本二册,屬十萬卷樓舊藏本,惜未及見,具體情况不詳。根據《皕宋樓藏書志》卷九十二記載,其爲文瀾閣傳抄本。①

二三、夢真《籟鳴集》《籟鳴續集》

釋夢真,生於寧宗嘉定七年(1214)左右,約卒於至元二十五年(1288),俗壽約七十五歲。② 字友愚,號覺庵,宣城(今屬安徽)人。俗姓汪。③ 八歲爲僧,十九受具,二十行脚,曾參無準師範禪師於徑山,又見大歇仲謙禪師於雪竇,開悟。理宗嘉熙二年(1238)至淳祐六年(1246)間,居簡住常熟縣慧日禪寺、道場山護聖萬歲禪院、淨慈山報恩光孝禪寺時,夢真曾三同禪席。④ 出世住永慶寺,歷住連雲、何山、承天諸寺。在禪宗法系上屬南嶽下二十世,臨濟宗雪竇大歇仲謙禪師法嗣。據《增集續傳燈録》卷四《夢真傳》記載,至元年間,有賢首宗講主,奏請江南兩浙名刹,易爲華嚴教寺,奉旨南來,抵達承天寺。次日,夢真升座説法,博引《華嚴》旨要,縱横放肆,剖析諸師論解,是非若指諸掌,其講主聞所未聞,大沾法益,對夢真十分敬佩,因回奏,遂作罷。可見夢真佛學修養深厚。他曾有《夢真語録》傳世,⑤但今未見。作爲詩僧,現有詩集《籟鳴集》及《籟鳴續集》傳世。

夢真的《籟鳴集》《籟鳴續集》一册三卷,《籟鳴集》分爲上、下二

---

① 〔清〕陸心源編,許静波點校《皕宋樓藏書志》,第1629頁。
② 參許紅霞《宋集珍本五種——日藏宋僧詩文集整理研究》上册,第110—112頁考證。
③ 見清《(乾隆)江南通志》卷一百九十四《藝文志》集部二,影印文淵閣《四庫全書》本。參見李貴先生《宋末詩僧覺庵夢真及其〈籟鳴集〉小考》一文,其中考證夢真籍貫爲安徽省寧國市盧仁鄉人。論文發表於2009年7月在四川大學召開的"第三届中國俗文化國際學術研討會暨項楚教授七十華誕學術討論會"。
④ 見《籟鳴集》末馮去非題,日本尊經閣文庫本。
⑤ 見清《(乾隆)江南通志》卷一百九十二《藝文志》子部釋家類,影印文淵閣《四庫全書》本。

卷,祇是夢真詩歌的一個選本。《籟鳴續集》一卷,附在《籟鳴集》後。此書國內久佚,筆者 2000 年於日本尊經閣文庫發現,是日本古抄本,可惜非完帙,很多地方破損殘缺,但大體上保存了夢真的詩歌,是十分珍貴的宋人資料。此書封面左下用墨筆寫有三行小字,但因紙面破損、字迹模糊而不能完全辨認,爲"東福寺塔頭龍眠庵所藏丁亥□□之復感得之他日以刊本勘合上□……",説明此書是從日本京都東福寺龍眠庵傳出來的,在日本或還有刊本存在,但今未見。此書卷首有咸淳十年(1274)夢真自序。《籟鳴集》卷上首頁第二、三行右下分别爲"宣城覺庵夢真友愚""雁山柳下憓惠天澤選";卷下首頁第二、三行右下分别爲"宣城覺庵夢真友愚""錢塘意山傅質淳夫選"。柳下憓惠,字天澤,雁蕩山人,生平事迹不詳,夢真的集中有關於他的詩,如卷上《送柳下惠師赴宣城明寂》、卷下《送柳下憓老雁山省親》,《續集》有《寄雁蕩柳下師》等,柳下應該也是一位僧人,年長於夢真。有學者認爲此柳下憓惠即葛天民,並據此以爲《籟鳴集》卷上之詩乃葛天民所選,①筆者不敢苟同。葛天民字無懷,初爲僧,名義銛,號朴翁。他的確曾自號柳下,宋張端義《貴耳集》卷上云:"銛朴翁,秦望山人,能詩,詩愈工,俗念愈熾,後加冠巾,曰葛天民,築室蘇堤,自號柳下。"②可見這是他由僧還俗後,居於西湖蘇堤柳下時爲自己起的雅號。而夢真《送柳下惠師赴宣城明寂》詩云:

  一錫知何去,行登謝眺樓。鳶鳴桑椹赤,雞叫□花稠。竺氍秋霜老,胡瓶夜浪浮。史君新白社,相約遠公修。

---

① 見金程宇《尊經閣文庫所藏〈籟鳴集〉及其價值》一文,《稀見唐宋文獻叢考》,中華書局 2009 年版,第 52 頁。
② 〔宋〕張端義撰,許沛藻、劉宇點校《貴耳集》,《全宋筆記》第二編,大象出版社 2013 年版。

從詩意看，柳下憇惠當是一位僧人。而葛天民在爲僧時，人們一般稱之爲"朴翁""義銛"或"銛朴翁"。葛天民與當時的江湖詩人多有交往，與居簡的關係也非常密切，夢真也曾追隨居簡多時，或許與葛天民相識，但葛天民年紀比居簡要大（居簡稱其爲兄），且早於居簡去世（居簡卒年爲1246），居簡有《祭葛無懷》文及《葛無懷訃至》詩，說明葛天民在理宗淳祐六年（1246）前已去世。而《籟鳴續集》中有《寄雁蕩柳下師》詩，"七十老僧逢亂世，桃源無可路通津"，說明宋亡時柳下憇惠還存在。另外，詩僧文珦有《趙白雲宗丞以詩送惠柳下謁浙西憲使包宏齋命余同賦》詩，云：

> 宏齋伊洛宗，白雲風雅主。二公在斯世，光豔燭寰宇。白雲歸帝鄉，宏齋庇寒士。出處雖小殊，憐才酷相似。吟詩貧到骨，白雲古知音。吹送宏齋前，雄詞重南金。乘流春浩蕩，變化那可測。君不見北溟有魚會風雲，一舉自然生羽翼。①

趙白雲即趙崇嶓（1198—1255），字漢宗，自號白雲山人。② 據馮去非爲《籟鳴集》所作跋文，可知趙白雲也曾爲《籟鳴集》題辭。包宏齋即包恢（1182—1268），字宏父，號宏齋。與趙崇嶓爲好友。③ 惠柳下將去謁見包恢，趙崇嶓以詩相送，並命文珦也賦詩。此時包恢任浙西憲使。而據《欽定續通志》卷三十八，④包恢提點浙西刑獄是在理宗寶祐二年（1254）六月，則此惠柳下顯然不可能是葛天民。又周密也曾作過《送柳下惠上人游維揚訪孫制參道子》，云：

> 衮衮天機新，溽溽淮水流。青纏繫白足，又踏淮南州。淮

---

① 見《全宋詩》册六三卷三三一九，第39559頁。
② 參見〔元〕劉壎《隱居通議》（《叢書集成初編》本）卷九及《全宋詩》册六〇頁38073趙崇嶓小傳。
③ 參見包恢《敝帚稿略》（影印文淵閣《四庫全書》本）卷七《祭趙宗丞文崇磻》及《全宋詩》册五六頁35310包恢小傳。
④ 影印文淵閣《四庫全書》本。

南古形勝,屹立東諸侯。三生杜牧之,談笑籌邊樓。據鞍草書檄,醉袖藏吳鉤。子非功名人,負笈將安求。及此瓊花春,聊作方外游。北道有主人,行李當無憂。臨分祈贈言,意重嗟難酬。日暮多碧雲,令人思惠休。①

周密生年爲1232,②居簡去世時他不過才十五歲,顯然此柳下惠也不可能是葛天民。從生活時間來看,筆者以爲文珦、周密詩中所提到的"惠柳下""柳下惠",或即與夢真相交往之柳下惪惠。且根據夢真相關詩歌及《籟鳴集》卷上所題寫"雁山柳下惪惠天澤選",此柳下惪惠應該是雁蕩山人。夢真《送柳下惪老雁山省親》詩中有"白首慈親雁蕩西"之句,説明其家鄉在雁蕩山之西。而關於葛天民的籍貫,宋張端義稱其爲"秦望山"人,宋祝穆《方輿勝覽》卷六謂秦望山在紹興府南;③《郡齋讀書志》卷五下宋趙希弁撰《附志》別集類著録"葛無懷詩一卷,右會稽葛天民無懷之詩也"。④ 可見其爲會稽(今浙江紹興)人。而宋陳思編、元陳世隆補《兩宋名賢小集》卷二百八十五《葛無懷小集》前有其傳載:"葛天民,字無懷,山陰人。好學攻詩,忽祝髮爲僧,更名義銛,字朴翁。其後仍返初服,隱居錢唐湖上,足不入城市,日惟吟詠自樂。"⑤葛天民寫有《望越懷親》云:"高帝陵邊我故廬,白雲慘澹帶蒼梧。歸心政與江流動,更着青山隔岸呼。"⑥無論是秦望山、會稽、山陰,還是越,都説明葛天民是今紹興人,而雁蕩山在浙江樂清、平陽縣境内,屬括蒼山脈。故夢真詩集

---

① 見《全宋詩》册六七卷三五五六,第42508頁。
② 見同上書頁42497周密小傳。
③ 〔宋〕祝穆撰,〔宋〕祝洙增訂,施和金點校《方輿勝覽》,中華書局2003年版,第107頁。
④ 孫猛校證《郡齋讀書志校證·讀書附志》別集類四,上海古籍出版社1990年版,第1205頁。
⑤ 影印文淵閣《四庫全書》本。
⑥ 見《全宋詩》册五一卷二七二五,第32066頁。

中所記載之柳下惠惠,當非葛天民。傅質,字淳夫,號意山,錢塘人,生平事迹不詳。夢真《籟鳴集》卷上有《謝傅意山吟稿》詩,可見也是一位詩人。《籟鳴集》卷下末頁有馮去非題云:

> 北磵敬叟與余游,最後住慧日峰下,所與劇談摛文,皆一時之勝。今其塔既古矣,將復從高菊磵九萬、翁五峰賓暘、趙東閣幾道、尹梅津惟曉、葉靖逸嗣宗、周汶陽伯弼,俯仰之間,相繼地下。未知此老管領我輩能如生前否?時覺庵友愚在諸公間,日相追隨,所見所聞所傳聞加於人一等矣。余初以姜白石譏銛朴翁,盛稱北磵於衆中,覺庵於蘇台、雪上至淨慈,凡三同禪席,而乃十年後,又會最於此。撫事悼往,爲之永慨。白雲山臺書《籟鳴集》後,詩固有所取法,不苟作,可敬也。而覺庵自爲題辭,且不敢忘厥初,於□□□感欲舊游云。寶祐三年良月不盡二□廬□□馮去非可遷甫書於深居。

這段文字不僅反映了夢真追隨居簡以及當時一些比較有名的文人的情形,也說明《籟鳴集》在寶祐三年(1255)就已經成書,且原有趙白雲題辭及夢真自爲題辭(非現在我們所見《籟鳴集》前夢真自序)。但現存《籟鳴集》卷上有作於理宗開慶元年(1259)的一首詩《己未八月初二泊雁汉值水》。卷下有《哭馮深居先輩》詩及顯爲寶祐三年以後所作詩多篇,說明《籟鳴集》經過重編,且柳下惠惠、傅質所選亦在寶祐三年之後。現存《籟鳴集》首夢真自序云:

> 詩與禪俱用參,參必期悟而後已。參須參活句,不當參死句。活句下悟去,迥然獨脫。死句中得來,略無向上承當。知詩、禪無二致,是必曰悟而後已。唐之名家者不下三百餘輩,皆從參悟中來。王建《宮詞》有曰:"樹頭樹底覓殘紅,一片西飛一片東。自是桃花貪結子,錯教人恨五更風。"學者多作境會,既求意於言外,又不求悟於意外,徒誦之嘵嘵而卒無成功,是豈後

□□□揚子雲者用心之不若耳。予結髮從□□□□,及其長也,討論湖海名流,凡四□□□□□□疲。颯然白首,雖未臻闖奧門牆,□□□□□能強使之爲也。必也遇物感興,而□□□□諸中必形諸外,如風激林籟,自然□□□□鳴也。故名是詩曰"籟鳴"。序此詩者,不□□□□頌而不箴,不欲行之也。獨源翁能敘其情,倘於風未激、籟未鳴着眼一覰,耳根尚無覓處,何詩乎有哉?咸淳甲戌上元,宣城覺庵夢真友愚。

可能是爲重編後的《籟鳴集》所寫,其中提到"獨源翁能敘其情",説明獨源翁也曾爲其作序,但今本未收。而現存《籟鳴集》卷下中還有兩首詩都作於恭宗德祐元年(1275),①這就是説經柳下憙惠、傅質所選編的夢真《籟鳴集》,選用了咸淳十年(1274)重編的《籟鳴集》中的詩歌,並補入了咸淳十年後夢真所作的一些詩歌,還保留沿用了最早在《籟鳴集》後馮去非的題辭。至於附在其後的《籟鳴續集》,首頁第二行右下祗題"宣城覺庵夢真友愚",卷末有夢真作於端宗景炎三年(1278)的跋文,稱《續集》中詩是其德祐二年(1276)避地四明西山,看到元軍占領四明,燒殺劫掠,民生哀號,就以詩的形式記錄下當時的情況,刻入《籟鳴續集》。不僅《續集》如此,其實現存《籟鳴集》中也有一些詩歌記錄了宋、元交替之際,元軍占領南宋、一些忠義將領起而捍衛國家,與元軍激戰而死的過程,也描寫了由於戰爭,人民流離失所,白骨遍野的淒慘狀況。這些詩歌不僅表達了夢真在國難當

---

① 其一《大夫趙卯發,字漢卿,蜀之昌郡人。通守池陽。虜寇九江,城陷。正月某日,復寇池陽,大夫自知不免,驅贏兵數伯,自擐甲出城,縱橫虜陣。再戰,不利而死。夢真與大夫交二十年,真知大夫出處,□□常存乎中,欲致君爲堯舜之君,欲□□爲堯舜之民者,豈一日忘耶?嗚呼!今已矣。聖朝褒身後爵甚侈。大夫死之日,夢真留四明,不能跣足千里,洗骨於折戟戰血間,深有愧於死生,作詩哭之,並紀其功德云。德亥清明節》;其二《長江失險,胡騎馳突,四十日間陷連城一十五所。□□據金陵要地,分兵四掠,中外搔動五閱月。近者皇天悔禍,惡曜消落,民懷□□□,將士用命,□□□有日,□□就擒必矣。作詩以紀之。亥楚節》。兩首詩當皆作於德祐乙亥(1275)。

頭時的真情實感，也是非常珍貴的歷史資料，值得認真研究。

另外，在清乾隆時由兵部尚書、兩江總督趙宏恩等人監修的《江南通志》卷一百九十二有《夢真語錄》，注"寧國僧"，而夢真是宣城人，南宋時宣城正是寧國府所在地，所以在清初夢真還有《語錄》流傳於世，但今未見。

附書影：

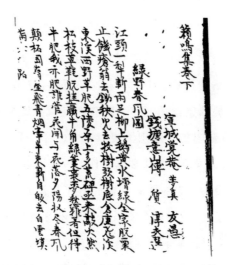

圖 23-1　日本尊經閣文庫藏古抄本《籟鳴集》

二四、行海《雪岑和尚續集》

釋行海（1224—？），號雪岑，剡（今浙江嵊縣）人（見卷首自序及本集卷上《送寧雪磯歸剡》《歸剡》、卷下《送侄孫周上人歸剡余亦入吳門》等詩）。早年出家，十五歲游方（見本集卷上《癸酉春僑居無爲寺歸雲閣以十五游方今五十爲題信筆十首》）。根據其現存詩中所及，游蹤主要在江浙一帶，但可能還到過湖南、江西等地。① 度宗

---

① 本集卷上《偶作二首》之二云："楚甸荒荒雜戍塵，行藏日日倚樓頻。風煙易老東西客，泉石偏疏富貴人。喜有白鷗知靜思，恨無黃鵠載閑身。岳僧近報匡廬事，瀑布房邊藥蕊新。"又有《春日寫懷》詩稱"三十餘年吳楚客"。卷下有《臨川道中》詩。

咸淳三年(1267),曾住嘉興先福寺(見本集卷上《丁卯秋八月奉檄住嘉興先福寺》)。《物初賸語》卷十一有《送海雪岑東歸序》,稱其爲性具學者,探本宗餘,喜吟事。

行海的著述現有《雪岑和尚續集》上、下二卷傳世。首有度宗咸淳六年(1270)自序,云:

> ……余詩自淳祐甲辰到今咸淳庚午凡若干首,三、四、五、六、七言、歌行、謠、操、吟、引、詞、賦,衆體粗備,旋已删去太半,以所存者類而成集,以遺林下好事君子,用旌予於無爲淡泊中猶有此技癢之一累也。

這就説明行海原來所作詩,備多體,後經其大量删除,編而成集,集中所錄詩歌應是他在理宗淳祐四年(1244)至度宗咸淳六年間所作。今存《雪岑和尚續集》又有竹溪林希逸序,云:

> 雪岑詩集,本有十二巨編,凡三千餘首。余在閩山時,大兒泳改官後,自京師攜其一小集歸閩,數過,起予者多。及召赴册府,仙麓王師(當爲帥)參過余,亦盛稱其能詩,不在慧休、靈徹下。因仙麓得借其全編,常置於几案間,有暇必詳味之,又隨予所喜而選摘之。未及盡卷,適拜起居舍人之命,尋又斥去。故此選纔得二百餘首,……予既歸閩,恐其無編失落,並以此選復歸仙麓,異日復當盡其餘卷,續選而終予所言也。雪岑雖不欲求人知,人自知之。蓋喜余兒能擇交於方外云耳。①

可見行海的詩集當時有兩種流行於世。一種是他的全集,有十二巨編,三千餘首詩歌;另一種是經過行海自己删除後編成的集子。而林希逸從王洎(號仙麓,閩縣人,曾爲浙帥參)處借得其全集,閒暇時邊閲讀邊摘選,祇選了二百餘首,因官職變遷之事而被打斷,

---

① 見日本寬文五年刻本卷首雪岑自序後。

就把其全集及所選詩歌都交給了王洧，以便以後續選而終此事。可見林希逸所選乃未完之作。現存《雪岑和尚續集》卷上全是七言律詩，共一百三十五首；卷下除了《題山水圖二首》爲五言絕句外，其餘的全是七絕，共一百七十六首，兩卷合計三百十一首，並非林希逸序中所云的"二百餘首"。且集中卷上有《壬申春寓舊館偃山房有感而作》《癸酉春僑居無爲寺歸雲閣以十五游方今五十爲題信筆十首終在五首》詩，壬申當是度宗咸淳八年（1272），癸酉當是咸淳九年，與行海自序中所云經其刪除後所編成集的詩歌年代不符。而據新出土的林希逸墓志銘記載，①林希逸生於光宗紹熙四年（1193），卒於度宗咸淳七年（1271），則咸淳八年及九年行海所作詩也顯非林希逸所選。而行海自序及林希逸序都稱行海所作詩有各種詩體，但今傳《雪岑和尚續集》二卷除一首五絕外，其餘祇選錄了七律與七絕，所以此本當是以林希逸所選未完本爲基礎，又補入了行海咸淳六年以後所作的一些詩歌而編成的，這時行海當還在世。

《雪岑和尚續集》國內久佚，現日本有兩種版本，一是日本南北朝時刊行本，宮内廳書陵部、兩足院都有藏。二卷一册，左右雙邊，有界，正文每半頁十行，行二十字。首有行海自序，末有林希逸跋。② 另一種就是寬文五年（1665，清康熙四年）九月藤田六兵衛刊本，内閣文庫藏。黑口，雙魚尾，版心寫卷數，卷數下寫頁碼，無界行。正文每半頁十行，行二十字。日本國會圖書館藏有寬文五年九月飯田忠兵衛刊本，行款格式等與藤田六兵衛刊本完全相同，當

---

① 據"福州新聞網"2007年4月14日載《福州日報》記者撰《垃圾堆裏淘寶 宋代理學家林希逸墓志銘現身福清》一文，其中引當地出土林希逸墓志銘云"……林公諱希逸，字肅翁，世爲福清縣人。高祖贈朝請郎，諱與權。始自仙櫸遷漁溪……先君生紹熙四年癸丑歲八月十九日……辛未歲（記者注：即咸淳辛未年，1271年）九月十五日以疾終於家，年七十有九……嗚呼哀哉，宇宙猶存。文字千古，來者尚曰嗚呼。是爲竹溪鬳翁林先生之墓。樂軒門人、橫塘布衣劉翼書，諱孤泳泣血謹志。"http://new.fznews.com.cn/fuzhou/2007-4-14/2007414EyjLxlESuu235148.shtml，2022年10月25日上網。

② 此南北朝刊本筆者未見到，據川瀨一馬《五山版の研究》介紹，第400頁。

出自同一底本。寬文五年本林希逸序在卷首行海序後,這與南北朝刊本在卷末而稱爲跋不同。

二五、孔汝霖編集,蕭澥校正《中興禪林風月》

《中興禪林風月》三卷,南宋孔汝霖編集,蕭澥校正。此書國内久佚,在日本却有抄本、刻本等多種傳本存世。書中共收録宋代六十三位詩僧的七絶、五絶一百首,其中大部分是南宋詩僧的詩作,也有一些北宋詩僧的詩歌。這些詩僧及詩歌,有不少是《全宋詩》中未收録的,對研究宋代詩僧及詩歌,具有重要的文獻及文學價值。《中興禪林風月》一書,近年來已受到中國學者的關注和研究,《文獻》2004 年 10 月第四期刊載了張如安、傅璇琮二位先生的文章,題爲"日藏稀見漢籍《中興禪林風月集》及其文獻價值",根據日本京都龍谷大學圖書館所藏此書的有注本,對其成書及選詩概貌、文獻價值進行了論述,包括對該書編者、成書年代、注者的考證、探討,對該書收録詩歌情況的介紹,并從宋代詩僧生平事迹、詩歌校勘、《全宋詩》未收佚詩的輯録等方面闡述其文獻價值,是國内學者研究此書的首創之作,對瞭解和研究此書有重要的參考價值。其後,《域外漢籍研究集刊》第三輯(2007 年)刊載了卞東波先生的文章,題爲"《中興禪林風月集》考論",①作者根據自己所見的有注本(簡稱《集成本》)②和無注本(簡稱平松本)兩個傳本,參考上述張、傅二位先生文中所介紹之龍谷大學圖書館所藏本及其他資料,對此書注釋產生的時間、諸抄本在詩歌文本、作者署名、排序、注釋等方面的差異加以考述和羅列對比,并從此書對《全宋詩》《宋僧録》

---

① 此文又見於氏著《南宋詩選與宋代詩學考論》第三章"日藏宋僧詩選《中興禪林風月集》考論",中華書局 2009 年版。
② 下文關於此本"原本藏於日本京都府立綜合資料館"的敘述有誤,此本原本藏於名古屋市蓬佐文庫。

中詩人小傳的補充、提供兩宋詩僧文集信息、詩歌中所反映的歷史與現實内容等方面對其文獻價值與史料價值進行了再探討，還論述了此書之注與中國詩學之關係，認爲注者"有較深中國詩學修養，其詩注受到唐宋以來詩格、詩法類著作的强烈影響"。此文無疑加深了對此書的研究，也可作爲我們進一步研究此書的重要參考。但《中興禪林風月》一書現存日本各公、私圖書館的傳本衆多，有抄本，也有刻本，有漢文注釋本，也有日文注釋本，情况非常複雜。各本的情况及有注本注釋之内容、特點、所存在的問題、各本之優劣等，還有待進一步研究、探討。以下將在介紹其書名、編校者、詩歌作者、内容等基本問題的基礎上，着重考述其在日本流傳的版本。

（一）關於書名及此書的編、校者

關於此書的書名，各本稱法不一，筆者所見到的有如下五種：①"中興禪林風月"（成簀堂文庫藏室町寫本、内閣文庫藏江户寫本），②"中興禪林風月集"（龍谷大學圖書館藏抄本；駒澤大學圖書館藏筒川方外寄贈本封面題，但序及正文題爲"中興禪林風月"；平松文庫本正文題），③"中興詩"（駒澤大學圖書館藏袖珍本封面題，但正文題"中興禪林風月集"），④"中興禪林集"（駒澤大學圖書館藏日本寬永刊本封面題，而序的部分則題爲"中興禪林風月集"，正文部分題爲"中興禪林風月"），⑤"禪林風月集"（蓬佐文庫藏抄本封面題，但序及正文皆題爲"中興禪林風月"）。筆者以爲，"中興禪林風月"當是此書的原始名稱，而"中興禪林風月集"之"集"字，當是流傳過程中後人所加，因爲除了個别本子如駒澤大學圖書館所藏袖珍本、平松文庫本正文首行題爲"中興禪林風月集"外，大多數本子的正文首行都題作"中興禪林風月"。而"中興詩""中興禪林集""禪林風月集"這樣的稱法，則是後人在書封題寫時的一種簡寫。

此書署爲"若洲孔汝霖編集,芸莊蕭澥校正"。"若洲""芸莊"分別是孔汝霖與蕭澥的號。關於編集者孔汝霖,生平事迹不詳,"若洲"可解釋爲"般若洲",即佛地。他很可能是宋末傾向佛教的一位普通文人。而校正者蕭澥是晚宋江湖派詩人,字汎之,自號金精山民,江西贛州寧都縣人。寧宗嘉定九年(1216)舉人。① 曾"五試禮部,特奏授户曹"。② 有集曰《芸莊》③《竹外蛩吟稿》,④皆失傳。其弟蕭立之,號冰崖,亦善詩,有《冰崖詩集》二十六卷,已佚。⑤《全宋詩》蕭立之小傳中,其生年被推定爲寧宗嘉泰三年(1203),則作爲其兄的蕭澥,當生於嘉泰三年之前的某年。蕭立之有詩《歸至三衢懷芸莊兄留京》,云:"午熱猶疑夏,宵寒不似秋。獨歸仍念遠,久客得無愁。白酒村村市,黄花處處樓。不緣風雨色,吾欲理扁舟。"⑥詩中表達了對其兄蕭澥的思念之情,同時也説明蕭澥曾長期在京城臨安逗留。南宋江湖派詩人胡仲弓有《柬蕭芸莊》詩,⑦其中有"近聞吟思苦,半爲宦情分"之句,而宋末詩僧覺庵夢真亦有《送蕭雲莊歸江西》詩云:"調得長沙掾,歸逢歲晏時。養親三釜粟,結客數篇詩。馬瘦驚鞭影,雞寒誤曉炊。家人占鵲喜,庭柳亦舒眉。"⑧説明他與夢真有交,且做過"長沙掾"之類的佐助小吏,生活貧寒。《全宋詩》册六二中共收録蕭澥詩歌三十三首,皆爲七言絶句,内容涉及詠史、題畫、時事、詠景、悼人等,語言通俗易懂,時有描寫生動、富有意趣之作。

---

① 〔明〕董天錫《(嘉靖)贛州府志》卷九,明嘉靖刻本。
② 見〔元〕吳澄《吳文正集》卷七十六《故縣尹蕭君墓志銘》。
③ 同上。
④ 見〔宋〕陳起《江湖後集》卷十五蕭澥傳。
⑤ 見《全宋詩》册六二頁 39133 蕭立之小傳。
⑥ 見《全宋詩》册六二卷三二八六,第 39154 頁。
⑦ 見〔宋〕陳起《江湖後集》卷十二胡仲弓詩。影印文淵閣《四庫全書》本。
⑧ 見《籟鳴集》卷下。"雲"當作"芸"。

(二)關於詩歌作者及詩歌內容

《中興禪林風月》一書中所錄詩歌一百首，涉及作者六十三人。這六十三位作者中，除了目前生平事迹無法考知的外（如赤驥、智逸、法淵、正遲、智綱、海經、法俊、妙通、景偲、曇岳、如廣、致一等十二人），其他作者有北宋詩僧如保暹、顯萬、道潛、清順、景淳、法欽等六人；北宋末南宋初詩僧如大椿、守璋二人；南宋前期詩僧如慧舉、曇瑩、志南、希顔、寶曇、正宗、宗瑩、蘊常、法具、道全、嗣持、永聰等十二人；南宋中晚期詩僧如義銛、居簡、守輝、志道、可翔、若玢、永頤、斯植、紹嵩、元肇、法照、善珍、覺崇、宗璕、復森、祖沅、清外、行昱、自南、道璨、永隆、師侃、覺新、惠嵩、若溪、本立、宗敬、夢真、簡書記、子蒙、仲寶等三十一人。可看出大量作者是南宋中晚期詩僧。而在這些詩僧中，據筆者目前所考知，有些卒於宋末。如法照的卒年是1273；元肇的卒年是1265；善珍的卒年是1277；道璨的生卒年是1271。除了元肇稍早外，可看出他們幾乎是與宋王朝同時消亡的。也有一些人是入元的。如夢真，至元年間，曾住持平江府雙峨寺（即承天寺），還爲《月磵和尚語錄》寫了序，約卒於至元二十五年（1288）。① 又如仲寶，與南宋詩人周弼及宋末元初詩人顧逢、連文鳳都有交往，且與顧逢同庚，八十歲時仍在世，并參與了至元十四年至二十七年間《大藏經》刊刻律藏部分的校勘工作。② 而在所錄的一百首詩歌中，七絶八十首，五絶二十首，應當都是當時流傳的僧詩名篇。其内容有歌詠山川景物、描寫田園風光、表達閑適孤寂之情、思念故鄉故人的，也有抒發故國之思、描寫戰亂下百姓生活的，等等。詩歌描寫大都形象、生動，有些詩給人以清幽、静

---

① 詳參本書前述"夢真生平"部分。
② 詳參許紅霞《珍本宋集五種——日藏宋僧詩文集整理研究》上冊《中興禪林風月》卷下仲寶《雨中懷人》詩下對作者的考證。

謔、靈動之感,充滿禪意、禪趣,令人咀嚼回味,具有較高的藝術審美價值。特別是一些描寫時事的作品,給人以很強的現實感,反映了南宋初到末年動盪不安的社會現實下人們的生活狀況和心理感受。如寶曇生於高宗建炎三年(1129),卒於寧宗慶元三年(1197),其《峴山圖》詩是對南宋前期時局動盪不安的感慨。大椿的《淮民》,描寫戰亂下百姓流離失所的狀況。義銛的《嘗北梨》、法照的《福州開元宫》、祖阮的《多景樓北望》等詩歌,都表達了對中原故國的懷念之情。斯植的"莫將心事憑秋雁,恐帶邊愁入夢來"(《秋思》)道出了對時事的深深憂慮;而其"老來春去怯憑欄,今古興亡一笑間"(《老來》),也道出了對世事變幻的無可奈何之感。宗璆的《降虜》,描寫了宋、蒙古聯合滅金後,蒙古軍又逐漸吞噬南宋的土地,以被占領的襄淮地區的男兒們,充當攻打南宋其他地區的士兵的情況。善珍的《古意》,描寫戰亂下人們的生活:那些靠辛勤耕作的老農嫌自己兒子太少,沒有足夠的勞動力來替自己分擔繁重的體力勞動;那些出生入死、英勇奮戰的將軍希望得到朝廷更多的獎賞;而那些達官貴人却日日與美人歌舞游宴,醉生夢死。不過雖然有些詩歌反映了當時的一些情況,但是絶大部分詩歌我們都不能僅憑其内容來推斷作者具體的創作時間。

(三)此書在日本的流傳收藏

此書國內久佚,亦未見有目錄記載,在日本却大量流傳,爲多個藏書機構收藏,有抄本、刻本等多種傳本存世。至於其書何時傳入日本,因文獻闕如,目前無法考知。根據作者目前所見,此書共有八個版本(日文抄物資料除外),可分爲無注與有注兩類。無注本有三個,有注本有五個,詳述如下。

1. 日本内閣文庫藏江户寫本,無注本

《中興禪林風月》,無注,分爲上、中、下三卷,一册,每半頁九行,行二十字,左右雙邊,上下單邊,有界行。版心無魚尾,衹在稍下處寫頁碼。首頁天頭自右至左有"書籍館印""内閣文庫"二方篆文朱印；正文前三行偏上有"日本政府圖書"篆文朱方印；正文前兩行靠下有"淺草文庫"豎長方形楷書朱印。正文按詩體編排，卷上、中爲七言絕句，卷下爲五言絕句。正文天頭上偶有墨筆校語、校字。卷下壓正文末行下方也有"内閣文庫"方篆朱印，末頁末兩空白行上部有"昌平坂學問所"豎長方形篆文印。末行下端有"文化乙丑"四字，説明此本寫於日本光格天皇文化二年(1805，清嘉慶十年)。

2. 日本京都大學圖書館平松文庫藏本，無注本

《中興禪林風月集》(簡稱平松本)，無注，分爲上、中、下三卷，一册，每半頁九行，行十五字，四周單邊，無版心、界行、頁碼。首頁中部上方壓正文及天頭有"京都帝國圖書館之印"橢方篆文朱印，正文漢字旁寫有日文片假名等標明讀音、順序等的訓點符號，詩題及作者上有朱筆畫綫。每卷末尾還標明此卷録詩首數，如"風月集上終，詩數五十三首""風月集中終，二十七首"，而卷下末先寫"二十首"，又寫"中興禪林風月集卷終，已上百首也"。未知爲何時寫本。

3. 日本駒澤大學圖書館藏本，無注本

《中興禪林風月集》寫本一册，不分卷，惟在"七言""五言"詩首標明"七言絕句""五言絕句"。此本高13.6釐米，寬9釐米。橘紅色封面上題"中興詩"，書内則題"中興禪林風月集"。正文半頁七行，行十五字，左右雙邊，上下單邊，有界，黑口，上單黑魚尾，魚尾方向朝下，下寫"中興詩七絶"或"中興詩五絶"，再下寫頁碼。正文漢字周圍有日文片假名訓讀及表示聲調的符號，每首詩的首行天頭標出其所屬韻部，如"庚、微、尤、陽……"等，這些韻字由利用上邊框組成的黑色方框框住。此本正文詩歌無注，屬於無注本，但詩歌作者名下有關於作者字號、籍貫的简單墨筆標注，顯爲後補，如"道全"下標注："字大同，號月庵"；"志南"下標注"武夷人也"。有些作者名下原無標注的又有朱筆後補的简單標注。天頭上時有朱

筆校字。此書多處被蟲蛀，蟲蛀不清之字旁有墨筆補出原字。扉頁上方及末頁下方空白處分別有"駒澤大學圖書館之印"（方篆朱印）、"駒澤大學圖書館印"（豎長方篆朱印）。扉頁上有墨筆題識云："禪者精於道，身世兩忘，未曾從事於吟詠也。然於無言中顯言，於無象中垂象，若過堂之風，如流瀉之月雲，詞源衮衮，不可湊泊。謂是《中興禪林風月集》，數百年滯貨重上梓，題卷首。嘉永壬子仲春竺道先。"嘉永壬子乃日本孝明天皇嘉永五年（1852，清咸豐二年），可見此本抄寫於江戶時代末期。

4. 日本成簣堂文庫藏本，有注本

《中興禪林風月》三卷一冊，室町時期抄本（簡稱室町本），有注。高25.4釐米，寬16.9釐米，咖啡色封皮。扉頁背面下方有"蘇峰學人"篆文陰朱方印，首頁天頭上有"正受禪院"篆文朱陽方印。卷首有序文，序文及詩歌正文皆有注，天頭上亦有注文，墨筆書寫，其人名、地名、詩題、書名等上時有朱筆畫綫。正文及序文每半頁九行，行二十字，注文爲雙行小注，序文、詩歌正文、注文旁皆有日文假名訓讀。四周單邊，有界，版心無魚尾、書名、頁碼等。分爲"卷之一、卷之二、卷之三"，而非上、中、下。

5. 駒澤大學圖書館藏抄本，有注本

《中興禪林風月集》，抄本，有注，分爲上、中、下三卷，一冊。此書外面是淺粉色封皮，爲後來所加，上貼寫有書名的白色紙籤。裏面還有原來的淺咖啡色封皮，墨筆寫有"中興禪林風月集"書名。裏面封皮上還貼有一張長方形紙籤，上寫"曹洞宗"三字，下分三部分，右邊記載此書的函、號、册數；中間寫"大學林文庫"五字；左邊有"明治卅七年七月，寄附人：筒川方外"。卷首有序文，序文及詩歌正文皆有注，天頭上亦有注文，是對注文的補充注釋，墨筆書寫。前兩頁爲補抄，無界行，其他部分皆有界行，每半頁九行，行二十字，四周單邊，無版心。注文爲雙行小注，序文、正文、注文旁皆有日文假名訓讀，且漢字人名、地名、詩題、書名等上時有朱筆畫綫。扉頁背面左下方有"筒川方外藏書之印"豎長方形隸字朱印，首頁中部上方有"曹洞宗大學林文庫印"篆文朱方印。駒澤大學是曹洞宗所設立的大學，明治十五年（1882），稱爲曹洞宗大學林，三十八年，改稱曹洞宗大學，大正十四年（1925），改爲今名。故此書當是明治三十七年（1904）筒川方外贈送給曹洞宗大學林文庫的。此本抄寫時代未知。

6. 駒澤大學圖書館藏寬永本，有注本

《中興禪林集》（封面題，序的部分題爲"中興禪林風月集"，正文部分題爲"中興禪林風月"），刻本，二冊三卷，卷之上、卷之中"七言絕句"部分爲第一冊，卷之下"五言絕句"部分爲第二冊。淺咖啡色封皮。首有序文，序文及詩歌正文皆有雙行小注。序文及詩歌正文格式相同，每半頁八行，行十六字，四周雙邊，無界，黑口，上、下花魚尾，方向相對，中間寫"中興詩上""中興詩中""中興詩下"，下寫頁碼。序文、詩歌正文、注文旁皆有日文假名訓讀，且漢字人名、地名、詩題、書名等上時有朱筆畫綫。卷上曇瑩《睡起》詩後爛損一頁。此書卷下末頁右下方有"曹洞宗大學圖書館之章"豎長方形隸書朱印，左邊空白處有"寬永十七庚辰歲小春中旬 四条坊門通 敦賀屋久兵衛梓刊"刊記，故此書乃日本後水尾天皇寬永十七年（1640，明崇禎十三年）敦賀屋久兵衛刊本，是筆者所見此書各種版本中唯一的刻本。

7. 日本名古屋市蓬佐文庫所藏蓬佐本，有注本

《禪林風月集》（封面題籤、序及詩歌正文部分皆題爲"中興禪林風月"），抄本，分爲上、中、下三卷，一冊。筆者所見乃大塚光信所編《新抄物資料集成》第一卷第一冊中所收影印本。[①] 首有序文，

---

① ［日］大塚光信編《新抄物資料集成》，日本清文堂出版 2000 年版。

序文及詩歌正文皆有雙行小注。序文及詩歌正文格式相同,每半頁十行,行二十字,無板框、界行、版心。序文、詩歌正文、注文旁皆有日文假名訓讀,且漢字人名、地名、詩題、書名等上時有朱筆畫綫。亦是按七言絕句、五言絕句順序編排。此書卷下末頁左邊空白處有"文禄五稔孟冬サニ蕢書之……"題記,説明此本於日本後陽成天皇文禄五年(1596,明萬曆二十四年)抄寫。

8. 日本京都龍谷大學藏本,有注本

《中興禪林風月集》一册,分爲三卷,抄本,有注,首有序文,序文無注。每卷首書名下一行皆署"若洲孔汝霖編集、芸莊蕭瀣校正",亦按"七言絕句""五言絕句"順序編排。序文及詩歌正文格式相同,每半頁九行,行十七字,四周單邊,無界行、版心無魚尾、書名、頁碼等。抄寫整潔,字體清秀。序文、詩歌正文、注文旁皆有日文假名訓讀,且漢字人名、地名、詩題、書名等上時有朱筆畫綫。駒澤大學圖書館所編《新纂禪籍目録》第 137 頁著録此書爲室町時代寫本。

根據以上蓬佐本抄寫於文禄五年(1596)的記載,則此書傳入日本當不晚於此時,應該會更早。

二六、靜照等《無象照公夢游天台偈》

(一)《無象照公夢游天台偈》的由來

《無象照公夢游天台偈》亦稱《無象照公夢游天台石橋頌軸》,簡稱《石橋頌軸》。它記載了日僧無象靜照游歷宋地時與宋僧相交往的一段佳話。釋靜照(1234—1306),號無象,俗姓平,相州鐮倉人。自幼出家,掛搭東福寺,侍聖一國師。南宋理宗淳祐十二年(1252,日本建長四年)入宋,登徑山參石溪心月禪師,大悟,爲心月所印可。服侍心月禪師五年,辭去游方。景定元年(1260),掛錫育王山廣利禪寺,爲該寺知賓。景定三年秋天,到天台石橋,供茶湯於五百羅漢，夢游靈洞，聞梵鐘，作二詩偈，當時有名衲四十餘人，各作二首，賡韻相和。① 無象靜照把這些詩偈製成詩軸，後來帶回日本，這就是《石橋頌軸》的主體部分。但現存《石橋頌軸》包括兩部分內容，第一部分是宋僧大休正念所作的序文，第二部分是無象靜照與南宋僧人四十一人所作詩偈共八十四首。而大休正念的序是後來他在日本作的，序文云：

  唐寶祐甲寅，予在雙徑石溪先師座下，與無象照公聚首。先師歸寂後，寓越上新昌大石佛首座寮，重會。無象出示游天台石橋夢登聖域自述伽陁，諸大老賡韻成什，予不揆，亦嘗贅語。別後聞便舸歸國，雲際濤空，音問相絕。豈料咸淳己巳，予泛杯東海，為扶桑之游，再瞻豐度於關東巨福。握手論舊，喜不勝情。未幾，無象龍天推轂，瑞世法源。日本文永甲戌夏，忽過予，袖出頌稿一編，乃曰：＂此昔大唐游天台之什。＂予目之，相顧諮嗟，曰：＂此軸乃公青氈舊物，一別又二十年矣。今獲再觀，亦予之復見故人也。＂捧讀不忍釋手。無象曰：＂公能為我敘其始末於章首，十襲珍藏，貽後五日佳話可乎？＂予嘉其求舊不忘之意，因舉佛鑒禪師曰：＂先師節儉，一鉢囊鞋袋，百綴千補，猶不忍棄之，嘗曰：'此二物相從出關，僅五十年，詎肯輕棄？'＂以遠譬近，遂諾其請。予乃曰：＂公昔之寓唐土，亦猶予今之寓日域，行雲谷神，動靜不以心，去來不以象，情隔則鯨波萬里，心同則彼我一如。所以道，無邊刹境，自它不隔於毫端；十世古今，終始不離於當念。苟者一念子拶得破，那一步子踏得着，不妨朝離西天，莫歸東土，天台游山，南嶽普請，高揭峨眉，平步五臺，手攀南辰，身藏北斗，大唐國裏打鼓，日本國裏作舞，田地穩密，神通游戲，揔不出這個時節，亦吾家本分事耳。＂無象不覺點頭微笑，予於是命筆，題於卷

---

① 事見[日]釋師蠻《本朝高僧傳》卷二十一，[日]釋善金《無象和尚行狀記》《本朝僧寶傳》卷下）及上村觀光《五山詩僧傳》等。

首。時文永甲戌初夏,住禪興宋大休正念拜手。①

從這篇序文中我們可以更詳細地瞭解《石橋頌軸》的由來。釋正念(1215—1289),號大休,永嘉(今浙江溫州)人。初參東谷明光禪師於靈隱寺,後師事石溪心月禪師。度宗咸淳五年(1269)乘商船東渡日本,到鎌倉,時在建長寺的蘭溪道隆延爲高賓,後歷住禪興、建長、壽福、圓覺諸寺。正應二年(1289,元至元二十六年)示寂,年七十五,謚佛源禪師。② 這篇序文作於日本文永十一年(甲戌,1274,南宋度宗咸淳十年)初夏,他當時住禪興寺。序中講到理宗寶祐二年(甲寅,1254,日本建長六年),他在徑山興聖萬壽禪寺石溪心月禪師座下,曾與無象靜照相聚。石溪心月禪師圓寂後,他寓居新昌大石佛首座寮,與無象靜照重聚。這時無象靜照"出示游天台石橋夢登聖域"所作詩偈,"諸大老賡韻成什",其中大休正念也和韻二首。至於他們和詩的時間,文中並未説明,祇説是在石溪心月禪師"歸寂後"。關於石溪心月禪師圓寂的時間,《全宋詩》釋心月小傳署爲1254年,即理宗寶祐二年,③可能是根據《石溪心月禪師語録》卷首劉震孫景定元年(1260)所作序推測的。劉震孫序云:

> 景定元年夏四月,徑山比丘正彬袖一編書,過余而言曰:"吾師石溪佛海禪師之没,且六年矣。門弟子録其語鋟梓,而未有敘引,無以傳不朽。惟公知吾師爲深,願以爲請。"余於是竊有感焉。……師眉山人,名心月,姓王氏,家世業儒云。是歲七月既望,中奉大夫、宗正少卿兼國史院編修官、實録院檢

---

① 此序原物現存於日本五島美術館,此據田山方南編《續禪林墨迹》卷下影印本,思文閣昭和三十六年(1961)版。
② 事見《元亨釋書》卷八、《本朝高僧傳》卷二十一。
③ 《全宋詩》册六〇,第37688頁。李國玲編著《宋僧録》"心月小傳"亦作寶祐二年卒。綫裝書局2001年版,上册第45頁。

討官渤海劉震孫序。①

根據文中所言，從景定元年逆推六年，正好是寶祐二年。但序文中提到的時間有誤。據明宋奎光《徑山志》卷二，癡絶道沖、石溪心月、偃溪廣聞禪師分别任徑山興聖萬壽禪寺第三十五、三十六、三十七代住持，②癡絶道沖禪師卒於淳祐十年（1250）三月，③《石溪心月禪師語録》卷上《住臨安府景德靈隱禪師語録》末記載："淳祐十年六月廿一日，在寺受徑山請，捧敕黄謝恩畢，上堂云：'旃檀林裏老檀樹，飽閲風霜不記春。自謂摧頹已無用，又沾雨露一番新。'……"則石溪心月禪師於淳祐十年六月廿一日後始住徑山。而《石溪心月禪師語録》卷下後《新添》部分有石溪心月禪師所作《開光明藏疏》及《示無象》兩篇短文，皆作於寶祐乙卯（即寶祐三年，1255），且後者正是寫給無象静照的。全文云：

> 静照禪者，過海訪此未久，動容瞬目，吐露不凡。因作頌見示，可敬。倘跂步前哲，不患不與之把手同行也。僧問趙州：一物不將來時如何？州云：放下着。僧云：一物不將來，放下個什麽？州云：放不下，擔取去。僧大悟於言下。且道那裏是這僧悟處？試着意看去，切不必理會得與不得。宜以悟爲則。所謂不患不與前哲把手同行，當立地以待搆取。照宜勉之。乙卯孟冬徑山老比丘心月。

這篇法語的原物現存於日本。文中明確指出作於寶祐三年孟冬，説明石溪心月禪師此時還在世。而據宋林希逸《偃溪廣聞禪師塔銘》，偃溪廣聞禪師於寶祐四年（丙辰）移住徑山，④《徑山志》卷二稱

---

① 〔宋〕釋住顯等編《石溪心月禪師語録》，《卍新纂續藏經》第71册，No. 1405。
② 〔明〕宋奎光《徑山志》，《四庫全書存目叢書》史部第244册。
③ 見《癡絶道沖禪師語録》末附宋趙若璩撰《徑山癡絶禪師行狀》，《卍新纂續藏經》第70册，No. 1376。
④ 見《偃溪廣聞禪師語録》卷下，《卍新纂續藏經》第69册，No. 1368。

石溪心月禪師卒於六月初九日，則其應是卒於寶祐四年六月初九。所以大休正念與無象靜照在新昌大石佛首座寮的重聚，也是寶祐四年以後的事了。但今傳《石橋頌軸》無象靜照詩偈前有其自敘云：

> 景定壬戌重陽前五日，登石橋，作尊者供。假榻橋邊，夢游靈洞，所歷與覺時無異。忽聞霜鐘，不知聲自何發，因綴小偈，以紀勝事云。①

景定壬戌即景定三年（1262），無象靜照在天台石橋寫下兩首詩偈，兩年以後，度宗咸淳元年（1265），他就返回日本了。而現傳《石橋頌軸》中第一位與他唱和的南宋僧人是育王物初，即物初大觀禪師，他於景定四年（1263）十一月十日，入住慶元府阿育王山廣利禪寺，②故靜照與大休正念在新昌重聚，諸大老作詩唱和的時間一定是在景定四年十一月十日後至咸淳元年他返回日本期間。無象靜照回國後，與大休正念間音訊斷絕，但在咸淳五年（己巳，1269，日本文永六年），大休正念受邀前往日本，與無象靜照重會於關東鎌倉建長寺。日本文永甲戌（十一年，1274，宋度宗咸淳十年）初夏，無象靜照忽然造訪大休正念，並出示頌稿一編請其作序，此頌稿正是《無象靜照夢游天台偈》軸，大休正念贊許其"求舊不忘之意"，欣然提筆寫下序文。此後《無象靜照夢游天台偈》軸就與序文一起流傳下來。但筆者認為大休正念序文中所云"此軸乃公青氈舊物，一別又二十年矣。今獲再觀，亦予之復見故人也"一段話，其中"二十年"當為"十二年"之筆誤，否則從咸淳十年逆推二十年的話，應該是寶祐三年，此時無象靜照還未登天台石橋作詩偈，更無諸名衲和韻之事發生。

---

① 見玉村竹二編《五山文學新集》第六卷，東京大學出版會1972年版，第640頁。
② 見《物初大觀禪師語錄·慶元府阿育王山廣利禪寺語錄》。《卍新纂續藏經》第69册，No.1366。

(二)《無象照公夢游天台偈》在日本的傳本

大休正念爲《石橋頌軸》所作序文的墨迹原物,現存於日本五島美術館,但詩軸原物現不知是否存世,存於何處。① 根據日本駒澤大學圖書館所編《新纂禪籍目録》記載,②《無象照公夢游天台偈》現有水户彰考館文庫藏本及東京尊經閣文庫藏本兩種傳本存在,皆爲手寫本。但根據玉村竹二《無象靜照集解題》介紹,日本還有瀧田英二所收藏的一種寫本,題爲"無象照公夢游天台石橋頌軸",收入其所藏的《禪家叢書》卷首第一號。③ 這樣現知日本有三種《石橋頌軸》的傳本存世。玉村竹二先生以彰考館文庫本爲底本,校以瀧田氏所藏本,以《無象照公夢游天台偈軸並序》爲題,全文附於其所編《五山文學新集》第六卷《無象靜照集》(包括《無象和尚語録》《興禪記》)後,並寫有《無象靜照集解題》,這可以稱爲第四種傳本。

根據玉村竹二的介紹,彰考館文庫本内題"無象照公夢游天台偈附念大休序諸尊宿和"。每半頁八行,行十六字。首先是大休正念的序,另頁起先是無象靜照的本韻二首,接着是物初大觀、虛舟普度、截流妙弘等四十一人各二首和韻,共有八十二首和詩。卷末有如下識語:"右以鎌倉瑞泉寺藏本謄寫並校正了。貞享戊辰歲五月十一日。"④貞享戊辰即貞享五年(1688,清康熙二十七年),屬於日本江户時代中期。説明此本是貞享五年根據鎌倉瑞泉寺藏本抄寫的。筆者在日本訪書時,曾到尊經閣文庫查閲玉村竹二未提到的該文庫所藏本。尊經閣文庫藏本長34.5釐米,寬25釐米,綫裝,

---

① 玉村竹二在《無象靜照集解題》中推斷頌軸的原物在江户時代以殘本的形式還存在。見《五山文學新集》第六卷,第1135頁。
② 《新纂禪籍目録》,第471頁。
③ 《五山文學新集》第六卷,第1132—1135頁。
④ 同上書,第1131—1132頁。

淡黄紙封皮，封面有"無象照公夢游天台偈"題籤。扉頁最左邊寫"無象照公夢游天台偈附念大休序諸尊宿和"，右邊寫"無象照公夢游天台偈全一册"，再右以小字寫"丁卯二月二日書寫校合桐□"，右下角又有小字"斤二月七日再校桐□　馬場源七□"。① 以上皆以墨筆豎寫。此頁中間又有墨筆書寫的三列草字，筆者不能完全辨識，但可識出"以鎌倉瑞泉寺……貞享四年二月中旬記"諸字，貞享四年即丁卯年，説明前墨筆小字與草字寫者基本同時，或爲同一人所爲。根據所能辨識的這些字，大致可知此本也是根據鎌倉瑞泉寺藏本抄寫的，但抄寫的時間要比彰考館文庫藏本早一年。此本正文首先也是大休正念的序，接着是無象靜照的本韻二首及南宋物初大觀以下四十一僧人的和韻共八十二首。詩偈部分每半頁十一行，行二十一字。筆者以之與《五山文學新集》第六卷所附本相校，有一些異文。而根據玉村竹二的介紹，瀧田英二所藏本《頌軸》的末尾有如下識語："右頌稿序佛源禪師大休真迹、頌者照無象之真迹、在鎌倉瑞鹿山圓覺寺歸源庵。"故玉村竹二認爲如果這個識語可信的話，最初書寫這個頌軸的人當見過原物，②並根據原物直接書寫下來，當時原物還存於圓覺寺歸源庵中。歸源庵是大休正念弟子秋澗道泉的門人之庵道貫在圓覺寺内創建的，因爲大休正念與無象靜照在石溪心月禪師會下是同門法眷的關係，所以《頌軸》存於歸源庵也是合理的。他還認爲，根據這個識語，諸尊宿的頌好像是經過無象靜照親筆謄抄了一遍後製成頌軸的。③ 且瀧田英二所藏本《頌軸》中作者的署名都附在其所作第二首詩偈末尾的空白處，這與彰考館文庫本、尊經閣文庫本作者署名皆在第一首詩偈前單占一行不同。而此本最後兩首詩偈後還分别署了兩位南宋

---

① □處字乃筆者未辨認出之字。
② 現存《禪家叢書》是經過奥村松濤重抄的。見《五山文學新集》第六卷，第1135頁。
③ 同上書，第1133頁。

僧人的名字，故此本共有四十二位南宋僧人和詩，比彰考館文庫本和尊經閣文庫本多出一人。玉村竹二認爲這是由於他們依據的底本當時已是殘本而誤抄導致的。①

二七、虛堂智愚等《一帆風》

《一帆風》是彙集南宋僧人送別入宋日僧南浦紹明所作詩歌的一個總集，此集流傳於日本，中國未見著錄與流傳，故其中所錄僧人及詩歌大都爲《宋僧錄》《全宋詩》所未收，頗具輯佚價值。同時，它也是宋末中日佛教文化交流的一個見證。

日僧紹明(1235—1308)，號南浦，俗姓藤原氏。駿州安部縣(今日本靜岡縣)人。幼曾學天台教，十五歲薙染受戒，師事由宋入日的鐮倉建長寺蘭溪道隆禪師。理宗開慶元年(1259)入宋，遍訪諸刹，往杭州淨慈寺參謁虛堂智愚禪師，虛堂令典賓客。度宗咸淳元年(1265)夏，紹明請善畫者寫虛堂頂相請贊，虛堂贊曰："紹既明白，語不失宗。手頭簸弄，金圈栗蓬。大唐國裏無人會，又却乘流過海東。"秋八月，虛堂智愚奉詔遷徑山，攜紹明同行。一天晚上紹明禪定後大悟，呈偈曰："忽然心境共忘時，大地山河透離綫。法王法身全體現，時人相對不相知。"虛堂對衆人說："這漢參禪大徹矣。"咸淳三年秋，紹明辭別虛堂打算歸國，虛堂贈以詩偈曰："敲磕門庭細揣摩，路頭盡處再經過。明明說與虛堂叟，東海兒孫日轉多。"同時宋僧以詩相送者如天台惟俊、江西道東(一作洙)、甬東德來等四十三人，這些詩被編入《一帆風》中。紹明回國後先是繼續追隨蘭溪道隆禪師，後出世築州興德禪寺，歷住太宰府崇福寺，京都萬壽禪寺、嘉元禪寺，鐮倉正觀寺、建長寺諸刹，大力弘揚臨濟

---

① 詳見許紅霞《珍本宋集五種——日藏宋僧詩文集整理研究》上《無象照公夢游天台偈》"梓州希革"作者考辨部分，第252—254頁。

禪,門庭興盛,弟子衆多。並爲伏見太上皇及鎌倉幕府執權北條貞時所重,屢爲演法。延慶元年(1308,元至大元年)臘月示寂,年七十四。謚圓通大應國師。他是日本禪宗史上有重要影響的人物之一,所代表的日本臨濟宗流派被稱爲"大應派"。① 關於《一帆風》及相關問題,已見有日本國文學研究資料館陳捷教授所發表的《日本入宋僧南浦紹明與宋僧詩集〈一帆風〉》②及復旦大學中文系侯體健教授所發表的《南宋禪僧詩集〈一帆風〉版本關係蠡測》③兩篇論文,④前者全面、詳細地介紹了南浦紹明的生平及相關情況,以及他在日本禪宗史、茶道史上的重要影響,并提出了對《一帆風》内容、編集和出版諸問題的一些看法,文後附録了《一帆風》中六十九人的詩歌。後者篇幅不長,也介紹了南浦紹明其人其事,重點對《一帆風》兩個版本的關係提出了與前文不同的看法。兩篇論文對推進《一帆風》及相關問題的研究都具有重要的參考價值。筆者在日本訪書期間也調查了《一帆風》的不同版本,收集了相關資料,其中有的資料引起我對諸如南浦紹明由宋歸國時間及《一帆風》的編集流傳、作者諸問題的思考,有些想法可能與主流觀點(包括上述二位學者的觀點)不盡相同,現闡述於下。

(一)南浦紹明由宋歸國時間

一般認爲,南浦紹明在咸淳三年(1267)秋天辭別虛堂智愚後,就在當年回到了日本。此時是日本龜山天皇文永四年。現存較早

---

① 事見〔元〕釋廷俊撰《圓通大應國師塔銘》、〔日〕釋師蠻《延寶傳燈録》卷三、《本朝高僧傳》卷二十二。
② 見《中國典籍與文化論叢》第九輯,北京大學出版社 2007 年版,第 85—99 頁。
③ 見《中國典籍與文化》2009 年第 4 期,鳳凰出版社 2009 年版,第 15—17 頁。
④ 作爲本研究課題的先期成果,筆者曾撰《日藏宋僧詩集〈一帆風〉相關問題之我見》一文(發表於《中國典籍與文化論叢》第十三輯,鳳凰出版社 2011 年 6 月版),即此部分内容的主要來源。後日本學者衣川賢次撰有《南宋送别詩集〈一帆風〉成書考》一文(見《域外漢籍研究集刊》第十一輯,2015 年,及氏著《禪宗思想與文獻叢考》,復旦大學出版社 2017 年),對《一帆風》的成書過程及二十五首增補詩歌進行了深入探討,可進一步參考。

的完整記錄南浦紹明生平事迹的資料，當屬中國元朝僧人廷俊（時任杭州路中天竺天曆萬壽永祚禪寺住持）於至正二十五（1365）年應南浦法孫省吾之請所撰寫的《圓通大應國師塔銘》，其中明確記載道：

> 咸淳三年秋，師辭歸日本，堂贈以偈曰……既歸，當本國文永四年也。建長蘭溪即命典藏。秉拂提唱有"十載中華歷遍歸，未將佛法掛唇皮。無端今夜始開口，鐵樹生花正是時"之語。①

而日本臨濟宗僧人師蠻於延寶六年（1678）完成的《延寶傳燈錄》卷三及元禄十五年（1702）完成的《本朝高僧傳》卷二十二《南浦紹明傳》亦皆記載其爲咸淳三年（文永四年）歸國。② 玉村竹二《五山禪僧傳記集成》南浦紹明傳也有同樣記載。③ 且上述各種資料都記載南浦紹明歸國後即到鐮倉蘭溪道隆的會下，任管理經藏之職。但筆者檢閲《大覺禪師語録》（蘭溪道隆語録）、《圓通大應國師語録》（南浦紹明語録）等相關資料，都未見有南浦紹明歸國後參謁蘭溪道隆的具體時間的記載。到目前爲止，學術界似乎無人對南浦紹明歸國時間産生過異議。不過，現存《一帆風》卷首有序云：

> 日本明禪師留大唐十年，山川勝處游覽殆遍。洎見知識，典賓於鞏寺。原其所由，如善竊者，間不容髮。無端於凌霄峰頂，披認來蹤，諸公雖巧爲遮藏，畢竟片帆已在滄波之外。
>
> 咸淳三年冬苕溪慧明題④

---

① 見《圓通大應國師語録》卷末所附《塔銘》，《大正藏》第80卷，No.2548。
② 見《大日本佛教全書》第六十九卷史傳部八第164－166頁，第六十三卷史傳部二第140－142頁。
③ 見《五山禪僧傳記集成》，講談社日本昭和五十八年（1983）版，第535－538頁。
④ 見玉村竹二編《五山文學新集》別卷一《詩輯集成‧一帆風》，東京大學出版會1977年版。關於苕溪慧明其人，《佛光國師語録》卷九《送雲溪歌》後附有其所作題跋，稱與無學祖元（1226—1286）同年，則他亦生於理宗寶慶二年（1226），至咸淳三年（1267）時已四十二歲。《正誤佛祖正傳宗派圖》在臨濟宗松源派滅翁文禮禪師下有雪蓬（轉下頁）

這就説明南浦紹明在咸淳三年(1267)的冬季還未歸國。筆者見到了現保存於日本的虛堂智愚弟子之一無示可宣送別南浦紹明的詩歌墨迹(見本節文後附圖 27-1)，這首詩並未收入現存《一帆風》的兩種版本中。全文如下：

　　　　南屏明知客訪別復還日本故國謾以廿十八字餞行　　宋鄞金文住山　可宣

　　　　玻璃盞子驗同盟，誰向錢唐敢進程。千里同風一句子，明明舉似到山城。

　　　　　　　　　　　　　　　咸淳戊辰夏孟下澣書於大圓鏡①

此文作於度宗咸淳四年(戊辰，1268)六月下旬，此時無示可宣住鄞縣金文山惠照禪寺。②文中"廿十八"疑爲筆誤，當爲"廿八"。"南屏明知客"即指南浦紹明，因其在淨慈寺擔任知客一職。"大圓鏡"是可宣寫詩之處。從文中"訪別復還日本故國"八字來看，很可能是他本打算在咸淳三年冬季回國，或許是氣候等原因，他未能按原計

(接上頁)

慧明，《虛堂和尚語録》卷十也有《雪蓬明長老赴禾興光孝》一文云："雪蓬明老，相從有日。自育王過東山，客欄之下，温然如春，此老之力也。在南屏居第一座，忽澱湖有公選之寵。二年，復勝集於雙徑，仍歸第一座，羣心歡如。今領朝命，遐赴禾興光孝。臨岐聊攄數語，以當祖行。卓錐無地，空餘雙штан。蓋乾坤鐵笛橫吹，有氣不吞雲夢澤。煙波渺渺，蘭桌依依。雪蘆霜葦冷相宜，幾度揭開閑對月。鴛湖深處，不必垂絲。長水江頭，錦鱗自得。臨岐句子，如何分付。風飄飄兮吹衣，水泠泠兮聲詩。咸淳戊辰秋九月，虛堂老僧書於不動軒。是年八十四。"疑此雪蓬慧明與苕溪慧明爲同一人。由此文可見他也曾長期跟從虛堂，虛堂住淨慈寺及徑山時，他都居第一座。

　①　見田山方南《禪林墨迹》乾册第 44 號，尾部有一大二小三枚方印，大方印有"無示"二篆字，二小方印一爲"可宣"，一因字迹模糊，不能辨識，應皆爲無示可宣之印。

　②　〔宋〕羅濬《寶慶四明志》卷十三《鄞縣志》卷二中稱爲"金文山惠照院"，〔元〕袁桷《延祐四明志》卷十七《釋道考·禪院》："金文山惠照寺，縣東南七十里，舊號金文懺院，唐乾寧二年建，宋治平元年賜額。"田山方南在《禪林墨迹解説》中把無示可宣此《送別偈》中之"鄞金文"解讀爲"鄞縣金文靈照禪寺"，根據是《禪林墨迹》中第 34 圖《虛堂尺牘》末尾所署，但經筆者辨識，《虛堂尺牘》末尾所署爲"金文惠照禪寺"，田山方南先生誤讀"惠"爲"靈"字。

劃成行，於是延遲到咸淳四年六月下旬以後歸國，故無示可宣贈詩爲其餞行。南宋中後期，宋日之間商船往來頻繁，入宋日僧或入日宋僧主要靠搭乘兩國的商船來往於兩國之間。而日本的博多及南宋的明州分別是兩國主要的出發和到達的港口。入宋日僧從日本出發或從宋地返回的時間，可能會受到氣候的影響。日本學者木宮泰彥把入宋日僧榮西、俊芿、道元、辨圓、榮尊、覺心入宋和歸國的月日以及入日宋僧無學祖元從明州出發去日本的時間列表加以對照，發現他們從日本出發的時間一般都在三四月份，這是利用晚春至初夏的東北季風進行航海的緣故。而從宋地到日本，則多是在五六月份利用夏季的西南季風進行航海。① 如果説南浦紹明是咸淳四年六月下旬歸國的話，也正好符合這一規律。

關於墨迹作者無示可宣，還有需要説明之處。此墨迹寫在一橫幅上，尾部有一大二小三枚方印，大方印有"無示"二篆字，但日本學者都讀爲"無尔（爾）"，誤。無示可宣乃虛堂智愚弟子，因爲資料缺如，其生平事迹無法詳考。今傳《虛堂智愚禪師語録》十卷，其中卷一的《嘉興府報恩光孝禪寺語録》就是無示可宣所編。日本桂芳全久約於慶安元年（1648）所編的《正誤佛祖正傳宗派圖》中虛堂智愚法系下列有"明州無示可宣"，而在《虛堂和尚語録》卷四《法語》部分有"示蓬萊宣長老"語，卷十《虛堂和尚新添》部分又有"答蓬萊宣長老書"，云："（智愚）啓復萊堂頭無示禪師：二月初十僕至，收所惠書，且審住持緣法增勝爲尉。所言乏心腹宣勞之人，時節使然。……況蓬萊海上名山，前輩行道之地，自當退步謹願，以叢林爲念，以衆人爲心，自然般若之緣勝起，香風四吹，何患無宣勞者，勉旃。……"，可見是給無示可宣禪師的回信。《方輿勝覽》卷七慶元府"蓬萊山"下注云："在昌國縣，四面大洋，徐福求仙嘗至此。"元

---

① 見《日中文化交流史》第298—299頁。

袁桷《延祐四明志》卷十八載，"象山縣西南三十里有蓬萊山廣福寺，舊名蓬萊院"云云。故此處"蓬萊宣長老"之"蓬萊"，是指慶元府中的蓬萊山，無示可宣曾住此山。

無示可宣作爲虛堂智愚的弟子，與當時的入宋日僧多有交往。除南浦紹明外，他與稍早於南浦紹明入宋的另一位著名禪僧無象靜照（1234—1306）也有交往。景定元年（1260），靜照掛錫育王山廣利禪寺，爲該寺知賓（時虛堂智愚爲該寺主持）。① 景定三年秋，到天台石橋，供茶湯於五百羅漢，夢游靈洞，聞梵鐘，作二詩偈，當時有名衲四十餘人，各作二首，賡韻相和。② 而無示可宣也在其中。

據《圓通大應國師塔銘》所述，"至正廿五年夏四月，比丘省吾持其師住築州安國山聖福禪寺國師之門人宗規所撰行狀來，征言銘師之塔"，可見廷俊所撰《塔銘》，主要根據南浦紹明門人宗規所撰《行狀》而成，雖然此時距南浦紹明去世祇有半個多世紀，但其中所記載的一些南浦紹明事迹已不可全信，頗有可疑之處，有些已爲學者指出。如日本學者荒木見悟就對《塔銘》中關於南浦紹明至淨慈寺見虛堂智愚禪師時，與虛堂智愚禪師的一段問答機語的真實性表示懷疑，他認爲"由於《塔銘》作於南浦紹明歿後半個世紀之後，而且是在其德望確立之後，所以對其真實程度不能完全相信"。③ 又如《塔銘》中記載日本文永七年（1270）秋，南浦紹明出世築州興德禪寺，"遂以嗣法書並入院語因曇侍者呈徑山，（虛）堂得之大喜，謂衆曰：'吾道東矣。'其爲堂器重如此"。④《本朝高僧傳》

---

① 在宋期間他也曾長期追隨虛堂智愚禪師，度宗咸淳元年（1265）歸國時，曾向虛堂智愚呈詩辭別，其中有"十載從師幾詁拳"之句，虛堂也贈以《日本照禪者欲得數字徑以述懷贈之》詩，此墨迹原件現亦存於日本，被日本政府定爲重要文化財。

② 事見［日］釋師蠻《本朝高僧傳》卷二十一及上村觀光《五山詩僧傳》，《本朝僧寶傳》卷下日釋善金撰《無象和尚行狀記》等。

③ 見陳捷教授論文所引，《中國典籍與文化論叢》第九輯，第 88 頁。

④ 見《圓通大應國師語錄》卷下所附廷俊撰《塔銘》。

卷二十二《紹明傳》亦沿襲此説，但實際上虛堂智愚禪師已於度宗咸淳五年(1269，日本文永六年)十月八日示寂，①且《圓通大應國師語録》卷上《圓通大應國師初住築州早良縣興德禪寺語録》中也記載有南浦紹明於文永七年十月二十八日入寺後，曾升座拈香"供養前住大宋徑山興聖萬壽禪寺虛堂和尚大禪師，用酬法乳"，②又有文永八年十月"虛堂和尚忌日拈香"云云，説明南浦紹明知道虛堂智愚已經去世。這就證明前述《塔銘》中所記載的情況是錯誤的。有鑒於此，我們亦有理由懷疑《塔銘》中關於南浦紹明於日本文永四年歸國的記載的可靠性。如果我們認爲南浦紹明於咸淳四年六月下旬歸國無誤的話，就必然會引起我們對寫詩爲其餞行的作者及《一帆風》的編集流傳過程的再思考。

(二) 寫詩送別南浦紹明的作者

現在日本流傳的《一帆風》有兩個版本系統，一個是初刻本，除虛堂智愚外，收録了從天台惟俊至天台可權四十三人的送別詩歌。一個是所謂增補本，除虛堂智愚外，收録了從天台惟俊至修善共六十八人的詩作。③也就是説，增補本除了初刻本的四十四人外，又增加了師仙至修善共二十五位作者。但如前所述，無示可宣的詩作並未收入，説明《一帆風》中所録並非是爲南浦紹明送別贈詩的所有作者，除無示可宣外，可能還有其他作者未收入《一帆風》，祇是有些已經不存或雖存世但還未被發現。即使是收録於《一帆風》中的作者，現在大多也無法考知其生平事迹。不過，有些作者的情況，根據現有資料查考，還是可以略知一二。正如侯體健教授文中提到的，《一帆風》中有不少作者是虛堂智愚的弟子。不過，也有一些是與虛堂智愚

---

① 見《虛堂和尚語録》卷十後所附其弟子法雲所撰虛堂和尚《行狀》。
② 關於此點，陳捷論文亦已指出，《中國典籍與文化論叢》第九輯，第 90 頁注②。
③ 詳參陳捷《日本入宋僧南浦紹明與宋僧詩集〈一帆風〉》一文及附録，見《中國典籍與文化論叢》第九輯，第 85—99 頁。

第一章　宋僧詩文集在日本的刊刻流傳考述　　425

同時的其他禪師的弟子,或師承未知的。現據筆者所知,略述如下:

1. 虛堂智愚

在今傳《一帆風》中,除了列在最前邊作爲序的"咸淳三年苕溪慧明題",首先就是《徑山虛堂和尚送南浦明公還本國並序》:

　　　　明知客自發明後欲告歸日本,尋照知客、通首座、源長老,聚頭說龍峰會裏家私。袖紙求法語,老僧今年八十三,無力思索,作一偈以賁行色。萬里水程,以道珍衛。

　　　　敲磕門庭細揣磨,路頭盡處再經過。明明説與虛堂叟,東海兒孫日轉多。①

這首詩偈又稱爲"日多之記",被認爲是虛堂智愚對南浦紹明作爲自己的法嗣在日本傳播弘揚自己禪法的認可,故日本臨濟宗奉其爲至寶。序中的照知客(無象靜照)、通首座、源長老(巨山志源)都是南宋末曾入宋參謁過虛堂智愚的日本僧人,此時當都已返回日本。虛堂智愚禪師(1185—1269)乃四明象山(今屬浙江)人。俗姓陳,號虛堂、息耕叟等。日本有學者認爲虛堂智愚不會自稱"虛堂叟",主張此詩偈的作者是南浦紹明自己而不是虛堂智愚。②筆者不敢苟同。其實,虛堂智愚的詩文中多有以"虛堂叟"自稱的。如其《安座主更衣》云:"良遂曾敲麻穀門,不相謾處主賓分。子來親見虛堂叟,兩耳垂肩坐白雲。"《物我兩忘》云:"居常多不器,情謂盡方知。有眼掛空壁,無心合祖師。衲穿隨手補,客至下階遲。或問虛堂叟,殷勤說向伊。"③《高麗國淑法師印藏經》一文末,亦署爲

---

① 以上據日本駒澤大學藏本《一帆風》。而《虛堂和尚語錄》卷十《虛堂和尚新添》部分亦録有此段,題爲《送日本南浦知客》,然後是四句詩,詩後是"明知客自發明後……"一段序文,序文最後是"咸淳丁卯秋住大唐徑山(智愚)書於不動軒"。顯然編入《一帆風》時這一段的前後次序有調整,序文置前,並去掉了"咸淳丁卯秋住大唐徑山(智愚)書於不動軒"一句,且詩題亦由《送日本南浦知客》改爲《徑山虛堂和尚送南浦明公還本國並序》。
② 見陳捷論文頁90及注釋①所引。
③ 見《虛堂和尚語錄》卷七《偈頌》。

"宋景定癸亥秋八月虛堂叟書於四明雪竇西庵。"①而那幅紹明請善畫者所畫的虛堂畫像至今仍珍藏於日本京都大德寺中,其上虛堂自贊云:"紹既明白,……又却乘流過海東。紹明知客相從滋久,忽起還鄉之興,繪老僧陋質請贊,時咸淳改元夏六月,奉敕住持大宋淨慈虛堂叟智愚書。"所以前述詩偈的作者應是虛堂智愚,整首詩偈的意思都是對南浦紹明禪悟得道的肯定,對其作爲自己嗣法弟子的認可,所謂"明明説與虛堂叟,東海兒孫日轉多",也就是通過南浦紹明的表現,虛堂智愚預見到他的禪法將會在日本代代相傳,繁衍興盛。事實也正是如此,南浦紹明所代表的大應派,子孫興旺,在日本禪宗史上占有重要的地位和影響。

　　關於虛堂智愚的生平事迹,其弟子法雲所撰《行狀》及《虛堂和尚語錄》等都有詳細記載,陳捷論文也有詳細闡述,兹不贅述。這裏想强調的是他在宋代臨濟宗中所屬的派系,並由此推測南浦紹明師承他的一些緣由。虛堂智愚的傳承法系,屬於宋代臨濟宗楊岐派圓悟克勤門下虎丘紹隆一派,即圓悟克勤→虎丘紹隆→應庵曇華→密庵咸傑→松源崇嶽→運庵普巖→虛堂智愚,而南浦紹明在日本所師從的入日宋僧蘭溪道隆也是這一派松源崇嶽傳下來的,即松源崇嶽→無明慧性→蘭溪道隆,所以虛堂智愚與蘭溪道隆有着同一師祖即松源崇嶽。釋道隆(1213—1278),號蘭溪,四川涪江人,俗姓冉。年十三於成都大慈寺剃髮受具。游浙,歷參無準師範、癡絶道沖、北磵居簡諸禪師,於無明慧性禪師處證悟。理宗淳祐六年(1246),與弟子一起乘日本商船到日本,入京都泉湧寺來迎院。後移居鐮倉壽福寺,爲鐮倉幕府北條時賴所重,建長四年(1252,宋淳祐十二年)冬,鐮倉創建長寺,請道隆爲開山祖師。居十三年,遷京都建仁寺,後返建長寺。因罹讒言,曾兩次被謫甲州,

---

① 見《虛堂和尚語錄》卷十《法語》。

後復歸建長。日本弘安元年（1278，南宋祥興元年）示寂，年六十六。謚大覺禪師。嗣法弟子有二十四人。① 其《語錄》於景定五年（1264）左右刊刻於南宋四明，爲其日本弟子祖忍游訪宋地時施財刊行。而當時住持臨安府淨慈報恩光孝禪寺的虛堂智愚對《大覺禪師語錄》進行了校勘，並寫下一段記語："宋有名衲，自號蘭溪。一笻高出於岷峨，萬里南詢於吳越。陽山領旨，到頭不識無明。抬脚千鈞，肯踐松源家法。乘桴於海，大行日本國中。淵默雷聲，三董半千雄席。積之歲月，遂成簡編。忍禪久侍雪庭，遠訪四明，鋟梓。言不及處，務要正脈流通。用無盡時，切忌望林止渴。景定甲子春二月虛堂智愚書於淨慈宗鏡堂。"② 由此也可看出虛堂智愚與蘭溪道隆間的密切關係，而南浦紹明入宋前爲蘭溪道隆弟子，入宋後追隨當時已名徹禪林的虛堂智愚也是情理之中的事了。另外，虛堂智愚還有一件事應當引起我們注意，他住持慶元府阿育王山廣利禪寺時曾經被拘禁一個月，後理宗皇帝下聖旨才被釋放。《虛堂和尚語錄》卷三《慶元府阿育王山廣利禪寺語錄》末記載："師寶祐戊午六月十四日罹難，七月十三日恭奉聖旨，與免無辜，謝事上堂。"法雲所撰《行狀》亦云："寶祐戊午，③育王虛席，禪衲毅然陳乞，有司節齋尚書陳公嘉其公議，特與敷奏，是年四月領寺事。三年，吳制相信讒懷隙，辱師欲損其德。師怡然自若，始終拒抗，略無變色。聖旨宣諭釋放，作偈奉謝云：'去時曉露消祥暑，歸日秋聲滿夕陽。恩渥重重何以報，望無雲處祝天長。'古愚余尚書典鄉郡，特以金文延之。迫於晚景，退閑明覺塔下，作終焉計。景定甲子，有旨

---

① 事見《元亨釋書》卷六、《本朝高僧傳》卷十九。
② 見《大覺禪師語錄》卷下末。[日]高楠順次郎編《大日本佛教全書》第 95 册，日本東京有精堂昭和六至十二年（1931—1937）版。
③ 《虛堂和尚語錄》卷三載其入主育王時間爲寶祐四年（1256）四月初七日，此處寶祐戊午乃寶祐六年，根據《語錄》所載內容及虛堂智愚生平履歷，當以寶祐四年爲是。

詔住淨慈,衲子奔集,堂單無以容,半居堂外,上徹宸聽。……"①至於其被拘禁的具體緣由,我們今天不得而知。雖然作爲弟子的法雲在《行狀》中稱其"怡然自若,始終拒抗,略無變色",相信對於此時已七十四歲高齡的虛堂智愚來說也是一個不小的打擊。此後他離開了育王,至景定元年(1260)八月,他受郡守余尚書延請,在鄞縣金文山慧照禪寺(即栢巖慧照禪寺)住了約一年多的時間,②就退閑於雪竇西庵,打算在那裏終老。直到景定五年(甲子,1264)正月,理宗下詔令他住持淨慈寺,他才又復出而聲名愈震。南浦紹明於理宗開慶元年(1259)入宋,此時正是虛堂智愚被拘禁釋放後閑居時期,直到虛堂景定五年正月又復出住持淨慈寺之前,在外人看來虛堂此時可以説正處於低谷,或許南浦紹明在此期間已參謁過虛堂智愚,但現所見相關資料中並無記載,而南浦紹明的《塔銘》中祇是渲染了景定五年虛堂智愚住持淨慈寺後南浦紹明去參謁他的情景,我們也不能就此理解爲南浦紹明入宋五年後才初見虛堂。

2. 天台惟俊

《一帆風》中排在第二位寫詩送別南浦紹明的就是天台惟俊。他是虛堂智愚的弟子,《虛堂和尚語錄》卷二《婺州雲黄山寶林禪寺語錄》就是惟俊與智愚另一弟子法雲二人所編。日僧桂芳全久《正誤佛祖正傳宗派圖》中虛堂智愚法系下亦列有"萬年東州惟俊"。今存於日本的《石橋頌軸》中,亦有他唱和入宋日僧無象靜照的兩首詩偈,云:

　　　　雲宿橋東酌釅茶,枕寒夢冷賦秋霞。豁然心寂渾無有,恰似傾分盞裏花。

---

① 見《虛堂和尚語錄》卷十附。
② 《虛堂和尚語錄》卷七《偈頌》部分有《壬戌登雪竇》詩偈,卷十《高麗國淑法師印藏經》《贈禪客智仁》皆是景定癸亥(四年,1263)書於雪竇西庵。壬戌乃景定三年,説明景定三年後虛堂已在雪竇。

錫杖淩空探一回，曉風已約片雲開。危聞嶮處平如砥，自是行人不到來。①

署名爲"雲居東州惟俊"，説明他當時住在浙江新昌縣的雲居寺。②他還參與了《大覺禪師語録》刊刻前的校對工作，《大覺禪師語録》卷下末有"天台山萬年報恩光孝禪寺首座比丘 惟俊 點對入板"一行字，説明他後住天台山萬年報恩光孝禪寺，並爲首座。又《新撰貞和分類古今尊宿偈頌集》卷上"贊佛祖"類録有其《五祖》詩云："青峰峰下種青松，换步重來夫舊蹤。富貴未忘貧苦事，三更月下送靈公。"③署名爲"東州俊"，名下有小字注云："元人，嗣虛堂。"《重刊貞和類聚祖苑聯芳集》卷五"道號"類也録有署爲"東州"的作者所作詩三首：

四維上下絶躋攀，此去藏身萬法閑。寧畏是非來耳畔，任教名字落人間。情同野鶴無羈絆，心與孤雲共往還。回首塵勞三界外，對機垂手有何難。《中隱》

竺國支那本一家，優曇重見劫前花。九枝獨秀無根蒂，五葉聯芳有等差。黄蘖樹頭懸蜜果，胡蘆棚上掛冬瓜。遼天鼻孔都穿却，牆下枯椿又出芽。《祖芳》

老兔懷胎萬象殊，廣寒放出夜明珠。水天一色千門晝，光影俱忘六户虛。銀鎖掣開金鎖闥，冰輪碾破玉珊瑚。如何説得寒山子，剛把吾心要比渠。《月窗》④

可見惟俊也是一位擅長作詩的詩僧，以上四首詩皆爲《全宋詩》所未收，當補。

---

① 見玉村竹二編《五山文學新集》第六卷附録《無象照公夢游天台偈軸並序》第641頁。
② 詳參拙文《〈石橋頌軸〉及其相關聯的南宋中日佛教文化交流》。
③ 見《大日本佛教全書》第八十八卷芸文部一。
④ 同上。

3. 敍南妙相①

《一帆風》中排在第七位寫詩送別南浦紹明的是敍南妙相（敍南乃地名）。其生平事迹不詳，宋末松坡宗憩所編《江湖風月集》②中收錄了此人及其詩偈五首。署爲"敍南寂庵相和尚"，名下有注文云："師諱妙相，嗣偃溪，住連雲，《續傳燈》偃溪派下不載之。"③所錄五首詩偈如下：

雨餘荒沼緑痕新，兩部喝喝徹曉鳴。枕上因思張學士，耳根輸我不聰明。《聽蛙》

鬧裏和籃掇向人，腥風來自海門濱。時人知貴不知價，換水忙忙養錦鱗。《籃裏魚》

紛紛平地起戈鋋，今古山河共一天。莫謂是誰功業大，恐妨林下野人眠。《演史》

妙音妙指發全功，絶嶽蒼髯樹樹風。一曲未終天似洗，希聲聞在不聞中。《聽琴》

錯來行脚渠因我，悟後還家我累渠。溢浦水明霜夜月，擔頭不帶別人書。《送人之廬山》

但此書卷末有據"別本增入之頌"共六首，其中有兩首爲寂庵妙相和尚之詩頌：

八金剛杵力難摧，此相何曾墮母胎。堪笑嶺頭明上座，綫針眼裏出頭來。《鐵面》

一攛溪橋自起來，虛空供笑滿驢腮。破珠無復重求影，明

---

① "敍"，一本作"劒"。
② 此書國内久佚，日本有多種抄本及和、漢注釋本，對日本禪林有廣泛影響，被稱爲"濟家七部書"之一。
③ 見日本寬文九年(1669)刊本《新編江湖風月集略注》卷上。《續傳燈》即指明代僧人居頂所編撰《續傳燈錄》，此書成於明洪武年間(1368—1398)，故注文當爲其後的日本僧人所爲。

日前村又有齋。《鬱山主》①

《新撰貞和分類古今尊宿偈頌集》《重刊貞和類聚祖苑聯芳集》中也收錄了寂庵相之詩偈，前者錄詩十二首，後者錄九首，其中重複的有七首，《新撰貞和分類古今尊宿偈頌集》卷上所錄《魚籃》一首與上述《籃裏魚》詩相同。在《魚籃》及同卷《缽盂峰》詩題下皆署"寂庵相 元人嗣虛堂"，説明編注者認爲寂庵相爲虛堂智愚法嗣。而明釋文琇《增集續傳燈錄》卷三偃溪廣聞法嗣及卷五虛堂智愚法嗣中皆無錄此人，日僧桂芳全久《正誤佛祖正傳宗派圖》中偃溪廣聞法嗣下有"連雲寂庵相"，而虛堂智愚法嗣下有"妙相字庵"（"字"或爲"寂"之誤？）故現不能斷定其爲誰之法嗣。而偃溪廣聞的傳承法系爲：圓悟克勤→大慧宗杲→拙庵德光→浙翁如琰→偃溪廣聞，與虛堂智愚的法系不同。

4. 白雲惟汾

《一帆風》中排在第十三位寫詩送別南浦紹明的是白雲惟汾，其生平事迹現無考，惟《虛堂和尚語錄》卷三《臨安府徑山興聖萬壽禪寺語錄》乃"參學惟份、文愷編"，衹是"汾""份"二字不同，但也不能排除二字因形近而誤的可能性，白雲惟汾或亦爲虛堂弟子。

5. 康山宗憩

《一帆風》中排在第十六位寫詩送別南浦紹明的是康山宗憩，蜀人，號松坡。宋祝穆《方輿勝覽》卷五十四蜀綿州彰明縣北有康山，②宗憩當爲此地人。他曾編《江湖風月集》，現流傳於日本。書中錄有他自己所作的《橘州塔》《寄月坡造塔》《省恩堂》《息耕號》《擁葉》《歸江陵奔講師喪》《涅槃》《題友人行卷》《開燈油田歸明覺

---

① 筆者於日本所見《緇素聯珠押韻》一書中亦分韻載錄了除《鐵面》之外的寂庵相以上諸詩，但把《風月集》中後署作者爲"無名"的《寄護國圓明溪》《泗州留錫南禪》兩首詩亦當作寂庵妙相之詩收錄，當誤。

② 《方輿勝覽》，第971頁。"康山"即"匡山"，宋避宋太祖諱改"康"。

塔》《菖蒲石》《政黃牛》《玉田號》《歸湖南爲師造塔》共十三首詩頌。署爲"蜀松坡憩藏主"，下有注文云："諱宗憩，嗣無準，川人也。"①書後有元至元二十五年（1288，戊子）夏千峰如瑌所作跋文，云："松坡前嘉熙末出峽，遍游諸老門庭，造詣深遠。嘗侍香冷泉（靈隱），掌教龍淵（徑山方丈室名），大明更化，②雪竇以寓半簹。偶染風疾，無出世意。養屙十餘年，以從前所見聞尊宿雷霆於一世者、唯唯然陸沈於衆庵者、掩息而不輝者平時著述語，或二篇三篇至數篇，皆采摭而論編而成策，目之曰'江湖集'，如試大羹哉可知鼎味，以此見松坡雖忘湖江，猶未忘江湖也。"③由此我們可以瞭解到他的一些生平經歷及編書的情況。《西叟和尚語錄·慶元府瑞巖山開善禪寺語錄》中有"元宵並謝憩藏主相訪上堂：索寞芝峰，賞元宵節。佳賓到來，如何鋪設。能挑海底燈，細剪山頭月。（橫按拄杖打拍云）東山瓦皷歌，（卓拄杖云）埘八剌剳，不是知音向誰説。"④《西叟和尚廣錄》卷三《慶元府瑞巖山開善崇慶禪寺語錄》中亦有"元宵上堂，並謝知客監寺：綿州憩藏主，貧苦芝峰，賞元宵節。宴樂佳賓，將何鋪設。明挑海底燈，細剪亭前月。……"⑤其中的"憩藏主"，當即是康山宗憩。西叟紹曇禪師（？—1297）於度宗咸淳五年（1269）入住慶元府瑞巖山開善崇慶禪寺，與康山宗憩爲同時人。《新撰貞和分類古今尊宿偈頌集》《重刊貞和類聚祖苑聯芳集》中也收錄了大量松坡憩之詩偈，前者録詩二十八首，後者録二十一首，其中重複的有十九首。除去重複，筆者所見《新撰貞和分類古今尊宿偈頌集》《重刊貞和類聚祖苑聯芳集》《新編江湖風月集略注》《緇素聯珠押韻》四種書中

---

① 見日本寬文九年（1669）刊本《新編江湖風月集略注》卷下。
② "明"，一本作"朝"。
③ 《新編江湖風月集略注》卷下末。
④ 見《續藏經》第一輯第二編第二十七套第一册《希叟紹曇禪師語錄》。
⑤ 同上書，第二册《希叟紹曇禪師廣錄》。

共録有松坡宗憩偈頌三十八首,可見其有大量作品在日本流傳。《正誤佛祖正傳宗派圖》中松坡宗憩列入無準師範禪師的法嗣。

6. 西蜀正因

《一帆風》中排在第二十位寫詩送別南浦紹明的是西蜀正因,其生平事迹現無考,唯《淮海元肇禪師語録》中《温州江心龍翔興慶禪寺語録》的編者之一爲侍者正因,則其或曾師從淮海元肇禪師(1189—1265)。

7. 古洪淨喜

《一帆風》中排在第二十一位寫詩送別南浦紹明的是古洪淨喜,乃虛堂智愚弟子,生平事迹不詳。他是《虛堂和尚語録》卷九《臨安府徑山興聖萬壽禪寺後録》的編者之一,署爲"參學淨喜"。

8. 石橋法思

《一帆風》中排在第二十五位寫詩送別南浦紹明的是石橋法思,乃斷橋妙倫禪師(1201—1261)法嗣。《新編江湖風月集略注》卷下録有"天台石橋思首座"及其偈頌三首如下:

　　廓然蕩豁是真空,擬欲推尋不見蹤。試向長安路上看,游絲結網裏春風。《虛道號》

　　十月小春黄葉天,拔貧來買二靈船。殷勤未屈黄金膝,冷地先伸紫蕨拳。《拜和庵主塔》

　　得如飛雪下千巖,下處如流上未甘。劈箭一機能兩斷,磨推西北碓東南。《水碓磨》

名下注云:"思嗣斷橋,橋嗣無準。"《正誤佛祖正傳宗派圖》中斷橋妙倫法嗣下列有"石橋法思首座"。而《淮海元肇禪師語録》中《温州江心龍翔興慶禪寺語録》的編者之一有侍者法思,若二者爲同一人,則淮海元肇住温州江心龍翔興慶禪寺時,他曾爲侍者。

9. 象山可觀

《一帆風》中排在第二十八位寫詩送別南浦紹明的是象山可

觀,其生平事迹無考,當爲象山(今屬浙江)人。明董斯張輯《吴興藝文補》卷二十四有資福寺主僧可觀於度宗咸淳三年(1267)所撰《太史李公神廟碑記》,①《正誤佛祖正傳宗派圖》中虚堂智愚法嗣下有"資福象先可觀",②則其曾住湖州資福禪寺,或亦爲虚堂弟子。

10. 南康道準

《一帆風》中排在第三十位寫詩送別南浦紹明的是南康道準,其生平事迹未詳。他是《虚堂和尚語録》卷九《臨安府淨慈報恩光孝禪寺後録》的編者之一,署爲"參學道準",可見亦爲虚堂弟子。

11. 鄞山契和

《一帆風》中排在第三十一位寫詩送別南浦紹明的是鄞山契和,他曾住持鄞縣廣福院,與陳著有交,事見《本堂集》卷四十八《廣福院記》。③ 陳著(1214—1297),字謙之,號本堂,鄞縣(今浙江寧波)人,寄籍奉化。理宗寶祐四年(1256)進士。理宗景定元年(1260),任白鷺書院山長。歷任知縣、著作郎、通判、太學博士等官職,度宗咸淳十年(1274),以監察御史知台州。宋亡,隱居四明山中。元大德元年卒,年八十四。有《本堂集》傳世。④

12. 左綿鋭彰

《一帆風》中排在第三十二位寫詩送別南浦紹明的是左綿鋭彰,左綿即蜀綿州,因綿水經其左故稱。⑤ 鋭彰生平事迹無考。唯《劍關子益禪師語録》中《住隆興府雲巖壽寧禪寺語録》的編者之一即署爲"侍者鋭彰",可見子益禪師住隆興府雲巖壽寧寺時其爲侍者。釋子益(?—1267),號劍關,劍州(今四川劍閣)人。理宗嘉熙

---

① 〔明〕董斯張輯《吴興藝文補》,明崇禎六年(1633)刻本。
② "象先"當爲釋可觀法號。
③ 〔宋〕陳著《本堂集》,《叢書集成初編》本。
④ 參見《全宋詩》册六四第40098頁陳著小傳。
⑤ 見《方輿勝覽》卷五十四《綿州》,第970頁。

三年（1239），初住隆興府興化寺。後歷住隆興府雲巖壽甯寺、福州西禪怡山長慶寺。度宗咸淳三年卒。爲無準師範禪師的嗣法弟子。①

13. 南康永秀

《一帆風》中排在第三十五位寫詩送別南浦紹明的是南康永秀，《新編江湖風月集略注》卷下錄有"南康松巖秀和尚"及其偈頌《禮思大塔》《送維那之江西》《送人之仰山》《濁港》《血書金剛經》《仰山性侍者回里》《寄吴江聖壽月谷老人》《北海出世崇福淨慈爲愚極》《懶瓚巖》《瑩維那》《定藏主拜諸祖塔》共十一首，名下注云："諱永秀，嗣天童別山祖智，智嗣無準也。師曾住西林。"《增集續傳燈錄》卷五天童別山祖智禪師法嗣下有"西林松巖秀禪師"，故其爲天童別山祖智禪師嗣法弟子，江西南康人，曾住廬山西林寺。《新撰貞和分類古今尊宿偈頌集》《重刊貞和類聚祖苑聯芳集》中也收錄了松巖永秀之詩偈，前者錄詩七首，後者錄六首，其中重複者有四首。除去重複，筆者所見《新撰貞和分類古今尊宿偈頌集》《重刊貞和類聚祖苑聯芳集》《新編江湖風月集略注》《緇素聯珠押韻》（錄詩與《新編江湖風月集略注》全同）四種書中共錄有松巖永秀偈頌十四首，大都是國內未見之佚詩。

14. 天台禧會

《一帆風》中排在第四十三位寫詩送別南浦紹明的是天台禧會，他亦是虛堂智愚的弟子。《虛堂和尚語錄》卷九《臨安府淨慈報恩光孝禪寺後錄》的編者之一署爲"參學禧會"，《正誤佛祖正傳宗派圖》中虛堂智愚法嗣下有"慈源友堂禧會"。

15. 元鈔

《一帆風》中排在第四十七位的作者是元鈔，疑爲宋末元初僧

---

① 參見《全宋詩》册六三第 39343 頁釋子益小傳。

原妙(1238—1295)，號高峰，俗姓徐，吳江人。十五歲出家，初學天台教，後入淨慈學禪。歷參斷橋妙倫、雪巖祖欽、西江廣謀、希叟紹曇等禪師，爲雪巖祖欽禪師法嗣。度宗咸淳二年(1266)，隱臨安龍鬚寺，十年，遷武康雙髻峰。元至元十六年(1279)，避兵入西天目師子巖，學徒雲集，道價日隆。元貞元年十二月示寂。有《高峰妙禪師語錄》一卷、《高峰和尚禪要》一卷行世。事見《語錄》卷下所附元洪喬祖撰《行狀》、家之巽所撰《塔銘》。

16. 德惟

《一帆風》中排在第五十二位的作者是德惟，他應該也是虛堂智愚的弟子。《虛堂和尚語錄》卷三《慶元府阿育王山廣利禪寺語錄》的編者之一即署爲"侍者德惟"。《虛堂和尚語錄》卷七有《德惟侍者巡禮》偈："巖桂初飄好問津，軟風輕結露華新。諸方不用多招手，自有尋香逐臭人。"此墨迹現藏於日本名古屋市德川美術館，稱爲《送行偈》，偈後有虛堂所作題記云："德惟禪者巡禮請偈東行，寶祐甲寅秋，虛堂叟智愚書。"此偈作於理宗寶祐二年(1254)秋，德惟東行巡禮諸山，虛堂應其請而作偈送行。這是在虛堂住持育王之前的事，可見德惟此前已跟隨虛堂多時。

17. 可舉

《一帆風》中排在第五十六位的作者是可舉。自號直翁，曹洞宗東谷妙光禪師(？—1253)法嗣。其傳承法系是：天童宏智正覺→淨慈自得慧暉→華藏明極惠祚→靈隱東谷妙光→天寧直翁可舉→天童雲外雲岫。元至元十三年(1276)，可舉住持四明天寧報恩禪寺，至元十九年，天寧寺遇火，可舉奮志重建，經十餘年而成，時可舉已八十餘歲。弟子雲岫曾編其語錄，今未見傳世。他與陳著相交游，今存陳著《本堂集》中有多篇關於他的詩文，如《壽天寧寺主僧可舉八十》《代天寧寺主僧可舉贈梓人善斲歌》《僧可舉真贊》《天寧寺主僧可舉語錄序》《題天寧寺主僧可舉羅漢圖後》《天寧報恩禪寺記》等。① 他與宋末入日宋僧無學祖元(1226—1286)爲好友，作有《寄子元住白雲庵侍母》，云："梁國踟躕望白雲，何如共處寂寥濱。巡簷指點間花草，説老婆禪向老親。"② 聽到祖元圓寂的消息，作《偈悼無學和尚老師》："鄰國來招意氣豪，乘桴浮海去飄飄。道行異域春風暖，名播諸方夜月高。朋友信音疏往返，死生魂夢隔波濤。君今西邁無遺恨，嗣續吾家有俊髦。"③《新撰貞和分類古今尊宿偈頌集》《重刊貞和類聚祖苑聯芳集》中也收錄了直翁可舉之詩偈，前者錄詩十首，後者錄九首，重複者有七首。除去重複，二者共錄有其十二首佚詩。

通過以上對《一帆風》中部分作者的考察，我們可以看出這些作者絕大部分都是臨濟宗僧人，也有其他宗派如曹洞宗僧人。而其中的作者雖然大部分是虛堂智愚的弟子，但也有如無準師範、斷橋妙倫、淮海元肇、別山祖智、劍關子益、雪巖祖欽、東谷妙光等其他禪師的弟子。

（三）《一帆風》在日本的編集流傳

現在日本流傳的《一帆風》有兩種版本，一種收錄有從虛堂智愚至天台可權四十四人送別詩歌，即所謂初刻本，玉村竹二所編《五山文學新集》別卷一《詩軸集成》部分所載及日本大正十一年印本《一帆風》皆屬於初刻本系統。另一種是收錄了從虛堂智愚至修善共六十九人的詩作，即所謂增補本，也就是說，增補本除了初刻本的四十四人外，又增加了師仙至修善共二十五位作者。日本尊經閣文庫藏有此本。筆者把這三個本子加以校對，發現三者互有異文。④ 從其組成結構上看，三個本子都是前有苕溪慧明題記，中

---

① 分見《本堂集》卷二十九、卷三十四、卷三十六、卷三十八、卷四十七、卷四十八。
② 見《佛光國師語錄》卷九附錄。
③ 同上。
④ 筆者憾未得見初刻本原本。

間是四十四人（或六十九人）詩作，後有江戶時代渡日明僧即非如一寬文四年（1664，清康熙三年）應日僧輪峰道白之請所作的跋文及輪峰道白的識語。衹是輪峰道白的識語中前述初刻本系統的兩個本子皆作"凡四十有三章，首於惟俊，尾於可權"，增補本作"凡六十有七章，首於惟俊，尾於修善"，且"六十""七"三字墨迹較他字黑重，有修改痕迹。茗溪慧明所題作於咸淳三年（1267）冬天，而今存《一帆風》中又未收入無示可宣的送別之作，筆者以爲《一帆風》當編成於咸淳三年冬或稍後。侯體健教授在其《南宋禪僧詩集〈一帆風〉版本關係蠡測》一文中對增補本中多出的二十五位作者及其詩作提出了質疑，認爲"多出的25首來歷不明，或爲後人隨意添加而成，疑其並非宋僧送辭南浦紹明之詩偈，不當列入《一帆風》詩集裏，亦不可輕易以此增補《全宋詩》"，並列舉了五點理由來論證自己的判斷。筆者也懷疑後二十五人之詩是否爲送別南浦紹明而作，認爲可能是爲其他事而作，被後人續刻入《一帆風》中，並對輪峰道白的題識中的數字和人名作了相應的改動。筆者非常贊同侯文從詩歌的編排體例、詩歌作者的稱名方式、詩歌內容等方面所作的詳細論證，但對其他的兩點理由，覺得也還值得商榷。一是侯教授認爲"新增諸詩的作者無一迹象顯示他們中間有虛堂智愚的弟子"，恐怕有點絕對，比如前述後二十五位作者之一德惟，我們就不能排除他是虛堂智愚的弟子。另外，侯教授認爲"後印本的刊刻者輪峰道白在跋語裏就曾提及當時有人懷疑過這個收詩六十餘首的本子"。首先，筆者認爲增補本不一定是輪峰道白所刊刻；其次，對輪峰道白的跋文內容的理解，與侯教授也有所不同。輪峰道白跋文云：

……《一帆風》者，南浦明禪師回櫓之秋，一時髦英各聲詩送遊，輯而顏是名也。余索之十最餘，或得而不過其一二爾。甲辰夏，偶獲完軸於神京古刹，凡六（四）十有七（三）章，首於惟俊，尾於修善（可權）。然而似之時人，或不以爲然也。余雖於詩未窺斑，想其言之圓活奇絶，非巨禪碩師，詎能若斯耶？……①

侯教授似乎把文中的"似之時人"，理解爲"似爲當時人（所作）"，所以他説"輪峰道白説他發現這六十餘首的'完軸'時，有人因爲覺得一些詩歌似爲當時人所作而對此'完軸'不以爲然"。但筆者以爲"似"在這裏是"給"的意思，"似之時人"就是"把它拿給時人看"。"或不以爲然"，結合輪峰道白後面的話，當是指有人對《一帆風》中詩歌所體現的悟道境界或藝術水準"不以爲然"，如即非如一在跋文中就説"明眼觀來，寐語不少"，並非是有人懷疑這個收詩六十餘首的本子，因爲初刻本也有輪峰道白此跋文，那又該作如何解釋呢？難道是有人也懷疑收詩四十餘首的本子嗎？

綜上所述，筆者以爲《一帆風》是咸淳三年秋天，南浦紹明打算回日本時諸禪友法眷爲其送別而作的詩歌，約在咸淳三年冬天或稍後編寫成詩軸，但南浦紹明咸淳三年可能因氣候等原因並未返回日本，而是在咸淳四年六月下旬以後才歸國，這時當又有一些僧人如無示可宣等寫詩爲其送別，但這些詩歌並未録入《一帆風》中。《一帆風》被帶回日本，於日本寬文四年被輪峰道白刊刻即初刻本。後又有人把其他二十五人可能是爲它事而寫的詩歌增入《一帆風》刊刻，成爲增補本而流傳，這二十五人也當是宋末元初的一些僧人。由於這些詩歌大都是《全宋詩》所未收之佚詩，我們應當録入《全宋詩補正》中。但對於增補本的後二十五人，在收録時應儘量查考其生平事迹，或作必要的説明。

---

① 據日本尊經閣藏本《一帆風》，括弧中字乃據日本大正十一年（1922）印本及《五山文學新集》別卷一《詩軸集成》部分所載《一帆風》。

附書影：

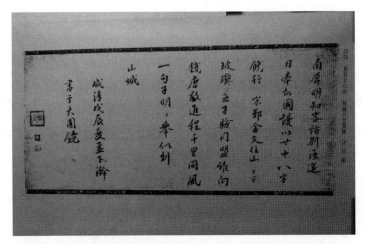

圖 27-1　無示可宣《送別偈》(見日本田山方南編《禪林墨迹》乾)

二八、日刊《宋僧詩選》

　　此書四卷二册，非宋人編《宋僧詩選》，而是日本江户時期書林藤屋古川三郎兵衛據明曹學佺《石倉十二代詩選·宋詩選》之卷一〇四至卷一〇七所録宋僧詩歌刻成，[1] 包括釋淨端《吳山録》附慈受懷深禪師《擬寒山詩》，釋保暹至釋顯萬 28 人 61 首詩歌，釋真淨《雲庵集》，釋契嵩《鐔津集》附惟晤詩、附楊蟠詩。每卷正文首頁第一行題"宋僧詩選"，第二行題著者，如"宋吳興釋淨端著"，第三行題"明三山曹學佺閱"，其内容與《石倉宋詩選》卷一〇四至卷一〇七 四卷所録宋僧詩歌完全相同，祇是把卷一〇七釋保暹至釋顯萬 28 人詩歌作爲卷二，置於雲庵真淨克文詩前。[2] 由此也可見曹學佺《石倉十二代詩選·宋詩選》傳入日本後所産生的影響。[3]

---

① 《新纂禪籍目録》，第 270 頁。
② 見日本長澤規矩也輯《和刻本漢詩集成》總集篇第四輯，昭和五十三年(1978)東京汲古書院影印書林藤屋古川三郎兵衛刻本，第 117—139 頁。
③ 詳可參前述惠洪《筠溪集》部分。

第二章　從注釋校勘看日藏宋僧詩文集的特點

　　從上一章對宋僧詩文集各版本的考述，可以看出，流傳到日本的宋僧詩文集版本十分豐富，既有中國宋元明清刊本、寫本，也有日本五山版、江户刊本、古活字本及大量手寫本。它們與中國古代刊本有着密切的關係，大都是對中國古代刊本的覆刻、翻刻，也有重編刊刻，而手寫本也都來源於中國古代刊本、寫本或和刻本。很多宋僧詩文集在日本廣泛流傳，受到日本僧人的推崇，被他們加以注釋解説，進一步傳播。如重顯《祖英集》《頌古集》、契嵩《輔教篇》、惠洪《石門文字禪》、慧空《東山外集》、宏智智覺禪師《頌古》以及《中興禪林風月》《江湖風月集》等，這些注釋反映了日本人對中國文化的熱愛以及他們的漢文化修養及水平。其中也保存了他們所見到的而中國已佚失不存的中國古代文獻及人物的各種資料信息，非常珍貴且很有學術研究價值。本章擬以《中興禪林風月》注釋研究爲例，來一窺日人注釋之特點，并以對《物初賸語》的校勘爲例，探討和刻本的一些特點。

一、《中興禪林風月》注釋研究

　　如前所述，《中興禪林風月》三卷，南宋孔汝霖編集、蕭灒校正。書中共收録宋代六十三位詩僧的七絶、五絶一百首，其中大部分是南宋詩僧的詩作，也有一些北宋詩僧的詩歌作品。此書國内久佚，而在日本却有抄本、刻本等多種傳本存世。據筆者初步調查，此書在日本現共有八個版本（日文抄物資料除外），可分爲有注本與無注本兩類。其中無注本有三個，有注本共五個，注釋當爲古代有一定中國文化修養的日本人所爲，注釋內容包括對詩歌作者、詩題、詩句等方面的注釋，爲我們瞭解詩作者的生平事迹、所屬佛教宗派、詩歌的寫作時間、詩歌的內容及相關的名物典制等都提供了重要的參考。注釋中還引用了大量的唐宋詩人詩歌，特別是宋人的詩歌，有些是國內已經佚失的資料，可用以補充《全宋詩》所缺。但注釋中也存在不少問題，無論是對詩歌作者的注釋還是對詩歌內容的注釋，抑或注釋中所引用的詩文，都存在一些錯誤，不同版本的注釋亦各有異同及優劣，需要我們認真研究，以便進一步瞭解其注釋特點，辨析其錯誤，從而更好地利用其注釋，並提醒讀者避免受其中錯誤注釋的誤導。

筆者目前所見的五個有注本包括：日本成簣堂文庫藏室町時期抄本（簡稱室町本）、日本駒澤大學圖書館藏明治三十七年筒川方外寄贈抄本（簡稱筒川本）、駒澤大學圖書館藏寬永十七年（1640，明崇禎十三年）敦賀屋久兵衛刊本（簡稱寬永本）、日本名古屋市蓬佐文庫所藏文禄五年（即慶長元年，1596，明萬曆二十四年）抄本（簡稱蓬佐本）、日本京都龍谷大學所藏室町時代寫本（簡稱龍谷本）。經過比對可以看出，這五種注釋本中，室町本、筒川本、蓬佐本、寬永本四種雖然也有異文，但總體差別不大，應屬同一系統，同一來源。而龍谷本注釋與其他四種版本注釋雖然有相同之處，但亦有很多不同之處，它與其他四種有注本當共有同一祖本，但內容有所增減和改動。現以蓬佐本①與龍谷本爲例，研究其注釋情況。

（一）日人注釋産生的時間

《中興禪林風月》一書署爲"若洲孔汝霖編集，芸莊蕭瀣校正"。

---

① 筆者所用乃大塚光信編《新抄物資料集成》第一卷影印本，清文堂出版 2000 年版。

"若洲"、"芸莊"分别是孔汝霖與蕭澥的號。關於編集者孔汝霖,生平事迹不詳,"若洲"可解釋爲"般若洲",即佛地。他很可能是宋末傾向佛教的一位普通文人。而校正者蕭澥是晚宋江湖派詩人,字汛之,自號金精山民,江西贛州寧都縣人。寧宗嘉定九年(1216)舉人。① 曾"五試禮部,特奏授户曹"。② 有集曰《芸莊》③《竹外蚤吟稿》,④皆失傳。其弟蕭立之,號冰崖,亦善詩,有《冰崖詩集》二十六卷,已佚。⑤《全宋詩》之蕭立之小傳中,其生年被推定爲寧宗嘉泰三年(1203),則作爲其兄的蕭澥,當生於嘉泰三年之前的若干年。

《中興禪林風月》一書中所録詩歌一百首,涉及作者六十三人。這六十三位作者中,除了目前生平事迹無法考知的外,其他作者有些是北宋詩僧,有些是北宋末南宋初詩僧,有些是南宋前期詩僧,但大量的是南宋中晚期詩僧,約占了近一半的數量。而在這些詩僧中,據筆者目前所考知,有些卒於宋末,如法照的卒年是1273,元肇的卒年是1265,善珍的卒年是1277,道璨的卒年是1271。除了元肇稍早些外,可看出他們幾乎是與宋王朝同時消亡的。也有一些人是入元的。如夢真,至元年間曾住持平江府雙峨寺(即承天寺),還爲《月磵和尚語録》寫了序,約卒於至元二十五年(1288)。又如仲寳,與南宋詩人周弼及宋末元初詩人顧逢、連文鳳都有交往,且與顧逢同庚,八十歲時仍在世,並參與了至元十四年(1277)至二十七年間所刊刻的《大藏經》的律藏部分的校勘工作。

在此書所録的一百首詩歌中,七絶八十首,五絶二十首,應當都是當時流傳的僧詩名篇。其内容有歌詠山川景物,描寫田園風

---

① 〔明〕董天錫《(嘉靖)贛州府志》卷九,明嘉靖刻本。
② 見〔元〕吴澄《吴文正集》卷七十六《故縣尹蕭君墓志銘》。
③ 同上。
④ 見〔宋〕陳起《江湖後集》卷十五"蕭澥小傳"。
⑤ 見《全宋詩》册六二頁39133蕭立之小傳。

光，表達閒適、孤寂之情，思念故鄉、故人的，也有抒發故國之思，描寫戰亂下百姓生活的，等等。特別是一些描寫時事的作品，給人以很強的現實感，反映了從南宋初到末在動盪不安的社會現實下人們的生活狀況和心理感受。這些詩歌雖然反映了當時的一些情況，但是絕大部分詩歌我們都不能僅憑其內容來推斷作者具體的創作時間，祇有署爲"簡書記"所作的《八月十四夜簡印書記》一詩似可略加探討。除龍谷本外，其他有注本於詩題"八月十四夜簡印書記"下注"印書記"爲"徑山印月江也"。印月江即元代月江正印禪師，俗姓劉，自號松月翁，明州慈水人。年十三，禮月溪禪師受業，後參虎巖淨伏禪師，機緣相契，爲虎巖所印可。元成宗元貞元年（1295）初住常州路碧雲禪寺，大德七年（1303）住松江澱山禪寺，後住松江南禪興國禪寺，再住澱山禪寺。英宗至治二年（1322）住湖州何山宣化禪寺，文宗天曆二年（1329）住湖州道場禪寺，惠宗元統元年（1333）住四明阿育王山廣利禪寺。① 可見正印並無住持徑山之經歷。雲峰妙高禪師爲徑山第四十三代住持，虎巖淨伏禪師爲徑山第四十四代住持，根據《續燈存稿》卷三《杭州徑山雲峰妙高禪師》傳載，妙高禪師於至元十七年（1280）住徑山，直至至元三十年去世，其間至元二十五年（1288）曾趨京城參加廷辯，後返回徑山，故虎巖淨伏禪師住持徑山的時間當在 1293 年後，②而月江正印若是在徑山師事虎巖淨伏，亦當在 1293 至 1295 年虎巖住碧雲禪寺之前這段時間，但並未見有文獻記載月江正印在徑山師事虎巖淨伏，並擔任書記之職。且若此處詩題中之"印書記"是月江正印的

---

① 見《月江正印和尚語錄》卷上、〔明〕通問編《續燈存稿》卷七等。
② 月江正印於大德七年（1303）七月住松江澱山禪寺，其語錄中有"徑山佛慧先師遺書至拈香：'初秋七月有二日，毗嵐卷空海水立。吹倒凌霄第一峰，直得神號並鬼泣。若謂先師滅度，苦屈蒼天。若謂先師不滅度，蒼天苦屈。攔腮一掌，肋下三拳。於今冷地思量著，悔不當初雪此冤。'""佛慧先師"即指虎巖淨伏，説明虎巖淨伏住持徑山的時間當在至元三十年雲峰妙高去世後至大德七年七月二日他去世前。

話，説明《中興禪林風月》一書所編集的時間當在元代，所收録的詩作者亦有元代僧人，而校正者蕭澥的年齡當在九十二歲以上，這似乎不大可能，且與書名"中興禪林風月"亦不相符。所以筆者同意國内學者的看法，認爲該書編成的時間當在晚宋。① 至於此書何時傳入日本，又爲日本人注釋，則有待於進一步研究。

龍谷本與蓬佐本此書卷首皆有序文，曰：

中興禪林之作者，皆禪者所述詩也。中興者何乎？中間起詩家之法謂也（蓬佐本後四字作法語也）。禪林者何乎？禪者所述之稱也（蓬佐本脱落以上兩句）。錢塘英實存詩曰："詩（蓬佐本詩字後有者字）必通禪。"又《毛詩序》曰："詩者，志之所之也。"所以至緇白貴賤（皆）無不述者也。然則中興禪林者，誠是該六義三體、諧五音六律，當時之法則，後昆之高抬貴手也。故讀之者得禪門之旨，學之者爲（知）詩家之法也。自予少年而窺其户牖，怪義奧詮者難會，屬略知其歸者也。孔汝霖編集之，蕭澥校正之，未聽有注者，蓋有之未行於世歟。近代往往頗有注者，未聽出於名家，但道聽而途説等（蓬佐本無等字）類也。雖愚不敏，遂集諸家善説以注集之，猶何晏集解《論語》也。諸家異説繕寫不同也，或烏焉（焉馬）之誤，魚魯（魯魚）之差，雖尤多而强不可改正。所以者何？仲尼撰《春秋》，猶及史之闕文者闕之耳。然況於愚乎！但冀有智者更垂潤色。②

根據序中所言，注者是仿照何晏集解《論語》的方式，采集近代諸家之注之善説，而對此書加以注釋。但序中並未説明注釋起於

---

① 張如安、傅璇琮《日藏稀見漢籍〈中興禪林風月集〉及其文獻價值》認爲"該書編纂於晚宋應無疑問"，《文獻》2004年10月第4期。

② 此文依龍谷本，括弧中爲蓬佐本異文。

何時。在筆者所見的五種有注本中，除了已知寬永本刻於 1640 年外，其他四種有注本皆爲抄本，其中筒川本不知抄於何時，蓬佐本卷下末頁有抄寫於日本文禄五年（1596）的題記，而成簣堂文庫藏本與龍谷本則皆被著録爲室町時期（1336—1573）抄本，説明注釋在室町時期就已經出現了。

蓬佐本在卷上道全《秋晚》詩注中引用《廬山外集》云："怒濤急雨海邊城，愁坐青燈一老身。夜半櫓聲響江上，客愁猶有未歸人。"此乃元釋道惠（字性空）所作詩，詩見其《廬山外集》卷三，題爲《松江舟夜》，第三句"響江上"作"江上響"，第四句"愁"作"舟"。① 道惠生平事迹不詳，《廬山外集》首有元泰定元年（1324）夏廬陵龍仁夫序，稱其爲宋末元初禪僧悦堂祖誾（1234—1308?）弟子，善詩。卷一首頁第三行署"佛智真覺圓明普照大師九江廬山釋道惠性空撰"，可見其曾住廬山。但今見其集中詩多有作於泰定元年之後的，如卷二有《丁卯閏重陽賈總管席上僉賦》《己巳天下大旱》《庚午薦饑民大荒亂》，卷四有《乙丑夏多雨秋大熟》《庚午旱》等。"乙丑"乃泰定二年（1325），"丁卯"爲泰定四年（1327），"己巳"乃元文宗天曆二年（1329），"庚午"爲天曆三年（1330）。其《庚午旱》詩云："三年天不雨，饑死蒼生半。誰似綺羅人，笙歌春滿院。"可以與其《己巳天下大旱》《庚午薦饑民大荒亂》詩相印證。詩中所出現的最晚的明確紀年就是"庚午"，所以，《廬山外集》當經過重編，其刊刻流傳亦當在 1330 年之後，其傳入日本並被蓬佐本《中興禪林風月》的注釋者所引用的時間當更晚一些。所以筆者以爲蓬佐、室町、筒川、寬永四種版本的注釋產生的時間當在日本室町時代早期，龍谷本注釋也當產生於室町時代，但要比前四種版本的注釋產生的時間略晚一些，因爲龍谷本也采用了前四種版本所據注釋的內容，又

---

① 見北大圖書館藏本《廬山外集》四卷，其中卷三、卷四爲抄配。

有所增減,可能還吸收了其他注釋中的内容,故與前四種版本的注釋内容有所不同。

(二)蓬佐本、龍谷本的注釋體例

二者注釋體例不同,蓬佐本是列出整首詩後再注釋,而龍谷本大多是在一首詩的詩句或詞語下分别注釋。龍谷本的注釋大都能緊扣所注釋的詩句和詞語,比較簡潔清晰。如卷上道璨《上丞相鄭青山》詩,詩題"丞相"下注:"官名也";"鄭"下注:"姓也";"青山"下注:"道號也"。詩句"相國歸來卧舊山"下注:"相國者,丞相官";"功名雖好不如閑"句下注:"言愛山閑不愛功名富貴也";"向來北望中原眼"句下注:"向來,前來也。北望者,大宋元在汴梁建都,後因靖康亂,京師大敗,移都江南行在是也,故云北望也。中原者,故鄉也"[1];"空在滄波白鳥間"句下注:"言昔望見中原之眼在江湖寂寞之濱也。"不過,龍谷本的注釋有時也顯得莫名其妙,並非完全緊扣所要注釋的詩題、詩句和詞語。如卷上道潛《江上秋夜》詩題下莫名其妙地直接附上"寄語巫山窈窕娘,好將魂夢惱襄王。禪心已作污泥絮,不逐春風上下狂"一詩。惠洪《冷齋夜話》卷六云:"吳僧道潛,有標緻,嘗自姑蘇歸湖上,經臨平作詩云:'風蒲獵獵弄輕柔,欲立蜻蜓不自由。五月臨平山下路,藕花無數滿汀洲。'坡一見如舊。及坡移守東徐,潛往訪之,館於逍遥堂,士大夫爭欲識面。東坡饌客罷,與俱來,而紅妝擁隨之。東坡遣一妓前乞詩,潛援筆而成,曰:'寄語巫山窈窕娘,好將魂夢惱襄王。禪心已作沾泥絮,不逐春風上下狂。'一座大驚,自是名聞海内。"[2]這就是此詩的來歷。雖然這是道潛的著名詩作,也見證了他和蘇軾交游而爲蘇軾所賞

---

[1] 注文"汴梁""靖康""故鄉"中之"汴""靖""故"三字,原本誤寫爲"拜""青""古",兹據文義改。

[2] 〔宋〕釋惠洪《冷齋夜話》,張伯偉編校《稀見本宋人詩話四種》,江蘇古籍出版社2002年版。

識的一段佳話，但注者未加任何說明，就直接把此詩附在《江上秋夜》詩題下，顯得非常突兀，也不知與《江上秋夜》一詩有何關係。龍谷本雖然大多是分別在詩句和詞語下注釋，但有些注文似乎是從原來對整首詩的注釋中強硬分拆開來的，有些與所注之詞不符，如《江上秋夜》這首詩的"井梧翻葉動秋聲"句，在"井梧"下注云："比亂世翻掌也。秋聲者，無賢者，而不賢者多謂桐落金井。魏明帝詩云：井也，井梧者。古詩：梧生空井。杜詩云：清秋暮井梧零。井梧自是始。""翻葉動秋聲"下注："秋草木搖落而變衰，悲本此也。又潘安仁《秋興賦》云：悲哉，宋玉言曰：悲哉，秋之有氣也。秋聲者，歐陽有《秋聲賦》也。"此兩段注釋非常混亂。杜甫《宿府》詩首句爲"清秋幕府井梧寒"，《杜工部草堂詩箋》卷二十二在此詩句下注："魏明帝詩'雙梧生空井'，詩家用井梧自此始矣。"潘安仁即潘岳，其《秋興賦》云："善乎，宋玉之言曰：悲哉秋之爲氣，蕭瑟兮草木，搖落而變衰。……"蓬佐本引與潘岳原文同，可見龍谷本此處引文省略過多，且有誤。此外，龍谷本有些詩歌也是在整首詩後加以注釋的，如：斯植《感懷》、祖元《多景樓北望》、本立《秋吟》、守輝《廢址》、永聰《長幹寺》、守璋《春晚》、居簡《江上》、清順《深塢》、善珍《山行》、永頤《畫卷》、赤驥《山中即事》、若溪《山中》、景淳《後夜》、復森《江上夜眺》、本立《金井》等。

（三）從對詩題、詩作者、詩歌內容的注釋看不同注本的注釋特點和價值

1. 從蓬佐本與龍谷本詩題下的注釋來看

二者有所不同，蓬佐本常提供作者詩集的信息，還常指出作詩的時間地點，以及詩歌所含的寓意。龍谷本很多詩題下無注釋，即使有，亦很少有這些內容。如：

道潛《江山秋夜》詩題下蓬佐本注云："朱晦庵校正《中興詩》，

本集題作'江城秋雨'也。此詩在杭州作也。自是以下三首思東坡作也，時東坡在杭州。"作者根據所見朱熹校正《中興詩》，指出其本集中所題，與此詩題相異。還指出這是東坡在杭州時，道潛思念東坡而作。又《東園》詩題下蓬佐本注："本集題'東園獨步'也。"亦指出本集中所題，與此詩題相異。龍谷本無以上内容。

實曇《峴山圖》詩題下蓬佐本注云："此詩語意最深遠也，古今興廢事可見矣。"龍谷本注釋無此内容。

法照《台州水後》詩題下蓬佐本注云："台州洪水起，民家適他國漂蕩，其後來舊居，有感作歟。"龍谷本注云："洪水，民家漂蕩，其民適來，舊屋皆没也。"又《桐柏觀會仙亭聽琴》詩題下蓬佐本注云："晦巖參濟大川於普濟寺，至時路而經歷此桐柏觀，所以晦巖題此詩也。"濟大川即大川普濟禪師（1179—1253），俗姓張，四明奉化（今屬浙江）人。曾歷住慶元府妙勝禪院、慶元府寶陁觀音禪寺、慶元府岳林大中禪寺、嘉興府報恩光孝禪寺、慶元府大慈名山教忠報國禪寺、紹興府蘭亭天章十方禪寺、臨安府淨慈報恩光孝禪寺、臨安府景德靈隱禪寺諸寺院，①並未有住普濟寺的記載，且晦巖法照與大川普濟二人都曾師事浙翁如琰禪師並爲其法嗣，二人當是師兄弟關係，並非師徒關係，蓬佐本此處記載有誤。龍谷本衹在"桐柏觀"下注："道士觀也。"別無其他内容。

義銛《嘗北梨》詩題下蓬佐本注云："此詩銛避北京之亂至江南時，遠被寄北梨，有感作焉。或説見賣梨者作也。"注中前一種説法十分荒謬。義銛即葛天民，是山陰（今浙江紹興）人，約與姜夔（1155？—1221？）②、趙師秀（1170—1219）③、居簡（1164—1246）同時，生活時代在南宋，曾居西湖，活動區域當主要在江浙一帶，所謂

---

① 見《靈隱大川濟禪師語録》，《續藏經》本。
② 據《全宋詩》册五一卷二七二四第 32035 頁小傳。
③ 同上書，册五四卷二八四一第 33834 頁小傳。

"避北京之亂至江南"是不可信的。龍谷本詩題下注釋無此内容。

斯植《晚春即事》詩題下蓬佐本注云:"暮春之時,於江南作之歟。"龍谷本注云:"暮春之時節景氣也。"

覺崇《廬山雜興》詩題下蓬佐本注云:"此詩於東林寺作歟。"龍谷本詩題下注釋無此内容。

嗣持《西湖》詩題下蓬佐本注云:"吳國有西湖,杭州有西湖,穎州有西湖,許州在(當作有)西湖,皆游勝之地也。而以在杭州之錢塘縣者尤爲第一也。此詩西湖雨後作。"龍谷本詩題下注云:"在杭州錢塘縣者也。又在穎州。"

由以上例子可以看出,蓬佐本注者似乎看到了一些詩作者的本集資料,這些資料與今所見有異,或今不可見。但其所云作詩時間及地點等,往往有誤,不可盡信。

2. 從對詩作者的注釋來看

二本有内容完全相同的,也有不同的。

(1) 二本注釋内容完全相同的

如:道全,字大同,號月庵。寶曇,自號橘州。正宗,吳山僧(也)。① 行昱,字如晝,號龍巖。赤驥,書中兩次出現,皆注云:字希良,號北野。自南,號叔凱,天台(之)人(也)。覺新(真),會稽僧(也),字行古,號治城也(蓬佐本無也字)。智綱,號栢溪,四明人。海經,字巨淵,號栢巖。法俊,自號退庵。妙通,字介石,號竹野。宗敬,號菊莊,天台(之)人(也)。景偲,字與明,號蘭渚,天台人也。曇嶽,閩中僧(也)。永聰,靈隱(之)僧(也)。嗣持,號高峰。守璋,吳山(之)僧(也)。清順,天竺僧(也)。致一,青原山(之)人(也)。仲寶,武林僧,號月溪。法欽,吳門(之)僧(也)。清外,吳中(之)僧(也)。等等。以上對詩作者的注釋二本皆相同,祇是有的注釋蓬

---

① 括弧中字乃蓬佐本所有,下同。

佐本多用助詞"之"和"也"。

（2）二本注釋不同的

①所注字、號、籍貫等不同。如：

惠嵩，蓬佐本注：字少陵，青原人也，號雪庭。龍谷本注：號雪庭，字少隱，青田人也。

可翔，蓬佐本注：字沖高，自號侵翁也。龍谷本注：字仲高，號像翁也。疑"沖"字乃"仲"字之誤。

法淵，蓬佐本注：號別舸，永嘉人。龍谷本注：號別船，永嘉人。《唐宋千家聯珠詩格校證》卷十一亦錄此詩，[①]署作者爲"僧別舸"。則當以"別舸"爲是。

正暹，蓬佐本注：穎川永寧縣人也，號石庵。龍谷本作正邏，注云：穎川永寧僧，號谷庵。

如廣，蓬佐本注：號默堂也。龍谷本注：號野堂。

子蒙，蓬佐本注：天竺寺之僧也。龍谷本注：天台僧。

景淳，蓬佐本注：桂林人也，號林（寬永本作朴）林。龍谷本注：號桂林。

復森，蓬佐本注：山陰之僧也。龍谷本注：山隱僧。"隱"或爲"陰"之誤。

②蓬佐本多注明詩作者所屬的佛教宗派，而龍谷本未注，如：

蘊常，字不輕，號野雲，金山寺無用弟子也。龍谷本祇注：字不輕，號野雲。

法具，字圓復，號化庵，大鑒派僧。龍谷本祇注：字圓復，號化庵。"大鑒"當指六祖慧能，賜諡大鑒禪師。

志南，武夷僧也，雪竇派也。龍谷本祇注：武夷僧。

---

① 〔宋〕于濟、蔡正孫編集，卞東波校證《唐宋千家聯珠詩格校證》，鳳凰出版社2007年版，上册，第471頁。

法照,天台僧,號晦巖,大川弟子。龍谷本祇注:天台僧,號晦巖。

志道,會稽人,號蘿屋,癡絶派也。龍谷本祇注:會稽人,號蘿屋。

紹嵩,字亞愚,青原人也,癡絶派僧也。龍谷本祇注:字惡(當作亞)愚,青源山人也。

永際(當作隆),號瘦巖,南州人,大川派也。龍谷本曰:永隆,南州人,號瘦巖。

覺崇,蜀人,號雪牛,圓悟派僧也。龍谷本祇注:蜀僧,號雪牛。

祖阮,字叔圓,又翁淵,號清溪,即蜜庵派僧。龍谷本作祖元,注云:字叔圓,號清溪。

若溪,雪川僧,號雲壑,雪竇派僧。龍谷本祇注:雪川僧,號雲壑。

對詩作者所屬佛教宗派的注釋,無疑爲我們瞭解詩作者的情況提供了更多參考資料,但我們在利用這些資料時必須十分謹慎,不能盲從,因爲現蓬佐本所注詩作者所屬佛教宗派有些是錯誤的。如:

蓬佐本在卷一"道潛"名下注云:"教者僧也。……師後入天台學,遂參得於金山寺之無準和尚矣。"這種説法是錯的。關於道潛一生的主要事迹,宋潛説友《咸淳臨安志》卷七十云:

道潛,於潛浮溪村人。字參寥,本姓何。幼不茹葷,以童子誦《法華經》度爲比丘。於内外典無所不窺,能文章,尤喜爲詩。秦少游與之有支許之契。嘗有臨平絶句云:"風蒲獵獵弄輕柔,欲立蜻蜓不自由。五月臨平山下路,藕花無數滿汀洲。"蘇軾一見,爲寫而刻諸石。後遇軾於彭城,在座賦詩,援筆立成。軾甚愛之。以書告文同,謂其詩句清絶,與林逋上下,而通於道義,見之令人蕭然。軾謫居齊安,道潛不遠二千里相從,留期年。遇移汝海,同游廬山,復歸於潛山中,軾有次韻道

第二章 從注釋校勘看日藏宋僧詩文集的特點

潛留別詩。軾守錢塘,卜智果精舍居之。入院,分韻賦詩,軾云:"雲崖有淺井,玉醴常半尋。遂名參寥泉,可濯幽人襟。"又爲作《參寥泉銘》。軾南遷,道潛欲轉海訪之,軾以書戒止。當路亦捃其詩語,謂有刺譏,得罪返初服。建中靖國初,曾肇在翰苑,言其非辜,詔復祝髮。蘇轍每稱其詩無一點蔬筍氣,體制絕似儲光羲,非近世詩僧比。崇寧末歸老江湖。既示寂,其法孫法穎以其詩集行於世。道潛嘗賜號妙總大師。

道潛是宋代著名詩僧,與蘇軾、秦觀等人相交游,尤爲蘇軾所賞識。他當生於仁宗慶曆三年(1043),①其卒年未有明確記載,《咸淳臨安志》中稱其"崇寧末歸老江湖",而陸游《老學庵筆記》卷七謂:"參寥政和中老矣,亦還俗而死,然不知其故。"②可見其卒時約七十餘歲。他在佛教宗派法系上屬於禪宗的雲門宗,是青原下十世、雲門宗大覺懷璉(1009—1090)的法嗣。陳師道《送參寥序》一開始就說:"妙總師參寥,大覺老之嗣,眉山公之客,而少游氏之友也。釋門之表,士林之秀,而詩苑之英也。……"③短短兩句話,可謂言簡意賅,把道潛的身份,與蘇軾、秦觀的關係,及陳師道自己對他的評價都清楚地表達出來了。他又在《寄參寥》詩中詠道:"平生西方願,擺落區中緣。惟於世外人,相從可忘年。道人贊公徒,相識幾生前。早作步兵語,晚參雲門禪。……"④

大覺懷璉,俗姓陳,字器之,漳州(今屬福建)人。仁宗皇祐二年(1050)詔住東京十方淨因禪院,賜號大覺禪師。晚住浙江四明阿育王山廣利禪寺,四明人爲建宸奎閣,藏仁宗所賜詩頌,蘇軾爲記。哲宗元祐五年(1090)無疾而化,年八十二歲。其禪宗傳承法

---

① 見前第一章 五、道潛《參寥子詩集》小節下"道潛的生卒年"考述。
② 〔宋〕陸游撰,李劍雄、劉德權點校《老學庵筆記》,第93頁。
③ 見《後山先生集》卷十一,明弘治十二年(1499)刊本。
④ 同上書,卷一。

系爲:雲門文偃—雙泉師寬—五祖師戒—泐潭懷澄—大覺懷璉。事見《禪林僧寶傳》卷十八、《五燈會元》卷十五、元釋覺岸撰《釋氏稽古略》卷四。現存道潛詩歌中,僅有一處提及大覺懷璉,①我們主要是通過他人的詩文瞭解他與大覺懷璉的關係的。除了上引陳師道詩文外,蘇軾在其《與大覺禪師璉公二首》其二問到所撰《宸奎閣碑記》是否刊石的情況時,曾有"見參寥説,禪師出京日,英廟賜手詔……"云云。② 又前引蘇軾《跋太虛辯才廬山題名》中也講道:"某與大覺禪師别十九年矣,……欲一見之,恐不可復得。會與參寥師自廬山之陽並出而東,所至皆禪師舊迹,山中人多能言之者,乃復書太虛與辯才題名之後,以遺參寥。……此吾五人者,當復相從乎?"而明確提到道潛與大覺懷璉禪師在一起的是秦觀,他在寫給蘇軾的信中説:"參寥在阿育王山璉老處極得所,比亦有書來,昨云已斷吟詩,聞説後來已復破戒矣。"③據徐培均先生所作《秦少游年譜長編》卷三,此信寫於元豐四年(1081)冬十月,寄給在黄州的蘇軾。④ 秦觀又有《與參寥大師簡》,稱"昨聞蘇公就移滁州,然未知實耗;果然,甚易謀見也。蓋此去滁纔三程,公便可輟四明之游,來此偕往,琅琊山水亦不減雪竇、天童之勝。"⑤此簡當作於元豐三年秋間,⑥説明此時道潛已在四明。又元劉仁本《廣元阿育王山廣利禪寺四禪寮記》云:"浮屠氏四禪寮之設,考諸梵典,未聞攸起。獨廬山大覺璉禪師始有作於阿育王山廣利寺。……師嘗憫其教之日隳,念學徒罔進修之地,作蒙堂於山中。坐其資班,參玄講道,傳

---

① 見《全宋詩》册一六卷九一七第10763頁《都僧正慈化大師挽詞》其一自注。
② 見《蘇軾文集》卷六十一《與大覺禪師三首》之三,第1880頁。
③ 見《淮海集箋注》卷三十《與蘇公先生簡》之四,上海古籍出版社2002年版,第992頁。
④ 見徐培均《秦少游年譜長編》,第194頁。
⑤ 見《淮海集箋注》卷三十,第1011頁。
⑥ 見徐培均《秦少游年譜長編》卷二,第180頁案語。

宗闡教。所謂果行育德，以先覺覺後覺者。凡在叢林，慕而效之。仍別建寮，設四榻，延九峰韶、佛國白、參寥潛三公者，而自主其一。此阿育王之四禪寮自璉公始，而天下寶方之有蒙堂亦始于育王也。"①九峰韶即九峰鑑韶（爲青原下十世），佛國白即佛國惟白（爲青原下十二世），都是雲門宗僧人。②《宋智果寺參寥子行錄》亦稱其"初依本縣（即於潛縣）三學院出家，得法於大覺璉老"。③《正誤佛祖正傳宗派圖》中雲門宗大覺懷璉禪師下亦列有"道潛參寥"。由此可見道潛爲禪宗雲門宗大覺懷璉門下僧人當無疑。

但蓬佐本注釋謂其爲"教者僧也""師後入天台學"。"教"，指禪宗之外的天台、華嚴等佛教宗派，也就是説道潛是禪宗之外的天台宗僧人，但注中又謂其"遂參得於金山寺之無準和尚矣"，無準和尚指南宋無準師範禪師（1177—1249），曾先後住持慶元府清涼禪寺、鎮江焦山普濟禪寺、慶元府雪竇山資聖禪寺、阿育王山廣利禪寺、臨安府徑山興聖萬壽禪寺。並未有住持金山寺之記載，"金山"當爲"徑山"之誤，寬永本注文則作"徑山"。無準師範禪師爲南嶽下十九世，禪宗臨濟宗破庵祖先禪師法嗣。可見注文前後矛盾，既謂道潛爲"教者僧"，"入天台學"，又謂其參得於屬於禪宗的無準師範禪師。且道潛爲北宋人，無準師範禪師是南宋人，道潛要比無準師範早出生一百三十四年，注文的説法不是十分荒唐嗎！

蘊常在佛教禪宗法系上，爲南嶽下第十七世，臨濟宗大慧宗杲門下東林卍庵道顔禪師（1094—1164）法嗣，蓬佐本注却稱其爲"金山寺無用弟子"，"無用"，當指釋淨全（1137—1207），號無用，越州諸暨（今屬浙江）人，俗姓翁。甫冠即出家，師事大慧宗杲，傳載其

---

① 《羽庭集》卷六，影印文淵閣《四庫全書》本。
② 事迹分見《五燈會元》卷十五、卷十六。
③ 見《武林往哲遺著後編》本《參寥集》。

"累典大刹,最後住四明之天童",①並未見有住金山寺之記載,亦未見有蘊常師事他的記載。而明釋居頂《續傳燈錄》卷三十三、明釋文琇《增集續傳燈錄》卷一及日僧桂芳全久《正誤佛祖正傳宗派圖》中皆將其列爲東林卍庵道顔禪師法嗣。

　　法照(1185—1273)是南宋天台宗名僧,被列爲天台宗第二十三祖,其師爲北峰宗印,乃天台宗第二十二祖。②法照亦貫通禪、律,曾師事南嶽下第十七世,臨濟宗浙翁如琰禪師,《正誤佛祖正傳宗派圖》就把法照列入浙翁如琰禪師法嗣中,並未見有其曾師事大川普濟禪師(1179—1253)的記載。大川普濟禪師亦曾師事浙翁如琰禪師並爲其法嗣,③可見法照與普濟當是師兄弟的關係。

　　③蓬佐本注釋詩作者其他信息多於龍谷本。如:

　　顯萬之名在二本中皆出現兩次,第一次是在卷上《乘槎圖》詩題下,蓬佐本注:"字致一,本集號悟溪。"龍谷本注:"浯溪僧,字致一。"第二次是在卷下《山齋》詩題下,蓬佐本注:"字致一,悟溪人也。"龍谷本第二次出現時,其名下則未注。蓬佐本比龍谷本注釋多提供了其本集號"悟溪"的信息,且直稱其爲"悟溪人",祇是蓬佐本誤"浯溪"作"悟溪"。"浯""悟"二字恐爲形近之誤。

　　義銛之名在二本中亦皆出現兩次,第一次是在卷上《嘗北梨》詩題下,蓬佐本注:"字村翁,號樸庵,會稽之名士葛無懷,字天民,後作僧也。"龍谷本祇注:"字朴翁,號樸庵。"第二次是在卷下《睡起》詩題下,蓬佐本注:"號樸庵,字村翁。"龍谷本注:"號樸庵。"蓬佐本注釋指出義銛就是會稽名士葛天民,但稱其"字村翁",則未見記載,有待進一步考證。

　　善珍之名在二本中亦皆出現兩次,第一次是在卷上《老馬》詩

---

① 〔明〕釋明河《補續高僧傳》卷十。
② 〔清〕儀潤《百丈清規證義記》卷七下《附天台教觀一宗》。
③ 〔明〕釋文琇《增集續傳燈錄》卷二。

題下,蓬佐本注:"字藏叟,青原人也。《文集》序云《題金山寺》詩云:'薄靄遮明日,飯鷗帶北雲。'"龍谷本衹注:"字藏叟,清原人也。"第二次是在卷下《山行》詩題下,蓬佐本注:"字藏叟,南泉僧也。"龍谷本注:"字藏叟,號泉南。"蓬佐本注釋根據其《文集》序引出其《題金山寺》詩中句,善珍詩文集今有《藏叟摘稿》二卷傳世,但國內已佚,今見日本有五山版及寬文十二年(1672)版兩種,但都無序,不過《藏叟摘稿》卷上確有《題金山寺》詩,其中"薄靄遮明日""明"作"西",①故蓬佐本注釋者或有所據。但今所見資料皆謂善珍爲泉州南安人,二本謂其爲"青(清)原人",不知何據,恐有誤。

大椿,蓬佐本注:"字老壑,號靈嶽,自所作《猿吟文集》十卷行於世矣。"龍谷本大椿名下則無注。蓬佐本注釋不但注出其字、號,還提供了其有"《猿吟文集》十卷"的信息。

惠齋,蓬佐本注:"字舉直,至於廬山東溪寺參常崇禪師,有文集四十六卷,號《草堂集》。"龍谷本注云:"字舉直,住廬山,所作號《草堂集》。"惠齋當作慧舉,他確有《雲丘草堂集》,但蓬佐本注釋指出其集有"四十六卷"。

道璨之名蓬佐本中兩次出現,第一次是在卷上《宿道場雲峰閣下》詩題後,注云:"字無文,□(按,原字殘缺,無法辨識,疑爲東字)湖人也。參癡絕、無集、蜜庵,振南浦、西山之英氣,追浯溪、逸庵之遺響。少年而侍白鹿先生講下,後學晦靜先生,建筆甚於覆瓶。以參爲主,以學爲長,歷掌無準、癡絕、蜜庵三老之記,晚年患眼,而曾命侍僧執筆,任口作文,自然叶其妙矣。嘉定九年癸卯二月示寂,後來小弟推康者,編遺稿爲二十卷,號《無文印稿》。"第二次在《送陽晦靜起盱江守》詩題後,名下注云:"字無文,古洪人也。住福州薦福寺,此時所送之詩也。"龍谷本《宿道場雲峰閣下》詩題後未署

---

① 見《全宋詩》册六〇卷三一五〇,第 37791 頁。

作者名，《送陽晦靜赴盱江守》詩題後名下注云："字無文，古供（當爲洪之誤）人。"雖然蓬佐本的注釋中有不少錯誤，但可看出其提供了更多的信息，這些信息是有所依據的。在對道璨其人進行注釋時，蓬佐本注者當參考了當時流傳於日本的道璨著作及其他南宋詩僧的著作。物初大觀的《物初賸語》卷十三有《無文印序》云：

……前輩愈遠，人才愈不競，一攻於吟，束大爲小口吻，聲鳴如候蟲，其辛苦得之者不離乎風雲月露，所謂春容大篇，寂寥短章，迨篋聞矣。方興秦無人之歎。於斯時也，吾友璨無文崛起，以參爲主，以學爲篇，振南浦、西山之英氣，追寂音、浯溪之逸響，歷掌笑翁、無準、癡絕三老之記，三老咸敬愛之。健筆如建瓴，間以稿曰《無文印》爲示，余得而備覽之，簡而足，繁而整，於理脱灑，於事調㝢，蓋假文以明宗，非專文而背宗也。……

道璨的詩文集今有《柳塘外集》（有二卷、四卷、六卷本）及《無文印》二十卷傳世。《柳塘外集》是道璨詩文的選本，流傳較廣，國內外皆易見，而《無文印》是道璨的詩文全集，國內稀見，在日本有宋本、和刻本、鈔本等多種版本流傳。日本五山著名禪僧虎關師煉（1278—1346）於康永元年（1342，元惠宗至正二年）編撰的《禪儀外文集》中，已收録了道璨的文章十二篇，這些文章皆見於今傳《無文印》卷十一至卷十三，而其中有八篇文章爲今傳《柳塘外集》所未收，這就説明這些文章應是從《無文印》中采録的，也就是説在1342年以前，《無文印》當已傳入日本。今傳《無文印》首有度宗咸淳九年（癸酉）李之極序云：

道以忘言爲妙，以有言爲贅，其説似矣，而實未也。……東湖無文師方弱冠時，天資穎脱，出語輒驚人。坐白鹿講席下，師事晦靜湯先生，雅見賞異。一再戰藝不偶，即棄去，從竺幹氏游，異時諸方叢席號大尊宿者，一見輒器之，必以翰墨相位置，無文自是始不能無文矣。歲滋久，知滋多，應酬滋益多，中年病眩，猶信口命侍僧執筆，以書爲語，皆刻厲警特，師不自知其爲工否也。辛未二月示寂後，其徒惟康梓遺稿二十卷，請於常所來往之有氣力得位者，助而刊之，囑予爲之序。予家番，與師游最後而語最合。於康之請，不復辭。……言而足，則終日言而盡道，言而不足，則終日言而盡物，語默不論也，多寡不論也。師長於文而自號無文，則世之疑之者，淺之爲丈夫矣。癸酉長至日李之極序。①

顯然蓬佐本注者看到過《物初賸語》《無文印》這兩部書，特別是還參考了物初大觀的《無文印序》及李之極序。以上述物初大觀的《無文印序》及李之極序中筆者畫綫部分內容與蓬佐本注釋內容相比照，可看出注釋中有很多錯誤。這些錯誤或因傳抄致誤，或因注者並未詳細研究道璨生平事迹，且誤讀原文而致誤。如："無準（即無準師範禪師）"誤作"無集"；"笑翁（即笑翁妙堪禪師）"誤作"蜜庵"；"浯溪、寂音"指北宋詩僧顯萬（浯溪人）、惠洪（號寂音尊者），注中誤"寂音"作"逸庵"；湯巾（號晦靜），注中却把"白鹿先生""晦靜先生"誤作二人；"建瓴"誤作"覆瓶"；李之極序中稱道璨"辛未二月示寂"，辛未即咸淳七年（1271），注中却誤爲"嘉定九年癸卯二月示寂"，首先，嘉定九年（1216）爲丙子年而非癸卯年，其次，據《無文印》卷十九《知無聞》，稱其行年五十有四，老母去年逝去，樗翁今年仙去；又卷四《先妣贈孺人吳氏壙志》載其母卒於度宗咸淳丙寅（二年，1266）正月，則可推知道璨生年爲嘉定七年（1214），則嘉定九年時道璨祇有三歲，可見注者大誤；又"惟康"誤作"推康"。在《送陽晦靜起旴江守》詩題後蓬佐本注釋中也有錯誤，首先，道璨所住爲"饒州薦福寺"而非"福州薦福寺"；其次，此詩亦不是道璨住饒州薦福寺時寫給湯巾（晦靜）的詩。道璨曾兩次住持饒州薦福寺，理宗

---

① 見日本國會圖書館藏宋刻本。

寶祐二年（1254）六月，初住饒州薦福禪，①景定五年（1264）十一月末，鄱陽太守孟之縉舉之再住薦福禪寺。② 而據《無文印》卷三《重修寶華寺記》、卷八《橘林詩集序》、《送清奚翁序》、卷十五《湯太博》等文，淳祐四年（1244），道璨客居臨川，其秋，省晦靜湯巾先生於盱江，並留郡齋旬月。故湯巾為盱江守當在淳祐四年左右，而不大可能是在寶祐二年（1254）之後，所以道璨此詩亦絕非作於其住持饒州薦福寺期間。由此可見，雖然蓬佐本對作者的注釋提供了更多信息，這些信息也是有所依據的，但錯誤很多，不能盡信。

智逸，蓬佐本注："字仲俊，號竹溪，詩集二卷行於世。"龍谷本注："字仲俊，號竹溪。"蓬佐本注釋指出其有"詩集二卷"。

寶瑩，蓬佐本注："字叔溫，玉山人，號玉間，詩集一卷在。"龍谷本作宗瑩，注云："字叔溫，玉山人，號玉巖。"蓬佐本注釋指出其有"詩集一卷"。

偶爾也有龍谷本信息多於蓬佐本的，如：

守輝，蓬佐本注："字明遠，雪川人。"龍谷本則注云："雪川人，字明遠，所作號《船窗集》。"龍谷本比蓬佐本多提供了守輝有《船窗集》的信息。

保暹，蓬佐本未注，龍谷本注："金花僧，字希白。金花，處名，金地道也，又仙鄉也。"

3. 從對詩歌正文的注釋內容來看

（1）蓬佐本注釋有穿鑿附會之處，常聯繫時事，用"君子""小人"、"君""臣"等關係來注釋詩句，龍谷本雖然也有不少問題，但在這方面無蓬佐本注釋那樣突出。如：

道潛《江山秋夜》詩："雨暗滄江晚未晴，井梧翻葉動秋聲。樓

---

① 見《續藏經》本《無文道璨禪師語錄》及《無文印》卷十五《雪坡姚狀元》《萬道州》等文。
② 見《無文印》卷十六《忠齋孟知府》《卓山陳知府》《古翁江相公》等文。

頭夜半風吹斷,月在浮雲淺處明。"是一首寫景的佳作。在此詩的詩題下蓬佐本注云:"此詩在杭州作也。自是以下三首思東坡作也。時東坡在杭州,道潛思之,猶贊公之思老杜也。"未知何據。蘇軾曾兩次出任杭州,第一次是在宋神宗熙寧四年(1071)六月,除通判杭州,同年十一月至熙寧七年九月在杭州任,但此時蘇軾對道潛之名可能有所耳聞,似還未曾見面。孔凡禮認爲道潛初見蘇軾的時間是在神宗元豐元年(1078)蘇軾守徐州時,①《冷齋夜話》所敘,有傳聞因素。② 第二次是在哲宗元祐四年(1089)三月,蘇軾以龍圖閣學士除知杭州,七月,到杭州任。其間二人交往密切,留下了許多來往唱酬的詩篇和佳話。東坡兩次出任杭州,並非是被貶謫,而是自求外放,且王安石早在元祐元年(1086)就已去世,亦無證據顯示此詩是道潛思東坡而作,故蓬佐本注者之説非常牽強。具體到詩歌本身,在蓬佐本詩注者看來,似乎此詩的每一句都有寓意。其注云:"滄江者,滄浪水,謂四海也。終日雨暗者,言時事之暗,以喻君不明而行逆政。宋末自哲宗至高宗時,天下亂未休也。井邊種梧桐者,爲避鳩毒鳥。井者,言井水沾物而周遍而應人汲引,即喻君子德澤寬施而沾萬民而周矣。梧桐者,良材也,鳳凰具五色文章,然不梧桐不棲,不竹實不食,不冷泉不飲矣,即君子德也。《論語》曰'德不孤,必有鄰'云云。雖然,天下暗昧則君子饑,禄失處,其身憔悴枯槁,猶井邊梧(桐)翻葉動秋聲也。……樓頭指朝廷也。夜半近明,克也。風者,比君之號令。月比君子,浮雲比小人。《論語》曰'不義而富且貴,於我如浮雲'也。言因小人王荆公執權柄而

---

① 見孔凡禮《蘇軾年譜》卷十七,中華書局1998年版,第406頁。
② 見孔凡禮《蘇軾年譜》卷十,第214頁。惠洪《冷齋夜話》卷六載:"吳僧道潛,有標緻,嘗自姑蘇歸湖上,經臨平,作詩云:'風蒲獵獵弄輕柔,欲立蜻蜓不自由。五月臨平山下路,藕花無數滿汀洲。'東坡赴官錢塘,過而見之,大稱賞。已而相尋於西湖,一見如舊。"見張伯偉編校《稀見本宋人詩話四種》。

君子東坡之輩被謫杭州。又道潛謂自也。君若拂小人盜賊，君子德美明矣。"龍谷本對此詩的注釋也有問題，如前述其"井梧"下注釋，十分零亂，而在"雨暗滄江晚未晴"句下注："興也，滄浪也，言江水。此時道潛被流放時詩也。雨晴（疑當作暗），此時暗謂無明君也。又云雨暗終日暗云。""月在浮雲淺處明"句下注云："浮雲淺，雲薄貌。古詩'月在梧桐缺處明'，比吾身謂也。"可見其雖然沒有用"君子""小人"這樣的詞語，但也認爲此詩是有寓意的，認爲"暗"指"無明君"，浮雲淺處透出的月光比喻作者道潛自身。龍谷本注者認爲此詩作於道潛被流放時。道潛確曾因被誣陷坐刑歸俗，編管兗州。（見第一章第五節"道潛生平事迹考述"）道潛在山東兗州三年，後回到吳中。其《次韻聰師見寄》詩云：

　　三年東魯貶，閉户實超然。靜極通幽眇，神游豈間焉。獨全霜後操，未異火中蓮。不似沉湘客，徒懷忿與悁。①

表達了對三年貶魯的超然、曠達的態度。但並無證據顯示其《江山秋夜》詩是被編管兗州時所作。

　　道潛《臨平道中》詩題下蓬佐本注云："臨平山，在杭州仁和縣。道中，謂客路經過之間也。或說曰：道潛與東坡以同罪被謫杭州，途中之景也。……"根據以上所述，可看出其所謂"道潛與東坡以同罪被謫杭州，途中之景"也是十分荒唐的。詩後注云："獵獵，犬逐猷貌。比風驅菰蒲不閑貌。言君意輕薄柔弱而隨小人言語，猶蒲隨風弄輕柔。風者，比君號令也，蒲者，比小人下劣也。君號令不正，則隨小人之義，指言王荆公也。欲立，謂欲居位而不任己意也。……言民今欲安居不自由。安民之道者，土著爲本，王荆公作青苗税役之法，故民不土著也。……蓮花者，不爲淤泥污，故以比

---

① 見《全宋詩》册一六卷九一九，第 12704 頁。

賢人君子處野逃迹安其身。……"根據惠洪《冷齋夜話》卷六所載，此詩是道潛"自姑蘇歸湖上，經臨平"而作，"東坡赴官錢塘，過而見之，大稱賞"，説明此詩所作時間較早，最晚也就是在東坡出任杭州通判時。此時東坡與道潛可能還未謀面，何以"同罪被謫杭州"？且"君"與"小人"之喻，完全是穿鑿附會。龍谷本在詩題下注引《抄出》曰"道與東坡次，同時被流時途中景也"，顯然也是錯誤的。"風蒲獵獵弄輕柔"句下注云："言時君輕柔隨小人言，猶蒲隨風弄輕柔也。""欲立蜻蜓"下注："……欲立者，欲居也，非欲起去。蜻蜓，賢者，又吾身謂也。""不自由"下注云："言不佳己意也。此詩參寥趣配所時途中作也，言我身欲閑不安云也。""五月臨平山下路，藕花無數滿汀洲"下注："藕花，比賢人。……"可見龍谷本注者似乎參考引用了蓬佐本注者的注釋，祇是内容較簡單，也是信口雌黄。

顯萬《乘槎圖》詩後蓬佐本注云："昆侖山比朝廷大臣也。大臣如城郭藩籬也。懸河比朝廷，今君不明而朝廷暗昧，君臣矛盾，故大臣不在朝廷，邈居荒僻之地也。梭，比賢人進欲拔身也。銀灣，高處，比朝廷。風波，比逆政嶮。言圖面雖似淺，定知高處波浪惡也。君子不入污君之朝，不食於不義之禄，故逃野急。"龍谷本注釋則無君臣之喻，比較客觀。

師侃《金井》詩後蓬佐本注云："金井喻君也。一國有君而育萬民，如一家有井而沾萬物。欄幹喻外臣之爲君藩籬者，井索喻内臣之執政權柄者。轆轤，井上之捲軸也，以喻小民辛苦。《左傳》昭公曰：'吾視民如子，思民之辛苦如轉轆轤也。'清泉，以喻君恩沾也。升平世百姓辛苦，而春耕夏耘，秋收冬藏，則君即致愛情撫育之，或到九一之法而憐之耳。如淚落者，言今君施民稼禄，不施恩澤也，君恩少者如淚滴。已而又言君撫育德澤之沾變成民辛苦愁淚之滴也。民不樂者，因君虐也。"這種解釋過於牽强。其中所引《左傳》昭公語今未見。龍谷本此作本立詩，注釋中祇是引唐杜甫詩、古詩、唐盧仝詩、宋王安石詩、蘇軾詩等來印證、注釋詩中的詞語,並無以上蓬佐本所注釋內容。蓬佐本注者這種用"君子""小人"、"君""臣"等關係解詩的方式,正如卞東波先生所説,可能是受到漢代儒僧解《詩經》及唐五代詩格中以"物象類型"論詩的影響,①但這種不顧詩歌作品的寫作背景和所要表達的本來意義,認爲每句詩都有寓意,並強拉硬扯、牽強附會地加以解釋,不僅歪曲了作者的本意,也會誤導和貽害讀者。

(2) 蓬佐本注釋内容常以詩格、詩法論詩,而龍谷本注釋則無此方面内容。如:

蓬佐本"七言絶句"下注云:"以七字爲一串,或云七言絶句詩,蓋起漢武帝柏梁之聯句焉。絶句者,絶,截也;句,局也。截八句作四句,前名後對格,後名前對格。"龍谷本"七言"下注云:"七字一句云也。""絶句"下注云:"一句絶云也。"

道潛《臨平道中》詩蓬佐本詩題下注云:"即目直説謂實景。"詩後注云:"此詩先實接體也。第三句爲主,起上二句,結下一句,是云結上接下格,又云猿臂引體,一二之句引弓,三句舍矢,四句當物也。"龍谷本詩注則無此内容。

保暹《巴江秋夕》詩後蓬佐本注云:"此詩反案格也。古人聽猿聲斷腸而保暹不聽猿聲,祇宿江上爲秋斷腸也。……"龍谷本"臨江此夜和愁宿,不聽啼猿亦斷腸"句下注云:"秋心,愁字也。言秋自含悲也,故不聽猿又斷腸也。……"並未指出其用"反案格"。

顯萬《杜鵑》詩後蓬佐本注云:"呼應開合格。一句呼,二句應;三句開,四句合也。"龍谷本詩注則無此内容。

蘊常《江村》詩後蓬佐本注云:"結上接下格也。"龍谷本詩注則無此内容。

―――――――
① 見卞東波《南宋詩選與宋代詩學考論》,中華書局 2009 年版,第 92—93 頁。

法具《江漲橋會仲彌正侍丞》詩後蓬佐本注云："此詩迭字格。"龍谷本詩注則無此內容。

曇瑩《姚江》詩後蓬佐本注云："殘僧者,破戒僧也。謂殘毀之心也。毀,破也。又殘寺僧也。又殘涯僧,曇瑩自謂也。詩即四絕格,又四連格。"龍谷本"落日殘僧立寺橋"句下注云："殘僧,不多之謂也,三人兩人也。又老僧謂也,指吾身歟。"與蓬佐本注釋不同。

法照《表忠觀》："錢王古廟鎖莓苔,華表秋深鶴未來。昨夜石壇風露重,凌霄花落鳳仙開。"詩後蓬佐本注云："此詩大意,謂鎖苔則秋深可知,謂秋深則風露重可知,謂風露重則凌霄花雖未可落可落、鳳仙花雖未可開可開可知。一意體也。"龍谷本詩注則無此內容。

道璨《宿道場雲峰閣下》詩後蓬佐本注云："中庭者,庭中也。《毛詩》：'中谷者,谷中也。'又云：'中林者,林中也。'是連字法,有味者歟。"龍谷本詩注無此內容。

覺崇《廬山雜興》詩後蓬佐本注云："此詩骨脈相通格也。三之句承一之句,四句承二之句也。"龍谷本詩注無此內容。

寶澤(龍谷本作宗璵)《降虜》詩後蓬佐本注云："此詩抑揚體也。一二句應之,三四句貶之。"龍谷本詩注無此內容。

祖阮《多景樓北望》詩後蓬佐本注云："此詩若以韻響相連論之,則順流格也。直若以血脈骨格評之,則四句相互鎖,而北望情尤在其中深也。三之句設自一之句,二之句設自四之句。"龍谷本詩注無此內容。

宗敬《紙帳》詩："碎剪淞江水上紋,虛堂垂處夜平分。夢寒不到池塘草,明月梨花一洞雲。"詩後蓬佐本注云："言以明月白、梨花白、洞雲白三種之白物喻帳白,帳色白於此三物,故曰夢寒也。此詩自三句起上二句,結下一句。"龍谷本詩注無此內容。

清順《深塢》詩後蓬佐本注云："凡此詩者,藏頭體也。又抑揚格也。有一是一非,一抑一揚。一二之句,一抑一非也；三四之句,一揚一是也。"龍谷本詩注無此內容。

善珍《山行》詩後蓬佐本注云:"見聞體也,又自得體也。犢者不來而唯有鷺鷥上田岸耳。此詩剥盡文章,不怪不異,謂自然之高妙也。"龍谷本詩後注云:"第三第四之句不涉造作,自有意匠天然之妙處。"

義銛《嘗北梨》詩題下蓬佐本注中云:"《詩格》注云:'杭都貨梨者,號嘗梨,言北種也。'"根據這個記載,顯然注者利用了《詩格》類的著作,且這種著作還是有注釋的,但目前我們還不能得知其所用爲何種詩格著作。關於蓬佐本注釋內容常以詩格、詩法論詩,卞東波認爲是"受到唐宋以來詩格、詩法類著作的強烈影響"。①

(3)蓬佐本注者時以佛教禪宗內容解詩,而龍谷本注釋則很少有此方面內容。如:

紹嵩《秋暮江上》詩云:"水環洲渚更連天,杳杳漁舟破溟煙。最愛蘆花經雨後,曉霜插月作嬋娟。"蓬佐本詩後注云:"《毛詩》注曰:'水中可居曰洲。'言水與破之際也。環者,謂水繞渚圓如環也。杳杳,遠貌。舟見杳靄煙浪之中,曰破也。嬋娟,謂蘆花與霜色映曉月也。比已修行,則破溟煙,謂破却無明煩惱也。經雨,謂知識遍參之義。三四之句者,參得一色邊之禪謂乎。洞下法門有'蘆花雪月,那時一色';又云'白馬入蘆花';又云'雪掩蘆花'。如斯之類,則尤多矣。今作者卦(寬永、筒川本皆作"到",當是)本分田地而心地明月白之謂歟。"注釋的後半部分用禪宗僧人的修行證悟過程作解,還引用了禪宗曹洞宗僧人參禪説法時常用的話語。而龍谷本則無此解釋,龍谷本此詩首句下注云:"水連天者,言秋水共長天一色也。"第二句下注云:"破者,舟在煙中行貌。"後兩句下注云:"言霜色與月光相交作豔色也。"

---

① 詳見卞東波《南宋詩學與宋代詩學考論》第三章第四部分,兹不贅述。

行昱《寄隱倫萬氏子》詩云："君向江邊把釣竿，我從湖海看波瀾。孤舟撐月自歸去，風笛一聲煙水寒。"蓬佐本詩後注云："周太公望垂釣於渭陽，漢嚴子陵擲釣於桐江，皆遁迹於江濱，把釣竿也。看波瀾者，遍參於江湖，萍游於風波，不定迹也。歸去者，歸自己本分之田地之謂也。風笛者，謂無孔笛也。……"所謂"歸自己本分田地""無孔笛"，都是禪宗中常用的術語，前者謂證悟佛性，後者原指無法吹鳴之笛，禪林中轉指禪宗悟境無法以心思或言語來表達，猶如無法吹鳴之無孔笛。龍谷本在後兩句詩注中祇引用了唐李白、韓愈、柳宗元、朱慶餘詩句，沒有其他解釋。

可翔《秋思》詩云："葉盡林疏見蓽門，稻花香動隔籬聞。一聲江上吹長笛，徒覺春腰瘦十分。"蓬佐本詩後注云："蓽門，蓬蒿立卑門也。瘦十分，本爲春瘦，腰減帶之圍，又爲秋瘦，春添秋之瘦，故曰十分。入禪味則葉盡者，除無明之莠也。見蓽門者，謂真空門也。稻花聞者，八識田謂也。古人云：'一粒在荒田，不耕苗自秀。'老杜《與贊公》詩云：'心靜聞妙香。'笛者，無孔笛也。瘦者，意馬心猿悉憔悴而到無心田地也。言歸來沙門轉身處，吹起無孔笛也耳。"後半部分也以禪語解詩，如"無明之莠""真空門""八識田""無孔笛"等。龍谷本在首句下注云："蓽門者，蓬蒿之卑門也。《禮記》'蓽門圭竇，蓬户甕牖'也。林疏，樹凋葉落貌也。"末句下注云："言爲春花瘦，減帶圍之腰，又爲秋景瘦，春腰瘦上添秋腰，故曰十分瘦之也。"並未以禪解詩。

宗瑩《登雞籠山訪六朝諸陵》詩："陵樹無陰庇綠苔，空山寒聳塔崔嵬。六朝一餉繁華夢，可是僧鐘喚得回。"蓬佐本詩後注云："庇，《説文》曰：'䕃也。'一餉者，一食之間也。繁華者，人間榮輝空變，祇如片時之夢。……可回者，回光反照之意。言回無明煩惱之惡障而向頓證菩提之善利，悉除見思、塵沙之惑，真修中道實相之妙果謂也。"佛教天台宗以見思惑、無明惑與塵沙惑並稱爲三惑。

可見其亦以佛教思想内容解詩。而龍谷本在首句下注云:"天子之廟謂之陵,高七尺,大阜也;諸侯謂之墓,高五尺也;大夫謂之塚,高三尺也;士謂之塚,高一尺也;庶人無塚云也。"第三句下注云:"一餉者,一食間也。繁華者,人間榮華,祇片時夢也。古詩云……"末句下注云:"古詩云:'唤起眠雲夢。'僧鐘,言僧寺鐘。可唤起繁華夢云也。指人間榮華爲夢也。"與蓬佐本注不同。

　　景偲《偶題》詩:"滿徑濃陰上緑楊,小窗煙嫋石爐香。《楞伽》看罷無餘事,啼鳩一聲春晝長。"蓬佐本詩後注云:"濃陰,緑陰也。楞伽,梵語,此翻種種現。此經於楞伽山,大惠菩薩記之也,達磨以證心即非也。自聰禪師問達觀穎和尚曰:'達磨大師自西天帶《楞伽經》四卷來是否?'答曰:'非也,好事者爲之耳。且達磨單傳心印,不立文字,直指人心,見性成佛,豈有四卷經耶?'聰曰:'《寶林傳》亦如此説。'穎曰:'編修者不暇詳計矣。試爲汝詳①之。夫《楞伽經》三譯也,初譯四卷,乃宋代天竺三藏求那跋陀之譯也;後十卷,元魏時菩提流支之譯也。流支與達磨同時,下毒藥於達磨者也②;後六③卷,唐天後代于闐④三藏實叉難陀之譯也。以此證之,先後虚實可知矣。……'"注者引用了自聰禪師問達觀曇穎和尚(989—1060)的一段話來注釋"楞伽",此段問答今見南宋晦巖智昭所編集的《人天眼目》卷五,其中記載了自聰禪師五問達觀曇穎和尚,此爲其中一問,説明注者熟悉禪宗典籍及故實。而龍谷本在第三句下注云:"楞伽者,於楞伽山,大惠菩薩記云也。達磨以證心即授二祖,凡六卷。"注釋極其簡略。

　　(4)龍谷本注釋常引用字書反切注音,蓬佐本則較少用反切注

---

① 〔宋〕釋智昭《人天眼目》卷五"詳"作"評",爲是。
② 《人天眼目》卷五此句作"下藥以毒達磨者是也。"
③ 同上書,卷五"六"作"七"。
④ 同上書,卷五"奠"作"闐"。

音。如：

道潛《東園》詩"杖藜終日自忘歸"句下龍谷本注云："又何時可歸云也。此景自忘歸云也。《說文》旅題反，蒿類也。"其中所謂"旅題反，蒿類也"當是標注"藜"字的讀音和意義。但今見徐鉉整理本《說文》卷一下："藜，艸也。從艸黎聲，郎奚切。"①而徐鍇《說文解字繫傳》卷二"藜"字下注其反切爲"裏西反"，②並非如其所引。《臨平道中》詩"風蒲獵獵弄輕柔"句下龍谷本注云："……獵獵，《說文》力步反，犬取獸也。"而大徐本《說文》卷十上云："獵，放獵逐禽也。從犬巤聲，良涉切。"《說文解字繫傳》卷十九"獵"字下亦云："畋獵也，逐禽也。從犬巤聲，良涉切。"亦皆與其所引不同。"欲立蜻蜓"下注云："蜻蜓，賢者，又吾身謂也。字書云：'上，倉經反；下，持足曰翼也。蟋蛄別名也。'"所謂"字書云云"，不知所引爲何種字書，疑此處内容有誤。

志南《江上春日》詩"古木陰中艤釣蓬"句下龍谷本注云："艤者，繫舟也。《說文》云：'艤，莫倚反。整舟回岸也。'"但《說文》中無此字，《廣韻》紙韻云："魚倚切，整舟向岸。"

法照《桐柏觀會仙亭聽琴》詩"白髮道士閉門睡，明月從教下醮壇"句下龍谷本注云："道士觀中殿前有石壇，乃是道士朝禮星斗之處，又出壇作法事名曰醮，字有切。……"但今檢大徐本《說文》卷十四下酉部及《廣韻》笑部皆謂"子肖切"，不知龍谷本所據何種韻書，抑或"字有"乃"子肖"之誤。

惠崇《天台道中》詩"滿川梨雪照斜曛"句下龍谷本注云："曛，字書云：許雲反，日入也。黃昏時也。"今檢《廣韻》文韻："許雲切，日入也，又黃昏時。"可見此處龍谷本引用的字書當是《廣韻》。

---

① 〔宋〕徐鉉整理《說文解字》，中華書局1963年版。
② 〔宋〕徐鍇《說文解字繫傳》，中華書局1987年影印本。

子蒙《春興》詩"三月秧針出未齊"句下龍谷本注云："秧者，於良反，苗也。"

嗣持《西湖》詩"山堰湖塍弓樣彎"句下龍谷本注云："堰者，於扇反，畦也；塍者，視陵反，蟹水也。"

由以上可見龍谷本注文常引用字書中的反切注音，但所引《説文》反切往往與今見傳本不同，有些反切用字亦與今所見諸韻書中的反切用字相異，不知其所用爲何種字書（韻書）。蓬佐本雖然亦偶引《説文》作注，但主要是注釋字義，如師侃《秋夜》詩"一聲砧杵落西風"句，蓬佐本詩後注云："砧杵，《説文》云：'上曰杵，下曰砧。'"但今見大、小徐本《説文》並無此種解釋，大徐本《説文》卷六上："杵，舂杵也，從木午聲，昌與切。"卷九下（新附字）："砧，石柎也，從石占聲，知林切。"小徐本祇有"杵"字的反切作"嗔仲反"，與大徐本不同。宗瑩《登雞籠山訪六朝諸陵》詩"陵樹無陰庇綠苔"句，蓬佐本詩後注云："庇，《説文》曰：'霞（當作覆）蔭也。'"今見大、小徐本《説文》皆云："庇，蔭也，從廣比聲，必至切（反）。"蓬佐本引用反切注音者很少，祇見數例：

本立《秋吟》詩"篝燈照書有餘光"句，蓬佐本詩後注云："篝，古侯反，以竹編之，漁人多用之。……"

景偲《偶題》詩"啼鳩一聲春晝長"句，蓬佐本詩後注云："鳩，古冗反。此鳥春時鳴則百花開，秋時鳴則草木枯也。"

子蒙《春興》詩後蓬佐本注云："秧，於兩反，苗也。"與龍谷本注基本相同。

嗣持《西湖》詩後蓬佐本注云："《説文》云：'塘與塘同，稻田畔也。堰，於幡反，畦也；塍，視陵反，壅水也。"疑"塘"即"塍"字。今見大徐本《説文》卷十三下："塍，稻田畦也。從土朕聲，食陵切。"小徐本卷二十六作"時興反"。《説文》中未見"堰"字。可見蓬佐本所引《説文》亦與今所見《説文》不同。

（四）注釋中所引詩文

兩種注本的注文中都引用了經、史、子、集各類文獻典籍，有相同的，也有不同的，相比而言，蓬佐本引用的文獻典籍數量要比龍谷本多一些。據粗略統計，蓬佐本序文注釋中引用的詩文典籍有：《爾雅・釋詁》、東漢胡廣語、《漢書・律曆志》、《大智度論》、宋鄒定詩等。

1. 蓬佐本正文注釋中引用文獻典籍及詩文

《詩》、《毛詩》、《毛詩序》、《周禮》、《禮記》、《禮記・月令》、《論語》、《孟子》、《左傳》、《公羊傳》、《説文》、《世本》、《史記・滑稽傳》、《史記・樂書》、《漢書》張揖注、《漢書》晉灼注、《漢書・匈奴傳》、《漢書・王貢傳》、《漢舊儀》、《後漢書・嚴光傳》、《晉書》、《南史》、《隋書・天文志》、《三巴記》、《湘州記》、晉皇甫謐《高士傳》、顧野王《輿地志》、《荊楚歲時記》、《丹陽記》、《荊州記》、唐李肇《國史補》、《雞跖集》引《國史補》、《成都記》、《花陽風俗通》（疑當爲《華陽風俗錄》）、《莊子》、《韓非子》、《淮南子》、《炙轂子》、《白虎通》、晉崔豹《古今注》、張華《博物志》、《世説新語》、《三輔黃圖》、《異聞錄》、《神仙傳》、《神仙錄》、《搜神記》、《寰宇記》、《幽冥錄》、《（佛説）興起行經（序）》、《涅盤經》、《應庵錄》、漢李陵詩、蘇武詩、宋玉《神女賦序》、後漢趙壹《刺世疾邪賦》、曹操詩、魏明帝詩、晉潘嶽《秋興賦》、陶淵明詩、《桃花源記》、謝靈運詩、古詩、樂府、鮑照詩、謝貞詩、孔稚圭《北山移文》、唐李嶠詩、李白詩、王維詩、杜甫詩、岑參詩、顧況詩、韋應物詩、皇甫曾詩、趙微明詩、張籍詩、王建詩、韓愈詩、昌黎詩注、劉禹錫詩、柳宗元詩、盧仝詩、杜牧詩、嚴惲詩、李敬方詩、劉得仁詩、任翻詩、薛能詩、李遠詩、高蟾詩、韋莊詩、宋張詠詩、林逋詩、范仲淹詩、黃龍慧南禪師詩偈、趙抃語、王珪詩、王安石詩、曾布詩、蘇軾詩、秦觀詩、道潛詩、黃庭堅詩、謝逸詩、楊萬里詩、歐陽鈇詩、袁樞詩、章少隱詩、游次公詩、戴復古詩、杜耒詩、劉克莊詩、釋元肇詩、蔣夢炎詩、何應龍詩、橫川如珙詩偈、戴益詩、《離騷經》、《文選》、《廬山集》、《曇橘州記》、《詩人玉屑》、《廬山外集》等。

2. 龍谷本引用文獻典籍

《毛詩》、《禮記》、《禮記·月令》、《禮記·王制》、《左傳》、《古文孝經》、《孟子》、《説文》、《國語》、《史記》、《史記·蘇武傳》、《史記》注、《晉書》、《隋書·天文志》、唐《狄仁傑本傳》、《三巴記》(誤作三巴詩)、《輿地志》、《荆楚歲時記》、《西麗記》(疑誤,當爲《西都記》)、《列子》、《吕氏春秋》、《韓非子》、《炙轂子》、崔豹《古今注》、張華《博物志》、《華陽風俗》、《異聞録》、《幽冥録》、《神仙傳》、《續仙傳》、《世説》、《仇池記》、《興起行經》、《抄出》、《(景德)傳燈録》、蘇武詩、宋玉《神女賦序》、曹植詩、陶淵明詩、《桃花源記》、謝靈運詩、古詩、古樂府、江淹《恨賦》、謝朓詩、孔稚圭《北山移文》、唐李嶠詩、王勃詩、孟浩然詩、李白詩、王維詩、祖詠詩、儲光羲詩、常建詩、杜甫詩、李嘉祐詩、顧況詩(誤作靈一詩)、錢起詩、懶瓚和尚歌、武元衡詩、韓愈詩、劉禹錫詩、白居易詩、柳宗元詩、元稹詩、張祜詩、章孝標詩、盧仝詩、杜牧詩、方幹詩、嚴惲詩、李敬方詩、朱慶餘詩、李遠詩、高蟾詩、韋莊詩、宋張詠詩、林逋詩、范仲淹詩、黃龍慧南禪師詩偈、王珪詩、王安石詩、曾布詩、蘇軾詩、朱淑真詩、楊萬里詩、曾極詩、徐璣詩、杜耒詩、劉克莊詩、釋元肇詩、白玉蟾詩、無名氏詩、《離騷經》、《古樂府》、宋惠洪《冷齋夜話》、《通論》(疑爲《通考》)等。

可以看出兩種版本的注釋中都大量引用了唐宋詩人的詩歌,蓬佐本所引唐宋詩人人數大致相當,龍谷本所引唐朝詩人人數爲多,二者所引用杜甫詩尤多,蓬佐本引杜詩約三十次,龍谷本約十一次。龍谷本中引用唐朝詩人人數要多於蓬佐本。

3. 暗引

在這兩種版本所引用的文獻資料特別是詩歌中,很多並未直接標明所引文獻和詩歌作者,而是屬於暗引。分三種情況:

第二章　從注釋校勘看日藏宋僧詩文集的特點

（1）兩種版本暗引不同

①蓬佐本暗引而龍谷本未引的，如：

道潛《東園》詩後注云："……杖藜者，漢劉向時居天禄閣，夜有神人把青藜杖叩閣來見劉向曰：'我是太乙之精也，天地聞卯金之子有博學者，下而視焉，乃出懷中竹牒授之，夜無火，吹杖頭，焰火照座也。詩人自是用杖藜也。"其中所述劉向故事見《三輔黄圖》卷六："……劉向於成帝之末校書天禄閣，專精覃思，夜有老人着黄衣、植青藜杖叩閣而進見。向暗中獨坐誦書，老父乃吹杖端煙然，因以見向，授五行洪範之文。恐詞繁廣忘之，乃裂裳及紳以記其言，至曙而去。請問姓名，云：'我是太乙之精，天帝聞卯金之子有博學者，下而觀焉。'乃出懷中竹牒，有天文地圖之書，曰：'余略授子焉。'至子歆從授其術，向亦不悟此人焉。"①此事亦見宋李昉《太平廣記》卷一百六十一《感應一》引《王子年拾遺記》等。蓬佐本概引此故事，龍谷本未引。

斯植《寒食》詩注引古人詩曰"麻裙素髻誰家女，哭向塚間送紙錢"，乃南宋蔣夢炎《寒食》詩的末兩句。② 龍谷本未引。

紹嵩《題方廣僧舍》詩注引古人詩云"江村片雨外，野寺夕陽邊"，乃唐岑參《晚發五渡》詩頷聯。③ 龍谷本未引。

道璨《上丞相鄭青山》詩注引古詩云"貪看白鳥横秋浦，不覺青林没暮潮"，乃蘇軾《澄邁驛通潮閣二首》其一之後兩句。④ 龍谷本未引。

若溪《夜坐》詩注引古人詩云"螢入定僧衣"，乃唐劉得仁《宿僧院》詩頷聯下句。⑤ 龍谷本未引。

---

① 見《四部叢刊三編》影元本。
② 見《全宋詩》册六五卷三四四六，第41066頁，"塚"作"墦"。
③ 見《全唐詩》卷二百，中華書局1960年版，第2091頁。
④ 見《蘇軾詩集》卷四十三，"鳥"作"鷺"，"暮"作"晚"，第2364頁。
⑤ 見《全唐詩》卷五百四十四，第6281頁。

子蒙《春興》詩注引古詩云"帶雨荷鋤立",乃唐杜甫《暮春題瀼西新賃草屋五首》其三中詩句。龍谷本未引。① 同詩注又引古詩云"雨到一犁外",乃蘇軾《東坡八首》其三中詩句。② 龍谷本未引。

守璋《春晚》詩注引古詩云"風定花猶落",乃南朝謝貞詩。③ 龍谷本未引。

義銛《睡起》詩注引古詩曰"風和睡起鳥聲樂,天地無加花柳春",乃黃庭堅《睡起二首》其一中詩句。④ 龍谷本未引。

斯植《古樂府》其二詩注引古語云"人有悲歡離合,月有陰晴圓缺",乃東坡詞《水調歌頭》(明月幾時有)中句。龍谷本未引。

善珍《秋夜》詩注引古詩云"遠聲霜後樹",乃唐任翻《秋晚郊居》詩首句。⑤ 龍谷本未引。

致一《春暮》詩注引古詩云"無語送春春自歸",乃南宋歐陽鈇(字伯威)《絕句》四首其一中詩句。⑥ 龍谷本未引。

法欽《舟中》詩注引古詩云"藻密行舟澀",乃唐張籍《舟行寄李湖州》詩句。⑦ 龍谷本未引。

復森《江上夜眺》詩注引古詩云"疏燈月照孤帆宿",乃杜甫《夜》詩中句。⑧ 龍谷本未引。

②龍谷本暗引而蓬佐本未引的,如:

道潛《江上秋夜》詩注引古詩"月在梧桐缺處明",乃宋朱淑真《秋夜二首》其一中詩句。⑨ 蓬佐本未引。

---

① 見《九家集注杜詩》卷二十八,"帶"作"細"。
② 見《蘇軾詩集》卷二十一,第1080頁。
③ 見宋王欽若等《册府元龜》卷七百七十四所引。
④ 見《山谷外集》卷十三,"加"作"私",中華書局2003年版。
⑤ 見《全唐詩》卷七百二十七,第8332頁。
⑥ 見《全宋詩》册四三卷二三三三,第26830頁。
⑦ 見《全唐詩》卷三百八十四,第4313頁。
⑧ 見《九家集注杜詩》卷三十一,"月"作"自"。
⑨ 見《全宋詩》册二八卷一五八七,第17964頁。

第二章　從注釋校勘看日藏宋僧詩文集的特點　　475

永頤《聽琴》詩注引古詩云"流水付湘浦,悲風過洞庭",乃唐錢起《省試湘靈鼓瑟》詩中句。① 蓬佐本未引。

法俊《春日》詩注引古詩云"厭看南滁江水流",乃唐李嘉祐《早秋京口旅泊章侍御寄書相問因以贈之時七夕》詩中句。② 蓬佐本未引。

守輝《廢址》詩注引古詩云"年年改換往來人",乃唐方幹《題龍泉寺絕頂》詩末句。③ 蓬佐本未引。

守璋《春晚》詩注引古詩云"不雨山長潤,無雲水自陰",乃唐張祜《題杭州孤山寺》詩頷聯。④ 蓬佐本未引。

(2) 兩種版本暗引相同的,如:

慧舉《琅花洞》龍谷本詩注云:"漢永平中,劉晨、阮肇二人入天台山采藥迷道,溪桃花水至仙宮,有二人仙女,設酒爲夫婿之禮,還家,後(欲)到,不得路。"⑤二本都概略暗引了此故事。《太平御覽》卷九百六十七果部四"桃"條下引《幽冥錄》曰:"剡縣劉晨、阮肇共入天台山采藥,路迷不得返。十三日糧盡,飢餓欲死,望山上有一桃,大有子實,而絕巖邃澗,永無登路。攀緣藤葛,然後得上,各啖數桃而不飢。下山,一大溪邊有二女,姿質絕妙,因要還家。敕婢云:'劉、阮二郎嚮雖得瓊實,猶尚虛弊,可速作食。'遂停半年。懷土思歸,女曰:'罪牽君如何?'便語以大路。"⑥《太平御覽》卷四十一地部六"天台山"條下引《幽明錄》,對此故事有更詳細的記載(文略)。

蘊常《春興》詩注引古詩云"尋常一樣窗前月,纔有梅花便不同",乃南宋杜耒《寒夜》詩的後兩句。⑦ 二本皆暗引。

---

① 見《全唐詩》卷二百三十八,"付"作"傳","湘"作"瀟",第2651頁。
② 同上書,卷二百七,"看"作"見","滁"作"徐",第2164頁。
③ 見方幹《玄英集》卷六,影印文淵閣《四庫全書》本。
④ 見《全唐詩》卷五百一十,第5818頁。
⑤ 此段文字中疑有抄寫訛誤。"溪",蓬佐本作"從";"設酒爲夫婿之禮",蓬佐本作"設酒食爲夫婦之禮";"後"字後,蓬佐本有"欲"字。
⑥ 〔宋〕李昉等編《太平御覽》,《四部叢刊三編》景宋本。
⑦ 見《全宋詩》冊五四卷二八二三,第33637頁。

法照《台州水後》詩注引"天上有星皆拱北，人間無水不朝東"，乃北宋黃龍慧南禪師頌《北斗藏身》詩偈之前兩句。① 二本皆暗引，蓬佐本作"古語云"，龍谷本作"古詩云"。

妙通《春夢》詩注引"君王又勸紫霞杯"，乃北宋王珪《恭和御製上元觀燈》詩末句。② 二本皆暗引，蓬佐本作"古詩曰"，龍谷本作"制詩云"。同詩注又引"巫山夜雨弦中起"，乃唐韋莊《聽趙秀才彈琴》詩頷聯上句。③ 蓬佐本作"詩曰"，龍谷本作"古詩"。

子蒙《春興》詩注引古詩曰"野田鋤水插秧時"，乃北宋曾布詩中句。④ 二本皆暗引。

法欽《舟中》詩注引古詩云"開篷月入窗"，乃楊萬里《宿蘭溪水驛前三首》其二中詩句。⑤ 二本皆暗引。

師侃《金井》詩注引古詩云"轆轤一轉一惆悵"，乃唐顧況《悲歌三首》其二中詩句。⑥ 二本皆暗引。

斯植《老來》詩注引古詩曰"一夜空山聽杜鵑"，乃南宋詩僧元肇《宿鳳山寄楓橋詮無言》詩末句。⑦ 二本皆暗引。

曇岳《寄鄉友》詩注引古詩曰"秖愁連夜雨，又過一年春"，乃唐李敬方《勸酒》詩頷聯。⑧ 二本皆暗引。

（3）一本爲暗引，一本爲明引的，如：

斯植《寒食》詩注蓬佐本引古詩云"庭前有個長松樹，夜半子規來上啼"，乃唐顧況《山中》詩末兩句。⑨ 龍谷本亦引此詩句，爲明

---

① 見《黃龍慧南禪師語録・偈頌》，《大正新修大藏經》第47册 No. 1993。
② 見王珪《華陽集》卷四，"勸"作"進"，《叢書集成初編》本。
③ 見韋莊《浣花集》卷一，《四部叢刊》景明本。
④ 見《全宋詩》册一三卷七八二第9065頁，題作"詩一首"。
⑤ 見楊萬里《誠齋集》卷二十六，"窗"作"船"，《四部叢刊》景宋鈔本。
⑥ 見顧況《華陽集》卷中，影印文淵閣《四庫全書》本。
⑦ 見《全宋詩》册五九卷三〇九二，第36922頁。
⑧ 見《全唐詩》卷五百八，"愁"作"憂"，第5774頁。
⑨ 見顧況《華陽集》卷中。

引,但誤作唐詩僧靈一詩。

仲寶《雨中懷人》詩注蓬佐本引古詩云"無端一夜空階雨,滴碎思鄉萬里心",乃北宋張詠(字復之)《雨夜二首》其二之後兩句。① 龍谷本亦引此詩句,爲明引,但誤爲"張復之影《秋雨》詩"。

師侃《春日吟》詩注蓬佐本引古詩云"終日問花花不語,爲誰零落爲誰開",乃唐嚴惲《落花》詩後兩句。② 龍谷本亦引此詩句,爲明引,但誤作"嚴白詩曰"。

師侃《金井》詩注蓬佐本引古詩"轆轤無繩井百尺,渴心歸去生塵埃",乃唐盧仝《訪含曦上人》詩句。③ 龍谷本亦引此詩句,爲明引,作"盧仝詩"。

海經《子規》詩注龍谷本引詩云"夜入翠煙啼,晝尋芳樹飛",乃北宋范仲淹《越上聞子規》詩的前兩句。④ 蓬佐本亦引,爲明引,作"文廷公詩云","廷"字當爲"正"字之誤。

4. 引用詩歌有些雖標明作者但有誤

二本所引用的詩歌有些雖標明了作者,但有誤,如上述龍谷本與蓬佐本明引的例子。

蓬佐本誤,如:

惠嵩《天台道中》詩注引元暉《梨花》詩曰"冷香消盡晚風吹,脈脈無言對落暉",乃宋謝逸《梨花已謝戲作二詩傷之》其一的前兩句。⑤ 龍谷本則未引。

海經《別故人》詩注引劉禹錫詩曰"落盡一庭梅",乃唐李益或戎昱《夜上受降城聞笛》詩末句,見《文苑英華》卷二百十二。⑥ 又引杜詩

---

① 見張詠著,張其凡整理《張乖崖集》卷五,中華書局 2000 年版,第 46 頁。
② 見《全唐詩》卷五百四十六,"終"作"盡",第 6308 頁。
③ 同上書,卷三百八十七,第 4372 頁。
④ 見范仲淹《范文正公文集》卷三。北京圖書館出版社 2005 年影印本。
⑤ 見《全宋詩》册二二卷一三〇七,第 14851 頁。
⑥ 〔宋〕李昉等編《文苑英華》,中華書局 1996 年版。

"鳴軋江樓角一聲"（蓬佐本在引用杜甫詩時一般簡稱爲"杜詩"），乃唐杜牧《題齊安城樓》詩首句，①而非杜甫詩。龍谷本則未引。

　　道潛《東園》詩注引"淵明詩云：'數聲柔櫓蒼茫外，何處江村人夜歸。'又云：'片片梅花隨雨落，正知春雪散林梢。'又云：'蘆花深處疑無地，忽有人家笑語聲。'"然"數聲柔櫓蒼茫外，何處江村人夜歸"乃道潛《秋江》絕句中的後兩句；②"片片梅花隨雨落，正知春雪散林梢"乃南宋章少隱詩句；③"蘆花深處疑無地，忽有人家笑語聲"乃北宋秦觀《秋日三首》其一之後兩句。④而寬永本注中"淵明詩云"前有"追法"二字，可見蓬佐本脫落了此二字而致誤。龍谷本則未引。

　　赤驥《釣臺》詩注引"山谷詩云：'能令漢家重九鼎，桐江波上一絲風。'又云：'萬事無心一釣竿，三公不換此江山。'"但後一聯實乃南宋戴復古《釣臺》詩前兩句，見《石屏詩集》卷六。⑤ 龍谷本則未引。

　　龍谷本誤，如：

　　行昱《寄隱倫萬氏子》詩注引"李白詩云：'孤舟泛月尋溪轉。'又詩云：'萬里蒼蒼煙水暮。'柳子厚詩云……"。但"萬里蒼蒼煙水暮"實乃唐韓愈《桃源圖》詩中句。⑥ 蓬佐本則未引。

　　道潛《臨平道中》詩注引韓愈《古意》詩句"太華峰頭玉井蓮，開花十丈藕如船"，稱"韓古意詩曰"，在傳抄過程中，當落掉了"愈"字。蓬佐本詩注則作"韓愈古意詩云"。

　　5. 一些文獻和詩歌當是從其他書籍中轉引的

　　如：道潛《江山秋夜》詩注蓬佐本引"杜詩曰'清秋幕府井梧

----

①　見宋周弼編《三體唐詩》卷二，影印文淵閣《四庫全書》本。
②　見《參寥子詩集》卷一，影印文淵閣《四庫全書》本。
③　見宋趙蕃《淳熙稿》卷十八《梅落二首》詩後引，"落"作"脫"，"正知"作"渾疑"，"散"作"墮"。《叢書集成初編》本。
④　見《淮海集箋注》卷十，"蘆花"作"菰蒲"，第 437 頁。
⑤　〔宋〕戴復古《石屏詩集》，《四部叢刊續編》本。
⑥　見〔宋〕魏仲舉《五百家注昌黎文集》卷三，北京圖書館出版社 2006 年影印本。

寒',魏明帝詩云'雙梧生空井'",今檢宋郭知達編《九家集注杜詩》卷二十六杜甫《宿府》詩首句"清秋幕府井梧寒"下注云:"魏明帝詩'雙梧生空井',詩家用井梧自此始矣。"宋蔡夢弼《杜工部草堂詩箋》卷二十二此詩句下亦有相同的注釋。故疑"魏明帝詩"是從宋人對杜詩的注釋書中轉引的。從龍谷本更能看出此點,祇是龍谷本詩注可能由於傳抄之誤,顯得十分混亂,而引用多誤。龍谷本"井梧"一詞下注云:"……魏明帝詩云:井也,井梧者。古詩:梧生空井。杜詩云:清秋暮井梧零。井梧自是始。"

道潛《臨平道中》詩注蓬佐本引"杜詩曰:'無數蜻蜓齊上下。'又云:'翡翠鳴衣桁,蜻蜓立釣絲。'崔豹《古今注》云:'蜻蜓一名蝴蝶,色青而大者是也。'"今檢宋蔡夢弼《杜工部草堂詩箋》卷十八杜甫《卜居》詩句"無數蜻蜓齊上下"下引崔豹《古今注》內容與此全同。故《臨平道中》詩注中的"崔豹《古今注》云"亦當是在引用杜詩時,一併從《杜工部草堂詩箋》轉引的。龍谷本"欲立蜻蜓"下注云:"杜詩云:'無數蜻蜓齊上下。'崔豹《古今注》云:'一名蝴蝶,色青布大者是。'"可見龍谷本亦是從《杜工部草堂詩箋》轉引崔豹《古今注》內容,但"而"誤作"布"。

蘊常《春興》詩注蓬佐本引"《史記·樂書》云:'漢家祠太乙,以昏時到明。'注:'今人正月望夜觀燈,是其故事也。'"此文當從《初學記》或《太平御覽》轉引,《史記》原文作"漢家常以正月上辛祠太一甘泉,以昏時夜祠,到明而終"。而唐徐堅等編《初學記》卷四歲時部下"正月十五日第三"條下引"《史記·樂書》曰:'漢家祀太一,以昏時祠到明。'"下有小字注文曰:"今人正月望日夜游觀燈,是其遺事。"[1]宋李昉等編《太平御覽》卷三十時序部十五"正月十五日"條下亦有完全相同的記載。龍谷本未引。

---

[1] 〔唐〕徐堅等編《初學記》,清光緒孔氏三十三萬卷堂本。

法具《江漲橋會仲彌正寺丞》詩注蓬佐本引"古人有言：父子之道，天性也。若父子有間隔者，不如江水花。夫花落於水，尚與水同流，無有終極，況父子，而可彼此無消息哉！"此段乃從《杜工部草堂詩箋》卷九杜甫《哀江頭》詩箋轉引，此詩"人生有情淚沾臆，江水江花豈終極"句下箋注云："水一作草，《孝經》：'父子之道，天性也。'孩提之童，幼而知愛其親，莫非自然之性。人生天地間，皆有自然之性。肅宗與父間隔，恬不留意迎還，曾江水江花之不如乎！夫花落於水，尚與水同流，無有終極，況父子，而可彼此無消息哉！……"可見蓬佐本詩注從中節引，龍谷本引與此同。但二本生硬地將杜詩此注引來注釋法具詩中"江漲橋邊江水流"句，並不合適。

曇瑩《睡起》詩注蓬佐本引"東坡詩曰：'夢裏還家旋覺非。'注云：'《異聞錄》云：陳季卿，陳氏，季卿，名也。江南人也。舉進士，官至長安，二十年不歸。一日，至香龍寺，見《蓬瀛圖》，指圖中江南曰：我若得還江南，無悔官途不成。時坐中有終南翁者，乃術者也。謂季卿曰：此何有難往哉？乃折竹葉置圖中渭水之上曰：汝著目於此，則如願，忽可還江南。季卿熟視，渭水波涌，一舟甚大，不覺發舟，忽然至家。妻子迎見，嘉甚，經兩夜而作詩去。家人皆驚，謂妖怪也。忽後至寺，翁尚在坐中，陳云：豈非夢耶？經數月後，家人來，具言其所作之詩在家云云。'"其中明確指出所引《異聞錄》是從"注"轉引的。"夢裏還家旋覺非"是蘇東坡《華陰寄子由》詩中句，但今見諸種蘇詩注本對此句並無注釋，惟《施注蘇詩》卷三十二《召還至都門先寄子由》詩後注云："《異聞實錄》：江南進士陳季卿，客長安，十年不歸。一日，終南山翁以竹葉置《寰瀛圖》上渭水中，令陳注目，恍然至家，信宿復回。山翁尚擁褐而坐，季卿謝曰：豈非夢耶？翁曰：他日自知之。經月，家人來訪，具述所以，而留詩皆在。"蓬佐本注者或是據《施注蘇詩》此注轉引並加入了自己的敷演，亦或是據他書注釋轉引。龍谷本所引與蓬佐本同，但有異文，如"二十年"作"十年","香龍寺"作"香竟寺"（疑"竟"乃"龍"之誤），"蓬瀛"作"寰瀛","指圖中"作"指口中"（"口"爲"圖"之誤），"不覺"作"不見"（"見"爲"覺"之誤），"嘉甚"作"喜甚","謂妖怪也"作"妖謂無怪"（後者顯然竄亂），等等。

斯植《故宫懷古》詩"月明人在女牆中"句下注龍谷本引"《説文：女牆謂堞也。"當從《杜工部草堂詩箋》卷二十七杜甫《上白帝城》詩"樓高望女牆"句下注釋中轉引，字句全同。蓬佐本未引。

6. 二本所引用的詩歌有不少皆有異文

這從前面所舉例子可以看出。有些異文明顯屬於傳抄之誤所致，有些似乎是作者僅憑記憶而引用致異，有些則可能是所依據版本有異。現再略舉數例：

蘊常《春興》詩注蓬佐本引"古詩云'願作雙雙燕，銜泥巢君堂'",《六臣注文選》卷二十九《古詩十九首》之十二中此二句作"思爲雙飛燕，銜泥巢君屋"。① 龍谷本未引。龍谷本此詩"燕子未歸梅落盡"句下注引"白玉蟾詩曰'新巢故國雙依依，似與春花秋葉期'"，乃白玉蟾《燕》詩中句，《全宋詩》第六十册卷三一四一頁三七六八一此詩"國"作"園","雙"作"兩"。蓬佐本未引。

蘊常《江村》詩注蓬佐本引"淵明詩云'犬吠深巷中，雞鳴桑樹顛'"，宋惠洪《冷齋詩話》卷一②、阮閱《詩話總龜》卷九③等引此詩"顛"皆作"顛","願"顯然因與"顛"字形相近而抄寫致誤。龍谷本未引。

志南《江上春日》詩注蓬佐本引表（當作袁）梅巖（即袁樞）詩："上人解作風騷語，雲谷畫（當作書）來特地誇。楊柳杏花風雨夜，不知詩軸屬誰家。"《詩人玉屑》卷二十據《柳溪近録》引此詩，"語"

---

① 〔唐〕李善、五臣注《六臣注文選》，《四部叢刊》景宋本。
② 〔宋〕釋惠洪《冷齊詩話》，明《稗海》本。
③ 〔宋〕阮閱編，周本淳校點《詩話總龜》，人民文學出版社 1987 年版。

作"話","夜"作"後","屬"作"在"。①龍谷本未引。

斯植《秋思》詩注蓬佐本引"杜詩'却恐消息來,寸心又何在'",出自杜甫《述懷》詩,《杜工部草堂詩箋》卷十《述懷》詩中此兩句作"反畏消息來,寸心亦何有",《補注杜詩》《九家集注杜詩》②等書亦皆作"反畏消息來,寸心亦何有"。龍谷本未引。

覺崇《廬山雜興》詩注蓬佐本引"李白詩'水清虎溪月,霜冷東林鐘'",出自李白《廬山東林寺夜懷》詩,宋刻本《李太白集》卷二十一全詩云:"我尋青蓮宇,獨往謝城闕。霜清東林鐘,水白虎溪月。天香生虚空,天樂鳴不歇。宴坐寂不動,大千入毫髪。湛然冥真心,曠劫斷出没。"可見此詩押入聲月韻,當以有"虎溪月"之句爲下句,宋刻本爲是。龍谷本未引。

斯植《古樂府》其一詩注蓬佐本引"杜詩曰'更遭喪亂婦不信,一生抱恨堪謗嗟'",乃杜甫《負薪行》詩中句,《杜工部草堂詩箋》卷二十六此詩中"婦不信"作"嫁不售",爲是,今所見杜詩諸本亦皆作"嫁不售"。蓬佐本詩注中"嫁"誤作"婦","售"誤作"信",當爲形近傳抄之誤。龍谷本未引。

若玢《秋夜》詩注蓬佐本引"王介甫詩'祇聽蟲聲已無夢,五更桐葉落知秋'",乃王安石《五更》詩中句,《臨川先生文集》卷二十八此詩中"蟲"作"蛩","落"作"强"。③ 龍谷本未引。

斯植《感懷》詩注龍谷本引"子建詩'説憂令人老'",乃曹植《雜詩六首》其二末句,《四部叢刊》景明活字本《曹子建集》卷五此詩中"説"作"沈"。蓬佐本未引。

斯植《晚春即事》詩注龍谷本引"孟浩然詩云:'春眠不覺曉,處

---

① 〔宋〕魏慶之著,王仲聞校點《詩人玉屑》,中華書局2007年版,第649頁。
② 〔唐〕杜甫撰,〔宋〕郭知達編,陳廣忠校點《九家集注杜詩》,安徽大學出版社2020年版。
③ 〔宋〕王安石《臨川先生文集》,《四部叢刊》景明嘉靖本。

處聽啼鳥。夜來風雨聲，花落知多少。'"此乃孟浩然《春曉》詩，今所見《孟浩然集》《全唐詩》等書中此詩"聽"皆作"聞"。蓬佐本未引。

行昱《寄隱倫萬氏子》詩注龍谷本引"李白詩云'孤舟泛月尋溪轉'"，乃李白《東魯門泛舟二首》其一中之詩句，見《李太白文集》卷十七，"孤"作"輕"。①宋楊齊賢集注、元蕭士贇補注《李太白集分類補注》、清王琦《李太白集注》、②《全唐詩》等書皆作"輕"。蓬佐本未引。

師侃（龍谷本署爲本立）《金井》詩注龍谷本引"杜詩'淚下如逆泉'"，乃杜甫《杜鵑詩明皇蒙塵在蜀》中句，見《杜工部草堂詩箋》卷二十五，"逆"作"迸"，爲是，龍谷本顯然因"逆"與"迸"形近而抄寫致誤。蓬佐本未引。

7. 兩種版本詩注往往節引或概引

兩種版本詩注注者在引用書籍時，往往是以自己的語言，撮其大意，概略敘述。前文所述已可見大概，現再略舉數例，如：

保暹《巴江秋夕》蓬佐本詩注在注釋詩句"不聽啼猿亦斷腸"時引《搜神記》曰："臨川人縛猿子於庭樹，其母來，向人哀乞之，此人竟殺之。猿母悲叫，自擲身而死。此人破猿腸視之，腸皆斷裂矣。"宋陶潛《搜神後記》卷四云："臨川東興有人入山，得猿子，便將歸。猿母自後逐至家，此人縛猿子於庭中樹上，以示之，其母便搏頰向人欲乞，哀狀直謂口不能言耳。此人既不能放，竟擊殺之。猿母悲喚，自擲而死。此人破腸視之，寸寸斷裂。未半年，其家疫死滅門。"③可見詩注祇是概引其大意，並非按原文一字不差地轉引。龍谷本未引。

---

① 《李太白文集》，宋刻本。
② 〔清〕王琦編《李太白集注》，上海古籍出版社1992年版。
③ 〔宋〕陶潛撰，李劍國輯校《新輯搜神後記》卷四，中華書局2007年版，第519頁。

曇瑩《睡起》詩注蓬佐本引"《南志》(志當爲史)：周顒字彥倫，初隱鐘山，後出爲剡令。死(當作孔)稚珪過鐘山草堂，作《北山移文》，其詞云：'惠(當作蕙)帳空兮夜鶴怨，山人去兮晚(當作曉)猿驚'云云"。今見《南史》卷三十四《周顒傳》近六百字，並無此段。而唐李瀚撰，宋徐子光注《蒙求集注》卷下有："《南史》：周顒字彥倫，宋元徽中爲剡令，音辭辯麗，長於佛理，著《三宗論》，言空假義。入齊，終國子博士兼著作。太學諸生慕其風，爭事華辯，始著《四聲切韻》行於時。初隱鐘山，及出爲縣令，孔稚珪過鐘山草堂，作《北山移文》，其詞有曰：'蕙帳空兮夜鶴怨，山人去兮曉猿驚。'"① 可見蓬佐本注文當從此類書中節引，但在傳抄中出現很多誤字。龍谷本亦引"《南史》：周顒字彥倫，始隱鐘山，出爲剡令。孔稚珪過鐘山草堂，作《北山移文》，辭曰：'蕙帳空兮夜鶴怨，山人去兮曉猿驚'"。敍述更加簡潔，但無誤字。

慧舉《琅花洞》龍谷本詩題下注引"陶潛《桃源記》云：晉太康(當作元)中，武陵人捕魚，從溪徑(當作行)，忽逢桃林夾岸，無復離，菓芳花鮮，落英繽紛。復前行，穿其林，盡水源，得出，有小口，便舍舟從口入，豁然開朗，屋交通，雞犬相聽，黃髮垂髻(當爲髫)，怡然自樂。漁人問之，答曰：避秦亂至此。問漢(疑爲衍字)令(當作今)是何世，乃不知有漢魏，聞皆歎惋。漢(當作漁)人既出，遂迷其所也。"陶淵明的《桃花源記》是膾炙人口的名篇，此處衹是概引其大意且有不少錯誤。② 蓬佐本此詩後注亦引"《桃源記》曰：晉太康(當作元)中，武陵人捕魚，從溪往，忽逢桃花挾岸，無雜果，芳花鮮美，落英繽紛。復前行，窮其林，盡水源，有小口，便舍舟從口入，豁然開朗，屋舍田地，阡陌交通，雞犬相聽，黃髮垂髻，怡然自樂。

---

① 〔唐〕李瀚撰，〔宋〕徐子光注《蒙求集注》，《叢書集成初編》本。
② 括弧中字乃筆者注。

漁人問之，答曰：避秦亂至此。問漁人今是何世，乃答曰：不知有漢魏乎。聞皆歎惋。漁人既出，失其處也。"可見蓬佐本也是節引、概引其大意，錯誤要比龍谷本少些。

正遇《仙女石》龍谷本"無情不入襄王夢"詩句下注引"《神女賦序》云：楚襄王與臣下宋玉游於雲夢時襄王夢者。雲夢傍巫山陽臺，楚襄王因狩而游時問宋玉云：'此所依何名雲夢澤？'玉答曰：先王楚三（三字當衍）懷王至此游乃宿此，夢中神女來共宿，先王問女云：汝是何物？在何處？女答曰：我朝爲行雲，暮爲行雨，朝朝暮暮在巫山陽。言了不見。依之，襄王又寢，果夢見神女云云。"宋玉《神女賦序》並非如此，此文概引了宋玉《高唐賦序》與《神女賦序》的部分內容，且加入了注者自己的敷演。蓬佐本詩後注亦引："《神女賦序》曰：楚襄王與宋玉游於高唐之觀，其夜，王與神女會，玉曰：其夢如何？王曰：見一婦人，其姿甚奇云云。王問曰：汝是何物？在何處？女答曰：我在巫山陽，朝爲行雲，暮爲行雨，朝朝暮暮在陽臺下。言竟不見。"亦概引了宋玉《高唐賦序》與《神女賦序》的部分內容，并加入了注者自己的敷演，但比龍谷本所引內容更簡潔，又把楚懷王與神女的問答因節引而誤爲楚襄王與神女的問答了。

景偲《春夜》詩"孤枕夢回清漏斷"句下注龍谷本引"《隋·天文志》：黃帝觀漏水到（當爲制）器，以分晝夜。有百刻，以四十箭爲記數。"而《隋書·天文志》原文云："昔黃帝創觀漏水，制器取則，以分晝夜。其後因以命官，《周禮》挈壺氏則其職也。其法，總以百刻，分於晝夜。冬至晝漏四十刻，夜漏六十刻。夏至晝漏六十刻，夜漏四十刻。春秋二分，晝夜各五十刻。日未出前二刻半而明，既没後二刻半乃昏。減夜五刻，以益晝漏，謂之昏旦。漏刻皆隨氣增損。冬夏二至之間，晝夜長短，凡差二十刻。每差一刻爲一箭。冬至互起其首，凡有四十一箭。晝有朝，有禺，有中，有晡，有夕。夜有甲、乙、丙、丁、戊。昏旦有星中。每箭各有其數，皆所以分時代守，更其作役。"①可見龍谷本引述極簡略且有誤。蓬佐本詩後注亦引："《隋·天文志》：黃帝觀漏水知時刻，以器計水，以自冗水自落知時，分晝夜之時刻，一夜一日有百刻，以四十八箭爲記數矣。"可見其引述亦極簡略而有誤。

8. 二本所引用的詩歌，有一些是目前尚未查到作者或詩歌出處的

(1)蓬佐本

法具《江漲橋會仲彌正寺丞》詩注引古詩"俱皆語白頭"，未知作者及出處。

善珍《老馬》詩注引甘伯仲《老馬》詩云："日暮不收皮肉戟，草枯原野北風寒。將軍已畫騏驎閣，背上餘看舊戰瘢。"未知甘伯仲爲何人，亦未查到其《老馬》詩出處。

斯植《感懷》詩注引詩云"故國十年歸不得，滿庭黃葉月昏昏"，未知作者及出處。

覺崇《廬山雜興》詩題注引《應庵錄》云："廬山煙雨浙江潮，不至一般恨未消。至得歸來無一事，廬山煙雨浙江潮。""《應庵錄》"當指應庵曇華禪師（1103—1163）語錄，但今檢《續藏經》本《應庵和尚語錄》十卷，未見有此詩偈。

師侃《秋夜》詩注引古詩云"月到幽窗向夜闌，蛩聲切切許秋寒"；又古詩云"聲聲砧杵催殘月"。皆未知作者及出處。

本立《秋吟》詩注引古語云"一廬斜篝，百尺游絲"，未知作者及出處。

宗瑩《登雞籠山訪六朝諸陵》詩注引古詩云"雖有子孫無返魂"，未知作者及出處。

覺真《訪道士不值》詩注引古詩云"想君應在山前後，石上殘棋

---

① 見《隋書》卷十九志第十四"天文上"，中華書局1973年版，第526頁。

猶未收",未知作者及出處。

子蒙《懷人》詩注引摸叔詩"天外雙清我獨兼",未知作者及出處。

守璋《春晚》詩注引《李花》詩云"芳樹無風花自落",未知作者及出處。

善珍《秋夜》詩注引古詩云"窗外梧桐一葉飛",未知作者及出處。

(2)龍谷本

顯萬《乘槎圖》詩注引古詩云"銀灣清且淺",未知作者及出處。

曇瑩《睡起》詩注引詩曰"帳色清,如煙凝",未知作者及出處。

元肇《探梅》詩注引古詩云"梅漏春消息",未知作者及出處。

法俊《春日》詩注引古詩云"厭看南滁江水流,杏花不耐,驚風飄零盡",未知作者及出處。

妙通《春夢》詩注引古詩曰"臨風鼓玉琴",未知作者及出處。

宗瑩《登雞籠山訪六朝諸陵》詩注引古詩云"喚起眠雲夢",未知作者及出處。

顯萬《山齋》詩注引古詩云"環堵棲遲屋數間",未知作者及出處。

義銛《睡起》詩注引《文選》云"村鳩索婦",未知作者與出處。

本立《金井》詩注引古詩云"銀床半落淚",未知作者與出處。

(3)二本皆引

蘊常《江村》詩注引古詩云"日暮雞犬傍人歸",未知作者及出處。龍谷本引作"日暮犬羊依人皈",也未知作者及出處。

曇瑩《睡起》詩注引鮑照詩云:"蕙帳斜垂獨夜長,幾回與夢入蘭床。枕凹惟有淚爲雨,不見幽人石燕翔。"今傳鮑照詩中未見有此詩。龍谷本亦引,作"詩云"。

正宗《登峴台》詩注引羊祜曰"人生百年中,開口笑尤少。得浮生半日閒云云",未知出處。龍谷本引作"人生百年,開口笑尤少,浮生半日閒",也未知出處。

志道《送别》詩注引橫川送別句云"半夜雞鳴山月泠",二本皆引,未知出處。"橫川"當是橫川如珙禪師(1222—1289),有《橫川和尚語錄》二卷傳世,但其中未見有此詩句,其有《寄灌頂長老》詩,首句云"半夜鶴鳴山月吟",見《語錄》卷下,但注中所引明爲"送別句",當不是此詩中句。

法照《桐柏觀會仙亭聽琴》詩注引古詩:"自掃月壇春醮籙,誰來靈洞夜聽琴。"龍谷本亦引,未知作者及出處。

妙通《春夢》詩注引古詩曰"徽音月下聞雨聲",龍谷本亦引,未知作者及出處。

法欽《舟中》詩注引古詩"門映山光月上遲",未知作者及出處。龍谷本引作"門映山月光上遲",亦未知作者及出處。

師侃《金井》詩題下注引古詩"凍滿濕金欄",未知作者及出處,龍谷本詩題下注引作"凍掐濕金欄",詩後注引作"凍溜濕金欄",皆未知作者及出處。

在二本所引用的詩歌中,有些可能采自當時流傳於日本的、而今在國內已經佚失的一些文獻典籍,具有重要的輯佚價值,如前述蓬佐本善珍《老馬》詩注所引甘伯仲《老馬》詩,覺崇《廬山雜興》詩題注引《應庵錄》中詩偈,子蒙《懷人》詩注引摸叔詩,志道《送別》詩注引橫川送別句等。也有一些,筆者懷疑因有異文或文字的竄亂和錯誤,影響我們對其作者和出處的判斷。如:

蓬佐本赤驥《釣臺》詩題注引詩曰:"君爲卿士隱,我爲名利來。愧見先生面,黄昏過釣臺。"元傅習編《元風雅》前集卷九錄元趙蒙齋《題釣臺》詩云:"君因卿相隱,我爲利名來。羞見先生面,黄昏過釣臺。"① 蒙齋名璧,字寶仁,雲中懷仁(今屬山西)人。元中統年間,

---

① 《元風雅》,影印文淵閣《四庫全書》本。

官至平章政事。至元十三年(1276)卒,年五十七。① 而《全宋詩》據清吳堂《(嘉慶)同安縣志》卷二十三録陳必敬《釣臺》詩二首,其一云:"公爲名利隱,我爲名利來。羞見先生面,黃昏過釣臺。"②其小傳云:"陳必敬,號樂所,同安(今福建廈門)人。宋末應舉不第,遂不復出。嘗與丘葵講明濂洛遺學。有《詩聯遺文》,已佚。"趙璧、陳必敬《釣臺》詩與注中所引皆有異文,不能判定注中所引是何人之作。

前述龍谷本義銛《睡起》詩注引《文選》云"村鳩索婦",疑引文有誤。

前述藴常《江村》詩注引古詩"日暮……"句,正宗《登峴臺》詩注引"羊祜曰……",法欽《舟中》詩注引古詩"門映……"句,師侃《金井》詩題下注引古詩"凍……濕金欄"句,二本皆引,但有異文,説明其中必有誤者。

宗瑩《登雞籠山訪六朝諸陵》詩注引古詩云"榮枯過眼總是夢",二本皆引,未知作者,今檢宋楊甲《庚寅再游梅隆》詩中有"榮枯過眼如一夢",見宋扈仲榮等編《成都文類》卷十一,疑或爲楊甲詩。楊甲其人及詩《全宋詩》失收。

蓬佐本曇瑩《睡起》詩注引魯直詩云"天門如水帳如煙",今見黃庭堅詩中未有此詩句,蘇東坡有"簟紋如水帳如煙"句,爲《南堂五首》其五。③ 疑爲蘇軾詩。

正宗《登峴臺》詩注引古詩云"人生難遇開口笑",未知作者及出處,杜牧有"塵世難逢開口笑",見《全唐詩》卷五百二十二杜牧《九日齊安登高》詩,疑爲杜牧詩。

―――――

① 《元史》卷一百五十九有傳。事參見〔明〕余寅《同姓名録》卷十、〔清〕梁章鉅《歸田瑣記》卷七。
② 《全宋詩》册七〇卷三六五七,第43927頁。
③ 《蘇軾詩集》卷二十二,第1167頁。

(五) 注釋之誤考辨

蓬佐本與龍谷本注釋内容皆有誤字、落字或錯誤、不妥之處，這從前面的考述已可以看出，現歸納如下：

1. 二本注釋中皆有大量誤字

二本皆爲抄本，在傳抄過程中都産生了大量的誤字。蓬佐本如：善珍《老馬》詩注引"後漢起臺賦"云"所惡則洗垢求其瘢痕"，按此句見《後漢書》卷八十下《文苑列傳·趙壹傳》，是趙壹《刺世疾邪賦》中句。而《施注蘇詩》卷五《次韻孔文仲推官見贈》詩注引"後漢趙壹賦'所好則鑽皮出其毛羽，所惡則洗垢求其瘢痕'"，《增刊校正王狀元集注分類東坡先生詩》卷十七同詩注與《施注蘇詩》所引相同，故筆者以爲此處蓬佐本注釋乃從此類蘇詩注本轉引，在傳抄過程中把"後漢趙壹賦"誤寫爲"後漢起臺賦"了。龍谷本未引。

斯植《故宫懷古》詩注引"《前漢·匈奴傳》：寛寧元年，漢元帝時，單于入漢宫，自欲和親求嫁，漢武帝以昭君賜之。"此非《漢書·匈奴傳》原文，乃注者敍其大意，但"竟"誤爲"寛"，"元"誤爲"武"字。龍谷本亦引其大意，但無出現誤字。蓬佐本所的此類錯誤還有很多，如："竹"誤爲"斥"，"士"誤爲"二"，"書"誤爲"畫"，"思"誤爲"恩"，"日"誤爲"月"，"小"誤爲"少"，"今"誤爲"令"，"宇"誤爲"字"，"如"誤爲"妬"，"也"誤爲"巴"，"困"誤爲"因"，"宫"誤爲"官"，"顛"誤爲"願"，"月"誤爲"目"，"孔"誤爲"死"，"稱"誤爲"襧"，"衰"誤爲"表"，"隋"誤爲"隨"，"寄"誤爲"奇"，"杪"誤爲"抄"，"蚤"誤爲"恐"，"餞"誤爲"錢"，"徽"誤爲"微"，"晉"誤爲"普"，"秧"誤爲"秩"，"北"誤爲"此"，"售"誤爲"信"，"角"誤爲"甬"，"尊"誤爲"專"，"吟"誤爲"冷"，"自"誤爲"月"，"群"誤爲"郡"，"政"誤爲"攻"，"致"誤爲"到"，等等。

龍谷本此類錯誤也不少，如：保暹《巴江秋夕》詩在"巴水"二字下注云："《三巴詩》云：'閬水東南遠，形似巴字，因而爲此。'"其中"詩"當作"記"，"遠"當作"流"。《三巴記》乃蜀漢譙周所作。蓬佐本詩題下注亦引《三巴記》，其中"記"亦誤作"詩"。其他如"喙"誤爲"啄"，"曉"誤爲"燒"，"弛"誤爲"池"，"彼此"誤爲"比彼"，"俚"誤爲"侄"，"吳越"誤爲"得越"，"椀"誤爲"椂"，"必"誤爲"心"，"醮"誤爲"樵"，"錄"誤爲"鏢"，"傳"誤爲"傅"，"入"誤爲"人"，"沈"誤爲"説"，"叟"誤爲"古"，"髻"誤爲"髻"，"迷"誤爲"洣"，"亞"誤爲"惡"，"洪"誤爲"供"，"汴"誤爲"拜"，"靖"誤爲"青"，"白雲"誤爲"曇"（因豎寫抄寫時把二字誤爲一字），"捆"誤爲"捆"，"樣"誤爲"樸"，"鶒"誤爲"鵂"，"詩"誤爲"時"，"極"誤爲"楼"，"公"誤爲"雲"，"火"誤爲"大"，"巷"誤爲"卷"，"水"誤爲"氷"，"迸"誤爲"逆"，等等。可看出二本大都因形近而傳抄致誤。

2. 脱落字句、衍字

二本注釋中除有大量誤字外，還有不少脱字、脱句、衍字。蓬佐本如：序文"孔汝霖編集之，蕭瀣校正之"句下注云"校正者，撰善惡也。又又曰：校，割也。……"可見衍一"又"字。寶曇《峴山圖》詩題下注云："《晉書》曰：羊祜，字叔子，……爲襄陽太守，有德政，亦樂樂山水。……"衍一"樂"字。蓬佐本序文脱落"禪林者何乎？禪者所述之稱也"兩句，但其前的"中興者何乎？中間起詩家法語也"兩句下有注文云："者字當作叢字。稱，語稱名。"這顯然是對所脱落兩句的注釋。宗瑩《登雞籠山訪六朝諸陵》詩題下注云："雞籠山，吳孫皓登游之地也。六朝者，吳、晉、宋、齊、梁、陳各持一州，在虛（空）寶寺，虛（空）寶寺在建業府雞籠山下，建業號曰金陵矣。天子廟謂之陵，高七尺者；諸侯（謂之墓，高五尺；大夫謂之塚，高三尺；庶人無塚也。）"①蓬佐本脱兩"空"字及"諸侯"二字後的十九字。

---

① 引文參寬永本。

斯植《古樂府》之二詩後注引《白虎通》曰："琴者，禁也。（禁）止於邪以正人心也。琴長三尺六寸六分也，象一年三百六十日也；廣六寸，象六合也；上曰池，下曰濱，前廣後狹，象專（當作尊）卑之次也。（第一爲宫），第二合（乃衍字）爲商，第三爲甬（當爲角），第四爲徵（當爲徵），第五爲羽也。……"①蓬佐本脱"禁"字及"第一爲宫"四字，衍"合"字，還把"尊""角""徵"三字誤寫爲"專""甬""徵"。龍谷本也有不少落字、衍字的情况，如：法淵《蝶》詩末句下注引林和靖詩句"霜禽欲下先偷眼，粉蝶如知（合）斷魂"，脱落"合"字。智綱《寄芳庭法師》詩首句"尺書無處托飛鴻"下注引《古樂府》云："客從東（方）來，饋我雙鯉魚。呼童烹鯉魚，眼中有（尺素）書。"脱"方"字、"尺素"二字，衍"眼"字。海經《子規》詩末句下注引劉後村詩"一聲聲勸（人）歸去，啼血江南幾樹花"，脱"人"字。景偲《偶題》詩末句下注引字書云："音鵑也。春分鳴則衆芳生，秋分鳴（則衆芳）歇也。"脱"則衆芳"三字。如廣《中秋無月》詩末句下注引江文通《恨賦》，脱"江"字。永頤《畫卷》詩後注引徐靈暉（即徐璣）詩句，脱"暉"字。赤驥《山中即事》詩後注引坡詩曰"支頤識此（心）"，脱"心"字。本立《金井》詩後注引坡詩"金井（轆轤）鳴曉甕"，脱"轆轤"二字；永隆《崇真觀》首句下注引李白詩云"晉朝平（當作羊）公一片石，龜（頭）剥落莓苔生"，"羊"誤爲"平"；脱"頭"字，"莓苔生"當作"生莓苔"。顯萬《乘槎圖》詩首句"崑侖初不隔懸河"下注引《興起行經》云："崑侖山者，（山皆寶）石，周匝有五百窟，窟皆黄金，常有五百羅漢居之。阿耨奪池周圍山外，山内平地，何處何峰，有四金獸頭，口流出水，各澆一匝，還其四方，投入十一里。泉中有金象台，方一由延，臺上有金蓮花，以七寶爲臺。如來將五百羅漢，常以月十五日，於中説戒。"今見《佛説興起行經序》云："所謂崑侖山

---

① 引文參寬永本。

者,則閻浮利地之中心也。山皆寳石,周匝有五百窟,窟皆黃金,常五百羅漢居之。阿耨大泉,外周圍山,山內平地,泉處其中。泉岸皆黃金,以四獸頭,出水其口。各遶一匝已,還復其方,出投四海。象口所出者,則黃河是也。其泉方各二十五由延,深三厥劣,一厥劣者,七里也。泉中有金臺,臺方一由延,臺上有金蓮華,以七寳為莖。如來將五百羅漢,常以月十五日,於中説戒。"①二者説法雖略有不同,但可以看出注中所引有脱漏、衍文、誤字,如脱"山皆寳"三字;衍"何處何峰"四字;"遶"誤爲"澆";衍"金象台"之"象"字;"以七寳爲臺"之"臺",當作"莖"等。居簡《柳絮》詩"去作青萍漾水涯"句下注:"《月令》:司季春之月,虹體(當作始)見,萍始生也。"衍"司"字。惠峰《琅華洞》詩題下注引"陶潛《桃源記》云:'晉太康(當作太元)中,武陵人捕魚,從溪徑,忽逢桃林夾岸,無復離,菓芳花鮮,落英繽紛。復前行,穿其林,盡水源,得出,有小口,便舍舟從口入。豁然開朗,屋交通,雞犬相聽,黃髮垂髻(當作髫),怡然自樂。漁人問之,答曰:'避秦亂至此'。問漢令(漢字衍,令當作今)是何世?乃不知有漢魏。聞皆歎惋。漢(當作漁)人既出,遂迷其所也。"陶淵明《桃花源記》是膾炙人口的名篇,此處轉引時刪節、脱落很多内容,邏輯混亂,又有很多錯字,無法卒讀。

3. 文字顛倒錯亂,影響文意

這方面的錯誤,以龍谷本尤爲突出。如:法照《桐柏觀會仙亭聽琴》詩"琴彈流水坐松關"句下注引"《吕氏春秋》曰:子期死,伯牙破琴絶弦,終身不弦復鼓。"畫綫處當作"不復鼓琴"。智綱《寄芳庭法師》詩末句下注引《傳燈録》布袋和尚偈"一鉢千家飯,孤身游萬里。青目睹人少,問路曇頭。"宋道原《景德傳燈録》卷二十七《布袋

---

① 〔東漢〕康孟祥譯《佛説興起行經序》,《大正新修大藏經》本。

和尚傳》載此偈,"游萬里"作"萬里游","曇"作"白雲",是。①

龍谷本在引用文獻資料時,不顧其內容的邏輯關係,隨便大量刪節、更改,導致所述故事内容混亂,難以正確理解。斯植《故宮懷古》詩"鐵笛一聲千古恨"句下注引"公安《國史補》"云:"李牟好事,嘗得村舍煙竹,截以吹爲笛,堅如石鐵。呂遺李,李譽之,吹笛天下第一之也。月夜泛江,吹之。俄有客立於岸下,呼船共載。既至,清笛而其聲精壯,巖可裂。暮言未嘗見也。"此段人物關係混亂,搞不清吹笛之人是誰。檢唐李肇《國史補》卷下,云:"李舟好事,嘗得村舍煙竹,截以爲笛,堅如鐵石。以遺李牟,牟吹笛天下第一,月夜泛江,維舟吹之,寥亮逸發,上徹雲表。俄有客獨立於岸,呼船請載,既至,請笛而吹,甚爲精壯,山河可裂。牟平生未嘗見。及入破,呼吸盤擗,其笛應聲粉碎,客散,不知所之。舟著記,疑其蛟龍也。"②則故事清晰完整。

顯萬《乘槎圖》詩題下龍谷本注引張華《博物志》:"舊注曰:天河與海通,近世有人居,昔年年八月在浮槎去來。人有奇志,俟其來,登槎上,各齎糧,乘之而去。十餘日,奄至一處,有城郭屋宇嚴遂,望宮中織女及丈夫牽牛渚次,飲之,驚問曰:'何由至此?'某與説來意,共問:'此是何處?'答曰:'至蜀郡訪嚴君平則知之。'因還,後以問君平,君平曰:'其日月有客星犯牽牛宿。'計其年月至,正是蜀客乘槎到天河時也。"今見晉張華《博物志》卷三原文曰:"舊説云:天河與海通,近世有人居海渚者,年年八月有浮槎去來,不失期。人有奇志,立飛閣於查上,多齎糧,乘槎而去,十餘日中,猶觀星月日辰,自後芒芒忽忽,亦不覺晝夜。去十餘日,奄至一處,有城郭狀,屋舍甚嚴,遥望宮中,多織婦,見一丈夫牽牛渚次,飲之。牽

---

① 見《大正新修大藏經》本。
② 〔唐〕李肇《國史補》,明《津逮秘書》本。

牛人乃驚問曰:'何由至此?'此人具說來意,並問:'此是何處?'答曰:'君還至蜀郡,訪嚴君平則知之。'竟不上岸,因還如期。後至蜀,問君平,曰:'某年月日,有客星犯牽牛宿。'計年月,正是此人到天河時也。"①可見龍谷本引文經過刪改且有誤。

紹嵩《題方廣僧舍》首句"山勢如城繞梵宮"下龍谷本注云:"梵者,此云淨土,印度梵言佛也。《義海》云:'印度,月名,具名<u>即時伽</u>,言曰邦,以此大國形<u>十</u>國,如星中月,彼有五印'云也。"其中所引《義海》云云,不知何義。今檢宋釋子璿所集《首楞嚴義疏注經》卷一"一名中印度那爛陀大道場經,於灌頂部録出別行"下疏曰:"此別目也。印度,月名,具云印特伽,此云月邦。以此大國形諸小國,如星中月。彼有五印,此當中也。"②二者相較,可知龍谷本有誤,即畫綫部分之"印特"誤爲"即時";"月"誤爲"曰";"小"誤爲"十",從而影響到我們對文義的正確理解。

4. 引詩作者之誤

二本注釋都引用了大量他人詩句,但有些詩句的作者標注有誤。如前文所述,龍谷本把唐顧況詩"庭前有個長松樹,夜半子規來上啼",誤作唐詩僧靈一詩;把唐嚴惲詩"終日問花花不語,爲誰零落爲誰開",誤作"嚴白"詩;把北宋張詠詩"無端一夜空階雨,滴碎思鄉萬里心"誤爲"張復之影"詩。蓬佐本把北宋范仲淹詩"夜入翠煙啼,晝尋芳樹飛"誤作"文廷公"詩。又如前述蓬佐本把宋謝逸詩"冷香消盡晚風吹,脈脈無言對落暉"誤作"元暉"詩;把唐李益或戎昱詩句"落盡一庭梅"誤作唐劉禹錫詩,等,詳參前述相關部分,兹不贅述。

5. 對作者生平事迹注釋之誤

總的來説,對作者生平事迹的注釋,龍谷本比較簡潔,蓬佐本

---

① 〔晉〕張華撰,范寧校證《博物志校證》,中華書局 2014 年版,第 116 頁。
② 見《大正新修大藏經》本。

内容要豐富、詳細一些,提供了關於作者各方面的更多信息,如作詩的時間、地點;作者所屬佛教宗派;作者的生卒年、著作等等。但相對的,蓬佐本在這方面所出現的錯誤也比較多,龍谷本要少一些。如法照《桐柏觀會仙亭聽琴》詩題下蓬佐本注稱"晦巖參濟大川於普濟寺",義銛《嘗北梨》詩題下蓬佐本注云"此詩銛避北京之亂至江南時,遠被寄北梨,有感作焉"等,就是荒謬而不可信的。① 龍谷本詩題下注釋則無此内容。又如蓬佐本在"道潛"名下注謂"教者僧也",並稱其"參得於金山寺之無準和尚";在蘊常名下注稱其爲"金山寺無用弟子"等,都是錯誤的。② 蓬佐本注釋把道璨卒年誤爲"嘉定九年癸卯二月",還把其住持饒州薦福寺誤爲"福州薦福寺"等等。③ 這些問題前文皆有詳細考證,兹不贅述。

6. 對詩歌内容注釋之誤

二本在詩歌内容的注釋方面,也出現一些錯誤。如前文講到蓬佐本用"君子""小人"、"君""臣"等關係來注釋詩句,大都是牽强附會。又宗璩《降虜》詩:"韃哨兵多金哨稀,怕聞坐夏入秋期。祇今跨馬彎弓者,曾是襄淮十歲兒。"蓬佐本第二句、第四句中詞語的注釋都是錯誤的。其注第二句:"坐,罪也,坐夏者,被罪華夏。華夏,京花也。又,自夏被罪而入秋之謂也。"注第四句:"十歲兒者,番人微弱而如兒。"其實"坐夏"是佛教用語,指僧人在夏季三個月中安居不出,坐禪靜修,又稱夏安居、雨安居等。這裏的"坐夏入秋期",當指從夏至秋時間的推移。因爲南宋和蒙古聯合滅金以後,理宗及一些南宋朝臣認爲收復故土、建立蓋世功業的機會到來,遂出兵河南,却以失敗告終,損失慘重,還給蒙古軍進攻南宋以藉口,此後蒙古多次進攻南宋,侵佔南宋疆土。此詩實際上表達了作者

---

① 參見前述相關部分考證。
② 參見前述相關部分考證。
③ 參見前述相關部分考證。

對國家前途命運的擔憂,隨着時間的推移即由夏到秋,詩人擔心蒙古軍會越來越多,而蒙古軍中那些跨馬彎弓的人,多年前曾是宋朝襄淮之地的十歲孩童,現在却充當了蒙古軍的士兵來攻打南宋。詩人感歎南宋疆土正逐步被蒙古軍佔領,隱隱感到了南宋王朝即將被蒙古軍顛覆的厄運。龍谷本此詩第二句下注云:"自夏至秋謂也。亦曰:夏,華也,謂京華也。坐,罪也,被坐夏謂也。又西國軍入秋來也。"注中除首句與末句外,其他部分内容與蓬佐本相同。第四句下注云:"襄淮二州也,元是大宋之地也。十歲兒,言降虜微弱而如兒也。"對"十歲兒"的注釋也大致與蓬佐本相同。

龍谷本法具《江漲橋會仲彌正寺丞》,"江漲橋"下注"處名","會仲彌"下注"人名","正寺丞"下注:"官名,亦仲姓,彌正,名也。"詩題中"會"乃動詞,是"會見、相會"之意,而"仲彌正"姓"仲",名或字"彌正","寺丞"爲官名。故當在"仲彌正"下注"人名"而非把"彌正"二字割裂而注。但最後一句的注釋是對的,説明注者參考了其他資料。

智逸《湘中春日》詩第三句"花柳隱然詩態度"下龍谷本注云:"隱然者,花柳繁貌也。態度也,態度形也。""態度"二字注釋不清楚。第四句"倩誰説與晚唐人"下注云:"時多詩人言瀟湘之佳景,倩誰人語知音之好詩人也。"對"晚唐人"的注釋,似乎是"知音之好詩人",並未介紹"晚唐體詩人"的特點。對比之下蓬佐本則優於龍谷本。蓬佐本注云:"隱然,花柳繁貌。言造物之象盡是爲詩態度。態度,法度也。晚唐詩人律體多,故言瀟湘之佳景也,寒暄花鳥、風月、雪霜、冰水,則晚唐能之。倩誰使聞晚唐之作者,謗晚唐體作者之言也。晚唐往往黼黻言語,彩黛篇章,不過風雲雪月、草木山川、閨恨客愁、花情酒興而已。智逸詩叩之,清風拂拂醒人懷,秀語錚錚聳人耳,便晚唐人一見之,神銷口喪,不能措一辭於其間,豈晚唐之眼所能窺乎!……"注者對"晚唐人"的注釋比較詳細,並對智逸詩大加贊揚，而對晚唐體詩則持否定態度。

景偲《偶題》詩第三句"楞伽看罷無餘事"下龍谷本注云："楞伽者，於楞伽山大惠菩薩記云也。達磨以證心即授二祖，凡六卷。"此注釋頗令人費解，並未明確指出"楞伽"是指《楞伽經》。

（六）注釋諸本之關係及評價

從以上敘述我們可以看出，蓬佐本與龍谷本注釋既有很多相同之處，也有很多不同之處。總的來說，龍谷本注釋內容比較簡潔明瞭，蓬佐本注釋內容比較詳細繁複，提供的信息多於龍谷本。但對個別詩歌的注釋二本也有相反的情況。二本注釋皆有很多錯誤，龍谷本的錯誤主要表現在文字傳抄過程中產生的一些竄亂、脫誤，特別是引用文獻典籍時不顧上下文義，多刪節、概引，從而產生了很多錯誤。蓬佐本除大量因傳抄過程中產生的形近而誤、脫字、衍字等外，還有一些是作者和詩歌內容注釋不當的錯誤。

二本序相同，注釋體例雖然不同，但龍谷本亦有一些詩歌是在整首詩後注釋的，這就保留了其所依祖本的一些痕跡。此外龍谷本也吸收了一些其他資料，所以有些注釋內容與蓬佐本不同。從引詩方面來看，無論是明引，還是暗引，二本皆有同有異，對文獻典籍的引用，也有很多是相同的，所以說二本當有共同的祖本和來源。現再略舉數例說明：

顯萬《乘槎圖》"昆侖初不隔懸河"句下蓬佐本注釋引《博物志》曰："昆侖山廣萬一千里，高二千五百餘里，有五色流水，白色水東南流入中國，名之爲黃河也。"今檢晉張華《博物志》卷一云："昆侖山廣萬里，高萬一千里，神物之所生，聖人、仙人之所集也。出五色雲氣，五色流水，其泉南流入中國，名曰河也。"①龍谷本詩注引同此，有落字、誤字，曰："《博（物）志》曰：'昆侖山廣萬（一）千里，高二

---

① 〔晉〕張華撰，范寧校證《博物志校證》，第7頁。

千五十(百)餘里,有五色流水,白色水東南(流)入中國,名之爲河。'"括注之字乃龍谷本落掉或抄錯之字。也可看出二本當據同一出處,祇是龍谷本傳抄錯誤較多。

若溪首次出現(見卷中《夜坐》詩下)時,蓬佐本注云:"雪川僧,號雲壑,雪竇派僧。"龍谷本注云:"雪川僧,號雲壑。"第二次出現(見卷下《山中》詩)時,二本皆注謂:"雪川僧,號雲嶽。"説明二本至少有相同的祖本。

法照《表忠觀》蓬佐本詩題下注云:"趙清獻公上書白王曰:'吳越國王錢氏也,父祖並子孫之墳廟,凡在錢塘者二十有六,荒廢不治,過者見之流淚。臣願以龍山妙日(當作因)院爲觀,使錢氏之爲道士者居此觀,以表大忠之臣。'遂賜名曰表忠觀。其碑文東坡爲之。吳越王宮後爲道士觀也。"詩後注曰:"《神仙傳》云:'遼東城門外有華表柱,一日,忽有白鶴來柱上。時有小童張弓欲射,鶴乃飛去,於空中歌曰:"有鳥有鳥丁令威,去家千歲始來歸。城郭如故人民非,何不學仙塚累累。"後人以木爲鶴形,置柱上,以橫木交柱,改如花形,依之曰華表。'華表,如日本鳥居也。丁令威成仙人去,後化爲鶴,來古鄉,居華表,鳴而去。石壇者,道士觀有三石壇,一祭星壇,二祭天,三祭地,大清壇也,故仙人下此壇也。凌霄者,藤之別種也。鳳仙者,曼陀羅花,出處未詳也。初處開花也。此詩大意謂鎖苔則秋深可知,謂秋深則風露重可知,謂風露重則可知凌霄花雖未可落可落,鳳仙花雖未可開可開,一意體也。"龍谷本詩題下注云:"趙清獻公上書云:'吳越國王錢氏父祖並子孫墳廟,凡在錢塘者二十有六,蕪廢不治,過者然流淚。臣願以龍山妙因院爲觀,使錢氏之爲道士者居之觀,以大表忠之臣。'賜名表忠觀。其東坡爲之文。得(當作吳)越王宮也,後爲道士觀。觀者,道士居總名也。""錢王古廟鎖莓苔"句下注:"經年莓苔深也。""華表秋深鶴未來"句下注引《神仙傳》曰:'東城門外有華表柱,一日,忽有白鶴來柱上。

時有小童舉弓欲射之，鶴乃飛去，於空中而自曰："有鳥有鳥丁令威，去家千歲後始來歸。城郭如故人民非也，何不學仙塚累累。"遂衝天而上。後人以木鶴似形，置柱上，以橫木夾柱，改如花形，依之曰華表。'言花者，如日本鳥居也。丁令威成仙人去，後化爲鶴，來古鄉居花表柱上，鳴去也。""昨夜石壇風露重"句下注："石壇，道士觀築三壇，人一，祭天，天祭地，三大清壇去也。（筆者按：此段話有誤）""凌霄花落鳳仙開"句下注："凌霄，藤也。鳳仙，曼陀羅花也，未詳出處也。"二本注釋中所引"趙清獻公上書"云云，當出自蘇軾《表忠觀碑》文，曰："熙寧十年十月戊子，資政殿大學士右諫議大夫知杭州軍州事臣抃言：'故吳越國王錢氏墳廟及其父祖妃夫人子孫之墳，在錢塘者二十有六，在臨安者十有一，皆蕪廢不治，父老過之，有流涕者。……臣願以龍山廢佛祠曰妙因院者爲觀，使錢氏之孫爲道士曰自然者居之，凡墳廟之在錢塘者以付自然，其在臨安者以付其縣之淨土寺僧曰道微，歲各度其徒一人，使世掌之。籍其地之所入，以時修其祠宇，封殖其草木，有不治者，縣令丞察之，甚者易其人，庶幾永終不墜，以稱朝廷待錢氏之意。臣抃昧死以聞。'制曰：'可。'其妙因院，改賜名曰表忠觀。"①二本注釋中所引《神仙傳》云云，今檢影印文淵閣《四庫全書》本葛洪《神仙傳》十卷中未見，而《搜神記》卷一"神化篇"有云："丁令威本遼東人，學道於靈虛山，後化鶴歸遼，集城門華表柱。時有少年舉弓欲射之，鶴乃飛，徘徊空中而言曰：'有鳥有鳥丁令威，去家千歲今來歸。城郭如故人民非，何不學仙塚累累。'遂高上衝天而去。今遼東諸丁云其先世有升仙者，不知名字。"②與二本注釋相比，可見二本乃概引，皆有删節，並加入了注者的敷演，且有錯誤之處，龍谷本的錯誤更明顯。同時我

---

① 《蘇軾文集》卷十七，第 499 頁。
② 〔晉〕干寶撰，李劍國輯校《新輯搜神記》，中華書局 2007 年版，第 40 頁。

們也可以看出，雖然二本注釋內容略有不同，但大部分是相同的，祇是蓬佐本在整首詩後注釋，龍谷本在詩句下注釋罷了，它們當依據同一祖本，而龍谷本又參考其他資料，作了一些增減、改動。

二、由《物初賸語》的校勘看日本寶永五年常信木活字本的優劣

日本江户時代中期，特別是元禄十五年（1702，清康熙四十一年）至正德三年（1713，清康熙五十二年）間，稱爲"植工常信"的人，刊印了大量木活字版的禪籍，其中不少是中國宋元禪籍。如：元禄十七年刊印的宋末元初禪僧横川如珙《横川和尚語録》三卷；寶永三年（1706）刊印的《了堂和尚語録》三卷、《物初和尚語録》一卷；寶永四年刊印的《西巖和尚語録》二卷；寶永五年刊印的《物初賸語》二十五卷。常信其人及其所刊木活字本的情況，可參川瀬一馬《植工"常信"活字印行の禪籍》[①]一文，文稱"常信"作爲"植版"的工匠，與當時京都書肆的書商田原仁衛門有一定關係，并按刊行時間順序分別列出了他所目睹過的三十四種常信木活字版禪籍的名稱、卷册等（其中祇有《韓詩外傳》一種非禪籍）。另日本學者森潤三郎有《活版植工常信》[②]一文，文中列出了他所見過的十三種常信木活字版禪籍的名稱、卷册、行款格式、刊記等情況（其中有十種與川瀬所見相同），並推斷"常信"其人可能是禪僧侣或檀越。但二者對其所刊禪籍的排版、用字等具體情況則皆未加置評。筆者在校勘《物初賸語》的過程中，對此木活字本的情況有了一定的認識和瞭解，現略加總結，以窺常信木活字本的一些特點，并引起利用常信木活字本的學者們的注意。

---

① 見《續日本書志學之研究》轉載，雄松堂書店 1980 年版。
② 見《考證學論考－江户の古書と藏書家の調查》轉載，《日本書志學大系》9，青裳堂書店 1979 年版。

第一，作爲江户中期的木活字本，它在日本書志學史上無疑是有研究價值的。第二，它包括大量中國宋元的禪籍，對於這些禪籍的保存、流傳有重要的貢獻。如《物初賸語》在中國國內久佚，日本斯道文庫與成簣堂文庫雖然分別藏有宋本，但斯道文庫藏本缺七卷之多，還有一些地方殘缺不清，其餘也有不少補抄之處，成簣堂文庫藏本補抄之處也達六十餘頁，而常信活字本據宋本而來，可以用來校正宋本殘缺不清或補抄錯誤之處，且常信木活字本往往改正了宋本中明顯錯誤之字，例如，應當從"衣"字旁的字，宋本大都從"示"，如"衣袽"之"袽"，"喉衿"之"衿"，"衲僧"之"衲"，"袢暑"之"袢"，"卷裓"之"裓"等，常信木活字本皆改爲從"衣"字旁；又如"跌坐"之"跌"字，宋本作"跌"，常信木活字本改爲"趺"字等。

雖然常信木活字本具有一定的研究和利用價值，但就筆者校勘過的《物初賸語》一書來説，此木活字本不能稱爲精善，存在着許多問題。

（一）字的寫法很不規範，有很多明顯的誤字

如："每"寫作"毎"；"餘"寫作"余"；"眠"寫作"眠"；"吿"寫作"告"；"祠"寫作"祠"；"武"寫作"武"；"鐔"寫作"鐔"；"豫"寫作"豫"；"栢"寫作"栢"；"拳"寫作"拳"；"宦"寫作"宦"；"樂"寫作"樂"等等。

（二）形近而誤的字極多

如："泰"誤作"秦"，"帥"誤作"師"，"諭"誤作"論"，"侯"誤作"俟"，"俟"誤作"侯"，"酪"誤作"酩"，"晝"誤作"畫"，"兩"誤作"雨"，"雨"誤作"兩"，"勤"誤作"勸"，"炯炯"誤作"煙煙"，"嘉泰"誤作"喜秦"，"靳"誤作"蘄"或"鄞"，"延"誤作"廷"，"柄"誤作"柄"，"弋"誤作"戈"，"嘗"誤作"賞"，"某"誤作"基"或"某"，"苦"誤作"若"，"迂"誤作"遷"，"昂"誤作"昻"，"淅"誤作"浙"，"浙"誤作"淅"，"舍"誤作"余"，"季"誤作"李"，"秋"誤作"秩"，"敞"誤作

第二章　從注釋校勘看日藏宋僧詩文集的特點　503

"敝","貝"誤作"具","熱"誤作"熟","篩"誤作"節","勺"誤作"句","袞"誤作"袤","榮"誤作"瑩","章"誤作"帝","輕"誤作"輊","菅"誤作"管","泣"誤作"涪","元"誤作"天","揩"誤作"楷","科"誤作"斜","鮮"誤作"鱗","廋"誤作"瘦","酋"誤作"酉","茗"誤作"苕","茅"誤作"第","瓢"誤作"飄","堤"誤作"提","啓"誤作"唇","潮"誤作"湖","除"誤作"際","陲"誤作"郵","題"誤作"願","平"誤作"乎","旦"誤作"且","階"誤作"偕","載"誤作"戴","閑"誤作"閉","摧"誤作"摧","嘻"誤作"嚏","姿"誤作"資","困"誤作"困","因"誤作"内","寂"誤作"叔","爐"誤作"爐","荼"誤作"茶","黍"誤作"黎","刹"誤作"利","函"誤作"亟","亟"誤作"函","宜"誤作"宣","雜"誤作"雞","寬"誤作"寬","植"誤作"桓","脆"誤作"晚","虞"誤作"虚","乎"誤作"手","胎"誤作"服","繫"誤作"擊","慮"誤作"盧","弱"誤作"躬","給"誤作"絡","董"誤作"薰","艱"誤作"歎","隋"誤作"惰","揭"誤作"揚","析"誤作"祈","綱"誤作"網","按"誤作"接","乃"誤作"及","裝"誤作"裴","雲"誤作"雪","穎"誤作"類","讀"誤作"瀆","目"誤作"日","旋"誤作"旅","午"誤作"千","耳"誤作"再","遺"誤作"遣","召"誤作"石","材"誤作"村","儲"誤作"雛","逮"誤作"建","稽"誤作"楷","財"誤作"得","朋"誤作"明","意"誤作"愈","今"誤作"令","和"誤作"知","礦"誤作"磚","不"誤作"之","動"誤作"勤","茫"誤作"范","惡"誤作"奐","惰"誤作"情","肓"誤作"盲","瓴"誤作"瓶","清"誤作"請","復"誤作"後","氛"誤作"氣","瑟"誤作"琴","牽"誤作"率","瘵"誤作"廖","嶽"誤作"獄","端"誤作"瑞","瑞"誤作"端","忽"誤作"忿","溉"誤作"激","幹"誤作"於","拯"誤作"極","虯"誤作"蛇","績"誤作"續","運"誤作"連","扉"誤作"扆","墓"誤作"基","瑩"誤作

"瑩","切"誤作"功","句"誤作"旬","人"誤作"入","亦"誤作"赤","衲"誤作"初","朽"誤作"朽","析"誤作"拆","飭"誤作"飾","卑"誤作"早","汩"誤作"泊","筒"誤作"箇","扁"誤作"篇","祟"誤作"崇","抱"誤作"袍","百"誤作"目","受"作"愛","空"誤作"堂","老"誤作"先","訐"誤作"許","亡"誤作"七","文"誤作"又","弗"誤作"弗","剖"誤作"剖","旨"誤作"青","蔗"誤作"薦","眷"誤作"春","乳"誤作"亂","石"誤作"右","而"誤作"面","片"誤作"斤","棟"誤作"棟","態"誤作"能","拙"誤作"掘","宦"誤作"官","梯"誤作"梯","夫"誤作"決","伐"誤作"代","改"誤作"攻","眼"誤作"眠","蕊"誤作"蓓","祈"誤作"所","焉"誤作"爲","之"誤作"三","軔"誤作"杻","親"誤作"新","朵"誤作"孕","答"誤作"苔","華"誤作"革","園"誤作"圖","辣"作"竦","問"作"同","抒"誤作"杼","綏"誤作"緩","斯"誤作"期","休"誤作"伏","讐"誤作"鷹","死"誤作"苑","怙"誤作"帖","容"誤作"客","緣"誤作"綠","陣"誤作"陳","烏"誤作"鳥","茵"誤作"菌","裁"誤作"栽","樊"誤作"焚","往"誤作"住","項"誤作"頃","卿"誤作"鄉","浴"誤作"俗","奠"誤作"尊","逆"誤作"迸","搭"誤作"塔","收"誤作"牧","舌"作"古","麻"作"蔴","筋"誤作"節",等等。宋本把"跌坐"寫作"趺坐"固然不當,而此本不顧文意,凡遇到"趺"字時皆改爲"跌"字,則又有矯枉過正之嫌。如卷八騷體《渡嶺》有"虞一跌兮予亦爲之惴惴"句,此本就誤改"跌"字爲"趺"。這些錯誤的出現顯示排字工漢文化水平不高,且工作態度不太認真。如卷五《謁兩淮制使秋壑賈資相》詩二首其二中有一句爲"老屋雲荒龍象泣",此本作"龍象涪",《客靈隱感懷二首》詩題中之"感"字作"咸",就錯得莫名其妙,似乎是排字工隨意找了兩個字形大體相近的字。又如同卷《壽制使李觀文》四首之三的前兩句"帝軫斯民意若何,不容槃澗小婆娑",此本

第二章　從注釋校勘看日藏宋僧詩文集的特點　505

"婆"字設爲重文符號,就成了"不容槃潤小婆婆",亦顯示出排字工的粗心和隨意。

（三）經常有因詞語倒置而致誤的情況

卷三《方是閑歌》"榮圖豈無愛閑心"中之"愛閑"作"閑愛"; "詩閑覷天巧"作"詩覷閑天巧","閑覷"二字倒置。卷五《舒殿元惠詩次其韻》中"殿元"二字倒置。卷八《溫蒲》"爲人養親,了無二致"句,"養親"二字倒置,作"親養"。《渡海十八羅漢贊》之《第七尊者抱膝坐黿背》: "踞黿而坐,聽其所之。抱膝悠然,亦何所思。"①"之""思"押韻,而常信活字本"所思"二字倒置,誤爲"思所"。《哀溺》"有涉湍取物者死焉"一句,"有涉"二字倒置,誤爲"涉有"。卷九《精進幢記》中"雖遐齡如錢鏗,輕舉如王喬,弗爲也"一句,"舉如"二字倒置,誤作"如舉";"離名絶謂而其全體見焉"一句,"而其"二字倒置,誤作"其而"。卷十《天王延福淨土院記》中"而迦文如來徑旨密說"一句,"如來"二字倒置,誤作"來如"。《雲低閣記》中"出雲雨上,而忘厥居之在壯縣闤闠間也","闤闠"二字倒置,誤作"闠闤"。《龕記》中"凡《清規》所列者"句,"所列"二字倒置,誤作"列所"。卷十二《楞嚴序》中"畏佳鏗鏘而體固自若"句,"鏗鏘"二字倒置。《幼潛字序》中"《禮記》則曰……","禮記"二字誤作"記禮"。卷十三《康南翁詩集序》中"若夫主常用奇,刊陳出新,雲補瘦崖,澗撷蜚瀑……"句,"瘦崖""蜚瀑"皆倒置,誤作"崖瘦""瀑蜚"。卷十八《道場火後再造疏》中"密付親傳,四七二三祖"句,"二三"二字倒置,作"三二"。《達觀院建觀音殿榜》中"慶華榱藻井之新,稱白衣滿月之相"句,"之新"二字倒置,誤作"新之"。卷十九《上明院風倒廊屋再建疏》中"月斧雲斤撚指,重興古刹"句,"斧雲"二字倒置,誤作"雲斧"。卷二十《灌頂普淨修殿塑佛疏》中"要先盡底掀翻,却與

① 凡引文皆據宋本。

從頭蓋覆"句，"從頭"二字倒置，誤作"頭從"。《大慈慈視殿上梁文》中"西，湖光瀲灩淥平堤"句，"湖光"二字倒置，誤作"光湖"。卷二十一《祭錢辰州》中"藐爾樗散，畦衣童顛"句，"畦衣""童顛"分別倒置，誤作"衣畦""顛童"。卷二十二《祭義侍者》中"亦既秀矣，梁盛是期"句，"亦既"二字倒置，作"既亦"。卷二十三《塵外律師塔銘》中"其於佛乘殆夙習也"句，"習也"二字倒置，作"也習"。《栢庭僧録塔銘》中"子宗禪而知敬吾師"句，"宗禪"二字倒置，誤作"禪宗"。《華嚴佛日講師塔銘》中"乃敢謝恩。丙午春……"，"恩丙"二字倒置，誤作"丙恩"。卷二十五《履齋制相》中"在□之罪固不可逃"句，"不可"二字倒置，誤作"可不"。《上制史馬觀文》中"此儒釋道三之不同如水火，而有相須共濟者存焉"句，"三之"二字倒置，誤作"之三"。《壽史大資》首句"竊惟歲當乙亥良月三九之陽最吉祥日"中，"九之"二字倒置，誤作"之九"。《答伯巖表兄陳帑院》中有"豐歉之不齊，事功之未完，無以報謙齋，遂爾濡滯"句，"報謙"二字倒置，誤作"謙報"。

（四）脱字、脱句、脱頁的情况也很多

卷四《案間清供喜爲作詩》詩題脱漏"間"字。卷五《象嶠新塗卜建莊於朱監隩》詩題脱漏最後一字。卷八《蛛虎説》"供蛛飽"句中"蛛"字脱漏。卷九《靈隱立趙資尹生祠記》中"淨法界身徧一切處"句，脱"界"字。《永壽禪院記》中"大雄大士毫相靈迹之所照映"句，脱"映"字，且又漏刊此文倒數第六行，即"今日哉？居處靜專，架矱中正，以類相從，以道相勉。□"二十字。卷十《龕記》中"預爲十龕"句，脱"龕"字。卷十二《失照序》"尋予於寶山"句，脱"山"字。《中峰序》"中可求乎"句，脱"中"字。卷十三《無文印序》中"文采爛然矣"句，脱"矣"字。《會堂詩序》中"是詩不以病夫人，而人反以病夫詩也"句，脱前一"詩"字。卷十四《大慈善應泉》中"我先王夙因成熟"句，"熟"字脱漏。卷十五《跋勝叟送章弟序》中"矯僞飾貪"一

第二章　從注釋校勘看日藏宋僧詩文集的特點　　507

詞，脫"矯"字。《壽上人求跋先師洎諸老偈》中，脫"諸"字。卷十六《書尤直院記朱文公徐棘卿事後》最後一句爲"得力於死生患難間也如此"，活字本脫"間"字。《跋天台嚴教主楂庵法師與法明講師帖》最後一句"教主所苀"四字，脫"苀"字。卷十六《爲松庵宗師題過海應眞》與《題手軸住世羅漢後》間脫《題鍾馗》詩一首。卷十七《跋高半村疣稿》詩題脫"疣稿"二字。《跋西澗制相空實葛藤》題下脫原注"代"字，卷十八《謝御書表》題下脫原注"代"字。而自《淨慈行者求僧》的最後一行至《顏橋重建疏》的前兩行，此活字本脫一整頁。卷十九《靈隱重建佛殿兩疏》題中脫"兩"字。《紹興府慶恩院法堂疏》中"別開重閣講堂之新"句，脫"閣"字。《蓮社閣疏》題下脫"崇先華嚴教寺建此閣，高宗嘗書'蓮社'二大字"注文。《太虛住台州報恩江湖疏》序中"力扶宗綱"句，脫"宗"字。《高麗請嵩佛日山門疏》中"某人巖竹儲霜，標格清勁"句，脫"某人"二字。《北關行堂榜疏》中"功贊丕圖"句，脫"功"字。卷二十《雪竇請西江諸山疏》中"某人起馬祖十八灘，源流自別"句，脫"某人"二字。《鳳山重建大殿塑佛疏》題下脫"醫僧幹緣，三儒乃舒亶、蔡佃、周鍔"注文。《大慈捺塗田發願文》中"某竊謂廣經常者，世之善謀"句，脫"某"字。卷二十一《祭老碙先師》中"正歲晚之寂寥"句，脫"晚"字；"眼枯心折"句，脫"心"字；"把茅所羇"句，脫"茅"字。《祭西江》其一"埋光鏟彩，歸伴老亮之隱"句，脫"鏟""歸"二字。卷二十二《祭雪杭》中"嗟嗟雪杭，性具肆志"句，脫"杭"字。《祭興姪》中"即兹無常，是爲真常"句，脫第二個"常"字。《祭芳洲》中"江湖舊人，交逝迭去"句，脫"交"字。《祭小師隱副寺》中"老鐵石心，胡爲而哽塞也"句，脫"爲"字。卷二十三《此山禪師塔銘》中"生於斯，返骨於斯"句，脫第二個"斯"字。《無念禪師塔銘》中"斯二事不舉，則崇德報功之義缺如"下，脫"敢以請。予承乏越之舜山，慨臨濟祖舊游之廢"十八字。卷二十四《石田禪師行狀》中"初，道吾之嗣諸禪師居石霜"句，脫

"石"字。《淮海禪師行狀》中"未幾,樓閣矗霄",脱"霄"字。卷二十五《史端相》中"謹憑毫楮,代叙賀儀,言不盡意",脱"謹憑""賀"三字。《孫府判》文中"保毓粹和",脱"和"字。《墾翁相國》中"某藐爾緇褐""格天之業而何假於他方"句,分别脱"某"字"格"字。

此外,宋本"二十"均作"廿",此活字本皆改爲"二十",本無不可,但如是詩歌,就不應隨意改動。如卷七《太虚九日惠詩次韻》:"金菊宜烹節裏茶,露叢新摘兩三花。絶勝送酒籬邊醉,廿八驪珠忽拜嘉。"常信木活字本把第四句中的"廿"改爲"二十",致使此句變成了八個字。

總之,通過對《物初賸語》一書的校勘,我們瞭解到,雖然常信木活字本有一定的價值,但在排字、用字時出現的錯誤極多,在有同書其他較好版本的情況下,儘量少用此本,若一書無其他版本而衹有此本,在使用時也一定要小心謹慎。

第三章　從宋僧詩文集的刊刻流傳情況看宋僧與日本五山禪僧的密切關係及影響

一、日本五山禪僧在宋僧詩文集刊刻、流傳和保存中所發揮的作用

（一）五山禪僧在宋僧詩文著作傳入日本的過程中所發揮的作用

如前所述，南宋詩僧的詩文集很多在國內都已佚失不存或流傳很少，却大量保存並流傳於日本。這些書籍的傳入日本，與宋末元初中日僧人之間的交流往來有着密切的關係。據木宮泰彥《日中文化交流史》統計，南宋時代有名姓可考的入宋日僧有一百零九人，渡日宋僧有十四人；元朝時入元日僧有二百二十二人，渡日元僧有十三人。這些入宋、入元日僧有很多都是五山禪僧。僅就入宋日僧而言，就有如圓爾辨圓、無象靜照、樵穀惟仙、山叟慧雲、無關普門、南浦紹明、藏山順空、約翁德儉等人，入日宋僧亦有蘭溪道隆、兀庵普寧、大休正念、西磵子曇、無學祖元、鏡堂覺圓等人，他們都曾主持過日本京都、鐮倉五山諸名刹，其中蘭溪道隆、無學祖元還分別是鐮倉建長寺、圓覺寺的開山祖師。故部分日本學者在論述五山文學時，就把大休正念、無學祖元等也作爲日本五山詩僧看待。①

---

① 見[日]蔭木英雄《五山詩史の研究》第二編第一章第一節。笠間書院1977年版。

日僧圓爾辨圓入宋後師事無準師範禪師並成爲其法嗣，在宋七年，返日後成爲京都東山東福寺開山祖師。① 他由宋歸國時帶回經論章疏、語録、儒書等數千卷，藏於京都東福寺普門院的書庫，他自己曾編一部三教典籍目録，可惜已佚失。大道一以《普門院經論章疏語録儒書等目録》以《千字文》順序分類排列，在"日"字下，列有"《樂邦文類》六册"。"收"字下，列有"《雪竇明覺語》一部二册、《明覺語》一部三册、《宏智録》二部各六册、《碧巖録》二部各八册、《聯珠集》二部各三册"。"閏"字下，列有"《如如居士録》三册"。"餘"字下，列有"《鐔津文集》十册"。"成"字下，列有"《橘洲文》一部（二册）"；"《北磵文集》一部（六册），同《語録》一册，同《外集》一册"；"《無文印》三册，同《録》一册"。"光"字下，列有"《祖英集》一册、《古今偈頌》二册、《如如居士語》七册"等。② 説明在 1353 年（元至正十三年）以前，這些宋僧的著作都已經傳入日本。不過其中有些不可能是圓爾辨圓帶回日本的。如《橘洲文集》，圓爾辨圓入宋時，此書嘉定元年的刻版已被燒毀，而辨圓回國的時間是在理宗淳祐元年（1241），離咸淳元年（1265）重刊的時間還有二十四年，今傳日本元禄刻本又有咸淳元年重刊的板記，説明此書不可能是辨圓帶回的，可能是後來才入藏普門院書庫的，但入藏時間一定是在 1353 年以前。雖然辨圓在宋期間曾拜謁過居於北磵的居簡，但居簡的著作也不大可能是由他帶回來的。因爲此時《北磵文集》《詩集》可能還未刊刻，而《語録》《外集》及《續集》都刊刻於理宗淳祐十一年（1251）。

　　居簡的著作最有可能是由宋僧無學祖元帶到日本的。見第一章十四（三）"居簡詩文集在日本的流傳收藏"一節。大觀的《物初

---

① 事見《元亨釋書》卷七淨禪三之三，《本朝高僧傳》卷二十《京兆慧日山東福寺沙門辨圓傳》。《大日本佛教全書》第六十三卷史傳部二。

② 見王勇、大庭修主編《中日文化交流史大系・典籍卷》第一章所引該目録。

第三章　從宋僧詩文集的刊刻流傳情況看宋僧與日本五山禪僧的密切關係及影響　511

臘語》及《語録》傳入日本，可能也與祖元有關。見第一章二十（一）"《物初臘語》在日本的刊刻流傳"一節。道璨的《無文印》及《語録》也不可能由辨圓帶到日本，因爲刊刻於度宗咸淳九年（1273），可能是後來才入藏普門院書庫的，但入藏時間一定是在 1353 年以前。而延壽《山居詩》的傳本，如前所述據説是日本五山末期著名詩僧策彦周良入明訪得帶回日本的。

日本五山著名禪僧虎關師煉於康永元年（1342，元惠宗至正二年）在東福寺海藏院居住時，編撰《禪儀外文集》一卷，①選録宋代禪師（主要是南宋的）等十三人所撰寫的疏、榜、祭文等，以供日本禪林學習借鑒，寶曇、居簡、大觀、道璨、元肇、善珍等詩僧的文章都在其中，也就是説在 1342 年以前，他們的著作就已經傳入日本了。

（二）五山禪僧對宋僧詩文著作在日本的刊刻流傳保存所發揮的重要作用

宋僧詩文集傳入日本以後，五山詩僧在其刊刻、流傳、保存中發揮了重要作用。通過本書第一章的敘述，可以瞭解南宋詩僧詩文集在日本有大量的五山本存在，它們大都是翻刻或覆刻宋元版而來，其後的一些和刻本及抄本又大都是據五山本而來，所以五山本在宋詩僧詩文集在日本的刊刻流傳保存中具有承上啓下的重要作用。日本五山禪僧對宋僧詩文著作在日本的刊刻流傳保存發揮了不可替代的重要作用。

如第一章"居簡詩文集在日本的流傳收藏"部分所述，宫内廳書陵部藏宋本《北磵和尚外集》及内閣文庫藏宋本《北磵居簡禪師語録》書後都附有後來抄補的中巖圓月的題識。内閣文庫本《北磵詩集》卷末有應安七年（1374）與中巖圓月齊名的日本五山詩僧夢

---

①　見《本朝高僧傳》卷二十七淨禪三之九《師煉傳》，及日本東洋文庫藏五山板《禪儀外文集》首自序。

巖祖應的題記,據其文義,日本五山著名詩僧夢窗疏石下第三代傳人古巖周峨(？—1371)在應安三年募緣開版,將居簡的《語錄》《外集》二册印行京師,并由中巖圓月寫了題識。接着他又欲刊行居簡的詩文集,但没有完成刊行就去世了。應安七年(1374),由他的徒弟周楨書記完成了他的遺願。這是因爲夢窗疏石師承高峰顯日,高峰顯日又師承無學祖元,故他與居簡也可以説是有間接的師承關係,所以對居簡的著作特别關心。

中巖圓月還施財資助了物初大觀《語錄》的刊刻。現存五山版大觀《語錄》的末尾,就有三行刊記曰:"法孫比丘圓月施財、命工鏤板以垂後學、功德報答四恩三有。"後來的寶永三年(1706,清康熙四十五年)常信木活字版,就是據此五山版而來。

而《雪峰空和尚外集》在日本的刊刻流傳,又與入日元僧竺僊梵僊、入元日僧春屋妙葩、不聞契聞有着直接的關係。而春屋妙葩受到竺僊梵僊的感化影響,熱心於歷代佛教内外典籍在日本的刊刻,貞和五年(1349),除主持刊刻此慧空《雪峰空和尚外集》,還同時刊刻了《雪峰東山和尚語録》和南宋釋紹曇《五家正宗贊》,應安四年(1371),又刊宋初延壽的《宗鏡録》。還先後刊刻了南宋虎丘紹隆的《虎丘和尚語録》、應庵曇華的《應庵和尚語録》、密庵咸傑的《密庵和尚語録》、破庵祖先的《破庵和尚語録》、無準師範的《佛鑒和尚語録》、無學祖元的《佛光和尚語録》等許多祖師語録及外典,作爲天龍寺雲居庵的藏板,成爲日本五山版的重要組成部分。

又如緒論中所述,南宋禪僧月林師觀(1143—1217)的《月林和尚語》、無門慧開的《對禦録》、《禪宗無門關》等書籍,都是由日本五山詩僧心地覺心由宋地帶回日本而流傳開來的。日僧正見、白雲慧曉由宋歸國時,還分别佈施錢財,令刊《妙倫和尚語録》《希叟和尚語録》流行。而元大德七年(1303),虚舟普度禪師的語録隨商船運到日本後，珪堂瓊林募緣刊刻，並寫了序。日僧景用、禪了，作爲渡日宋僧兀庵普寧的弟子，也曾編集、刊刻普寧的語錄。很多入宋日僧在歸國時都受到宋代僧衆的贈詩相送，這些贈詩往往被製成詩軸，帶回日本而流傳開來。如淮海元肇就寫有《日本一侍者遠持〈法華經〉舍入育王舍利塔乃得笑翁法衣歸江湖作成頌軸以餞請題其後》；日僧禪了也把游宋時禪衆所贈詩編成巨軸，歸國後呈其師普寧過目。而日本五山著名詩僧無象靜照所帶回的《石橋頌軸》、南浦紹明所帶回的《一帆風》，都對其中宋僧詩歌作品的保存和流傳發揮了重要作用。

夢真的《籟鳴集》《籟鳴續集》是從日本京都東福寺傳出來的，當亦與五山禪僧有關。而《江湖風月集》一書，在日本有多種抄本及和、漢注釋本，也大都是五山禪僧所爲，其中也保存了不少宋代詩僧的佚詩。

日本五山著名禪僧虎關師煉所編撰的《禪儀外文集》一卷，選錄宋代禪師（主要是南宋的）等十三人所撰寫的疏、榜、祭文等，以供日本禪林學習借鑒，也爲這些宋僧的作品的保存和流傳起到了作用。

另有日本五山著名詩僧義堂周信編纂《重刊貞和類聚祖苑聯芳集》十卷，據卷末自題，編者在日本貞和年間（1345—1350，相當於元至正五至十年）爲童蒙所求，曾選編宋元二代耆宿五七言絕句數千首，其稿燬於延文三年（1358，元至正十八年）。後又重編，取真淨克文以下尊宿五、七言八句，補入作三千首。全書以類隸詩，分六十五類，反映了僧人生活的各個方面。詩歌作者絕大多數是宋元詩僧，而以宋僧居多，還收了一些和佛教禪宗有密切關係的文人學士的詩，如南宋鄭清之的《妙高峰》、程公許的《贈薰石田》、高翥的《走馬燈》等，其中有大量宋元人佚詩借此書得以保存下來。

二、宋僧與日本五山禪僧的密切關係及影響

（一）佛教禪宗

如前所述，南宋詩僧的詩文集在國内大都佚失不存，但有不少完好地保存在日本，並有和、漢多種版本。這與宋末及其後中日兩國間的文化交流，特別是僧人（包括詩僧）間的交流往來有着密切關係，尤其與南宋末年宋日僧人之間的頻繁交往分不開。從前文所述也可以看出其密切關係。宋代中日兩國僧人間的交流，主要是由於佛教的關係，入宋日僧爲參拜佛教聖迹、求法問道而來，入日宋僧爲傳道弘法、化導衆生而往。很多日僧到達宋地後，遍訪名師大德，參禪問道，爲宋僧所印可，成爲他們的嗣法弟子。回國後，他們又盡力推廣和普及在宋地所學，培養子弟，形成了不同的門派，有各自的傳承法系。入日宋僧也熱心地傳授禪法，把宋地寺院的儀規、傳禪說法的方式等帶到日本實行，產生了深遠的影響，同時也培養了大量的子弟和信徒。

日僧榮西（1141—1215），號明庵，曾兩度入宋，第二次入宋時，再登天台山，參見住萬年寺的臨濟宗黄龍派虚庵懷敞禪師，向其學禪，並隨侍懷敞禪師移天童。在其準備歸國向懷敞禪師告辭時，懷敞禪師授予他僧伽梨以爲法信，並爲他寫法書一封，認定他爲自己的法嗣。書中寫道："日本國千光院大法師，宿有靈骨，洪持此法，不遠萬里。……今又再游此方，相從老僧，宿契不淺，志操可貴，不得不示法旨。昔釋迦老子將圓寂，以正法眼藏，涅槃妙心，付屬摩訶迦葉，二十八傳而至達磨，六傳而至曹溪，又六傳而至臨濟，八傳而至黄龍，又八傳而至予。今以付汝。"並囑咐他"當護持佩此祖印，歸國布化，開示衆生，繼正法命"。① 榮西回國後，先後在九州、

---

① 見《本朝高僧傳》卷三。

第三章 從宋僧詩文集的刊刻流傳情況看宋僧與日本五山
禪僧的密切關係及影響

博多、鐮倉、京都等地大力普及禪宗,培養弟子和信徒,被日本臨濟宗奉爲祖師。

又如日僧圓爾辨圓,在宋期間,廣參南宋諸大德名宿,與很多禪師成爲莫逆之交,師事徑山無準師範禪師並成爲其法嗣。歸國後,盛唱禪宗,並在主持的寺院中推行宋地禪院的儀規。他還是日本京都東山東福寺的開山祖師,培養了大量弟子門生。本章第一部分中提到的日僧山叟慧雲、無關普門、藏山順空、白雲慧曉等都是他的弟子,也都曾往宋地參訪學習,成爲在日本傳播臨濟宗的骨幹。因爲圓爾辨圓的諡號爲"聖一國師",故"其門派在古代日本禪宗二十四派中爲'聖一派',以東福寺爲中心,在全國擁有衆多寺院,曾爲五山派的主流派,近代日本臨濟宗十四派中的東福寺派奉圓爾爲開山祖"。①

赴日南宋禪僧中如蘭溪道隆,屬於南宋臨濟宗楊岐派虎丘法系,其傳法系統是:圓悟克勤→虎丘紹隆→應庵曇華→密庵咸傑→松原崇嶽→無明慧性→蘭溪道隆。他到日本後,爲鐮倉幕府及日本皇室所重,先後住持鐮倉建長、京都建仁等寺,不遺餘力地在日本傳播弘揚禪宗,受到日本朝野僧俗很多人的歡迎和敬信。即使被流放,也不忘向民衆弘道。他在所主持的日本寺院中嚴格實行宋地寺院的儀規、傳禪説法的方式,讓僧衆按照宋朝臨濟宗的叢林規則進行日常修行和生活,對日本臨濟宗的傳播和發展產生了深遠的影響。諡"大覺禪師",有嗣法弟子二十四人。其法系在日本古代禪宗二十四派中爲大覺派,近代日本臨濟宗十四派中建長寺派奉道隆爲開祖。②

赴日宋僧祖元在日本禪宗發展史上也產生了很大的影響。他爲鐮倉圓覺寺開山第一祖,也住過建長寺,培養了衆多弟子,像高

---

① 楊曾文《日本佛教史》,第318頁。
② 同上書,第340頁。

峰顯日、一翁院豪等都是其中著名者。諡爲"佛光禪師",有《佛光語錄》傳世,其法系在日本古代禪宗二十四派中稱爲"佛光派",近代日本臨濟宗十四派中圓覺寺派奉祖元爲開山祖師。①

"鐮倉時代以後,日中兩國禪僧從中國向日本傳入禪法者有四十八傳,其中有嗣法者並成爲流派的有二十四派。這當中除道元、東明、東陵三派屬曹洞宗外,皆爲臨濟宗。在臨濟宗中唯有奉榮西爲祖的千光派(以京都建仁寺爲中心)傳黃龍派禪法,其他二十派皆傳楊岐派禪法。"②由此也可看出中日佛教的密切關係。

(二) 學術思想

在學術思想上,伴隨着中日僧人的交流,宋學也被傳入日本。其實很多南宋僧人本身就是儒學出身,儒學修養深厚,與當時理學家的關係也很密切。如居簡就出身儒門,在二十歲出家之前,接受的應是儒家教育,而且"所業絶出",故儒學修養深厚,遁入空門之後,他的言談中也經常引用儒家言論。《北磵文集》卷六《道法師逸事》中云:"大丈夫者,富貴不能淫,貧賤不能移,威武不能屈。"卷七《跋穎德秀書文賦後》云:"治人者勞心,治於人者勞力。外物則德全,玩物則德喪。"卷十《祭佛照禪師》云:"方其升應庵之堂,則登東山而小魯,晚入雙徑之室,然後登泰山而小天下。"他與理學家陸九淵的兒子陸持之關係密切,與名儒樓鑰、葉適、真德秀都有交游。作爲一名禪師,他對儒、道並不排斥,而是認爲儒佛道三家是相通的,殊途同歸,祇要合理,他都願從。《北磵文集》卷三《泉州金粟洞天三教藏記》中云:

> 黃老於漢,佛於晉宋,二氏之書滿寰宇,聚則充棟,載則汗牛,何其多耶。問其數,各五千餘卷,與秘府牙籤相上下,巾幂

---

① 楊曾文《日本佛教史》,第359頁。
② 同上書,第306頁。

嚴秘,往往過之。金粟洞天,在泉南勝處,住山人凝雲黃去華總三家之書於山中,置諸大輪藏。……或病其以二氏之書亂秘府,忘意求合孔氏。噫!合其可求乎?求而合,不勝其不合也。苟不可合,雖孟賁烏獲之勇之力不可牽糾而使之合。不可離也,雖强分之,視勇力烏乎施?然則離合有常理,不在呶呶齒舌間也。天地間大物莫如海,百穀東輸未始見其盈,尾閭泄之未始見其虧,而與百穀同一味,曷嘗求合於百穀?既至於海矣,海則曰爾江耳,河耳,淮濟耳,盍各安爾甲乙序?涇也,渭也,亦正爾清濁之分,然後去貪取廉,旌芳潔,驅洿濁,俾各從其類,雖蹄涔之陋,罔不藐夫海失,長百穀之道,强爲是區區之別,不可得也。夫如是,庸詎知吾求合於外耶?善乎,荆國王文公答曾子固之爲言也,善學者,讀其書,惟理之求,有合乎吾心,樵牧之言不廢,苟不合諸理,周孔吾不從。吾嘗紬繹斯言而志夫學,隱然得之於中,東海有聖人出焉,此言合也,此理合也,西海有聖人出焉,此言合也,此理合也,故萃天下之書,使天下善學者博觀約取,離乎其所離,合乎其所合也。

這種三教合一的思想隨着宋僧著作在日本的流傳對日本五山禪僧也有很大的影響。又如無文道璨青年時也曾游白鹿洞書院,聽理學家湯巾講知行大要,與湯巾的關係也非常密切。其他很多禪師也大都類此。入宋日僧從這些宋僧學習佛法禪理的同時,也必然會受到他們儒學思想的影響,有些入宋僧還和當時的理學家有直接交往。如日僧俊芿在宋地逗留的十二年中,不但廣交禪、教、律諸名宿,相與論道,還與理學名儒樓鑰、樓昉等相交往,與居簡也非常熟悉。回國時除帶回佛教典籍及其他物品外,還帶回不少儒書。故"被認爲是最早把宋學傳入日本者"。① 之

---

① 楊曾文《日本佛教史》,第 314 頁。

後又經過入宋日僧圓爾辨圓、入日宋僧蘭溪道隆等中日僧人的不懈努力，"大約在十三世紀的中後期，中國宋學已經傳入日本，在鎌倉幕府的支持下，它逐步爲日本所吸收，而構成了日本思想文化的新内容"。①

（三）五山文學方面

宋代特別是南宋時中日僧人的交流，又與日本五山文學的產生有着密切關係，並對五山禪僧產生了深遠影響。所謂五山文學，是指日本五山十刹禪宗僧侶所創作的漢文學，一般認爲大約從鎌倉末期到足利時代（約相當於宋末元初至明代後期），前後三百餘年的時間。關於它的起點，學者有不同的觀點。上村觀光把入日元僧一山一寧（1247—1317）作爲五山文學的先驅；②而蔭木英雄則在一山一寧之前又加入了入日宋僧大休正念和無學祖元。③ 北村澤吉則以圓爾辨圓爲五山文學之開端。④ 但無論如何，五山文學的產生與宋末元初中日僧侶的交流是分不開的。蔭木英雄說："產生我國五山文學的母體，不言而喻，是中國的禪文學，特別是使用公案的臨濟禪文學。"⑤

宋僧大都有很高的文學修養，擅長詩文，除像傳統文人那樣寫作詩文外，還創作了大量的法語、偈頌、頌古、贊、榜、疏、祭文等與禪學有關的作品，而這些有文才的僧人大都屬於禪宗的臨濟宗。入宋日僧要想在交流中充分理解宋僧的思想宗旨，除要學會漢語外，學習寫作漢詩文也是非常重要的。日僧回國時，宋僧往往以詩

---

① 見嚴紹璗等主編《中日文化交流史大系・思想卷》第二編第五章《五山漢文學與五山新儒學》，浙江人民出版社 1996 年版，第 163 頁。
② 見《五山文學小史》第 9 頁，《五山文學全集》第五卷，《五山文學全集》刊行會 1936 年版。
③ 見《五山詩史の研究》第二編第一章第一節。
④ 見《五山文學史稿》第一篇第一章。富山房 1941 年版。
⑤ 見《五山詩史の研究》第一編《總論》第 4 頁。筆者據日文直譯。

第三章 從宋僧詩文集的刊刻流傳情況看宋僧與日本五山禪僧的密切關係及影響

偈相送,其中很多都體現了他們的禪宗思想,而實際上當時的很多日僧也已經學會作漢詩,也經常以詩偈相呈。而那些在本土學習漢文學的日僧,也把對漢詩文的研習和創作,作爲必修的功課。正如前面所提過的,虎關師煉於康永元年(1342)編撰的《禪儀外文集》一書中,就選錄了宋代禪師(主要是南宋的)及文人士大夫十三人所撰寫的疏、榜、祭文、塔銘等,來供日本禪林學習借鑒,並成爲日本禪林學習的典範。其後這些宋僧的詩文集在日本又被多次傳抄、刊刻,有五山版、活字版、手鈔本等多種版本存在,其流傳刊刻大都與日本五山詩僧有關。由此也見出日本五山詩僧對宋僧重視與學習的狀況。正因爲他們廣泛傳抄、刊刻宋僧的詩文,所以有些宋代詩僧的著作在中國佚失後,還能在日本見到。如慧空的《雪峰空和尚外集》、大觀的《物初賸語》、夢真的《籟鳴集》,以及《中興禪林風月》《江湖風月集》等。《江湖風月集》還被列爲"濟家七部書"之一,成爲日本禪僧學習的教科書。另外,日本五山詩僧還編選宋代詩僧的偈頌詩歌,供人們學習。如日本五山詩僧義堂周信就編了《重刊貞和類聚祖苑聯芳集》十卷。而另一五山詩僧天隱龍澤(1422—1500)也采輯唐、宋、元三朝詩人作品"膾炙人口者"三百餘篇,編成《錦繡段》,供禪僧在閒暇時誦習。其中不少是僧人之詩,而以南宋詩僧所作爲多,寶曇、元肇、善珍、道璨、紹曇等南宋詩僧的詩都被選入。由此也可看出南宋詩僧對日本五山詩僧的影響。

當然,日本五山詩僧並非祇學宋代禪林之詩,很多入宋日僧所帶回的書籍,也並非祇有佛典禪籍,他們還帶回了大量的漢籍外典。如圓爾辨圓由宋歸國時,就曾帶回內外典數千卷,從大道一以編的《普門院經論章疏語錄儒書等目錄》中可以看出,除了大量佛典禪籍外,還有屬於經史子集四部的各類漢籍,僅集部書而言,就有《東坡詞》《東坡長短句》《詩律捷徑》《誠齋先生四六》《合璧詩學》

等多種。① 所以五山詩僧學習的範圍是十分廣泛的。他們對宋代詩人蘇軾、黄庭堅、陸游等非常崇拜,並研習他們的詩作。很多五山詩僧都傳抄、注釋蘇東坡、黄山谷的詩。南宋周弼編撰的《三體唐詩》及黄堅編的《古文真寶》也非常流行,被奉爲作詩、作文之指南。

---

① 見王勇、大庭修主編《中日文化交流史大系·典籍卷》第一章第47—54頁所引該《目録》"露"字號。

第四章　日藏宋僧詩文集的學術價值

從本書第一章考述中我們可以看出，南宋詩僧的詩文集很多在國內都已佚失不存或流傳很少，却大量保存並流傳於日本，並有和、漢多種版本存在。這些流傳於日本的宋僧詩文集中包含了宋代政治、經濟、歷史、文化、宗教等各方面的豐富資料，學術價值很高。對其研究和利用，必將促進我們學術研究的深入發展。

一、文獻學價值

（一）版本學價值

從版本學上看，這些宋僧的詩文集很多都有宋刻本留存日本，如遵式《金園集》，惟白《佛國禪師文殊指南圖贊》、居簡《北磵文集》《北磵詩集》和《北磵和尚外集》《續集》、道璨《無文印》、大觀《物初賸語》等，其在行款、字體、版心、刻工等方面，都各不相同，這就爲我們研究宋刻本提供了豐富的版本資料。即使是和刻本，也往往從覆刻或翻刻宋元本而來。覆刻本比較忠實地保留了原本面貌，翻刻本有些也保留了原書的版式、行款等，對研究和刻本和宋元刻本都是很有價值的。而且和刻本漢籍本身就是我們應該認真研究的學術課題。如梵琮《率庵外集》，其兩足本是江戶中期京都兩足院僧高峰東晙根據宋刊本抄寫的，完全仿照了宋本的行款格式、字體等，幾乎保留了宋本的面貌，是我們研究宋代版本的珍貴資料。同時，它也是研究日本古抄本的珍貴資料。而宋僧詩文集在日本還有大量江戶刊本，也爲研究這一時期日本的版本學提供了豐富的資料。

（二）校勘學價值

從校勘上來說，這些留存日本的宋僧詩文集大都有善本，就成爲我們整理古籍的首選底本。此外這些本子基本保持了原貌，文字錯誤較少，可以用來校正他本在流傳過程中產生的錯誤，達到去僞存真的目的。如道璨的著作，如前所述，現存《柳塘外集》祇收錄了道璨的部分作品，且大都是清抄本，所存刻本如妙葉堂刻本，文字也有殘缺、錯亂之處，而《無文印》的宋刻本不僅收錄道璨作品最全，而且由於是原刻，錯誤較少，可以用作底本，與《柳塘外集》互校，或糾正《柳塘外集》的錯誤。又如梵琮《率庵外集》，兩足本抄自宋本，抄寫精善，幾乎保留了宋本的面貌，其校勘價值是不言而喻的，可以作爲底本。兩足本的校語，也爲我們提供了其他版本的異文情況。雖然這些校語多是校對者根據文義對脱字、誤字作出的推斷，有些推斷未必正確，但也起到了引起我們注意的作用，有的校語還是有參考價值的。如："道德如山鎮萬邦，力扶日月曜封强"，①京大本亦作"封强"，兩足本"强"字旁校語云："疆歟。""賓主兩相忘，有語堪共輪"，②京大本亦作"共輪"，兩足本"輪"字旁校語云："論乎。""定盤星上分片兩，塊石權中較重輕"，③京大本上句中第六字亦作"片"，兩足本"片"字旁校語云："斤歟。"都值得參考。京大本雖錯字稍多，但也是有校勘價值的，可與兩足本對校，在兩足本偶然出現抄寫錯誤時，可以據京大本校正。如兩足本《謝淵十道三友訪南樓》詩，京大本"十"作"一"，是，因爲"淵、一、道"三字當是梵琮三位友人名字，在詩中的三、四、五句第一字也出現了：

三友忽垂訪，南樓氣蕭清。道存已目擊，淵默有雷聲。一

---

① 《壽史集賢二首》其二，《率庵外集》頁30a。
② 《弔西湖銛無懷於柳下》，同上書，頁10a。
③ 《置茶》，同上書，頁39b。

貫湖山勝,重逢心眼明。沙鷗機自息,煙際喜逢迎。①

又如兩足本《閏月中秋》詩末兩句"絲毫七間隔,入水混同流",上句第三字"七",京大本作"亡",是,當據改。而兩足本《書眉》詩之"書",亦當爲抄寫形似而誤,京大本作"畫",是,當據改。又兩足本《南湖重臺蓮》詩末兩句"瞥然鼻觀通透處,了知不在一池中"之"了"字,字迹有些模糊,像"子"字,但經與京大本比勘,京大本作"了",可以確定爲"了"字。另外,京大本的有些異文,也具有參考價值:如兩足本《梅塔》詩:

衲僧施妙用,蟠結一枝藤。呆滿三千界,花開十二層。地神親捧出,童子欲爭能。立雪空庭下,傳芳繼祖燈。②

其中第三句第一字"呆",京大本作"果";第五句第三字"親",京大本作"新",可以出校。

(三)輯佚價值

從輯佚來説,這些宋僧的詩文別集與總集中,有不少是已經編成的諸如《全宋詩》《全宋文》等古籍整理著作中所未收錄的,如《無文印》《物初賸語》《籟鳴集》《籟鳴續集》《中興禪林風月》《江湖風月集》《石橋頌軸》《一帆風》等中,保存了大量的南宋詩僧的佚詩、佚文,有待補入《全宋詩》《全宋文》中。

二、宋代文學研究價值

目前,學術界對宋代文僧的研究雖然取得了一定成果,但相較於其他宋代文人,文學史著作及宋代文學研究著作,對宋僧的研究關注還是不夠的。這與宋僧詩文集大量流失海外也有關係。由於

---

① 《壽史集賢二首》其二,《率庵外集》頁 20a。
② 《梅塔》,同上書,頁 40b。

對宋僧基本資料掌握不足,未作深入考察,現有的一些僧詩選本和有關宋代文僧的研究著作出現了一些失誤和漏洞,也影響到對整個宋代僧人狀況的判斷。

如道璨(1214—1271)應是南宋末的一位詩僧,他的詩文全部收在《無文印》二十卷中,此書國內比較少見,未引起注意,一般祇知道其著作的另一傳本《柳塘外集》,但此書祇收其部分作品,所以很多研究著作對其生卒年都語焉不詳,有的還稱其爲南渡時人。

又如元肇(1189—1265),人們對其生平事迹也不太清楚,其《徑山天開圖畫》詩之"天開",現在所有的選本都作"天然",是錯誤的,黃庭堅詩《王厚頌二首》之二云:"夕陽盡處望清閒,想見千巖細菊斑。人得交游是風月,天開圖畫即江山。"① 南宋有不少亭臺樓閣以"天開圖畫"命名。如南宋詩人劉過就有《南康天開圖畫樓》詩,陳淳有《詠陳世良天開圖畫之閣》,劉宰有《題王氏天開圖畫卷後》,吳機有《天開圖畫亭》,魏了翁有《至後再見大雪楊尚書約登天開圖畫閣分韻得平字》。② 而日本元祿八年覆宋刊本《淮海挐音》中正作"天開"。

又如居簡、善珍,陳垣《釋氏疑年録》中已對其生卒作了考訂,而有的書中仍謂居簡生卒不詳,有的選本把善珍之生卒年誤提前了一個甲子。

這些宋僧詩文集其内容本身就是我們研究和瞭解這些僧人的文章及詩歌特點、風格、文學主張、生平事迹等的重要資料,具有很高的文學文獻資料價值。還有很多文章是他們爲當時的一些文人、僧人的詩文集所作的題跋和序,這些文章不僅反映了宋僧本人

---

① 見《全宋詩》册一七卷一〇二四,第 11708 頁。
② 分見同上書,册五一卷二七〇四,第 31836 頁;册五二卷二七四六,第 32342 頁;册五三卷二八〇六,第 33344 頁;册五五卷二九一三,第 34730 頁;册五六卷二九二七,第 34892 頁。

第四章 日藏宋僧詩文集的學術價值　525

的文學觀念和主張,也反映了宋代的文學狀況,特別是文僧的狀況。很多文僧的詩文集已經佚失不存,袛有通過這些序跋才能瞭解他們的師承淵源、思想觀點、風格特徵等。如《無文印》卷八有《橘林詩集序》《雲太虛四六序》《周衡屋詩集序》《潛仲剛詩集序》《瑩玉磵詩集序》《韶雪屋詩集序》《仙東溪詩集序》,卷十有《跋康南翁詩集》《跋復休庵詩集》《跋禮菊泉詩集》《題越山詩卷》《題方秋崖詩卷》《題月池詩卷》《題章一齋泂川詩集》;《物初賸語》卷十三有《樵屋吟稿序》《會堂詩序》《吉上人詩引》《安危峰自成集序》《定勝叟文集序》《康南翁詩集序》《浮清詩序》《愚齋居士梅詩序》《和愚古山居詩序》《鶴皋詩序》,卷十五有《竹間遣困稿》,卷十六有《書郭淡溪方外雲煙集後》《跋張雪窗詩》,卷十七有《書古泉講餘吟稿後》《書鶴鳴集後》;《淮海外集》卷下有《題劉清軒吟卷》等。這些都是我們研究和瞭解南宋文學狀況的重要資料。

如道璨《雲太虛四六序》云:

> 四六,詞人難能之伎,變爲榜疏,尤詞人之所甚難能者。蓋體格貴勁正,意味貴暴白,句法貴蒼老。使工於詞學者爲之,不失於優柔綽約,必流於怪僻鄙俗,未見其能也。亡友雲太虛用力於此,積三十年,勁正而婉娩,暴白而停蓄,蒼老而敷腴。敘事無剩詞,約理無遺意,紆餘不牽合,簡切不窘束。蓋太虛以氣爲根本,學爲枝幹,詞爲花葉,此所以兼詞人之能而無詞人之失歟。太虛之赴巾峰也,以其手編寄余於徑山。既沒之明年,屬四明觀物初擇其工致精粹者,付其孫訥刻梓,以惠後學。雖然,太虛嗜教有味,學道有聞,能詩有聲,今余獨取其四六,以掩其大者,太虛有靈,未必不以是見罪。

雲太虛即太虛德雲(1200—1250),山陰(今浙江紹興)人。曾學賢首宗,後依笑翁妙堪禪師,爲記室,既而遍歷名叢林。出世會稽之瑞峰,徙三衢祥符、四明金峨等寺,存耕趙開府挽主芝峰,不久即退,徜徉於飛來之陰。理宗淳祐十年(1250),赴巾峰之招,四個月即去世。事見《物初賸語》卷二十三《太虛禪師塔銘》。德雲詩文今皆不存,道璨此文不僅對我們瞭解德雲的文學成就有所幫助,而且也指出了優秀的榜疏文章應具備的特點。又《跋康南翁詩集》云:

> 南翁早受句法於深居馮君,來江湖,從北磵游,而又與吳菊潭、周伯弼、杜北山、肇淮海輩友。故其學益老,深沉古淡,不暴不耀,如大家富室,門户深嚴,過者不敢迫視。年逾三十,挾貧而死,惜哉!……

《康南翁詩集》今不存,此文使我們瞭解到康南翁的生平、學術淵源及詩歌特點。大觀《樵屋吟稿序》云:

> 詩至唐而工,至晚唐工而苦。捐古專律,刻約煉磨,雖波瀾光焰,非其力所及,而單詞偶句,使人味戀吟歎不自已。近世爭效之,然亦豈易到哉?至若山林之士,水鏡其中,冰檗其外,靜地景物,一觸靈機,天籟自鳴,又非專事乎刻約煉磨也。如靈徹、皎然、靈一,皆其選。越緇樵屋,於本學外,倚聲唐吟,清嗜既深,思致自足,不爲鑱琢孤峭,而明整妥貼,句中有意。當世如尹梅津、趙山臺、韓初堂諸名公咸稱之。間與予論詩,樵屋曰:"三百篇後,戰國縱橫,風雅衰歇。至漢後起,歷魏晉而下,迄於唐,大抵隨人才高下小大而鳴,體不知幾變,然而風賦比興存焉。此無他,出於人心者弗容泯也。"余固韙其論,即所論而充之,幽鍵豁開,天趣自得,萬象詩材聽吾指使,則追唐人而軼靈徹,其孰禦哉?樵屋名某,性具宗徒,嘗主雲門雍熙,少陵所謂"青鞋布襪從此始"者。今居魏公諸孫韓初堂之某精舍云。

《樵屋吟稿》今亦不存,通過此文我們可以瞭解到大觀和樵屋二人的文學主張和詩歌觀點。

三、佛教禪宗研究價值

宋代的很多文僧,首先是宋代禪宗史上著名的禪師,作爲有文才的禪師,其詩文集中有大量與佛教有關的文字,如大量的記、表、榜、疏等,反映了佛教寺院的興廢沿革、住持的變更等狀況。寶曇有《天童起門樓疏》《天童修三門榜》《臨安府孔雀園起寺榜》《智門請宣和尚山門疏》《月波請輪老諸山疏》《仗錫山佛記》《仗錫山無盡燈記》等。① 善珍也有《廣嚴院興修記》《淨慈請介石諸山疏》《天童請石帆諸山疏》《淨慈請東叟諸山疏》《造東塔講經榜》《開元寺七佛院建大殿疏》等。② 居簡有《承天水陸堂記》《九功寺記》《大雄寺記》《福昌院記》《崇聖院記》《寂照院記》《欽山禪院記》等。③

這些詩文集中還有大量的銘、序、行狀、塔銘、祭文及與僧人來往的書劄等,都反映了同時代僧人的行蹤事迹,不但保存了豐富的宋代佛教寺院及僧人的傳記資料,也是研究宋代佛教史、禪宗史、禪林狀況的重要資料。如大觀有《塵外律師塔銘》《此山禪師塔銘》《太虛禪師塔銘》《無念禪師塔銘》《頑空禪師塔銘》《芝巖禪師塔銘》《柏庭僧録塔銘》《華嚴佛日講師塔銘》《北磵禪師行狀》《石田禪師行狀》《大川禪師行狀》《笑翁禪師行狀》《西巖禪師行狀》《淮海禪師行狀》等。④ 其中塵外、此山、太虛、無念、頑空、芝巖、佛日、淮海元肇諸僧,陳垣《釋氏疑年録》無録;北磵居簡、笑翁妙堪及柏庭善月,《釋氏疑年録》雖已見録,但大觀的這些文章可補《釋氏疑年録》所無,同時也能幫助我們瞭解這些僧人的生平、師承、宗教思

---

① 分見《橘洲文集》卷九、卷十。
② 見《藏叟摘稿》卷下。
③ 分見《北磵文集》卷二、卷三、卷四。
④ 以上分見《物初賸語》卷二十三、卷二十四。

想、文學特點等情况。又如道璨爲笑翁妙堪、無準師範、癡絕道沖三位禪宗尊宿寫了行狀、祭文,不僅詳細介紹了他們的生平事迹,還講到了禪宗楊岐派的傳承、發展情况。他在《徑山癡絕禪師行狀》中説:

> 楊岐之道至圓悟、大慧而中興,圓悟之道至應庵、密庵而大行。十數年來,大弘密庵之道於天壤間若鼓雷霆而揭日月,師與無準二老而已。二老出處同、師友同,然倡道垂教,又有不同焉者。或以辯博,或以徑約,天下之士皆信之不疑。謂魚我所欲也,熊掌亦我所欲也。①

在《與中峰郭知府書》中,他又指出了當時任命寺院住持時産生的弊端:

> 今之爲住山人者,取舍多出於郡侯私心之好惡,其人品,其參學,其履踐,其出處,悉置而不問,所以列刹相望,多看不上眼。②

宋僧詩文集中還有很多關於禪師語録、僧傳或其他佛教典籍的序跋文章,其中一些還談到了這些禪師語録或其他典籍的編製、刊行情况。如《橘洲文集》卷六有《跋大慧禪師廣録後》,卷七有《跋南堂語録》。《無文印》卷九有《石門進禪師語録序》《能侍者編無準語録序》《宗門會要序》《西湖高僧傳序》《大光明藏後序》等,卷十九與彌頑極的書信中,講到了刊行《癡絕禪師語録》的事情,在與大川和尚、知無聞的書信中,又講到了校讎《笑翁妙堪語録》的事。《物初賸語》卷十三也有《送濬維那刊大慧語録序》《無準語録序》《無文印序》《重修人天眼目集後序》《重刊古尊宿語録序》等。《北磵文

---

① 見《無文印》卷四。
② 同上書,卷十七。

集》卷五有《重刻永明壽禪師物外集序》《仁王護國般若疏後序》《注心經序》《集注圓覺經序》等。《淮海外集》卷下有《跋徐令人刊金剛經》《跋瑞山居士注解金剛經》《跋西巖語錄》《跋陳提刑書四十二章經》等。所序跋的一些書籍今已不存，這些文章就對我們瞭解這些書籍的刊刻流傳及內容有重要的參考價值。

另外，宋僧詩文集中還有一些反映僧史制度、寺院經濟等方面的資料。如《物初賸語》卷二十五《上制史馬觀文》中詳細敘述了南宋寺院住持的公舉制度，並描述了公舉制度廢除後所產生的弊端，請求制史重新恢復公舉之法；卷十《大慈增捺塗田記》中講到寺院圍海造田以及增免賦稅的情況；在《育王植善庫記》、《天童淨發庫記》中又講到寺院把徒衆所施錢財充植善庫、淨發庫，以行借貸，供寺院活動及僧人日常生活所需的情況。這些都爲我們瞭解南宋僧人制度、寺院經濟、叢林狀況等提供了重要綫索。

四、歷史研究價值

從這些宋僧詩文集中我們可以看出，宋僧的交游非常廣泛，不僅有大量的禪師僧徒，也有大量的高官名流、文人墨客。通過這些僧人的詩文，可以瞭解他們的活動蹤迹，這對我們瞭解宋代歷史及社會狀況是非常有意義的。特別是他們所交往的人物很多是宋代的理學家、文學家或是與佛教有關係的人物，這就爲我們瞭解宋代佛教對社會生活的影響，社會政治、經濟、文化等與佛教的關係提供了綫索。宋朝歷代皇帝基本都提倡、扶持佛教，如南宋孝宗多次與別峰寶印、佛照德光禪師討論佛法，並作《原道辯》，曰："以佛修心，以老治身，以儒治世。"[1]故上自宰相下至一般官僚文人很多都信奉佛教，與僧人交往。如史彌遠建大慈爲家刹，請笑翁妙堪禪師

---

[1]　見《歷朝釋氏資鑑》卷十一。

爲開山,①賈似道也曾請國清寺爲香火寺,命斷橋妙倫禪師主之。②其他如張鎡、錢象祖、鄭清之、吳潛、程公許、劉震孫、林希逸、馮去非、趙汝回、周伯弼等人,也都與僧人關係密切。這在南宋詩僧的詩文集中都有反映。如前所述,僧人住持寺院,往往需要朝廷高官或地方官吏的推薦任命,這就是僧人與高官文人結交的原因之一,但主要還是因爲那些官僚文人信奉佛教,與僧人情趣相投。通過這些詩文,我們還可以找到其他歷史資料中所未見的資料,從而更清楚地瞭解他們的生平事迹。

如南宋著名書法家張即之(號樗翁),《宋史》卷四百四十五《文苑傳》有傳,但未提及其生卒年,今人所編之《中國美術家人名辭典》③及《美術大辭典》④皆標張即之生卒年爲1186—1263。而道璨與張即之可以説是忘年之交,視之爲父兄,《無文印》中很多文章都提到他。通過這些文章,我們不但能夠推知張即之生卒年爲1187—1267,還可以瞭解到他晚年閒居生活,與僧人的交游及書法活動的情況。道璨曾從理學家湯巾游,與其弟湯中等理學家也多所交往。

又如馮去非、趙汝回、周弼與南宋詩僧關係非常密切,在南宋文壇也有一定的影響,但其生卒年却無明確記載。我們通過南宋詩僧詩文集中的資料,大致可以知道其生卒。如根據文珦《潛山集》卷三詩題稱"馮深居長余二十三歲,趙東閣長余二十二歲,周汝陽長余一十七歲",而元肇《淮海挐音》卷上《寄趙東閣》詩云"與君生己酉",趙汝回在爲《淮海挐音》所作的序中也稱"予之同庚友曰淮海師",則可推知東閣趙汝回應生於孝宗淳熙十六年(1189),而

---

① 見《物初賸語》卷二十四。
② 見《歷朝釋氏資鑑》卷十一。
③ 俞劍華編《中國美術家人名辭典》,上海人民美術出版社1981年版。
④ 藝術家工具書編委會主編《美術大辭典》,臺北藝術家出版社1981年版。

深居馮去非應生於淳熙十五年(1188),周弼應生於光宗紹熙五年(1194)。又根據夢真《籟鳴集》卷下末頁馮去非作於理宗寶祐三年(1255)的題記可知,當時趙汝回、周弼等都已去世。而《淮海挐音》有淳祐八年(1248)趙汝回序,淳祐十二年(1252)周弼序,則趙汝回當卒於1248—1255年之間;周弼當卒於1252—1255年之間。又據前文珦詩題,度宗咸淳乙丑(元年,1265),馮去非也已去世,則馮去非應卒於1255—1265年之間。

另外,宋末僧人處於蒙古軍逐漸蠶食南宋帝國,趙宋王朝日趨衰落崩潰的大的歷史環境中,有些僧人還親眼見證了元軍對南方地區的燒殺掠奪及侵佔,也親眼見證了南宋軍民抗擊元軍侵略的悲壯場景,他們的詩文集對比也有所反映。《無文印》卷十六《深居馮常簿》云:

> 逆轄鴟張,天地四方爲之易位。糜爛生民而魚肉之,大江以西,地方千里無能免者。鼠竄鳥息,江之南北在在皆是。

在《崇壽寺記》卷三還詳細敘述了理宗開慶元年(1259)冬,蒙古軍入侵江西興國、南康、建昌等地,建昌崇壽寺化爲灰燼的慘狀。夢真《籟鳴集》中也有一些詩歌記錄了元軍佔領南宋的過程中,一些忠義將領起而捍衛國家,與元軍激戰而死的事迹,也描寫了由於戰爭,人民流離失所,白骨遍野的淒慘狀況。如卷下有詩題云:

> 大夫趙卯發,字漢卿,蜀之昌郡人。通守池陽,虜寇九江,城陷,正月某日,復寇池陽,大夫自知不兑,驅羸兵數伯,自擐甲出城,縱橫虜陣。再戰不利而死。夢真與大夫交二十年,知大夫出處,□□常存乎中,欲致君爲堯舜之君,欲□民爲堯舜之民者,豈一日忘耶?嗚呼!今已矣。聖朝襃身後爵甚侈。大夫之死日,夢真留四明,不能跣足千里,洗骨於折戟戰血間,深有愧於死生。作詩哭之,併紀其功德云。德亥清明節。

這些詩文不僅表達了僧人們在國難當頭的真情實感,也是非常珍貴的歷史資料,值得我們認真研究。

五、書畫藝術研究價值

自從佛教傳入中國,就和書畫藝術結下了不解之緣。很多書畫作品都是以佛教為題材的,而擅長書畫的僧人,歷代也是層出不窮。在宋代,書畫藝術無論是從理論上還是實踐上都取得了進一步的發展,有很多關於書畫藝術的資料,這在宋僧的詩文集中也有反映。很多宋僧擅長書畫,並精於鑒賞,有自己的書畫主張和觀點。

如《物初賸語》卷十五《北磵老人字》云:

> 老人初不以字畫名世,而片紙點墨,人爭寶之,往往效而莫能至。寶慶二夏,游虎巖,亨佝翁方領報恩,袖疏求諸山一則語,坐客譁嘩,捉筆俄頃而就,若不經意,醉采爛然,今二十年矣。病垂垂,腕力不復存,惜哉!佝登諸石,刊工俗手,韻度俱失,然怪古瘦勁,皆可仿佛。

可見居簡是一個擅長字畫的詩僧。他還喜歡收藏前輩的書法作品,並寫了很多鑒賞評論字畫的文章,表達自己的書畫觀點。如《北磵文集》卷七《跋穎德秀書文賦後》云:

> 余不解書,喜蓄前輩逸迹,每得一帖,則必曰奇技也。

卷六《寫神》云:

> 使人偉衣冠,肅瞻視,巍坐屏息,仰而視,俯而起草,毫髮不差,若鏡中寫影,未必不木偶也。著眼於顛沛造次、應對進退、顰頞適樂、舒急倨敬之頃,熟想而默識,一得佳思,亟運筆墨,兔起鶻落,則氣王而神完矣。少陵云:"褒公鄂公毛髮動,

英姿颯爽來酣戰。"所以美曹將軍也。張橫浦則曰:"孔門弟子能奇怪,畫出當年活聖人。"所以詠子"溫而厲,威而不猛,恭而安"。人鮮克知此妙,故重爲商評之。①

卷七《跋歐陽率更九成宮醴泉銘》云:

> 貞觀初,歐、虞、褚、薛以王佐才弄翰,追配二王。謹嚴瘦勁,歐陽絶出,流落天壤間者何限,獨《化度寺記》、《醴泉銘》最爲珍玩。習之者往往失其韻致,但貴端莊如木偶,死於活處,鮮不爲吏牘之歸。贗刻誤人,人亦罕識真。忽見此本,殆未易得,反復數日,書以歸之。

這兩篇文章都表達了居簡認爲書畫作品要突出鮮活之氣,要神似,而不能機械模仿的主張。

其弟子物初大觀也有很多鑒賞書畫作品的文章。如《物初賸語》卷十五有《東坡贈妙善師詩前楷後草》:

> 點畫精妍,其體莊重,則垂紳正笏之時。變而爲草,龍蛇起蟄,則危言危行之時。書,心畫也,因以見其人焉。騎箕而上,垂二百年,觀此生氣凜凜。

又《巽中正平愚丘真迹》云:

> 三老皆社中春風手,舊誦其句,未目其心畫也。瘦巖忽出此,破余目之荒。若真隱之清勁,東溪之幽遠,愚丘之莊重,各一家風韻,不期於奇而奇者也。……

卷十七《跋杜祁公小楷法華經》云:

> 心畫中見其人,古今弗能隔也。蕭觀周君學論出示祁公蠅頭楷書《妙蓮花經》,點畫之間,繁不失之贅,簡不失之虧,瘦勁精

---

① 清《御定佩文齋書畫譜》引此文爲宋陳愷,出《江湖長翁集》,但經查集中無此文。

妍,終始如一。則公之忠謹大節,勳業照映,已見於斯矣。……

認爲書爲心畫,書如其人,並指出巽中、正平、愚丘三詩僧以及杜衍的書法特點。卷十六《題雜畫軸》云:

> 筆端有生意,方能寫生,反是,死法也。……

這與居簡的主張是一脈相承的。又卷十七《跋定武斷刻並率更書》云:

> 唐諸家書孰不祖右軍?然皆有所變。率更變而爲遒勁,亦各其韻爾。或病《蘭亭》之畸,予則曰:畸而愈奇。

提倡書法家要有自己的特點,風格要有所變化,等等。另外,大觀還寫有大量的題畫詩,如卷七有《峴山圖》《題橫幅》《墨荔枝二首》《叢山小軸》《梁楷郭索》《少陵跨驢》《題鳩小幅》《孟浩然鞭驢》《水仙小幅》《和靖索句圖》《題墨戲甜瓜》《題枯木二軸》等詩。

道璨也是一個愛好書法的詩僧,其《無文印》中多篇文章反映了他和其他僧人及文人的翰墨往來,他和著名書法家張即之的交往就是一個例證。如卷十《跋樗翁帖》講道:

> 某從判府寺丞秘閣樗寮張公游二十年,幅紙往來,好事者皆爭持去,篋中所藏蓋西還後十數帖也。……

還有一些文章談論書法,反映了道璨的書法觀點,如卷八《贈開圖書翁生序》,卷十《跋皎如晦墨迹》《跋參寥蘿月墨迹》《跋米元章帖》等。他評論張即之的字"沉着而不重滯,痛快而不輕浮,藹然詩書之氣流動其間"。① 他在《跋參寥蘿月墨迹》中又說:

> 余嘗觀乾道、隆興諸老語言文字,皆渾厚儼雅,如抱道君子端冕而有德威者,嘉泰、開禧以後,翰墨一變,豔麗如時花

---

① 《無文印》卷十《跋樗寮書九歌》。

美女,非無動人春色也,所謂蘊藉風流則逝矣。世道升降,人品高下於此可想。……

以上這些資料不但反映了南宋一些擅長書畫的詩僧對歷代書畫的鑒賞評論,也保存了大量的書畫資料,反映了南宋書畫界的狀況,是研究書畫史的重要資料。

六、中日文化交流等方面的研究價值

正如本書緒論"宋末元初中日佛教文化交流狀況"中所述,宋僧詩文集中記載保存了很多中日佛教文化交流的資料。而宋僧詩文集傳入日本及在日本的刊刻流傳,也都與中日文化交流有着密切的關係。如延壽《山居詩》據説就是日本室町後期臨濟宗夢窗派禪僧策彦周良從明朝帶回日本的,而對延壽《山居詩》在日本的刊刻流傳中發揮重要作用的日本黃檗宗僧人月潭道澄,又與應邀赴日傳法的明末臨濟宗高僧隱元隆琦禪師關係密切,曾隨侍隱元二十年,助其弘法。同時,大量宋僧詩文集的五山版、日本活字本、江户刊本及抄本,也是日本印刷文化史和書誌學史的重要組成部分,對日本印刷文化史及日本書誌學史的研究也具有重要的學術價值,補充了新的研究資料和成果。對日本五山文學與宋代文學的關係研究、中日文化互動交流、中華古籍海外影響與傳播接受等研究也是十分有意義的。本書前面的論述充分揭示了宋僧詩文集在中日文化交流等方面的學術研究價值,兹不贅述。

結　語

　　宋僧詩文集在日本的刊刻流傳研究，涉及中日兩國文獻學、文學、佛教、歷史、印刷文化史、文化交流等多方面的内容，實屬多學科交叉綜合研究。本書緊緊圍繞"宋僧詩文集在日本的刊刻流傳研究"的主題展開論述，選取三十九種宋僧詩文别集與總集逐一加以研究。首先搞清其源頭，對每種宋僧詩文集著者生平事迹進行必要的介紹和辨析考述，以明其人；繼而對每種詩文别集、總集的歷代目録記載情况，在國内的編集及刊刻流傳情况，加以詳細考述，以明其版本系統及流傳源流，爲進一步考察宋僧詩文集在日本的刊刻流傳情况打下堅實的基礎；進而對每種宋僧詩文集傳入日本的時間盡力考索，以揭示其中日文化交流等相關學術文化背景。

　　從宋僧詩文集在日本的刊刻情况看，主要有五山版、日本活字版、江户刊本。五山版主要由日本鐮倉、京都五山與中國宋、元禪宗有密切關係的禪僧根據宋、元刊本刊刻，有很多是覆刻本，保留了宋、元刊本的版本信息和基本面貌，非常珍貴。如雪竇重顯《祖英集》、居簡《北磵文集》《北磵詩集》《北磵和尚外集》等五山版即是覆宋刊本。五山時期的刊本，一般是非營利性質的，主要以禪僧學習爲目的，大都由僧人自己集資化緣刊刻發行。爲了學習理解的需要，五山版宋僧詩文集旁也有以朱筆、墨筆標注的訓點符號，有些還在書籍天頭及字旁行間加以注釋文字，有些被多次覆刻，説明了當時的流行和需要，如慧空《雪峰空和尚外集》。日本活字版主要是江户中期常信木活字版，如居簡《北磵詩集》、元肇《淮海外集》、大觀《物初賸語》等，雖然這些木活字本對宋僧詩文集在日本的流傳保存具有一定的作用，但也存在誤字較多、脱字、脱句等現象，使用時應小心注意。宋僧詩文集的江户刊本主要由京都書肆出版，當時比較活躍的書肆都刊刻了宋僧詩文集。如敦賀屋久兵衛、織田重兵衛、古川三郎兵衛、河南四郎右衛門、洛陽（京都）柳枝軒小川多左衛門、京都田原仁左衛門、京都荒川三郎兵衛等。他們對宋僧詩文集的刊刻主要在寬永、慶安、寬文、貞享、元禄等年代，也有一直延續到江户時代後期的，如柳枝軒小川多左衛門在慶安三年（1650）刊雪竇重顯《祖英集》，天保三年（1832）還刊行了雪竇重顯的《頌古集》。這些刊本大都是附訓刻本。一些宋僧詩文集還被多次重印、覆刊、重刊，有些有刊記，有些則無刊記。還有些宋僧詩文集在日本不但被傳抄、刊刻，還被注釋，這些附訓本及注釋本的出現，是適應民間、檀林、學林的需要。當時很多書肆，都與各佛教宗派有着密切聯繫，刊印了大量佛教相關典籍，有的書肆甚至專爲某個佛教宗派刊印佛書，成爲其專屬出版商。一些江户刊本根據宋本覆刻，保留了宋本的樣貌和信息，而這些宋本中國國内已佚失不存，彌足珍貴，如元肇《淮海挐音》等。有些是根據五山版及傳入日本的明清刊本刊刻，也都有很高的學術研究價值。

對宋僧詩文集流傳收藏的考察，也是本書的重要内容，在分析考述每種版本的同時，不僅注意對其現藏處所的介紹，還通過對藏書印鑒的分析介紹，盡力闡述其遞藏源流，以使讀者瞭解其流傳原委及流布情况。從日本現存版本來看，除了日本刊本，日本各圖書館也收藏保存了大量宋僧詩文集的宋、元、明、清刊本，還有一些日本抄本及中國清抄本、近代中國影印本等，保存收藏了豐富的版本資料。從目前存藏處所看，由於宋僧詩文集著者的僧人身份，日本各寺院是宋僧詩文集的主要藏所，其他各公私圖書館的藏本，有些也是經過寺院遞藏的，有寺院的收藏印鑒。日本宫内廳書陵部也有收藏，如遵式《金園集》宋本。日本公立圖書館如國立國會圖書館、國立公文書館等處,也是重要的收藏處所。日本的很多大學如東京大學、京都大學、駒澤大學、龍谷大學、大谷大學等,也都是重要的收藏處所。而駒澤大學、龍谷大學、大谷大學本身就是日本佛教宗派所設立的大學。還有一些私人財團的文庫,如東洋文庫、尊經閣文庫、靜嘉堂文庫等,也是宋僧詩文集的重要收藏處。另外,日本還有一些私人手中也有收藏。從這些收藏處所的藏書來源看,有來自寺院、幕府(如水戶彰考館本《無象照公夢游天台偈》)及幕府管轄的學校(如國立公文書館內閣文庫藏書,很多是昌平坂學問所舊藏)、藩府(如宮內廳書陵部藏宋本《金園集》乃佐伯藩第八代藩主毛利高標舊藏)、私人收藏(像日本靜嘉堂文庫所藏主要是購買清末陸心源皕宋樓藏書)等。可以看出宋僧詩文集目前在日本的流布是廣泛而豐富的。

　　本書以實證的研究方法,通過文本細讀,對所搜集到的每種宋僧詩文集在日本的刊刻流傳版本進行深入研究,通過不同版本的文字比勘,揭示其版本特點和價值,辨別其版本優劣,考述其版本源流,爲後人的進一步研究和校勘整理工作提供便利。而對宋僧詩文集日本注本的研究,如《雪峰空和尚外集》《中興禪林風月》等,不僅歸納了其注釋的特點和優劣,也反映出日本僧人特別是五山文學僧對中國典籍的熟悉和掌握程度,以及他們對中國典籍的理解接受和觀點看法,他們的漢學修養、表達能力和水平。本書在研究宋僧詩文集在日本的刊刻流傳的同時,還注意考察揭示入宋、入元日僧與宋元禪僧的佛教傳承法系,剖析書籍刊刻流傳背後的中日佛教關係及文化交流狀況。第三章專門從宋僧詩文集的刊刻流傳情況分析闡述宋僧與日本五山禪僧的密切關係及影響,第四章從文獻學、宋代文學研究、佛教禪宗研究、歷史研究、書畫藝術研究、中日文化交流研究等六個方面闡述日藏宋僧詩文集的學術價值。

宋僧詩文集在日本的刊刻流傳研究，也涉及流傳日本的漢籍回流中國的問題，如惟白《佛國禪師文殊指南圖贊》、慧空《雪峰空和尚外集》等書，雖然它不是本書研究的主題，但也爲我們留下了進一步研究探討的學術空間。另外，從本書主題延伸出的其他學術課題，也值得進一步研究探討。

附　録　本書所使用宋僧詩文集版本簡目
（按書中敘述先後順序排列）

一、延壽《慧日永明智覺壽禪師山居詩》

（1）清光緒十一年（1885）江北刻經處刻本，一卷，中國國家圖書館藏。

（2）懺庵居士編《高僧詩選》之永明延壽《山居詩》六十九首，1934年商務印書館鉛印本。

（3）日本元禄十三年刊本《慧日永明壽禪師山居詩》，一冊，與元無見先覩禪師、日僧月潭道澄和韻合刻，日本國立國會圖書館藏，有刊記。日本駒澤大學圖書館、佐賀縣祐德稻荷神社中川文庫亦藏有此合刊本。

（4）日本元禄十三年（1700）刊本《慧日永明壽禪師山居詩》，一冊，與元無見先覩禪師、日僧月潭道澄和韻合刻，日本國立國會圖書館藏，無刊記。

（5）《永明壽禪師山居詩並和韻集》寫本一冊，日本福井市圖書館（松平文庫）藏，又稱《五高僧倡和詩》，包括慧日永明壽禪師山居詩、華頂無見覩禪師和韻、峩山月潭澄禪師和韻、天目布衲雍禪師和韻、中山鏡中圓禪師和韻五種，各錄詩六十九首。

（6）《永明壽禪師物外山居詩》一冊，朝鮮刊本，與元布衲祖雍禪師和韻合刻，駒澤大學圖書館藏。

（7）《慧日永明智覺壽禪師山居詩》一冊，與元釋清珙《山居詩》、清釋悟開《幻居詩》合編本，日本東京大學綜合圖書館藏。

二、遵式《金園集》《天竺別集》

1.《金園集》

(1)民國九年(1920)北京刻經處刻本,三卷,中國國家圖書館藏。

(2)南宋紹興十一年(1141)刊本,三卷,日本宮內廳書陵部藏。

(3)江戶刊本:

A. 河南四郎右衛門刊本,三卷,有刊記,日本龍谷大學圖書館藏。

B. 日本國會圖書館所藏,三卷,無刊記。

C. 日本東京都立中央圖書館特別買上文庫藏本,三卷,無刊記,覆刊本。

D. 日本龍谷大學藏寫字臺文庫本,三卷,無刊記,覆刊本。

E. 日本清光山西巖寺藏,三卷,無刊記,覆刊本。

(4)《續藏經》本,三卷,臺北新文豐出版公司影印本。

(5)寫本,三卷,日本愛知縣北野山真福寺寶生院大須文庫藏。

2.《天竺別集》

(1)民國十年北京刻經處刻本,三卷,中國國家圖書館藏。

(2)江戶刊本:

A. 日本清光山西巖寺藏本,江戶中期刊本,三卷三冊,無刊記。

B. 日本龍谷大學藏本,三卷一冊。無刊記。

C. 金程宇主編《和刻本中國古逸書叢刊》影印本三卷,無刊記。

D. 上海圖書館藏,三卷,乃王培孫(1871—1953)舊藏,無刊記。

E. 中國國家圖書館藏,三卷,無刊記。

(3)《續藏經》本,三卷,臺北新文豐出版公司影印本。

三、智圓《閑居編》

(1)日本元禄七年(1694)刊本:

A. 日本龍谷大學圖書館藏本（索書號：265.9/112－W/1－11），五十一卷十一冊，有刊記。

　　B. 日本龍谷大學圖書館藏本（索書號：265.9/5－W/1－11），五十一卷十一冊，有刊記。

　　C. 京都大學圖書館藏貴重書，五十一卷十一冊，有刊記。

　（2）元禄七年刊本的覆刊本：

　　A. 日本龍谷大學圖書館藏原寫字臺文庫藏本，五十一卷八冊，無刊記。

　　B. 金程宇主編《和刻本中國古逸書叢刊》影印本，五十一卷三冊，無刊記。

　　C. 日本國會圖書館藏本，五十一卷五冊，無刊記。

　　D. 京都大學圖書館藏本，五十一卷六冊，無刊記。

　（3）江户寫本，日本國會圖書館藏，四卷三冊，選編本。

　（4）《續藏經》本，五十一卷，上海商務印書館影印本。

四、重顯《祖英集》《頌古集》《明覺禪師語録》

1.《祖英集》

（1）宋刊，二卷，《四部叢刊續編》影印《雪竇四集》本。

（2）宋刊本，二卷一冊，臺北"國家圖書館"藏。

（3）五山版，日本公文書館内閣文庫藏正應二年（1289）覆宋刊本，二卷一冊。

（4）江户刊本：

　　A. 日本慶安三年（1650）刊，日本國會圖書館藏洛陽（京都）柳枝軒版，二卷一冊。

　　B. 日本慶安三年刊，京都秋田屋平左衛門重印本，日本國文學研究資料館藏。二卷二冊。

　　C. 日本慶安三年刊，京都秋田屋左衛門重印本，日本國文學研究資料館藏,二卷一冊。

（5）抄本,二卷,日本靜嘉堂文庫藏十萬卷樓舊藏。

（6）冠注本,日本天保六年(1835)江都天祥庵惠顯大智院刻本,二卷二冊,東京大學圖書館西山文庫藏本。又,上海圖書館亦有藏。

2.《頌古集》

（1）宋刊,一卷,《四部叢刊續編》影印《雪竇四集》本。

（2）元至正二年(1342)大明禪寺刊本。日本慶應義塾大學附屬斯道文庫藏臺北"中央圖書館"縮微膠片。

（3）江户刊本：

A.日本享保十二年(1727)京都八尾平兵衛重刊本,一卷一冊,東京大學青洲文庫藏。

B.天保三年(1832)京都柳枝軒小川多左衛門刊本,二卷二冊,東京大學圖書館藏。

3.《明覺禪師語錄》

（1）五山版,東洋文庫藏日本正應二年刊本。

（2）日本《大正新修大藏經》本。

五、道潛《參寥子詩集》

（1）宋刊本,十二卷四冊,中國國家圖書館藏,法穎所編本。

（2）宋刊本,十二卷二冊,臺北"國家圖書館"藏,宗譧重集本,有鈔補。

（3）重慶市圖書館藏殘本,存卷一至八。屬宗譧重集本系統。

（4）清初笪重光(1623—1692)鈔本,十二卷三冊,臺北"國家圖書館"藏。屬宗譧重集本系統。

（5）清抄本,十二卷,中國國家圖書館藏,乃清黄丕烈舊藏,屬宗譧重集本系統。

(6)明崇禎九年(1636)汪汝謙校勘本,十二卷,中國國家圖書館藏。

(7)明崇禎九年(1636)汪汝謙刻本(索書號:10309),十二卷四册,臺北"國家圖書館"藏。

(8)明崇禎九年(1636)汪汝謙刻本(索書號:10310),十二卷四册,臺北"國家圖書館"藏。

(9)舊鈔本,十二卷四册,臺北"國家圖書館"藏。

(10)《武林往哲遺著後編》本十二卷,清光緒二十五年(1899)錢塘丁氏刊本,臺北明文書局出版《禪門逸書初編》影印。

(11)影印文淵閣《四庫全書》本,十二卷。

(12)明汪汝謙校刊本,十二卷二册,日本靜嘉堂文庫藏,乃陸心源十萬卷樓舊藏。

六、惠洪《筠溪集》《石門文字禪》

1.《筠溪集》

(1)《石倉十二代詩選·宋詩選》所録《筠溪集》,一卷一册,明末刊本,中國國家圖書館、日本尊經閣文庫、蓬佐文庫、東京都立中央圖書館等藏。

(2)元禄二年(1689)京都小林半兵衛刻本《筠溪集》,一册,日本駒澤大學圖書館藏。

2.《石門文字禪》

(1)明萬曆二十五年(1597)《徑山藏》本,三十卷,中國國家圖書館(瞿氏鐵琴銅劍樓舊藏)、日本東京大學圖書館。

(2)光緒二十五年(1899)丁氏重刊《武林往哲遺著後編》本,三十卷,中國國家圖書館藏。

(3)民國十年(1921)常州天寧寺刊本,三十卷,上海圖書館藏。

(4)影印文淵閣《四庫全書》本,三十卷。

(5)民國十八年(1929)《四部叢刊初編》本,三十卷。

(6)寬文四年(1664)刊本,原十五册,合爲八册,三十卷,日本國會圖書館、駒澤大學圖書館等藏。

(7)寶永七年(1710)注本,三十卷,駒澤大學圖書館藏。

(8)《禪學典籍叢刊》影印寶永七年本,2000 年日本臨川書店。

七、克文《雲庵集》

(1)《石倉十二代詩選・宋詩選》,明末刊本,一卷,中國國家圖書館、日本尊經閣文庫、蓬佐文庫、東京都立中央圖書館等藏。

(2)《宋人小集》收《雲庵集》,清古鹽范氏也趣軒抄本,臺北"中央圖書館"藏。

(3)元禄二年(1689)京都荒川三郎兵衛刊本,日本駒澤大學圖書館藏。

(4)江户時期書林藤屋古川三郎兵衛刊《宋僧詩選》收《雲庵集》,内閣文庫藏,《和刻本漢詩集成》。

八、净端《吴山録》

(1)《石倉十二代詩選・宋詩選》,明末刊本,中國國家圖書館、日本尊經閣文庫、蓬佐文庫、東京都立中央圖書館等藏。

(2)江户時期書林藤屋古川三郎兵衛刊《宋僧詩選》,内閣文庫藏,《和刻本漢詩集成》

九、惟白《佛國禪師文殊指南圖贊》(《文殊指南圖贊》)

(1)宋刊本,臨安開經書鋪賈官人宅刊,帶圖本。東京大東急記念文庫現藏。見川瀨一馬編《石井積翠軒文庫善本書目・圖録篇》所附書影,臨川書店 1981 年 5 月。

(2)保留宋本刊記之覆宋刊本,東京御茶之水圖書館成簣堂文庫、武田科學振興團杏雨書屋、大谷大學圖書館等藏。見《新修成簣堂文庫善本書目》、《大谷大學圖書館所藏貴重書善本圖錄 佛書篇》、《神田鬯盦博士寄贈圖書善本書影》、《新修恭仁山莊善本書影》所載此書書影。

(3)未保留宋本刊記之覆宋刊本，東京御茶之水圖書館成簣堂文庫、武田科學振興團杏雨書屋、大谷大學圖書館藏。見《新修成簣堂文庫善本書目》、《新修恭仁山莊善本書影》、《大谷大學圖書館所藏貴重書善本圖錄 佛書篇》所載此書書影。

(4)罗振玉《吉石盦叢書初集》影印神田家覆宋刊本。中國國家圖書館、北京大學圖書館等圖書館藏。臺北新文豐出版公司《叢書集成續編》第 46 冊、上海書店《叢書集成續編》第 97 冊據之影印。

(5)寫本一冊。據洛西槙尾平等心王院覆刻本系統本子抄寫。日本國會圖書館藏。

(6)明和四年(1767)刊本，日本東京藝術大學附屬圖書館藏。

(7)《續藏經》本、《大正藏》本。

十、釋慧空《雪峰空和尚外集》

1. 五山版

(1)有刊記之貞和三年(1347)刊本。一卷一冊。東京御茶之水圖書館成簣堂文庫藏。

(2)無刊記之貞和三年刊本，一卷一冊。國立國會圖書館(鶚軒文庫舊藏，45 頁以下缺)藏。

(3)有刊記之貞和三年刊本覆刻本，一卷。大東急記念文庫(三井家舊藏，椎名宏雄編《五山版中國禪籍叢刊》影印本)、日本宮內廳書陵部(一冊)、內閣文庫(佐伯毛利家舊藏，二冊)藏。

(4)貞和五年(1349)刊本，一冊，日本宮內廳書陵部藏(金地院舊藏)。

(5)貞和五年刊本覆刻本,內閣文庫藏。

(6)五山版《東山外集》,一卷一冊,日本駒澤大學圖書館藏。

(7)谷村文庫舊藏刊本,京都大學圖書館藏。

(8)五山版,一卷一冊,北京大學圖書館藏李盛鐸舊藏本。

(9)覆刻本,一冊,中國國家圖書館藏李盛鐸舊藏本。

(10)臺灣藏日本舊刊本,臺北"國家圖書館"藏本、《禪門逸書》初編影印本、《宋集珍本叢刊》影印本、《和刻本中國古逸書叢刊》影印本、《日本五山版漢籍善本集刊》影印本。

(11)義堂周信注釋本《東山外集抄》,一冊,日本國會圖書館藏。

(12)江戶刊本《雪峰空和尚外集》,上、下兩卷,二冊,日本國會圖書館藏。

十一、釋寶曇《橘洲文集》

(1)抄本,殘,存卷七至卷十共四卷,臺北"中央圖書館"藏,《禪門逸書》初編,臺北漢聲出版社影印出版。

(2)日本元禄十一年(1698)織田重兵衛刻本,中國科學院圖書館藏羅振玉舊藏本。日本內閣文庫、成簣堂文庫藏。《續修四庫全書》影印本。

十二、顏丙《如如居士語錄》

(1)京都大學圖書館藏日本室町期古抄本,三冊七集三十四卷。

(2)京都大學圖書館谷村文庫藏刻本,二卷。

(3)京都建仁寺兩足院藏明洪武十九年(1386)翠巖精舍刊本,一冊,兩卷。

(4)京都建仁寺兩足院藏日本江戶前期寫本,一冊,殘存五卷。

(5)中國國家圖書館藏明刻本,殘存八卷。

(6)韓國精神文化研究院(現韓國學中央研究院)藏刻本,殘存六卷。

十三、梵琮《率庵外集》

(1)京都建仁寺兩足院藏日本江戶中期寫本,一卷。

(2)京都大学圖書館藏和刻本,一卷。

十四、居簡《北磵文集》《北磵詩集》《北磵居簡禪師語錄》《北磵和尚外集》《北磵和尚續集》

1.《北磵文集》

(1)宋崔尚書宅刻本,存卷一至卷八。中國國家圖書館藏。

(2)明謝氏小草齋抄本。中國國家圖書館藏。

(3)清抄本(陸心源校並錄吳城跋)。中國國家圖書館藏。

(4)清抄本。上海圖書館藏(《四庫全書》本底本)。

(5)抄本(存前五卷)。臺北"國家圖書館"藏。

(6)影印文淵閣《四庫全書》本。

(7)宋刻本,二册,存卷七至卷十共四卷,日本宫内廳書陵部藏。

(8)五山版,應安七年(1370)刻本,日本內閣文庫(十卷五册、十卷四册)、國會圖書館、東洋文庫等藏。

(9)常信元禄十六年(1703)木活字本。

(10)手寫本。日本靜嘉堂文庫、成簣堂文庫等藏。

2.《北磵詩集》

(1)"朝鮮舊刊本"(應即"五山版"),存卷一至卷四共四卷,臺北"國家圖書館"藏。《禪門逸書初編》影印本。

(2)清抄本,九卷二册。中國國家圖書館藏。

(3)宋刻本

A.九卷三册,日本御茶之水圖書館成簣堂文庫藏(今屬石川武美記念圖書館）。

B.一册,存卷五卷六,宮内廳書陵部藏。

(4)五山版,應安七年(1370)刻本,日本内閣文庫(九卷二册),國會圖書館等藏。

(5)常信木活字本,日本靜嘉堂文庫藏。

(6)手寫本,駒澤大學圖書館藏。

3.《北磵和尚外集》及《續集》

(1)宋刻本,一卷一册,日本宮内廳書陵部藏。

(2)五山版,應安三年(1370)刻本,大東急記念文庫、日本内閣文庫藏殘本。

(3)手寫本,駒澤大學圖書館藏殘本。

4.《北磵居簡禪師語錄》

(1)宋刻本

A.日本内閣文庫藏

B.一卷一册,前三十一頁皆爲補抄,日本宮内廳書陵部藏。

(2)五山版,應安三年(1370)刻本,大東急記念文庫藏。

(3)手寫本,駒澤大學圖書館藏殘本。

十五、永頤《雲泉詩集》

(1)宋刻《南宋群賢小集》本,臺灣"中央圖書館"藏。

(2)汲古閣影宋抄《南宋六十家集》本。

(3)清嘉慶年間石門顧氏讀畫齋刊《南宋群賢小集》本。

(4)清仁和趙氏小山堂傳抄《南宋群賢小集》本。

(5)清光緒錢塘丁氏嘉惠堂刊《武林往哲遺著》本。

(6)影印文淵閣《四庫全書》之《江湖小集》本。

(7)享和二年(1802)昌平坂學問所抄本《江湖集》本,日本國立公文書館藏。

（8）和抄《無名叢書》本，日本滋賀大學藏。

（9）清抄《宋詩外集》本，日本國會圖書館藏。

十六、斯植《采芝集》《采芝續稿》

（1）宋刻《南宋群賢小集》本，臺北"中央圖書館"藏。

（2）汲古閣影宋抄《南宋六十家集》本。

（3）清嘉慶年間石門顧氏讀畫齋刊《南宋群賢小集》本。

（4）清仁和趙氏小山堂傳抄《南宋群賢小集》本。

（5）清黃氏醉經樓抄本，《續修四庫全書》所收。

（6）抄本，《宋人小集四十二種》中所收。

（7）舊抄本《宋人小集十五種》中所收。

（8）影印文淵閣《四庫全書》之《江湖小集》本。

（9）享和二年（1802）昌平坂學問所抄本《江湖集》本，日本國立公文書館藏。

（10）和抄《無名叢書》本，日本滋賀大學藏。

（11）清抄《宋詩外集》本，日本國會圖書館藏。

十七、紹嵩《亞愚江浙紀行集句詩》

（1）宋刻《南宋群賢小集》本，臺北"中央圖書館"藏。

（2）汲古閣影宋抄《南宋六十家集》本。

（3）清嘉慶年間石門顧氏讀畫齋刊《南宋群賢小集》本。

（4）影印文淵閣《四庫全書》之《江湖小集》本。

（5）清抄《宋詩外集》本，日本國會圖書館藏。

十八、元肇《淮海挐音》《淮海外集》

1.《淮海挐音》

日本元禄八年（1695）刊本，二卷。日本内閣文庫、東洋文庫、靜嘉堂文庫藏。《成簣堂叢書》影印本。金程宇《和刻本中國古逸書叢刊》影印本。

2.《淮海外集》

(1)日本寶永七年(1710)常信活字印本,二卷。日本國會圖書館藏。

(2)日本古抄本,二卷。臺北漢聲出版社《禪門逸書續編》影印本。

十九、善珍《藏叟摘稿》

(1)五山版,二卷。日本尊經閣文庫、東洋文庫、日本國會圖書館、成簣堂文庫、大東急記念文庫藏。椎名宏雄編《五山版中國禪籍叢刊》影印本、中國社會科學院歷史研究所編《日本五山版漢籍善本集刊》影印本、金程宇編《和刻本中國古逸書叢刊》影印本。

(2)日本寬文十二年(1672)版,日本內閣文庫、國會圖書館藏。

二十、大觀《物初賸語》

(1)宋刊本

A.一部五册,缺七卷(卷七至卷十一、卷二十四至卷二十五)。斯道文庫藏。

B.二十五卷,十册(《賸語》九册)。成簣堂文庫藏。

(2)日本寶永五年(1708)常信木活字本,日本內閣文庫(二十五卷六册)、國會圖書館(二十五卷五册)藏。

(3)抄配本,二十五卷六册。尊經閣文庫藏。

二十一、釋道璨《無文印》《柳塘外集》《無文道璨禪師語錄》

1.《無文印》

(1)宋咸淳九年(1273)刊本,五册,卷十二以後爲抄配。遼寧省圖書館藏。

(2)宋咸淳九年(1273)刊本,二十卷七册。日本國會圖書館藏。

(3)日本貞享二年(1685)刻本。北京大學圖書館藏(二十卷九册)、日本國會圖書館藏(二十卷二册)。

(4)室町寫本,二十卷四册,日本内閣文庫藏。

2.《柳塘外集》

(1)清抄本,二卷,中國國家圖書館藏拜經樓舊藏本。

(2)清抄本,二卷,南京市圖書館藏清黄氏醉經樓抄本。

(2)清抄本,二卷,北京大學圖書館藏。

(3)舊抄本,二卷,臺北"國家圖書館"藏。

(4)抄本,二卷,日本靜嘉堂文庫藏(原爲清陸心源藏書)。

(5)刻本,二卷,民國李之鼎所輯《宋人集》中所收。

(6)清抄本,四卷,影印文淵閣《四庫全書》本。

(7)清抄本,四卷,北京大學圖書館藏。

(8)清康熙妙葉堂刻本,四卷,北京大學圖書館藏。

(9)清抄本,六卷二册,浙江省圖書館藏吳興劉氏嘉業堂舊藏。

3.《無文道璨禪師語錄》

(1)遼寧省圖書館藏宋刻本《無文印》二十卷所附《語録》一册,爲抄配。

(2)日本國會圖書館藏宋刻本《無文印》二十卷所附《語録》一册,爲抄配。

(3)北京大學圖書館藏日本貞享二年(1685)刻本《無文印》二十卷所附《語録》一册。

(4)一卷,《續藏經》本。

二十二、文珦《潛山集》

影印文淵閣《四庫全書》本。

附　錄　本書所使用宋僧詩文集版本簡目　　553

二十三、釋夢真《籟鳴集》《籟鳴續集》

日本古抄本,一册三卷,有殘缺。日本尊經閣文庫藏。

二十四、行海《雪岑和尚續集》

(1)日本南北朝時刊行本,二卷一册。宫内廳書陵部藏。

(2)日本寬文五年(1665)藤田六兵衛刊本,内閣文庫藏。

(3)日本寬文五年(1665)飯田忠兵衛刊本,日本國會圖書館藏。

二十五、孔汝霖編集、蕭澥校正《中興禪林風月》

(1)日本光格天皇文化二年(1805)寫本,無注,三卷一册。日本内閣文庫藏。

(2)寫本,無注,三卷一册。日本京都大學圖書館平松文庫藏。

(3)江户末期寫本,無注,一册不分卷。日本駒澤大學圖書館藏。

(4)室町時期抄本,有注,三卷一册。日本成簣堂文庫藏。

(5)明治三十七年(1904)筒川方外寄贈抄本,有注,三卷一册。日本駒澤大學圖書館藏。

(6)寬永十七年(1640)敦賀屋久兵衛刊本,有注,三卷二册。日本駒澤大學圖書館藏。

(7)文禄五年(即慶長元年,1596)抄本,有注,三卷一册。日本名古屋市蓬佐文庫藏。

(8)室町時代寫本,有注,三卷一册。日本京都龍谷大學藏。

二十六、靜照等《無象照公夢游天台偈》

(1)貞享五年(1688)寫本。水户彰考館文庫藏。

(2)貞享四年(1687)寫本。東京尊經閣文庫藏。

(3)寫本,瀧田英二藏,收入《禪家叢書》卷首第一號。

(4)《五山文學新集》本。

二十七、虛堂智愚等《一帆風》

(1)日本駒澤大學藏本。

(2)增補本,日本尊經閣文庫藏。

(3)《五山文學新集》本。

二十八、日刊《宋僧詩選》

江户時期書林藤屋古川三郎兵衛刊《宋僧詩選》,四卷二册。内閣文庫藏,《和刻本漢詩集成》影印本。

主要參考文獻

一、古籍文獻(按著者年代排列)

(一)經部文獻

漢許慎撰,南唐徐鉉整理,《説文解字》,中華書局1963年版。

南唐徐鍇撰,《説文解字繫傳》,中華書局1987年版。

(二)史部文獻

1. 史書

唐房玄齡等撰,《晉書》,中華書局1974年版。

唐魏徵等撰,《隋書》,清乾隆武英殿刻本。

宋鄭樵撰,王樹民點校《通志二十略》,中華書局1995年版。

宋李燾撰,《續資治通鑑長編》,中華書局2004年版。

元脱脱等撰,《宋史》,中華書局1977年版。

明宋濂等撰,《元史》,中華書局1976年版。

清張廷玉等撰,《明史》,中華書局1974年版。

民國趙爾巽主編,《清史稿》,中華書局1977年版。

清陸心源輯,《宋史翼》,中華書局1991年影印本。

清徐松輯,《宋會要輯稿》,中華書局1957年影印本。

清錢儀吉纂,靳斯標點,《碑傳集》,中華書局1993年版。

吳廷燮撰,張忱石點校,《南宋制撫年表》,中華書局1984年版。

2. 方志

宋羅濬纂,《寶慶四明志》,《宋元方志叢刊》本,中華書局1990年影印。

宋潛説友纂,《咸淳臨安志》,《宋元方志叢刊》本,中華書局1990年影印。

宋祝穆撰,宋祝洙增訂,施和金點校,《方輿勝覽》,中華書局2003年版。

元袁桷撰,《延祐四明志》,影印文淵閣《四庫全書》本。

明宋奎光撰,《徑山志》,《四庫全書存目叢書》本。

明釋宗淨撰,《徑山集》,《四庫全書存目叢書》本。

明郭子章撰,《明州阿育王山志》,萬曆四十七年刊本。

明釋大壑撰,《南屏淨慈寺志》,《四庫全書存目叢書》本。

明佚名纂,《(永樂)樂清縣志》,《天一閣藏明代地方志選刊》本。

明黃仲昭撰,《八閩通志》,明弘治四年刻本。

明李敏纂修,《(弘治)將樂縣志》,明弘治十八年刻本。

明馮性魯纂修,《(正德)順昌邑志》,明正德十六年刻本。

明董天錫撰,《(嘉靖)贛州府志》,明嘉靖刻本。

明鍾汪修,《(嘉靖)通州志》,《天一閣藏明代地方志選刊》本。

明林雲程修,《(萬曆)通州志》,《天一閣藏明代地方志選刊》本。

明張昶撰,《吳中人物志》,明隆慶四年刻本。

明李賢等纂修,《明一統志》,影印文淵閣《四庫全書》本。

明徐燉纂輯,《雪峰志》,白化文、張智主編《中國佛寺志叢刊》,廣陵書社 2006 年版。

清釋際祥等編,《淨慈寺志》,《武林掌故叢編》本。

清孫治撰,《靈隱寺志》,《武林掌故叢編》本。

清趙宏恩等監修,《江南通志》,影印文淵閣《四庫全書》本。

清傅爾泰修,《延平府志》,乾隆三十年刻本。

清陳鍈纂修,《順昌縣志》,乾隆三十年刻本。

清鄭澐修,《(乾隆)杭州府志》乾隆四十九年刻本。

清釋德介纂輯,《天童寺志》,白化文、張智主編《中國佛寺志叢刊》本。

清楊宜崙、夏之蓉修,《(嘉慶)高郵州志》,清道光二十五年范鳳諧等重校刊本。

清左輝春纂修,《(道光)續增高郵州志》,清道光刊本。

清宗源瀚等修,《湖州府志》,清同治十三年愛山書院刻本。

清王彬修,《海鹽縣志》,光緒三年刻本。

清李登雲等修,《樂清縣志》,光緒二十七年刻本。

清沈鑅彪撰,《續修雲林寺志》清光緒刻本。

清張寶琳修,《(光緒)永嘉縣志》,《中國地方志集成》本。

民國金良驥等修,《(民國)昌黎縣志》,民國二十二年鉛印本。

3. 書目

宋晁公武撰,孫猛校證,《郡齋讀書志校證》,上海古籍出版社2006年版。

宋陳振孫撰,徐小蠻、顧美華點校,《直齋書錄解題》,上海古籍出版社2015年版。

元馬端臨撰,《文獻通考·經籍考》,華東師範大學出版社1985年版。

明楊士奇等編,《文淵閣書目》,王雲五主編《叢書集成初編》本。

明孫能傳等撰,《內閣藏書目錄》,馮惠民、李萬健等選編《明代書目題跋叢刊》,書目文獻出版社1994年版。

明錢溥撰,《秘閣書目》,馮惠民、李萬健等選編《明代書目題跋叢刊》,書目文獻出版社1994年版。

明徐𤊹撰,《徐氏紅雨樓書目》,《中國歷代書目題跋叢書》,上海古籍出版社2005年版。

明徐𤊹撰,馬泰來整理,吳格審定,《新輯紅雨樓題記》,《中國歷代書目題跋叢書》,上海古籍出版社2014年版。

明徐𤊹等撰,馬泰來整理,《徐氏家藏書目》,《中國歷代書目題跋叢書》,上海古籍出版社2014年版。

明晁瑮撰,《晁氏寶文堂書目》,《中國歷代書目題跋叢書》,上海古籍出版社2005年版。

明趙用賢撰,《趙定宇書目》,《中國歷代書目題跋叢書》,上海古籍出版社2005年版。

明焦竑撰,《國史經籍志》,清《粵雅堂叢書》本。

明祁承㸁著,鄭誠整理,《澹生堂藏書目》,《中國歷代書目題跋叢書》,上海古籍出版社2015年版。

明趙琦美著,《脉望館書目》,馮惠民、李萬健等選編《明代書目題跋叢刊》,書目文獻出版社1994年版。

清徐乾學撰,《傳是樓書目》,《續修四庫全書》影印本。

清黃虞稷編,《千頃堂書目》,上海古籍出版社1990年版。

清永瑢等撰,《四庫全書總目》,中華書局1983年影印本。

清陸心源編,許静波點校,《皕宋樓藏書志》,浙江古籍出版社 2016 年版。

清瞿鏞撰,《鐵琴銅劍樓藏書目錄》,瞿氏家塾刻本。

清莫友芝撰,傅增湘訂補,傅熹年整理,《藏園訂補邵亭知見傳本書目》,中華書局 2009 年版。

清丁丙撰,《善本書室藏書志》,《宋元明清書目題跋叢刊》,中華書局 2006 年版。

清丁立中撰,《八千卷樓藏書目錄》,民國錢唐丁氏聚珍仿宋本。

莫伯驥著,曾貽芬整理,《五十萬卷樓藏書目錄初編》,中華書局 2016 年版。

叶德輝撰,《書林清話》,北京燕山出版社 1999 年版。

董康撰,朱慧整理,《書舶庸譚》,中華書局 2013 年版。

傅增湘撰,《藏園群書經眼錄》,中華書局 2009 年版。

張元濟撰,《涵芬樓燼餘書錄》,商務印書館印本。

《宋史藝文志·補·附編》,上海商務印書館 1957 年版。

《明史藝文志·補編·附編》,上海商務印書館 1957 年版。

《中國古籍善本書目》,上海古籍出版社 1989—1998 年版。

《"國立中央圖書館"善本書目》,臺灣"中央圖書館"編印。

李玉編,《北京大學圖書館日本版古籍目錄》,北京大學出版社 1995 年版。

王寶平主編,《中國館藏和刻本漢籍書目》,杭州大學出版社 1995 年版。

《中國古籍總目》,中華書局、上海古籍出版社 2009—2013 年版。

(三)子部文獻

1. 佛教經典、史傳、燈錄等

東漢康孟詳譯,《佛説興起行經》,《大正新修大藏經》本。

唐釋宗密撰,《禪源諸詮集都序》,《大正新修大藏經》本。

唐釋道宣撰,《續高僧傳》,《大正新修大藏經》本。

宋釋贊寧撰,《宋高僧傳》,《大正新修大藏經》本。

宋趙安仁、楊億編,《大中祥符法寶錄》,《宋藏遺珍》,北平三時學會 1935 年版。

宋吕夷簡編,《景祐新修法寶錄》,《宋藏遺珍》,北平三時學會 1935 年版。

宋契嵩撰,《鐔津文集》,《大正新修大藏經》本。

宋李遵勖撰,《天聖廣燈錄》,《卍新纂續藏經》本。

宋釋日新撰,《盂蘭盆經疏鈔餘義》,《卍新纂續藏經》本。

宋釋子璿集,《首楞嚴義疏注經》,《大正新修大藏經》本。

宋釋惠洪撰,《禪林僧寶傳》,《卍新纂續藏經》本。

宋釋道原撰,《景德傳燈錄》,《大正新修大藏經》本。

宋釋惟白撰,《建中靖國續燈錄》,《卍新纂續藏經》本。

宋王日休撰,《龍舒增廣淨土文》,《大正新修大藏經》本。

宋王古輯撰,《新修往生傳》,《卍新纂續藏經》本。

宋釋重顯頌古、釋克勤評唱,《碧巖錄》,《大正新修大藏經》本。

宋釋妙喜、士珪集,明淨善重集,《禪林寶訓》,《大正新修大藏經》本。

宋釋宗杲編,《正法眼藏》,《卍新纂續藏經》本。

宋釋善卿編,《祖庭事苑》,《卍新纂續藏經》本。

宋釋寶曇撰,《大光明藏》,《卍新纂續藏經》本。

宋釋正受編,《嘉泰普燈錄》,《卍新纂續藏經》本。

宋釋普濟,《五燈會元》,中華書局 1984 年版。又,《卍新纂續藏經》本。

宋賾藏主編集,《古尊宿語錄》,中華書局 1994 年版。

宋釋曉瑩撰,夏廣興整理,《雲臥紀談》,大象出版社 2019 年版。

宋釋曉瑩撰,《羅湖野錄》,《卍新纂續藏經》本。

宋釋道融撰,《叢林盛事》,上海商務印書館影印《大日本續藏經》本,1923—1925 年版。

宋釋圓悟撰,《枯崖和尚漫錄》,《卍新纂續藏經》本。

宋釋志磐撰,《佛祖統紀》,《大正新修大藏經》本。

宋師明編,《續古尊宿語要》,《卍新纂續藏經》本。

宋釋宗曉編,《四明尊者教行錄》,《大正新修大藏經》本。

宋釋宗曉編,王堅點校,《四明尊者教行錄》,上海古籍出版社 2010 年版。

宋釋宗曉撰,《樂邦文類》,《大正新修大藏經》本。

宋釋宗鑒撰,《釋門正統》,《卍新纂續藏經》本。

宋釋曇秀輯,《人天寶鑒》,《卍新纂續藏經》本。

宋釋智昭撰,《人天眼目》,《大正新修大藏經》本。

元熙仲編集,《歷朝釋氏資鑒》,臺北新文豐出版公司影印《大日本續藏經》本,

1993年版。

元釋念常撰,《佛祖歷代通載》,《大正新修大藏經》本。

元釋覺岸撰,《釋氏稽古略》,《大正新修大藏經》本。

元釋曇噩述,《新修科分六學僧傳》,上海商務印書館影印《大日本續藏經》本,1923—1925年版。

明朱棣敕撰,《神僧傳》,《大正新修大藏經》本。

明釋無慍撰,《山庵雜錄》,《卍新纂續藏經》本。

明釋文琇輯,《增集續傳燈錄》,《卍新纂續藏經》本。

明釋明河撰,《補續高僧傳》,《高僧傳合集》本,上海古籍出版社1991年版。

明釋如惺撰,《大明高僧傳》,《高僧傳合集》本,上海古籍出版社1991年版。

明朱時恩編,《居士分燈錄》,《卍新纂續藏經》本。

明釋大壑輯,《永明道迹》,《卍新纂續藏經》本。

明釋道衍撰,《諸上善人詠》,《卍新纂續藏經》本。

明釋袾宏輯,《往生集》,《大正新修大藏經》本。

明釋袾宏輯,《續武林西湖高僧事略》,《卍新纂續藏經》本。

明朱時恩著,《佛祖綱目》,《卍新纂續藏經》本。

明釋淨柱撰,《五燈會元續略》,《卍新纂續藏經》本。

明釋無盡撰,《天台山方外志》,《四庫全書存目叢書》影印明萬曆幽溪講堂刻本。

明釋居頂編,《續傳燈錄》,《大正新修大藏經》本。

明費隱通容編,《五燈嚴統》,《卍新纂續藏經》本。

明洪蓮著,《金剛經注解》,《卍新纂續藏經》本。

明釋道忞著,《禪燈世譜》,《卍新纂續藏經》本。

清釋通問編定,施沛彙集,《續燈存稿》,《卍新纂續藏經》本。

清釋性統編,《續燈正統》,《卍新纂續藏經》本。

清彭希涑編,《淨土聖賢錄》,《卍新纂續藏經》本。

清周克復纂,《淨土晨鐘》,《卍新纂續藏經》本。

清周克復纂,《法華經持驗記》,《卍新纂續藏經》本。

清周夢顏彙輯,《西歸直指》,《卍新纂續藏經》本。

清俞行敏重輯,《淨土全書》,《卍新纂續藏經》本。

清瑞璋輯,《西舫彙征》,《卍新纂續藏經》本。

清彭際清述,《居士傳》,《卍新纂續藏經》本。

清釋性權記,《四教儀註彙補輔宏記》,《卍新纂續藏經》本。

清聶先撰,《續指月錄》,《卍新纂續藏經》本。

清釋儀潤撰,《百丈清規證義記》,《卍新纂續藏經》本。

民國喻謙撰,《新續高僧傳四集》,《高僧傳合集》,上海古籍出版社1991年版。

［日］前田慧雲、中野達慧等編纂《續藏經》,上海商務印書館1923—1925影印版。

［日］前田慧雲、中野達慧等編纂《卍續藏經》,臺北新文豐出版公司1993年版。

［日］河村孝照等編集,《卍新纂續藏經》,東京國書刊行會1975—1989年版,臺北白馬精舍印經會印本。

2. 僧人語錄

楊增文編校,《神會和尚禪話錄·南陽和尚頓教解脱禪門直了性壇語》,中華書局1996年版。

宋釋慧泉編,《黃龍慧南禪師語錄》,《大正新修大藏經》本。

宋釋福深錄,《雲庵眞淨禪師語錄》,《卍新纂續藏經》本。

宋釋師皎編,《湖州吳山端禪師語錄》,《卍新纂續藏經》本。

宋釋慧弼編,《雪峰慧空禪師語錄》,《卍新纂續藏經》本。

宋釋齊己等編,《瞎堂慧遠禪師廣錄》,《卍新纂續藏經》本。

宋釋智沂編,《癡絶道沖禪師語錄》,《卍新纂續藏經》本。

宋釋宗會等編,《無準師範禪師語錄》,《卍新纂續藏經》本。

宋釋元愷編,《大川普濟禪師語錄》,《卍新纂續藏經》本。

宋釋妙源等編,《虛堂智愚禪師語錄》,《大正新修大藏經》本。

宋釋元清等編,《偃溪廣聞禪師語錄》,《卍新纂續藏經》本。

宋釋住顯等編,《石溪心月禪師語錄》,《卍新纂續藏經》本。

宋釋修義等編,《西巖了惠禪師語錄》,《卍新纂續藏經》本。

宋釋淨伏等編,《虛舟普度禪師語錄》,《卍新纂續藏經》本。

宋釋文寶、釋善靖編,《斷橋妙倫禪師語錄》,《卍新纂續藏經》本。

宋釋德溥等編,《物初和尚語錄》,《卍新纂續藏經》本。

宋釋淨韻等編,《兀庵普寧禪師語錄》,《卍新纂續藏經》本。
宋釋自悟等編,《希叟紹曇禪師語錄》,《卍新纂續藏經》本。
宋釋法燈等編,《希叟紹曇禪師廣錄》,《卍新纂續藏經》本。
宋釋妙寅等編,《月磵和尚語錄》,《卍新纂續藏經》本。
宋釋智度等編,《妙明真覺無見覩和尚住華頂善興禪寺語錄》,《卍新纂續藏經》本。
元釋至柔等編,《福源石屋珙禪師語錄》,《卍新纂續藏經》本。
元釋祖光等編,《楚石梵琦禪師語錄》,《卍新纂續藏經》本。
清胤禛編,《御選語錄》,《乾隆大藏經》本,臺灣傳正有限公司 1997 年版。

3. 其他子部文獻

晉干寶撰,李劍國輯校,《新輯搜神記》,中華書局 2007 年版。
晉張華撰,范寧校證,《博物志校證》,中華書局 1980 年版。
唐徐堅等編,《初學記》,清光緒孔氏三十三萬卷堂本。
宋李昉等編,《太平御覽》,《四部叢刊三編》影宋本。
宋王欽若等編,周勛初等校訂,《册府元龜》,鳳凰出版社 2006 年版。
宋陳師道撰,李偉國點校,《後山談叢 萍洲可談》,中華書局 2007 年版。
宋張邦基撰,孔凡禮點校,《墨莊漫錄》,中華書局 2002 年版。
宋陸游撰,李劍雄、劉德權點校,《老學庵筆記》,中華書局 1979 年版。
宋袁文撰,李偉國校點《甕牖閑評》,上海古籍出版社 1985 年版。
宋王應麟著,清翁元圻輯注,孫通海點校《困學紀聞注》,中華書局 2016 年版。
宋吳自牧撰《夢粱錄》,見宋孟元老等撰,周峰點校《東京夢華錄(外四種)》,文化藝術出版社 1998 年版。
明解縉等編,《永樂大典》,中華書局 1986 年影印本。
《詩淵》,書目文獻出版社 1993 年影印本。
明彭大翼撰,《山堂肆考》,明萬曆二十三年刊本。
明徐𤊹撰,《徐氏筆精》,《叢書集成續編》本。
明郎瑛撰,《七修類稿》,上海書店出版社 2001 年版。
清王士禛撰,張鼎三點校《居易錄》,《王士禛全集》,齊魯書社 2007 年版。
清彭蘊璨,《歷代畫史彙傳》,清道光五年(1825)刻本。

清張照等編,《秘殿珠林》,影印文淵閣《四庫全書》本。

清康熙御定,《佩文齋書畫譜》,影印文淵閣《四庫全書》本。

(四)集部文獻

1. 別集

梁蕭統編,唐李善、五臣等注,《六臣注文選》,《四部叢刊》景宋本。

唐方幹撰,《玄英集》,影印文淵閣《四庫全書》本。

唐顧況撰,《華陽集》,影印文淵閣《四庫全書》本。

唐李白撰,《李太白文集》,宋刻本。

唐李白撰,宋楊齊賢集注,元蕭士贇補注,《李太白集分類補注》,《四部叢刊正編》影印明郭雲鵬刊本。

唐李白撰,清王琦注《李太白全集》,中華書局1977年版。

唐杜甫撰,宋郭知達編,陳廣忠校點,《九家集注杜詩》,安徽大學出版社2020年版。

唐韓愈撰,宋魏仲舉編,《五百家注昌黎文集》,北京圖書館出版社2006年影印本。

唐劉禹錫撰,《劉夢得文集》,《四部叢刊初編》景宋本。

唐李瀚撰,宋徐子光注,《蒙求集注》,《叢書集成初編》本。

唐韋莊撰,《浣花集》,《四部叢刊》景明本。

唐鄭谷撰,《雲臺編》,《叢書集成初編》本。

唐李咸用撰,《唐李推官披沙集》,《四部叢刊》景宋本。

宋文同撰,《丹淵集》,《四部叢刊初編》本。

宋王珪撰,《華陽集》,《叢書集成初編》本。

宋王安石撰,《臨川先生文集》,《四部叢刊》景明嘉靖本。

宋蘇軾著,孔凡禮點校,《蘇軾文集》,中華書局1986年版。

宋秦觀撰,徐培均箋注,《淮海集箋注》,上海古籍出版社2000年版。

宋黃庭堅撰,宋任淵等注,劉尚榮校點,《山谷外集》,《黃庭堅詩集注》,中華書局2003年版。

宋陳師道撰,《後山先生集》,明弘治十二年(1499)刊本。

宋陳師道撰,《後山居士文集》,上海古籍出版社影宋本,1984年。

宋楊時撰，林海權整理，《楊時集》，中華書局2018年版。

宋蘇過撰，《斜川集》，《續修四庫全書》影印清乾隆五十三年趙氏亦有生齋刻嘉慶十六年唐仲冕增修本。

宋釋惠洪著，廓門貫徹注，張伯偉等點校，《注石門文字禪》，中華書局2012年版。

宋李綱撰，《梁溪先生文集》，《無錫文庫》第四輯，鳳凰出版社2011年版。

宋袁燮撰，《絜齋集》，《叢書集成初編》本。

宋樓鑰撰，《攻媿集》，《四部叢刊初編》景武英殿聚珍本本。

宋陳傅良撰，《止齋文集》，《四部叢刊初編》本

宋余靖撰，《武溪集》，《北京圖書館古籍珍本叢刊》本，書目文獻出版社1998年版。

宋楊萬里撰，《誠齋集》，《四部叢刊》景宋抄本。

宋張詠撰，張其凡整理，《張乖崖集》，中華書局2000年版。

宋趙蕃撰，《淳熙稿》，《叢書集成初編》本。

宋戴復古撰，《石屏詩集》，《四部叢刊續編》本。

元釋文明撰，《月澗別稿》，《禪門逸書續編》影印日本舊抄本。

元釋大訢撰，《蒲室集》，北京圖書館出版社2005年影元刊本。

元釋英撰，《白雲集》，《武林往哲遺著》本，廣陵古籍刻印社1985年版。

元戴良撰，《九靈山房集》，《四部叢刊初編》景明正統刊本。

元吳澄撰，《吳文正集》，影印文淵閣《四庫全書》本。

元釋道惠撰，《廬山外集》，北京大學圖書館藏本。

元劉仁本撰，《羽庭集》，影印文淵閣《四庫全書》本。

明宋濂撰，《宋學士文集》，《四部叢刊初編》影印本。

明徐𤊹撰，《紅雨樓集》，《上海圖書館未刊古籍稿本》，復旦大學出版社2008年影印本。

明黃汝亨撰，《寓林集》，明天啟四年刻本。

明姚廣孝撰，《逃虛子詩集》，清鈔本。

明曹學佺撰，《石倉三稿》，北京大學圖書館藏明崇禎間刻本。

明曹學佺著，莊可庭纂輯，高祥傑點注，《曹大理詩文集·夜光堂文集》，香港文

學報社出版公司 2013 年版。

明曹學佺著,《曹大理詩文集》,《福建叢書》,江蘇古籍出版社 2003 年影印本。

清梁章鉅撰,《歸田瑣記》,清道光二十五年刻本。

2. 總集

宋李昉等編,《文苑英華》,中華書局 1966 年版。

宋周弼編,《三體唐詩》,影印文淵閣《四庫全書》本。

南宋陳起輯,《江湖小集》,影印文淵閣《四庫全書》本。

南宋陳起輯,《江湖後集》,影印文淵閣《四庫全書》本。

宋于濟、蔡正孫編集,卞東波校證,《唐宋千家聯珠詩格校證》,鳳凰出版社 2007 年版。

宋法應集、元普會續集,《頌古聯珠通集》,《卍新纂續藏經》本。

宋末松坡宗憩藏主編集,《江湖風月集》,日本中田祝夫編《抄物大系》,勉誠社刊行。

宋陳著編,《本堂集》,《叢書集成續編》本。

元方回撰,《瀛奎律髓》,上海古籍出版社 1993 年版。

明曹學佺編,《石倉十二代詩選》,中國國家圖書館、日本尊經閣文庫藏明崇禎三年序刊本。

明釋正勉等編,《古今禪藻集》,影印文淵閣《四庫全書》本。

清厲鶚編,《宋詩紀事》,上海古籍出版社 1983 年版。

清顧嗣立編,《元百家詩選》,中華書局 1987 年版。

清張豫章等編,《御定四朝詩》,影印文淵閣《四庫全書》本。

清曾燠編,《江西詩徵》,清嘉慶九年(1804)刻本。

清陳焯編,《宋元詩會》,影印文淵閣《四庫全書》本。

清吳之振等編,《宋詩鈔》,中華書局 1986 年版。

清阮元輯,《兩浙輶軒錄》,清嘉慶刻本。

清范希仁編,《宋人小集》,臺北"中央圖書館"藏清古鹽范氏也趣軒抄本。

《全唐詩》,中華書局排印本。

3. 詩話

宋釋惠洪撰,《冷齋詩話》,明《稗海》本。

宋釋惠洪撰,《冷齋夜話》,張伯偉編校《稀見本宋人詩話四種》,江蘇古籍出版
　　社 2002 年版。
宋阮閱編,周本淳校點,《詩話總龜》,人民文學出版社 1987 年版。
宋陳巖肖撰,《庚溪詩話》,丁福保輯《歷代詩話續編》本,中華書局 2006 年版。
宋魏慶之編,王仲聞點校,《詩人玉屑》,中華書局 2007 年版。
宋劉克莊撰,王秀梅點校《後村詩話》,中華書局 1983 年版。
明謝肇淛撰,《小草齋詩話》,《全明詩話》,齊魯書社 2005 年版。
明俞弁撰,《逸老堂詩話》,《歷代詩話續編》本,中華書局 1983 年版。
清王士禛撰,《分甘餘話》,康熙四十八年(1709)歙縣程氏刊本。

二、今人著述

(一)著作(按出版年代排列)

陳垣撰,《釋氏疑年錄》,中華書局 1964 年版。
莫榮宗撰,《羅雪堂先生年譜》,《羅雪堂先生全集》,臺北文華出版公司 1968—
　　1976 年版。
余劍華編,《中國美術家人名辭典》,上海人民美術出版社 1981 年版。
藝術家工具書編委會主編,《美術大辭典》,臺北藝術家出版社 1981 年版。
余嘉錫撰,《世說新語箋疏》,中華書局 1983 年版。
錢穆撰,《中國學術思想史》(五),台北東大圖書有限公司 1984 年版。
傅璇琮、孫欽善、倪其心、陳新、許逸民主編,《全宋詩》,北京大學出版社
　　1991—1998 年版。
陳尚君輯校,《全唐詩續拾》,《全唐詩補編》,中華書局 1992 年出版。
王洪、方廣錩主編,《中國禪詩鑒賞辭典》,中國人民大學出版社 1992 年版。
嚴紹璗著,《漢籍在日本的流布研究》,江蘇古籍出版社 1992 年版。
楊曾文著,《日本佛教史》,浙江人民出版社 1995 年版。
王勇、大庭修主編,《中日文化交流史大系・典籍卷》,浙江人民出版社 1996
　　年版。
嚴紹璗等主編,《中日文化交流史大系・思想卷》,浙江人民出版社 1996 年版。
楊增文主編,《日本近現代佛教史》,浙江人民出版社 1996 年版。

沈玉成、印繼梁主編,《中國歷代僧詩全集》(晉唐五代卷),當代中國出版社
　　1997年版。
孔凡禮撰,《蘇軾年譜》,中華書局1998年版。
沈松勤撰,《北宋文人與黨爭》,人民出版社1998年版。
項楚著,《寒山詩注》,中華書局2000年版。
林申清編著,《日本藏書印鑒》,北京圖書館出版社2000年版。
李國玲編著,《宋僧錄》,綫裝書局2001年版。
徐培均撰,《秦少游年譜長編》,中華書局2002年版。
祝尚書撰,《宋人總集叙錄》,中華書局2004年版。
卞東波撰,《南宋詩選與宋代詩學考論》,中華書局2009年版。
金程宇著,《稀見唐宋文獻叢考》,中華書局2009年版。
汪聖鐸著,《宋代政教關係研究》,人民出版社2010年出版。
周裕鍇撰,《宋僧惠洪行履著述編年總案》,高等教育出版社2010年版。
黃啓江著,《一味禪與江湖詩:南宋文學僧與禪文化的蜕變》,臺灣商務印書館
　　2010年版。
胡建明著,《宋代高僧墨跡研究》,西泠印社出版社2011年版。
蔡美花、趙季校注,《韓國詩話全編校注》,人民文學出版社2012年版。
朱剛、陳珏著,《宋代禪僧詩輯考》,復旦大學出版社2012年版。
許紅霞輯著,《珍本宋集五種——日藏宋僧詩文集整理研究》,北京大學出版社
　　2013年版。
金程宇著,《東亞漢文學論考》,鳳凰出版社2013年版。
許建昆撰,《曹學佺與晚明文學史》,臺北萬卷樓圖書股份有限公司2014年版。
湯華泉編輯,《全宋詩輯補》,黃山書社2016年版。
江靜編著,《日藏宋元禪僧墨跡選編》,西南師範大學出版社2015年版。
祝尚書著,《宋人別集敘錄(增訂本)》,中華書局2020年版。

(二)論文(按發表年代排列)

白化文撰,《〈中國禪詩鑒賞辭典〉序》,中國人民大學出版社1992年出版。
趙仁珪撰,《對"禪文學"研究的幾點思考》,見《中國古典文學學術史研究》,新
　　疆人民出版社1997年版。

辛德勇撰,《〈淮海挐音〉》,《中國典籍與文化》1998年第1期。

費君清撰,《〈南宋群賢小集〉彙集流傳經過揭密》,《紹興文理學院學報》1999
　　年第19卷第4期。

朱偉東撰,《石倉十二代詩選全帙探考》,《文獻》2000年第3期。

王清原撰,《遼寧省圖書館館藏歷史文獻的來源與特色》,《歷史文獻》第四輯,
　　上海科學技術文獻出版社2001年版。

陳自力撰,《日僧廓門貫徹〈注石門文字禪〉評述》,《西南民族學院學報》2002
　　年第10期。

張如安、傅璇琮撰,《日藏稀見漢籍〈中興禪林風月集〉及其文獻價值》,《文獻》
　　2004年第4期。

龔本棟撰,《宋人撰述流傳麗、鮮兩朝考》,《域外漢籍研究集刊》2005年第一輯。

李丹撰,《紅雨樓書目版本考略》,《古典文獻研究》2006年總第9輯。

許紅霞撰,《〈普門院經論章疏語錄儒書等目錄〉所載書籍傳入日本的時間之辨
　　疑》,《普門學報》第33期,臺灣佛光山文教基金會2006年版。

卞東波撰,《〈中興禪林風月集〉考論》,《域外漢籍研究集刊》第3輯,中華書局
　　2007年版。

申屠青松撰,《明代宋詩選本論略》,《南京師範大學文學院學報》2007年第
　　4期。

陳捷撰,《日本入宋僧南浦紹明與宋僧詩集〈一帆風〉》,《中國典籍與文化論叢》
　　第九輯,北京大學出版社2007年版。

許紅霞撰,《居簡交游考》,《北京大學中國古文獻研究中心集刊(第六輯)》,北
　　京大學出版社2007年版。

周裕鍇撰,《惠洪文字禪的理論與實踐及其對後世的影響》,《北京大學學報(哲
　　學社會科學版)》2008年第4期。

黃公元撰,《由〈智覺禪師自行錄〉看永明延壽的僧范形象與融合特色》,《浙江
　　學刊》2009年第1期。

周裕鍇撰,《宋僧惠洪交游人物考舉隅・許顗生年別號考》,《宋代文化研究》第
　　十六輯,四川大學出版社2009年版。

許紅霞撰,《〈石橋頌軸〉及其相關聯的南宋中日佛教文化交流》,"第七屆吳越

佛教文化與社會暨東南佛國學術研討會",2009年10月。

侯體健撰,《南宋禪僧詩集〈一帆風〉版本關係蠡測》,《中國典籍與文化》2009年第4期。

花興、魏崇武撰,《宋與高麗的典籍交流考論》,《國家圖書館學刊》2013年第2期。

商海鋒撰,《〈雪竇錄〉宋元本舊貌新探:以東亞所藏該錄稀見古版爲中心》,《文獻》2015年第3期。

崔雄權撰,《歸帆更想瀟湘趣 孰於東韓漢水湄——從〈匪懈堂瀟湘八景詩卷〉看"瀟湘八景"在韓國的流變》,《吉林大學社會科學學報》2015年第4期。

王媛撰,《陳世隆著作辨僞》,《文學遺産》2016年第2期。

林觀潮撰,《月潭道澄〈黄檗祖德頌〉標註》,《花園大學國際禪學研究所論叢》,花園大學國際禪學研究所2017年版。

秦明撰,《黄易"小蓬萊閣"印沿用考》,《西泠藝叢》2017年第9期。

許紅霞撰,《〈慧日永明寺智覺禪師自行錄〉重校編集者非宋人考》,第二屆"宋元與東亞世界"高端論壇暨新文科視域下古代中國與東亞海域學術研討會,2021年9月。

三、日本文獻

(一)古籍(按著者年代排列)

高楠順次郎、渡邊海旭、小野玄妙等編纂,《大正新修大藏經》,1934年日本大正一切經刊行鉛印本。

釋組照等編,《圓通大應國師語録》,《大正新修大藏經》本。

釋一真等編,《佛光國師語録》,《大正新修大藏經》本。

釋智光、釋圓顯等編,《大覺禪師語録》,鈴木學術財團編集《大日本佛教全書》本,財團法人鈴木學術財團1972年版。

釋師煉撰,《禪儀外文集》,東洋文庫藏五山板。

釋師煉撰,《元亨釋書》,《大日本佛教全書》本。

釋師煉撰,《濟北集》,上村觀光編《五山文學全集》,日本京都思文閣出1973年版。

釋圓旨撰,《南游集》,上村觀光編《五山文學全集》,日本京都思文閣出1973年版。

釋圓月撰,《東海一漚集》,上村觀光編《五山文學全集》,日本京都思文閣1973年版。

釋祖應撰,《旱霖集》,上村觀光編《五山文學全集》,日本京都思文閣1973年版。

釋周信編,《重刊貞和類聚祖苑聯芳集》,《大日本佛教全書》本。

佚名編(一作釋周信編),《新撰貞和分類古今尊宿偈頌集》,《大日本佛教全書》本。

釋周信撰,《空華集》,《五山文學全集》,日本京都思文閣1973年版。

釋得巖撰,《東海璚華集》,玉村竹二編《五山文學新集》,日本東京大學出版會1968年版。

釋靈彦撰,《村庵稿》,玉村竹二編《五山文學新集》,日本東京大學出版會1968年版。

釋周麟撰,《翰林葫蘆集》,上村觀光編《五山文學全集》,日本京都思文閣1973年版。

桂芳全久編,《正誤佛祖正傳宗派圖》,日本寬文八年(1668)刊本。

釋師蠻編,《延寶傳燈錄》,《大日本佛教全書》本。

釋師蠻撰,《本朝高僧傳》,《大日本佛教全書》本。

尹藤松輯,《鄰交徵書》,日本天保十一年(1840)刻本。

細川道契撰,《續日本高僧傳》,《大日本佛教全書》本。

釋海壽編,《古林清茂禪師拾遺偈頌》,《卍新纂續藏經》本。

(二)書目(按出版年代排列)

日本大藏經刊行會編,《大正新修昭和法寶總目》,日本大正一切經刊行會1924年版。

宮內庁書陵部編,《圖書寮典籍解題(漢籍篇)》,大藏省印刷局1960年版。

慶應義塾大學附屬研究所斯道文庫編,《江戶時代書林出版書籍目錄集成》1—3冊,索引1冊,日本井上書房1962—1963年版。

駒澤大學圖書館所編,《新纂禪籍目錄》,駒澤大學圖書館1964年版。

川瀨一馬編,《石井積翠軒文庫善本書目·圖錄篇》,臨川書店1981年版。

杏雨書屋編,《新修恭仁山莊善本書影》,大阪武田科学振興財団1985年版。

川瀨一馬編著,《新修成簣堂文庫善本書目》,お茶の水図书馆1992年版。

大道一以編,《普門院經論章疏語錄儒書等目錄》,王勇、大庭修主編《中日文化交流史大系》典籍卷第一章所引該目錄,浙江人民出版社1996年版。

日本慶應義塾大學附屬研究所斯道文庫編纂,《斯道文庫貴重書蒐選圖錄解題》,汲古書院1997年版。

大谷大學圖書館編,《大谷大學圖書館所藏貴重書善本圖錄 仏書篇》。

(三)著作(按出版年代排列)

上村觀光著,《五山詩僧傳》,《五山文學全集》,《五山文學全集》刊行會1936年9月刊行,又日本京都思文閣1973年版。

上村觀光著,《五山文學小史》,《五山文學全集》,《五山文學全集》刊行會1936年9月刊行。

北村澤吉著,《五山文學史稿》,富山房1941年版。

牧田諦亮著,《策彥入明記の研究》,法藏館1959年版。

川瀨一馬著,《五山版の研究》,日本古書商協會1970年版。

玉村竹二編,《五山文學新集》,東京大學出版會1972年版。

長澤規矩也輯,《和刻本漢詩集成》,汲古書院1974—1990年版。

蔭木英雄著,《五山詩史の研究》,笠間書院1977年版。

木宮泰彥著,胡錫年譯,《日中文化交流史》,商務印書館1980年版。

田山方南編,《禪林墨迹》,京都思文閣1981年版。

田山方南編,《禪林墨迹解説》,京都思文閣1981年版。

田山方南編,《續禪林墨迹》,京都思文閣1981年版。

玉村竹二,《五山禪僧傳記集成》,講談社1983年版。

玉村竹二校訂,《扶桑五山記》,臨川書店1983年版。

塙保己一編,《續群書類從》,東京續群書類從完成會1988年版。

日本大谷大學圖書館編,《神田鬯盦博士寄贈圖書善本書影》,大谷大學1988年版。

椎名宏雄著,《宋元版禅籍の研究》,大東出版社1993年版。

國立國會圖書館編,《國立國會圖書館藏書印譜》,青裳堂書店1995年版。

柳田聖山、椎名宏雄編,《禪學典籍叢刊》,臨川書店2000年版。

大塚光信編,《新抄物資料集成》,清文堂出版2000年版。

川瀨一馬著,岡崎久司編,《書志學入門》,東京雄松堂2005年版。

橋口侯之介著,《和本入門千年生きるの書物の世界》,東京平凡社2007年版。

橋口侯之介著,《続和本入門江戶の本屋と本づくり》,東京平凡社2007年版。

椎名宏雄等輯,《五山版中國禪籍叢刊》,臨川書店2011年版。

木宮泰彥著,《日本古印刷文化史》,東京吉川弘文館2016年版。

高橋智著,《海を渡ってきた漢籍——江戶の書志學入門》,東京日外アソシエーツ2016年版。

堀川貴司著,《書志學入門——古典籍を見る・知る・読る》,東京勉誠出版2019年版。

(四)論文(按發表年代排列)

椎名宏雄著,《宋元版禪籍研究(四)——如如居士語錄・三教大全語錄——》,《印度學佛教學研究》第二十九卷第二號,1981年。

永井政之著,《南宋における一居士の精神生活——如如居士顏丙の場合(一)、(二)》《駒澤大學佛教學部論集》第十五號、第十六號,1984年、1985年。

椎名宏雄撰,《北磵と物初の著作に関する书志的考察》,《駒澤大學佛教學部研究紀要》第四十六号,1988年。

尾崎康撰,《〈仏國禪師文殊指南図讚〉の版本について》,杏雨書屋編《杏雨》第3號,大阪武田科學振興財団,2000年。

中野何必撰,《江戶中期柳枝軒における曹洞宗門との御用関係——面山瑞方との親交に着目して——》,《駒澤大学佛教學部論集》第五十一號,2020年。

四、網絡古籍資源

中國國家圖書館"中华古籍资源库"。

臺北"國家圖書館"古籍與特藏資源:https://rbook.ncl.edu.tw/NCLSearch

全國漢籍データベース(日本所藏中文古籍數據庫):

http://www.kanji.zinbun.kyoto-u.ac.jp/kanseki/

日本宮內廳書陵部收藏漢籍集覽：https://db2.sido.keio.ac.jp/kanseki/

日本國立國會圖書館所藏漢籍電子資料：https://dl.ndl.go.jp/

日本國立公文書館所藏漢籍電子資料：https://www.digital.archives.go.jp/

日本國文學研究資料館：古典籍總合目錄數據庫：https://www.nijl.ac.jp/search-find/#database

日本東京大學附屬圖書館圖書資料檢索：https://www.lib.u-tokyo.ac.jp/ja

日本京都大學圖書館圖書資料檢索：https://www.kulib.kyoto-u.ac.jp/mainlib/

日本駒澤大學圖書館圖書資料檢索：https://wwwopac.komazawa-u.ac.jp/opac/opac_search/

駒澤大學電子貴重書：http://repo.komazawa-u.ac.jp/opac/repository/collections/

日本龍谷大學圖書館圖書檢索：https://library.ryukoku.ac.jp/

日本大谷大學圖書館圖書檢索：https://www.otani.ac.jp/kyo_kikan/library/index.html

日本東洋文庫漢籍統合數據庫：http://124.33.215.236/open/KansekiAllQueryInput.html

後　記

　　對本研究課題相關資料的收集，始於二十餘年前。世紀之交的二〇〇〇年，我在北大中文系攻讀博士學位之時，有機會以留學身份在日本大學文理學部研修一年，由此開啟了看似艱苦實又充滿快樂、驚喜的東瀛學習、訪書生活。

　　説艱苦，是因爲學生身份，校方提供的資助有限，個人也非富有，如果每天出外查書，對乘坐日本電車的交通費也會感到壓力。好在一位日大留學生朋友歸國前把她的自行車留贈予我，使我能夠以精細的東京地圖爲向導，以自行車爲代步工具，前往日本國會圖書館、國立公文書館、尊經閣文庫、靜嘉堂文庫等處查閲圖書資料。其實當時也并不覺得特別艱苦，在騎行過程中熟悉了東京的大街小巷，返途中若遇到有特色的小店（如文具店、瓷器店等）還會駐足鑒賞。説快樂、驚喜，是指我這一年的留學生活非常充實，完全沉浸在對日本各圖書館藏宋代文學文獻特別是宋僧文獻的探訪之中，發現了一個又一個寶物，收穫一份又一份驚喜。如發現尊經閣文庫藏有孤本《籟鳴集》及其《續集》並得以閲覽複製；發現日本國會圖書館藏有宋本《無文印》二十卷並全部複製；發現御茶之水圖書館（今石川武美紀念圖書館）藏有國內已佚失不存的《物初賸語》宋本二十五卷，等等。當時的驚喜之情真是難以言表。原本以爲日本宮內廳書陵部可能不太容易進去，當寄出申請收到對方回信，確定能如期前往閲覽時，是一種意外驚喜，並在那裏如願看到了一直想看的宋版書。

　　二〇〇八年，我再次來到日大文理學部，這次是作爲專任客座副教授工作一年。雖然因有教學任務，不像上次出外訪書的時間那麼多，但還是充分利用課後和假期的時間去各圖書館訪書，足跡從東京及周邊至京都、奈良等地。這一年我印象最深的是在御茶之水圖書館閱覽宋本《物初賸語》《北磵詩集》並作校勘，特別是當我初次看到宋本《北磵詩集》時，瞬間被其精美所震撼，墨香仿佛撲面而來，真正體會到什麽叫"墨色如新"。面對着極品宋版書，我小心翼翼地一頁頁翻閱，一字字校對，仿佛在與古人對話，真是一種奢侈的享受。我還看到了書中夾着原藏者德富蘇峰寫的一張紙條，大意是"天下之公寶，後之閱覽此書之人皆須愛護"。

在之後持續不斷的資料搜集過程中，也有一些難忘的經歷。有一次從國内去早稻田大學參加學術會議，利用開會的間隙去斯道文庫查閱資料，之前多次經過一向熟悉的道路，可能因不注意走錯了地鐵出口，居然迷路了，又趕上一陣瓢潑大雨，雖然帶着雨傘，還是被淋濕了衣服，在問了三四次路後，終於到達斯道文庫，看到了心心念念想看的資料。

…………

一直以來，我之所以能順利地收集資料展開研究，和衆多師友的教誨鼓勵、大力支持和幫助分不開。我的導師倪其心先生（已故）對我研究方向的選擇予以悉心指導；孫欽善先生也一直支持和鼓勵我的研究；安平秋先生、廖可斌先生作爲北大古文獻研究中心的領導对我的科研課題一直給予大力支持和幫助。他們都是我敬佩的師長，他們的教誨、鼓勵、支持和幫助，增強了我在學術道路上努力前行的信心和勇氣，在此深表衷心感謝。

在日大研修、任教期間，我得到了文理學部中文學科各位教授的關心、照顧和幫助，導師青山宏先生（已故）在瞭解我的研究意向後，直接把我帶到日大文理學部圖書館地下書庫的相關學術研究著作前，進行指導、介紹，使我少走了很多彎路；山口守教授幫助我聯繫文理學部圖書館與駒澤大學圖書館直接溝通，爲我多次在駒澤大學圖書館查閱資料鋪平了道路；平井和之教授親撰介紹信，介紹我去靜嘉堂文庫看書；丸山茂（已故）、近藤直子（已故）、小浜正子、張麗群諸教授及當時還在讀書的片倉健博博士，都在生活、研究等方面給予我很多照顧和幫助，令我十分感動，在此深表謝意。

在日本期間，還得到衆多教授、朋友的照顧和幫助，橋本秀美教授幫忙聯繫我多次去東洋文庫查書；陳捷教授在我困窘之時伸出援手，爲我墊付了大額複製資料費；斯道文庫的高橋智教授、堀川貴司教授、住吉朋彥教授、復旦大學古籍所陳正宏教授（時在斯道文庫訪學）爲我在斯道文庫查閱資料提供了很多幫助；還有早稻田大學的内山精也教授、京都大學人文科學研究所的梶浦晉先生等都爲我在日本的學習研究、調查資料給予熱心幫助。在此深表謝忱。

還要特別感謝東京大學在讀博士生李華雨同學，二〇一九年年末突發新冠疫情以來，我無法親往日本查閱複製資料，多虧華雨花費大量時間，幫助聯繫複製、掃描、拍攝了很多資料，才使得此研究課題得以順利完成。也感謝當今電子科技的發展，使我們足不出户也能利用日本各圖書館公布於網絡上的古籍影像資料。博士生陳騰、楊閃閃對上海圖書館、國家圖書館所藏部分資料的查閱複製，李佳媛對本書"參考文獻"的製作也有所助益，在此一併致謝。

長期以來，我的工作和學術研究也得到了家人的默默支持和付出。記得初次出發去日本時，女兒剛滿五歲，由於帶生活用品過多行李超重，延誤了當天預定的航班，只好改簽到次日一早的航班。在返家的路上，去送行的女兒拼命親吻我的臉頰，無法用語言表達她對我似乎是失而復得的激動心情。可到了次日一大早，她還在睡夢中時，我就又趕往機場了。我不敢想象幼小的她醒來後見不到媽媽的心情，現在每每想起來都心痛。我在外期間除父母雙親幫助照顧女兒外，丈夫董先生承擔起了照顧女兒的主要責任，他甚至學會了每天給女兒梳頭編辮子。我深深感謝家人的支持、照顧和付出。

感謝北大中文系領導的英明決策，對教師學術研究著作予以資助；感謝北大出版社馬辛民先生及責任編輯王應女史的鼎力支持。在本書即將付梓時新冠疫情突然傳開，我也不幸中招，王應女史付出了很多努力，代我做了許多工作，保證了此書的順利出版，衷心感謝她。

二十餘年世事滄桑變幻，導師倪其心先生、青山宏先生，日大的丸山茂先生、近藤直子先生皆已駕鶴西去；我也先後失去了至愛的親人父親和大弟，謹以此書寄託對他們的無盡懷念和哀思。

本書中的一些内容作爲先期研究成果曾在各學術期刊陸續發表，由於時間跨度較大，其間湧現出不少相關研究成果。對於新的研究成果，筆者皆盡力學習，若有借鑒引用，均以注釋標明；有些研究成果未引用，以保持筆者原創之觀點，謹此説明。

本書中一定有不少疏漏不足之處，敬請方家不吝指正。

二〇二三年一月，補記於北京，康復之中。